L'ARCHANGE EMPOURPRÉ

AUTRES OUVRAGES D'HENRY CORBIN :

M. Heidegger, *Qu'est-ce que la Métaphysique ?*, traduit de l'allemand par H. Corbin, Gallimard, 1938 (épuisé). Cette traduction, ainsi que celle de *Ce qui fait l'être essentiel d'un fondement ou « raison »*, a été reprise dans M. Heidegger, *Queskous I*, Gallimard, 1968.

Avicenne et le Récit visionnaire, Bibliothèque Iranienne, vol. 4 et 5, 1954 (rééd. Berg International, 1979).

L'imagination créatrice dans le soufisme d'Ibn 'Arabî, Flammarion, 1958 (rééd. 1977).

Corps spirituel et Terre céleste : de l'Iran mazdéen à l'Iran shî'ite, Buchet-Chastel, 1961 (rééd. 1979).

En Islam iranien : Aspects spirituels et philosophiques, 4 vol., Gallimard (Bibl. des Idées), 1971-1972 (rééd. 1978).

L'homme de lumière dans le soufisme iranien, Éditions Présence, 1971 (rééd. 1984).

Philosophie iranienne et philosophie comparée, Téhéran, 1977 (rééd. Buchet-Chastel, 1985).

La philosophie iranienne islamique aux XVIIe et XVIIIe siècles, Buchet-Chastel, 1981.

Le paradoxe du monothéisme, Éditions de l'Herne, 1981.

Cahier de l'Herne, n° 39. Consacré à Henry Corbin, 1981, nombreux inédits.

Temple et contemplation, Flammarion, 1981.

Temps cyclique et gnose ismaélienne, Berg International, 1982.

Face de Dieu, face de l'homme, Flammarion, 1983.

L'homme et son Ange, Fayard, 1983.

Hamann, philosophe du luthéranisme, Berg International, 1985.

Histoire de la philosophie islamique, Gallimard « Folio-Essais », 1986 (rééd.).

L'Iran et la Philosophie, Fayard, 1990.

Shihâboddîn Yahyâ
SOHRAVARDÎ
Shaykh al-Ishrâq

L'Archange empourpré

Quinze traités et récits mystiques

traduits du persan et de l'arabe

PRÉSENTÉS ET ANNOTÉS
PAR
HENRY CORBIN

Fayard

A Greta et Jacques Masui, in memoriam.

H. C.

Prélude

1. — *Les continuités*

Il faudrait plusieurs voix pour préluder à la traduction des quinze traités de Sohravardî, réunis ici pour la première fois en un *corpus*. Nous allons essayer de tracer quelques lignes de cette polyphonie au contrepoint enchevêtré.

Tout d'abord une fausse note à étouffer, s'il en était encore besoin. Cette fausse note, c'est la manière de considérer la chose iranienne, la *res iranica*, qui a longtemps prévalu en Occident. On considérait qu'il y avait d'une part l'ancien Iran préislamique, et d'autre part l'Iran postérieur à l'islamisation. Entre les deux, un hiatus tel que la Perse islamique n'était plus considérée que comme une province de l'Islam, sinon même de l'expansionisme arabe. L'œuvre de Sohravardî est un des témoignages les plus éloquents à produire contre ce morcellement.

Cette conception artificielle, qui étonne encore les Iraniens de nos jours, ne pouvait être dissoute que par un approfondissement des réalités spirituelles vécues. Celles-ci, il fallait en chercher la conscience chez les philosophes de l'Iran, et c'est aux philosophes qu'incombait en premier lieu la tâche de cette recherche. L'œuvre de Shihâboddîn Yahyâ Sohravardî, au XIIe siècle, se présente alors comme la clef de voûte de l'édifice. Comme on pourra le lire ici dans l'un de nos traités (le Traité V), sa volonté délibérée fut de « ressusciter la philosophie de la Lumière des sages de l'ancienne Perse ». Selon ses propres termes, il était parfaitement conscient de « n'avoir pas eu de prédécesseur pour quelque chose comme cela ». Sa démarche n'a consisté ni à faire l'histoire critique de la philosophie et de la théosophie des sages de l'ancienne Perse, ni à en faire la sociologie (ni le mot ni la chose n'existaient). Sa démarche a consisté à prendre en charge leur doctrine et à les rapatrier dans la Perse islamique.

L'ascendance d'un philosophe ne se décide pas en effet par des chartes et des diplômes décernés ou refusés après coup. Elle résulte *ab initio* de la résolution par laquelle le philosophe se choisit ses prédécesseurs, ses « ancêtres », et se donne comme tâche la revivification de leur pensée. La filiation spirituelle s'atteste et s'inscrit dans les faits spirituels.

L'école de Sohravardî s'est perpétuée en Iran jusqu'à nos jours. Sans recouvrir la totalité de la philosophie irano-islamique, elle a marqué celle-ci d'une empreinte qui lui donne son caractère propre dans le monde de l'Islam. En la prenant en charge à son tour, son interprète français reste fidèle à une admirative amitié de jeunesse pour le Shaykh al-Ishrâq, mais c'est avec la conviction que le sens et la portée de cette philosophie débordent son cadre d'origine. Elle est une forme de l'aventure humaine, qu'il importe à l'*homo viator* de méditer spécialement de nos jours. Cette aventure, on en suivra le fil au cours des quinze traités du présent *corpus*.

Nous voudrions évoquer ici, parce qu'il nous est apparu en quelque sorte comme une fête sohravardienne, le cérémonial qui, le 15 octobre 1971, dans toute la splendeur de l'automne iranien, se déroula sur l'immense terrasse de Persépolis, au pied de l'acropole. La succession dans le temps était abolie, laissant le champ libre à la simultanéité dans l'espace. Légions achéménides, cavalerie parthe, légions sassanides, évoquant le désastre consommé au VIIe siècle, compensé par les légions de la puissance safavide, restaurant au XVIe siècle une unité impériale dont l'Iran de nos jours pouvait célébrer le vingt-cinquième centenaire.

Mais ce qu'il y avait de plus frappant, c'était que cette geste iranienne, rassemblant les siècles sous nos yeux, ne s'achevait nullement en une apothéose guerrière. Elle trouvait sa conclusion dans l'apparition de légions ne portant aucune arme matérielle : légion du savoir, légion de la santé, légion des serviteurs de l'humanité. L'œuvre de Sohravardî nous fera témoins d'un épisode capital : le passage de l'épopée héroïque à l'épopée mystique. La vision de cette jeunesse n'ayant d'autres armes que sa foi et son dévouement nous sembla typifier ce passage. Dans le rassemblement de la totalité iranienne, elle illustrait la préséance de la pure force spirituelle sur toute autre force. Elle était, elle aussi, un rappel du message de l'antique foi iranienne à toute l'humanité : être les partenaires des puissances ôhrmazdiennes de Lumière. Et c'est à ce titre que nous l'évoquons ici comme une fête sohravardienne.

Aussi bien l'on ne voit pas qu'un tel rassemblement eût été possible en tout autre pays d'Islam que l'Iran, pas plus que la philosophie et la spiritualité de Sohravardî ne pouvaient éclore ailleurs que sous le ciel de l'Iran. Certes, à maintes reprises, Sohravardî a revendiqué l'ascendance et l'héritage des sages de l'ancienne Perse préislamique. Mais déjà tout Iranien sait parfaitement que ce qui précéda l'Islam en Iran, ce ne fut nullement un temps de *jâhilîya* (ignorance, paganisme, obscurantisme), comme il est pieusement d'usage de le dire sous l'horizon arabe. Il lui suffit de lire ou d'entendre le *Shâh-Nâmeh*, le « Livre des rois » de Ferdawsî (xe s.), pour avoir présente à l'esprit la succession de héros d'épopée, de grands sages et de la mission d'un prophète, messager des puissances célestes, en la personne de Zarathoustra/Zoroastre. Les spectateurs vibrant au cérémonial de Persépolis, nous savions que nous les retrouverions le lendemain en pèlerins fervents des sanctuaires shî'ites de Qomm ou de Mashhad. Deux pôles de la conscience iranienne que nous retrouverons, sous leur forme propre, tout au long de l'œuvre de Sohravardî. Elles déterminent un style de conscience et de vie spirituelle dont il a été trop peu tenu compte jusqu'ici, parce que les catégories de l'« histoire établie » ne l'avaient pas prévu, et qu'il faut toujours beaucoup de temps à la science historique pour réviser ses positions.

Seulement, l'œuvre de Sohravardî n'est pas celle d'un historien critique. Elle est celle d'un philosophe adhérent de toutes les puissances de son âme à la vision des mondes qu'il se sent la mission de transmettre. Son propos, explicitement formulé par lui-même, nous l'avons rappelé ci-dessus. Il s'accordait avec les profondeurs d'une conscience s'exprimant, de siècle en siècle, dans une philosophie de la Lumière. Nous parlions, il y a quelques lignes, d'un style de conscience et de vie spirituelle. Prenons comme exemple le contraste, qu'il n'est guère dans nos habitudes occidentales de considérer, entre deux figures telles que celles-ci : d'une part Ohrmazd, la Puissance primordiale de Lumière, le « Seigneur Sagesse », et d'autre part Prométhée.

Pourtant, c'est bien en raison de ce contraste, et avec citations de textes de Sohravardî à l'appui, qu'il nous fut donné d'entendre une critique très originale, très iranienne, très véhémente aussi, de spectacles donnés à Persépolis. Elle visait en premier lieu certain « jeu de la montagne », œuvre de Xénakis. Le jeu se déployait à hauteur du rocher auquel est adossé Persépolis, et évoquait, par des torches en mouvement dans la nuit, le mythe de Prométhée. Mais comment peut être accueilli le mythe du « Voleur de feu » dérobant aux Dieux la possession du feu-lumière, par une conscience qui a pressenti *ab origine* que le feu-lumière n'est pas la conquête violente d'humains téméraires, mais le don imparti à leurs partenaires terrestres par Ohrmazd et les puissances célestes de Lumière ? Cette conscience ne peut que manifester sa réprobation. Car si le feu-lumière est le don des puissances célestes aux hommes, comment exprimer en termes prométhéens la solidarité qui unit les Célestes et les Terrestres comme compagnons de combat contre les puissances ahrimaniennes des Ténèbres ? Solidarité qui fit éclore cette chevalerie iranienne dont l'Avesta garde le plus ancien souvenir, et dont l'épopée héroïque finira par se transmuer en épopée mystique.

La même critique visait en second lieu un spectacle « Son et lumière » comportant en finale l'incendie de Persépolis, que celui-ci ait eu lieu sur l'ordre ou contre la volonté d'Alexandre. Spectacle techniquement au point, certes, mais qui plongea certains spectateurs iraniens dans un grand malaise, car ils l'éprouvaient comme un spectacle démoniaque. Ils y virent la mise en scène de l'action ahrimanienne du feu destructeur, c'est-à-dire du feu tel qu'il est devenu par l'invasion d'Ahriman dans la sainte création d'Ohrmazd. Car le Feu d'Ohrmazd est un Feu pur, tout lumineux, qui ne ravage ni ne détruit, tel qu'il sera de nouveau lorsque les contre-puissances ahrimaniennes auront été expulsées de la création de Lumière. Le spectacle de l'incendie de Persépolis les avait mis face à face avec l'action d'Ahriman, et c'est un face à face qui ne procure ni quiétude ni admiration.

Le spectateur occidental ne voyait que le rougeoiment des pierres, et était loin de pressentir ce qu'éprouvaient certains de ses voisins iraniens. Leur réaction est évoquée ici, parce que, lorsqu'elle s'exprima, ce fut en citant à l'appui certaines pages de la « Théosophie orientale » de Sohravardî. Il y a, dans les profondeurs de la conscience, des continuités que ne peuvent briser les vicissitudes de l'histoire extérieure. Sohravardî reste le témoin d'un monde que reconnaissent tous ceux qui appartiennent à la même famille spirituelle que lui. Il y a beaucoup à apprendre du contraste entre la conscience ôhrmazdienne et la conscience prométhéenne.

On constatera au cours des traités traduits ici, l'importance que Sohravardî reconnaît à une notion fondamentale de la théosophie zoroastrienne : le *Xvarnah*, la Lumière de Gloire surnaturelle, connotant à la fois l'idée de gloire et de destin, source originelle des êtres de lumière et garante de leur être. Lorsque Sohravardî parle de l'*Ishrâq*, de l'« Orient » de toute lumière, de la Lumière des Lumières, c'est finalement à cette Lumière de gloire qu'il pense. Nous l'entendrons même dans son « Livre d'heures » invoquer nommément Ohrmazd, Dieu des Dieux, et toutes les puissances archangéliques détentrices avec lui de la Lumière de Gloire. Cette Lumière de Gloire, Orient-origine, *Ishrâq*, est la source qu'il revendique pour sa philosophie et sa doctrine spirituelle, pour tout ce qu'il a pressenti comme devant être la substance de son message.

2. — *Le Shaykh al-Ishrâq*

Ce message, il eut à le concevoir et à le formuler au cours d'une vie tragiquement brève. On ne fera que rappeler ici les grands traits de sa biographie et de la doctrine couramment désignée sous le nom d'*Ishrâq* [1].

Il importe surtout de ne pas le confondre avec ses homonymes, notamment avec Shihâboddîn '*Omar* Sohravardî, le grand théologien mystique qui vécut à Baghdad [2]. Celui qui est désigné couramment en Iran comme « Shaykh al-Ishrâq », Shihâboddîn *Yahyâ* Sohravardî, est né dans le nord-ouest de l'Iran en 549/1155, dans la province de Jébâl, limitrophe de l'Azerbaïdjân (prononciation arabe du nom qui a retrouvé aujourd'hui sa forme iranienne officielle : Azerâbâdgân). Nous avons décrit ailleurs l'état actuel du canton de Sohravard [3]. Précisons que nous transcrivons désormais, comme on le fait en Iran, les noms de Sohravard et de Sohravardî avec un *v*, non pas avec un *w*, pour éviter que l'on prononce « Sohraouardî ».

Il n'y a pas une très grande distance (et c'est à la même latitude), à vol d'oiseau du moins (un peu plus d'une centaine de kilomètres) entre Sohravard où notre Shaykh naquit et passa sa première enfance, et Shîz (aujourd'hui Takht-e Solaymân, le Trône ou Temple de Salomon), où était érigé dans la haute montagne, sous un ciel translucide, le plus important sanctuaire du Feu sacral (le Feu royal). Shîz fut en quelque sorte pour les souverains sassanides de l'Iran ce que Reims devait être pour les rois de France. Notre Sohravardî fit ses premières études à proximité de son pays natal, à Marâgheh en Azerbaïdjan. Comme on le sait, l'Azerbaïdjan fut terre sainte zoroastrienne par excellence, parce que les Mages sassanides y transposèrent typologiquement les lieux saints de l'hagiographie de Zoroastre et de l'Avesta. Il y avait aussi des communautés chrétiennes nestoriennes dans la contrée. Ce double « voisinage » est à retenir ; il peut éclairer la première éclosion des projets de notre shaykh.

Nous savons qu'il se rendit, aux environs de sa vingtième année, à Ispahan où il retrouva les continuateurs de l'école d'Avicenne. Puis on le trouve au pays de Rûm, en Anatolie, où déjà son intrépidité inspirait à ses amis des craintes pour sa vie ; puis à Kharpût, où il dédie l'un de ses livres à l'émir seljoukide 'Imâdoddîn (le Traité III du présent recueil). Finalement, il a la témérité de se rendre, pour une raison que nous ignorons, à Alep, en Syrie. Là même il se sentit fortifié par l'amitié que lui porta un jeune prince de son âge, al-Mâlik al-Zahîr, gouverneur d'Alep, l'un des fils de Saladin (Salâheddîn). Commit-il l'imprudence d'enfreindre cette « discipline de l'arcane » à laquelle ses récits d'initiation et ses paraboles font plus d'une fois allusion ? On ne peut le dire. Toujours est-il que ses libres propos transpirèrent, et que les docteurs de la Loi, les *foqahâ'*, le firent comparaître. Nous avons dégagé ailleurs le sens de ce procès [4]. Il lui fut reproché de soutenir que Dieu pouvait susciter un prophète chaque fois qu'il le voulait, ce qui ébranlait les bases de la prophétologie officielle, posant que Mohammad fut le « Sceau des prophètes ». Plus de *nabî* après lui. Tout est plus nuancé chez notre Shaykh ; il y a plutôt chez lui la trace de la doctrine shî'ite de la *walâyat*. Les *foqahâ'* voulurent-ils s'en prendre à ce crypto-shî'isme ? Toujours est-il qu'ils n'hésitèrent pas à le condamner à mort, et que Saladin joignit ses efforts aux leurs pour que la sentence fût exécutée.

Certes, le contexte des événements est tragique. Sohravardî représentait tout ce que pouvait haïr un homme comme Saladin, à qui nos Croisés ont fait une réputation chevaleresque que d'aucuns trouvent abusive. Les dates ont aussi leur éloquence. C'est le 2 octobre 1187 que la chute de Jérusalem avait marqué la fin du premier royaume latin. C'est le 12 juillet 1191 qu'en revanche les renforts conduits par Richard Cœur-de-Lion amenèrent la chute de Saint-Jean d'Acre. Et c'est moins de trois semaines plus tard, le 29 juillet 1191 (587 h.), que Sohravardî mourut en martyr de sa cause (il est pour les siens le shaykh *shahîd*, le shaykh martyr, non pas le shaykh *maqtûl*, mis à mort). Tout se passe comme si Saladin, revenu trois fois à la charge pour que la sentence fût exécutée, et qui devait lui-même mourir deux ans plus tard (1193), avait voulu lui faire expier ses revers. Rien ne put sauver notre shaykh, pas même la fidèle amitié d'al-Mâlik al-Zahîr.

Mais son œuvre a subsisté. Elle est considérable pour un homme disparu en pleine jeunesse, à l'âge de trente-six ans ; considérable non pas tant par le nombre des titres (plus d'une trentaine d'après son biographe et disciple Shahrazôrî), que par la fermeté et l'ampleur de la doctrine que lui-même et les siens ont caractérisée comme une « résurrection ». Cette doctrine, on la désigne sommairement par le simple terme d'*Ishrâq*. Le mot désigne en propre la lumière de l'astre à son lever, *aurora consurgens*. C'est l'*Orient* comme naissance et origine de la lumière (*Oriens-origo*). Bien entendu, le mot n'est pas pris en son sens géographique. Il s'agit du monde spirituel, du *Malakût*, qui est l'Orient des mondes par rapport à notre monde terrestre. L'astre levant est le soleil du *Malakût*. Avec lui se lève un mode de connaissance qui est connaissance de l'« Orient » des choses, connaissance des êtres et des choses « à leur Orient », parce que l'âme connaissante se lève alors elle-même à son « Orient ». La connaissance « orientale » (*ishrâqî*) est caractérisée comme une connaissance qui est présence et comprésence (*'ilm hozûrî*), par contraste avec une connaissance qui est simplement représentation des choses par l'intermédiaire d'une forme ou *species* (*'ilm sûrî*). C'est peut-être cela qu'Avicenne poursuivait avec son projet de « philosophie orientale », mais Sohravardî sait très bien qu'Avicenne ne pouvait pas mener à bien la tâche, et que c'est lui seul qui a réalisé le projet.

Cette théosophie « orientale » (*ishrâqî*) est celle des « Orientaux » (*ishrâqîyûn, mashriqîyûn*), terme qui n'est pas pris davantage en un sens géographique et ethnique. Il n'y a aucun lien nécessaire entre oriental au sens géographique, et « oriental » au sens métaphysique. Si les Sages de l'ancienne Perse, que Sohravardî revendique comme ses ascendants spirituels, furent des sages « orientaux », ce n'est point parce qu'ils se trouvaient à l'Orient géographique, mais parce que leur sagesse était une connaissance « orientale » au sens qui vient d'être dit. Et c'est pourquoi Sohravardî s'est donné comme tâche de ressusciter leur sagesse divine, leur *theosophia*. On ne doit donc pas se contenter de traduire le mot *Ishrâq* par « illumination ». Le mot réfère à la vision intérieure de l'« Orient » de la lumière levante, que Sohravardî identifiera finalement avec la Lumière de Gloire, le Xvarnah. Il s'agit d'une connaissance qui est illuminative parce qu'elle est « orientale », et qui est « orientale » parce qu'elle est « illuminative ». L'accent est mis ainsi sur cet « Orient » qui est la Lumière des Lumières, origine et levant de toute lumière, et c'est cela même qui d'un bout à l'autre commande la doctrine philosophique et la pratique mystique. C'est pourquoi nous traduisons *ishrâqî* par « oriental », au sens métaphysique de ce mot. Cette connaissance « orientale », c'est elle qui dans les textes latins, hermétistes et autres, est désigné comme *cognitio matutina*. Le Shaykh al-Ishrâq est le *Doctor cognitionis matutinae*.

Cette connaissance « orientale » qui se lève après l'« orientation » de l'âme, le lever de l'âme à son « Orient », se déploie sur plusieurs registres. Sohravardî a voulu être le résurrecteur de la théosophie des sages de l'ancienne Perse. Il a certainement connu de première main certaines données fondamentales de la sagesse zoroastrienne, comme l'attestent ses références multiples au Xvarnah, aux souverains extatiques de l'ancienne Perse, à la répartition des mondes en monde subtil (*mênôk*) et monde matériel (*gêtîk*), et surtout la prédominance de l'angélologie dans un système du monde où figurent tous les noms des Amahraspands ou archanges du zoroastrisme. Ce n'est point à dire que nous retrouvons chez lui la cosmologie classique du zoroastrisme telle quelle. Certes, on ne peut plus nier l'existence de courants ésotériques dans le zoroastrisme [5], et il y aura à les envisager en étudiant de plus près la réponse zoroastrienne qui fut donnée, au XVIe siècle, à l'œuvre de Sohravardî. Mais le Shaykh al-Ishrâq a repensé toutes les données dont il disposait, en vue de la tâche qu'il s'était imposée. Il a interprété la théorie des Idées platoniciennes en termes d'angélologie zoroastrienne, et l'on aura toujours présentes à l'esprit, en le lisant, les hiérarchies médiatrices, les « séries » de l'univers de Proclos. En outre la figure d'Hermès, le « père des Sages », tient une place prépondérante aussi bien dans sa conception de la « tradition sapientiale » que dans sa pratique spirituelle. Hermès est pour lui le prophète visionnaire de la « Nature Parfaite ». Pourtant, tous ces éléments additionnés ne suffiraient pas à donner quelque chose comme la « théosophie orientale », *hikmat al-Ishrâq*. Il fallait pour cela le génie inspiré du Shaykh al-Ishrâq ; sa personne en reste la première et dernière explication. Comme tel, il n'a pas été l'artisan de ce que l'on appelle à la légère « syncrétisme », pour n'avoir pas à envisager un point de vue qui vous embarrasse. Il a été le témoin d'une *Sophia perennis* dont il avait le sens aigu.

Car cette théosophie *ishrâqî* a été la voie spirituelle suivie au cours des siècles, par les *Ishrâqîyûn*, disciples de Sohravardî que les répertoires désignent le plus souvent comme des « Platoniciens » par opposition aux Péripatéticiens (les *Mashsha'ûn*). Ce qui caractérise cette école, c'est qu'elle pose comme indissociables l'une de l'autre l'étude philosophique et l'expérience spirituelle ou pratique mystique. Une recherche philosophique qui n'aboutirait pas à une réalisation spirituelle personnelle, est aux yeux de Sohravardî une entreprise stérile, une perte de temps. Réciproquement, à l'encontre de tant de soufis vitupérant à la légère la connaissance comme telle, Sohravardî considère que quiconque s'engage sur la voie spirituelle sans avoir une sérieuse formation philosophique, s'expose à tous les pièges et à toutes les illusions, à tous les troubles que nous désignons aujourd'hui sous le nom de schizophrénie. Il y a dans cette double exigence la caractéristique majeure de la spiritualité *ishrâqî*. On pourra la vérifier au cours des traités traduits ici.

Mollâ Sadrâ Shîrâzî (ob. 1640) qui fut lui-même un *ishrâqî*, « figure de proue » de l'École d'Ispahan et aujourd'hui encore le maître à penser de philosophes traditionnels de l'Iran tel que S. J. Ashtiyânî, a caractérisé au mieux la voie de l'*Ishrâq* comme la voie royale, un entre-deux (*barzakh*) qui, loin de séparer, conjoint les méthodes respectives des philosophes et des soufis. Il écrit ceci : « Ce qui convient le mieux, c'est que le pèlerin vers Dieu fasse la synthèse des deux méthodes. Que son ascèse intérieure ne soit jamais vide de méditation philosophique, et réciproquement, que sa méditation philosophique n'aille jamais sans un effort de purification spirituelle. Ou mieux dit : que sa méthode spirituelle soit un *barzakh* (un entre-deux) qui conjoigne les deux méthodes, comme telle est la voie que suivent les *hokamâ mashriqîyûn*, les théosophes « orientaux » (ou les « Platoniciens de Perse ») [6].

Ces lignes de Sadrâ Shîrâzî donnent tout son sens au dicton courant chez les philosophes iraniens : l'*Ishrâq* est à l'égard de la philosophie ce qu'est le soufisme à l'égard de la théologie scolastique du *Kalâm*.

En bref, les caractéristiques essentielles de la doctrine *ishrâqî* comme doctrine philosophique et comme pratique spirituelle, ce sont : 1) La volonté délibérée de renouer avec la théosophie de la Lumière professée par les sages de l'ancienne Perse. 2) Cette résurrection fait éclore une spiritualité dont la caractéristique est de conjoindre indissociablement la recherche philosophique de la Connaissance et la fructification de cette Connaissance en une conversion, une métamorphose intérieure de l'homme. La Connaissance dont il s'agit ne sera donc jamais une connaissance théorique, mais par essence une connaissance salvifique, ce qui depuis toujours a été le sens donné au mot *gnose*.

C'est cette double caractéristique qui a déterminé l'ordre du présent *corpus* de traités et récits mystiques du Shaykh al-Ishrâq. Une première partie réunit quelques-uns des textes dans lesquels le philosophe et théosophe *ishrâqî* expose sa doctrine. La seconde partie nous montre la doctrine devenant en acte l'événement vécu par l'âme. Le lien entre l'une et l'autre partie, lien qui les rend indissociables l'une de l'autre, consiste essentiellement dans le passage de l'exposé doctrinal au récit mystique de l'événement vécu. Ce passage ne peut en effet être exprimé autrement que sous la forme d'un récit d'initiation spirituelle, et cette initiation est celle qui donne naissance au Sage intégral, selon l'esprit et le cœur de Sohravardî : un sage passé maître aussi bien en savoir philosophique qu'en expérience mystique.

3. — *L'Archange empourpré*

Or, ce passage s'accomplit sous la conduite d'un guide surnaturel qui est l'initiateur personnel du « pèlerin » qui est le chercheur. Ce guide n'est autre que l'Ange désigné dans le premier des récits groupés ici dans la seconde partie comme « l'Archange empourpré ». Il nous aura été présenté déjà dans les traités philosophiques de la première partie, et ne cessera d'être présent tout au long des récits mystiques de la seconde partie. Cette présence toujours récurrente manifeste la nécessaire fonction médiatrice de l'Ange dans la spiritualité *ishrâqî* : fonction théophanique, fonction initiatique, fonction salvifique. Sohravardî considérera que c'est sous l'inspiration directe de cet Ange-Esprit-Saint qu'il a conçu et rédigé son grand « Livre de la Théosophie orientale [7] ». Un commentateur *ishrâqî* nous apprendra (cf. Traité X) que si l'Ange est toujours désigné comme le sage guide (en persan le *pîr*, en arabe le *shaykh*), c'est parce que les *Ishrâqîyûn* ont l'Ange directement comme guide et maître spirituel, sans avoir besoin d'intermédiaire ni d'un shaykh parmi les hommes. D'où le titre même sous lequel nous avons rassemblé ici quinze traités du Shaykh al-Ishrâq.

Il y aura lieu d'expliquer plus loin les raisons et le sens de cette couleur pourpre sous laquelle l'Ange se manifeste au visionnaire au début du récit qui a pour titre « l'Archange empourpré » (cf. seconde partie, Traité VI, présentation et notes). Ce qu'il importe d'annoncer ici, ce sont le sens et la fonction de la personne de l'Ange au cours des traités et récits traduits dans le présent recueil. L'« Archange empourpré » est aussi celui que désignent maintes autres appellations traditionnelles chez Sohravardî. Il est la dixième des Intelligences hiérarchiques du plérôme, celle que les philosophes désignent comme l'« Intelligence agente ». Il est l'Ange de la race humaine (*Rabb al-nû' al-insânî*). Il est l'Ange que le Qorân désigne comme Gabriel, l'Esprit-Saint (*Rûh al-Qods*). Sohravardî le désigne encore comme « Sagesse éternelle » (*Jâvîd-Kharad*, *Sophia aeterna*), et finalement l'identifie avec l'Ange qui, dans l'Avesta, porte le nom de Sraosha. Cet Ange-Esprit-Saint est à la fois l'ange de la Connaissance et de la Révélation. Ceux qui en Occident ont cru pouvoir parler d'une « rationalisation » de l'Esprit par suite de l'identification entre l'Esprit-Saint de la Révélation et l'Intelligence agente des philosophes, sont tout simplement passés à côté de ce qui fait l'essence de la spiritualité *ishrâqî* : parce qu'elles ont la même source, sagesse et prophétie sont indissociables, de même que philosophie et mystique sont indissociables. Les « rencontres avec l'Ange » dont on lira plus loin le récit n'ont donc rien à voir avec le point de vue d'un rationalisme philosophique ou théologique [8].

On verra que cet Ange est le parent céleste, le « père » de la race humaine, le *Noûs patrikos* de l'humanité, en terminologie néoplatonicienne. Le « Livre des Temples de la Lumière » montrera cette relation en invoquant à l'appui certains textes de l'Évangile de Jean. Ce johannisme *ishrâqî*, que confirme la mention du Paraclet, est un trait extraordinaire. Le rôle de l'Ange s'affirme dans les récits où il est tantôt le guide, tantôt celui qui accueille le pèlerin mystique à l'issue de la voie, de même que dans les invocations que lui adresse le « Livre d'heures ».

Nous n'anticiperons pas ici sur les précisions multiples données au cours de nos présentations et de nos notes. Nous laissons au lecteur le soin de découvrir progressivement la pensée et les aspirations d'un spirituel *ishrâqî*. Disons seulement que pour comprendre celui-ci, il faut se pénétrer de la vision d'un monde où les hiérarchies médiatrices remplissent une fonction nécessaire, cosmologique et sotériologique. Un monde où, bien loin qu'il y ait un antagonisme entre le *tawhîd* ou Attestation de l'Unique et le pluralisme théosophique, chacun est le garant de l'autre ; chacun empêche l'autre de dégénérer en une idolâtrie métaphysique, fût-elle celle d'un monothéisme abstrait Il y a un lien essentiel entre la connaissance de l'Ange et la connaissance de soi. L'Ange apparaît au visionnaire sous l'aspect de son propre guide spirituel (*pîr*), un sage de jeunesse éternelle. La reconnaissance de l'Ange est l'aspect que prend dans nos récits la mise en œuvre de la devise : « Celui qui se connaît soi-même (son âme), connaît son Seigneur. » Aussi bien la figure de l'Ange-Esprit-Saint comme Ange de la race humaine, s'individualise-t-elle pour chacun sous l'aspect de sa « Nature Parfaite », celle dont un ancien traité hermétiste en arabe fait dire à Socrate qu'elle est « l'Ange personnel du philosophe ».

C'est en particulier dans les Traités VI à VIII du présent recueil que l'Ange se fait connaître au chercheur, lui révèle qui il est, notamment à la fin du « Récit de l'exil occidental » (Traité VIII). D'autres précisions auront précédé. L'Ange-Esprit-Saint est le « père » de tous les Verbes que sont les âmes humaines, et c'est lui qui est en fait le « père » de celui que les chrétiens ont désigné comme le « fils de Dieu » (Traité V). Il y a chez Sohravardî la formulation d'une christologie dont nous ne pouvons dire encore exactement la source, mais qui rappelle celle du judéo-christianisme primitif. L'Ange-Esprit-Saint, Gabriel, assume en fait la fonction du *Christos Angelos* de cette christologie des tout premiers temps du christianisme. Christologie qui s'accorde avec la prophétologie judéo-chrétienne du *Verus Propheta* dont a hérité la prophétologie islamique. Et il y a ici une profonde cohésion entre l'anthropologie angélologique de Sohravardî et sa prophétologie. Disons brièvement par anticipation que l'origine et le destin de la race humaine se révèlent dans cette cohésion où la notion zoroastrienne de Lumière de Gloire (*Xvarnah*) recoupe la notion qorânique de *Sakîna*, qui est en hébreu la *Shekhina*.

L'Ange-Esprit-Saint, Gabriel, Ange de l'humanité qui est sa « théurgie », est la dixième du plérôme de ces Intelligences hiérarchiques que le « Livre d'heures » désigne comme les « Dieux-archanges » de la « race royale de Bahman-Lumière » (Bahman est, dans le zoroastrisme, le nom du premier des Archanges procédant d'Ohrmazd). Tous sont investis de la Lumière de Gloire (*Xvarnah*) qui est l'« Orient », l'origine et le nimbe de puissance de leur être. C'est donc précisément par son *Noûs patrikos*, par l'Ange dont il est la « théurgie », que l'être humain peut retrouver une ascendance remontant à cet Ordre royal s'il en fut, le Shaykh al-Ishrâq se le représentant en quelque sorte à la façon d'une confrérie initiatique. Ce sera la leçon finale du « Récit de l'exil occidental ». Entre l'Ange et sa « théurgie précellente » qui est la race humaine, il y a une solidarité de destin, les impliquant dans un même drame dont ils ont à préparer ensemble l'issue rédemptrice. L'Ange-Esprit-Saint est lui-même le guide conduisant les siens hors des ténèbres, à condition qu'ils entendent son Appel. Compagnons de destin : c'est ce que symbolise aussi bien la couleur pourpre de l'Archange que le symbolisme de ses deux ailes (Traité VII), l'une de pure lumière, l'autre enténébrée. La quête du pèlerin de l'*Ishrâq*, ce fut celle des souverains extatiques de l'ancienne Perse (Fereydûn, Kay Khosraw), auxquels fut donnée la vision de la Lumière de Gloire. Les notions d'*Ishrâq* et de *Xvarnah* transparaissent l'une à travers l'autre dans la méditation visionnaire de notre shaykh.

Et les conséquences s'ouvrent sur de hautes et lointaines perspectives. La prophétologie islamique, nommément la prophétologie shî'ite, a pour base la notion de « Lumière mohammadienne » (*Nûr Mohammadî* = Lumière glorifiée), qui assume la fonction du *Verus Propheta* ou *Christus aeternus* dans la prophétologie judéo-chrétienne primitive. De nouveau le « Livre d'heures » illustrera les données qui l'auront précédé : cette Lumière mohammadienne y devient la Lumière de Gloire investissant l'âme des prophètes. Ici également l'expérience prophétique ne contraste pas avec l'expérience mystique : elle en est le prototype. Cette expérience mystique comme investissement de l'âme par les Lumières divines, nous verrons que le Shaykh al-Ishrâq la typifie par excellence comme descente de la *Sakîna*. Au sens courant, le mot veut dire quiétude, confiance. Dans le lexique *ishrâqî* il désigne l'habitation prolongée des Lumières divines dans la demeure (*maskin*), le « temple » de l'âme (la racine arabe *skn* connote le sens de demeurer, habiter). Or, l'arabe *Sakîna* est l'équivalent de l'hébreu *Shekhina*. Celle-ci désignait la mystérieure Présence divine dans le Saint des Saints du Temple. La *Sakîna* est la présence à demeure des Lumières divines dans l'âme-temple. C'est par l'interférence de la Lumière de Gloire (*Xvarnah*) avec la *Sakîna/Shekhina* que s'opérera l'intégration de l'ancien prophétisme iranien à la tradition prophétique biblique et qorânique, de même que par l'interférence du *Xvarnah* et de l'*Ishrâq* se produit l'intégration de l'angélologie zoroastrienne, disons aussi de l'angélologie néoplatonicienne, à l'angélologie de la tradition biblique et qorânique. Cette double intégration détermine les niveaux herméneutiques de la théosophie *ishrâqî* ; elle la préserve de toute rechute dans la platitude (ou l'étroitesse) d'un monde unidimensionnel.

Nous accumulons ainsi en quelques lignes certains thèmes dominateurs. La lecture méditée des quinze traités qui vont suivre, permettra de les retrouver et de les ordonner chacun en son lieu. Nous avions, dès ces premières pages, à laisser pressentir la grandiose conception du Shaykh al-Ishrâq. Nous rappellerons encore que dans certains de ses récits mystiques, aussi bien que dans le récit visionnaire de Hayy ibn Yaqzân, il arrive à l'Ange de répondre à la question de son interlocuteur « Je viens du Temple (*Bayt al-Maqdis*) », c'est-à-dire de la Jérusalem céleste. Le « temple » conçu par Sohravardî est à la dimension de ce Temple céleste. Il est capable de rassembler toutes les « communautés du Livre », les *Ahl al-Kitâb*, ou mieux dit, pour employer ses propres termes, tous les *Ahl al-Ishrâq*, ces « frères de l'Orient », communauté idéale dont aucune archive ne pouvait garder les traces, ou encore, ce qui revient au même, les *Ahl al-Sakîna*, la « communauté de la *Sakîna* », rassemblant tous les « gardiens de la Parole » à l'orient et à l'occident de ce monde.

Reste à signaler un dernier contexte à l'appui de cette grandiose conception *ishrâqî*.

4. — *Le royaume de Salomon*

Il s'agit d'un contexte illustrant la conception sohravardienne rassemblant dans un même Temple idéal le peuple de Zarathoustra/Zoroastre et les communautés de la Sakîna/Shekhina, c'est-à-dire les familles spirituelles composant ensemble la tradition abrahamique. Certes, il y a lieu de rappeler tout d'abord le décret du roi Cyrus ordonnant la reconstruction du Temple. De la portée de ce décret nous devrons aux archéologues un admirable symbole, s'il se confirme que le procédé d'agencement des pierres était le même à Persépolis et dans le mur subsistant du Temple de Jérusalem. Mais il y a plus. C'est l'aire géographique de la souveraineté achéménide qui se trouve elle-même intégrée au Temple. La Perside (le Fârs) devient royaume de Salomon.

Nous devons à l'un de nos jeunes et éminents collègues iranologues, A. S. Melikian-Chirvani, de pertinentes recherches dont le résultat eût enchanté notre Shaykh al-Ishrâq. Ces recherches nous apprennent que, contrairement à une opinion assez largement répandue en Occident, jamais les Iraniens n'avaient laissé tomber dans l'oubli le site de Persépolis. Un mode de pensée, qu'illustre déjà l'herméneutique immanente aux récits mystiques de Sohravardî, permit aux Iraniens de saisir l'*analogie* entre le personnage de Jamshîd, troisième souverain universel selon l'Avesta, régnant sur une humanité encore bienheureuse, et le personnage de Salomon, roi-prêtre, détenteur du savoir ésotérique selon le Qorân, l'un et l'autre exemplifiant l'archétype du Prince ou de l'Homme Parfait. C'est par cette analogie (l'identification des deux personnages n'étant qu'une confusion ayant cours en milieu vulgaire), que le royaume du Fârs, la Perside des Grecs, devint royaume de Salomon, et que les sites achéménides purent servir de support aux thèmes salomoniens. Aussi bien apparaît maintenant la tendance à considérer que Persépolis ne fut jamais une capitale politique, mais une Cité sainte, le haut lieu du cérémonial réglé par le rituel impérial. Et cela s'accorde fort bien avec l'idée de « Persépolis, capitale de Jamshîd, considéré comme lieu habité par l'esprit salomonien ». Déjà Sa'dî au XIIIe siècle célébrait le Fârs comme « cette province où furent le Trône de Salomon et la cour du secret ». On ne pourrait proposer plus beau symbole de l'inter-présence du Xvarnah et de Sakîna/Shekhina, telle que l'a éprouvée notre Shaykh al-Ishrâq.

Non moins frappant est le texte que l'on doit à un philosophe *ishrâqî*, Jalâloddîn Davânî (830/1427-908/1502) [9], qui fut un des plus célèbres commentateurs de Sohravardî et dont on pourra lire ici même quelques pages traduites de son commentaire du « Livre des Temples de la Lumière ». Le texte persan en question, découvert et attentivement traduit par M. Mélikian-Chirvani, a pour titre « Le Livre de la parade » (*Arz-Nâmeh*). Il nous atteste une célébration précédant de quelque cinq siècles celle que nous avons évoquée au début de ce prélude. L'opuscule nous donne en effet la description détaillée d'une parade organisée en 1476 par Soltân-Khalîl sur le haut plateau de Persépolis et dont Jalâloddîn Davânî fut le témoin oculaire. Telle que la décrit Davânî, la cérémonie persépolitaine tout entière semble avoir revêtu un caractère symbolique dont la clef, aussi bien que celle des titres salomoniens décerné aux princes du Fârs, pourrait être fournie par le traité de Sohravardî que commenta Davânî. Le récit lui-même comporte un épisode visionnaire : les innombrables images sculptées sur les murs s'animèrent en présence de la beauté solaire de Soltân-Khalîl, « second Salomon », arrêté en contemplation devant elles, puis « rentrèrent dans les murs, puis des murs s'en allèrent [10] ».

Le texte du philosophe *ishrâqî* Davânî justifie la question posée par M. Melikian-Chirvani : « Persépolis est-elle considérée comme un haut lieu de l'illumination spirituelle, comme la demeure éternelle de la connaissance salomonienne ésotérique ? » Il est possible qu'une telle question apparaisse comme une vue de l'esprit aux yeux de la critique positive. Elle n'en subsiste pas moins. Il y aura occasion de rappeler au cours des annotations du présent livre ce que c'est qu'une filiation spirituelle, comment elle s'établit et comment elle porte témoignage d'elle-même. Marquons simplement ici notre accord, quand notre collègue écrit : « Cette question de l'histoire n'a pas revêtu en Orient le sens que lui donnent les Occidentaux. Les Iraniens ont perçu leur passé en une vision stylisée, dépouillée de tout aspect contingent, de même qu'en art ils ont forgé un vocabulaire abstrait d'ornements et de figures linéaires éloignées de tout réalisme descriptif. Ils ont vu dans les palais persépolitains l'œuvre de Jamshîd, archétype de la personne du prince. Ils lui ont donné le nom de Trône de Jamshîd (*Takht-e Jamshîd*) [11]. »

Ce n'est pas seulement la Perside, au sud-ouest de l'Iran, que la tradition salomonienne intégra à elle-même. Nous évoquions ci-dessus le temple de Shîz, sanctuaire du Feu royal, au nord-ouest de l'Iran, dans cet Azerbaïdjan qui fut le pays d'origine de notre Sohravardî. Shîz, dont le site géographique est déjà un paysage visionnaire, est devenu au cours des siècles le « Trône » ou le « Temple de Salomon » (*Takht-e Solaymân*) [12]. Nous avions dit ci-dessus : comprésence du Xvarnah et de la Sakîna/Shekhina dans l'*Ishrâq* de Sohravardî.

La philosophie du Shaykh al-Ishrâq, comme témoin de cette Lumière surnaturelle, nous ouvre le secret des âges et des espaces de l'Iran. Mais ce secret est aussi celui de notre tradition spirituelle, à nous occidentaux. Car c'est à nous tous qu'il incombe de satisfaire au décret du roi Cyrus, ordonnant la reconstruction du Temple. Parce que nous avons encore à reconstruire ensemble le Temple, nous sommes compagnons de destin.

Le Shaykh al-Ishrâq nous a appris le sens spirituel des mots « Orient » et « Occident » (ces mots mis entre guillemets, quand ils sont pris en ce sens). Lors donc que nous parlons avec lui de l'« exil occidental », il ne s'agit pas d'une mise en accusation des pays d'Occident au sens géographique, pas plus que, lorsque nous parlons de « théosophie orientale », il ne s'agit de se rendre tout simplement à l'Orient géographique pour la trouver. Disons qu'au sens sohravardien de ces mots, il y a encore un certain nombre d'« orientaux » en Occident, et un bon nombre d'« occidentaux » en Orient. Notre prélude s'achèverait peut-être sur une dissonance, si précisément Sohravardî ne nous permettait de la résoudre.

C'est que les « Occidentaux » de l'Orient soupçonnent naïvement que toute revivification de ce qu'ils appellent le « passé », tend à freiner l'essor technologique de nos jours, et partant, ils opposent à ce « passé » des idéologies qu'ils croient solidaires de leur occidentalisation. On souhaite qu'ils s'éveillent à ce dont les « Orientaux » de l'Occident ont pris conscience depuis longtemps. Il est un certain nombre de questions que l'humanité se pose depuis toujours, et dont il est vital pour elle qu'elle puisse continuer de les poser. L'Occident ne les a jamais ignorées. Ces questions sont absentes de la démarche initiale de la technologie ; ce serait une mortelle illusion d'attendre qu'au terme elle puisse y répondre. Quant aux idéologies socio-politiques qui croient abolir ces questions par la technologie, les « Occidentaux » de l'Orient perdent de vue que ces idéologies sont issues de la sécularisation de systèmes théologiques de l'Occident, voire de ses plus hauts pressentiments mystiques. Il est étrange que, refusées au long des siècles, lorsqu'elles se présentaient sous leur forme théologique, ces idéologies soient accueillies sous leur forme laïcisée par l'Orient de nos jours. Les pires malentendus sont ici déterminants. Il est à craindre qu'importées dans un climat qui n'est pas leur climat d'origine, ces idéologies aient une vertu de déracinement et de décomposition. Car seul l'organe qui sécrète le poison, peut aussi sécréter l'antidote.

Le cas de Sohravardî nous apparaît alors d'une vertu exemplaire. Il savait que la vie spirituelle de l'homme se développe sous l'horizon du *Malakût* où rien n'est jamais « au passé », non pas dans le devenir de l'Histoire où tout dégénère, vieillit et meurt. S'il n'avait pas eu cette conviction, il n'aurait pas eu le courage d'assumer une entreprise pour laquelle il savait n'avoir pas eu de prédécesseur. S'il avait attendu qu'un fait l'y autorise, il n'eût point donné à la philosophie irano-islamique, ou plutôt à la philosophie tout court, ce qu'il lui a donné. Le fait accompli, il l'a créé, et a par là même opéré une *réversion* du temps. A partir de lui, les sages *Khosrovânîyûn* de l'ancienne Perse seront les précurseurs des *Ishrâqîyûn* de la Perse islamique. Il fut de ceux qui mettent au futur ce dont les autres ne parlent qu'au passé.

Dans les pages finales du « Livre des Temples » comme dans maintes pages de ses traités, comme dans son « Livre d'heures », le Shaykh al-Ishrâq donne libre cours à son inspiration prophétique, lyrique et impérieuse, dont les résonances se propageront dans la gnose islamique. Il n'enseigne plus ; il est le héraut de l'événement qu'il annonce, parce qu'il a commencé par le vivre lui-même.

Paris
juillet 1975

NOTES DU PRÉLUDE

1. Pour plus de détails, voir *En Islam iranien...* l'ensemble du t. II.

2. Shihâboddîn 'Omar Sohravardî (ob. 1234) est à l'origine de la *tarîqa* soufie des *Sohravardîya*. Il fut le théologien du khalife abbasside Nâsir li-dîn Allâh (1181-1233) qu'il aida considérablement dans son projet d'organiser quelque chose comme une *fotowwat* panislamique. Voir notre Introduction analytique aux *Traités des compagnons-chevaliers* édités par Morteza Sarrâf (Bibliothèque Iranienne, vol. 20), Téhéran-Paris, 1973, pp. 37 ss.

3. Cf. *Op. metaph. III*, Prolégomènes III, pp. 144 ss. ainsi que les deux planches panoramiques hors-texte.

4. Voir *En Islam iranien...* t. II, pp. 15 ss.

5. Cf. Shaul Shaked, *Esoteric Trends in Zoroastrianism* (The Israel Academy of Sciences and Humanities Proceedings, vol. III, nº 7), Jerusalem 1969.

6. Pour ce texte et son contexte voir *En Islam iranien...* t. II, p. 336.

7. Cf. *ibid.*, t. II, p. 20.

8. Voir *ibid.*, t. IV, index général s. v. Esprit-Saint, Gabriel, Intelligence agente.

9. Il est préférable d'orthographier Davânî plutôt que Davvânî ou Dawwânî. Davân est une bourgade du Fârs (la Perside) dans les environs de Kâzerûn.

10. Sur ces images sculptées et leur interprétation, au siècle dernier, par Forsat Shîrâzî, voir notre article *Pour le concept de philosophie irano-islamique*, in « Revue philosophique » janv.-mars 1974, p. 9.

11. Pour ce qui précède, se reporter à l'importante étude de A. S. Mélikian-Chirvanî, *Le royaume de Salomon. Les inscriptions persanes de sites achéménides*, in « Le Monde iranien et l'Islam », Genève-Paris, Droz, 1971, t. 1, pp. 1-41. Un autre article du même auteur, *Persépolis et la mystique musulmane*, dans le volume « Iran » (Les Sept Climats), Paris 1972, est un résumé de l'étude précédente. Cf. l'important rapport de Akbar Tajvîdî, *Dânestanîhâ-ye novîn...* (Nouvelles informations sur l'art et l'archéologie achéménides d'après les fouilles entreprises au cours des années 1347-1351 h. s. = 1968-1972, en persan), Téhéran 1973. M. Tajvîdî est d'accord avec la conception salomonienne, mais suggère la révision de certaines traductions proposées par M. Mélikian-Chirvani.

12. Une mission archéologique allemande a effectué, au cours des dernières années, plusieurs campagnes de fouilles très fructueuses sur le site de Shîz.

PREMIÈRE PARTIE

La doctrine du philosophe mystique

Prologue I

Comme nous l'avons annoncé dans le prélude, les textes du présent *corpus* sont groupés en deux parties : les textes de la première partie présentent la doctrine du philosophe mystique. Ceux de la seconde partie présentent la doctrine devenant événement de l'âme. On pourrait dire qu'à la philosophie « théorétique » de la première partie, la seconde partie fait succéder la « philosophie narrative ». Mais il convient de dire plus exactement que le schéma de cette répartition ne fait qu'adhérer à l'idée fondamentale que le Shaykh al-Ishrâq se fait de sa doctrine et de son œuvre. Nous nous référons ici à l'analyse détaillée que nous avons donnée ailleurs du prologue de son « Livre de la Théosophie orientale » [1]. On y trouve exposé et motivé son concept du Sage parfait, et partant, de la hiérarchie des Sages, en fonction de ce qui fait l'essence de la philosophie et de la théosophie *ishrâqî*. Le Sage de Dieu, le *theosophos*, doit commencer par acquérir une solide formation philosophique, mais celle-ci, limitée à elle-même, ne serait que travail stérile et perte de temps. Elle doit conduire à une expérience spirituelle [2], qui elle-même serait exposée à tous les égarements et illusions, si celui qui s'engage sur cette voie n'était point armé d'une solide préparation philosophique. Nous avons rappelé ci-dessus dans le prélude que c'est là même la caractéristique de l'école *ishrâqî* dans la philosophie et la spiritualité irano-islamiques.

Le groupement des traités choisis ici s'imposait donc de lui-même. Certes, il y a déjà dans les traités de la première partie une vibration secrète, telle que leur exposé devance en un certain sens ce qu'on lira dans les traités de la seconde partie. Ces traités ont été choisis parmi ceux qui forment les *Opera minora* du Shaykh al-Ishrâq, en laissant de côté les grands ouvrages didactiques, notamment le « Livre de la Théosophie orientale » dont nous avons toujours l'intention de donner ailleurs la traduction intégrale préparée depuis longtemps.

Des cinq traités qui composent ici la première partie, les deux premiers sont traduits intégralement. Pour les trois autres, les extraits ont été choisis en raison des thèmes privilégiés qui éclairent directement ceux de la seconde partie. Deux d'entre ces traités ont été l'objet de longs et utiles commentaires (inédits) de la part de philosophes appartenant ou apparentés à l'école *ishrâqî*. Nous en avons également traduit quelques extraits qui illustrent les points les plus saillants de la doctrine et de l'expérience spirituelle *ishrâqî*. Ajoutons que Sohravardî a écrit tantôt en persan tantôt en arabe, et à l'occasion s'est lui-même traduit de l'arabe en persan ou inversement.

Ces cinq traités sont les suivants (leurs titres en arabe ou en persan figurent en tête de chacun d'eux dans le présent livre) :

1) *Le Symbole de foi des philosophes* rédigé en arabe, et qui dans sa concision constituait pour notre *corpus* la meilleure entrée en matière. On pourra apprécier à la fois ce qu'il contient déjà et ce qui ensuite le déborde.

2) *Le Livre des Temples de la Lumière*, rédigé en arabe et traduit en persan par l'auteur avec d'importantes abréviations. Notre traduction tient compte des deux versions. C'est un des opuscules qui peuvent le mieux donner une idée d'ensemble de la doctrine et des préoccupations de notre Shaykh. Les VIe et VIIe Temples abondent en allusions aux conséquences lointaines. Ce livre a été commenté par deux philosophes iraniens : Jalâloddîn Davânî, déjà nommé ci-dessus dans le prélude, et Ghiyâthoddîn Mansûr Shîrâzî. Nous avons donné plusieurs extraits de ces commentaires, tous deux encore inédits. Ils sont nécessaires à l'intelligence du texte et des conséquences qu'il fait entrevoir.

3) *Le Livre des Tablettes dédiées à 'Imâdoddîn*, émir seljoukide de Kharpût « au pays de Rûm ». L'ouvrage existe en arabe et en persan, et nous avons travaillé sur les deux versions. Comme on le verra, les extraits choisis mettent en évidence le rôle de la Lumière de Gloire (Xvarnah) et de la Sakîna/Shekhina dans la doctrine de Sohravardî ; son admiration pour les souverains extatiques de l'ancienne Perse, dont l'exemple est à l'origine de son grand projet ; enfin sa métaphysique de l'Imagination active qui a toute la portée d'une théorie de la connaissance visionnaire. Le traité a été longuement commenté par un autre philosophe *ishrâqî* d'Azerbaïdjan, Wadûd Tabrîzî. On en trouvera d'importantes citations dans nos notes. Ce commentaire en arabe est, lui aussi, inédit.

4) *Le Livre du Rayon de lumière*, rédigé en persan. Les extraits complètent les données précédentes concernant le Xvarnah et le rôle de l'Imagination métaphysique dans la connaissance visionnaire, la hiérognose.

5) *Le Livre du Verbe du soufisme*, en arabe. Dans les pages traduites ici, le shaykh expose une angélologie, une anthropologie et une chris-

tologie fondées sur le concept de Verbe ou Logos (*Kalima*) que l'on retrouvera dans ses récits mystiques (le Traité VII). Il y formule explicitement, sans équivoque ni réticence, ce qui fut le grand projet de sa vie et le sens de son œuvre.

Hormis le « Livre des Temples » traduit jadis en hollandais par Simon van den Bergh, en 1916, aucun des traités ci-dessus n'a encore été traduit en une langue occidentale.

Nous n'avons pas à en dire plus dans ce prologue. Chacun de nos traités est précédé d'une présentation qui en dégage les intentions, la structure et les grands thèmes. Chacun est suivi de notes dans lesquelles sont expliqués les termes techniques, explicitées les allusions et coordonnés les thèmes privilégiés de l'*Ishrâq*. C'était le minimum requis ici. Pour ne pas nous répéter, nous nous référons fréquemment à des développements que nous avons donnés ailleurs ; il sera utile au lecteur de s'y reporter.

NOTES DU PROLOGUE

1. Voir *En Islam iranien*... t. II, pp. 67-80.

2. Voir *ibid.*, t. IV, index général s. v. *ta'alloh* (*théôsis*).

ABRÉVIATIONS BIBLIOGRAPHIQUES

Op. metaph. I = Shihâboddîn Yahyâ Sohravardî *Opera metaphysica et mystica* edidit et prolegomenis instruxit H. Corbin, volumen primum (Bibliotheca Islamica, 16). Istanbul-Leipzig 1945 (Contient la métaphysique de la trilogie composée par Sohravardî comme une propédeutique pour le « Livre de la Théosophie orientale »).

Op. metaph. II = *Œuvres philosophiques et mystiques* de Shihâboddîn Yahyâ Sohravardî, vol. I (*Opera metaphysica et mystica II*). Prolégomènes et édition critique par H. Corbin (Bibliothèque Iranienne, vol. 2) Téhéran-Paris, 1952 (Contient le « Livre de la Théosophie orientale », le « Symbole de foi des philosophes », le « Récit de l'exil occidental »).

Op. metaph. III = Shihâboddîn Yahyâ Sohravardî. *Œuvres philosophiques et mystiques*, vol. II : *Œuvres en persan* (*Opera metaphysica et mystica III*), éditées avec une introduction par Seyyed Hosseïn Nasr. Prolégomènes, analyses et commentaires par Henry Corbin (Bibliothèque Iranienne, vol. 17). Téhéran-Paris, 1970.

Prolégomènes I, II, III = Nos Prolégomènes respectifs à chacun des trois volumes mentionnés ci-dessus.

En Islam iranien = H. Corbin, *En Islam iranien : aspects spirituels et philosophiques*, sept livres en quatre tomes. Paris, Gallimard, 1971-1973 (Le t. II a tout entier pour thème et sous-titre : « Sohravardî et les Platoniciens de Perse »).

Les quinze traités composant le présent *corpus* sont pourvus chacun d'un numéro de série en chiffre romain, de I à XV. Les multiples références d'un traité à l'autre sont indiquées brièvement sous la forme : Traité I, Traité II, Traité III, etc.

TRANSCRIPTIONS

Pour des raisons techniques et économiques, il n'est point fait usage ici de caractères munis de signes diacritiques. Nous avons observé les mêmes règles que celles énoncées déjà précédemment ailleurs (*En Islam iranien*... t. I, pp. XXV-XXVI). Rappelons simplement que le '*ayn* et le *hamza* sont indifféremment représentés par une simple apostrophe. Le *h* représente une aspiration qu'il est toujours nécessaire de marquer. Le *j* doit se prononcer *dj*. Le *kh* et le *x* équivalent au *ch* allemand ou à la *jota* espagnole. Le *s* est toujours dur. Le *û* a toujours le son de *ou* en français. La semi-consonne *w* est prononcée *ou* en arabe, mais comme un *v* en persan. Les références qorâniques sont données d'après le type d'édition qui a le plus généralement cours en Iran. La numérotation des versets correspond à celle de l'édition Flügel.

I.

Le symbole de foi des philosophes

(Risâla fî i'tiqâd al-hokamâ')

Traduit de l'arabe

1. Présentation

Nous avons donné, il y a déjà une vingtaine d'années, l'édition *princeps* de ce petit traité dans le second volume des *Opera metaphysica et mystica* [a]. Sa vertu propre est de réussir à faire tenir en quelques pages un contenu d'une extrême densité, englobant tout le programme des sciences philosophiques et spirituelles. Comme nous l'avons indiqué en préface à l'édition du texte arabe, il est difficile pour ce petit texte, comme aussi pour les autres traités présentés ici, d'en situer le moment exact dans la « courbe de vie » de notre Shaykh al-Ishrâq, courbe de vie très brève, puisqu'il mourut à trente-six ans.

Il n'y a de donnée précise que dans la brève indication portée en tête du « Livre de la théosophie orientale » (*Hikmat al-Ishrâq*), référant aux traités composés antérieurement. Encore faut-il tenir compte que ce dernier livre, il semble que l'auteur l'ait porté en lui dès sa première jeunesse, car même les grands ouvrages didactiques de la « Trilogie » destinée à servir de propédeutique, y font déjà référence. Aussi bien n'est-ce pas cette question de datation qui nous importe en premier et dernier lieu. Ce n'est pas la psychologie du jeune shaykh que nous avons à reconstituer. Ce qui importe pour nous, parce que c'est cela qui importait pour lui, c'est l'ensemble des réalités spirituelles qu'il prend à tâche de nous montrer. A chacun, en le prenant pour guide, de suivre son itinéraire personnel.

Il convient donc de se guider sur les intentions qu'il lui arrive de formuler en tête de ses ouvrages. Ici, nous en sommes informés dès les premières lignes. L'auteur entend prendre la défense de ceux qu'il désigne comme les « hommes de science » (*ahl al-'ilm*) ou les « Maîtres de la Vraie Réalité » (*Arbâb al-haqîqat*) d'entre les théosophes mystiques ou « Sages théosophianiques ». Le mot *haqîqat* est chargé de tellement de sens qu'il est difficile, non seulement de le traduire toujours par le même mot, mais même de trouver chaque fois le mot satisfaisant. C'est l'essence réelle ; c'est la réalité qui est vraie et la vérité qui est réelle ; c'est l'Idée par opposition à l'apparence sensible ; c'est la connaissance réelle et vraie de cette Idée, la gnose. *Arbâb al-haqîqat* revient à dire les « métaphysiciens ». Les *Ahl al-'ilm* sont ceux dont l'effort tend à connaître et à comprendre, parce qu'il n'est pas pour eux de dignité humaine sans cet effort.

Leur *situs* est défini parmi les *hokamâ' mota'alliha*, les théosophes mystiques, ceux qui ont à la fois la connaissance philosophique et l'expérience du suprême état spirituel (*ta'alloh, theôsis*) [(b)]. Nous rappellerons encore qu'il faut penser ici à l'idée du Sage parfait tel que le conçoit Sohravardî, idée qui est au fondement même de la philosophie et de la spiritualité *ishrâqî*. Nous nous y sommes reféré ci-dessus dans le « Prélude », parce que cette idée détermine le choix et l'ordre des textes présentés ici. La philosophie qui ne se développe pas en une expérience spirituelle est une vaine perte de temps. Réciproquement toute expérience mystique non précédée d'une sérieuse formation philosophique est exposée aux illusions, aux égarements et autres maladies de l'âme. On entrevoit ainsi d'ores et déjà la portée de l'intention exprimée ici par Sohravardî. S'il prend la défense des métaphysiciens contre les « pieux agnostiques » de tout genre, c'est parce que la ruine de la métaphysique entraînerait avec soi la ruine de sa doctrine spirituelle, puisque le Sage parfait doit être passé par cette initiation philosophique qui opère une première purification de l'esprit.

Il ne s'agit pas pour Sohravardî de prendre ici la défense de ceux qui ne seraient en quelque sorte que les théoriciens de la philosophie. Un tel propos ne s'accorderait ni avec le sens que donne à l'ensemble de son œuvre sa « conversion », ni avec le contenu de ce « Symbole de foi » qui commence avec les démonstrations classiques de la théologie philosophique pour s'achever sur un long rappel du charisme des prophètes et de la *Sakîna*.

Evidemment, on remarquera que sont absentes de ce traité certaines thèses caractéristiques de la doctrine *ishrâqî* (lumière et ténèbres, Idées platoniciennes et angélologie zoroastrienne, etc.). On y trouve la théorie, classique depuis Fârâbî et Avicenne, de la procession des dix Intelligences hiérarchiques. Cela ne peut conduire à se méprendre sur le sens de la « conversion » de Sohravardî. Nous y avons longuement insisté ailleurs [(c)]. Jamais le jeune Shaykh ne fut un péripatéticien au sens rationaliste du mot, excluant du champ de ses préoccupations l'expérience mystique. Mystique, il le fut dès toujours. Il a longuement expliqué lui-même comment ce qui vola en éclats au cours d'une vision intérieure décisive, ce fut précisément la limitation de la hiérarchie des êtres spirituels au schéma des dix (voire des cinquante-cinq) Intelligences hiérarchiques de la cosmologie péripatéticienne. Cette expérience décisive, ce fut la vision de l'univers des pures Lumières archangéliques aux multitudes innombrables, tout l'univers de l'*Ishrâq*, de l'« Orient des Lumières ». Mais la recherche de l'Ange personnel, l'aspiration à la rencontre avec celui qui est à la fois l'Intelligence agente des philosophes et l'Esprit-Saint, Ange Gabriel de la Révélation, était éclose dès avant. (Cf. ici chapitre IV). De cette dévotion à l'égard de l'*alter ego* céleste les traités présentés ici donnent plusieurs témoignages précis.

Donc, même si l'on situe ce bref « Symbole de foi » au début de la carrière philosophique de Sohravardî, par exemple lors de son séjour à Ispahan après ses premières études à Marâgheh en Azerbaïdjan, aux alentours de la vingtième année (vers 1175 A. D.), dans ce cas même nous le trouvons en train de mûrir les intentions qui furent toujours les siennes, celles-là mêmes qui l'amènent ici à prendre la défense des métaphysiciens.

Un simple coup d'œil sur l'intitulation des quinze petits chapitres suffit à nous édifier sur ce point. Le chapitre VII est consacré à l'immortalité de l'âme, désignée comme Esprit divin (*Rûh ilâhî*). Replacé dans le contexte des discussions théologiques en Islam, d'où notion et nature de l'Esprit étaient loin d'émerger avec la netteté qu'elles présentent ici, ce chapitre apparaît comme énonçant un des thèmes dominateurs de la philosophie sohravardienne. Il amorce déjà la thèse de l'inspatialité de cet espace spirituel auquel initie le guide de certains des récits mystiques, et que Sohravardî désigne d'un nom persan forgé par lui-même : *Nâ-kojâ-âbâd*, le « pays du Non-où » (ou encore *Rûh-âbâd*, le lieu ou la cité de l'Esprit) : non plus espace dans lequel serait l'Esprit, mais espace qui est dans l'Esprit, intérieur à lui-même.

C'est déjà ce qu'Avicenne avait mentionné en marge de la *Théologie* dite d'Aristote, concernant la multiplicité des entités spirituelles aux mondes suprasensibles. Chacune occupe la totalité de la sphère de son ciel, toutes simultanées, chacune étant dans chaque autre, chacune formant ainsi une totalité monadique. Aussi Sohravardî rappelle-t-il ici une célèbre sentence de Hallâj [d] : « Ce qui suffit à l'Unique, c'est que l'unique le fasse un. » L'Un se constitue comme Un, et c'est cela l'être. L'être se constitue chaque fois en constituant *un* être. *Monadam monadare*, disait Leibniz.

Le « Symbole de foi des philosophes » s'achève d'une manière qui concorde, avons-nous dit, avec la structure des autres œuvres du Shaykh al-Ishrâq : par l'indication d'une « philosophie prophétique » et finalement par la brève évocation de la *Sakîna* (l'hébreu *Shekhina*), Présence divine dans le « temple » de l'homme, et dont l'évocation est solidaire, chez Sohravardî, de toute sa doctrine de la connaissance visionnaire, la *hiérognose*. Il y aura occasion d'y revenir dans les traités qui suivent (cf. n. 45).

2. Traduction

1. *Motif de la composition du livre*

Gloire à Dieu Très-Haut et la bénédiction sur son Prophète et sa famille. — La raison pour laquelle a été rédigé le présent livre, c'est que je constate que les mauvaises langues s'en prennent aux hommes de science d'entre les théosophes mystiques [1], et que se fait violente à leur égard une attitude négative qui défigure leur pensée. Au point de départ, la raison en est que les gens présument à leur sujet, qu'ils s'identifient avec les matérialistes [2], qui n'admettent ni le Créateur, ni les prophètes, ni le Dernier Jour [3], ni la Résurrection, ni le retour à Dieu ni l'autre monde [4], ni le châtiment ni la béatitude après la mort.

2. *Le symbole de foi des philosophes en général*

La présomption peut se tromper comme elle peut aussi tomber juste. Dans le cas présent, concernant les hommes de science d'entre les théosophes mystiques, elle commet une erreur. Tout au contraire en effet, les hommes de science d'entre les maîtres qui ont l'expérience de la Vraie Réalité [5], professent que l'univers a un Créateur : qu'il est unique, seul, impénétrable [6] : qu'il ne s'est donné « ni compagne ni enfant » (Qorân 72/3) ; qu'il est vivant, connaissant, entendant, voyant, qualifié par les attributs de perfection, sans multiplication ni pluralisation ; que les prophètes sont missionnés de par Dieu pour s'acquitter de ce dont ils ont le devoir de s'acquitter ;

que le châtiment et la béatitude *post mortem* sont vrais ; que la béatitude et la réprobation sont vraies, constantes, adhérentes à l'être humain ; que le bienheureux trouve le repos *post mortem* ; que le réprouvé rencontre le châtiment *post mortem* ; que l'univers est de l'être pouvant-ne-pas-être, et que tout ce dont l'être est pouvant-ne-pas-être est de l'être advenant [7], en ce sens que son acte d'être est fondé sur un autre que lui-même et qu'il n'est point étant par soi-même ; qu'ainsi donc l'être *ab aeterno* (*qadîm*) est en propre ce qui, pour être, n'a pas besoin d'un autre que soi-même, et c'est l'Être Nécessaire (*Wâjib al-wojûd*), exalté soit-il. Tout cela récapitule d'une manière globale le symbole de foi des philosophes.

3. *La démonstration de l'Être Nécessaire*

Quant à l'exposé en détail, il y a ceci. Ils démontrent par des arguments décisifs que l'univers est pouvant-ne-pas-être. Ce que tout le monde peut comprendre, c'est que les accidents subsistent par les corps. L'accident est donc pouvant-ne-pas-être, puisqu'il est conditionné par quelque chose d'autre. Si son être était nécessaire, ne-pouvant-pas-ne-pas-être, son être ne serait pas conditionné par quelque chose d'autre. Quant aux corps, ils sont les substrats des accidents pouvant-ne-pas-être. L'Être Nécessaire n'est pas le substrat d'accidents ; sinon, il serait lui-même pouvant-ne-pas-être. Ensuite, les corps sont différenciés par la diversité des accidents, tels que les dimensions, les figures, les couleurs, la chaleur, la froidure, et tous autres accidents variés. Il faut donc un Créateur qui donne origine. Or, le corps n'est pas le principe de ses propres modalités, pour cette raison que ces modalités sont diverses, et que le corps en tant que tel ne diffère jamais quant à la corporéité (*jismîya*, sa nature de corps). Il ne suffit donc pas à donner origine aux réalités diverses et différenciées.

Les accidents ne peuvent être les principes donnant origine aux corps, pour deux raisons : la première est que les accidents sont multiples et variés, tandis que le corps (quant à sa corporéité) est une seule et même réalité. Si les accidents étaient les principes donnant origine aux corps, il faudrait que les corps soient différenciés entre eux quant à la corporéité comme telle [8]. La seconde raison, c'est que, pour être, les accidents ont besoin des corps. Comment, dès lors, l'accident serait-il le principe donnant origine à ce dont il a besoin précisément pour être?

Le corps n'est donc pas un principe originel par et pour soi-même, ni l'accident un principe originel par et pour soi-même. Il faut donc un principe originel qui ne soit ni un corps ni un accident. Si ce principe originel est l'Être Nécessaire par soi-même, c'est bien lui qu'il s'agissait de démontrer. Si ce principe est lui-même pouvant-ne-pas-être, il faudra qu'il aboutisse (remonte) à l'Être Nécessaire par soi-même, et celui-ci est le Créateur Très-Haut. L'homme intelligent n'a pas de doute sur ce point. « Est-il possible de douter de Dieu? » (Qorân 14/11). Non pas, c'est là quelque chose qui relève du sentiment inné. Comme le disent les Arabes : « Le crottin indique le chameau, et les chaussures usées indiquent la distance. » [9] Alors un temple [10] se dressant dans les hauteurs avec cette légèreté subtile, un centre fixé en bas avec cette densité, n'indiquent-ils pas tous deux le bon démiurge? Toutefois, les philosophes professent que le Créateur ne donne pas origine au corps sans autre détermination. Non pas, le corps est produit soit comme Feu, soit comme Air, soit comme Eau, soit comme Terre. S'il en est ainsi, l'acte de donner origine au corps n'est possible qu'en raison d'aspects ou « dimensions » différentes.

4. *La procession des dix Intelligences*

Puisqu'il en est en réalité comme nous venons de dire, le Premier auquel Dieu Très-Haut donne origine, est une entité intellective, vivante, connaissante, selon ce que dit le Prophète : « Le Premier que Dieu créa, c'est l'Intelligence [11]. » En outre cette Intelligence possède trois dimensions intellectives [12] : 1) de par sa contemplation et son intellection de son Créateur ; 2) de par sa contemplation et son intellection de son propre être pouvant-ne-pas-être ; 3) de par sa contemplation et son intellection de sa propre essence. Par son acte de contemplation et d'intellection de son Créateur — ce qui est sa dimension supérieure — procède d'elle une deuxième Intelligence. Par son acte de contemplation et d'intellection de son être pouvant-ne-pas-être — ce qui est sa dimension inférieure — procède d'elle un ciel (le ciel suprême, Sphère des Sphères ou IXe Sphère). Par son acte d'intellection de sa propre essence, procède d'elle l'Ame motrice (*Anima caelestis*) de ce ciel [13].

De la même façon, procèdent de la deuxième Intelligence une troisième Intelligence, un deuxième ciel (la VIIIe Sphère, ciel des Fixes, du zodiaque) [14] et l'Ame de ce ciel. De la troisième Intelligence procèdent une quatrième Intelligence, un troisième ciel (la VIIe Sphère, ciel de Saturne) et l'Ame de ce ciel. De la quatrième Intelligence procèdent une cinquième Intelligence, un quatrième ciel (la VIe Sphère, ciel de Jupiter) et l'Ame de ce ciel. De la cinquième Intelligence procèdent une sixième Intelligence, un cinquième ciel (la Ve Sphère, ciel de Mars) et l'Ame de ce ciel. De la sixième Intelligence, procèdent une septième Intelligence, un sixième ciel (la IVe Sphère, ciel du Soleil) et l'Ame de ce ciel [15]. De la septième Intelligence procèdent une huitième Intelligence, un septième ciel (la IIIe Sphère, ciel de Vénus) et l'Ame de ce ciel. De la huitième Intelligence procèdent une neuvième Intelligence, un huitième ciel (la IIe Sphère, ciel de Mercure, *'Otâred*) et l'Ame de ce ciel. De la neuvième Intelligence procèdent une dixième Intelligence, un neuvième ciel (la Ire Sphère, ciel de la Lune) et l'Ame de ce ciel.

De la dixième Intelligence procèdent le monde des Éléments et les âmes humaines. C'est elle que l'on appelle le « Donateur des Formes » [16]. Les prophètes l'appellent l'ESPRIT-SAINT (*Rûh al-Qods*) et GABRIEL. C'est lui qui déclare à Maryam : « Je suis l'Envoyé de ton Seigneur pour te donner un garçon pur » (Qorân 19/19) [17].

5. *Que la Création est éternelle*

En outre, les philosophes professent que ces êtres ne retardent sur le Principe qui leur donne origine ni quant au temps, ni quant à l'espace, puisque le temps et l'espace sont consécutifs à ces êtres [18]. Ou mieux dit : ces êtres ne retardent [19] sur Dieu Très-Haut que quant à l'essence (*bi'l-dhât*, non point quant à l'existence), et c'est le retard de ce qui reçoit origine (*mobda'*, l'instauré dans l'être) par rapport à ce qui lui donne origine (*mobdi'*, l'Instaurateur) puisque ce qui reçoit origine retarde éternellement sur ce qui lui donne origine, tandis que ce qui lui donne origine le précède éternellement. Si quelqu'un se garde d'employer les termes de « cause » et de « causé », il n'y a pas lieu de disputer sur les mots. Et si quelqu'un généralise en disant que le cosmos est éternel, en entendant par là qu'entre le cosmos et son instaurateur il n'y a aucun retard (ou décalage), ni chronologique, ni spatial, ni graduel, ni naturel, là encore il n'y a pas à disputer sur la terminologie, puisque l'intention est une seule et même. Bien entendu, s'il déclarait que le cosmos est éternel, en entendant par là qu'il n'a ni instaurateur ni créateur, ce serait impiété et *zandaqa* [20].

6. *Que l'acte créateur est un acte gratuit*

Les philosophes professent également que Dieu Très-Haut ne donne point l'être à quelque chose en raison d'un acte de volonté délibérée, puisque l'acte de volonté (*irâda*) n'interviendrait que parce qu'il donnerait la préférence à une éventualité sur l'autre, soit en raison d'un avantage qui lui reviendrait à lui-même, soit en raison d'un avantage devant revenir à la chose produite. Dans ce dernier cas, c'est parce qu'il considérerait qu'il est préférable de produire cet avantage pour la chose, plutôt que de s'en abstenir, que l'acte de volonté prendrait réalité pour lui. Aussi bien est-ce là quelque chose qui relève du sentiment inné. Chacun de nous sait très bien par soi-même qu'il ne produit un acte qu'en raison d'un avantage lui revenant à lui-même ou devant revenir à un autre, et parce que la réalisation de cet avantage pour l'autre lui apparaît comme étant préférable à sa non-réalisation. Or, il nous faut écarter radicalement de Dieu Très-Haut aussi bien toutes les vues intéressées, que toute dépendance subordonnant son intention à une chose quelconque. Son acte créateur n'est donc point en raison d'une vue intéressée. Loin de là, c'est son essence même qui exige et entraîne l'acte d'exister. A supposer que les philosophes descendent la route de la discussion et concèdent qu'il y ait un acte de volonté, leur position de thèse n'en sera pas ruinée pour autant. Car la Volonté divine étant elle-même éternelle, il s'ensuit que le cosmos ne retarde en rien sur le Principe qui lui donne origine, ni par un retard dans le temps ou dans l'espace, ni par aucune autre sorte de retard.

7. *De l'immatérialité de l'âme comme Esprit divin*

Les philosophes professent que l'homme est le plus noble des êtres animés terrestres, et qu'il a une âme pensante [21]. « Ame pensante », c'est, selon le philosophe, un terme qui désigne un être substantiel (*jawhar*), une essence intellective et monadique qui n'est ni *dans* le monde des Eléments ni *dans* le monde éthérique (*athîrî*), c'est-à-dire dans l'univers sidéral. Non pas ! Son acte d'être, son existence, est inconcevable *dans* le monde des corps, parce que, si elle était *dans* le monde des corps, il serait inconcevable qu'elle perçoive l'unité du Premier Être, — exaltée soit sa grandeur [22]. Car l'Unique (l'Un), ne peut connaître qu'une essence elle-même monadique. Ou mieux dit : l'âme est elle-même une essence monadique, ainsi que le disait al-Hallâj, pendant qu'on le crucifiait : « Ce qui suffit à l'Unique, c'est que l'Unique le fasse Un. » [23] Or rien de ce qui existe *dans* le monde des corps, n'est une réalité monadique. L'existence de l'âme n'est donc pas concevable comme étant *dans* le monde des corps.

L'indication qu'elle n'est pas *dans* le monde des corps, et qu'elle n'est ni un corps ni corporelle, se trouve dans le Qorân ainsi que dans les traditions et les œuvres des maîtres. Quant aux versets qorâniques, il y a celui-ci (à propos de ceux qui demeureront) « en un séjour de Vérité, auprès d'un roi puissant » (54/55). Cela indique que l'âme n'est ni un corps ni corporelle, puisque ces qualifications sont inconcevables en ce qui concerne les corps. Non, ces qualifications sont celles de l'Esprit divin (*al-Rûh al-ilâhî*) [24], qui par essence est radicalement dégagé du monde des corps. Il n'y a pas de différence entre lui (l'Esprit divin comme âme pensante) et les Anges, sinon qu'il a à sa disposition un corps à gouverner. Quant à l'argument de la Tradition, il y a ce *hadîth* de notre Prophète : « Je passe la nuit chez mon Seigneur ; il me nourrit et m'abreuve » [25]. Quant aux œuvres des maîtres, il y a ce propos de l'un des *Mashâyekh*, déclarant au sujet du mode d'être du soufi : « Celui qui est en compagnie de Dieu, est hors du lieu. » [26] Cela indique que l'âme est incorporelle, puisque le corps est composé et divisible, et que n'est point *dans* ce monde ce qui n'est divisible ni par la pensée ni concrètement.

Ainsi donc, l'âme pensante, c'est-à-dire l'Esprit divin, n'est point *dans* ce monde. Certes, elle a une attache avec le corps, semblable à l'attache qu'a un roi avec son royaume, et elle en dispose comme il lui plaît. Tant que dure fermement son attache avec le corps, l'homme reste vivant. Si cette attache est rompue, la vie est interrompue. Et dans le corps organique de l'homme, il y a un corps subtil vaporeux qui est appelé « *pneuma* vital » (*rûh hayawânî*). Tant qu'il persiste, l'attache de l'âme avec le corps persiste [27]. Sinon, il y a la mort. Si l'état des choses ne se présentait pas de cette façon, comment concevoir que l'Esprit divin, c'est-à-dire l'âme pensante, déchire (perce et transperce) les Cieux et s'élève graduellement vers l'en-haut, puisque percer et traverser les Sphères célestes est une opération inconcevable ? C'est qu'en effet les Sphères célestes persistent éternellement dans leur mouvement circulaire. On ne peut se représenter que la Sphère se meuve d'un mouvement rectiligne, car le mouvement en ligne droite n'est pas conforme à sa nature. Or, si elle se ressoudait après avoir été déchirée, il s'ensuivrait qu'elle se mût en ligne droite [28].

8. *De l'action de l'Esprit-Saint comme Donateur des Formes*

Les mouvements actualisent les aptitudes à recevoir les Formes, et le Donateur des Formes [29] confère alors l'existence. Lorsque, par exemple, l'eau est échauffée jusqu'à un degré extrême, sa matière (*hayûlî, hylé*) est apte à recevoir la forme de l'élément Air. Alors le Donateur des Formes lui confère la Forme-air (*hawâ'îya*). Lorsque la complexion de l'homme atteint son achèvement, le Donateur des Formes lui confère l'âme pensante [30].

Selon le philosophe, les Intelligences et les Sphères célestes ont une durée perpétuelle en raison de la perpétuité de leur cause, tandis que tout ce qui est soumis au renouvellement dans le monde de la génération et de la corruption, a un commencement dans le temps, parce que sa cause a elle-même un commencement dans le temps.

9. *De la Matière et des métamorphoses des Eléments*

« Matière » (*hayûlî, hylé*) est un terme qui désigne une substance qui revêt tantôt la forme du Feu, tantôt la forme de l'Air, tantôt la forme de l'Eau, tantôt la forme de la Terre. Que l'élément Eau devienne Air, c'est manifeste, car l'on voit les gouttes de rosée le devenir tour à tour [31]. C'est de l'Air qui était devenu Eau, et de l'Eau qui devient Air. Les quatre Eléments sont Feu, Air, Eau, Terre [32]. L'élément Feu est à l'extrême distance du centre (c'est-à-dire de la Terre). L'élément Terre est à l'extrême distance de la périphérie (ou Sphère des Sphères) [33].

10. *Les trois règnes naturels*

Du mélange de ces Éléments résultent les trois règnes naturels : le règne minéral, le règne végétal, le règne animal. Le règne animal est supérieur au règne végétal et d'une complexion plus parfaite. Le règne végétal est plus parfait que les minéraux, car le végétal a en commun avec l'animal certaines facultés, mais l'animal dépasse le végétal par certaines autres choses. Quant à la possession commune au végétal et à l'animal, elle consiste dans les facultés de nutrition, de croissance et de reproduction, et dans ce dont il y a besoin pour la nutrition : facultés d'absorption, de rétention, de digestion et d'expulsion. Quant à ce par quoi l'animal dépasse le végétal, ce sont les facultés de perception. Il y en a cinq externes et cinq internes. Les cinq facultés externes sont l'ouïe, la vue, l'odorat, le goût, le toucher. Quant aux cinq facultés internes, ce sont (chez l'homme) le *sensorium*, l'imagination représentative, l'imagination active, l'estimative et la mémoire [34].

11. *Les Ames motrices des Cieux et leurs extases*

L'homme, le plus noble des êtres animés, possède en propre quelque chose de séparé de la Matière, qui est l'âme pensante, subsistante par soi-même, non dans un lieu (litt. non dans un « où ») [35], vivante, connaissante, gouvernant le corps. C'est ce à quoi fait allusion le Qorân. « Par celles qui s'avancent les premières » (79/4) ; ce sont les Intelligences. « Par celles qui sont les ministres d'un ordre » (74/5) ; ce sont les Ames [36]. Or, selon les philosophes, de même que nos corps ont une âme pensante, de même les Sphères célestes ont également chacune une Ame (*Anima caelestis*) pensante, vivante, connaissante, amoureuse du Principe (c'est-à-dire de l'Intelligence archangélique) dont elle émane, éternellement nostalgique, éternellement dans l'extase d'amour, et dans une délectation succédant à une autre. Leur délectation se communiquant à leur corps, celui-ci est mis par elle perpétuellement en mouvement, comme il arrive à l'extatique d'entre les anachorètes spirituels [37]. Pour chaque Ame il est un ciel, et c'est pourquoi les mouvements des cieux diffèrent entre eux. Et c'est à cause de leurs mouvements respectifs que le Bien continu existe en ce monde. Mais ce monde-ci n'offre pas à l'égard de l'univers sidéral (*'âlam al-athîr*, l'« éthérique ») un rapport qui entre en considération [38].

12. *Les trois univers*

Selon les philosophes, les univers sont au nombre de trois : le monde des Intelligences (*Angeli intellectuales*), et c'est le monde du *Jabarût* ; le monde des Ames (*Angeli caelestes*), et c'est le monde du *Malakût* ; le monde du *Molk*, et c'est le « domaine » des corps matériels (ou encore *'âlam al-shahâda*, le monde visible, le monde des phénomènes sensibles) [39].

13. *Des conditions de la surexistence de l'âme*

Les philosophes professent que l'âme de l'être humain surexiste à la mort, à condition qu'elle soit connaissante de Dieu et de ses Anges, qu'elle soit marquée par l'empreinte des réalités spirituelles, et qu'elle ait par là même atteint le degré d'aptitude lui permettant de recevoir l'empreinte de ces réalités spirituelles. Car tels sont le but et la limite de la perfection de l'âme qui éprouve alors en douceurs ce qu'aucun œil n'a vu, ce qu'aucune oreille n'a entendu, ce qui n'est encore monté au cœur d'aucun homme [40]. En revanche, si elle est ignorante de Dieu et de ses Anges, elle est encore plus aveugle après s'être séparée du corps, comme Dieu Très-Haut le dit dans ce verset : « Celui qui était aveugle en ce monde, sera encore plus aveugle dans l'autre monde et encore plus égaré » (18/74). L'aveugle est dans les ténèbres : « Ténèbres amoncelées les unes sur les autres » (24/40) [41]. La souffrance de ceux-là, c'est alors le châtiment du voile qui les sépare de Dieu, la perte de la quiétude de ce monde, leur acquisition des modes d'êtres vicieux, comme il est dit encore : « Ce qu'ils ont acquis s'est emparé de leur cœur » (83/14). Ce verset fait allusion à la distance qui les sépare de Dieu. Leur souffrance, c'est ce qui s'interpose entre eux et les plaisirs de ce monde qu'ils convoitent encore, comme le dit ce verset : « Un obstacle s'interpose entre eux et l'objet de leur convoitise » (34/53).

14. *De la mission des prophètes*

Les philosophes professent que les prophètes — sur eux le salut — sont suscités par Dieu pour agir au mieux de ce que requiert l'ordre de ce monde, et pour faire que les hommes se ressouviennent de l'autre monde. Car les hommes sont insouciants de l'autre monde, n'observent pas le juste milieu dans les affaires de ce monde-ci. Ils ont besoin de quelqu'un qui leur fasse observer une règle bien établie, et il faut que ce quelqu'un soit une âme supérieure, douée en raison de sa supériorité, d'une haute connaissance et d'un pouvoir dont ne soit capable aucun de ses contemporains. C'est qu'en effet, lorsqu'une âme est une âme supérieure et que ses énergies sont fortes, elle imprime en ce monde une influence immense, parce qu'elle est conjointe avec l'Esprit-Saint [42] et reçoit de lui les hautes connaissances. Elle en acquiert une puissance faite de lumière et la vertu propre d'émettre une influence, de même que le fer porté à l'incandescence par le contact du feu en acquiert une modalité de lumière et la vertu propre d'incendier comme le feu. Il arrive que ce degré se produise aussi chez les Amis de Dieu (*Awliyâ*), mais les prophètes ont en propre un degré en surcroît. C'est qu'ils sont missionnés pour réformer les mœurs et pour transmettre le message, tandis que les Amis de Dieu n'ont pas cette charge [43].

15. *De la Sakîna et des états visionnaires*

Sache que lorsque les maîtres spirituels ont acquis les hautes connaissances, lorsque leur pensée s'est longuement exercée en une méditation subtile sur les objets de leur connaissance, tels que le Causateur des causes et les êtres auxquels il donne immédiatement origine [44], lorsque leurs sens se sont affaiblis par diminution de la nourriture, alors leur pensée est en accord et conformité avec leur cœur, leur litanie avec leur langue. Ils demandent l'aide tantôt d'une douce mélodie, tantôt de parfums agréables, tantôt de la contemplation de choses appropriées. Alors il se produit pour eux des Lumières spirituelles, telles que peu à peu elles deviennent un *habitus* et deviennent SAKINA [45]. Voici que se manifestent à eux des réalités suprasensibles, avec lesquelles l'âme se conjoint par conjonction spirituelle. Ces choses se propagent jusqu'à l'Imagination active [46], de la manière qui correspond au mode d'être de l'Imagination active, si bien que le *sensorium* en a la vision. Ils contemplent les apparitions spirituelles sous les formes les plus belles qui soient imaginables ; ils en entendent les suaves discours ; ils en recueillent les hautes connaissances. Parfois ils ont la vision de mystères restés cachés. A eux donc la part la plus abondante et le rang le plus élevé en ce monde et dans l'autre. Bienheureux celui qui se connaît soi-même (*nafs*, son âme) [47] avant de mourir, et qui fait que son âme atteigne à ce degré qui est sa douceur dans le séjour de l'évanescence (*dâr al-fanâ'*), et qui fera son allégresse dans le séjour de la pérennité (*dâr al-baqâ'*).

Je demande à Dieu son aide, car il est puissant et apte à exaucer, il est le Principe donnant origine à l'univers. Gloire soit à Dieu et la bénédiction sur notre prophète et seigneur Mohammad, ainsi que sur toute sa famille.

NOTES DU TRAITÉ I

(*a*) Voir notre édition de Shihâboddîn Yahyâ Sohravardî, *Op. metaph. II*, pp. 261-272, ainsi que nos *Prolégomènes II*, pp. 79-85, avec indication de la provenance des manuscrits.

(*b*) Pour le sens et le contexte de ces termes, voir notre ouvrage *En Islam iranien*... t. IV, index général, s. v. *hakîm*, *hokamâ*, *ta'alloh*.

(*c*) Voir *ibid.*, t. II, pp. 96 ss.

(*d*) Sentence si chargée de sens qu'il suffit de l'absence ou du déplacemens d'un point diacritique pour la colorer de feux tout différents. Nous avont suivi la leçon de nos manuscrits, qui n'est pas tout à fait celle retenue par L. Massignon. Cf. notre Introduction à l'édition du texte, pp. 84-85, et ci-dessous n. 23.

1. Chaque terme appartient au lexique technique des *Ishrâqîyûn* : il s'agit des *ahl al-'ilm* d'entre les *hokamâ mota'allihûn*. Pour la portée de ce dernier terme, voir *En Islam iranien*, t. IV, index s. v. Les diffamations des profanes ou des « pieux agnostiques » visent ceux qui s'attachent à la connaissance philosophique. Or, pour Sohravardî le sage parfait est celui qui cumule la recherche philosophique et l'expérience spirituelle. Apologie nécessaire donc, puisque sans une sérieuse formation philosophique, le mystique est exposé aux illusions et aux égarements. Cf. ci-dessus notre présentation du texte.

2. Sur les *Dahrîyûn*, cf. Nâsîr Khosraw, *Le Livre réunissant les deux sagesses*... (Bibliothèque Iranienne, vol. 3), Téhéran-Paris 1953, index s. v.

3. *Al-Hashr*, le rassemblement des humains pour le Jugement dernier.

4. *Marji'* et *ma'âd* ; les *Dahrîyûn* refusent l'eschatologie.

5. *Arbâb al-haqîqat*, cf. ci-dessus présentation du présent traité.

6. *Samad*. Sur la traduction par « impénétrable », voir D. Masson, *Le Coran*, introd. trad. et notes (Bibliothèque de la Pléiade, 190), Paris 1967, note *ad* 112/2, p. 978.

7. Le *momkin al-wojûd* n'est pas exactement ce que l'on appelle « contingent », car du fait qu'il existe, il est nécessaire, sinon par soi-même du moins

ab alio. Cette question a été amplement discutée par les philosophes de l'Ecole d'Ispahan, voir notre *Introduction* analytique I et II à S. J. Ashtiyânî *Anthologie des philosophes iraniens depuis le XVIIe siècle jusqu'à nos jours*, t. I et II (Bibliothèque Iranienne, vol. 18 et 19), Téhéran-Paris 1972-1975, en particulier les chapitres sur Mîr Dâmâd et Qawâmoddîn Râzî.

8. Ce raisonnement a été bouleversé par la métaphysique de Mollâ Sadrâ Shîrâzî (1640), donnant à l'existence la primauté sur la quiddité ou essence. Il y a plusieurs façons d'« *être* un corps », depuis le corps matériel jusqu'au corps subtil. Voir notre éd. et trad. de Mollâ Sadrâ, *Le Livre des Pénétrations métaphysiques* (Bibliothèque Iranienne, vol. 10), Téhéran-Paris, 1964.

9. Ce proverbe figure in Majlisî, *Bihâr al-Anwâr* (L'Océan des lumières), éd. lithogr. Téhéran 1355 h. l., t. II, p. 17.

10. *Haykal*, ici la voûte céleste.

11. Sur ce *hadîth* du Prophète, cf. *En Islam iranien*... t. IV, s. v. *hadîth*. Les philosophes ont identifié sans peine cette Intelligence avec le *Noûs* des néoplatoniciens (= *'Aql* ; ne pas traduire par « raison »). C'est cette Intelligence première que Sohravardî désignera sous le nom de *Bahman*, qui dans la cosmogonie zoroastrienne est le nom du premier Archange procédant d'Ohrmazd.

12. Sur les trois actes de contemplation de chaque Intelligence, voir notre ouvrage *Avicenne et le Récit visionnaire*, t. I (Bibliothèque Iranienne, vol. 4), Téhéran-Paris 1954, index s. v. Intelligences, Chérubins, et *En Islam iranien*... t. IV, index s. v. Intelligence. Dans les traductions latines, les Intelligences (*Karûbîyûn*, Chérubins) sont les *Angeli intellectuales* ; les Ames motrices des Sphères sont les *Angeli caelestes*. La matière toute subtile des Sphères célestes marque le début de l'ombre, la distance entre le désir de l'Ame et l'Intelligence dont elle procède ; c'est le mouvement de son désir qu'elle communique au Ciel émané de cette même Intelligence. Voir encore ci-dessous les traités II, VII et IX. Dans le « Livre de la théosophie orientale » (*Hikmat al-Ishrâq*) la procession des Intelligences s'accomplit selon un autre rythme.

13. C'est-à-dire de par l'intellection de sa propre essence en tant que nécessitée par son Principe.

14. Dans l'ordre descendant, tandis que dans l'ordre ascendant le Ciel des Fixes est non pas le deuxième mais le huitième Ciel, ainsi de suite. Cf. dans le « Livre d'heures » les liturgies composées par Sohravardî en l'honneur de chaque Intelligence.

15. C'est le Ciel du soleil, théurgie de l'archange zoroastrien Shahrîvar et dont l'âme est Hûrakhsh. Cf. le « Livre d'heures » et *En Islam iranien*... t. IV index s. v. Hûrakhsh.

16. *Wâhib al-sowar*, le *Dator Formarum* des traductions latines. En persan *Ravânbakhsh*, « celui dont émanent nos âmes ». La figure de cet Ange est essentielle pour la philosophie et la spiritualité sohravardiennes.

17. Dès maintenant se trouve ainsi affirmée l'identité entre l'Intelligence agente, comme Xe Intelligence hiérarchique, et l'Esprit-Saint. Comme nous

l'avons montré ailleurs, il ne s'agit nullement d'une rationalisation de l'Esprit (*'Aql* est le *Noûs*, non pas la « Raison »). Cette identification permettra à nos penseurs et spirituels d'affirmer une vocation commune au philosophe et au prophète : l'ange de la Connaissance n'est point autre que l'ange de la Révélation (cf. *Anthologie* I et II). Ailleurs, Sohravardî le désignera sous le nom de Sraosha, qui est le nom d'un Ange de l'Avesta. C'est cette figure qui polarise sa méditation de philosophe et sa dévotion de théosophe mystique (cf. le « Récit de l'Exil occidental »). La « Nature Parfaite » (l'« Ange du philosophe ») en est la manifestation s'individuant pour chaque spirituel. Cf. *En Islam iranien...* t. IV, index s. v.

18. Puisque déterminés par le situs et le mouvement des Sphères. Sur l'idée de « création éternelle » (l'éternellement advenant, chez Mîr Dâmâd), cf. les références données ci-dessus n. 7.

19. *Ta'akhkhor*. En revanche, sur le « retard d'éternité » que provoque le « drame dans le Ciel » selon la gnose ismaélienne, cf. notre *Trilogie ismaélienne* (Bibliothèque Iranienne, vol. 9), Téhéran-Paris 1961, index s. v.

20. Fréquemment nos auteurs font dériver les mots *zandîq*, *zandaqa* du mot *zand*, ce qui établit *eo ipso* une connexion avec l'ancien Iran zoroastrien (v. g. *Hûjwîrî*, dans son *Kashf al-Mahjûb*, trad. Nicholson), puis avec le manichéisme. Voir l'excellente étude donnée jadis par Georges Vajda, *Les zindiqs en pays d'Islam au début de la période abbasside*, in « Rivista degli Studi orientali », XVIII, Roma 1937, pp. 173-229.

21. *Nafs nâtiqa*, littéralement « l'âme parlante », d'où l'âme comme Verbe, cf. *infra* les traités V et VII. Elle est désignée encore comme *Rûh ilâhî*, Esprit-divin, cf. *infra* n. 28.

22. Elle n'est pas dans l'espace, c'est l'espace qui est en elle, d'où « Nâkojâ-Abâd », *infra* n. 26.

23. Cf. nos *Prolégomènes II*, pp. 82-83 ; L. Massignon et P. Kraus, *Akhbâr al-Hallâj*, Paris 1936, p. 36 ligne 7. Cf. ci-dessus notre présentation.

24. Cette qualification détermine le rapport de consubstantialité entre les âmes humaines et l'Ange-Esprit-Saint dont elles émanent, et qui est leur « parent céleste », leur « père spirituel » (cf. *infra* traités II et VIII) ; la christologie proprement sohravardienne, identifiant le cas de Jésus comme *Rûh Allâh* avec celui de l'âme humaine puisque leur « père » (l'Ange-Esprit-Saint) est le même (cf. traités II et V) ; la piété théosophique de Sohravardî centrée sur cette personne de l'Ange-Esprit-Saint (cf. traités VI, VII, VIII, XV). Comme nous l'avons indiqué ailleurs, une nouvelle phénoménologie de l'Esprit-Saint serait ici à concevoir en termes tout différents de la phénoménologie de Hegel, fondée sur l'*homoousios*, tel que l'ont défini les Conciles. Cf. *En Islam iranien...* t. IV, index s. v. phénoménologie.

25. Sur ce *hadîth*, cf. Majlisî, *Bihâr al-Anwâr*, t. II, Téhéran 1355 h. l., p. 85.

26. *Bi-lâ-makân*, équivalent du persan « Nâ-kojâ-âbâd » le « pays du Non-où ». Cf. *En Islam iranien...* t. IV, index s. v.

27. Il en sera encore question (cf. Traité II). Traduire par *pneuma* plutôt que par esprit, pour éviter toute confusion et ne pas confondre ce « corps

subtil » avec le *jism mithâlî*, le corps spirituel subtil ressortissant au *mundus imaginalis*, cf. *ibid.*, index s. v.

28. Si les Sphères célestes se laissaient percer et transpercer, leur ressoudure nécessiterait un mouvement rectiligne. Cependant l'idée n'est pas seulement qu'elles sont d'une matière subtile impénétrable, intransperçable, indéchirable. L'impossibilité de les traverser tient à leur rotondité et à leur mouvement circulaire. On ne peut passer d'une Sphère à l'autre ; on ne peut qu'être entraîné éternellement dans la courbure de leur mouvement circulaire ; continu et discontinu sont contradictoires. La remontée de l'âme, la sortie de la « crypte cosmique » ne s'accomplit pas par une remontée corporelle à travers les cieux astronomiques, mais par une involution des cieux intérieurs spirituels (lesquels sont en correspondance avec ceux-là, cf. Traité XI). Il faut gagner le « confluent des deux mers » pour avoir accès à Nâ-kojâ-âbâd. Tel est déjà le sens du « Récit de l'Oiseau » et du *Mi'râj-Nâmeh* d'Avicenne. La remontée se fait à travers les cieux de l'*imaginal* (cf. ici le traité VI : pas besoin de creuser de tunnel, le symbole de la goutte de baume). Alors seulement la doctrine devient événement de l'âme.

29. *Dator Formarum*, cf. ci-dessus n. 16.

30. L'acte de la connaissance se produit selon le même processus. L'intellect humain, par les perceptions des sens et de l'imagination, se met en état d'aptitude à recevoir la Forme cognitive qu'émane sur elle l'Intelligence comme « Donateur des Formes ». Dès lors la pensée de l'âme est la pensée de l'Ange s'actualisant dans l'intellect qu'il illumine. Point de départ de la phénoménologie à laquelle fait allusion ci-dessus la n. 24.

31. Comparer ci-dessous le Traité XIII, la première parabole (chapitre Ier).

32. On rappelle que les quatre Éléments désignent des qualités fondamentales des états de la matière, non point des propriétés ressortissant à l'analyse chimique de nos jours, cf. l'exemple du texte auquel réfère la note précédente.

33. Au-dessous du ciel de la Lune, les Sphères ou zones des Éléments s'étagent dans l'ordre suivant : Sphère du Feu, Sphère de l'Air, Sphère de l'Eau, la Terre.

34. Le *sensorium* est le *hiss moshtarik* (= le *sensu communis*, qu'il faut éviter de traduire par « sens commun », ce qui serait équivoque). On reviendra plus loin, dans le Traité II, sur la théorie des cinq sens internes. L'Imagination active est tantôt subordonnée à l'estimative, tantôt au service de l'intellect. Différenciation essentielle pour la métaphysique de l'Imagination et de l'*imaginal* chez Sohravardî, et partant, pour la signification et la structure de ses récits mystiques.

35. D'où le concept de Nâ-kojâ-âbâd, ci-dessus n. 26 et 28.

36. On reviendra plus loin (traité XV) sur ce mode de désignation. Sont visées ici les deux hiérarchies célestes, celle des Intelligences (*Angeli intellectuales*) et celle des Ames motrices (*Angeli* ou *Animae caelestes*), cf. ci-dessus n. 12. La seconde catégorie ressortit au monde du *Malakût*. Sa disparition (avec l'averroïsme) entraîne celle du monde *imaginal* et ruine la métaphysique de l'Imagination. Il n'y a plus de « confluent des deux mers ». Les *Animae*

caelestes n'ont point la perception sensible, mais la perception imaginative à l'état pur.

37. Deux remarques ici. 1) Le mot *tajrîd* désigne l'acte de séparer (c'est le grec *khôrismos*). Le *mojarrad*, c'est ce qui est séparé de la matière, du monde, etc. (le grec *khôristos*). On peut traduire *arbâb* ou *ikhwân al-tajrîd* par les maîtres ou les frères de la séparation, de l'esseulement. Cependant nous avons constaté que cette traduction ne « parle » guère au lecteur occidental. Ce dont il s'agit, c'est étymologiquement de ce que désigne le grec *anakhôrêsis* ; d'où nous avons choisi de traduire par « anachorètes spirituels ». Il n'est pas nécessaire que ces « anachorètes » s'esseulent géographiquement dans le désert. Ils sont au milieu de ce monde, sans que ce monde s'en doute, cf. encore ci-dessous Traité XII, n. 35. — 2) Le cas des Ames célestes est comme celui des extatiques, en ce sens que c'est l'Image perçue par l'Imagination pure (puisqu'elles sont exemptes de la perception sensible) qui se communique à leur corps (leur astre) et entraîne celui-ci avec toute sa Sphère dans sa révolution éternelle. L'Ame motrice a la nostalgie de ressembler à l'Intelligence dont elle émane. Son Ciel marque la distance qui l'en sépare, et sa nostalgie entraîne son Ciel dans un mouvement circulaire perpétuel (cf. encore Traité IX). Bien entendu cette cosmo-angélologie est indépendante des vicissitudes de l'astronomie positive ; elle relève d'une *Imago caeli* par laquelle les mouvements célestes sont perçus comme étant des actes d'amour « dans le Ciel » (cf. encore Traité XI).

38. Le Bien comme aussi les maux advenant en ce monde en raison des mouvements des Sphères, n'entrent pas en considération pour les *Animae caelestes*. Elles se meuvent, entraînées par le principe qui leur est supérieur, car, c'est un principe constant de l'*Ishrâq*, c'est l'en-haut qui est la finalité de l'en-bas ; jamais ce qui est supérieur ne peut trouver sa finalité dans ce qui est inférieur.

39. Autrement dit, les trois mondes sont le monde intelligible, le monde *imaginal* et le monde sensible. Cf. encore Traité II et les textes traduits dans notre ouvrage *Terre céleste et corps de résurrection : de l'Iran mazdéen à l'Iran shî'ite*, Paris, Buchet-Chastel 1961.

40. Ce verset de saint Paul (I Cor. 2/9), fréquemment répété par les mystiques (cf. encore Traité II, n. 86) provient en fait de l'*Apocalypse d'Elie*. Cf. notre ouvrage *L'Homme de lumière dans le soufisme iranien*, Paris 1971, p. 115, n. 75.

41. Ce « verset des ténèbres » succède au « verset de la Lumière » (24/35) dans la même sourate.

42. Intelligence agente, archange Gabriel ou ange de la race humaine. Cf. ci-dessus, n. 16, 17 et 24.

43. Ce chapitre marque déjà très clairement la place de la mission des prophètes, donc de la prophétologie, dans la pensée de nos philosophes. Prétendre l'exclure du programme de la philosophie, c'est détruire leur conception même pour lui substituer une conception rationaliste toute moderne de la philosophie. Nous avons dit ailleurs pourquoi il était inadéquat de traduire par « saints » le terme *Awliyâ*, lequel désigne les « Amis de Dieu » au sens où l'entendent nos philosophes. Sur le rapport entre *walâyat* et *nobowwat*, voir *En Islam iranien*... t. IV, index s. v.

44. Ce sont les *Mobda'ât*, que l'on désigne comme le *'âlam al-Amr* (le monde de l'Impératif créateur, KN = *Esto*) pour le différencier du *'âlam al-khalq*, monde créaturel ou monde de la Création médiate, c'est-à-dire médiatisée par la médiation du premier. Celui-ci est le plérôme des êtres de pure Lumière, le *Jabarût* et le *Malakût* ; c'est le *Dâr al-Ibdâ'* dans la gnose ismaélienne.

45. Sur la *Sakîna* (hébreu *Shekhina*), mise en équivalence avec le *Xvarnah*, la Lumière mazdéenne de Gloire, voir ci-dessous Traités III, V et XIV.

46. Sur la théorie de l'Imagination active sous son double aspect cf. encore ci-dessous Traités II, III et IV. Tantôt elle est la faculté méditative (*fikr*) au service de l'intellect (cf. les premières lignes du présent chapitre) et elle est l'organe de pénétration dans l'*imaginal* (*'âlam al-mithâl*) ; tantôt elle s'abandonne à l'estimative, et ne sécrète que de l'imaginaire. Sohravardî exposera à ce propos sa doctrine de la perception visionnaire : celle-ci ne remonte pas à partir des données sensibles, mais est projetée d'en-haut, depuis les perceptions intellectives, sur le *sensorium*.

47. Cf. la célèbre devise : « Celui qui se connaît soi-même (*nafsa-ho*, « son âme ») connaît son Dieu. »

II.

Le Livre des Temples de la Lumière

(Kitâb Hayâkil al-Nûr)

Traduit d'après la double version arabe et persane

1. Présentation

Le « Livre des Temples de la Lumière » n'est pas seulement l'une des œuvres de Sohravardî les plus anciennement connues, elle est aussi celle qui peut donner dans sa brièveté une excellente et rapide vue d'ensemble de la doctrine de l'*Ishrâq*. Elle existe dans une double version, l'auteur s'étant lui-même traduit de l'arabe en persan. Cependant, comme nous l'avons déjà indiqué ailleurs (voir nos *Prolégomènes III*, pp. 26 ss.), la version persane, conservée en manuscrit unique jusqu'ici, présente, pour une raison ou une autre, de graves lacunes par rapport au texte arabe. C'est donc celui-ci que nous avons suivi pour la présente traduction, d'après la collation de plusieurs manuscrits que nous avions faite, il y a déjà un bon nombre d'années, en vue d'une édition que nous n'avons jamais publiée. Nous indiquons simplement en note les lacunes les plus graves et les variantes les plus intéressantes de la version persane.

D'autre part, le « Livre des Temples » a été l'objet de deux commentaires très développés, de la part de deux philosophes iraniens, restés célèbres non seulement pour la qualité de leurs œuvres, mais parce que le second ne cessa jamais de chercher querelle au premier. Celui-ci est le prolifique auteur déjà nommé ici, Jalâloddîn Davânî (ou Davvânî) (ob. 907/1501-02), à la fois philosophe *ishrâqî* et converti au shî'isme. Son commentaire du Livre des Temples a pour titre *Shawâkil al-Hûr* (les Figures des Houris) et fut composé par lui à Tabrîz en 872/1467-68.

Un contre-commentaire, chargé d'invectives, tantôt ironiques tantôt violentes contre Davânî (cf. *infra* n. 121) fut rédigé par *Amîr Ghiyâthoddîn Mansûr Shîrâzî* (ob. 940/1533 ou 949/1542), fils du célèbre philosophe Sadroddîn Mohammad Dashtakî Shîrâzî [a], qu'il ne faut pas confondre avec Sadroddîn Shîrâzî *dit* Mollâ Sadrâ. Ce contre-commentaire est intitulé « Illumination des Temples de la Lumière pour dévoiler les ténèbres des « Figures des Houris » (*Ishrâq Hayâkil al-Nûr...*) ».

Ces deux commentaires nous ont été précieux pour la compréhension du texte de Sohravardî. Ils mériteraient d'être édités et traduits en entier l'un et l'autre, car ce sont deux importants témoignages de la tradition *ishrâqî* en Iran. Relever en détail les points sur lesquels Ghîyâthoddîn chercha querelle à Davânî enrichirait ce chapitre d'histoire de la philosophie. Dans les notes accompagnant notre traduction, on verra plus d'une fois reparaître le nom de l'un et l'autre commentateur. Cependant, pour ne pas allonger démesurément ces notes, nous avons regroupé quelques citations plus importantes à la suite de la traduction, sous le titre « Extraits des commentaires ». Il nous apparaît essentiel de savoir ce que ses interprètes iraniens ont lu et compris en lisant les textes de Sohravardî.

Que se sont-ils représenté, par exemple, sous le titre donné par Sohravardî à son opuscule ? Ce titre nous fait penser, certes, aux Sabéens de Harran et à leurs temples que décrit le *Ghâyat al-hakîm* du pseudo-Majrîtî [(b)]. Aussi bien la religion d'Hermès, dont la figure tient une si grande place dans la pensée de Sohravardî, est-elle le trait d'union entre lui et les Sabéens hermétistes de Harran. C'est ce que Davânî semble avoir lui-même déjà fort bien pressenti. Il explique ainsi le titre de ce « Livre des Sept Temples » au début de son commentaire : « *Haykal* (pluriel *Hayâkil*) [(c)], étymologiquement signifie forme ou figure (*sûra*). Les anciens philosophes professaient que les astres sont des ombres (*zilâl*) et des *hayâkil* des Lumières séparées de la matière. C'est pourquoi ils avaient établi pour chacune des sept planètes une théurgie (*tilism*, le grec *telesma*) lui correspondant, confectionnée en un métal et à un moment du temps qui étaient également en correspondance avec l'astre. Ils placèrent chacune de ces théurgies dans un temple (*bayt*) édifié conformément à un horoscope et dans un *situs* en correspondance l'un et l'autre avec l'astre. Ils se rendaient à ces temples en des moments déterminés et y pratiquaient des actions liturgiques, respectivement correspondantes, telles que fumigations et autres. Alors ils bénéficiaient des vertus qui étaient propres à ces théurgies ; ils honoraient grandement ces temples et les dénommaient précisément « temples de la lumière » (*Hayâkil al-nûr*), parce qu'ils étaient les réceptacles de ces théurgies (ou objets théurgiques) qui étaient les « temples » (*hayâkil*, les figures) de ces astres, lesquels étaient eux-mêmes les « temples » des Lumières séparées de la matière. C'est pourquoi l'auteur a intitulé le présent traité « Livre des Temples de la Lumière ». C'est donc comme si chaque chapitre, avec les explications et les mots qu'il renferme, était le lieu d'une théurgie (une œuvre divine) par la méditation de laquelle on parvient à la contemplation de ces Lumières. Telle est mon opinion sur ce point, mais Dieu connaît mieux les secrets de ses serviteurs. »

C'est également ici le lieu de rappeler l'usage du terme « Temple de la Lumière » dans le lexique technique de la gnose ismaélienne.

Il y désigne le *lahût* (l'élément divin) de l'Imâm, constitué de toutes les formes de lumière de ses adeptes et constituant ensemble *post mortem* le « Temple de Lumière de l'Imâmat » [(d)]. Il y aurait enfin à englober ces deux aspects dans une phénoménologie générale du « Temple » [(e)].

Il n'y a point à donner ici une analyse du « Livre des Temples », puisque l'on va en avoir la traduction intégrale sous les yeux. Nous voudrions simplement attirer l'attention sur quelques points que nous avons soulignés dans les notes ou dans les extraits des commentaires, parce qu'ils nous semblent caractériser au mieux la doctrine de l'*Ishrâq*, et parce qu'ils font de ce « Livre des Temples », dans son ensemble, la meilleure propédeutique pour les textes contenus dans la seconde partie du présent volume, ceux qui marquent en propre l'étape de la doctrine devenue événement de l'âme.

Dès le *IIe Temple*, nous avons attiré l'attention (cf. n. 12) sur l'esquisse de la théorie du *sensorium* et de l'Imagination active qui s'y trouve ébauchée. La doctrine prendra forme dans la suite, Sohravardî y revenant à maintes reprises. Là même en effet sa métaphysique de l'Imagination a partie liée avec son ontologie du *mundus imaginalis* (*'âlam al-mithâl*), intermédiaire entre le monde intellectif des pures Intelligences et le monde de la perception sensible. Il répétera lui-même ailleurs que sans ce monde intermédiaire de l'*imaginal*, les visions des prophètes et des mystiques, les événements eschatologiques, n'ont plus de réalité, ne sont plus que de l'*imaginaire*. Il y a donc lieu d'être attentif à chaque passage où s'élabore et se précise ce qui est chez Sohravardî une véritable gnoséologie ou théorie de la connaissance visionnaire, et c'est une introduction indispensable à la compréhension des Récits mystiques traduits ici dans la seconde partie. Il importe de mettre en relation cette fonction du *sensorium*, lorsqu'il devient organe de la connaissance visionnaire, avec la formation et la croissance du corps spirituel ou subtil (n. 12, référence à Jean Philopon).

Le premier des « Extraits des commentaires » donne un long passage de Ghiyâthoddîn Shîrâzî concernant le thème du Premier Émané, exposé dans le *IVe Temple*, chapitre III (cf. *infra* n. 32 et 33). Rappelons que cette première Lumière émanée de la Lumière des Lumières est celle que Sohravardî, dans son « Livre de la Théosophie orientale », désigne sous le nom de Bahman (avestique Vohu-Manah, grec Eunoia), le premier des Archanges (Amahraspandân) à procéder d'Ohrmazd, dans la cosmogonie zoroastrienne. Il importe d'avoir ici ce contexte présent à la pensée [(f)]. A propos des observations de Ghiyâthoddîn, on se rappellera que, dans son commentaire des *Ishârât* (Directives) d'Avicenne, Nasîroddîn Tûsî (ob. 1274) ébranle le fameux principe *Ex Uno non fit nisi unum*, en mettant en œuvre les lois d'une katoptrique métaphysique empruntée directement (sans le dire) à Sohravardî. Cependant, en cette page du Livre des Temples, nous en restons encore à la cosmogonie avicennienne classique (cf. n. 36) : les trois actes de contemplation de la première Intelligence, desquels procèdent respectivement une deuxième Intelligence, un premier Ciel et l'Ame motrice de ce Ciel, ainsi de suite, jusqu'à la Dixième Intelligence, la cosmogonie procédant en quelque sorte d'une phénoménologie de la conscience angélique.

Dans la « clôture » de ce même *IVe Temple* se trouve posée la question décisive pour le fondement et le sens de la spiritualité *ishrâqî* (cf. *infra* n. 41 et *Extraits* 2 et 3). L'identification de l'Esprit-Saint de la Révélation divine avec l'Intelligence agente dont parlent les philosophes, domine aussi bien l'horizon de la pensée spéculative que celui de la piété personnelle du théosophe *ishrâqî*. Méditation du philosophe et expérience intérieure du spirituel sont conduites, inséparablement l'une de l'autre, par la présence active de l'Ange-Esprit-Saint, qui est l'inspirateur aussi bien des prophètes que des philosophes. D'où le fait de sa rencontre, comme événement capital dans les récits mystiques du Shaykh al-Ishrâq. Cet Ange de la race humaine, Esprit-Saint et Intelligence agente (cf. les Traités VII et VIII), ange Gabriel de la Révélation divine, étant celui dont émanent nos âmes, il est envers chaque homme dans le rapport d'un « père », d'un « parent céleste » avec son enfant. S'ils se réfèrent avec prédilection à l'Évangile de Jean, c'est parce que Sohravardî et ses commentateurs y trouvent explicitement cette notion de « père » qui est « dans le Ciel », mais avec le souci d'en préciser la signification qui est pour eux la seule vraie. En termes islamiques, il est impossible que ce concept se rapporte à la divinité suprême. Du même coup aussi, c'est toute la théologie de la Trinité, telle qu'elle fut formulée par le Concile de Nicée, qui se trouve mise en question. Ce concept de l'Ange-Esprit-Saint comme « parent céleste » des âmes humaines, concept qui domine ici toute la spiritualité de l'*Ishrâq*, va de pair avec une christologie que Sohravardî formulera expressément en termes dont la compréhension exige que l'on remonte à la christologie initiale du judéo-christianisme et de l'ébionisme, à la conception de *Christos Angelos*. (Cf. ici le Traité V, chap. XIX.) En faisant allusion à l'erreur des chrétiens qui attribuent à Dieu un « fils » au sens propre du mot (cf. *Extrait* 2), Sohravardî fait remarquer que « dans leurs livres » (leur enseignement secret ?) le « père » signifie le Principe comme Être Nécessaire, tandis que l'Esprit-Saint est celui qui est déjà décrit ici, et que l'homme est le Verbe qui est le « fils » de cet Esprit-Saint. On relèvera chez les auteurs *Ishrâqîyûn* une prédilection pour les citations de l'Évangile de Jean, dont on trouve d'autres exemples chez les penseurs shî'ites et ismaéliens. La précision des références aux chapitres postule que Ghiyâthoddîn ait eu sous les yeux une traduction arabe de cet Évangile.

Bien que certains philosophes aient fait face à la difficulté soulevée par Davânî (cf. *Extrait* 3, se demandant s'il s'agit de la Première ou de la Dixième) en considérant que toutes les Intelligences sont, de par leur être même, des Intelligences agentes, il ne fait pas de doute qu'il s'agit bien pour Sohravardî de la Dixième des Intelligences hiérarchiques (cf. Traités VII et VIII). Fondamental pour le sens de la « rencontre avec l'Ange » et pour toute phénoménologie de l'Esprit-Saint fondée sur cette rencontre.

On observera en outre que la sentence johannique citée ici par Ghiyâthoddîn Shîrâzi (*Extrait* 2) s'est propagée amplement dans la gnose ismaélienne, par les *hadîth* où l'Imâm déclare : « Celui qui m'a vu a vu Dieu » sans que cela implique, pas plus qu'ici, l'idée d'Incarnation, mais la vision d'une personne théophanique (g). Il y a plus. De même que l'Intelligence ou Ange-Esprit-Saint est ici chez Sohravardî le « père » dont parle l'Évangile de Jean, de même chez le philosophe ismaélien Nâsîr Khosraw c'est à l'Ame du monde que ce rang est attribué. Nâsir Khosraw cite la page finale du *Liber de Pomo* où sont rapportés les derniers mots d'Aristote mourant : « Je remets mon âme au seigneur des âmes des philosophes », lequel est l'Ame du monde, précise le philosophe ismaélien (h). Enfin, lorsque Ghiyâthoddîn Shîrâzî parle de la « hiérarchie longitudinale », (*Extrait* 3), il vise les « Lumières souveraines et suprêmes, desquelles procède l'Ordre latitudinal, c'est-à-dire celui des Archanges-archétypes ou seigneurs des espèces. Si l'Intelligence agente est la dernière de la première hiérarchie, cela ne représente donc pas un rang inférieur qui rendrait difficile de l'identifier avec l'Esprit-Saint. C'est peut-être ce qu'a perdu de vue Davânî (i).

Le *Ve Temple* (chapitre II, cf. *infra* n. 51 et *Extrait* 4) présente un autre thème caractéristique de la doctrine *ishrâqî*, amplement développé dans le « Livre de la Théosophie orientale » et ici même (dans les traités III et IV) : le thème du *Xvarnah* (persan *Khorrah*), la Lumière de Gloire, conception fondamentale dans le mazdéisme zoroastrien (j). Ce concept est à l'origine de la dénomination des Lumières archangéliques comme « Lumières victoriales » (*Anwâr qâhira*, le terme arabe *qâhir* étant l'équivalent du persan *pîrûz*). C'est, comme le rappellera Sohravardî, le *Xvarnah* ou Lumière de Gloire qui confère cette « victorialité » à l'être qui en est investi, et c'est une perception visionnaire du *Xvarnah* qui fit de Sohravardî le *Shaykh al-Ishrâq*. La longue glose de Davânî (*Extrait* 4) désigne Zoroastre comme originaire de l'Azerbaïdjân (ou mieux, selon l'orthographe vieille-iranienne reprise aujourd'hui, l'Azer-âbâdgân, le pays du Temple du Feu). On ne peut qu'évoquer ici les vicissitudes qui ont conduit à cette adoption : le pivotement (sous les Sassanides) de la cartographie des sept *keshwars*, pivotement dont le regretté H. S. Nyberg fut le premier à s'aviser et qui permit d'homologuer à l'occident du monde iranien, en Azerâbâdgân, l'emplacement des lieux saints originairement situés à l'orient, en Bactriane. Les deux traditions contradictoires se trouvent ainsi harmonisées [(k)]. Quant au « Livre zend » auquel réfère Davânî, on sait qu'en fait le *zend* est le commentaire de l'Écriture sainte qui est l'*Avesta*.

Ce même *V*e *Temple* s'achève sur une note où vibre avec la même intensité une ferveur qu'inspire le monde spirituel de l'ancien Iran. Il importe de bien suivre l'enchaînement de ce dernier chapitre. L'auteur a évoqué la relation originelle entre le premier Amant et le premier Aimé, entre la Lumière des Lumières et la Lumière archangélique initialement émanée d'elle. Cette relation se répète de degré en degré de l'échelle de l'être. Elle est à l'origine de toute une ascèse spirituelle, d'une mystique d'amour comme religion de l'« Éros transfiguré » [(l)], qui inspirera à Sohravardî les délicats et subtils symboles du « Vade-mecum des fidèles d'amour » (*infra* Traité IX). C'est ce thème de l'Éros cosmogonique qui a conduit ici l'auteur à faire brièvement mention des « princes célestes » de la religion astrale dont l'idée semble être à l'origine même du titre donné au livre des « Temples de la Lumière ». Mais ce rappel est introduit ici par une référence au Soleil qui est la théurgie (l'œuvre divine) de l'archange Shahrîvar, et qui est désigné sous son nom iranien de Hûrakhsh (voir *infra* les notes 69 à 78, références et gloses extraites des commentateurs). La fin du chapitre fait allusion aux autres « princes célestes », au premier rang desquels figure « le grand et bénéfique seigneur » qui est la Lune. Davânî réfère ici opportunément aux « liturgies » (*taqdîsât*) de Sohravardî, dans lesquelles s'exprime à la façon de la piété hermétiste des Sabéens de Harran, sa dévotion pour les « princes célestes », en fait les Intelligences dont les astres sont les théurgies. Quant au sens mystique du couple soleil-lune, il sera amplifié ailleurs (Traité X).

La partie finale du *VI*e *Temple* introduit de nouveau une allusion précise à la figure de l'Ange qui est le « seigneur de l'espèce humaine » (*rabb al-nû' al-insânî*) et qui est appelé Esprit-Saint, celui dont le rapport avec les âmes humaines est typifié comme le rapport d'un « père » avec ses enfants (cf. *infra* les n. 88 à 98). On en a déjà relevé la résonance hermétiste dans le récit de l'extase d'Hermès que rapporte Sohravardî dans ses *Talwîhât*. Hermès, au milieu des périls de son expérience visionnaire, s'écrie : « Toi qui es mon père, sauve-moi. » C'est également son « père » que le pèlerin du « Récit de l'exil occidental » (ici Traité VIII) retrouve au sommet du Sinaï mystique. Au-dessus de lui s'étagent d'autres Sinaïs, demeures respectives de leurs « aïeux » communs, c'est-à-dire des Intelligences hiérarchiques supérieures à celle qui est l'Ange de l'espèce humaine, l'Esprit-Saint « auquel les âmes retournent comme l'aiguille de fer attirée par l'aimant. » Déjà les qualifications qui lui ont été données dans le

IVe Temple (cf. ci-dessous *Extraits* 2 et 3, et n. 41) avaient motivé les citations de l'Évangile de Jean. Il s'agit vraiment là d'un thème central de la doctrine et de la pratique spirituelle des *Ishrâqîyûn*. Ce même thème va couronner le VIIe Temple, où Sohravardî se réfèrera lui-même à l'Évangile de Jean, en évoquant le Paraclet.

Dès le début l'auteur fait de nouveau allusion à celui qui est le « père sacrosaint » des Ames dans le monde spirituel (nous ne revenons pas ici sur les variantes ou lacunes de la version persane) [(m)]. Puis il esquisse sa doctrine concernant la fonction de l'Imagination active dans l'expérience visionnaire (cf. ci-dessous n. 100 et les Traités III et IV). Puis dans la partie finale triomphe ce que l'on peut appeler le « johannisme » de l'*Ishrâq* avec l'affirmation du Paraclet. Les références et textes auxquels on voudra bien se reporter attentivement et qui ont été groupés ci-dessous (n. 99, 114-116, l'*Extrait* 6) encadrent au mieux les citations évangéliques données par Sohravardî en clôture de son Livre des Temples.

En nous référant à ces textes, nous soulignerons toute l'importance de cette intervention du Paraclet en finale du « Livre des Temples de la Lumière ».

Cette importance, on peut déjà l'entrevoir du fait que, par l'organe du commentateur Davânî, la conception sohravardienne du Paraclet rejoint la conception shî'ite du XIIe Imâm, comme Sceau de la *walâyat* mohammadienne, épiphanie finale du sens caché des révélations divines, la *walâyat* étant elle-même « l'ésotérique de la prophétie », selon la définition shî'ite courante. Davânî prend place ainsi dans la lignée des penseurs shî'ites (Haydar Amolî, Ibn Abî Jomhûr, etc.) qui ont expressément identifié le Paraclet annoncé dans l'Évangile de Jean avec le XIIe Imâm de l'imâmologie shî'ite, l'Imâm attendu, actuellement « caché à la vue des sens, mais présent au cœur de ses fidèles ». La philosophie *ishrâqî* se situe ainsi sous le même horizon paraclétique que la « philosophie prophétique » du shî'isme aussi bien duodécimain qu'ismaélien [(n)].

Certes, la conjonction de la prophétologie shî'ite et de la théosophie de l'*Ishrâq* est d'autre part un fait accompli dans l'œuvre des grands penseurs iraniens en tête desquels vient le grand nom de Mollâ Sadrâ Shîrâzî (ob. 1640). Mais quant au Shaykh al-Ishrâq lui-même, son intention, en évoquant le Paraclet, reste discrète. Davânî nous remet ici en mémoire, peu de lignes avant, cette « Nature Parfaite » (*al-tibâ' al-tâmm*) qui est l'« Ange du philosophe », et que pour sa part Davânî identifierait avec l'Ange-Esprit-Saint comme Ange de l'humanité (cf. n. 99). Il y a, certes, un lien intime entre l'une et l'autre figure ; il y a lieu pourtant de les différencier. Si l'on se reporte à ce que Sohravardî nous dit ailleurs de la Nature Parfaite [(o)], il nous apparaît que pour lui le couple formé par l'âme humaine (que typifie Hermès) et la Nature Parfaite est analogue au couple que forme le prophète

Mani avec son « jumeau céleste », tantôt Ange Christos, tantôt Paraclet. Ce n'est d'ailleurs pas l'unique trace de gnose manichéenne chez nos penseurs.

Nous indiquerons brièvement (cf. n. 115) le sens que prend ici, croyons-nous, chez Sohravardî, le Paraclet envoyé par le « Père » qui est l'Ange-Esprit-Saint. Aussi bien ce sens rejoint-il finalement l'idée de l'« Imâm intérieur » chez les spirituels shî'ites. Il faudra enfin mettre cette idée paraclétique en rapport avec la christologie de Sohravardî (cf. Traité V) ; nous retrouvons ainsi parfaitement vivante une conception disparue depuis longtemps du christianisme officiel, et dont il faut sans doute faire remonter l'origine jusqu'au christianisme initial, celui de la communauté de Jérusalem, puis des Ébionites. C'est dans ce contexte qu'il convient de situer le paraclétisme de l'« Évangile de Barnabé », dont une traduction persane a été encore publiée en Iran, il y a quelques années.

Si maintenant l'on se réfère à l'importance que l'idée du Paraclet eut en Occident depuis Joachim de Flore au XIIe siècle (le règne de l'Esprit-Saint, l'Église johannite, l'Évangile éternel), et à l'influence du joachimisme sur l'ensemble de la théosophie chrétienne occidentale (Baader, Schelling, Berdiaev), il semble de primordiale importance pour le chercheur en sciences spirituelles de relever cette convergence entre spirituels iraniens, *ishrâqîyûn* ou shî'ites, et toute une tradition de philosophes et de spirituels occidentaux. On imagine comment auraient pu se déployer leurs pensées et se conjuguer leurs efforts, si une rencontre eût été possible, si les traductions leur eussent ouvert à temps une voie commune. Que cette rencontre ait au moins lieu dans le présent livre !

2. Traduction

Prologue

Au nom de Dieu le Miséricordieux, le Tout-Miséricordieux. Dieu des mondes, ô Éternel ! fortifie-nous par la Lumière, raffermis-nous dans la Lumière, réunis-nous à la Lumière [1]. Fais que le terme de nos recherches soit de trouver ton agrément, et que notre but suprême soit ce qui nous prépare à ta rencontre. Nous sommes les propres oppresseurs de nos âmes (Qorân 7/22). Tu n'es pas avare de l'effusion de ta surabondance. Les captifs des ténèbres restent sur le seuil, attendant la miséricorde et la libération du captif. Le Bien est ta coutume (conforme à ton essence), et le Mal, ô mon Dieu, est ton décret. Tu postules, par ta Gloire sublime, les actes nobles et généreux, et les humains n'atteignent pas à des niveaux qui les rendraient dignes de ta vengeance. Bénis notre acte de ressouvenir ; éloigne la méchanceté ; sois en aide aux bienfaisants ; répands tes bénédictions sur les Élus [2].

Ceci est le Livre des Temples de la Lumière [3]. Que Dieu sacralise les âmes qui acceptent d'être guidées sur la voie droite, les Intelligences hiérarchiques étant leur guide vers lui [4].

Le Premier Temple :

De certaines choses valant comme principes à l'égard des discussions qui suivront

Tout ce qui peut être l'objet d'une indication perceptible par les sens, est un corps, comportant longueur, largeur et profondeur. Les corps participent tous à la corporéité. Or, lorsque deux choses participent ensemble à une même chose, il est nécessaire qu'elles se différencient l'une de l'autre par quelque autre chose. Il faut donc que les corps participant ensemble à la corporéité soient différenciés entre eux par certaines autres choses. Ce par quoi les corps se différencient entre eux, c'est leur figure, leur forme extérieure respective (laquelle n'en est pas séparable) [5].

Ce qui est inhérent par essence à une réalité, est inséparable de celle-ci. Tantôt la qualification d'une chose est nécessaire à cette chose, par exemple la parité pour le nombre quatre, la corporéité pour l'homme. Tantôt elle lui est possible, comme pour l'homme la station debout ou le fait d'être assis. Tantôt elle lui est impossible, comme il est impossible à l'homme d'être un cheval.

Enfin, ce que l'on se représente comme indivisible, ne peut ni rentrer dans une dimension de l'espace, ni être l'objet d'une indication perceptible par les sens. Sinon, la partie d'une chose qui est d'un côté (en haut, par exemple), étant nécessairement autre que la partie qui se trouve d'un autre côté (en bas, par exemple), on se représente dès lors la chose comme divisible [6].

Le Deuxième Temple :

Où l'on démontre que l'âme est séparée de la matière [7]

I. L'*incorporel*. — Tu n'es jamais sans avoir le sentiment de toi-même, tandis qu'il n'est pas une partie d'entre les parties de ton corps qu'il ne t'arrive d'oublier par moments. Or, le tout ne peut être perçu qu'avec les parties qui le constituent. Si donc ton toi-même [8] signifiait simplement la somme de ces parties, il ne se pourrait que le sentiment que tu as de toi-même persistât en même temps que tu en oublierais une partie. C'est donc que ton toi-même est au-delà (ou que tu es toi-même au-delà) de ce corps et des parties qui le constituent.

Autre voie. Ton corps est soumis à un processus continu de dissolution et d'élimination. La faculté nutritive apportant ce qu'elle apporte, si l'ancien n'avait pas été éliminé de ton corps quand arrive le nouveau, ton corps atteindrait des proportions énormes. Si donc tu étais toi-même ton corps ou une partie quelconque de ce corps, le fonds de ton moi personnel (*anâ'îya*, ton égoïté) serait autre à chaque moment, et ce qui est en toi le sujet connaissant serait sans continuité. Tu n'es donc pas ton corps (ni une partie de ce corps). Et comment le serais-tu ? Ton corps ne va-t-il pas se dissolvant sans même que tu en aies conscience ? Non, toi-même (ton toi-même), tu es au-delà de ces choses.

Autre voie. Tu ne perçois une chose que parce que la forme (*sûra*, la *species*) en est actualisée en toi. Il s'ensuit que ce qu'il y a en toi de la chose que tu perçois, doit correspondre à cette chose ; sinon, tu ne la percevrais pas telle qu'elle est. D'autre part, tu intelliges les concepts auxquels participent de nombreux êtres, par exemple l'animalité. Tu intelliges celle-ci de telle façon qu'elle est dans un égal rapport envers l'éléphant et envers la mouche. La forme (ou *species*) de l'animalité, telle qu'elle est en toi, est donc dépourvue de mesure, parce qu'elle correspond à la fois au grand et au petit. Son substrat en toi n'est donc pas non plus mesurable. Ce substrat, c'est ton âme pensante [9], puisque ce qui n'est pas soi-même mesurable ne peut immaner à un corps ni à quelque chose de mesurable.

Ton âme pensante n'est ni un corps ni corporelle. On ne peut la montrer du doigt comme un objet tombant sous la perception sensible, puisqu'elle est affranchie de la dimension spatiale. Elle est monadique, impénétrable [10] ; on ne peut pas même la diviser par la pensée. Tu sais fort bien que l'on ne dit pas d'une muraille qu'elle est aveugle et qu'elle n'y voit rien, parce que la cécité ne peut se rapporter qu'à un être qui, dans les conditions normales, est capable de voir. Le Créateur, l'âme pensante, d'autres êtres encore dont on fera mention plus loin, ne sont ni des corps ni corporels. Ils ne sont ni à l'intérieur du monde, ni à l'extérieur du monde ; ils ne sont par rapport à lui ni en continuité ni en discontinuité. Tout cela, ce sont en effet des accidents des corps, dont est exempt ce qui n'est pas un corps. L'âme pensante est une essence dont il est impensable qu'elle soit l'objet d'une indication perceptible par les sens. Sa condition (son état) est de gouverner le corps, de s'intelliger soi-même et d'intelliger les choses. Comment se représenter que cette quiddité sacro-sainte (*mâhîya qodsîya*) soit un corps, alors que sous le coup de l'émotion spirituelle, peu s'en faut qu'elle n'abandonne l'univers des corps, dans son aspiration au monde de ce qui est infini ?

II. *Les facultés de l'âme.* — Cette âme possède des facultés. Il y a les facultés de perception externe, lesquelles sont les cinq sens : le toucher, le goût, l'odorat, l'ouïe, la vue. Et il y a les facultés de perception interne.

1) Il y a le *sensorium* [11], lequel est par rapport aux cinq sens externes comme un bassin où convergent cinq fleuves. C'est par le *sensorium* que sont contemplées les formes que l'on voit en songe, par une vision directe, non pas à la manière de la *phantasis* (*takhayyol*) [12].

2) Il y a l'imagination représentative (*khayâl*) qui est simplement le trésor du *sensorium*. Dans ce trésor sont conservées les formes (*sowar*, les *species*) après qu'elles ont disparu des sens externes.

3) Il y a la faculté cogitative ou méditative (*fikrîya, mofakkira*) qui a pour fonction de composer, de séparer et d'inventer (en propre l'imagination active, en tant que guidée par l'intellect) [13].

4) Il y a la faculté estimative, à qui il arrive, dans ses jugements, d'entrer en conflit avec l'intellect. Il arrivera, par exemple, qu'un homme se trouve seul la nuit avec un mort ; son intellect lui dit qu'il n'y a rien à craindre, tandis que son estimative le remplit de terreur, à tel point que l'affolement s'empare de lui et que l'homme prend la fuite. Il arrive aussi à l'estimative de contredire l'intellect au sujet de choses qui ne sont pas perceptibles par les sens externes, à tel point que ceux qui sont dociles aux jugements de l'estimative, en viennent à nier et rejeter tout ce qui est au-delà des réalités perceptibles par les sens. Ils ne s'avisent même pas que leur intellect, ou plutôt que leur propre estimative, leur âme et leurs imaginations, ne sont pas, non plus, perceptibles par les sens. Plus encore, ils ne s'avisent même pas que leur faculté visuelle ne perçoit dans un corps que la surface extérieure, non pas la profondeur cachée [14].

5) Il y a enfin, parmi les sens internes, la mémoire, par laquelle s'opère le ressouvenir de tous les événements et de toutes les situations particulières.

Chacun de ces sens internes a dans le cerveau un emplacement qui lui est propre [15]. Son activité sera troublée, si quelque perturbation affecte cet emplacement, tandis que l'activité des autres sens demeurera intacte. C'est par là précisément que l'on a reconnu la diversification des facultés de l'âme et la possession par chacune d'elles d'une région du cerveau qui lui est propre.

En outre les êtres vivants possèdent : 1) La faculté appétitive ou désir (*qowwa shawqîya*) qui elle-même se subdivise en deux branches : l'appétit concupiscible (*qowwa shahwânîya*) et l'appétit irascible (*qowwa ghadabîya*), qui a été créé pour repousser les choses qui ne conviennent pas. 2) La faculté motrice (*qowwa moharrika*) dont la fonction est de mettre en mouvement (les organes et les membres).

III. *Le pneuma vital.* — Le support de toutes ces facultés, faculté motrice et facultés de perception, est le *pneuma vital* (*rûh hayawânîya*). Celui-ci est un corps subtil vaporeux, engendré de la volatilité des humeurs. Il émane de la cavité gauche du cœur et se répand dans le corps, après avoir revêtu la souveraineté de lumière [16] qui appartient à l'âme pensante. Si ce *pneuma* n'avait pas cette subtilité, il ne pourrait pas se propager partout où il pénètre (dans les os, par exemple). Lorsque survient un obstacle qui l'empêche de pénétrer dans un membre, ce membre meurt. Ce *pneuma* vital est la monture qui porte les volontés de l'âme pensante. La volonté de l'âme s'exerce sur le corps, tant que ce *pneuma* vital est en bonne santé. Lorsqu'il vient à être brisé, l'action de l'âme agissant sur le corps est également brisée.

Ce *pneuma* vital n'est pas l'Esprit divin (*Rûh Ilâhî*) que l'on rencontre dans le verbe des prophéties et dans la Révélation divine [17], où ce que l'on entend par « Esprit », c'est l'âme pensante, laquelle est une lumière d'entre les lumières de Dieu, lumière qui ne tient dans aucun lieu de l'espace [18], qui a en Dieu son orient et en Dieu son occident [19].

IV. *Doctrines de l'âme.* — Une école de penseurs, ayant compris que cette âme pensante est incorporelle, a estimé qu'elle était Dieu lui-même. Ces penseurs ont ainsi poussé très loin l'égarement. C'est qu'en effet Dieu est unique, tandis que les âmes sont multiples. Si l'âme de 'Amrû et l'âme de Zayd n'étaient qu'une seule et même âme, chacun des deux devrait percevoir tout ce que l'autre percevrait. Chaque homme serait mêmement informé de ce dont tous les autres seraient informés. Or, il n'en est pas ainsi. Et puis, comment les facultés physiques du corps feraient-elles captif le Dieu des Dieux [20] ? Comment l'assujettiraient-elles ? Comment en feraient-elles un otage des passions, le point de mire des épreuves ? Comment serait-il renversé sous les coups frappés à l'aveugle ? Comment les révolutions des Sphères célestes lui imposeraient-elles leur loi ?

Une autre école de penseurs a estimé que l'âme pensante est une partie de Dieu. C'est là encore un grand égarement. Car, puisqu'il est démontré que Dieu n'est pas un corps, comment pourrait-il être divisé et réparti ? Et qui donc serait l'auteur de la division et de la répartition [21] ?

Enfin, d'autres penseurs ont estimé que l'âme pensante existe *ab aeterno*, mais ils ne se sont pas avisés que, si l'âme était éternelle, la question se poserait : quelle nécessité l'aurait donc contrainte à quitter le monde spirituel sacrosaint et le monde de la Vie véritable, pour entrer dans la dépendance du monde de la mort et des ténèbres ? Quel est donc celui qui aurait dompté et retenu captive l'âme éternelle ? Comment les forces du nourrisson à la mamelle seraient-elles capables de la contraindre, au point que l'âme serait arrachée au monde sacrosaint de la Lumière ? Comment les âmes seraient-elles différenciées l'une de l'autre dans la prééternité (*azal*), alors que leur espèce formerait une seule et même réalité, et que l'âme ne saurait avoir, antérieurement au corps, ni lieu ni substrat, ni agir ni pâtir, ni figure acquise, ainsi qu'il en est postérieurement à l'existence du corps ? Comment admettre qu'il existe une âme unique, qui serait ensuite divisée et répartie entre les corps, puisque ce qui est incorporel ne peut être divisé ? Non, l'âme pensante commence à exister en même temps que le corps qu'elle aura à gouverner [22].

Ne constates-tu pas que, lorsque la mèche d'une lampe a été préparée, on l'allume avec du feu, sans que ce feu subisse aucune diminution ni perte ? Alors ne t'étonne pas si, au moment où le corps en a atteint l'aptitude, l'âme pensante est actualisée sans que le Donateur dont elle émane subisse la moindre perte ni diminution [23].

Le Troisième Temple :

De quelques questions relevant de la métaphysique générale [24]

Les dimensions de l'intelligibilité sont au nombre de trois : le nécessaire, le possible, l'impossible. Le nécessaire, c'est ce dont l'être ne peut pas ne pas être. L'impossible, c'est ce dont la nécessité est de ne pas être (ne-pas-pouvoir-être). Le possible, c'est ce dont ni l'être ni le non-être ne sont nécessaires. Le possible n'est nécessaire que par un autre, *ab alio*. Son non-être également (son pouvoir-ne-pas-être) n'est nécessaire que par un autre. C'est pourquoi le possible n'a pas l'être par soi-même, car si de par soi-même il postulait l'acte d'être, son être serait de l'être nécessaire, non pas de l'être possible (pouvant-ne-pas être) [25]. Il lui faut donc une cause qui fasse que son acte d'être l'emporte [26] sur le non-être.

Lorsque la cause est complètement donnée, le causé existe aussitôt, sans retarder sur la cause. Tout ce qui conditionne, d'une manière ou d'une autre, l'existence d'une chose, rentre dans la causalisation (*sababîya*) de cette chose ; ce peut être une volonté, ou un moment du temps, ou un adjuvant, ou un emplacement, ou un substrat et réceptacle. Tant que la cause n'existe pas, ou que manque l'une ou l'autre de ses parties intégrantes, la chose causée n'est pas actualisée. Mais, lorsque se trouve actualisé tout ce que requiert l'existence de la chose, et que tout obstacle disconvenant est aboli, le causé existe d'une existence dès lors nécessaire (ne-pouvant-pas-ne-pas-être).

Le Quatrième Temple :

De quelques questions relevant de la métaphysique spéciale [27]

ENTRÉE DU TEMPLE [28]

Chapitre Ier : *Que l'Être Nécessaire est Un et Unique*

Il ne se peut qu'il y ait deux Êtres dont l'existence soit nécessaire. Tous deux en effet auraient en commun la nécessité d'être. Il faudrait donc qu'il y ait un différenciateur entre eux (pour qu'ils fussent deux). Ainsi l'existence de l'un des deux ou de chacun des deux serait conditionnée par des différenciateurs. Or l'existence de tout ce qui est conditionné par quelque chose d'autre, est une existence possible (pouvant-ne-pas-être), non pas nécessaire (ne-pouvant-pas-ne-pas-être).

Il n'est pas possible que deux choses existent sans qu'il y ait un différenciateur entre elles deux. Sinon, elles seraient une seule et même chose. Or, les corps et les figures sont multiples, alors que nous venons de montrer que l'Être Nécessaire est unique. Ni les corps, ni les figures, ne sont donc d'existence nécessaire ; ils sont possibles ; ils ont donc eux-mêmes besoin d'une raison suffisante (*morajjih*, qui fasse prévaloir leur être sur le non-être).

L'Être Nécessaire ne peut pas être composé de parties : il serait alors le causé (le résultat) de celles-ci. De plus, ces parties composantes n'existeraient pas elles-mêmes d'une existence nécessaire, puisque nous avons montré qu'il ne peut pas exister deux Êtres Nécessaires.

Quant aux qualifications ou attributs (*sifât*), elles ne sont pas nécessaires par elles-mêmes ; sinon, elles n'auraient pas besoin d'un substrat qui les supporte. C'est pourquoi l'Être Nécessaire n'est pas un substrat supportant des qualifications, et il ne se peut qu'il fasse exister des qualifications dans son essence. En effet, une chose qui est une en elle-même — et en tant qu'elle est une — ne peut elle-même subir une action procédant d'elle-même. Lorsque nous-mêmes, nous imprimons une action sur l'un de nos membres, l'agent qui imprime l'action est une chose (l'intellect), et le patient ou réceptacle qui subit l'action est une autre chose (le membre). Or, l'Être Nécessaire est absolument Un de tout point de vue.

De deux termes opposés, c'est le terme supérieur et le plus noble qui lui convient, puisqu'il est le Donateur de toute perfection. Or, comment conférerait-il la perfection, celui qui en serait dépourvu ? Tout ce qui entraînerait une multiplication de l'Être Nécessaire, toute idée donc de corporéité et de composition, sont impossibles en ce qui le concerne.

Il n'a ni contraire ni pareil. Il ne correspond pas à un lieu (un « où »). Il possède la Gloire suprême, la Perfection la plus complète, la Noblesse la plus sublime, la Lumière la plus intense.

Il n'est pas un accident, car il aurait alors besoin d'un support par lequel subsisterait son existence. Il n'est pas une substance, car il participerait avec toutes les substances à la substantialité et aurait alors besoin de quelque chose qui le particularisât en propre. Loin de là, ce sont les corps qui, par la diversité de leurs figures réfèrent à lui, car s'il n'y avait rien qui les particularise, il n'y aurait point la diversité de leurs figures, ni de leurs dimensions, ni de leurs formes, ni de leurs accidents, ni de leurs mouvements, ni des degrés et de l'ordre des parties composantes (« piliers », éléments) de l'univers. Si en effet la corporéité comme telle postulait ces modalités, on les retrouverait identiques dans tous les corps [29].

CENTRE DU TEMPLE

Chapitre II : *De la réalité métaphysique de la Lumière*

Les corps ont en commun la corporéité ; ils se différencient les uns des autres selon qu'ils reçoivent ou ne reçoivent pas la lumière [30]. La lumière est donc un accident dans les corps. La luminosité des corps est leur manifestation (*zohûr*). Mais qu'une lumière soit accidentelle, cela signifie qu'elle existe par un autre, *ab alio*, et qu'elle n'existe point par et pour soi-même. Ce n'est donc pas une lumière par et pour soi-même. Si une Lumière subsiste par soi-même, elle est une Lumière par et pour soi-même, et est manifestée à soi-même. Elle se connaît donc elle-même. Or, comme nos âmes pensantes sont manifestées à elles-mêmes (se connaissent elles-mêmes), ce sont donc des Lumières substantielles (subsistantes par elles-mêmes). Or, nous avons montré ci-dessus qu'elles ont un commencement dans le temps, et qu'elles postulent un principe qui fasse prévaloir leur être sur le non-être. Mais il ne se peut que ce soient les corps qui les fassent exister (qui décident de la prévalence de leur être), car aucune chose ne peut donner l'être à quelque chose qui lui est supérieur. Donc le principe qui fait prévaloir leur être sur le non-être est également une Lumière immatérielle (*mojarrad*). Si cette Lumière séparée de la matière est l'Être Nécessaire, notre problème est résolu. Et si elle est de l'être possible (pouvant ne pas être), elle reconduit à l'Être Nécessaire par soi-même, le Vivant, l'Éternel. Ainsi l'âme pensante est un être vivant et subsistant, qui réfère au Vivant, à l'Éternel subsistant. Or l'Éternel subsistant signifie celui qui est essentiellement manifesté par soi-même à soi-même, manifesté avec une telle intensité qu'il est voilé par l'intensité même de sa manifestation [31].

Chapitre III : *Que le Premier à émaner du Premier Être est une Lumière immatérielle unique* [32]

L'Un qui est absolument Un exclut en soi toute multiplication par diversification de motifs et de volontés, nécessitant une pluralité de causes comme en ont besoin les corps matériels. Il faut donc que son action immédiate (sans intermédiaire) soit une et unique. En effet, s'il pouvait comporter deux choses en son essence, ce que postulerait l'une de ces deux choses différerait de ce que l'autre postulerait. Il s'ensuivrait alors, de par l'exigence différente de ces deux choses également produites sans intermédiaire, pluralisation et composition dans l'essence de l'absolument Un. Aussi faut-il que le Premier dont l'être est posé nécessairement et sans intermédiaire par le Premier Être, soit un être unique, ne comportant point de pluralité. Ce n'est donc pas un corps, car il comporterait diversité de formes ou figures [33]. Ce n'est pas une forme ou figure matérielle, car celle-ci aurait besoin d'un substrat qui la supporte. Ce n'est pas non plus une âme, car elle aurait besoin d'un corps. Non pas, c'est une substance subsistant en soi, se connaissant soi-même et connaissant son Principe. C'est la Première Lumière produite sans intermédiaire [34], telle que l'on n'en peut concevoir de plus noble, car elle est la haute limite des êtres non nécessaires par eux-mêmes.

Cette essence substantive [35] est possible en soi-même (pouvant-ne-pas-être) ; elle est faite nécessaire (ne-pouvant-pas-ne-pas-être), par le Premier Être. En contemplant ses propres degrés en perfection ou en déficience, elle donne l'existence à quelque chose de parfait ou à quelque chose de déficient. En percevant son rapport avec le Premier Être et en contemplant la Rigueur (*jalâl*) et la Beauté (*jamâl*) de la Divinité (*lâhût*), elle donne l'existence à un autre être substantiel sacrosaint immatériel (*jawhar qodsî mojarrad*), qui est la deuxième Intelligence. En considérant la non-nécessité de son être propre et la déficience de son essence par rapport à la sublimité du Premier Être, elle donne l'existence à un corps céleste (la Sphère des Sphères). En se contemplant soi-même (sa propre essence en tant que nécesssitée par le Premier Être), elle donne l'existence à une Ame céleste (l'Ame du monde) [36].

A son tour, le deuxième être substantiel sacrosaint (la deuxième

Intelligence) donne l'existence en fonction de ses trois degrés à trois choses : une chose supérieure en fonction du degré supérieur ; une chose inférieure en fonction du degré inférieur ; une chose intermédiaire en fonction du degré intermédiaire. En contemplant ce qui est au-dessus d'elle, elle donne naissance à un autre être substantiel immatériel (la troisième Intelligence). En contemplant la déficience de son être non nécessaire par soi-même, elle donne naissance à un corps céleste (le Ciel des Fixes, le *firmamentum*, le *Korsî*). En contemplant sa propre essence nécessitée par son Principe, elle donne naissance à la deuxième *Anima caelestis*. (Ainsi de suite jusqu'à la dixième Intelligence [37].) C'est ainsi que prend naissance en sa multiplicité la hiérarchie des êtres substantiels sacrosaints (les Intelligences), des corps simples (les Sphères célestes) et des *Animae caelestes* (Ames motrices des Sphères).

Et ces êtres substantiels, intellectifs, sacrosaints (les Intelligences, *jawâhir 'aqlîya moqaddasa*), sont les médiateurs de la générosité du Premier Être. Il est l'Agent (*fâ'il*) agissant par eux. De même qu'une lumière plus puissante ne laisse pas la lumière plus faible éclairer les choses en toute indépendance, de même la Puissance victoriale nécessaire (*Qowwa qâhira wâjiba*) ne laisse pas aux êtres intermédiaires une totale indépendance dans leur agir, à cause de la surabondance de son effusion et de la perfection de sa puissance. Comment n'en serait-il pas ainsi, alors qu'il dépasse infiniment l'infini lui-même ! Ainsi il est lui-même en situation dans chaque situation.

CLOTURE DU TEMPLE [38]

Chapitre IV : *De la hiérarchie des êtres de Lumière et de l'Esprit-Saint*

Sache que les mondes sont au nombre de trois, selon les philosophes [39].

1) Il y a un monde que les philosophes dénomment « monde de l'Intelligence » (*'âlam al-'Aql*, le *Noûs* néoplatonicien). Le mot « intelligence », dans leur lexique technique, désigne toute substance (tout être substantiel) qui ne peut être l'objet

d'une indication perceptible par les sens, et qui n'a pas à exercer d'action sur les corps.

2) Il y a le « monde de l'Ame » (*'âlam al-Nafs*). Bien que l'âme pensante ne soit ni un corps ni corporelle, ni pourvue d'une dimension spatiale sensible, elle a à exercer son action dans le monde des corps. Les âmes pensantes se répartissent entre celles qui ont à exercer leur action dans les régions sidérales (les *Animae caelestes*, motrices des Sphères), et celles qui exercent leur action pour l'espèce humaine (les *Animae humanae*).

3) Il y a le « monde du corps » (*'âlam al-jism*) qui se répartit en monde éthérique (*athîrî*, le monde sidéral) et le monde des Éléments (*'onsorî*).

Et dans la hiérarchie des Lumières archangéliques victoriales (*Anwâr qâhira*) — c'est-à-dire des Intelligences immatérielles — il y a celle dont le rapport avec nous est analogue au rapport d'un père avec ses enfants [40]. Elle est notre « Père », le Seigneur de la théurgie qui est l'espèce humaine (*rabb tilism nû'i-nâ*), à la fois le Donateur de qui émanent nos âmes et leur perfecteur. C'est l'ESPRIT-SAINT (*Rûh al-Qods*), lequel, chez les philosophes, est dénommé « Intelligence agente » (*al-'Aql al-fa''âl*) [41].

Toutes ces Intelligences sont des Lumières divines immatérielles. La première est celle par qui l'être se trouve dédoublé [42]. La Première Lumière l'illumine par l'orient d'une lumière levante (*ishrâq*), et les Intelligences vont ainsi se multipliant elles-mêmes par la multiplication de ces orients de lumières (*ishrâqât*) et de leurs redoublements au fur et à mesure de leur descente [43]. Bien que les êtres intermédiaires soient plus proches de nous quant à leur causalité et par leur position médiatrice, cependant les plus éloignés de nous dans l'ordre de la causalité sont aussi les plus proches, à cause de la puissance de leur épiphanie (*zohûr*), si bien que le plus proche de tous est la Lumière des Lumières (*Nûr al-anwâr*). Ne vois-tu pas que s'il y a du noir et du blanc sur une même surface, la blancheur paraît plus proche de nous, parce qu'elle est assortie à la manifestation (correspond à l'état manifesté) ? Ainsi le Premier Être est à la fois en la plus haute des hauteurs et en la proximité la plus proche. Gloire soit à celui qui est le plus lointain de tous les lointains en raison de la hauteur de son rang, et le plus proche de tous les proches en raison de sa Lumière omniprésente et d'une puissance infinie.

Chapitre V : *Que l'Acte créateur est sans commencement*

C'est le Premier Être qui confère aux autres êtres leur nécessité d'être. Il est celui qui fait prévaloir leur être sur le non-être, et il est éternel. La prépondérance conférée à leur être sur le non-être est donc elle-même éternelle. Sinon, l'ensemble des êtres non-nécessaires par eux-mêmes serait conditionné par quelque chose d'autre que lui-même. Or, antérieurement à la totalité des êtres non-nécessaires par eux-mêmes, il n'y a rien d'autre que lui : ni temps ni condition quelconque dont dépendrait son action, comme il en va dans le cas de nos propres actions, lorsque nous les différons, par exemple, jusqu'au jeudi, ou que nous les subordonnons à l'arrivée de Zayd ou à la disponibilité d'un instrument, — puisque antérieurement à la totalité des possibles (des êtres non-nécessaires par eux-mêmes), il n'existe rien de tout cela.

D'autre part le Premier Être est exempt de tout changement qui ferait qu'il se mît à vouloir quelque chose que tout d'abord il n'aurait pas voulu, ou à pouvoir ce dont il n'eût pas eu auparavant le pouvoir. Et comme tu sais que ce sont les rayons de lumière qui proviennent du soleil, non pas le soleil qui provient de ses rayons, alors ne t'étonne pas si le Premier Être veille éternellement à la balance de l'être [44]. En quoi nuiraient au soleil l'éternité de ses rayons ou la perpétuité des grains de poussière irisés par sa lumière ?

Le Cinquième Temple :

Les « Animae Caelestes » et le secret des mouvements célestes

ENTRÉE DU TEMPLE [45]

Chapitre Ier : *Que les événements s'enchaînent à l'infini*

Sache que tout événement postule en advenant une cause elle-même advenante. Le même raisonnement s'applique à cette cause advenante qui postule, à son tour, un événement advenant. Il s'ensuit que les causes advenantes s'enchaînent à l'infini, de sorte que ces causes n'ont pas de commencement, car avec toute inauguration de l'advenant, il faudrait répéter le raisonnement.

La chose dont le renouvellement est impliqué dans son essence même, c'est le mouvement. Ce qu'il faut dire, c'est que dans l'ensemble des mouvements, le mouvement qui jamais ne s'interrompt, c'est le mouvement circulaire. Mouvement persistant, il est apte à être la cause de la suite ininterrompue des événements toujours advenant. Précisément, ce mouvement est celui des Sphères célestes [46]. C'est ce mouvement qui est la cause des événements advenant en notre monde.

Comme le Premier Agent (*al-fâ'il al-awwal*) est à l'écart de tout changement et de toute altération, il ne peut être la cause immédiate des mouvements advenant. Si donc il n'y avait les mouvements des Sphères célestes, il n'adviendrait jamais aucun événement. Mais ces mouvements des Sphères ne sont pas des mouvements résultant simplement de leur nature, car la Sphère quitte successivement chacun des points auxquels tendait son mouvement. Or, lorsque ce qui se meut d'un mouvement naturel a atteint le point auquel il tendait, il s'arrête là, puisque par nature il ne saurait s'enfuir de ce qui était son but. Tel n'est pas le mouvement de la Sphère céleste. Son mouvement ne peut donc être autre qu'un mouvement volontaire.

CENTRE DU TEMPLE

Chapitre II : *La nostalgie des « Animae caelestes » et les événements terrestres*

I. Ce qui donne son mouvement à la Sphère, c'est son Ame (l'*Anima caelestis*) [47]. L'action motrice de l'Ame mettant en mouvement la masse de la Sphère, est un acte de libre choix, tandis que la mobilité de la masse même de la Sphère sous l'action motrice de l'Ame est une mobilité par contrainte. Si nous prenons séparément d'une part la masse de la Sphère et d'autre part son Ame motrice, nous disons que le mouvement de la Sphère, dont la cause est l'action motrice de l'Ame, est un mouvement par contrainte, envisagé comme subissant l'action de l'Ame. Mais si nous prenons simultanément la Sphère et son

Ame comme formant un seul être, alors le mouvement de la Sphère est un mouvement volontaire. Sous cet aspect, on peut donc dire qu'elle est un être doué de la vie et de la perception [48].

Les Sphères célestes n'ont besoin ni de se nourrir, ni de croître, ni d'engendrer. Elles n'ont pas d'appétit concupiscible. Et comme il n'y a rien qui les opprime ni rien qui leur résiste, elles n'ont pas non plus de force irascible [49].

II. En ce qui nous concerne, lorsque nous nous sommes purifiés des obsessions du corps, et que notre méditation nous permet la vision imaginative [50] de la sublimité de l'Être divin et de la Lumière de Gloire éployée (le *Xvarnah*) [51], de la Lumière qui effuse d'auprès de lui sur les êtres, alors nous rencontrons à l'intérieur de nous-mêmes des éclairs qui fulgurent, des lumières levantes qui *orientent* l'âme vers son orient [52]. Nous contemplons ces lumières, et nous atteignons notre but [53].

S'il en est ainsi pour nous, que dois-tu pressentir concernant les Augustes Personnes divines (les *Animae caelestes*) [54] dont la forme apparente est éternelle, dont le corps est invariable, et qui sont préservées de la corruption par leur éloignement du monde où règne l'opposition des contraires ? Comme il n'est rien par quoi elles puissent se laisser distraire, jamais ne s'interrompent pour elles ni l'illumination aurorale des sublimes lumières du Seigneur des Seigneurs [55] ni l'assistance des subtiles grâces divines. Si l'objet de leur aspiration et de leur amour n'était pas lui-même incessant, leurs mouvements viendraient à cesser. C'est pourquoi chacune des Ames célestes a un Aimé (*ma'shûq*) dans le monde suprême. C'est une Lumière archangélique victoriale (*nûr qâhir*), laquelle est à la fois la cause de son être [56], celle qui la pourvoit de sa propre Lumière et celle qui est son intermédiaire entre elle et le Premier Être. C'est par l'intermédiaire de cet Aimé qu'elle en contemple la gloire divine et qu'elle en reçoit les influx et les lumières.

De chaque illumination se levant sur elle (*ishrâq*) procède un mouvement de son Ciel, et par chaque mouvement de son Ciel l'Ame céleste se rend apte à recevoir l'illumination d'une nouvelle lumière se levant à son orient [57]. C'est ainsi que par la succession toujours renouvelée des mouvements célestes se perpétue la succession toujours renouvelée des illuminations de lumières levantes (*ishrâqât*), et que par la succession toujours renouvelée des illuminations de lumières levantes se perpétue la succession toujours renouvelée des mouvements célestes. Et c'est grâce à ce double enchaînement continu des unes et des autres que se perpétue la genèse des événements dans le monde inférieur [58].

Car s'il n'y avait ni les illuminations aurorales que reçoivent les Ames célestes, ni les mouvements que ces illuminations produisent en elles, il ne serait actualisé de la générosité divine qu'une mesure finie. L'effusion de sa surabondance s'interromprait, puisqu'il n'advient ni changement ni altération dans l'essence du Premier Être, qui puisse entraîner un changement ou une altération dans l'effusion de sa surabondance. Si donc persiste par la générosité du Premier Être la genèse des événements en ce monde, c'est grâce à la perpétuelle extase de ces divins fidèles d'amour [59], les mouvements de leur cieux tournant à l'avantage des mondes inférieurs.

III. Ce n'est nullement dire que les mouvements des Sphères célestes suffiraient à eux seuls à donner l'existence aux choses. Mais ils actualisent les états de préparation, et le Premier Être confère alors à chaque chose ce qui correspond à son état de préparation. Comme il n'y a ici chez l'Agent ni renouvellement ni changement, c'est par un renouvellement dans l'état de préparation (*isti'dâd*) de son réceptacle, que se renouvelle la chose causée par lui.

C'est qu'il se peut qu'une seule et même chose ait des effets renouvelés et différents, en raison d'un renouvellement et d'une différence dans l'état des réceptacles, non pas en raison d'une différence survenue dans l'état de l'Agent. Considère par hypothèse le cas d'une personne qui ne ferait aucun mouvement et dont l'état demeurerait sans changement. Mais voici qu'en face d'elle passent des miroirs qui diffèrent par leur taille, grande ou petite, par leur limpidité ou par leur ternissure [60]. Dans chacun des miroirs apparaît une image de cette personne qui, selon la capacité du miroir, diffère par la grandeur ou par la petitesse, par la perfection ou au contraire par un défaut dans l'apparition des couleurs. Cela, non pas en raison d'un changement ou d'une différence quelconque dans l'original de l'image, mais en raison d'une différence dans l'état des réceptacles (les miroirs). Ainsi le Premier Être a établi un lien entre la stabilité et la stabilité, entre la nouveauté et la nouveauté. Il est le principe et la fin de la connexion ainsi établie, pour que se perpétue le Bien, que persiste l'effusion de sa surabondance, et qu'il n'y ait pas de limite à sa miséricorde. Car sa générosité n'est ni mutilée ni déficiente ; il n'y a ni commencement ni fin où elle s'interrompe.

IV. La générosité consiste à donner ce qu'il convient de donner sans attendre une compensation quelconque, car celui qui agit en vue d'une compensation, celui-là est un indigent [61]. Le riche, c'est celui qui a en soi-même et en sa perfection de quoi se passer des autres. Le riche absolu, c'est celui qui doit son acte d'être à son essence même (celui dont l'essence implique par elle-même l'existence), et c'est la Lumière des Lumières (*Nûr al-anwâr*). Son action créatrice est désintéressée, ou mieux dit son essence est une essence dont déborde spontanément la Miséricorde. Et elle est le souverain absolu, parce que le souverain absolu est celui à qui appartient l'essence de toute chose, tandis que sa propre essence n'appartient à nul autre.

Il est impensable que l'être puisse être plus parfait que ce qu'il est tel qu'il est. Sinon il faudrait que l'Essence divine postulât ce qui est inférieur, au prix de l'abandon de ce qui est supérieur. Loin de là ! Ce qui est inhérent à son essence, c'est ce qu'il y a de supérieur, car ce qui est inhérent à ce qui est supérieur est nécessairement supérieur, de même que le reflet de la lumière est supérieur au reflet de son reflet. Plus parfait que ce qu'est l'être tel qu'il est, est donc impensable. Or l'impensable n'est pas au pouvoir même de quelqu'un qui a puissance.

V. Alors celui-là prolonge inutilement la discussion sur le Bien et le Mal, qui présume que les Êtres d'en-haut ont leur attention tournée vers le peuple d'en-bas, ou bien qui s'imagine que Dieu n'a pas d'autre monde au-delà de cette motte ténébreuse qu'est notre Terre, et qu'au-delà de ces vermisseaux que nous sommes, Dieu n'a pas d'autres créatures. Celui-là ignore que, si tout ce qui arrive actuellement, arrivait autrement qu'il n'arrive il en résulterait une multitude de maux, une perturbation de l'ordre cosmique sans rapport avec le désordre qu'il se représente actuellement. Un ordre qu'il n'est pas possible actuellement de dépasser, tel est l'ordre actuel du monde. Quand on parle d'un monde que n'atteindraient ni les malheurs ni les épreuves, il s'agit d'un autre monde que le nôtre, celui qui est le lieu du retour et le sanctuaire de ceux d'entre nous qui sont des âmes pures.

Ce n'est nullement dire que les Êtres sacrosaints des mondes supérieurs (*al-'awâlî al-qodsîyûn*, ici les *Animae caelestes*) n'auraient d'autre souci que de déchirer les voiles qui protègent la pudeur, d'arracher les nourrissons aux bras de leurs mères, d'en faire des orphelins en massacrant leurs pères, de faire souffrir les animaux, d'implanter les religions de l'ignorance, d'égarer les âmes, d'exalter les ignorants et de persécuter les sages [62]. Non pas. Les *Animae caelestes* sont tout occupées à contempler les Lumières divines, à en rechercher la splendeur aurorale par toute chose et par tout lieu où elle se montre. De leurs mouvements résultent les événements de ce monde par un lien de conséquence inéluctable. Mais il en va de telle sorte qu'à supposer que les *Animae caelestes* pussent faire régresser le mouvement de leur ciel respectif à une position qui avantagerait les peuples d'en-bas, il en résulterait en revanche des malheurs et des dommages pour d'autres univers. Et puis, comment leurs mouvements auraient-ils pour finalité les peuples du monde inférieur ? Loin de là ! les *Animae caelestes* meuvent leur Ciel respectif pour que soient projetées sur elles les splendeurs éternelles et les lumières divines. La vénération éprouvée dans les stations divines de leur contemplation, l'emprise de l'irradiation sacrosainte que projettent sur elles les Lumières archangéliques, les dominent à tel point qu'elles ne leur laissent pas la possibilité d'avoir un regard pour elles-mêmes, à plus forte raison pour le monde qui est au-dessous d'elles. Malgré cela, elles connaissent tout ce qui est manifesté et tout ce qui est caché. Rien n'est absent de leur connaissance ni de la connaissance de leur Créateur.

VI. Ce qui a été dit concernant la perpétuité nécessaire de leurs mouvements, montre d'autre part que l'état des Sphères célestes est constant, qu'elles ne sont point composées des quatre Éléments et qu'elles sont préservées de la corruption. Si elles étaient composées, elles viendraient à se dissoudre, et leur mouvement ne serait pas perpétuel. Elles n'ont donc en elles-mêmes rien qui appartienne aux Éléments. Aussi bien, le *chaud*, étant léger, ne se meut que vers l'en-haut ; le *froid*, étant pesant, ne se meut que vers l'en-bas ; l'*humide* accueille et abandonne avec autant de facilité une configuration nouvelle, la conjonction et la disjonction ; le *sec* n'accueille l'une et l'autre qu'avec difficulté. Or, les Sphères célestes sont indéchirables et intransperçables ; elles ne se meuvent pas selon la ligne droite, ni vers le centre ni à partir du centre. Non, leurs mouvements sont circulaires et tournent autour du centre. Elles ne sont donc ni pesantes ni légères, ni chaudes ni froides, ni humides ni sèches. Elles sont une « cinquième nature » (*tabî'a khâmisa*, *quinta essentia*, quintessence). Elles encerclent la Terre. Aussi bien, si le Ciel n'encerclait pas la Terre, le soleil, une fois couché à l'Occident, ne reviendrait à l'Orient qu'en redoublant la durée du jour. C'est pourquoi tous les cieux sont sphériques ; ils nous encerclent ; leurs Ames motrices sont douées de la vie et de la pensée ; elles sont les fidèles d'amour de la Lumière sacrosainte ; elles sont dociles à leur Principe ; il n'y a rien de mort dans le monde sidéral (*'âlam al-athîr*, le monde éthérique).

CLOTURE DU TEMPLE

Chapitre III : *De la hiérarchie des êtres selon la domination d'amour et l'obédience d'amour*

I. La première relation à éclore dans l'être est la relation entre la Première Substance à subsister (*jawhar qâ'im*, la Ire Intelligence) et le Premier Être éternellement subsistant (*al-Awwal al-qayyûm*). Cette relation est l'archétype (*omm*, la « mère ») de toutes les relations ; elle est aussi la plus noble. La Première Substance (la Ire Intelligence) est le fidèle d'amour du Premier Être, et le Premier Être, par la lumière de son éternelle subsistance, la domine d'une telle domination d'amour qu'elle la rend incapable de la cerner et d'atteindre le fond de son essence [63]. Cette relation primordiale comporte donc obédience d'amour (*mahabbat*) et domination d'amour (*qahr*) [64], l'un des deux termes de la relation étant supérieur à l'autre [65]. La modalité de cette relation [66] se propage dans tous les univers, de sorte que les différentes catégories d'êtres sont associées pour former des couples.

En effet la substance comporte deux catégories : substance

corporelle et substance incorporelle. L'incorporelle domine la substance corporelle ; elle est l'objet de son amour (*ma'shûqa*, son aimée) et sa cause. L'un des deux côtés est ici le côté inférieur (celui de l'amant qui, nonobstant son *nomen agentis*, est en fait le côté passif). De même la substance immatérielle comprend deux catégories : l'une supérieure, active et dominatrice (les Intelligences, Lumières archangéliques, les *Angeli intellectuales*) ; l'autre, d'un rang hiérarchique inférieur, passive et dominée (les *Animae caelestes* ou *Angeli caelestes* par rapport aux Intelligences).

De même les corps se divisent en corps éthériques (*athîrî*, corps célestes) et corps élémentaires. Bien plus, certains des corps célestes comprennent deux catégories : il y a celle qui connote la félicité, et il y a celle qui connote la force dominatrice [67]. Mieux encore, il y a les deux luminaires [68] (Soleil et Lune) dont l'un est l'image de l'Intelligence (*Angelus intellectualis*) et l'autre l'image de l'*Anima* (*Angelus caelestis*). De même, il y a ce qui est en haut et il y a ce qui est en bas ; il y a ce qui est à droite et il y a ce qui est à gauche ; il y a l'orient et il y a l'occident. Et jusque chez les animaux, il y a le mâle et il y a la femelle. Chaque fois un côté parfait est accouplé avec un côté imparfait, à l'imitation de la relation primordiale (entre le Premier Être et la Première Intelligence). Comprendra cela quiconque aura compris ce verset qorânique : « De toutes choses nous avons créé des couples ; peut-être vous en souviendrez-vous » (51/49).

II. Comme la Lumière est le plus noble des êtres, le plus noble des corps est aussi le plus lumineux. Et c'est le sacrosaint (*qiddîs*), le Père, le Souverain, HURAKHSH le Très-fort [69], le vainqueur des Ténèbres, le chef du Ciel, l'auteur du Jour, celui dont les énergies sont parfaites, le thaumaturge [70], celui à qui échut la part la plus magnifique de majesté divine, celui qui donne à tous les corps leur lumière, et ne reçoit d'aucun autre sa lumière [71]. Il est la suprême Image de Dieu [72], sa Face la plus grandiose [73-74]. Après lui, hiérarchiquement, viennent les autres princes et seigneurs [75], magnifiques et magnifiés, principalement le seigneur de bon augure, le bénéfique, à l'heureux influx [76]. Gloire à celui qui lui donna l'être [77], exalté soit-il celui qui lui donna sa forme. Béni soit Dieu le meilleur des créateurs [78].

Le Sixième Temple :

Des joies et des souffrances spirituelles et du retour des âmes parfaites à l'Esprit-Saint

I. Sache que l'âme pensante n'est pas anéantie par l'anéantissement du corps, pour la raison qu'elle ne possède pas de substrat (le corps de chair n'étant pas le substrat de la substance spirituelle) [79]. Elle n'a donc pas de contraire ni rien qui fasse obstacle à son être. Le Principe qui lui donne l'être [80] dure perpétuellement ; l'âme perpétue donc sa durée par la perpétuité même de son Principe. Il n'y a rien d'autre entre elle et le corps de chair qu'une attache accidentelle, causée par un désir accidentel. La disparition de cette attache ne saurait donc [illegible]er la disparition de la substance qui subissait accidentellement cette attache.

Tu sais fort bien que le plaisir éprouvé par chaque faculté est en fonction de sa perfection et de la perception dont elle est capable. Il en est de même quant à sa souffrance, car le plaisir et la souffrance de chaque être correspondent à ce qui lui convient en propre. Ainsi pour le sens de l'odorat, c'est tout ce qui se rapporte aux senteurs. Pour le sens du goût, c'est tout ce qui se rapporte aux saveurs. Pour le sens du toucher, c'est tout ce qui se rapporte aux choses palpables. Ainsi de suite : à chacun ce qui lui convient.

Or, la perfection d'une substance intellective, c'est de porter en soi-même l'empreinte des hautes connaissances : connaissance personnelle de Dieu, des multiples univers, de l'ordre cosmique, bref de tout ce qui concerne l'origine et le retour (genèse et eschatologie) ; conscience de sa transcendance à l'égard des facultés organiques du corps ; conscience aussi de son indigence contrastant avec ces qualifications, et conscience que sa joie et sa souffrance dépendent respectivement de sa propre perfection ou de l'absence de celle-ci.

II. Il arrive que le délectable ou qu'au contraire l'abhorré atteignent un être sans déterminer en lui plaisir ni souffrance. Si, par exemple, un homme est frappé d'apoplexie, ou bien s'il sombre dans une profonde ivresse, il ne souffrira pas plus des coups violents qu'on pourra lui porter, qu'il n'éprouvera de plaisir à la présence de l'objet de son amour. Ainsi l'âme, aussi longtemps qu'elle reste absorbée par le souci de son corps, ne souffre pas plus des vices et des ignominies, qu'elle ne prend plaisir aux vertus et qualités éminentes. Cela à cause de l'ivresse de la nature [81]. Lorsqu'elles se séparent de ce monde (leur ivresse étant alors dissipée), les âmes des réprouvés sont tourmentées par leur ignorance, par leurs modalités vicieuses et ténébreuses, par leur aspiration inextinguible au monde perceptible par les sens, « alors qu'un obstacle s'interpose entre elles et l'objet de leur désir » (Qorân 34/54). Leurs facultés de perception sensible leur ont en effet été arrachées : plus d'œil qui voie, plus d'oreille qui entende. Elles sont coupées de la clarté du monde sensible, sans que leur parvienne la lumière du monde sacrosaint. Hagardes et sans espoir, elles restent dans les ténèbres.

Les ténèbres ne signifient rien d'autre qu'une négativité, l'absence de la lumière [82]. Ainsi ces âmes sont coupées des deux lumières (lumière des sens et lumière spirituelle de l'intellect). Elles sont alors la proie de la frayeur et de la crainte, de l'angoisse et de la peur, parce que ce sont là des choses inhérentes aux ténèbres. Aussi bien, ceux chez qui s'est altérée la complexion du *pneuma* vital [83], devenu ténébreux et trouble — tel est le cas des hypocondriaques [84] — sont-ils dominés par la peur et par l'inquiétude. Qu'en est-il alors de celui qui tombe dans les ténèbres, sans espoir de délivrance, livré à la seule compagnie des chagrins et à la familiarité des angoisses ?

III. Quant aux âmes précellentes par leurs vertus et par leurs connaissances [85], elles reçoivent en la proximité de Dieu ce qu'aucun œil n'a vu, ce qu'aucune oreille n'a entendu, ce qui n'est encore monté au cœur d'aucun homme [86] : contemplation directe des Lumières divines, immersion dans la mer des Lumières. Alors est actualisé en elles l'état angélique (*malakîya*) [87], et la douceur de l'état angélique est infinie, sa félicité à jamais inachevable.

Ainsi ces âmes retournent au Père dont elles émanent [88], celui qui se dresse d'un élan victorieux sur les têtes des dragons des ténèbres [89], l'Ange à l'invincible force qui les brise, le seigneur de la théurgie précellente (laquelle est la forme humaine) [90], le Proche de Dieu le miséricordieux [91], couronné du diadème de la proximité dans le *Malakût* [92] du Seigneur des mondes, l'ESPRIT-SAINT [93]. A cet Esprit-Saint elles retournent, attirées par lui comme l'aiguille de fer est irrésistiblement attirée par l'aimant.

IV. Et de même qu'il n'y a pas de commune mesure entre les facultés de perception sensible et l'âme elle-même [94], ni entre les Lumières divines, les entités spirituelles sacrosaintes (*al-qiddîsîyûn*), et les objets de la perception sensible, de même il n'y a pas de commune mesure entre le plaisir spirituel pur et le plaisir que procurent les sens.

Le Premier Être est son propre fidèle d'amour ; il est à la fois son propre objet d'amour (*ma'shûq*) et l'aimé des autres êtres. Aucune joie ni plaisir ne sont comparables au plaisir de ceux qui deviennent ses Proches (*moqarrabûn*). Alors, aux âmes parfaites, lorsqu'elles surgissent hors de leurs temples de chair à la splendeur du *Jabarût* [95], les feux de l'aurore éternelle illuminant les créneaux du *Malakût* [96], voici qu'est révélée, par la Lumière divine, des choses qui sont sans commune mesure avec la vision que l'on a des corps en ce monde, au moment où les révèle la lumière du soleil levant. Le négateur qui refuse de reconnaître l'existence des joies et des plaisirs spirituels, est pareil à l'impuissant qui nie le plaisir sexuel [97]. Ce négateur ne fait que donner aux bêtes la préséance sur les Anges et les êtres spirituels sacrosaints [98].

Le Septième Temple :

L'Imagination visionnaire ; les thaumaturgies ; les paraboles des prophètes ; le Paraclet ; les visitations des êtres de lumière

I. L'âme pensante est une essence appartenant au *Malakût*. Ce sont les facultés organiques du corps et les préoccupations dont celles-ci l'obsèdent, qui la détournent du monde qui est le sien. Cependant, lorsque l'âme a pris de la force en s'assimilant les perfections spirituelles, et que s'est affaiblie l'emprise des facultés organiques par diminution de la nourriture et prolongation des veilles, il lui arrive de se libérer et de s'échapper par moments vers le monde spirituel. Elle se conjoint alors avec son « Père sacrosaint » (*bî-Abî-hâ'l-moqaddas*) [99] et reçoit de lui les hautes connaissances. Elle se conjoint aussi avec les Ames motrices des Sphères célestes (*Angeli caelestes*), lesquelles sont aussi bien conscientes de leurs mouvements que des conséquences inhérentes à ces mouvements. Elle en reçoit des connaissances secrètes, tantôt en songe, tantôt à l'état de veille, de la même façon qu'un miroir reçoit l'image de la chose placée en face de lui.

Il arrive aussi que l'âme contemple quelque chose du monde des pures Intelligences (*amr 'aqlî*). L'Imagination active en configure une image-imitative (*mohâkât*), et cette image se réfléchit dans le *sensorium*, de la même façon que du *sensorium* les images se réfléchissent dans le trésor de l'Imagination représentative [100]. Le visionnaire contemple alors des figures merveilleuses [101], avec lesquelles il s'entretient confidentiellement. Ou bien il entend des paroles proférées (sans voir la personne qui les profère). Ou bien se montre à lui une réalité du monde du mystère (*amr ghaybî*), et il arrive que l'apparition semble monter et descendre. Or, il est impossible à l'entité immatérielle qui se manifeste dans l'apparition, de monter ni de descendre, puisqu'elle transcende les propriétés inhérentes aux corps matériels localisés dans l'espace sensible. Non pas, l'apparition en est une ombre corporelle (*zill jismânî*) [102] qui en *imite* les états spirituels. Certains songes sont également une imitation imaginative (*mohâkât khayâlîya*) de ce que l'âme contemple dans le monde spirituel pur. Je parle ici des songes authentiques et vrais, non pas des rêves incohérents qui résultent des facéties du démon de la *phantasis* [103].

II. Il arrive que les âmes ayant éprouvé la *théôsis* [104] soient ébranlées d'une émotion sacrale. Alors se lève sur elles l'aurore de la Lumière divine [105]. Comme tu peux constater que la pièce de fer rougie au feu est devenue semblable au feu par son contact avec le feu, et qu'elle accomplit alors la même action qu'accomplit le feu, ne t'étonne donc pas si, lorsque se lève sur une âme la lumière de l'Orient mystique, et qu'elle est illuminée et embrasée par la lumière divine, les créatures lui obéissent comme elles obéissent aux êtres sacrosaints.

Et parmi les pèlerins de l'Orient mystique (les *mostashriqûn*) [106] il y a des hommes dont la face est tournée vers leur « Père sacrosaint » (*Abî-him al-moqaddas*) [107]. Alors se montrent à eux certaines splendeurs sacrosaintes (*jalâyâ al-Qods*) [108], comme annonçant la visite de l'hôte qu'entourent les éclairs [109]. En vérité, la guidance divine (*hidâyat Allâh*) atteint le groupe d'élus qui, les mains ouvertes [110], attendent la provende céleste. Lorsque leurs yeux s'ouvrent, ils rencontrent Dieu, enveloppé du manteau de l'inaccessible magnificence [111]. Son nom domine le cercle du *Jabarût* [112], et sous les rayons de sa lumière il y a tout un peuple dans l'attente [113].

III. Il importe que celui qui scrute les choses cachées (*mostabsir*) professe fermement la vérité du message des prophètes, et sache que les paraboles des prophètes réfèrent aux vérités gnostiques, comme il est dit dans le Qorân : « Nous nous servons de ces paraboles pour le commun des hommes ; ne les comprennent que ceux qui savent » (29/49), et comme en a averti l'un des prophètes, en disant : « Je veux ouvrir la bouche en paraboles » (Év. de Matthieu, 13/13 et 35). Ainsi donc la révélation littérale (le *tanzîl*) est confiée aux prophètes, tandis que l'herméneutique spirituelle (*ta'wîl*) et l'explication (*bayân*) [114] sont confiés à la Suprême Épiphanie, celle du PARACLET (*al-mazhar al-a'zam al-Fâraqlîtî*) [115], toute Lumière et toute Esprit, ainsi que le Christ l'a annoncé, là où il a dit : « Je vais à mon Père et à votre Père, pour qu'il vous envoie le Paraclet (*al-Fâraqlît*) qui vous révélera le sens spirituel (*ta'wîl*) » (cf. Év. de Jean, 14/16, 15/26, 20/17). Et il a dit encore : « Le Paraclet que mon Père vous enverra en mon nom vous enseignera toutes choses » (Év. de Jean, 14/26). Les mots « en mon nom » (*bismî*, « avec » mon nom, portant mon nom) veulent dire qu'il sera appelé CHRIST (*Masîh*), parce qu'il sera oint (consacré, *Christos*) avec (ou par) la Lumière (*Yomsah bi'l-Nûr*). Et il est fait allusion à lui dans le Qorân, là où il est dit : « *Ensuite*, c'est à Nous qu'en incombe l'explication » (75/16). Le mot « ensuite » marque qu'il y a désistement (passage à une autre personne) [116].

IV. Et il n'est pas douteux que les êtres de lumière du *Malakût* descendent pour venir en aide à ceux qui sont dans la détresse, que les rayons de lumière du monde sacrosaint se déploient sur eux, et que la voie vers Dieu s'ouvre à celui qui frappe à son seuil [117], ainsi que nous l'annonce l'extase survenant en éclair [118] au cours de certaine nuit où souffle un vent de tornade [119]. Dieu ne nous dit-il pas : « Il est celui qui envoie le vent en annonciateur, devant sa Miséricorde » (Qorân 27/63) ? Tantôt le photisme (*al-nayyir*) s'approche de l'extatique en descendant vers lui ; tantôt c'est l'extatique qui s'approche du photisme en montant vers lui [120]. Cette vision de lumière annonce, disons-nous, que la voie du monde sacrosaint est ouverte, pour que l'on monte aux hautes demeures dont les *barzakh* et leurs attaches interdisent l'accès à la plupart des hommes [121].

Épilogue [122]

Seigneur nôtre ! nous croyons en toi. Nous reconnaissons la vérité des messages de tes prophètes. Nous savons que ton *Malakût* a des degrés [123]. Nous savons que tu as des fidèles ayant atteint à la *theôsis* (*ta'alloh*), d'autres qui cherchent accès à la Lumière par la Lumière, même s'il leur arrive d'abandonner la lumière pour les ténèbres, afin de chercher par les ténèbres accès à la lumière, et d'atteindre à travers le comportement des insensés [124] la consolation des Sages parfaits [125]. Tu leur as fait des promesses [126] et tu as envoyé vers eux des souffles de vent pour les transporter à 'Illîyîn, afin qu'ils glorifient les splendeurs de ta Face, sachent transposer tes Livres saints [127], se suspendent aux ailes des Chérubins [128], montent en s'agrippant au câble des rayons de lumière [129], demandent le secours de la solitude pour obtenir la familiarité avec le peuple du *Malakût*. Ceux-là sont ceux qui montent au Ciel, tout en restant sur terre [130]. Éveille, ô mon Dieu ! les âmes qui somnolent sur le lit de l'insouciance et de l'indifférence, afin qu'elles se souviennent de ton Nom et sanctifient ta Gloire. Complète notre quote-part de savoir et de patience, car ce sont les père et mère de toutes les précellences. Accorde-nous d'agréer à ton Décret. Fais de la chevalerie spirituelle (*fotowwat*) [131] notre parure distinctive, et de l'Orient de la Lumière (*ishrâq*) la voie qui soit nôtre. Ta générosité est universelle, ta bienveillance s'étend à tous les mondes.

Ici finit le Livre des Temples de la Lumière.

3. Extraits des commentaires

1. — *IVe Temple*, chapitre III ; voir note 33. Ghiyâthoddîn Shîrâzî : « Car, si le Premier Émané était corporel, il y aurait besoin de causes multiples, ou bien dans la cause même il y aurait des aspects différents qui seraient les raisons des choses diverses actualisées dans les différentes parties du corps. Je dis (moi Ghiyâthoddîn) : ces deux considérations donnent matière à réflexion. 1) C'est qu'en effet : *A*) Nous n'accordons pas que dans le corps il y ait des aspects différents, tels que le corps ne puisse être lui-même intermédiaire entre eux et le Principe. *B*) La conjonction *fa* (« car il comporterait diversité... ») ne se rapporte pas à ce sens. 2. — Parce que nous n'accordons pas que dans le corps il y ait des parties différentes (hétérogènes), surtout selon l'opinion de l'auteur. Mais peut-être veut-il simplement marcher d'accord avec les Péripatéticiens, lesquels professent que le corps est composé de Matière et de Forme, et qu'il est impossible que l'un des deux partenaires soit antérieur à l'autre. Pour rester au plus proche du sentiment de l'*Ishrâq*, il conviendrait de dire : nous avons montré dans le IIe Temple que l'âme humaine est une substance de lumière; or il n'est pas possible que la Ténèbre soit cause de la Lumière, en raison du postulat de l'*imkân al-ashraf* (à savoir que c'est toujours le possible supérieur qui est la raison d'être et l'explication du possible inférieur), et aussi pour d'autres raisons. Ainsi le Premier Émané, qui est cause de tous les possibles, ne peut pas être un corps. On peut encore entendre que le pronom *hi* dans *fî-hi* (« il comporterait », etc.) réfère non pas à la chose causée (le corps) mais à la cause. Le sens est alors le suivant. Les Lumières séparées (immatérielles) existent. Or, il ne se peut que le corps soit leur cause. Si un corps émanait immédiatement de l'Être Nécessaire, il faudrait donc qu'initialement en émane aussi un incorporel, lequel serait la cause des Lumières immatérielles. Cependant, il est impossible qu'émanent de lui initialement deux choses, puisque s'ensuivrait l'actualisation des aspects différents (hétérogènes). Or on en a établi l'impossi-

bilité à la source de l'être. Donc le Premier Émané n'est pas un corps. »

2. — *Clôture du IVe Temple* ; voir note 41. Ghiyâthoddîn Shîrâzî : « Notre père, c'est-à-dire notre Seigneur (*rabb*), est le recteur (*modabbir*) de nos affaires. Certains des anciens philosophes donnaient aux seigneurs ou Anges des espèces le nom de « pères ». C'est le terme qu'emploie la révélation divine (*al-wahy al-ilâhî*) dans l'Évangile de Jean, là où il est dit dans le chapitre XIV : « O Philippe ! celui qui m'a vu, celui-là a vu le Père. Comment peux-tu donc dire : Montre-nous le Père ? Ne crois-tu pas que je suis en mon Père, et que le Père est en moi ? Les paroles que je profère ne viennent pas de moi-même, mais viennent de mon Père qui demeure en moi. C'est lui qui accomplit les œuvres que j'accomplis. Aie donc la foi, et crois que je suis en mon Père et que mon Père est en moi » [Év. de Jean, 14/9-11]. Telles sont les paroles de l'Évangile traduit en arabe. Et à cause de l'exotérique (*zâhir*) de ces paroles et d'autres semblables, les Melkites (*Melkânîya*, les orthodoxes) d'entre les chrétiens sont tombés dans d'épaisses ténèbres. Ils professent entre autres que Jésus est au sens propre du mot (*haqîqatan*) le Fils de Dieu, et que le Père demeure dans le Fils comme réceptacle, à la manière dont l'eau demeure dans l'abreuvoir ou dont l'accident et la forme demeurent dans le substrat. Il est évident que cela — outre le gauchissement et l'altération que l'on peut supposer dans le texte — est une erreur. En effet ce que l'on peut admettre, c'est que Dieu Très-Haut donne au Christ (*Masîh*) le nom de « fils » comme terme honorifique, de même qu'il appelle Abraham « ami » (*khalîl*), et parce que l'on dit de celui qui est tout attentif à une chose et entièrement voué à son service, qu'il en est le « fils ». On dit, par exemple, « fils de ce monde », « fils de la route » (*ibn al-sabîl*, le voyageur). On admettra donc que la désignation de Jésus comme « fils » soit due au fait que dans la plupart des circonstances il n'a eu que Dieu en vue, et que le plus souvent il était immergé dans les réalités du monde spirituel. On peut admettre ensuite que par cette union (telle que le Père et le Fils ne font qu'un), il faille entendre leur union (*ittihâd*) dans la manifestation de la voie de la Vérité et dans l'énonciation de la parole véridique, de même que l'on dit : « Moi et un tel ne faisons qu'un dans ce propos ». En outre, on admettra que le sens du mot *holûl* doive s'entendre de l'immanence des effets d'un certain attribut, effets tels que ressusciter les morts, guérir les malades. Ce qui le confirme, c'est ce qu'on lit dans le chapitre XVII de l'Évangile de Jean : « De même que toi, tu es en moi, ô Père, de même je suis en toi. Qu'ils soient donc, eux aussi, une seule âme en nous, afin que les gens de ce monde croient que tu m'as envoyé. Je leur confie en dépôt la gloire par laquelle tu m'as glorifié, afin que tous soient un, de même que moi et toi également

nous sommes un ; de même que toi, tu demeures en moi, de même je demeure en eux, afin que tous soient un. » Telles sont les paroles de l'Évangile [Év. de Jean 17/21-23]. Voici donc mis au clair le sens de l'*ittihâd* (union, ne faire qu'un) et de *holûl* (immanence, « incarnation »). Tu trouveras plus loin, Dieu voulant, dans la suite de notre exposé, l'approfondissement de cette question et des questions connexes. On lit en outre dans le chapitre XX de l'Évangile de Jean : « Je monte vers mon Père et votre Père, vers mon Dieu et votre Dieu » [Év. de Jean 20/17]. Cela montre bien que Jésus se met lui-même au même rang que ses disciples par rapport à leur Père. On comprend que son intention est bien telle que ce que nous avons mentionné ici, ainsi que dans d'autres *ta'wîlât* du même ordre. » (L'idée que se fait ici de la christologie notre philosophe shî'ite, commentant l'Évangile de Jean, est donc on ne peut plus nette. Il y aurait alors à en suivre la filiation jusqu'au christianisme primitif. Cf. *infra* n. 99 et les Traités V et XV).

3. — *Ibid.*; voir note 41. (Si l'identification de l'Intelligence agente, comme Ange de l'humanité, avec l'Esprit-Saint est acceptée par l'ensemble de nos philosophes et théosophes, elle ne laisse point cependant de poser une question à plusieurs d'entre eux : s'agit-il bien de la Dixième et dernière dans l'ordre hiérarchique des Intelligences ?)

Glose anonyme (en marge du texte arabe, éd. du Caire, 1335 h. l.) : « Parmi les Lumières victoriales (*Anwâr qâhira*), il y a l'Esprit-Saint qui assiste les prophètes, les Imâms et les *Awliyâ*. C'est lui que notre Prophète vit en sa forme véritable, alors que l'Ange recouvrait tout l'horizon. Et le Prophète s'évanouit. Par conséquent, c'est l'Esprit de l'univers (*Rûh al-'âlam*) avec ses réalités générales et ses réalités particulières, et c'est l'*Homo maximus* (*al-Insân al-kabîr*). L'homme physique que perçoivent nos sens est une espèce qui réfère à cet Homme cosmique, parce que sont récapitulées en lui l'ensemble des choses. Et c'est également la première Intelligence, parce qu'elle est première quant à la création et dernière par rapport à l'atteinte de l'Homme Parfait, tendant à s'unir avec elle comme le feu est uni avec la pierre. Et c'est l'acte d'être absolu (*wojûd motlaq*), duquel prend croissance l'arbre du devenir. »

Davânî : « Sache que les Sages perses (*Hokamâ' al-Fors*) ainsi que d'autres théosophes, tels qu'Hermès, le père des Sages, Pythagore, Platon et leurs semblables, professaient que chaque espèce d'entre les Sphères célestes, les astres, les Éléments simples et leurs composés, a un seigneur (*rabb*) dans le monde de la Lumière. C'est une Intelligence qui gouverne cette espèce et qui en prend soin ; elle est ce qui assure la nutrition, la croissance, la reproduction dans les corps des végétaux, puisque ces différentes opérations ne peuvent pas dans les végétaux procéder d'une puissance simple, dépourvue de conscience, pas plus qu'en nous-mêmes elles ne procèdent de nos âmes, sinon nous en aurions conscience. L'ensemble de ces opérations procède de ces seigneurs ou Anges des espèces, à tel point que les Sages disent : la cause des couleurs multiples et merveilleuses dans le plumage des paons est l'Ange de leur espèce. Ainsi en est-il de toutes les figures. Car ces figures sont les ombres d'orients illuminateurs (*ishrâqât nûrîya*) et de proportions spirituelles chez les Seigneurs de lumière (*arbâb nûrîya*). Les Sages perses connaissaient même le nom d'un grand nombre d'entre eux ; ils appelaient Khordâd l'Ange de l'eau, Mordâd (ou mieux *Amordâd*, de l'avestique Amertât, immortalité) l'Ange des végétaux, Ordîbehesht l'Ange du feu... Tel est ce que mentionne l'auteur (Sohravardî) dans ses livres. Quant à moi (Davânî) je dis ceci : le propos de l'auteur n'est pas, certes, de reproduire simplement l'opinion de ces piliers de la philosophie sur un problème aussi grave. Non pas, le propos de son effort est d'inspirer un ardent désir au chercheur, afin que celui-ci s'engage dans la voie de la réalisation de ce qui lui est possible en fait de *tajrîd* (acte de se séparer, *anakhôrêsis*) et de sublimation de sa conscience intime (*taltîf al-sirr*)... Ensuite, ce que déclare l'auteur, à savoir que l'Esprit-Saint appelé Intelligence agente est le seigneur ou Ange de l'espèce humaine, n'est pas conciliable avec ce dont nous informent les propos des philosophes récents de l'école des Péripatéticiens. Car ces derniers font de l'Esprit-Saint et Intelligence agente une désignation de la *dixième* Intelligence, laquelle est essentiellement la cause de l'existence de la *Materia prima* (*hayûlî ûlâ*) des Éléments, et par l'intermédiaire des aptitudes actualisées par les mouvements des Sphères, la cause des Formes émanant sur la matière... » (Il ne semble donc pas que Davânî qui a tant de lectures, ait lu les textes figurant ici comme Traités VII et VIII.)

Ghiyâthoddîn Shîrâzî réplique ceci : « Sache que les *Ishrâqîyûn* professent que pour chaque espèce il y a une Intelligence qui la gouverne et qu'ils appellent l'Ange ou seigneur de l'espèce (*Rabb al-nû'*). Les Péripatéticiens professent la même doctrine quant aux Sphères célestes. Quant au monde des Éléments, le recteur de leur ensemble est la dernière (la dixième) des Intelligences de la hiérarchie longitudinale (*al silsilat al-tûlîya*, voir ci-dessus notre présentation). L'auteur suit dans le présent livre une marche qui s'accorde avec celle des Péripatéticiens. Quand il dit : « Notre père et seigneur de la théurgie de notre espèce (c'est-à-dire de l'espèce humaine comme théurgie de son Ange) », on a le droit de supposer que la référence aux philosophes concerne l'école des Péripatéticiens, car ils sont réputés près de tout le monde comme étant *les* philosophes (*hokamâ'*). Le seigneur ou Ange de l'espèce humaine étant celui qui, chez les *Ishrâqîyûn*, est reconnu comme l'Esprit-Saint, le sens revient tout simplement à ceci : Ce même *Spiritus rector* (*modabbir*) est, selon les Péripatéticiens, l'Intelligence agente. Bref il n'y a rien d'inconciliable dans l'exposé de l'auteur, à l'encontre de ce qu'estime le commentateur Davânî. » (Bien entendu, les Péripatéticiens auxquels se réfère Ghiyâthoddîn Shîrâzî, et après lui tous les philosophes iraniens depuis Mîr Dâmâd jusqu'à nos jours, ne sont pas des Péripatéticiens à l'état pur ; il y a chez tous une forte empreinte néoplatonicienne, hermétiste, etc.)

4. — *Ve Temple*, Centre du Temple, II ; voir note 51. Dans quelques manuscrits, les copistes du texte arabe ont trébuché sur le mot *khorrah* qu'ils ne comprenaient pas. Davânî s'y arrête et donne une longue explication : « *Khorrah* est un mot pehlevi (*loghât fahlavîya*) qui — selon ce que le commentateur de l'*Ishrâq* (Qotboddîn Shîrâzî) rapporte de Zoroastre l'Azerbaïdjanais (*Zaratosht Azerâbâdgânî*), auteur du Livre zend, prophète parfait et Sage éminent (voir ci-dessus notre présentation) — désigne la Lumière qui effuse de l'Essence divine, détermine la hiérarchie des créatures, et par l'assistance de laquelle sont rendus possibles tous les arts et toutes les activités. Celle qui est propre aux souverains parfaits est appelé *kayân-khorrah* (le Xvarnah royal), comme le dit l'auteur dans ses « Tablettes » (ci-dessous Traité III), à savoir que « le bienheureux roi Kay Khosraw persévéra dans la pratique du service divin. Alors lui fut donnée la faveur d'être l'interlocuteur (la *mantiqîya*) du Père de sainteté (*Abî'l-Qods*, var. *Rûh al-Qods*, l'Esprit-Saint), et il s'entretint avec lui des réalités du monde invisible. » Les anciens Sages perses lui donnaient ce nom, parce que, dans leur langue, *khorrah* signifie la Lumière (*Nûr*). » (Davânî explique ensuite la composition du terme *Kayân-khorrah*. *Kayân* est le nom d'une dynastie de souverains iraniens : les Kayânides. Le mot est composé comme le veut la langue persane, le déterminant étant placé avant le déterminé. On constate donc que les *Ishrâqîyûn* n'ont jamais perdu le sens exact du mot *Khorrah*. Comme équivalent iranien de l'arabe *Nûr*, Lumière, le terme est vraiment l'emblème de la restauration philosophique et spirituelle voulue par Sohravardî. Cf. l'évocation de Davânî ci-dessus dans le Prélude.)

5. — *Ibid.* ; voir note 57. Davânî : « Cela, de même que l'homme se rend apte, par les mouvements de dévotion institués par la Loi religieuse, aux splendeurs aurorales sacrosaintes. Ou mieux dit : il arrive aux maîtres d'entre les anachorètes spirituels (*ahl al-tajrîd*) d'éprouver dans leurs âmes une émotion sacrale bouleversante. Alors ils entrent en mouvement en dansant, en battant des mains, en tournoyant, et ils se préparent par ces mouvements à des splendeurs d'autres lumières aurorales, jusqu'à ce que cet état décroisse en eux, pour une cause ou une autre, comme le montre l'expérience des mystiques. Et cela, c'est le secret de l'audition musicale (*sirr al-samâ'*, le concert spirituel), de sorte qu'une personnalité de ce groupe (en marge du ms. : Shaykh Rûzbehân) a pu dire que dans l'assemblée d'un concert spirituel il arrive que se révèle au mystique ce qui ne se

révélerait pas à lui au cours des *arba'înîyât* (les retraites de quarante jours). Et Platon a déclaré que, lorsqu'il voulait prier, il mettait en mouvement telle ou telle puissance de son âme par l'audition de mélodies correspondant à la puissance qu'il voulait mettre en mouvement, par exemple puissance de la domination d'amour (*qahr*) ou puissance de l'obédience d'amour (*mahabbat*). »

6. — *VIIe Temple*, III ; voir note 115. Davânî s'arrête d'abord sur la forme adjectivale *fâraqlîtî*. Il explique que « fâraqlîtâ » (qui est la transcription du grec *paraklêtos*, mais qu'il lit *fâriqlîtâ*) est un mot hébreu (!) qui signifie celui qui sépare (racine arabe *f-r-q*), celui qui discrimine entre le vrai et le faux. « Par là, dit-il, l'auteur entend la personne de celui qui est l'Épiphanie (*mazhar*) de la *walâyat*, laquelle est l'ésotérique de la prophétie. » (Ce lexique shî'ite caractéristique rapporte donc la notion du Paraclet à la personne de l'Imâm, plus exactement à celle du XIIe Imâm qui est en effet la suprême épiphanie de la *walâyat*. Une note en marge du ms. Râgib 1480 porte : « *al-Fâraqlîtâ*, c'est-à-dire l'Esprit-Saint ou Archange Gabriel ». L'identification de l'Esprit-Saint et du Paraclet s'accorderait avec l'Év. de Jean. Mais, dans le contexte de l'*Ishrâq*, le « Père » est précisément cet Ange-Esprit-Saint, et c'est de lui, le « Père », qu'il est dit qu'il vous enverra le Paraclet.) Quant au mot « oint » (*Masîh*, Christos) par la lumière, Davânî explique : « Enveloppé par la lumière d'aurore levante (*nûr shâriq*), laquelle est l'élixir de la connaissance et de la puissance. » Puis, à propos du mot « ensuite » dans le verset qorânique énonçant : « Ensuite, c'est à Nous qu'incombe l'explication » (75/19), Davânî commente : « Le dévoilement complet des réalités spirituelles (*haqâ'iq*) et vérités ésotériques qui avaient été révélées au Prophète comme « Sceau des prophètes » et que celui-ci proféra sous leur forme exotérique, donc leur dépouillement de toutes formes extérieures exotériques, c'était là quelque chose qui ne convenait pas au temps du Prophète et devait être différé. Cela ne pourra être manifesté que par l'avènement de celui qui est son Paraclet (le Paraclet du Prophète) et la forme (ou personne) épiphanique de la *walâyat* qui lui est propre (donc le Sceau de la *walâyat* mohammadienne ; ici encore, c'est bien la personne du XIIe Imâm qui est visée). Certes, la langue de la prophétie terminale (celle de Mohammad, Sceau des prophètes) en a dévoilé tout ce qu'il était possible de dévoiler, pendant le temps (ou le cycle) de la prophétie, à tel point que les robes de dessus ayant été parfaitement râpées, il n'est resté que des voiles ténus à travers lesquels celui qui est doué de vision intérieure, peut contempler la beauté des réalités spirituelles. C'est pourquoi même notre Prophète a été appelé « le Paraclet de l'ensemble des prophètes ». Cependant il est resté certains voiles, comme l'exigeait d'ailleurs sa mission de prophète. Lever ces voiles, cela

appartient à celui qui est l'épiphanie (*mazhar*) de sa *walâyat* propre (la *walâyat* mohammadienne dont le XIIe Imâm est le Sceau), en fonction de ce qui correspond à l'aptitude des temps. »

Ghiyâthoddîn Shîrâzî : « Le propos de l'auteur est que les prophètes montrent les hautes vérités spirituelles et les réalités subtiles d'ordre cognitif et intellectif, en indications légères que seuls comprennent les docteurs expérimentés (*'olamâ râsikhûn*, cf. Qorân 3/5). Viennent après eux, pour parachever leur religion, les *Awliyâ* (les Amis de Dieu, les initiés spirituels) et les savants, lesquels font tomber les voiles devant les choses subtiles qui se présentent dans le langage des prophètes. Et parmi eux est appelé *Paraclet* celui en qui est la *science du Livre* (cf. Qorân 27/40), c'est-à-dire celui qui connaît aussi bien le *tafsîr* (l'exégèse littérale) que le *ta'wîl* (l'herméneutique spirituelle) d'une manière parfaite. Ainsi est vérifié le propos de l'auteur en laissant tomber les on-dit (les *qîla* et *yoqâl*), car de la sorte sont repoussées nombre de difficultés que l'on oppose au présent livre comme au Livre de la théosophie orientale (*Hikmat al-Ishrâq*). »

NOTES DU TRAITÉ II

(*a*) Sur cette dynastie de philosophes iraniens, voir notre traduction de Mollâ Sadrâ Shîrâzî, *Le Livre des pénétrations métaphysiques* (*Kitâb al-Mashâ'ir*) (Bibliothèque Iranienne, vol. 10), Téhéran-Paris 1964, p. 148 n. 41, ainsi que notre *Histoire de la philosophie islamique*, 2e partie : *De la mort d'Averroës jusqu'à nos jours* (Encyclopédie de la Pléiade, Histoire de la philosophie III). Paris, Gallimard 1975.

(*b*) Cf. « *Picatrix* », *das Ziel des Weisen von Pseudo-Magrîtî*, trad. H. Ritter et M. Plessner (Studies of the Warburg Institute, 27), London 1962, pp. 206 ss. ; notre étude sur *Rituel sabéen et exégèse ismaélienne du rituel* (Eranos-Jahrbuch XIX/1951), ainsi que le « Roman des sept statues » que nous a conservé l'alchimiste Jaldakî (*infra* n. 70).

(*c*) Le mot serait d'origine sumérienne. En hébreu, *hekhal* désigne le sanctuaire (non pas le Saint des Saints) dans le temple de Salomon. Le mot reparaît dans la littérature primitive de la mystique de la Merkaba : *Hekhalôt* (les palais célestes, les temples célestes).

(*d*) Cf. notre *Trilogie ismaélienne* (Bibliothèque Iranienne, vol. 9), Téhéran-Paris 1961, index s. v. Temple de lumière.

(*e*) Voir notre étude sur *L'Imago Templi face aux normes profanes*, Eranos-Jahrbuch XLIII/1974 (sous presse).

(*f*) Voir *En Islam iranien*... t. IV, index s. v. Amahraspand, Bahman.

(*g*) Cf. notre *Trilogie ismaélienne* (ci-dessus n. *d*), 3e traité pp. (40-44) et (135).

(*h*) Cf. nos *Prolégomènes III*, p. 150, n. 20.

(*i*) Voir *En Islam iranien*... t. IV, index s. v. *silsilat*.

(*j*) Voir *ibid.*, s. v. *Xvarnah*.

(*k*) Voir notre ouvrage *Terre céleste et corps de résurrection : de l'Iran mazdéen à l'Iran shî'ite*, Paris, 1961, index s. v. *keshvar*.

(*l*) Voir *En Islam iranien*... t. II, pp. 361-380.

(*m*) Nous les avons relevées dans nos *Prolégomènes III*, pp. 39-40.

(*n*) Voir *En Islam iranien*... t. IV, index s. v. Paraclet, philosophie prophétique, *walâyat*.

(*o*) Voir *ibid.*, s. v. Nature Parfaite.

1. Le sens eschatologique de cette « réunion à la Lumière » est marqué par le verbe à l'impératif *ihshar* (*al-hashr*, le rassemblement pour le Jugement dernier). Tout ce prologue manque dans la version persane.

2. Habituellement on rencontre le mot au singulier (*Mostafâ*) pour désigner le Prophète. Trois de nos manuscrits le lisent au pluriel, comme l'a lu le commentateur Davânî qui, suivant son inclination généreuse, l'entend en un sens si large que l'autre commentateur, Ghiyâthoddîn, lui demande s'il fait de Galien, de Porphyre et autres, autant d'exemplifications de la famille de Mohammad. Il y verrait même une tendance « qarmate » (ismaélienne extrême).

3. Sur ce titre de « Temples de la Lumière », cf. ci-dessus notre présentation.

4. Sur la piété sohravardienne envers les Intelligences hiérarchiques, voir plus loin le « Livre d'heures » (Traité XV).

5. On verra plus loin dans le IVe Temple (chapitre II) que, les corps ayant en commun la corporéité, ce qui les différencie entre eux, c'est leur capacité plus ou moins grande de recevoir la lumière.

6. Pourtant Sohravardî soutiendra ailleurs avec force l'existence du *'âlam al-mithâl* (*mundus imaginalis*) comme monde séparé de la matière corruptible mais non de l'étendue et de la figure. Voir textes traduits dans notre ouvrage *Terre céleste et corps de résurrection*... Paris 1961.

7. Sur *tajrîd* (le grec *khôrismos*) voir ci-dessus Traité I, n. 37.

8. L'arabe a simplement le pronom *anta* (toi). Le persan a *tû'î-e tû*, ta « tuïté », ton ipséité personnelle (à la seconde personne).

9. Sur *nafs nâtiqa*, cf. ci-dessus Traité I, n. 21.

10. *Samadîya*, voir ci-dessus Traité I, n. 6. Comparer le grec *holosphyrêtos*

11. C'est le *hiss moshtarik* (cf. ci-dessus Traité I, n. 34), *synaisthêsis*, *aisthêrion koinon*. Jean Philopon, dans son commentaire du *De Anima* d'Aristote, explique longuement que ce *sensorium* est lui-même incorporel et est en fait l'organe du corps spirituel, cit. in G. R. S. Mead, *The Doctrine of the Subtle Body in Western Tradition*, London 1919, pp. 65 ss., 71 ss., 88 ss.

12. Il y a donc bien des formes séparées de la matière, sans être séparées de l'étendue (*supra* n. 6), sans que le *mundus imaginalis* soit expressément envisagé dans ce deuxième Temple. Il y aura occasion de revenir (*infra* Traités III, IX, X) sur la doctrine sohravardienne de la perception. Enregistrons bien dès maintenant la différenciation entre l'Imagination passive, simplement représentative, et l'Imagination active, laquelle, lorsqu'elle est au service de l'intellect, projette dans le *sensorium* des images intellectives c'est-à-dire proprement métaphysiques ; elle prend alors le nom de cogitative, méditative. Si en revanche elle se soumet à l'estimative, c'est la *phantasis* déréglée, ne sécrétant que de l'imaginaire. Tout cela, Sohravardî le dira plus nettement ailleurs. Cela permet déjà de prévoir pourquoi dans le « Livre de la théoso-

phie orientale » (pp. 208, 210, 213, de notre édition), où il veut en finir avec les théories multipliant les facultés de l'âme, il expliquera que l'estimative, l'imagination passive et l'imagination active sont une seule et même chose, mais pouvant fonctionner de façon très différente. Certes, on remarquera que le schéma de la psychologie sohravardienne s'accorde avec le schéma aristotélicien ; la différence est que Sohravardî s'en servira pour fonder une véritable théorie de la connaissance visionnaire. Cf. déjà ci-dessus Traité I, n. 46. Quand Sohravardî oppose ici les visions du *sensorium* à celles de la *phantasis*, il entend par celle-ci l'imagination soumise aux jugements de l'estimative, dont les contradictions avec ceux de l'intellect sont rappelées quelques lignes plus loin.

13. C'est la *virtus combinativa* ; cf. la note précédente.

14. La version persane paraphrase quelque peu : la lumière de l'œil elle-même n'est pas perceptible par les sens, puisque l'œil ne peut percevoir que l'objet extérieur.

15. C'est cette phrénologie classique que Sohravardî transposera dans la topographie symbolique de l'avant-cour du château-fort de l'âme (*Shahrestân-e jân*), *infra* Traités IX et X.

16. *Soltân nûrî*, puissance, souveraineté de lumière. Le concept semble bien dériver du concept avestique de Lumière de Gloire (*Xvarnah*), qui joue un rôle fondamental dans la doctrine de Sohravardî (ici sous son aspect de force vitale d'un être). La version persane, plus exotérique, énonce : « Après avoir revêtu le manteau de la lumière de l'âme. » A en juger d'après ses commentateurs, le terme *soltân nûrî* appartient bien au vocabulaire de l'*Ishrâq*. Davânî : « Il faut entendre par ce terme la modalité de lumière qui est actualisée pour le *pneuma* depuis l'âme pensante. Par cette modalité, le *pneuma* devient apte aux formes émanant du Donateur des Formes. » Ghiyâthoddîn Shirâzî : « L'auteur entend par ce terme la chose (*amr*) qui est le principe des activités. C'est ce qui est reçu de l'immatériel (*mojarrad*) qui est la Lumière... On peut également supposer que l'auteur entende sous ce terme la force vitale qui rend apte à recevoir ce que dispensent les autres énergies de l'âme. Quant à la modalité de lumière dont fait état le commentateur (Davânî), elle est ici complètement inopérante. »

17. La version persane porte simplement : « dans le saint Qorân ».

18. Allusion à Nâ-kojâ-âbâd, ci-dessus Traité I, n. 26, 28, 35.

19. La version persane porte : « ...et qui retourne à Dieu, comme le dit ce verset qorânique : O âme apaisée, retourne à ton Seigneur, agréante et agréée » (89/27-28).

20. L'expression est typiquement sohravardienne, hermétiste, néoplatonicienne, chaldaïque (*Oracula chaldaïca*) et kabbaliste. Cf. l'invocation dans le « Livre d'heures » : « O Dieu de chaque Dieu ! »

21. Étrange ! Sohravardî répondra lui-même, quelques lignes plus loin, à cette question spécieuse, par l'exemple du feu que l'on emprunte à la lampe, sans que rien ne diminue dans celle-ci. Est-ce contradiction ? ou simplement que la question est posée ici en termes exotériques ? Cf. la note suivante. Aussi bien la question est-elle reprise dans les Traités VII, VIII, XII, etc.

22. C'est précisément à toutes ces questions que répondent les récits mystiques de Sohravardî en forme de paraboles, lesquels, non seulement suggèrent, mais présupposent la préexistence de l'âme (cf. le Traité X : « On ne dit pas à quelqu'un « retourne » là où il n'aurait pas été présent antérieurement, et malheur à toi ! si tu entends ici quelque patrie terrienne »). Posées ici en termes exotériques (d'une grande hardiesse déjà à l'égard du dogme officiel de l'Islam), ces questions reçoivent ailleurs leur réponse ésotérique. Ce report suffit cependant à irriter Mollâ Sadrâ qui, dans ses longues gloses sur le « Livre de la théosophie orientale » se demande si Sohravardî n'a pas chanté la palinodie. En fait il y a lieu de considérer que la préexistence de l'âme ne se démontre pas en termes de philosophie exotérique (car même le motif de la « chute de l'âme » peut à la rigueur s'interpréter en termes exotériques, comme à la fin de la Physique des *Motârahât*). Le thème de la préexistence ne s'impose et ne se dit que dans un enseignement initiatique, sous forme de symboles et de paraboles, comme Sohravardî le fait dans ses récits mystiques, et comme il l'annonce ici dans le VIIe Temple, en reprenant la citation évangélique : « Je veux ouvrir la bouche en paraboles. » C'est précisément ce en quoi consiste le passage de la doctrine théorique à l'événement vécu par l'âme : celui-ci fait l'objet d'un témoignage, non pas d'une dialectique. Le thème est inséparable de celui de la *Nature Parfaite* comme « seigneur ou Ange de l'âme individuelle » (cf. *En Islam iranien...* IV, index s. v.), comme du thème de la *Fravarti* dans le mazdéisme et de la *Neshâma* dans la Kabbale.

23. Davânî écrit : « Son Donateur prochain qui est l'Intelligence agente (l'Esprit-Saint, Gabriel) et son Donateur lointain qui est le premier Principe. » Cf. encore *infra* Traités VII et VIII.

24. *Mâ ba'd al-tabî'at*, ou *Metaphysica generalis*.

25. Cf. ci-dessus Traité I, n. 7.

26. *Tarjîh*, l'acte de faire pencher la balance ; *morajjih*, l'excédent qui la fait pencher, fait prévaloir l'un des plateaux. Il s'agit en bref du principe de raison suffisante.

27. *Metaphysica specialis* en tradition occidentale. Ce sont en propre les *Ilâhîyât*, les *Divinalia*.

28. Ce sous-titre n'apparaît pas dans les manuscrits. Il nous apparaît nécessaire de le faire figurer ici pour équilibrer avec le « centre » et la « clôture » du Temple qui seront mentionnés plus loin.

29. La version persane conclut : « Ce qui les rend nécessaires et qui est leur raison suffisante à toutes, c'est l'Être Nécessaire. » Cf. *supra* n. 26.

30. C'est la notion même du corps comme *barzakh* (entre-deux, écran) dans le « Livre de la théosophie orientale ». Sur ce concept, voir *En Islam iranien...* t. IV, index s. v. *barzakh*.

31. « Dieu Très-Haut s'épiphanise en second lieu par son nom le Manifesté (*al-zâhir*), de même qu'il s'est épiphanisé en premier lieu par son nom le Caché (*al-bâtin*). Le plus extraordinaire, c'est qu'il ne se manifeste dans aucune de ses formes épiphaniques sans être voilé par celle-ci, et qu'il n'est voilé par aucune sans précisément s'y manifester. » Sayyed Haydar Amolî,

Le Texte des Textes, éd. H. Corbin et O. Yahya (Bibliothèque Iranienne, vol. 22), Téhéran-Paris 1975, § 1005, p. 475 *in fine*.

32. Sur le Premier Émané, cf. ci-dessus notre présentation.

33. Ici une page très importante du commentateur Ghiyâthoddîn Shîrâzî. Voir ci-dessus *Extraits des commentaires*, l.

34. *Al-Nûr al-ibdâ'î al-awwal.* C'est l'*initium* du *Dâr al-Ibdâ'* (comme dans l'Ismaélisme), c'est-à-dire du plérôme désigné comme monde de l'Impératif (*'âlam al-Amr*), de l'être mis à l'impératif (*KN*) sans intermédiaire, tandis que le monde créaturel (*'âlam al-khalq*) est médiatisé par le premier. Ghiyâthoddîn Shîrâzî remarque : « Première Lumière qui n'est précédée ni de la matière ni d'un intervalle de temps. Mais expliquer sa qualification d'*ibdâ'î* parce qu'elle est existenciée sans intermédiaire, comme le fait Davânî, est incorrect, car ce n'est pas seulement la première mais toutes les Lumières archangéliques victoriales qui sont *ibdâ'îya*. Ce qui qualifie en propre la Première, c'est qu'elle est la Première. »

35. Au sens étymologique : ce dont le mode d'être est celui d'une substance.

36. Cf. déjà ci-dessus Traité I, chapitre IV, et ci-dessous Traité VII. Nous suivons ici la version persane, le texte arabe ayant omis la troisième dimension intelligible donnant naissance à la première Ame céleste. On se trouve ici, nous le rappelons, en présence de la cosmo-angélologie classique d'Avicenne, la Sphère céleste typifiant la distance de l'Ame à l'égard de l'Intelligence objet de son désir, et l'Ame étant elle-même la nostalgie de l'Intelligence à l'égard de son Principe (à comparer avec la gnose ismaélienne). C'est de cet énoncé théorique que fera éclosion le drame visionnaire, où les trois « dimensions » de l'Intelligence deviendront trois *dramatis personae* : Beauté, Amour, Nostalgie (cf. Traité IX). C'est un des cas exemplaires où nous saisissons le passage de la doctrine théorique à l'événement vécu par l'âme, la triade cosmogonique devenant le drame de l'âme. C'est pourquoi il est évident que la théorie astronomique adjacente, telle que l'envisage l'histoire des sciences, est dépassée. Sohravardî lui a assuré un fondement existentiel permanent aux yeux du phénoménologue. On remarquera qu'en conservant ici la théorie avicennienne, l'auteur ne fait pas encore usage de la katoptrique mystique mise en œuvre dans la « Théosophie orientale ».

37. L'Intelligence agente des philosophes est en propre la Dixième (Esprit-Saint, Gabriel, Ange de l'humanité, cf. Traités VI, VII, VIII), mais toutes les Intelligences hiérarchiques sont aussi des Intelligences agentes, sans avoir directement à l'égard de l'humanité la fonction dévolue à la Dixième. Point de départ d'une phénoménologie de l'Esprit *sui generis*, car même si le Premier Être est l'agent agissant sur la Dixième, nous n'avons jamais affaire qu'à cette action médiatisée, et la prétention des philosophes y gagne en modestie.

38. Littéralement : « Sceau du Temple. »

39. Ghiyâthoddîn Shîrâzî développe : « Sache que les mondes sont au nombre de quatre, selon l'auteur et les *Ishrâqîyûn* ainsi que les soufis qui le suivent, et trois selon la généralité des philosophes (mondes intelligible, imaginal, sensible)... Pour ceux qui professent que les mondes sont au nombre de quatre, il y a : 1) Le monde des Intelligences qui n'ont aucune attache

avec les corps. 2) Le monde des corps, qui englobe les Sphères et les Éléments avec ce qu'ils renferment. 3) Le monde des Ames attachées aux corps célestes et aux corps élémentaires. 4) Le *mundus imaginalis* (*'âlam al-mithâl wa'l-khayâl*) désigné comme *barzakh* (l'entre-deux, l'intermonde), et que les philosophes désignent aussi comme monde des Formes apparitionnelles immatérielles (*ashbâh mojarrada*), monde auquel réfèrent déjà les anciens philosophes. » En bref, le schéma des quatre mondes opère un dédoublement du monde de l'Ame, dont le *mundus imaginalis* est considéré comme le « lieu » propre (hors de l'espace sensible, bien entendu).

40. Déjà dans ses Gloses sur la *Théologie* dite d'Aristote, Avicenne notait : « Les Intelligences actives (agentes) ornent et parachèvent l'âme, qui est pour elles comme un enfant, car son intellectualité (ou mieux intellectivité) n'est pas substantielle, mais acquise. » Cf. Georges Vajda, *Les Notes d'Avicenne sur la « Théologie d'Aristote »*, in « Revue thomiste » 1951, II, p. 405.

41. Nous avons déjà montré ailleurs qu'il ne s'agit nullement d'une soi-disant rationalisation de l'Esprit. Ces quelques lignes de Sohravardî sont d'une importance capitale, car s'y rattachent la quête spirituelle de ses récits mystiques et sa ferveur envers l'Ange qui est l'Intelligence-Esprit-Saint. Chaque fois qu'il emploie l'expression « notre père ou parent » ou « toi qui es mon père (ou parent céleste) », c'est de cet Ange qu'il s'agit. Au cœur de cette piété s'explique la manière dont il conçoit la christologie (Traité V, 9 et 19), laquelle n'est pas sans rappeler le passage de l'« Évangile aux Hébreux », où il est dit : « Ma mère l'Esprit-Saint me saisit par la chevelure et me transporta sur le Thabor. » Voir ci-dessus notre présentation et les *Extraits* des commentaires de Davânî et de Ghiyâthoddîn Shîrâzî, d'une importance décisive pour situer ce motif sohravardien. Cf. encore *infra* n. 64.

42. A la différence de la métaphysique ismaélienne et shî'ite (écoles de Rejeb'Alî Tabrîzî, de Shaykh Ahmad Ahsâ'î, cf. *Anthologie des philosophes iraniens*, t. I et II), pour qui le Principe de l'être est à jamais au-delà de l'être, super-être, dont le Premier Créé est la théophanie, mais ne « dédouble » pas l'être, ce dédoublement ne se produisant qu'avec la IIe Intelligence. Thèse d'une importance capitale pour l'angélologie, comme pour l'imâmologie shî'ite, pour la mystique. On ne peut insister ici. En revanche, chez Sohravardî et les *Ishrâqîyûn* l'être commence avec le Principe de l'être, qui est lui-même le Premier être.

43. Cette fois il semble qu'intervienne la katoptrique mystique et que le schéma avicennien des dix Intelligences hiérarchiques soit dépassé. Les Intelligences se multiplient d'elles-mêmes par projections et réfléchissements de leurs lumières, en dédoublements infinis. On rappelle le sens précis du mot *Ishrâq* : non pas « illumination » en général, mais celle de l'astre à son lever, à son *Orient*, splendeur aurorale qui donne son nom à la philosophie ou théosophie « orientale ».

44. Cf. ci-dessus n. 26.

45. Cf. ci-dessus n. 28.

46. Davânî propose deux manières de lire la phrase arabe un peu enchevêtrée. Nous nous rallions à la seconde, laquelle est aussi bien la plus proche de la version persane.

47. Cf. ci-dessus la note 36 et le IVe Temple.

48. Ce premier alinéa manque dans la version persane. Les deux commentateurs signalent une lacune correspondante dans certains manuscrits du texte arabe. On rappelle qu'à la différence des âmes humaines, les Ames célestes possèdent, non pas la perception sensible, mais la perception imaginative à l'état pur, Imagination absolue exempte des troubles et dérèglements que les sens externes produisent chez l'âme humaine.

49. Les facultés irascible et concupiscible : les deux mauvais compagnons du pèlerin, dans le Récit avicennien de Hayy ibn Yaqzân (voir notre ouvrage *Avicenne et le Récit visionnaire*).

50. L'arabe porte *ta'ammalnâ* (lorsque nous méditons). Le persan : *dar khayâl arîm* (lorsque nous produisons dans l'imagination). Il s'agit de l'imagination en tant que guidée par l'intelligence (*'aql*). Cf. encore Traité XIV.

51. « Éployée » suggère ici l'idée d'ailes étendues. Sur le *Xvarnah,* la Lumière de Gloire, concept fondamental du mazdéisme zoroastrien, que Sohravardî réactive par sa doctrine de l'*Ishrâq,* nous avons insisté longuement dans notre ouvrage *En Islam iranien*... t. II. Que l'on veuille bien s'y reporter (voir à la fin du t. IV, index s. v. *Xvarnah*). Sohravardî y reviendra à plusieurs reprises dans les traités qui suivent. Cf. ci-dessus notre présentation et l'*Extrait* du commentaire de Davânî sur ce passage.

52. Cf. ci-dessus n. 43. L'idée de lumière et d'illumination est toujours liée à l'image de l'astre à son lever, à son *orient,* c'est le concept même de l'*Ishrâq.* A la fin de sa « Théosophie orientale » Sohravardî décrit les quinze sortes de photismes que peut éprouver le mystique. Il y aura lieu de comparer avec les photismes que décrivent Najmoddîn Kobrâ et Semnânî (cf. *En Islam iranien*... t. IV, s. v.) comme aussi avec la mystique de la Lumière chez les Byzantins.

53. Le mot *Khorrah* (= *Xvarnah*) manque dans la version persane. Celle-ci porte : « Nous rencontrons à l'intérieur de nous-mêmes des lumières fulgurantes pareilles à l'éclair qui extasie, lumières dont le lever illumine l'âme avec son monde propre. De là nous éprouvons des joies spirituelles, qui n'ont pas leur pareille en ce monde-ci. »

54. *Ashkhâs karîma ilâhîya.* Davânî : « Parce qu'elles ont l'aspect qui est la plus parfaite des figures. Dans certains manuscrits il y a *ilâhîya* (= *rabbânî* dans la version persane), c'est-à-dire sacrosaintes, immunisées contre toutes les modalités contradictoires, lesquelles sont l'origine des déficiences ; ou bien parce qu'elles sont éprises d'amour pour les Lumières divines, ce qui s'accorde encore mieux avec le terme que l'on trouve plus loin : *'oshshâq ilâhîya* (divins fidèles d'amour). »

55. *Rabb al-arbâb,* cf. supra n. 20. Il y aurait à préciser si le hiérarchisme du monde des Lumières chez les *Ishrâqîyûn* n'implique pas une conception monadologique du *tawhîd,* à la façon du hiérarchisme ésotérique des Ismaéliens.

56. Cf. ci-dessus n. 36. Chaque Intelligence forme avec son Ame une dyade ou syzygie. Leur relation réciproque est obédience d'amour (*mahabbat*) et domination d'amour (*qahr*). Cf. le « Livre de la Théosophie orientale ».

57. Voir le texte de Davânî, cité ci-dessus dans les *Extraits des commentaires.*

58. Ce paragraphe indique en quelques lignes la conception fondamentale de la « Théosophie orientale ». Voir l'analyse détaillée dans notre ouvrage *En Islam iranien...* t. II et t. IV, index s. v. Lumières.

59. Cf. le texte auquel réfère ci-dessus la n. 57. Auront leur place ici ces lignes d'Ét. Gilson : « Mais on n'intéresserait guère les historiens et pas du tout les philosophes en leur disant qu'au fond toutes ces grandes fabriques intellectuelles que nous a laissées le moyen âge furent des inventions de l'amour. » *Jean Duns Scot, Introduction à ses positions fondamentales,* Paris 1952, p. 573. Comparer alors ici le Traité IX, l'extase d'amour dont sont éclos le Ciel et la Terre. Ici aussi, les *Animae caelestes,* en parfaites platoniciennes, se nourrissent de la pure contemplation de la Beauté.

60. Comparer le beau diagramme des miroirs chez Sayyed Haydar Amolî, *Le Texte des Textes,* éd. H. Corbin et O. Yahya (Bibliothèque Iranienne, vol. 22), Téhéran-Paris 1975, la planche 18.

61. C'est le thème de l'indigence ontologique, celle de l'être qui ne se suffit pas à soi-même pour être. Comparer le récit visionnaire de Mîr Dâmâd : *En Islam iranien...* t. IV, pp. 43 ss.

62. Ce pessimisme de Sohravardî suffirait à montrer combien il est absurde de lui faire professer la théorie que « tout est pour le mieux dans le meilleur des mondes » (sans même que l'on s'avise que « meilleur » veut dire « le moins mauvais possible »). Les mouvements célestes ne sont pas de la « mécanique céleste », puisqu'ils résultent d'actes volontaires des *Animae caelestes.* On ne sait si l'astrologie en a toujours tenu compte.

63. Comparer sur ce point (malgré la différence quant à l'identité du Premier Être, *supra* n. 42) la position de la gnose ismaélienne : comment et pourquoi échoit en fait à la Ire Intelligence le Nom divin *Allâh,* dont les Ismaéliens, en accord avec certains grammairiens arabes, expliquent le sens, en le rattachant à la racine *wlh,* par le nom *wilâh,* connotant l'idée de nostalgie, de détresse. Nostalgie de la Ire Intelligence, sachant éternellement qu'elle ne peut atteindre le fond du Principe qui lui donne origine. Cf. notre *Trilogie ismaélienne* (Bibliothèque Iranienne, vol. 9), Téhéran-Paris 1961, pp. 150, 160 ss. de la partie française.

64. Ce sont deux dimensions essentielles de la cosmologie et de l'anthropologie de l'*Ishrâq* (déjà ci-dessus n. 56). Davânî : « Obédience d'amour de la part du Causé, domination d'amour de la part de la Cause. Mais l'on voit aussi, d'après les indications que le shaykh donne dans ses livres, que l'amour englobe les deux termes. Seulement, du côté de la Cause, l'amour s'accompagne chez elle de la domination qu'elle exerce, tandis que chez le Causé l'amour s'accompagne de l'obédience qu'il consent. » Comme l'indiquent les commentateurs, l'emploi du mot « père » pour désigner la Cause comme « parent céleste » (*supra* n. 41) doit s'entendre en un sens assez « imagé » pour s'appliquer à cette filiation d'amour.

65. Davânî : « A savoir le côté qui est celui de la Cause. C'est le *ma'shûq* (l'aimé, terme passif) qui est en fait l'agent actif dans l'amour. Aussi est-ce de son côté qu'il y a la domination d'amour (*qahr*). »

66. Davânî : « En tant que cette relation implique les deux côtés : actif (*fi'lî*) et passif (*infi'âlî*) que l'auteur signifie comme domination d'amour et obédience d'amour. » On peut comprendre dès maintenant pourquoi cette perspective des « fidèles d'amour », esquissée dans ce Livre des Temples, culminera finalement dans le rappel de la *fotowwat* comme « chevalerie spirituelle » (*infra* n. 131).

67. Ghiyâthoddîn Shîrâzî : « Le corps élémentaire correspond à l'Ame (*Angelus caelestis*) qui est le fidèle d'amour (*'âshiq*), tandis que le corps céleste (éthérique) correspond à l'Intelligence (*Angelus intellectualis*) qui est l'Aimée (*ma'shûq*). L'inducteur de la force dominatrice correspond à l'Aimé(e), celui de la félicité correspond à l'amant. »

68. Davânî : « Bien que tous deux rentrent dans la catégorie de corps célestes mentionnés par l'auteur, leurs Ames respectives sont d'un rang plus élevé que celles des astres rentrant dans cette catégorie. »

69. Hûrakhsh est le nom iranien du soleil, comme théurgie de l'archange Shahrîvar. Voir *En Islam iranien...* t. IV, index s. v. Hûrakhsh. On trouvera *ibid.*, t. II, pp. 131-133, un psaume de Sohravardî à l'archange Shahrîvar, permettant au mieux de comprendre le rapport entre l'Intelligence, l'Ame et la masse ignée du soleil. Comme animé par une âme, le soleil est une « personne » que désigne le nom de Hûrakhsh. Cf. ci-dessus notre présentation et ci-dessous le Traité XV (Livre d'heures). Les commentateurs insistent sur la valeur technique de chaque terme employé ici. « Il est le Père, explique Davânî, parce qu'il est l'éducateur des trois règnes naturels, et la source d'où effuse la vie ». Ghiyâthoddîn Shîrâzî : « Il est le Père puisque par son union nuptiale avec la Lune est parachevée la géniture humaine, comme l'expliquent les livres d'astrologie. » « Il est le souverain, explique Davânî, parce que la souveraineté lui est conférée, comme la chose est établie chez les maîtres d'entre les Sages babyloniens qui ont l'expérience des jugements des astres et des secrets des prognostications (*asrâr al-tanjim*). » Quant à Hûrakhsh, Davânî sait fort bien que « c'est le nom du soleil en pehlevi (*fahlavîya*). » Le « Très-Fort » est la qualification donnée à l'ange Gabriel dans la sourate de l'Etoile (53/6).

70. Davânî : « Comme cela est évident pour les maîtres qui connaissent les secrets des étoiles et des théurgies. » On évoquera ici le premier chapitre du « Roman des Sept Statues » d'Apollonios de Tyane, qui nous a été conservé en arabe par l'alchimiste iranien Jaldakî (vocalisation plus sûre que Jildakî). Voir notre résumé in *Annuaire de l'Ecole pratique des Hautes-Etudes*, 5e Section : Sc. Relig., années 1972-1974 (volume double), pp. 251-256.

71. Davânî : « Cela montre apparemment que tous les astres reçoivent de lui leur lumière, comme le professent certains piliers d'entre les Sages. » Ghiyâthoddîn Shîrâzî : « Tu sais fort bien que s'il fallait l'entendre comme l'entend Davânî il en découlerait quantité d'erreurs, entre autres celle-ci, que les astres en recevraient leur lumière, et que l'air et les corps subtils comme les Sphères seraient éclairés par lui. »

72. Davânî : « En ce sens que c'est lui qui effuse la lumière sur tous les réceptacles et qu'il domine toutes les autres lumières : la Lumière des Lumières est le soleil du monde intelligible. »

73-74. Davânî : « C'est pourquoi la *Qibla* (l'axe d'orientation) dans les liturgies des anciennes religions (*nawâmis qadîma*) et dans d'autres ensuite fut le Feu, dont elles appelaient la flamme la fille du soleil (*bint al-shams*), comme si elle était le substitut de celui-ci, en raison de son existence et de sa visibilité permanente à tous moments et en tous lieux, à la différence du soleil. » Cf. dans le roman alchimique d'Apollonios-Jaldakî cité ci-dessus n. 70, la « statue vivante » qui est désignée comme le « fils du soleil ».

75. Davânî : « Les autres astres : les fixes et les errants, en tant qu'aspects visibles des Intelligences et des Ames auxquelles s'adressent en fait les liturgies. »

76. Davânî : « C'est-à-dire le luminaire mineur, la Lune. Le shaykh dans ses doxologies (*tasbîhât*, cf. Traité XV) lui donne les mêmes qualifications qu'ici. » Sur le symbolisme mystique de la Lune, cf. ci-dessous Traités VI et X.

77. Davânî : « Le pronom *lui* se rapporte au sacrosaint (le soleil) nommé plus haut, ou à chacun des nommés ensuite. Le verbe *abda'a* est pris ici en son sens courant : donner l'existence sans avoir de modèle, — non pas au sens technique : existencier sans intermédiaire. »

78. Pour cette expression, cf. ci-dessus n. 20 et 55.

79. L'âme étant elle-même un être substantiel, son rapport avec le corps n'a rien à voir avec celui de l'accident envers la substance à laquelle il immane et par laquelle il subsiste (v. g. la couleur rouge immanente à un corps rouge). Les conséquences en vont très loin.

80. C'est-à-dire la Dixième Intelligence, l'Esprit-Saint, le « Donateur des Formes », son « père » ou « parent céleste ». Cf. ci-dessus n. 23, 37, 41, 64.

81. Davânî : « Selon certains maîtres en *ta'wîl*, cette ivresse était l'*arbre* qu'Adam avait défense d'approcher. »

82. Davânî rappelle le concept de *barzakh* de la « Théosophie orientale ». Les ténèbres n'ont point pour condition préalable un objet qui en serait le réceptacle. Il suffit que la lumière se retire ; reste le *barzakh* en sa ténèbre. Là-même le concept de *barzakh* se rapporte au corps comme à ce qui fait écran (l'entre-deux), non pas à l'entre-deux que constitue le *mundus imaginalis* entre le monde intelligible et le monde sensible ; *supra* n. 30.

83. Sur le pneuma vital (*rûh hayawânî*), cf. ci-dessus n. 16.

84. *Ashâb malîkhôlyâ.* Davânî : « On dit que la forme authentique comporte un *nûn* avant le *khâ*, c'est-à-dire *malankhôlyâ* (*melancholia*), dont la signification en grec est l'humeur noire. La maladie est ainsi nommée du nom de sa cause. C'est une maladie atrabiliaire qui affecte la manière de voir et de penser, et en dévie le cours naturel vers l'inquiétude et la crainte. »

85. Davânî : « La précellence en vertu (celle des *sâlihât*) se rapporte au comportement pratique. La précellence en connaissance (celle des *fâdilât*) se rapporte aux facultés contemplatives. »

86. Sur cette sentence célèbre, cf. ci-dessus Traité I, n. 40.

87. Davânî : « État qui est le rang des Intelligences, et c'est la perfection du *tajarrod* (séparation, *anakhôrêsis*, cf. Traité I, n. 37) à l'égard de la contami-

nation et de la perversité de la nature. Alors ces âmes vivent de la vie des pures Intelligences. »

88. Sur cette notion du « père » ou « parent céleste » qui est l'Esprit-Saint, cf. IVe Temple, chapitre IV ; Ve Temple, chapitre III ; VIIe Temple, chapitres I, II, III ; les Traités VI, VII, VIII, XV, et ci-dessus les n. 37, 41, 64. Cf. aussi *supra* notre présentation. Davânî : « C'est le Seigneur ou Ange de leur espèce (le *Rabb al-Nû'*), le Principe dont les âmes humaines émanent directement. »

89. Davânî : « Les têtes des dragons des ténèbres, ce sont les temples humains de chair, lesquels sont l'habitacle des forces ténébreuses, car l'Ange de l'espèce humaine est celui qui éduque ces temples jusqu'à ce qu'ils parviennent à leur perfection. C'est de lui que les âmes émanent sur ces temples. Ensuite ils délivrent les âmes de leur prison, en les conduisant à la perfection dont elles sont capables. » Apparaît alors ici le sens mystique de la « destruction du temple » matériel qui est le corps ; à ce moment-là la voie est libre pour le « temple spirituel » qui est l'individualité spirituelle que l'Ange-Esprit-Saint conduit à sa perfection.

90. L'espèce dont l'Ange est le seigneur (*rabb al-nû'*) est désigné, dans le lexique de l'*Ishrâq*, comme l'œuvre divine, la « théurgie » de l'Ange. Ici il s'agit de la Forme humaine, « laquelle est la plus belle et la plus noble des formes (Qorân 95/4) », rappelle Davânî.

91. Davânî : « Le plus proche du Miséricordieux parmi les Anges des espèces formées des Éléments, ou plutôt, selon certains Maîtres en expérience visionnaire, le plus proche en un sens absolu. »

92. Le *Malakût* : monde de l'Ame, intermédiaire entre le *Jabarût* (monde de l'Intelligence) et le *Molk* (monde des choses sensibles). Cf. *infra* n. 96.

93. Cf. *supra* n. 88. Cet Esprit-Saint dont la mention est si fréquente chez Sohravardî est celui que le pèlerin mystique rencontre en face à face au cours de ses voyages visionnaires. Cf. VIIe Temple, le Paraclet.

94. Davânî : « Car la perception que l'âme obtient en fonction de ses facultés intellectives est plus parfaite et plus englobante, plus abondante et plus ferme, que celle qu'elle obtient par ses facultés de perception sensible. Celles-ci varient en effet, à la différence de celles-là ; elles s'attachent à l'extérieur, non pas à ce qui est intérieur, tandis que les facultés intellectives perçoivent et l'exotérique (*zâhir*) et l'ésotérique (*bâtin*). Enfin à la différence de ces dernières, les facultés sensibles n'atteignent que les choses finies. »

95. Davânî : « Le *Jabarût* est le monde des Intelligences. On l'appelle aussi Suprême et Sublime *Malakût*. Le shaykh en fait mention dans son « Livre du rayon de Lumière » (*Partaw-Nâmeh*, chap. VIII, cf. *Op. metaph. III*, p. 65). »

96. Davânî : « C'est le monde des Ames. On l'appelle aussi *Malakût* inférieur et mineur. Les créneaux du *Malakût* concernent son appartenance en propre aux *Angeli* ou *Animae caelestes*. Telle est l'explication qui concorde avec ce qu'on peut lire dans le *Partaw-Nâmeh* et les autres livres du shaykh. Mais on peut entendre aussi par la splendeur du *Jabarût* les lumières de la Gloire divine (le *Xvarnah*, *Khorrah*) et par les créneaux du *Malakût* les Intelligences et les *Animae caelestes*. »

97. Davânî : « Les négateurs sont plongés dans la mer. Le shaykh déclare dans le *Partaw-Nâmeh* : Bien que ce que (les mystiques) contemplent après la rupture de l'attache avec le corps soit sans commune mesure avec ce qu'ils contemplent dans l'état présent en ce monde, cependant il peut se faire que ce qu'ils contemplent en ce monde soit supérieur ou au moins égal à ce que d'autres contemplent dans l'autre monde. Je dis (Davânî) : Cela s'accorde avec le propos que l'on rapporte de Sahl ibn Abdillâh Tostarî, à savoir que certains gnostiques contemplent Dieu en ce monde d'une manière plus parfaite que d'autres ne le contemplent dans l'autre monde. » (Cf. Ibn 'Arabî : chaque théophanie est à la mesure de la capacité de l'âme).

98. Davânî : « Il est possible que les Anges désignent ici les Intelligences (*Angeli intellectuales*) et que les sacrosaints désignent les Ames (*Angeli caelestes*). Mais il est possible de comprendre le terme Anges comme englobant les deux catégories, tandis que les sacrosaints se rapporteraient aux hiératiques qui se sont dépouillés et retranchés des jouissances sensuelles. » Cf. *En Islam iranien*... t. IV, index, s. v. hiératiques, *ta'alloh*.

99. Le mot manque dans la version persane. Nous avons signalé ailleurs (*Op. metaph. III*, introd. p. 40) les graves lacunes de la version persane dans ce VIIe Temple. Nous n'y revenons pas ici en détail. Quant au « Père sacrosaint », cf. *supra* n. 88 et 93, Davânî apporte ici une autre précision : il s'agit de la Nature Parfaite, l'« Ange du philosophe » (cf. alors Poimandrès, Pasteur d'Hermas). « C'est le seigneur ou Ange de l'espèce à laquelle, l'âme appartient et dont elle reçoit les connaissances, comme le dit Hermès dans un récit qui se résume en ceci : une entité d'entre les hautes Lumières s'entretint avec moi des réalités spirituelles (*haqâ'iq*) et des hautes connaissances (*ma'ârif*). Qui es-tu ? lui demandai-je. Elle me dit : Je suis ta Nature Parfaite. » En bref la Nature Parfaite est le « parent céleste » individuant le rapport de l'Ange de l'espèce humaine avec le mystique. Pour le détail, voir *En Islam iranien*... t. IV, index s. v. Hermès, Nature Parfaite. Le récit de la vision d'Hermès se retrouve chez tous les philosophes *Ishrâqîyûn*.

100. C'est toute la métaphysique sohravardienne de l'Imagination qui est esquissée ici. On en a dit l'importance décisive. Un exposé plus complet est donné dans le *Partaw-Nâmeh* (ci-dessous Traité IV, chapitre X). Retenir ici l'idée de *mohâkât*, impliquant toute la doctrine de l'*Imago-imitatio* (Mircea Eliade), du récit à la fois comme « histoire » et comme imitation ou reproduction de la geste récitée. Cf. *En Islam iranien*... t. IV, index s. v. *hikâyat*. Cela reviendra aussi dans le Traité III et les commentaires des Traités IX et X, tant ce point est fondamental pour la compréhension des récits mystiques de Sohravardî. L'Imagination active est bien ici sous l'inspiration de l'Intelligence ; c'est pourquoi elle est pénétration dans l'*imaginal*, non point divagation de l'imaginaire.

101. Davânî : « Merveilleuses quant à la beauté et la subtilité. »

102. Davânî : « Sache, lorsque tu as compris que l'apparition (*shabh*) est une ombre de la Lumière immatérielle, et que toutes les modalités qu'il y a dans l'apparition sont également les ombres des modalités spirituelles qu'il y a dans cette Lumière, et lorsque tu sais aussi, par ce qui précède, que les corps et leurs attributs sont les ombres de leurs Anges ou seigneurs de lumière (*arbâb nûrîya*) et de leurs qualifications, et que ces Lumières (ces

seigneurs) à leur tour sont des ombres de la Lumière des Lumières et de ses attributs de perfection, lesquels sont identiques à son essence, alors sache que ces qualifications se résorbent dans l'unitude de l'Essence, tout en se multipliant dans ces formes épiphaniques (*mazâhir*). Ainsi l'univers tout entier est une ombre de la Lumière des Lumières. Nous avons traité de ce rapport des Formes (*sowar*) avec les Idées (*haqâ'iq*) dans notre *Risâlat-al Zawrâ'* et dans son commentaire. Qu'en prenne connaissance celui qui en dispose, car elle contient des enseignements qui rendent attentif à nombre de secrets obscurs. »

103. Se rappeler ici le mot de Paracelse : « La fantaisie (*Phantasey*) n'est pas l'*Imaginatio* mais une pierre angulaire des fous. » Cf. *supra* n. 100. Il s'agit ici de la fonction de l'« imaginatrice » quand elle est gouvernée par l'intellect (*'aql*), comme organe de la perception visionnaire. Observer le double mouvement symétrique vers le *sensorium* : à partir d'en-haut, de l'Imagination active projetant les Images spirituelles dans le *sensorium* ; à partir d'en-bas, de l'imagination passive accueillant les perceptions sensibles.

104. *Al-nofûs al-mota'alliha.* Voir *En Islam iranien...* t. IV, index s. v. *ta'alloh.*

105. Davânî : « L'auteur déclare dans le *Partaw-Nâmeh* (ci-dessous Traité IV, chapitre X, mais Davânî cite de mémoire et semble bloquer plusieurs textes) : Cette lumière n'est pas de la catégorie de la connaissance et des formes d'intellection. C'est une irradiation sacrosainte qui se montre à l'âme théomorphique. Alors elle contemple d'une manière plus parfaite que par la vue des yeux. Souvent apparaît dans le *sensorium* une lumière plus lumineuse que la lumière du soleil. Et cette lumière qui effuse est l'élixir de la connaissance et de la puissance. Grâce à cette lumière sont actualisées pour (le visionnaire) des connaissances qu'il est impossible d'exprimer, et est actualisé pour lui le pouvoir sur ce qui échappe à la capacité de ses semblables. »

106. Le mot (qui manque dans la version persane) a désigné couramment de nos jours les savants orientalistes. Voici donc ces derniers engagés à leur insu sur une voie inattendue !

107. Cf. ci-dessus n. 88, 93, 99.

108. Davânî : « C'est-à-dire les Hautes Lumières, les êtres de Lumière du monde d'en-haut. »

109. Davânî : « L'éclair annonçant l'arrivée de l'hôte lumineux qui se fixera chez le mystique, et qui lui survient à certains de ses moments (*awqât*). Dans le cas de cette vision, voici qu'effuse sur son âme une lumière qui se fait suivre d'une *ishrâq* parfaite (dont la lumière en question était l'annonciatrice). Dans cet état, lui est manifesté le discours dont il a été question précédemment (quelques lignes plus haut : le visionnaire entend des paroles proférées). »

110. Davânî : « Ce sont ceux qui ont parachevé leur préparation, car l'Effusion divine n'est conditionnée que par cela : la prière dans une langue muette (= les mains ouvertes) est exaucée. »

111. Davânî : « Magnificence du Dominateur qui empêche les êtres de Lumière d'en atteindre le fond. »

112. Davânî : « Son Nom : c'est-à-dire cela par quoi est connue son Essence, le Nom tel qu'il est compris dans l'usage qu'en font les philosophes, non pas le simple mot qui le désignerait. Son Nom domine le cercle des Intelligences. L'auteur emploie le mot cercle parce que les Intelligences encerclent tout ce qui est au-dessous d'elles. »

113. Davânî : « C'est-à-dire les Intelligences et les Ames célestes. Le propos est de dire que les parfaits anachorètes spirituels (*ahl al-tajrîd al-tâmm*) contemplent la Lumière des Lumières et les autres Lumières victoriales, et ce rang est plus élevé que le rang mentionné précédemment (n. 109), à savoir l'*ishrâq* qui s'accompagne d'un pouvoir sur les réalités élémentaires, car ceux-là sont immergés dans leur vision. »

114. *Bayân* est le plus souvent un concept complémentaire du *ta'wîl*. Davânî : « Le *ta'wîl*, c'est reconduire les formes extérieures des dispositions de la Loi religieuse aux vérités métaphysiques cachées sous ces formes (c'est la même définition que donnent aussi Nâsir Khosraw et les Ismaéliens). Le *bayân*, c'est alors l'explication de ces vérités métaphysiques cachées sous lesdites formes. » N. B. Depuis la citation de Matthieu 13/13 et 35 la version persane omet toute la suite.

115. Cette finale du VIIe Temple est d'une extrême importance. Comme le montre le contexte des citations évangéliques, c'est ce que l'on peut appeler le johannisme de l'*Ishrâq* qui se manifeste dans ces références au Paraclet. Nous avons rappelé (cf. ci-dessus *Présentation* et *Extraits*) que ce rang insigne du Paraclet dans la philosophie de Sohravardî, dont l'évocation vient clore le Livre des Temples, est d'autant plus frappante qu'elle rejoint la pensée eschatologique du shî'isme. Nous avons étudié ailleurs la longue tradition des penseurs shî'ites qui ont identifié le Paraclet johannique avec le XIIe Imâm ; cf. notre étude sur *L'idée du Paraclet en philosophie iranienne* (Accad. Naz. dei Lincei, 1971 = La Persia nel Medioevo, marzo-aprile 1970), Roma 1971, pp. 37-68, et *En Islam iranien*... t. IV, pp. 430 ss. En identifiant le XIIe Imâm avec le Paraclet, les penseurs shî'ites ne se sentent nullement gênés par l'identification établie d'autre part avec la personne du prophète Mohammad. Certains ont clairement discerné une double épiphanie du Paraclet. On comprend fort bien que Davânî, converti au shî'isme, identifie, lui aussi, le Paraclet que mentionne Sohravardî avec le XIIe Imâm, Sceau de la *walâyat* mohammadienne. Quant à notre Shaykh al-Ishrâq, il garde son secret, mais on ne croit pas lui faire violence en se référant à ce que suggèrent plusieurs des traités présentés ici, à commencer par ce Livre des Temples. Le Paraclet serait son Paraclet, son Esprit-Saint personnel, son partenaire céleste, sa Nature Parfaite. Le texte johannique cité se transpose sans peine en termes sohravardiens : « Pour que mon père qui est aussi votre père », c'est-à-dire l'Ange-Esprit-Saint, Ange de la race humaine, « vous envoie le Paraclet », c'est-à-dire envoie à chacun de vous l'Ange qui est sa Nature Parfaite (*supra* n. 99, le récit d'Hermès). Il conviendrait alors de comparer le rapport de Sohravardî envers son Paraclet, sa Nature Parfaite, avec le rapport de Mani envers son jumeau ou partenaire céleste, lequel vient lui révéler sa mission. Que Mani ait été identifié lui-même avec le Paraclet, comme Sohravardî s'identifie peut-être avec lui, nulle difficulté : le lien est tel que les deux personnes forment une même personnalité. Comparer alors

la christologie de Sohravardî, ici dans le Traité III, n. 119 et 120 et dans le Traité V.

116. Comme le souligne Davânî, le mot « ensuite » dans le verset qorânique montre qu'il y a changement de personne, et partant, qu'il ne s'agit plus du prophète Mohammad mais de « son Paraclet », c'est-à-dire du XIIe Imâm qui luttera pour le *ta'wîl* comme lui-même a lutté pour le *tanzîl*. L'exégèse peut aussi bien s'appliquer au Paraclet comme Ange personnel, « Nature Parfaite » du philosophe. Et cela même marquerait la convergence en l'intériorisation de l'idée du XIIe Imâm chez les spirituels shî'ites.

117. Davânî : « C'est-à-dire que le seuil de la *theôsis* (*bâb al-ta'alloh*, cf. *supra* n. 98) est ouvert, car le Donateur de la Connaissance qui est à l'horizon manifesté, n'est pas avare du mystère (*ghayb*). Là même il y a de la part de l'auteur un rappel de son degré dans la *theôsis*, comme cela n'échappera pas au lecteur doué de finesse. »

118. Davânî : « Une absence fulgurante, un ravissement hors du monde des sens, la racine *kh-t-f* connotant le sens d'arracher de force. Ce que l'auteur entend par là, c'est une absence par le corps subtil hors du monde des objets perceptibles par les sens, et une vision non-permanente des êtres de Lumière, laquelle s'accompagne de l'effusion d'une lumière fulgurante sur l'âme. »

119. *Al-Hawjâ'*. Davânî : « Lexicalement c'est le vent violent, impétueux, qui soulève même des maisons. L'auteur signifie ici le *tajarrod* (l'*anakhôrêsis*) qui arrache aux facultés sensibles, car cela n'est possible que par le souffle des extases soufflant depuis Celui qui émet le souffle suprême. »

120. Sur cette montée et cette descente, cf. ci-dessus VIIe Temple, chapitre I. Davânî : « C'est la forme extérieure de cette vision, telle qu'elle se présente à l'Imagination active. » Ghiyâthoddîn Shîrâzî : « Par l'approche du photisme il signifie l'*ishrâq* sur les facultés sensibles, *ishrâq* qui entraîne la cessation de leurs vaines suggestions. Par l'approche de l'extatique il signifie sa rupture avec les attaches corporelles, en vue de se tenir prêt à recevoir les Lumières se levant à l'Orient et qui descendent du photisme vers lui. Bref, l'extase qui survient pendant la nuit en question annonce que la voie du monde sacrosaint est ouverte. »

121. Les deux commentateurs se plaignent, chacun de leur côté, de s'être trouvés ici devant des manuscrits « malades », les défaillances des copistes s'expliquant d'ailleurs par la difficulté du texte auquel ils ne comprenaient plus rien. Nous ne pouvons ici rendre compte en détail du sérieux examen philologique auquel procèdent les commentateurs. Nous ne citons que la récapitulation de Ghiyâthoddîn Shîrâzî : « On a alors ce sens : le chemin du monde sacrosaint est ouvert pour que, par ce chemin, l'on monte vers ce qui fait périr les *barzakh* (= les corps) ou bien vers ce qui est le lieu de leur fatigue, donc pour que l'on monte au monde des substances immatérielles, puisque les *barzakh* y périssent, étant dans l'impossibilité d'y agir, ou bien succombent à la fatigue à cause de la difficulté de la route. Cette perdition et ce naufrage sont le lot des *barzakh* de la plupart des hommes, ceux-là auxquels n'est point parvenue la Révélation divine, car chez ceux qui l'ont reçue, les Images de leurs perceptions intellectives sont empreintes dans leurs facultés de perception sensible, si bien que leur *barzakh* ne se fatigue ni ne périt au cours de ces étapes. » Et ce trait final du « cher col-

lègue » : « Le commentateur Davânî n'a pas lu dans ce passage la vraie signification du texte ; alors il n'y a pas touché. Plût à Dieu qu'il n'ait point non plus touché à tout le reste ! »

122. Cet épilogue est réduit à quelques lignes dans la version persane.

123. Cf. ci-dessus n. 95 et 96.

124. Davânî : « Ceux qui sont totalement absorbés dans la nature physique. » Ghiyâthoddîn Shîrâzî : « Ceux qui ne persévèrent pas dans une voie unique. »

125. Davânî : « Par là l'esprit sagace comprendra le secret de ce que l'on trouve dans un discours du Prophète, à savoir que le sommeil du Sage est aussi un service divin, car le Sage sait l'employer d'une manière telle qu'il peut s'en aider pour sa recherche de la perfection et de ce qui l'accompagne. »

126. *Wa'data-hom.* Davânî : « Certains manuscrits portent *ar'adta-hom,* tu leur as inspiré crainte et frayeur les préservant de se fier aux ténèbres de la Nature. »

127. Davânî : « Pour qu'ils comprennent les vérités ésotériques de tes versets révélés aux élus (le *ta'wîl*). »

128. *Karûbîyûn.* Il y aurait à faire une recherche à partir de tous les matériaux de la tradition judaïque, pour suivre le passage des Chérubins dans les traditions de la gnose islamique. Bien qu'à la lettre aucun texte biblique ne donne d'autre indication sur l'aspect des Chérubins en dehors du fait qu'ils étaient ailés, il y a de multiples raisons rendant vraisemblable (à l'inverse d'hypothèses plus anciennes) qu'il s'agit bien de figures anthropomorphes ailées. Cf. les indications rassemblées par Th. A. Busink, *Der Tempel von Jerusalem, von Salomo bis Herodes...* I. Bd. Leiden, 1970, pp. 267-272, 285-287. Ici Ghiyâthoddîn Shîrâzî précise : « Ce sont les Anges sublimes qui n'ont aucune attache avec les corps matériels. » Cf. encore *infra* Traité V, chapitre VIII.

129. Ce sont les termes mêmes du conseil donné à Hermès au cours d'une vision d'extase, voir *En Islam iranien...* t. III, p. 153.

130. Quant à leur corps matériel.

131. Cf. ci-dessus n. 66. Sur la notion de *fotowwat* (persan *javânmardî*) comme « chevalerie spirituelle », voir notre Introduction analytique à M. Sarrâf, *Traités des Compagnons-chevaliers... Recueil de sept Fotowwat-Nâmeh* (Bibliothèque Iranienne, vol. 20), Téhéran-Paris 1973.

III.

Le Livre des Tablettes

Dédiées à l'émir 'Imâdoddîn

(Kitâb al-Alwâh al-'Imâdîya)

Extraits traduits d'après la double version arabe (inédite) et persane

1. Présentation

Nous avons donné ailleurs (*Prolégomènes III*, pp. 47-61) une analyse de cet important ouvrage de Sohravardî, lequel, tout comme le « Livre des Temples de la Lumière », a la vertu de nous donner un excellent aperçu d'ensemble de la doctrine de l'*Ishrâq*. Certains thèmes caractéristiques du « Livre des Temples » y sont repris : l'Ange-Esprit-Saint comme Ange de la race humaine ; le « père » auquel réfèrent les citations évangéliques qui ont la prédilection du shaykh ; le Paraclet ; la métaphysique de l'Imagination. L'ensemble de ces thèmes entraîne ici l'auteur sur la voie d'un iranisme beaucoup plus accentué que dans le « Livre des Temples ».

L'ouvrage doit son titre — « Les Tablettes dédiées à 'Imâdoddîn » — au prince seljoukide d'Anatolie qui en est le dédicataire, à savoir 'Imâdoddîn Qarâ Arslân ibn Ortoq, émir de Kharpût, qui fonda en 581/1185 une branche collatérale des Ortokides. Comme le grand « Livre de la Théosophie orientale » (*Hikmat al-Ishrâq*) fut achevé en 582/1186, ces « Tablettes » doivent en être à peu près contemporaines, la mort du Shaykh al-Ishrâq (587/1191) ne nous laissant qu'une marge de quelques années depuis l'avènement du prince. Aussi bien ces « Tablettes » portent-elles l'empreinte de l'*Ishrâq* et réfèrent à la « Théosophie orientale ». Nous avons déjà signalé que le martyre du jeune Shaykh était survenu trois semaines (le 29 juillet 1191) après que Richard Cœur-de-Lion eut enlevé Saint Jean d'Acre. Coïncidence ? Le présent livre nous montre notre Shaykh en relation d'amitié avec un émir seljoukide de Rûm. Le voici donc, *volens nolens*, mêlé aux vicissitudes qui se nouaient autour du sort du royaume latin de Jérusalem. Cela s'ajoutant à son intrépidité de langage, il lui était difficile d'échapper à la vindicte de Saladin et de ses *'olamâ*.

Le « Livre des Tablettes », tout comme le « Livre des Temples », existe en arabe et en persan, l'auteur s'étant traduit lui-même. Seule la version persane a été éditée jusqu'ici (*Op. metaph. III*, pp. 109-195).

Cependant nous avons eu toujours sous les yeux le texte arabe dont nous avions préparé l'édition, il y a maintes années, mais que nous n'avons pas encore publié. En outre, cet ouvrage du Shaykh al-Ishrâq a été l'objet d'un important commentaire d'un philosophe *ishrâqî* de l'Azerbaïdjan, au XVIe siècle : Wadûd ibn Mohammad Tabrîzî, qui acheva son travail en Rabî' II 930/février 1524. Commentaire précieux qui amplifie les résonances sohravardiennes, opère des recoupements avec les autres œuvres et forme au total un compact ouvrage de 544 pages (dans le seul manuscrit connu, Râgib 853). Wadûd Tabrîzî, inconnu par ailleurs, nous apprend qu'il avait lui-même également commenté le « Livre de la Théosophie orientale ». Nous n'en connaissons malheureusement jusqu'ici aucun manuscrit. Quant au commentaire des « Tablettes », nous l'avons largement utilisé pour les extraits que nous avons traduits ici ; on en trouvera maintes citations dans les notes.

Sohravardî nous fait lui-même connaître les motifs de la composition de l'ouvrage. Il entend se limiter à un compendium. Certes, il est arrivé que les « philosophes récents » composent des ouvrages de ce genre pour leurs princes respectifs. Il en a pris connaissance, mais il a entendu dire aussi que ces princes n'en avaient guère tiré profit, parce que leurs auteurs avaient négligé d'observer les règles d'une bonne pédagogie. Il a donc formé le projet du présent ouvrage en réponse à la demande qui lui en était adressée. Il s'efforcera de mettre le vocabulaire technique à la portée de la compréhension de ses lecteurs, afin que ceux-ci puissent tirer un profit réel de son livre. « Je ne pense pas, dit-il, que quelqu'un ait fait quelque chose de pareil à ce livre. J'ai apporté des preuves étayant les principes des thèses fondamentales ; j'ai appelé en témoignage les versets du saint Qorân... »

L'ouvrage comporte un prologue et quatre Tablettes. Les extraits choisis ici parmi les plus significatifs, pour aider à la compréhension des Récits mystiques, proviennent de la IIe et de la IVe Tablette.

De la *Ire Tablette* nous rappelons simplement ici qu'elle est en gros consacrée aux questions de physique : physique du monde des Éléments et physique céleste.

La *IIe Tablette* forme un bref traité *De Anima*, s'étendant à ce qui de nos jours est désigné comme anthropologie philosophique. Déjà ce chapitre porte la marque caractéristique du Shaykh al-Ishrâq : il débute par une argumentation philosophique concernant les degrés de la connaissance, puis fait intervenir les grands mystiques (Hallâj, Bastâmî), le Ier Imâm, le Prophète, pour s'achever sur des citations des Évangiles de Matthieu et de Jean, puis de versets qorâniques. Cette juxtaposition, nous la retrouvons dans d'autres œuvres de notre Shaykh. Tout se passe comme si les Livres saints de toutes les « communautés du Livre » étaient appelés à témoigner ensemble, parce qu'en fait, sur le plan spirituel, aucun n'abroge l'autre, mais chacun renforce l'autre.

Nous appelons l'attention sur l'importance des textes cités par le commentateur Wadûd Tabrîzî et sur la manière dont il les enchaîne les uns aux autres : ceux de Bastâmî juxtaposés à la célèbre *Théologie* dite d'Aristote (n. 10 et 11), puis la célèbre sentence de Hallâj à laquelle s'enchaînent les références à Socrate, Platon, Alexandre, Homère, etc. (n. 13, 14, 15). Ce sont de tels textes, attestant en propre un hellénisme islamique, qui font que l'on est frappé de stupeur devant certaines affirmations hâtives, selon lesquelles le christianisme s'étant exprimé à travers les structures de la philosophie grecque, un dialogue entre le christianisme et l'Islam n'aurait guère de sens, sous prétexte qu'il manquerait un fond culturel commun. On va même jusqu'à opposer un christianisme d'expression sémitique à un christiasnisme d'expression grecque. On oublie ainsi, hélas ! que le christianisme nestorien a été lui-même le transmetteur de l'héritage grec aux penseurs de l'Islam, et que ceux-ci ont admirablement fait fructifier l'héritage. Ce qu'il faut dire, en revanche, c'est qu'ils l'ont fait fructifier en un sens qui n'est pas celui de l'hellénisme occidental, chrétien ou non. Mais c'est en cela précisément que l'hellénisme du christianisme oriental aussi bien que l'hellénisme islamique ont beaucoup à nous apprendre. Et les *Ishrâqîyûn* sont parmi nos meilleurs instructeurs sur ce point. (Cf. encore *infra* Traité V, n. 49). Pour tous nos penseurs les sages grecs aussi bien que les sages perses ont puisé leurs connaissances à la même « Niche aux lumières » que les prophètes. C'est le même *intellectus sanctus* qui inspire prophète et philosophe, le même Ange-Esprit-Saint qui est l'Ange de la connaissance et l'Ange de la révélation, et qui occupe une place centrale dans plusieurs des traités de Sohravardî traduits ici.

C'est également cela qu'il faut avoir présent à la pensée pour percevoir les intentions, les résonances et les réminiscences de la christologie des *Ishrâqîyûn*. Il y a déjà eu occasion de le dire. On trouvera cette christologie amplement développée ici par Wadûd Tabrîzî lui-même (n. 19-21). De nouveau, des textes johanniques, rappelés ici par Sohravardî comme dans le « Livre des Temples », sont commentés dans le sens de la filiation qui rattache l'âme humaine à son « parent céleste » qui est l'Esprit-Saint, comme Ange de l'humanité. Cette christologie assume, on le constate, une fonction essentielle dans la spiritualité *ishrâqî*. Mais il en est d'elle comme de l'imâmologie shî'ite quant à ses modèles christologiques : ce n'est pas la christologie officielle des Conciles qui est retenue ici, mais une christologie que les historiens avaient pu croire disparue, tandis qu'elle atteste sa vitalité sous une forme que l'on n'attendait plus. Il est fort plausible que des hommes d'Azerbaïdjan comme notre Shaykh al-Ishrâq et son commentateur Wadûd Tabrîzî, aient eu sur place des entretiens avec des théologiens chrétiens nestoriens, et l'on sait l'affinité du nestorianisme avec le christianisme judéo-chrétien primitif.

Une dernière remarque sur les extraits traduits de cette *IIe Tablette.* Ils s'achèvent sur la citation johannique : « Ne remonte au ciel que celui qui en est descendu » (3/13). Elle est invoquée par d'autres de nos philosophes comme attestant explicitement la préexistence de l'âme à sa venue en ce monde terrestre. Nous avons dit ce qu'il en était de la question chez Sohravardî, et relevé l'irritation de Mollâ Sadrâ Shîrâzî devant ce qui lui apparaissait comme une oscillation ou une palinodie, là où le Shaykh al-Ishrâq refuse cette préexistence. La situation nous semble plus simple : il y a l'affirmation exotérique que l'on trouve dans les traités didactiques ; il y a l'enseignement ésotérique impliqué dans les textes que l'on pourra lire plus loin ici (Traités VI, VIII, X, XIII).

La *IIIe Tablette* contient un exposé des problèmes de la théologie philosophique et de l'angélologie : procession des Intelligences dont Sohravardî refuse ici comme dans le « Livre de la Théosophie orientale » de limiter le plérôme au chiffre dix. La physique céleste est ensuite reprise, cette fois en fonction de l'angélologie. On en aura trouvé une esquisse précédemment dans le « Livre des Temples ».

La *IVe Tablette* est presque aussi longue à elle seule que les trois premières ensemble, et elle comprend douze chapitres. Nous donnons ici la traduction intégrale des chapitre VII à XII, parce qu'ils sont à leur tour la meilleure introduction qui puisse guider le lecteur dans la méditation des Récits mystiques. Ils exposent certains des thèmes les plus caractéristiques de la théosophie mystique de l'*Ishrâq.*

1) On y trouve récapitulée au mieux la métaphysique sohravardienne de l'Imagination et du *mundus imaginalis* (*'âlam al-mithâl*) : l'Imagination active (*Virtus combinativa*) prise comme entre deux feux, de sorte qu'elle peut être ange ou démon. Tantôt livrée aux séductions de l'estimative (*wahm*), elle est la proie des perceptions sensibles recueillies dans le *sensorium* et ne sécrète que de l'imaginaire. Tantôt au service de l'intellect, elle est alors l'Imagination intellective ou cogitative (*mofakkira*), et elle est l'organe de pénétration dans le monde intermédiaire qui est le monde *imaginal,* où le spirituel prend subtilement corps (un corps spirituel) et où le corporel se spiritualise. Ce sont les « images métaphysiques » (*amthila 'aqlîya*) qu'elle projette alors dans le *sensorium* (cf. le chap. VII, les n. 26 et 30). De la compréhension de cette doctrine dépendra la compréhension que l'on aura, ou non, de la scénographie réelle, du « réalisme symbolique », des Récits mystiques. Le chapitre XII orchestrera le thème en images traditionnelles et somptueuses. Tantôt l'Imagination active est l'arbre émergeant au sommet du Sinaï, l'arbre auquel on cueille le « pain des Anges ». Elle est le Buisson ardent que Moïse aperçoit d'abord de loin, et dans lequel flamboie l'Ange-Esprit-Saint de la Révélation

(les n. 80 à 95). Tantôt elle est l'arbre maudit, l'arbre infernal, la montagne que pulvérise la théophanie (n. 96).

2) Le sens caché, « internel », du Buisson ardent associe étroitement le thème de l'Imagination active visionnaire au thème de l'Ange-Esprit-Saint, celui que les philosophes appellent Intelligence agente. De nouveau ici reparaît le thème du parent céleste, du « père » que le « Livre des Temples » mentionnait en se référant à l'Évangile de Jean (les n. 61, 69, 87).

3) Ce même thème est lié à l'*iranisme* que Sohravardî accentue fortement dans ce livre. L'Ange est en effet le sujet de la théophanie dont furent gratifiés les bienheureux rois de l'ancienne Perse, Fereydûn et Kay Khosraw (chap. XI, n. 59, 75-77), que Sohravardî reconnaît comme ayant été les précurseurs des *Ishrâqîyûn* (ce sont les *Khosrovânîyûn*), et qui sont les témoins d'une tradition iranienne se perpétuant de l'ancienne Perse à la Perse islamique.

4) Cet iranisme s'exprime de nouveau ici dans la vénération que l'auteur manifeste pour la divinité solaire, désignée encore ici sous son nom iranien *Hûrakhsh* et que le Shaykh al-Ishrâq considère comme étant l'œuvre divine, la « théurgie », de l'archange (l'Amahraspand) Shahrîvar (chap. X, n. 43 ss.). On pourrait parler de l'aspect solaire, apollinien, de la vision sohravardienne du monde.

5) A la lettre, ce n'est pas l'apollinisme, au sens occidental de ce mot, qui est la source d'inspiration du Shaykh al-Ishrâq, mais ici comme dans ses autres traités la vision zoroastrienne fondamentale de ce que l'Avesta désigne comme le *Xvarnah*, la Lumière de Gloire (persan *Khorrah*). En outre, quelque chose s'annonce ici d'une importance majeure pour la spiritualité de l'*Ishrâq* et la mystique de la Lumière en général. Sohravardî désigne comme *Sakîna* la présence à demeure des Lumières célestes d'outremonde dans l'âme du visionnaire, dans le « Temple de la Lumière ». Or, la *Sakîna* est l'équivalent arabe de l'hébreu *Shekhina*, désignant la mystérieuse Présence divine dans le Saint des Saints du Temple, et dont le rôle a l'importance que l'on sait chez les Kabbalistes et les mystiques juifs. L'intuition décisive est qu'ici Sohravardî tend à identifier le *Xvarnah*, la Lumière de Gloire dont les extatiques de l'ancienne Perse eurent la vision et dont ils furent l'habitacle mystique, avec la *Sakîna/Shekhina* (cf. chap. XI et les n. 45, 74, 84, 85).

N'abusons pas du terme trop facile de syncrétisme. Il se passe ici un événement jaillissant des profondeurs, et nous préférons parler d'un phénomène de miroir, grâce auquel deux images se réfléchissent et se reconnaissent l'une l'autre. De même que la prophétologie de l'ancien Iran se trouve rattachée par Sohravardî au prophétisme sémitique de la tradition biblique et qorânique, de même toute son œuvre opère la jonction entre la spiritualité de l'Iran préislamique et celle de l'Iran islamique. Certains Récits mystiques, en faisant intervenir des figures de l'épopée héroïque de l'ancien Iran, les transforment en héros d'une chevalerie spirituelle. Il est nécessaire, pour comprendre l'intention de l'événement intérieur ainsi vécu, d'avoir sous les yeux des textes comme ceux du présent livre des « Tablettes ».

Alors tous les grands thèmes évoqués ici : la christologie de *Christos Angelos*, l'Ange-Esprit-Saint inspirant les prophètes et les philosophes, la Lumière de Gloire et la *Sakîna/Shekhina*, la vocation extatique des souverains de l'ancienne Perse, la métaphysique de l'Imagination reconduisant au flamboiement du Buisson ardent, dans le voisinage d'un Sinaï mystique vers lequel nous acheminera le Récit de l'exil occidental, — tous ces thèmes apparaissent comme s'enracinant dans les profondeurs d'un système du monde, sans équivalent ailleurs, et qui est à la fois le support et le couronnement d'une expérience spirituelle que l'auteur voulut mettre en scène dans les Récits mystiques traduits dans la seconde partie du présent ouvrage.

2. Traduction

I. — Extrait de la Deuxième Tablette

Bref traité de l'Ame

Sache que la perception sensible, telle celle de la perception visuelle, dépend d'une certaine position de l'objet, de sorte que, si celui-ci cesse de se présenter vis-à-vis, la perception visuelle cesse également. L'imagination [1] opère une première abstraction libérant l'objet de sa dépendance à l'égard du monde sensible, puisque la forme reste empreinte dans l'imagination, même en l'absence de l'objet perçu par les sens. Cependant l'imagination n'a pas le pouvoir d'abstraire l'objet de façon absolue, en le libérant des accidents étrangers tels que le lieu (le « où »), la qualité, le *situs*. C'est à l'intellect qu'il appartient d'opérer cette abstraction [2]. De la chose qui était objet de la perception sensible ou imaginative, l'intellect fait un intelligible (*ma'qûl*) dépouillé de ces accidents [3]. Il abstrait, par exemple, de l'animal une forme (*sûra*, *species*) qui est adéquate à l'ensemble des animaux, grands ou petits, considérés en tant qu'animaux, — la fourmi et l'éléphant participent ainsi l'une et l'autre à ce concept de l'animalité.

Nous le démontrons en disant ce qui suit. Si cette forme absolue était dans un corps, un *situs* propre et une dimension propre lui seraient inhérents. Elle ne serait pas adéquate aux quiddités différentes. Or, comme elle leur est adéquate, elle n'est donc ni dans un corps ni dans quelque chose de corporel. Son substrat est donc en toi, exempt et libre de dimensions et de directions, et l'« âme », c'est cela.

Une autre preuve est la suivante. Lorsque tu intelliges la *réité* absolue (ce qui fait qu'une chose, une *res*, soit une chose, la chose en tant que telle) [4], indépendamment de toute particularité, telle que blancheur, noirceur, dimension, si le substrat en était un corps, lorsque l'on diviserait ce corps, la forme de la réité serait également divisée, parce que l'accident se trouve lui-même divisé, quand son support (son substrat) subit une division. Ou bien alors chaque partie de la réité serait elle-même une réité comme telle ; alors il n'y aurait plus de différence entre le tout et la partie, puisque le tout est, lui aussi, une réité comme telle. Ou bien, chaque partie serait une réité accompagnée de quelque chose d'autre, tel que particularité de dimension et autres ; dans ce cas, la partie se surajouterait au tout, ce qui est absurde. Mais alors si chaque partie intégrante du concept de réité n'est ni une réité ni quelque chose d'accompagné par quelque autre particularité accidentelle, c'est que la réité comporte une partie qui est une non-chose. Tout cela est absurde. Le substrat de la réité (du concept de la chose en tant que telle) n'est donc ni un corps ni quelque chose de divisible.

De même, tu intelliges le concept de l'Un absolu, exempt de toute spécificité dimensionnelle. Si le substrat en était divisible, le concept de l'Un serait lui-même divisible, mais alors l'Un ne serait plus l'Un. Or l'hypothèse est qu'il est l'Un, et rien d'autre. Donc son substrat n'est pas divisible. Le substrat des intelligibles n'est donc pas quelque chose qui soit divisible par la pensée, ni quelque chose qui puisse faire l'objet d'une indication tombant sous les sens, ni quelque chose qui ait une dimension ou un *situs*. Loin de là, c'est une essence monadique, indépendante du « où », des emplacements et des directions spatiales [5]. Trouve le salut celui qui comprend cette essence et la porte à sa perfection. Est en perdition celui qui l'ignore et la dilapide, ainsi qu'il est dit dans la Révélation (*tanzîl*) : « Sauvé celui qui la purifie (l'âme). En perdition, celui qui la corrompt » (Qorân 91/9-10). Et concernant le cas de celui qui l'ignore, a été révélé cet autre verset : « Ceux qui oublient Dieu, Dieu fait en sorte qu'ils tombent dans l'oubli d'eux-mêmes » (59/19). De même, cet autre verset : « Sachez que Dieu se met entre l'homme et son cœur » (8/24), c'est-à-dire que Dieu fait écran entre l'homme et son cœur. Le cœur signifie ici l'âme, non pas l'organe de chair connu en anatomie.

C'est cette âme que les philosophes appellent l'« âme pensante » (*nafs nâtiqa*), et dans le Qorân il y a de multiples versets au sujet de cette âme, celui-ci par exemple : « Il a formé l'homme harmonieusement, et il a insufflé en lui de son Esprit » (32/9) [6], c'est-à-dire : lorsque la complexion humaine fut achevée et équilibrée, y fut actualisée une âme correspondant à cette complexion. Et cet autre verset : « Après que je l'aurai harmonieusement formé et que j'aurai insufflé en lui de mon Esprit » (15/29), c'est-à-dire : insufflé en lui de mon Esprit-Saint [7]. Le rapport ainsi institué nous informe de la dignité et de l'immatérialité de l'âme, et nous fait connaître qu'elle est une substance divine (*jawhar ilâhî*).

Et il y a cet autre verset disant au sujet du Christ : « Le Christ est le prophète de Dieu... un Esprit émanant de lui » (4/171). Or, il est évident que le Christ appartient à l'espèce humaine, comme le dit le verset : « Nous avons insufflé en elle (en Maryam) de notre Esprit » (21/91, 66/12), tandis qu'un autre verset déclare : « Dis : l'Esprit est un impératif de mon Seigneur » (17/58) [8]. Or l'Impératif divin est immatériel, séparé de la matière. Le verset signifie donc que l'âme est une substance immatérielle et qu'elle appartient au monde spirituel (*'âlam rûhânî*), non pas au monde matériel. Et Dieu Très-Haut la met de nouveau en rapport avec lui-même dans cet autre verset : « L'image de sa lumière est celle d'une niche dans laquelle il y a une lampe... » (24/35) [9].

L'âme pensante est donc à la fois impératif divin et lumière divine, ce double aspect étant déterminé par le rattachement à la condition seigneuriale divine (*robûbîya*). C'est à cette même âme que le Prophète fait allusion dans ce propos : « Je passe la nuit chez mon Seigneur ; il me nourrit et m'abreuve. » Ce qui veut dire : lorsque dans l'état d'extase et d'émotion profonde je me sépare de ce monde et me conjoins avec le monde supérieur, ma nourriture et mon breuvage consistent dans les connaissances spirituelles et les lumières divines. C'est cette âme immatérielle qui aspire au plus haut des compagnons. C'est elle que signifie l'Imâm 'Alî, lorsqu'il évoque la conquête du fort de Khaybar : « Je ne l'ai point conquis, dit-il, par une force matérielle, mais je l'ai conquis par une force du *Malakût* (*qowwa malakûtîya*) et avec une âme illuminée par la lumière de son Seigneur. » C'est à cette âme que faisait allusion Abû Yazîd Bastâmî en disant : « Je me suis desquamé de ma peau ; alors j'ai compris qui je suis (*man anâ*). »[10] Il a dit encore : « J'ai cherché mon essence (*dhâtî*, je me suis cherché moi-même) dans les deux royaumes de l'être qui tombent sous les sens — c'est-à-dire le monde astral (*athîrî*) et le monde élémentaire — mais je ne l'y ai pas trouvée. »[11] A son tour, c'est à cette âme que Hallâj faisait allusion en disant : « Mon essence ne s'est montrée ni dans un lieu ni dans les directions de l'espace. »[12] Et il a dit quand on le crucifiait : « Ce qui suffit à l'Unique c'est que l'Unique le fasse Un[13]. » Et c'est au retour de l'âme à son origine (*bâz gasht = ma'âd*) que Hallâj faisait allusion, lorsqu'il s'écriait : « Tuez-moi, ô mes amis ! C'est dans mon meurtre qu'est ma vie — C'est pour moi mourir que de vivre, et vivre que de mourir[14]. » C'est encore cette âme qu'il signifiait dans ces distiques : « Temple matériel quant au corps, lumière quant à l'essence — Éternel quant à l'esprit, juge parfaitement instruit — L'homme retourne par l'Esprit vers les êtres spirituels — Tandis que l'enveloppe matérielle gît dans la tombe, pourriture[15]. » Un shaykh d'entre les soufis a dit : « Le soufi est avec Dieu, hors de tout lieu. » Et le même a dit : « Le soufi est à la fois en ce monde et hors de ce monde », c'est-à-dire à la fois apparaissant en ce monde et séparé de ce monde[16].

C'est encore à cette âme que le Christ faisait allusion, lorsqu'il a dit : « Devenez semblables à votre Père céleste » (Év. de Matthieu, 5/48)[17]. Et il a dit : « Mon Père *et* votre Père » (Év. de Jean, 20/17)[18], faisant ainsi remonter la généalogie de l'âme jusqu'au monde sacrosaint[19]. Il a dit encore : « Ne remonte au Ciel que celui qui en est descendu » (Év. de Jean, 3/13)[20].

Et au sujet de notre Prophète, il est dit dans le Qorân : « Il s'approcha et demeura en suspens » (53/8), et « il était à la distance de deux arcs ou un peu plus près » (53/9). Or, si l'âme n'était pas elle-même séparée de la localisation dans l'espace, il serait inconcevable qu'elle pût se rapprocher de ce qui n'est pas localisé dans l'espace. Et il est encore dit qu'il était « à l'horizon lumineux » (81/23), et qu'il était « à l'horizon suprême » (53/7)[21], ce qui est une double allusion à l'ascension spirituelle par l'allègement de l'attache avec le corps.

II. — Extraits de la Quatrième Tablette

Chapitre VII [22] :

De la connaissance des choses suprasensibles

Les âmes humaines ont leur racine dans le *Malakût*, et si ce n'étaient les préoccupations du corps qu'elles gouvernent, elles recevraient l'empreinte des âmes du *Malakût*. Celles-ci, les *Animae caelestes*, connaissent les conséquences inhérentes à leurs mouvements ; elles savent ce qui fut et ce qui sera, comme le dit ce verset : « Nulle calamité ne frappe la terre ni vos propres âmes, sans qu'elle ne soit écrite dans un Livre, avant même que nous l'ayons créée » (57/22) [23]. » Un autre verset énonce : « Auprès de lui se trouve la Mère du Livre (*Omm al-Kitâb*) » (13/39) [24], ce qui veut dire que tout ce qui vient à se passer dans le monde de la génération et de la corruption, tout cela est gravé dans les *Animae caelestes*, avant d'être manifesté en ce monde-ci. C'est ce que dit ce verset : « Toutes choses qu'ils font, sont enregistrées dans les Livres (*zobor*) » (54/32). Et c'est ce que dit encore cet autre verset : « Chaque chose, petite ou grande, est enregistrée » (54/53).

Mais le Livre de Dieu n'est pas un livre fait de papier et d'une reliure de cuir. Non pas, il est fait de quelque chose qui a la nature de son *Malakût*. Ce sont les Intelligences connaissantes (les *Angeli intellectuales*) et les *Animae caelestes*. « Feuillets vénérables » (80/13), est-il dit, et cela désigne les Ames qui gouvernent les Cieux, « exaltées » au-dessus de la souillure du monde des Éléments, « pures » de toute attache avec ces derniers. Il est dit encore : « Entre les mains de scribes nobles et purs » (80/15-16) [25], et cela désigne les pures Intelligences qui sont au-dessus des *Animae caelestes*, celles-ci étant sous la domination du rayonnement de la lumière des *Angeli intellectuales*. Tel est ce que signifie ce verset : « Dieu connaît ce qu'il y a dans le ciel et sur la terre, car cela est consigné dans un Livre, et cela est facile à Dieu » (22/69). Un autre verset énonce : « Il n'y a rien de vert ou de desséché qui ne soit consigné dans un Livre explicite » (6/59), c'est-à-dire dans les entités spirituelles qui portent en elles l'empreinte de la totalité des êtres. Un autre verset rapporte l'histoire de Moïse, lorsque Pharaon lui demanda : « Qu'en est-il advenu des générations anciennes ? » Moïse de répondre : « La connaissance en est auprès de mon Seigneur, consignée dans un Livre ; mon Seigneur ne s'égare ni ne s'oublie » (20/53-54). Connaissance divine et Livre sacrosaint que mentionne encore cet autre verset : « Pas même le poids d'un atome n'échappe à ton Seigneur, ni sur terre ni dans le Ciel ; il n'est même rien de plus petit ou de plus grand que cela (le poids d'un atome) qui ne soit consigné dans un Livre explicite » (10/61). Un autre verset le répète encore : « Mon Seigneur connaît le Mystère irrévélé (le *ghayb*). Pas même le poids d'un atome ne lui échappe dans les cieux et sur terre ; il n'est même rien de plus petit ou de plus grand que cela, qui ne soit consigné dans un Livre explicite » (34/3).

Le propos de tout cela, c'est que les pures Substances (ou hypostases) spirituelles portent en elles l'empreinte de la totalité des choses. Quand à certains moments, par exemple pendant le sommeil, il arrive à nos propres âmes de se conjoindre avec elles, elles en reçoivent en elles une empreinte des empreintes que portent en elles ces pures Substances spirituelles, et elles sont ainsi initiées aux secrets du monde du Mystère. Cela, parce qu'en ces moments privilégiés les occupations des sens font relâche. Et si ce n'étaient les troubles causés par l'Imaginative (quand elle reste soumise à l'estimative), il nous serait facile d'être informés des choses du monde suprasensible. Cependant, même pendant le sommeil, elle tient l'âme occupée. Mais quand il arrive que cette emprise se relâche, l'âme peut alors recevoir en elle l'empreinte des réalités suprasensibles [26]. Dans ce cas, il en résulte un songe véridique. Toutefois l'Imagination active transpose toujours d'une forme en une autre forme qui est en correspondance et ressemblance avec ce que l'âme a vu ; elle peut même transposer en une forme qui soit en contraste et opposition. Par exemple, dans le cas où l'âme aura vu un ennemi, l'Imagination active le transpose en une image-imitante (*mohâkât*) [27], celle d'un serpent ou d'un loup. Dans le cas où elle aura vu un roi, elle le transpose en l'image d'une mer ou d'une montagne. Lorsque l'âme oublie ce qu'elle a vu, bien que cela reste latent dans la mémoire, c'est l'Imagination active qui le lui montre. Il y a alors besoin d'une interprétation (*ta'bîr*). C'est à l'interprète de retrouver de quelle chose ces images-imitantes sont l'imitation.

Il est possible aux prophètes et aux grands théosophes mystiques [28] d'avoir, à l'état de veille, connaissance des choses suprasensibles, soit que leurs âmes en aient la force de par leur nature foncière originelle (*fitra*), soit qu'ils aient acquis cette force par une voie qu'ils sont seuls à connaître et grâce à des connaissances qu'ils ont maintenues secrètes et voilées, ne les ayant présentées qu'en forme de symboles (*romûz*) dans leurs livres. Leur âme reçoit en elle l'empreinte des mondes suprasensibles, parce que leur âme est comme un miroir parfaitement poli, dans lequel se réfléchissent les figures du *Malakût*. Il arrive que l'apparition du monde suprasensible pénètre jusqu'au *sensorium*, et qu'elle ait avec eux un entretien des plus délectables, en se montrant à eux sous une forme des plus belles et des plus nobles. Tantôt ils ont ainsi la vision du suprasensible par le *sensorium*, tantôt ils entendent la voix de quelqu'un sans voir la personne qui parle, tantôt ils lisent quelque chose d'écrit [29]. Tout cela, ce sont des figures qui pénètrent dans l'Imagination active (guidée ici par l'intellect) et qui de par l'Imagination active sont communiquées au *sensorium* [30].

Si, le plus souvent, l'Imagination active ne peut faire apparaître ces figures dans le *sensorium*, c'est parce que les sens externes tiennent celui-ci tout occupé par les figures matériellement présentes, ou bien parce que l'intellect tient l'Imagination active tout occupée par la conduite de ses méditations. Mais, si graduellement se produit une relâche, par exemple dans le sommeil ou à d'autres moments, l'Imagination active a pouvoir sur le *sensorium* et fait que se manifestent en celui-ci tantôt des formes fabuleuses, comme il arrive dans les rêves incohérents (lorsque l'Imagination reste soumise à l'estimative), tantôt au contraire des formes qui sont vraiment autant d'images-imitantes (*mohâkât*) des réalités du monde sacrosaint. Dans ce cas, il s'agira d'un songe véridique ou d'une communication divine explicite.

Il arrive parfois à des épileptiques et à des hypocondriaques d'avoir connaissance de certaines choses des mondes invisibles, parce que leurs occupations sont moindres et que leurs organes sont moins résistants. D'autre part, il arrive que des gens qui cherchent à faire parler des enfants les tiennent dans la contemplation de choses qui éblouissent la vue et fascinent l'imagination représentative (*khayâl*). On verse, par exemple, de l'eau dans un verre et on le leur fait regarder fixement ; ou bien on leur fait regarder une surface d'un noir brillant, ou d'autres choses encore. Alors les facultés de perception sensible mises en état de stupeur et l'imagination mise au point fixe, il peut se produire dans l'âme de ces enfants quelques figures du monde suprasensible, et l'on apprendra par eux des choses authentiques.

Chapitre VIII :
De l'Intelligence agente qui est l'Esprit-Saint

Tu sais déjà que nos âmes pensantes commencent par *être* en puissance (quant à leur perfection) avant d'*être* en acte [31]. Ensuite sont actualisées dans l'âme les connaissances premières, et l'âme passe alors de celles-ci aux connaissances secondes [32]. Le médiateur de nos âmes (celui dont elles émanent) et en même temps leur perfecteur, celui qui les fait passer de la puissance à l'acte (quant à leurs connaissances), c'est celui que les philosophes appellent INTELLIGENCE AGENTE et que la théologie appelle l'ESPRIT-SAINT. Son rapport avec nos intellects est analogue au rapport du Soleil avec notre perception visuelle [33]. C'est l'Esprit qui est adjoint à Dieu dans les versets que nous avons cités ici précédemment, par exemple celui-ci : « Après que j'aurai insufflé en lui de mon Esprit » (15/29), et autres versets semblables.

Cet Esprit est le médiateur par qui advient l'existence du monde des Éléments. Il est, de par l'ordre de Dieu, le maître de maison (*kadkhodâ*) [34] régentant toutes les réalités issues de la composition des Éléments. C'est lui qui marque nos âmes de l'empreinte des qualités éminentes, lorsque nous nous conjoignons avec lui, comme il est dit dans le Qorân : « Lis au nom de ton Seigneur... le Très-généreux qui a instruit l'homme par le Calame » (96/1-4). Le Calame de Dieu n'est ni une pièce de bois ni un roseau, mais une Essence intellective qui est Intelligence en acte. Le rapport de nos âmes avec cette Intelligence est analogue au rapport de la Tablette avec le Calame [35]. Nos âmes sont des tablettes immatérielles (*alwâh mojarrada*), et l'Intelligence est le Calame qui marque en nos âmes l'empreinte des sciences du Réel au sens vrai (*'olum-e haqîqî*) et des hautes connaissances théosophiques (*ma'ârif-e rabbânî*). Un autre verset du Qorân déclare : « Dieu a écrit la foi dans leurs cœurs, et il les aide par un Esprit émanant de lui » (58/23).

Et comme nous attestant que c'est bien cet Esprit-Saint qui instruit l'homme, il y a ce verset déclarant au sujet du Prophète : « Celui à la Force puissante l'a enseigné » (53/5). Ce verset fait allusion à l'Intelligence agente (*'Aql fa''âl*) que Dieu a pourvue d'une force infinie [36]. Un autre verset déclare : « L'Esprit fidèle est descendu avec lui (le Qorân) sur ton cœur » (26/193). Un autre verset : « Celui qui possède la force s'est tenu en majesté » (53/6). Un autre verset encore : « Noble messager, doué de force auprès du maître du Trône, inébranlable » (81/20). Ailleurs il est dit : « L'Esprit fidèle » (26/193). Ailleurs : « Obéi, ensuite fidèle » (81/21) [37]. Ailleurs : « Dis : l'Esprit-Saint l'a fait descendre (le Qorân), de la part de ton Seigneur, avec la Vérité » (16/102). Ailleurs : « Tu reçois le Qorân de la part d'un Sage, de quelqu'un qui sait » (27/6). Ailleurs : « Le Calame a enseigné à l'homme ce qu'il ignorait » (96/5). Tous ces versets sont autant d'allusions à celui qui fait sortir l'intellect humain de la puissance à l'acte. Un autre verset : « Il a créé l'homme ; il lui a enseigné à parler clairement » (55/3-4).

Chapitre IX : « *Ta'wîl* » *de versets qorâniques concernant la Résurrection*

Ce propos de notre Prophète : « Celui qui meurt, déjà s'est levée sa résurrection » [38] est à mettre en référence aux versets qui suivent : « Lorsque le Ciel se fendra » (82/1), c'est-à-dire lorsque se fend le ciel de celui qui meurt, ce ciel qui est la *pia mater* (*omm al-ra's*, la « mère du cerveau »), — « et lorsque les étoiles tombent » (82-2), c'est-à-dire lorsque tombent les sens externes du mourant, — « et lorsque le soleil se reployera » (81/1), ce soleil qui est son cœur, — « et lorsque les chamelles près de mettre bas seront abandonnées » (81/4), ces chamelles qui sont ses pieds, — « et lorsque la terre sera secouée de tremblements » (99/1), cette terre qui est son corps, — « et lorsque les bêtes sauvages seront rassemblées » (81/5), ces bêtes sauvages qui sont ses facultés, principalement l'appétit irascible (*ghadabîya*), — « et lorsque la terre (texte : les montagnes) sera réduite en poussière (89/22) [39], c'est-à-dire les montagnes qui sont les os de son squelette, etc. Un autre verset vient en témoignage de ce *ta'wîl*, et c'est celui-ci : « Vous voilà venus, tout seuls » (6/94), ce qui veut dire : vos âmes immatérielles, telles qu'elles sont en elles-mêmes, accomplissent leur retour toutes seules, séparées des organes du corps physique, comme le dit cet autre verset : « Au jour de la Résurrection, tous viendront à lui, chacun seul » (19/95). Cette « solitude » réfère à l'essence monadique, à l'âme qui est la seule à posséder conscience et connaissance.

Chapitre X : *De l'être comme lumière et de la précellence du Soleil*

Sache que l'attache de l'âme avec le corps conduit à considérer un corps subtil qui est le *pneuma* (*rûh*) [40]. Ce *pneuma* est un être de lumière qui brille dans le cerveau, de sorte que, si sa luminosité diminue, la vie en est perturbée ; la « mélancholie » (*mâlankhûlyâ*, l'hypocondrie), d'autres troubles encore, viennent alors à se produire. On peut donc dire que la première attache de l'âme est avec la lumière, et que son premier compagnon en cette vie est la lumière. Tu peux constater toi-même l'inclination de tous les êtres vivants pour la lumière, l'immobilisation des sens, l'arrêt des mouvements dans les ténèbres de la nuit. Les âmes prennent plaisir à la lumière plus qu'à toute autre chose.

Sache que la lumière matérielle est un aspect extrinsèque en ce qui concerne le corps. Elle y est manifestée à cause de quelque chose d'autre. La lumière du corps, c'est une lumière qui appartient à quelque chose d'autre que le corps. Si en effet le corps matériel subsistait par soi-même, il serait une lumière par et pour soi-même ; il serait manifesté par et pour soi-même, et serait donc vivant par soi-même. Or, tout ce qui est vivant par soi-même, est une Lumière immatérielle, car toute lumière immatérielle est vivante de par soi-même et par essence. Le Premier Être est la Lumière de toutes les lumières, parce qu'il est le Donateur de toute vie et de toute lumière. Il est celui qui est manifesté par et pour soi-même (*zâhir li-dhâti-hi*), et celui qui fait que soit manifesté l'Autre que lui-même (*mozhir li-ghayri-hi*). C'est cela précisément qui est énoncé dans le Livre saint, là où il est dit : « Dieu est la lumière des cieux et de la terre » (24/35). Sa luminescence essentielle, son être-lumière (*nûrîyat*), consiste en ce qu'il est manifesté soi-même par soi-même, et que l'Autre est manifesté par lui [41]. Il est donc la Lumière des Lumières (*Nûr al-Anwâr*), et l'être-lumière de tous les luminaires est une ombre de sa lumière. C'est donc bien par sa lumière que sont illuminés les Cieux et la Terre. Un autre verset le dit : « La Terre sera illuminée par la lumière de son Seigneur » (39/69) [42].

Lors donc que la lumière est ce qu'il y a de plus auguste parmi les choses que perçoivent les sens, celle des lumières sensibles qui est la plus manifeste et la plus parfaite de toutes, est aussi la plus auguste. C'est pourquoi le plus auguste d'entre les corps est HURAKHSH le Fort, le vainqueur des ténèbres [43], le roi des astres, le prince des cieux, celui qui de par l'ordre du Dieu Très-Haut fait briller le jour, celui qui est le garant et nourricier (*kâfil*) de toutes les énergies, le trésorier des merveilles, le très vénérable, qui par sa propre lumière est indépendant de tous les astres. Il donne à tous leur lumière, ne prend la lumière d'aucun [44], et les revêt tous de splendeur levante (*ishrâq*) et de beauté [45]. Gloire soit à celui qui lui a donné sa forme et sa lumière. Dans les cieux et sur terre, il est l'Image suprême mentionnée dans ce verset : « Pour Dieu l'Image suprême » (16/62) [46], et cela, parce qu'il est la Lumière des Lumières dans le monde des corps, de même que le Premier Être est la Lumière des Lumières dans le monde des Intelligences et des Ames. Le verset le typifie comme étant le Signe suprême de celui qui est manifesté par sa Lumière, en même temps que sa sublimité reste cachée aux ignorants. Il faut que le Signe de Dieu soit le plus manifeste des Signes, et le plus manifeste des Signes est Hûrakhsh à la force et à la lumière puissantes. Il est le Signe majeur, possédant haute connaissance et activité. Mais il est aussi un Signe qui se cache, si sa sublimité n'apparaît pas. Il est la cause du Jour, quand il se manifeste. Il est la cause de la Nuit, quand il se cache. Il est la cause des quatre saisons, suivant son inclinaison au sud ou au nord. Il est celui qui réjouit la vue des pèlerins ; il est le médiateur qui leur donne accès au Dieu Très-Haut. Il est le *Vivant Pensant* le plus manifeste [47]. Il est le témoin et garant aux yeux des serviteurs de Dieu. Il est le Signe du *tawhîd*, parce que, étant unique en son rang, il témoigne de l'Unique. Il est la Face suprême de Dieu dans le lexique de l'*Ishrâq* [48]. Il est la Face, l'œil et le cœur de l'univers. Gloire à Celui qui l'a manifesté et a confirmé par lui sa preuve aux yeux des mondes. En porte témoignage un autre verset de la Révélation (*tanzîl*), lorsqu'il lui rattache la fixation des mesures : « Du Soleil et de la Lune il a fait une mesure du temps. Telle est la mesure arrêtée par celui qui a puissance, celui qui sait » (6/96). Un autre verset dit ceci : « Voici pour eux un Signe... le Soleil qui chemine vers son lieu de repos habituel. Telle est la mesure arrêtée par celui qui a puissance, celui qui sait » (36/38).

Et la Révélation proclame la haute magnificence des Lumières célestes dans ce verset : « Non pas ! J'en jure par les occidents des étoiles, et c'est là, si vous le saviez, un serment solennel » (56/74-75). Les occidents des étoiles, ce sont leurs formes de manifestation (visibles pour nous), de même que les étoiles sont en elles-mêmes les formes de manifestation des entités spirituelles [49]. Et un autre verset déclare : « Non pas ! J'en jure par les planètes qui glissent et qui passent » (81/15-16).

Chapitre XI : *De la Sakîna (Shekhina) et de la Lumière de Gloire (Xvarnah). Les souverains extatiques de l'ancienne Perse*

Lorsque l'âme est purifiée, elle brille de la lumière de Dieu, comme le dit ce verset de la Révélation : « Dieu est l'Ame de ceux qui croient ; il les fait sortir des ténèbres à la lumière » (2/258), c'est-à-dire des ténèbres de l'ignorance à la lumière des sciences divines. Un autre verset le répète : « Dieu dirige par lui (par le Livre) dans les chemins du salut ceux qui cherchent à lui plaire », c'est-à-dire que devient facile à ceux-là la voie de la délivrance vers le monde des êtres sacrosaints et le monde de la pureté, « et il les fait sortir des ténèbres à la lumière » (5/18), c'est-à-dire des ténèbres de l'inscience à la lumière des sciences divines et des Vraies Réalités (*haqâ'iq*).

Et lorsque ont brillé sur eux les Lumières divines et que prend demeure en leur âme la SAKINA sacrosainte (*al-Sakîna al-qodsîya*) [50], voici que leurs âmes s'exhaussent et deviennent capables d'agir sur les corps et sur les autres âmes, car l'âme est pareille à la pièce de fer portée à l'incandescence par le contact du feu. De même que sont alors produites dans le fer la qualité de la lumière et une vertu capable d'enflammer, de même, lorsque l'âme pensante brille de l'éclat de la Gloire [51] et qu'elle resplendit de la lumière du monde sacrosaint, les autres âmes ainsi que les choses matérielles subissent passivement son action. Son invocation est entendue dans le *Malakût*. Il en est spécialement ainsi quand il s'agit d'un souverain. Lorsque persévère sa méditation [52] sur les Signes du *Jabarût*, lorsqu'il éprouve l'ardent désir du monde suprême de la Lumière, que le tréfonds de son être est sublimé et que le pur amour de la lumière a donné à son être intime la subtilité de la lumière, lorsqu'il possède toutes les qualités de générosité, de bonté, de magnanimité et d'équité, alors il contemple les choses à l'horizon suprême, et sa force lui donne la suprématie sur ses ennemis. Heureux est son destin ; immense est sa renommée ; sa personne rayonne de majesté, parce qu'alors, illuminé d'une intense lumière spirituelle, fort de l'assistance divine qu'il reçoit, ce souverain est au nombre des « alliés de Dieu » (*hizb Allâh*), ceux dont il est dit dans la Révélation que les alliés de Dieu sont les vainqueurs, les fortunés [53]. Quant à l'appartenance à l'alliance divine, il y a ce verset : « Les alliés de Dieu ne sont-ils pas les favorisés ? » (58/23), favorisés par les rayons de lumière du monde sacrosaint et l'aide de la force divine sacrosainte. Et quant à la claire affirmation de leur victoire, il y a ce verset : « A notre armée appartiennent les vainqueurs » (37/173). Ces deux versets typifient donc ce souverain sous un double aspect : celui de son appartenance aux alliés de Dieu, et celui de sa suprématie victorieuse.

Or, la lumière que reçoit le souverain ainsi décrit, c'est précisément la Lumière que reçurent les grands souverains de l'ancienne Perse [54]. Ce n'étaient pas les Mages (*Majûs*) dualistes [55] ; ils n'étaient pas ceux qui professent que Dieu est *deux*, car cette croyance n'est apparue que postérieurement à GOSHTASP [56]. Quant à cette Lumière confortatrice grâce à laquelle l'âme et le corps deviennent forts et resplendissants de lumière, c'est elle que les anciens Perses nommaient dans leur langue le KHORRAH (Lumière de Gloire, avestique *Xvarnah*) [57]. Quant à la lumière qui est spéciale aux souverains, ils la nommaient KAYAN KHORRAH (le *Xvarnah* royal, avestique *Kevaem Xvarnah*) [58].

Et parmi tous ceux qui reçurent cette lumière et cette assistance divine, il y eut le roi thaumaturge FEREYDUN [59], le souverain possédant force et lumière et jugeant avec équité. Comme, dans toute la mesure de ses forces, il manifestait une extrême assiduité dans l'observance de la loi du service divin [60], il obtint d'être l'interlocuteur du « Père Généreux » (*al-Ab al-Karîm*, l'Esprit-Saint, l'Ange de l'humanité) [61], et se conjoignit avec lui par la double voie de la perception imaginale (*mithâlî*) et de l'anachorèse spirituelle (*tajrîd*, c'est-à-dire à la fois par la voie imaginative et par la voie intellective) [62]. Il connut ainsi la suprême félicité et s'éleva jusqu'à la plus haute demeure que peuvent atteindre ceux qui s'engagent sur la Voie. Son âme était remplie de lumière et de force, sous l'irradiation des Lumières divines suprêmes [63]... Il régna sur ses semblables, et grâce à la force victorieuse qui l'assistait, il domina l'ennemi de toutes les vertus et perfections, ZOHHAK, l'homme marqué des deux emblèmes infâmes [64]. Il le détruisit de par l'ordre de Dieu, et fit revenir les captifs. Il étendit sa justice sur tous les pays habités [65]. Il posséda beaucoup plus de connaissances que n'en possédèrent jamais nombre de ceux des époques qui ont suivi la sienne. Il propagea la science, fit régner la justice, triompha du mal. Il partagea en trois parts la terre habitée [66]. Il laissa en héritage longue durée de règne dans sa maison, comme une récompense venue du Dieu Très-Haut. Durant son époque, la croissance du monde végétal et du monde animal atteignit sa plénitude.

Son suivant (quant aux aspects qui viennent d'être mentionnés) fut, dans sa postérité, le bienheureux roi KAY KHOSRAW [67]. Il persévéra si assidûment dans la pratique des actes de sanctification et du service divin, qu'il lui fut donné, à lui aussi, d'être l'interlocuteur [68] du « Père sacrosaint » (*al-Ab al-Qodsî*, l'Esprit-Saint, l'Ange de l'humanité)[69], et il s'entretint avec lui des réalités du monde suprasensible. Son âme, que la Sophia divine (*Hikmat al-Haqq*) avait marquée de son empreinte, s'éleva jusqu'au monde suprême [70]. Alors les Lumières divines (les êtres de Lumière) se montrèrent à lui face à face. A son tour, il perçut et connut cette pure réalité spirituelle que les anciens Perses appelaient KAYAN KHORRAH (la Lumière de Gloire, le *Xvarnah* royal) [71]. C'est une Lumière éclatante dans l'âme humaine, une Lumière victoriale devant laquelle les têtes s'inclinent [72]. Par la force divine qui lui avait été impartie, il détruisit le maléfique, l'ami de la tyrannie et de la destruction, l'inaccessible à la pitié, AFRASIYAB le Turc [73], le négateur de Dieu, le contempteur des bienfaits divins, l'homme ayant rejeté toute pratique de sanctification et de service divin. Le seigneur d'armées qu'aucun calculateur au monde n'eût été capable de recenser, l'écrasa et le détruisit dans la région de Ghaznâ.

Comme le poids de la *Sakîna de la Gloire* (*Sakînat al-Majd*) [74] dominait la personne du saint roi, les Éléments lui étaient soumis, et il en résulta une multitude de bienfaits et de bénédictions. Tant d'êtres mauvais furent détruits dans ces combats, où les armées des maléfiques se comptaient par millions et par millions, que tout au long des époques les yeux des humains ne furent jamais témoins de pareils exploits. L'influence de ce roi magnanime se manifesta par la restauration des coutumes vénérables, par le culte rendu aux êtres de Lumière sacrosaints ; il régnait avec l'assistance divine sur la surface de la Terre. Aussi les lumières de la vision de la Gloire divine se succédaient-elles pour lui, ininterrompues, dans les stations de la suprême altitude spirituelle. Voici qu'enfin le convoqua le héraut de l'amour (des êtres spirituels et de leur monde). Et lui de répondre : « Me voici » (*labbayk*). L'ordre du magistrat Ardent-Désir (*shawq*) lui parvint, et il l'accueillit avec docilité. Son *père* au monde spirituel [75] l'appelait, et il entendit que son *père* l'appelait [76]. Il acquiesça à son appel et émigra vers Dieu, abandonnant, en prenant son départ vers lui, toute souveraineté de ce monde [77]. Il obtempéra à l'ordre de l'amour spirituel exclusif, abandonnant famille, patrie et demeure. Jamais au cours des temps on ne vit pareil souverain. On ne se souvient d'aucun autre roi que la force divine ait mis en mouvement pour qu'il sortît, comme il le fit, de ses domaines terrestres [78]. Salut soit à ce jour où le bienheureux roi Kay Khosraw se sépara de la patrie terrienne, au jour où il se conjoignit avec le monde d'en-haut !

Chapitre XII : *De l'Imagination active, tantôt arbre émergeant au sommet du Sinaï, tantôt arbre maudit*

Lorsque l'Imagination active [79] est toute préoccupée par les réalités spirituelles et qu'elle s'applique à la méditation des sciences divines, elle est alors l'*Arbre béni* (Qorân 24/35), parce que, de même que l'arbre a des branches et porte des fruits, de même l'Imagination active a des branches, lesquelles sont les différentes sortes de pensées, et sur ces branches on cueille le fruit qui est la lumière de la certitude. Tel est ce que signifie ce verset qorânique : « C'est lui qui a placé, pour vous, du feu dans l'arbre verdoyant » (36/80). L'arbre, c'est cette Imagination intellective. Sa verdoyance, ce sont les connaissances que fait éclore la méditation contemplative. Le feu, c'est son acte de retour au monde sacrosaint. Et c'est ce que typifie un autre verset : « Avez-vous considéré le feu que vous faites jaillir ? » (56/70), c'est-à-dire les connaissances secondes et les souffles sacrosaints auxquels vous parvenez à partir des connaissances premières et innées. « Est-ce vous qui faites croître cet arbre, ou bien est-ce nous qui le faisons croître ? » (56/71) [80].

Un autre verset le confirme : « Nous avons fait naître un arbre qui émerge du mont Sinaï » (23/20) [81]. Le mont SINAI, c'est l'horizon intellectif (celui des pures Intelligences). L'arbre (l'olivier) produit de l'huile et certain condiment pour ceux qui la consomment. Autrement dit, c'est par cet arbre (l'Imagination intellective) que l'on se procure l'huile des purs intelligibles [82], et cette huile met l'âme en état d'accueillir la fulguration sacrosainte, à subir l'embrasement de la lampe de la certitude [83] et la présence-de-feu de la SAKINA. Car les sciences divines sont le pain de l'âme, comme elles sont le *pain des Anges* [84] auquel ont fait allusion PYTHAGORE dans ses symboles et DAVID dans ses psaumes. Les Lumières flamboyantes sacrosaintes sont la nourriture qui perpétue leur existence [85]. Et c'est à cet arbre (l'Imagination intellective) que fait allusion ce verset qorânique : « Un arbre béni, un olivier, qui n'est ni de l'Orient ni de l'Occident » (24/35). Ni oriental, c'est-à-dire ni purement intellectif, — ni occidental, c'est-à-dire ni purement matériel [86]. Et cet arbre, c'est l'arbre même de MOISE, le Buisson ardent dont il entendit l'appel dans la Vallée bénie, lorsqu'il dit : « J'aperçois un Feu » (28/30) du côté du mont Sinaï.

C'est à ce même arbre que font allusion les mots du verset : « S'enflammant sans même qu'un feu l'ait touché » (24/35). Ce Feu flamboyant c'est le *Père sacrosaint* (*al-Ab al-moqaddas*), l'ESPRIT-SAINT (*Rûh al-Qods*) [87], et c'est le Feu même qui proclame : « Béni soit celui qui est dans le Feu » (27/8), c'est-à-dire bénis soient ceux qui se sont conjoints à lui, et « bénis soient ceux qui sont autour du Feu » (*ibid.*), c'est-à-dire les fidèles d'amour qui observent attentivement (*mostabsirûn*) ce Feu [88].

Nos âmes sont les lampes qu'embrase ce Feu sublime, selon le verset qui, en référant à ce Feu sacrosaint, déclare à propos de Moïse : « Voici que Moïse aperçut un Feu [89]. Il dit à sa famille : Restez ici » (20/9). Ces derniers mots signifient son renoncement à sa famille, c'est-à-dire à ses sens externes et internes, selon ce que dit cet autre verset : « Retire tes deux sandales » (20/12). Et cet autre verset : « Il aperçut un Feu du côté du mont Sinaï » (28/29) de même que ce verset : « Béni soit celui qui est dans le Feu » (27/8) sont en correspondance avec cet autre verset : « Peut-être vous en apporterai-je un tison ardent » (20/10)[90], c'est-à-dire une masse de feu flamboyant, — tandis que ce verset : « Bénis soient ceux qui sont autour de ce Feu » (27/8) est en correspondance avec cet autre verset : « Je vous en apporterai quelque nouvelle » (27/7). En bref, le « tison ardent » est pour ceux qui sont eux-mêmes dans le Feu (ceux qui ont atteint le *Haqq al-yaqîn*), tandis que la « nouvelle » est pour ceux qui sont encore autour de ce Feu [91].

Observe bien l'éloquence de la Révélation divine, comment elle s'exprime en paraboles, comment elle réfère à l'âme immatérielle et aux choses de l'âme (intellectives et intelligibles) par des images sensibles, conformément à ce que dit ce verset : « Dieu propose aux hommes les paraboles, peut-être y penseront-ils » (14/30). Et cet autre verset en témoigne : « Ces paraboles, nous les proposons aux hommes ; ne les comprennent que ceux qui savent » (29/42) [92]. Il est dit de même dans cet autre verset : « Il y a... en vous-mêmes (dans vos âmes) des Signes ; ne les voyez-vous pas ? » (51/21). Et ce verset : « Nous leur montrerons nos Signes aux horizons et dans leurs âmes » (41/53) suggère que les merveilles du macrocosme ont leur image et leur correspondance dans le microcosme qui est l'homme. Et cet autre verset : « Nous avons fait descendre vers vous un Livre où se trouve le Rappel à vous-mêmes. Ne comprenez-vous pas ? » (21/10) indique que les choses de la Révélation sont autant d'allusions au microcosme humain et aux choses du microcosme [93]. Et cet autre verset que voici est en correspondance avec les précédents : « Tous les récits que nous te rapportons concernant les prophètes, sont destinés à affermir ton cœur. Ainsi te parviennent dans ces récits avec la Vérité, une exhortation et un rappel à l'intention des croyants » (11/121).

En revanche, lorsque l'Imagination active (ici la *phantasis*) [94] se jette sur les choses qui tombent sous les sens, et passe sans cesse d'une chose à une autre, elle empêche l'âme de percevoir les intelligibles et porte en celle-ci le trouble et le dérèglement. Elle est (non plus l'Arbre béni, mais) l'arbre dont un verset du Qorân, dans le contexte de certains songes, parle comme de « l'arbre maudit » (17/62) [95]. C'est elle qui mélange et confond les choses, trouble et dénature les choses authentiques. Elle est, comme le dit un autre verset : « pareille à un arbre mauvais, déraciné de la surface de la terre, manquant de toute implantation » (14/31), parce qu'elle est sans cesse en mouvement, instable, ne faisant jamais halte.

Cette Imaginative (cette *phantasis*) perpétuellement en mouvement dans les choses sensibles, c'est la montagne qui s'interpose entre le monde intellectif (le monde des pures Intelligences) et nos âmes. Ne vois-tu pas que lorsque MOISE demanda la vision, il lui fut répondu : « Tu ne me verras pas. Cependant regarde vers la montagne. Si elle reste immobile à sa place, tu me verras » (7/139) [96]. Car cette montagne interposée, perpétuellement mobile, empêche l'âme (d'avoir vue sur le monde sacrosaint). Aussi, lorsque la révélation sacrosainte surgit sur le monde imaginaire de la *phantasis*, elle écrase cette montagne interposée, comme le dit la suite du même verset : « Lorsque son Seigneur se manifesta sur la montagne, il la broya et l'aplatit, et Moïse tomba foudroyé » (7/139) [97]. Le règne de la condition humaine fut interrompu par la manifestation du règne de la Réalité divine. S'étant approchée du Feu spirituel, l'âme devient brûlante et lumineuse, soustraite à la vision de la multitude, immergée dans la lumière de la subsistance éternelle. Les théosophes mystiques (ceux qui ont l'expérience du *ta'alloh*, de la *theôsis*) ont leurs secrets concernant la manière dont l'âme trouve la délivrance vers le monde divin, secrets auxquels nous avons fait allusion dans notre « Livre de la Théosophie orientale » (*Hikmat al-Ishrâq*).

O mon Dieu ! ô Dieu par l'essence de qui subsiste toute existence, Dispensateur du flot de l'être, toi qui fais descendre les influx bénéfiques, toi qui es le but de tous les mouvements, le terme de tous les désirs, Lumière de toutes les Lumières, Modérateur de toutes choses, toi qui donnes la vie à l'univers, viens-nous en aide par ta Lumière, rends-nous aptes aux choses en lesquelles tu mets ta complaisance, inspire-nous la bonne direction sur Ta Voie, purifie-nous de la souillure des ténèbres, délivre-nous de l'obscurité de la nature physique (*tabî'a*), en nous rendant libres pour la vision de tes Lumières, la contemplation de l'Ange de ton paradis (*Rezvân*, *Ridwân*), le voisinage de tes Très-Proches, la compagnie des habitants de ton *Malakût*. Ressuscite-nous en compagnie de « ceux que tu as comblés de tes bienfaits » (1/6), « les prophètes, les véridiques, les martyrs et les justes. Quels bons compagnons que ceux-là ! » (4/71).

Ici finit le Livre des Tablettes dédiées à l'Émir 'Imâdoddîn [98].

NOTES ET COMMENTAIRES DU TRAITÉ III

1. *Khayâl*, ici donc l'imagination qui est simplement le trésor où sont conservées, à un premier degré d'abstraction de la matière, les formes perçues par le *sensorium*. C'est l'imagination représentative, imagination passive, par rapport à l'Imagination active ou *virtus combinativa*, laquelle peut s'égarer au service de l'estimative (*wahm*) ou au contraire devenir l'organe de la perception visionnaire, si elle est au service de l'*intellectus sanctus*.

2. *Tajrîd*, acte de séparer, d'abstraire (le grec *khôrismos, anakhôrêsis*).

3. C'est là l'universel logique, théorie classique. Autre est l'universalité métaphysique du *Rabb al-nû'* (l'Ange d'une espèce), telle qu'il peut se manifester en une « image intellective » à l'Imagination visionnaire.

4. En arabe *shay'îya* ; en persan *tchîzî*.

5. D'où le thème de *Nâ-kojâ-âbâd* (le « pays du non- où ») déjà rencontré dans les deux traités précédents et qui reviendra encore.

6. Wadûd Tabrîzî commente : « Dieu Très-Haut marque ainsi le rapport de l'homme avec Lui, pour l'honorer et lui faire prendre conscience qu'il a été créé comme une réalité merveilleuse dont nul ne connaît le fond hormis Lui, et qu'il est en correspondance avec la dignité seigneuriale divine (*hadrat al-robûbîya*), et c'est pourquoi il est dit : Celui qui se connaît soi-même connaît son Seigneur (son Dieu). — Mentionnons que l'auteur entend par l'Esprit l'Intelligence. Que Dieu insuffle en l'homme de son Esprit signifie donc qu'il insuffle en lui quelque chose qui est congénital à l'Intelligence, de même substance et de même immatérialité. »

7. Cf. note précédente.

8. Wadûd : « C'est dire que l'Esprit n'appartient pas au monde créaturel (mais au monde de l'Impératif, médiateur du monde créaturel), si bien qu'il est impossible aux exotéristes matérialistes de le définir, puisque leur perception ne dépasse pas le niveau des choses sensibles et de l'imaginaire (*mawhûm*). L'Esprit appartient au monde de l'Impératif (*'âlam al-Amr*) et de l'instauration éternelle immédiate (*ibdâ'*), lequel est le monde des Essences séparées de la matière, le monde des hypostases sacrosaintes à l'écart de la figure et du lieu. Ainsi il est impossible que votre perception

et votre connaissance, à vous, les voilés par le devenir, se représentent notre perception et notre connaissance. »

9. Ici *ta'wîl* du verset de la Lumière. Wadûd : « La qualification de mon être et de sa manifestation dans les deux univers est à l'image d'une Niche — c'est-à-dire le corps, à cause de sa ténèbre intrinsèque — dans laquelle il y a une lampe qui est l'Esprit et l'Ame, lampe par laquelle le corps ténébreux est éclairé, de même que la niche aux lumières est éclairée par la lampe et que la lumière de celle-ci brille à travers le grillage, de même que la lumière de l'Esprit et de l'Ame brille à travers le grillage des sens et des facultés de connaissance actives. »

10. Abû Yazîd Bastâmî (ob. 261/875, de *Bastâm*, près Shâhrûd dans le Khorassan ; la vocalisation *Bistâm* est incorrecte). Wadûd commente : « C'est-à-dire qui est cette essence que je désigne en disant *moi*. Bastâmî précise : « Cela m'est apparu après m'être désquamé. » En effet, jusque-là il n'avait eu conscience de son moi que comme mélangé avec le corps et rapportait ainsi à son essence immatérielle les qualifications de son corps, telles qu'être assis, debout, en mouvement, en repos. Et c'est à cela que Bastâmî fait également allusion dans un autre propos : " J'ai contemplé mon Seigneur avec la certitude du témoin oculaire, après qu'il m'eut détourné de tout autre que lui et m'eut éclairé d'une lumière divine. Alors il me fit voir des merveilles de son secret caché ; il me fit voir son ipséité, si bien que c'est par son ipséité à Lui que je contemplai mon égoïté (*anâ'îyâtî*, mon propre moi). Il me fit voir ma lumière par sa lumière, ma gloire par sa gloire, ma puissance par sa puissance, mon élévation par son élévation. Alors je contemplai Dieu avec l'œil de Dieu se contemplant soi-même, et je dis : Qui est-il sinon moi et nul autre que moi ? Point de Dieu hormis moi ! Il me changea ainsi de mon égoïté en son ipséité (il fit permuter mon propre moi avec son propre Soi) ; il mit fin à mon ipséité (à mon moi) par sa propre ipséité (par son propre Soi), et il me fit voir son ipséité comme étant seule. Je le contemplai donc par son ipséité, et lorsque j'eus contemplé Dieu par Dieu, je fus affermi en compagnie de Dieu par Dieu. " »

11. Wadûd : « Puisqu'il n'existe dans le monde astral et dans le monde élémentaire que ce qui peut être l'objet d'une désignation tombant sous les sens. » Ici le commentateur cite le célèbre passage de la *Théologie* dite d'Aristote, contenant le récit de l'extase plotinienne que Sohravardî mentionne tout au long dans sa « Théosophie orientale ». C'est le texte qui correspond au texte grec des *Ennéades* IV, 8, 1, où Plotin écrit : « Souvent m'étant éveillé à moi-même en m'échappant de mon corps, je vois une beauté aussi merveilleuse que possible... » Cf. *En Islam iranien*, t. II, pp. 97-98.

12. Cf. *Akhbâr al-Hallâj*, éd. P. Kraus et L. Massignon, Paris 1936, p. 76, 50/13.

13. Cf. ci-dessus Traité I, n. 23. La version persane porte : *Yakî-ra Yakî bas ast*, l'Unique suffit à l'Unique. Wadûd Tabrîzî commente : « Telle est la leçon que portent tous nos manuscrits, c'est-à-dire : la revanche (*intiqâm*) de l'Unique est d'esseuler l'Unique. Al-Jawharî, dans le *Sahhâh*, déclare : Dieu fait ton compte, c'est-à-dire se venge de toi. Que soit ton guide ici ce que mentionne le shaykh 'Abdol-Qâdir Gîlî dans la biographie d'al-Hallâj et qui est en résumé ceci : Lorsque dans l'ivresse de son cœur Hallâj proféra

le *Anâ'l-Haqq* (*Ego sum Deus*), il psalmodia ainsi une mélodie inconnue des hommes et siffla dans le jardin de l'être un sifflement qui ne convient pas aux fils d'Adam. Il psalmodia une mélodie qui, si l'on en comprend le propos, conduit à son secret. O Hallâj ! je crois fermement que ton propos est bien à toi. Énonce maintenant en porte-parole de tous les mystiques : Le compte de l'Unique c'est que l'Unique l'esseule (le fasse un, unique), c'est-à-dire que la vengeance du Dieu unique est d'esseuler l'Unique et de le déboîter de la composition qui lui est survenue accidentellement par son attache avec le corps. Il arrive aussi que l'on comprenne : l'Unique suffit à l'Unique. Le sens alors est autre, mais il n'est pas opportun de lever ici le voile devant ce sens. Peut-être le sens de ce propos est-il finalement cela même que voulait dire SOCRATE, lorsqu'il déclarait : Les corps sont les moules et les instruments des âmes. Les corps sont détruits, tandis que les âmes retournent à leur monde immatériel. On rapporte que l'on voulut l'effrayer en lui parlant d'un roi qui, l'ayant emprisonné, se proposait de le faire mourir. Socrate alors de dire : Socrate est dans une citerne. Le roi n'a pas d'autre pouvoir que de briser la citerne. La citerne une fois détruite, l'eau retournera à la mer. — Dans ce dernier propos il y a une nette allusion à l'immatérialité (*tajarrod, anakhôrêsis*) de l'âme. Lorsque le composé se dissout comme se dissout toute substance, ce qui en faisait partie retourne à son origine. Ce qui en était de nature spirituelle simple rejoint son monde propre de nature spirituelle simple, et le monde spirituel simple permane sans revirement, tandis que ce qui en était de nature épaisse et dense retourne également à son monde. C'est au sort des âmes que faisait allusion PLATON en disant : Les âmes étaient dans le monde dont elles ont maintenant le ressouvenir ; elles étaient éveillées, conscientes, jouissant de ce monde leur, de la beauté, de la joie et de l'allégresse qu'il contenait. Puis on les fit descendre en ce monde-ci pour qu'elles apprennent à connaître les réalités partielles et que, par l'intermédiaire des facultés sensibles, elles acquièrent ce qu'elles ne possédaient pas par essence. Leurs riches vêtements (litt. leur empennage) tombèrent avant leur descente, et elles descendirent jusqu'au moment où elles prendront leur envol vers leur monde avec les ailes acquises en ce monde-ci. » Cette page de Wadûd Tabrîzî, réunissant les noms de Hallâj, de Socrate et de Platon, illustre au mieux l'hellénisme de nos philosophes et spirituels *ishrâqîyûn*, hellénisme très différent du sens que lui donnent les modernes en Occident. Voir ci-dessus notre présentation.

14. Cf. L. Massignon, *Le Dîwân d'al-Hallâj*, in « Journal Asiatique » janv.-mars 1931, Qasîda X, v. 1-2. Wadûd, prolongeant ses réminiscences des sages grecs, commente : « C'est également à cela que faisait allusion Socrate en disant : Il convient que nous nous attristions de la vie et que nous nous réjouissions de la mort, parce qu'en vivant nous allons vers la mort, tandis qu'en mourant nous allons vers la vie. — Dans un autre propos il a dit : En recherchant la cause de la vie, j'ai rencontré la mort. Mais en découvrant la mort, j'ai rencontré la vie éternelle. » Nous ne pouvons ici rechercher la source de ces *Logia socratica*.

15. *Ibid.*, M. 53. Wadûd cite ici Homère le poète, Alexandre le Grec, finalement un ancien philosophe anonyme déclarant : « Efforce-toi d'être un vivant après ta mort, pour que ce mort que tu es maintenant ne connaisse pas une seconde mort (pour que ce cadavre ne meure pas une seconde fois). »

16. Wadûd : « Événement qui diffère de tous autres événements quant à son essence et sa perpétuité, puisque tout événement disparaît, à la différence de celui-là. » A rattacher à ce qui a été dit concernant *Nâ-kojâ-âbâd.*

17. Les quatre Éléments étant désignés couramment comme les « mères » (*ommahât*), Wadûd, jouant ici sur les mots, recommande : « Ne prenez pas pour modèles vos « mères » (les Éléments), car c'est avec vos « pères » que vous serez pour les siècles des siècles. » Cependant, chez Sohravardî, le monde des Lumières archangéliques primordiales est désigné comme le « monde des Mères », cf. *En Islam iranien...* t. II, pp. 121-122, 124. Il importe donc de bien différencier l'usage du terme *ommahât.*

18. Pour tout ce qui suit, comparer ci-dessus le Traité II, le Septième Temple avec les extraits des commentaires et les n. 99 et 115.

19. Wadûd Tabrîzî donne ici un important commentaire préparant la christologie mentionnée *infra* dans la n. 20 : « Pour éviter toute confusion avec l'idée d'une corporéité permettant qu'une partie ou que des parties se détachent de lui et qui en seraient autant de fils, il dit : « Mon père et votre père », en l'expliquant analogiquement avec la relation de l'âme envers le monde sacrosaint. Autrement dit : sa relation de paternité envers moi et envers vous n'est nullement semblable à la paternité (biologique) d'un animal à l'égard d'un autre animal. Non pas, c'est une paternité analogue au rapport de l'*Anima caelestis* (l'Ame motrice d'un ciel) avec le monde sacrosaint (c'est-à-dire l'Intelligence hiérarchique dont elle procède). Cette relation est pure de toute matérialité, de toute localisation dans l'espace, du *situs* et de la dimension. De même que nos âmes ont avec nos corps un rapport consistant à les gouverner, à en disposer, à produire des énergies, des mouvements et des actions, de même (le propos du Christ signifie que) Dieu Très-Haut a un rapport essentiel « avec moi et avec vous », rapport immédiat consistant à gouverner nos personnes et à en disposer, en les produisant et en les existentiant, et rapport médiat avec nos actions, nos énergies, nos mouvements et nos repos, sur lesquels il agit par l'intermédiaire de l'âme et de nos facultés. Tout cela constitue un rapport identique avec Dieu Très-Haut (on notera que chez Sohravardî le terme supérieur de ce rapport n'est pas Dieu Très-Haut, mais l'Ange-Esprit-Saint comme Ange de l'humanité). Aucun de nous n'a de prépondérance quant à ce rapport. PLOTIN (*al-shaykh al-yûnânî*) a dit : L'âme est une noble essence qui ressemble à une Sphère tournant autour de son centre, sans jamais s'éloigner. Et son centre c'est l'Intelligence (le *Noûs*), et cette Intelligence est une sphère qui tourne autour de son centre, lequel est le Bien premier (*al-khayr al-awwal*). Car toutes les essences séparées de la matière tournent autour de lui (le Bien) ; elles l'encerclent, car il est leur centre envers qui elles sont toutes dans un même rapport. » (Ce *Logion* se trouve dans l'« Histoire des philosophes » de Shahrazôrî, *Ta'rîkh al-hokamâ*, ms. Istanbul Ragib 990, fol. 117*b*).

20. Wadûd : « C'est-à-dire que nul ne monte au ciel de l'immatérialité et jusqu'à sa hauteur, hormis celui qui appartient à la race des êtres immatériels, attachés momentanément à des corps matériels, parce qu'ils sont descendus de leur monde propre pour s'attacher au monde des corps et des réalités matérielles, ce monde qui est l'en-bas par rapport à l'immatérialité d'essence (*tajarrod dhâtî*), qui est au rang de l'en-haut où se trouve le Ciel. De même (le Christ) signifie l'âme, lorsqu'il dit : « Moi et mon Seigneur,

nous sommes Un, » Un quant à la condition immatérielle, non pas quant à l'essence personnelle (*dhât*) et la quiddité. Ainsi « quiconque m'a vu » sous cet aspect d'immatérialité d'essence et d'attache avec un corps pour le gouverner, « celui-là a vu mon Seigneur et le connaît » (cf. Év. de Jean 14/9 et *supra* Traité II, *Extrait des commentaires*, 2), celui-là le connaît quant à l'immatérialité et quant à son attache existentiatrice avec le monde et les mondes, sans qu'il y ait entre Lui Très-Haut et les mondes ni conjonction ni disjonction matérielles. »

Ce que Wadûd Tabrîzî esquisse à son tour dans cette page de commentaire très dense, c'est une christologie formulée en termes *ishrâqî*, et dont le type n'est point celui de la christologie officielle des Conciles. « Rentre dans ce chapitre, dit-il, ce que l'on a exprimé en disant que le Verbe (*al-Kalima*) s'unit avec Jésus, pour signifier que l'âme immatérielle de Jésus s'attacha à son corps par une attache consistant à aimer et à gouverner ce corps. L'ensemble de ses qualifications se rapporte à l'essence de cette âme (à cette âme en personne), par exemple la connaissance, la puissance, la volonté. Il dit : je suis sachant, pouvant, voulant, — de même que toi, tu dis : je suis assis, debout, marchant, me mettant en mouvement par ma volonté. Peut te servir de guide ici ce que l'on dit, à savoir que le Christ est deux natures (*jawharânî*) : une nature divine et une nature humaine. Ainsi procèdent de lui des actions divines, telles que la création des corps et la résurrection des morts, et des actions humaines, telles que manger et boire. Il semble que ce soit en envisageant cela que quelqu'un d'autre d'entre les chrétiens a dit que la personne (ou l'hypostase) du Verbe (*oqnûm al-Kalima*) descendit du ciel et s'incarna (*tajassada*) de par l'Esprit-Saint. Alors il devint un homme qui est le Christ, c'est-à-dire une nature consistant en deux natures, une personne (ou une hypostase) consistant en (ou résultant de) deux personnes (*oqnûm min oqnûmayn*). Ce disant, son propos était que le Verbe qui est l'âme humaine (*al-Kalima allatî hiya al-nafs al-insânîya*) descendit de l'océan de l'immatérialité et s'incarna en contractant une attache avec le corps, cela avec l'assistance (*i'âna*) de l'Esprit-Saint, assistance dont il a été déjà dit qu'elle consiste à préparer et disposer le corps pour que l'âme contracte une attache avec lui. Alors il devient un même être humain composé à la fois d'une nature spirituelle et d'une nature corporelle de chair. »

Il n'est pas tellement facile d'interpréter cette page, contrairement à ce qui peut paraître d'emblée. Tout d'abord, la christologie y apparaît simplement comme un cas de l'anthropologie générale. L'incarnation du Christ n'est pas un cas qui diffère de l'incarnation de l'âme humaine en général. Toute âme humaine est un Verbe d'essence immatérielle (cf. ici Traité VII) et remonte « au ciel » d'où elle est descendue. Pas une seule fois il n'est fait allusion au dogme trinitaire. Cette union du Verbe-âme avec le corps est telle qu'elle explique le sens donné à l'Év. de Jean 14/9. D'autre part Wadûd Tabrîzî illustre le cas du Christ en référant à « quelqu'un d'autre parmi les chrétiens ». Le propos de ce quelqu'un d'autre pourrait à la rigueur viser l'union hypostatique définie par les Conciles. Cependant, il est précisé immédiatement : « Le Verbe qui est l'âme humaine... » On a vu ici précédemment (Traité II, IVe Temple, chap. III) et il sera dit encore (Traité V) que tout Verbe est le fils de l'Esprit-Saint. Quant aux deux natures, elles sont respectivement la Nature Parfaite et l'âme humaine. Leur union est-elle celle qui est visée ici par le commentateur ? Ou bien, encore mieux, viserait-il le schéma de la christologie nestorienne (*deux* natures, *deux* personnes, *une* personnalité, cf. J. A. Montgomery *The History of Yaballaha III, Nestorian Patriarch*, New York 1927, p. 57) ? Il est plausible que deux Azerbaïdjanais comme Sohravardî et Wadûd Tabrîzî aient connu des Nestoriens. Bref, l'élément christologique ne peut être négligé dans cette spiritualité islamique, mais une recherche s'impose encore pour situer la christologie telle que l'ont comprise penseurs *ishrâqî* et penseurs shî'ites, et l'application spirituelle qu'ils ont en faite.

21. En commentant les versets de la sourate de l'Étoile 53/7-9, Wadûd les rapporte comme le fait ici Sohravardî, à la personne du Prophète, tout en mentionnant que la grande majorité des commentateurs les rapportent à l'Ange de la révélation. « L'horizon suprême (*al-ofq al-a'lâ*) auquel se tenait l'ange Gabriel, selon la majorité des commentateurs, marque la limite entre le monde corporel et le monde immatériel dont il est le début. » C'est donc ce qui est appelé ailleurs le « confluent des deux mers », désignant le *mundus imaginalis* qui est à la limite du monde intelligible et du monde sensible.

22. Les chapitres sont annoncés ici par le mot *qâ'ida* signifiant base, fondement, bref « position de thèse ».

23. Ici donc ce sont les *Animae caelestes* conscientes de soi qui sont le « Livre ». Ce thème du « Livre » demanderait une ample recherche comparative. D. Masson, *Le Coran, ad loc.*, pp. 827-828, rassemble de précieuses références à la Bible et aux traditions judéo-chrétiennes : Psaume 139/16 ; Apocal. 5/10, 10/2 ; I Enoch 53/2-3 ; Jubilés 1/29, 32/21 ; Ascension d'Isaïe 2/31 ; le poème épique babylonien *Enuma Elish*, Ire Tablette, etc.

24. Exotériquement l'archétype céleste du Qorân ; ici l'archétype du Livre des destinées.

25. Amplification du thème du « Livre », par une paraphrase des versets 80/13-16 pour les appliquer aux *Animae caelestes*. Le rapport entre Calame et Tablette (*Lawh*) qui est le rapport originel entre la Ire Intelligence chérubinique et la Ire Ame se répète de degré en degré de la hiérarchie céleste. C'est le même rapport qui est signifié entre domination d'amour (*qahr*) et obédience d'amour (*mahabbat*), entre aimé (*ma'shûq*) et amant (*'âshiq*).

26. Rappel de la théorie de l'Imagination active, laquelle peut être soumise tantôt à l'estimative tantôt à la puissance intellective. L'un et l'autre cas sont envisagés ici. Dans le second cas, l'Imagination active reçoit l'empreinte du suprasensible (le *ghayb*) ; elle est alors l'organe de la pénétration visionnaire dans le *'âlam al-mithâl* (*mundus imaginalis*), et elle signale cette pénétration en transposant en symboles toute perception de l'âme. L'auteur revient quelques lignes plus loin sur ce point capital de la métaphysique visionnaire. Cf. *infra* n. 30.

27. Voir *En Islam iranien*... t. IV, index s. v. *hikâyat*, imaginal.

28. Les *Mota'allihûn* ; voir *ibid.*, index s. v. *ta'alloh, hokamâ'*, Sages.

29. Cette différenciation correspond aux critères des diverses catégories de prophètes que considère la prophétologie ; voir *ibid.*, index s. v. prophètes.

30. Cf. ci-dessus n. 26. Lorsque l'Imagination active se libère des sens, elle se trouve dans le cas des *Animae caelestes* qui sont exemptes de perceptions sensibles et possèdent l'Imagination active à l'état pur. Observons de nouveau que l'Imagination active, lorsqu'elle est guidée par l'intellect, transmet ses images au *sensorium*, exactement comme le font les facultés de perception sensible. D'où l'« objectivité » des perceptions de l'Imagination visionnaire et des « Images métaphysiques » qu'elle transmet au *sensorium*, à condition que celui-ci ne soit pas absorbé par les sens externes. De même, si l'intellect absorbe l'Imagination active (en tant que cogitative, *fikr*) dans le travail de réflexion, il l'empêche de communiquer ses figures et images symboliques au *sensorium*. Il faut donc un équilibre très subtil pour qu'il y ait Imagination visionnaire : ni emprise exclusive des sens, ni méditation intellectuelle exclusive. C'est là même le secret pour que la doctrine devienne « événement de l'âme ».

31. Il s'agit de l'état de puissance quant à leur perfection, sans préjuger donc de la question de la préexistence. Wadûd : « S'il n'en était pas ainsi, il n'y aurait pas lieu pour l'âme de s'attacher à la matière, puisque le rattachement d'une chose à la matière se produit ou bien à cause de cette chose elle-même ou bien en vue de ses perfections à acquérir. Or l'âme n'est pas conditionnée par la matière, nous te l'avons montré. Elle n'entre donc en attache avec la matière que pour actualiser ses perfections latentes. C'est donc *en ce sens* qu'avant l'actualisation de celles-ci, elle est en puissance. »

32. Les premières sont les connaissances générales innées ou *a priori*. L'âme passe aux secondes soit d'un seul coup, comme dans le cas de l'intuition, soit progressivement, comme dans le cas de l'Imagination pensante. Wadûd rappelle ici la théorie des degrés de l'intellect : *materialis* (*hayûlânî*), *bi'l-malka* (*in habitu*), *bi'l-fi'l* (*in actu*), *mostafâd* (*adeptus*). Remarquer de nouveau ici dans le contexte l'identification de l'Intelligence agente (*al-'Aql al-fa''âl*) avec l'Esprit-Saint.

33. Cf. ci-dessus Traité II, Ve Temple *in fine*. Elle est la lumière qui *fait voir*.

34. Sur ce terme technique qui provient de l'astrologie et qui est l'équivalent persan littéral du grec *oïkodespotês* (*kadkhodâ* est devenu *Colcodea* chez T. Campanella), voir nos *Prolégomènes II*, p. 49, et *En Islam iranien...* t. II, p. 112 n. 171.

35. Cf. ci-dessus n. 23 et 25. La modalité du rapport Calame-*Lawh* s'applique donc à son tour au rapport de l'Intelligence-Esprit-Saint avec l'intellect humain. Les âmes humaines sont ainsi elles-mêmes parties intégrantes du « phénomène du Livre ».

36. L'appel aux versets qorâniques pour attester l'identité de l'Intelligence agente et de l'Esprit-Saint implique et illustre le fait que l'Ange de la connaissance est aussi l'Ange de la révélation. L'identification n'est nullement, comme on l'a dit à la légère, une rationalisation de l'Esprit. En juger ainsi, c'est ne point arriver à sortir d'une situation héritée en partie de la scolastique latine médiévale. Comme on le verra encore (Traité VII), c'est par le concept de Verbe (*Kalima*) que se fait l'identification entre *'Aql* (Intelligence) et *Rûh* (Esprit).

37. Cf. la mystérieuse entité qui sous le nom de *Motâ'* (l'Obéi) apparaît au sommet de la hiérarchie du monde (et dont la relation à Dieu est « celle de l'essence impalpable de la lumière au soleil, ou du feu élémentaire au charbon ardent »), dans un traité qui contient peut-être la doctrine ésotérique de Ghazâlî, *Mishkât al-anwâr* (*the Niche for Lights*), *a Translation with Introduction* by W. H. T. Gairdner, London 1924. Ce que nous avons dit de cette figure, en publiant la première traduction française de ce qui est ci-dessous le Traité IX, était inadéquat. Nous avons eu maintes fois depuis lors l'occasion de poser la question en termes plus exacts.

38. Les lignes qui suivent sont tout à fait typiques du *ta'wîl* sohravardien, reconduisant le sens des versets du macrocosme au microcosme, situant les événements de la Résurrection « au confluent des deux mers », c'est-à-dire dans le *mundus imaginalis* (*'âlam al-mithâl*).

39. Comparer encore : « Lorsque les montagnes seront mises en mouvement » (81/3), et surtout ce verset (7/139) qui fait de l'expérience mystique une réalisation anticipée de l'eschatologie, à savoir la réponse donnée à Moïse qui demandait la vision directe de Dieu : « Regarde la montagne ; si elle reste immobile, tu me verras. Mais lorsque le Seigneur se manifesta sur la montagne, celle-ci fut réduite en poussière et Moïse tomba évanoui. » C'est un verset qui trouve également son application dans la théorie de l'imagination visionnaire.

40. Cf. ci-dessus Traité II n. 16.

41. L'équivalence des concepts de lumière et de vie, le concept de la lumière comme épiphanie de soi-même et de l'Autre, sont parmi les thèmes directeurs du « Livre de la Théosophie orientale ».

42. Comparer l'herméneutique de ce même verset dans la perspective ismaélienne de Nâsir Khosraw ; voir notre « Étude préliminaire » pour *Le Livre réunissant les deux sagesses* (Bibliothèque Iranienne, vol. 3), Téhéran-Paris 1953, p. 126.

43. Le soleil est désigné ici comme dans « Le Livre des Temples » (ci-dessus Traité II n. 69) sous son nom iranien : *Hûrakhsh*. Toute cette page est caractéristique de l'iranisme du Shaykh al-Ishrâq, et de sa volonté de restaurer la théosophie des anciens Perses, d'autant plus qu'elle est suivie de deux pages non moins caractéristiques. Cf. *En Islam iranien...* t. II, pp. 131-133 (le psaume à l'archange du Soleil).

44. A comprendre en termes de l'*Imago Caeli* qui perçoit le soleil comme symbole de la Lumière des Lumières.

45. Wadûd Tabrîzî commente : « Et c'est à cause de ces vertus et perfections que les maîtres en théosophie mystique d'entre les sages de l'Orient (*hokamâ' al-sharq*) ont professé la nécessité de l'honorer et de le magnifier. A cause de la correspondance entre le feu et le soleil, le feu devint la *Qibla* des Mazdéens, car ces derniers considéraient le Temple du Feu comme étant le Temple du Soleil, comme si le Feu était le représentant (*nâ'ib*) du soleil, car, à la différence de celui-ci, il existe et il est manifesté à tous les moments et dans tous les lieux. »

46. Unique et incomparable, il est le symbole suprême de l'Unique et incomparable (le symbole du non-symbolisable). Ou encore (cf. quelques

lignes plus loin) sa présence et son absence entraînant le jour et la nuit, il est le symbole du rapport entre *zâhir* et *bâtin*, exotérique et ésotérique.

47. Cela présuppose qu'il y a du « Vivant pensant » au-dessus de l'homme, cf. *En Islam iranien...* t. IV, index s. v. *Animae caelestes*, *Hûrakhsh*.

48. Ou encore : « Le Sublime Luminaire est le portique (*pîshgâh*) de toutes les grandes extases, » déclare Sohravardî dans ses *Motârahât*. Cf. *En Islam iranien...* t. II, p. 94.

49. Comme le souligne Wadûd Tabrîzî, les « *occidents* des étoiles » sont leurs formes de manifestation visibles pour nous. Leur *orient*, ce sont les entités du monde spirituel dont elles sont les formes de manifestation (les *mazâhir*).

50. Nous suivons ici le texte arabe. Cf. déjà *supra* Traité I, 15, et *infra* Traités V et XIV. Voir *En Islam iranien...* t. IV index s. v. *Sakîna*, et notre étude sur *Un roman initiatique ismaélien du X*e *siècle* in « Cahiers de civilisation médiévale », Univ. de Poitiers, avril-juin 1972, p. 130 note 46. Les rencontres ne sont ni fortuites ni verbales entre l'hébreu *Shekhina* et son équivalent arabe *Sakîna*. La *Shekhina*, c'est la mystérieuse Présence divine à demeure dans le « Saint des Saints » du Temple. C'est aussi la Gloire (*Kabod*), la Xe des Sephirôt (*Malkût*), la Sophia, le Chérubin sur le Trône... Cf. G. Scholem, *Les Origines de la Kabbale*, Paris 1966, index s. v. En mystique islamique, c'est la quiétude de l'âme, signe de la Présence divine. La *Sakîna* est mentionnée quatre fois dans le Qorân, dont trois fois avec la mention des armées célestes invisibles. Chez Sohravardî, ici même et dans les passages parallèles, la *Sakîna* est la présence à demeure des Lumières mystiques dans l'âme ; le spirituel est alors le Temple de la *Sakîna* (le « temple de la lumière »), exemplifiant ainsi en sa personne le « Saint des Saints », résidence de la *Shekhina*. C'est ce concept de la *Sakîna* que Wadûd Tabrîzî souligne dans son commentaire.

51. *Sanâ al-majd* : ces mots préparent l'intervention du *Xvarnah*, Lumière de Gloire dont l'image spirituelle sera mise en équivalence avec celle de la *Sakîna*, cf. *infra* n. 74.

52. *Fikr*. On a vu que ce terme (*fikr*, *mofakkira*) désigne l'Imagination active lorsqu'elle est au service de l'intellect.

53. Ne pas oublier le dédicataire du « Livre des Tablettes », le prince 'Imâdoddîn que sa méditation doit conduire à devenir un *khosrovânî*, un disciple de Kay Khosraw.

54. Toutes ces considérations préparent, elles aussi, la mise en équivalence de la Lumière de Gloire (le *Xvarnah* zoroastrien) avec la *Sakîna*/*Shekhina* qui agit sur l'âme comme le feu agit sur la pièce de fer qu'il porte à l'incandescence. Cf. *infra* n. 74.

55. L'idée d'une communauté élue d'entre les anciens Perses, celle de Mages non dualistes est fondamentale chez Sohravardî, cf. ci-dessous Traité V, chap. XXII, et *En Islam iranien...* t. IV, index s. v. Mages.

56. Il s'agit du roi Vishtaspa, le protecteur de Zoroastre, voir *ibid.* index s. v.. *Gashtaspî* est aussi la désignation d'un Temple du feu, *Azar-gashasp*, érigé par Vishtaspa, à Balkh. C'est pourquoi dans le *Dasâtir-Nâmeh*, un de

ces ouvrages qui constituent la réponse zoroastrienne positive à Sohravardî, les *Ishrâqîyûn* sont désignés comme les *Gashashpiyân*.

57. Sur cette notion spécifiquement zoroastrienne, fondamentale dans la doctrine de Sohravardî, voir *ibid.*, index s. v. *Xvarnah*, Kayânides. Wadûd Tabrîzî a ici un long commentaire, attestant la permanence de la tradition *ishrâqî* : « Leur langue, c'est-à-dire le pahlavî. Zoroastre a dit : (le *Xvarnah*) est une lumière qui effuse de l'Essence divine et par laquelle il y a diversité de précellence (hiérarchique) de certaines formes sur les autres, et avec l'aide de laquelle chaque homme est capable d'une activité ou d'un art. » On comprend pourquoi Wadûd rattache dès lors la cosmologie angélologique de l'*Ishrâq* à cette doctrine du Xvarnah : « Les Sages et les souverains de l'ancienne Perse s'accordaient à dire que chaque espèce d'entre les Sphères célestes, les Éléments simples et leurs composés, a un Seigneur (ou Ange) dans le monde de la Lumière, seigneur qui est une Intelligence séparée, gouvernant cette espèce. C'est cela même que notre Prophète suggérait en disant que chaque chose a un Ange et qu'avec chaque goutte de pluie descend un Ange. Les Sages de l'ancienne Perse professaient l'existence des seigneurs ou anges des espèces, et connaissaient un grand nombre de leurs noms. Ils appelaient le seigneur ou Ange de l'eau *Khordâd* ; le seigneur ou Ange des plantes *Mordâd*. Le seigneur ou Ange du feu, *Ordîbehesht*, est l'Intelligence gouvernant et conservant l'espèce du Feu, lui donnant sa lumière, gouvernant le cône de la flamme, attirant l'huile ou la cire vers la flamme. Pour chaque espèce corporelle ils affirmaient un Ange de cette espèce, qui manifeste pour celle-ci une extrême sollicitude. C'est lui qui la fait croître, la nourrit, la fait se reproduire, parce que ces différentes activités, chez le végétal et chez l'animal, procèdent d'une énergie inconsciente, et qu'en nous-mêmes elles procèdent de nous à notre insu. L'Ange d'une espèce est une hypostase toute de lumière, connaissante, immatérielle. Ce sont ces Lumières dont ont parlé Empédocle et d'autres parmi les théosophes pythagoriciens. » Ce que les *Ishrâqîyûn* désignent comme *Rabb al-nû'* (Ange de l'espèce), *Rabb al-sanam* (Ange de l'image ou théurgie que constitue l'espèce qu'il régit), correspond à la notion avestique de *ratu*. Voir James Darmesteter, *Le Zend-Avesta*, traduction nouvelle avec commentaire... Paris 1960 (reprod. phot. de l'éd. de 1892), t. I, pp. 6-7, 13 n. 36, 123-124. D'où le rapprochement suggéré par James Darmesteter entre l'angélologie de l'Avesta et l'angélologie de Philon, *ibid.*, t. III, pp. CLII-CLVI. Nous croyons que Sohravardî eût été tout à fait d'accord (son témoignage figure même anonymement *ibid.*, p. LV).

58. Voir la longue description que Sohravardî donne du Xvarnah comme Lumière de Gloire et comme Destin personnel dans son grand « Livre des Carrefours et Entretiens » (la triple différenciation dont il fait état correspond aux trois formes de manifestation dont nous informe l'Avesta), *En Islam iranien*... t. II, pp. 93-94. Cf. J. Darmesteter, *op. cit.*, t. I, pp. 7 n. 2, 16 ; t. II, pp. 299, 306, 612, 616.

59. C'est le Thraêtaona (Frêtûn, Fêreydûn) de l'Avesta : fils d'Athwiya, le second prêtre du Haoma ; il recueille le Xvarnah de Yima, terrasse Azhi Dahaka, partage la Terre entre ses trois fils, invente la médecine, etc. Cf. J. Darmesteter, *op. cit.*, t. I, pp. 86 n. 20, 87 ; t. II, pp. 375, 399, 549,

625 ; t. III, pp. LVIII-LIX. Wadûd Tabrîzî a ici un long développement, où il distingue les trois sortes de théurgie : céleste, terrestre et mixte.

60. *Nâmûs al-taqdîs.* C'est pour cela, dit la version persane (introduisant ainsi une réciprocité), qu'il eut la faveur d'être l'interlocuteur de l'Esprit-Saint. A propos de la notion de Nâmûs (grec *Nomos*) introduite ici, comparer J.-C. Vadet, *Les Hanifs,* « *La plus grande Loi de Moïse* » *les Saintes Myriades...* in « Revue des Études juives », avril-déc. 1971, pp. 165-182.

61. L'arabe *mantiqîya* a pour équivalent persan *motakallim shodan* (devenir l'interlocuteur). Quant au « Père », nous savons par tout ce qui précède (Traité II) qu'il s'agit de l'Ange-Esprit-Saint, Intelligence agente et Ange de l'humanité. Cf. encore *infra* n. 68 et 69.

62. La simultanéité et conjugaison des deux voies est importante à noter, à savoir la conjugaison de la double voie de l'Imagination visionnaire (perception de l'*imaginal*) et du *tajrîd* qui est la séparation opérée par l'intellect et qui, étendue à l'ascèse intérieure, est encore mieux suggérée par le terme d'anachorèse spirituelle. Wadûd Tabrîzî explique fort bien que les deux voies sont : 1) une conjonction spirituelle entre l'âme séparée (anachorétique, *mojarrada*) et l'Intelligence (l'Ange) qui la gouverne. 2) Une représentation de la forme de l'Ange par l'Imagination, de sorte qu'il soit comme contemplé par les yeux et que l'on s'entretienne avec lui. Cf. ci-dessous le chapitre XII, sur l'Imagination active.

63. Deux mots sont omis ici, parce qu'ils sont altérés dans tous les manuscrits dont nous disposons.

64. Le serpent à trois têtes Dahâka (Zohhâk) « s'empare du trône de Yima et de ses deux femmes... désole la Terre pendant mille ans et est à son tour renversé par Thraêtaona (*supra* n. 59), qui l'enchaîne au mont Damâvand où il restera prisonnier jusqu'à la fin des temps, pour être déchaîné une dernière fois et être anéanti par Kereshâspa... Dans la légende iranienne Azhi Dahâka, devenu Zohhâk, est un tyran et usurpateur étranger... Le serpent à trois têtes devient un mortel ordinaire, des deux épaules duquel sort un serpent qu'il faut nourrir de cervelle humaine, et plus tard même ce n'est qu'un malheureux affligé de deux abcès à l'épaule. » J. Darmesteter, *Le Zend-Avesta,* t. I, p. 86 n. 20. « La légende postérieure met le palais de Zohhâk à Babylone... Quand la Chaldée fut oubliée, Azhi Dahâka devint un Arabe. » *Ibid.*, t. II, p. 375, n. 39.

65. Wadûd Tabrîzî : « De l'Iran, du Tûrân et d'ailleurs. »

66. Fêreydûn (Thraêtaona) partagea la Terre entre ses trois fils : Sâm eut le pays de Rûm, Tûr eut le Tûrân, Irâj eut l'Iran. On a mis en parallèle cet épisode avec l'histoire de Noé. Cf. J. Darmesteter, *Le Zend-Avesta,* t. II, p. 399 n. 8 ; t. III, p. CLVIII. Wadûd Tabrîzî rappelle également cette tradition.

67. Nous avons rappelé en détail l'hagiographie du bienheureux roi Kay Khosraw dans notre ouvrage *En Islam iranien...* t. II. Voir *ibid.*, t. IV, index s. v. Il est donc superflu d'y revenir ici. On rappelle qu'il est pour Sohravardî l'éponyme des sages *Khosrovanîyûn* de l'ancienne Perse, précurseurs des *Ishrâqîyûn* de l'Iran islamique. Sur Kay Khosraw, le plus illustre

des Kayanides, voir encore J. Darmesteter, *op. cit.*, t. III, index s. v. Husravah, Haosravah (Kavi).

68. Cf. ci-dessus n. 61.

69. Wadûd : « Le père et seigneur immatériel sacrosaint de l'espèce humaine. » De nouveau ici (comme dans le Récit de l'exil occidental) la figure de l'Ange-Esprit-Saint, Intelligence agente et Ange de l'humanité, figure centrale de plusieurs récits mystiques de Sohravardî. Cf. ci-dessus n. 61.

70. Wadûd : « En une ascension spirituelle (*rûhânî*) doublée d'une ascension imaginative dans l'imaginal (*'orûj takhayyolî mithâlî*). » Cf. *infra* le chapitre XII.

71. Wadûd : « Lequel gouverne les âmes fortes de nature royale. » cf. ci-dessus n. 58.

72. Toute la métaphysique des Lumières archangéliques, dominatrices, victoriales (*Anwâr qâhira*), en procèdera chez Sohravardî. Cf. encore *infra* Traité IV, chapitre X.

73. A trois reprises, Afrâsiyâb échoua en voulant s'emparer du *Xvarnah*, cf. J. Darmesteter, *op. cit.*, t. II, p. 617. Wadûd Tabrîzî évoque ici l'épisode (*Shâh-Nâmeh*) qui opposa tragiquement Afrâsiyâb (sorte de Klingsor) au pur chevalier Siyavakhsh, le père de Kay Khosraw, que celui-ci devait venger plus tard. Voir *En Islam iranien...* t. IV, index s. v. Afrâsiyâb le Touranien.

74. Cf. ci-dessus n. 51 et 54. Ici s'accomplit le passage mettant en équivalence la notion zoroastrienne de *Xvarnah* (Lumière-de-Gloire) et celle de Sakîna/Shekhina, passage d'une portée spirituelle inappréciable, puisqu'il typifie tout le projet sohravardien : la prophétie de l'ancien Iran est intégrée au prophétisme sémitique ; les extatiques du *Xvarnah* sont mis sur la même voie spirituelle que les mystiques de l'Islam par la *Sakîna* et les mystiques du judaïsme par la *Shekhina*. Cf. encore ci-dessus n. 45 et n. 57. Toute l'imagerie templière (symbolisme du temple spirituel, lieu mystique de la Présence) converge en ce point de rencontre.

75. Cf. ci-dessus n. 61, 68, 69. Toujours la même figure de l'Ange-Esprit-Saint, prenant ici sa signification eschatologique (voir également le psaume à la Nature Parfaite, *En Islam iranien...* t. II, pp. 134-139). On rappelle de nouveau que le terme de « père » est une métaphore voilant en fait le rapport entre Ami et Aimé, présupposé ici par l'appel adressé à Kay Khosraw comme un appel d'ardent désir et d'amour.

76. Wadûd Tabrîzî commente : « Parce qu'en raison des perfections qu'il avait acquises, il connaissait l'immatérialité (l'*anakhôrêsis*) de sa propre essence ; il savait n'avoir qu'une attache provisoire avec les corps matériels. Cette conscience étant actualisée pour lui, il était apte au repos (*sokûn*) en son monde à lui. Et c'est cela que veut dire : Il entendit que son père l'appelait. »

77. Wadûd rappelle tout au long l'épisode célèbre du *Shâh-Nâmeh* : après avoir pris congé de ses proches et de ses chevaliers, désigné Lohrasp comme son successeur, Kay Khosraw est occulté à ce monde sans franchir le seuil de la mort (« enlevé » comme Hénoch, Élie, Jésus selon la christo-

logie docétiste du Qorân et de l'Évangile de Barnabé). Pour les détails, voir *En Islam iranien*... t. IV, index s. v. Kay Khosraw. Wadûd évoque en outre le précepte du Prophète : « Mourez avant de mourir... » La jonction entre la spiritualité de l'Iran préislamique et celle de l'Iran islamique s'accomplit ainsi dans la personne de Kay Khosraw.

78. Ici quelques longues pages de Wadûd Tabrîzî, que nous ne pouvons que signaler. Elles portent sur l'assistance, requise ou non, de « l'Ange de l'espèce » ; elles réfèrent aux gloses de Wadûd sur le « Livre de la Théosophie orientale », et débouchent sur la *Sakîna* comme désignant la persistance à demeure des Lumières mystiques chez le contemplatif qui s'unit avec les purs êtres spirituels et qui devient ainsi le temple de la *Sakîna/Shekhina*, cf. ci-dessus n. 50.

79. *Al-qowwat al-fikrîya* (la faculté cogitative, méditative) qui est en fait, nous l'avons vu, le nom de l'Imagination active, lorsque celle-ci est au service de l'intellect qui la guide. C'est « l'imagination intellective ». Il est nécessaire de conserver le mot « imagination » pour en marquer l'aptitude à être tantôt l'ange tantôt le démon.

80. Wadûd : « Cet arbre, c'est cette Imagination intellective (*fikrîya*) dont nous avons fait un mémorial du pacte prééternel et du monde sacro-saint. » Toute la métaphysique de l'Imagination va se grouper ici autour de ce symbole de l'arbre.

81. Le symbole se précise : l'Imagination intellective est l'arbre qui émerge (croît au sommet) du Sinaï. Penser ici à l'épisode final du Récit de l'exil occidental : la rencontre de l'Ange au Sinaï mystique. Comparer dans la gnose ismaélienne, l'olivier qui au sommet du Sinaï, est le symbole de l'Imâm. Voir notre *Trilogie ismaélienne* (Bibliothèque Iranienne, vol. 9) Téhéran-Paris 1961, pp. (112-120).

82. C'est un rappel de l'Imagination intellective, située, comme organe de pénétration dans le monde imaginal, « au confluent des deux mers » à la limite entre le monde intelligible pur et le monde sensible.

83. Le *Haqq al-yaqîn*, c'est ne plus avoir seulement entendu parler du feu ni même le voir de ses propres yeux, c'est être soi-même le Feu. Que l'on juge par là du rôle spirituel dévolu à l'Imagination intellective.

84. En arabe *Khobz al-Malâ'ika* ; en persan *Nân-é fereshtegân* ; en latin *Panis angelicus*. Et ce « pain des Anges », c'est la Sakîna/Shekhina. Wadûd : « Le pain des *Angeli intellectuales* et des *Angeli caelestes*, puisqu'ils n'ont point d'autre nourriture. » Noter ensuite ici la rencontre de Pythagore et de David.

85. Wadûd commente : « Lumières qui se succèdent les unes aux autres et qui adviennent aux mystiques au cours de leur itinéraire, comme on l'a déjà indiqué. En fait, la *Sakîna* correspond au *pain* et les Lumières en question correspondent au condiment. Mais ces Lumières comportent, quant à leur durée, plusieurs espèces, en raison de leur multiplication et de leur alternance, cela à la différence de la présence-de-feu de la *Sakîna* qui est perpétuelle. Ainsi la *Sakîna* correspond au pain que peut accompagner n'importe quel condiment, tandis que les Lumières correspondent aux condiments qui varient et alternent. » L'idée de la *Sakîna* comme nourriture spirituelle permanente et inépuisable, nous reconduit ici au motif du saint Graal.

86. De nouveau l'admirable définition de l'*imaginal* et de l'Imagination intellective : à l'entre-deux-mondes, « au confluent des deux mers », tel est bien le situs du *mundus imaginalis.* Hayy ibn Yaqzân peut répondre au visionnaire Avicenne : « Je viens du Temple, » parce qu'il se rend visible à ce confluent. Comparer ci-dessus Fêreydûn progressant par la double voie de l'Image (*mithâl*) et de l'intellection qui esseule du sensible (*tajrîd*). On voit comment l'Imagination intellective n'est pas allégorique, mais tautégorique. Elle est l'arbre au Sinaï, le Buisson ardent, s'enflammant sans qu'aucun feu n'entre en contact.

87. Un pas de plus ici, en retrouvant l'Ange-Esprit-Saint, archange Gabriel. C'est lui qui flamboie dans le Buisson ardent qui est l'Imagination intellective visionnaire. Sommet donc ici (au Sinaï) de la métaphysique de l'Imagination, qui nous livre le secret de la rencontre avec l'Ange, Feu flamboyant, présence-de-feu de la *Sakîna*, dans les récits sohravardiens les plus caractéristiques. (On sait qu'en mystique juive, c'est l'archange Michel qui est considéré comme parlant d'entre le Buisson ardent. Nous ne pensons pas qu'il y ait là, angélologiquement, une contradiction). Cf. la note suivante.

88. Cf. ci-dessus n. 83. Les contemplateurs du Feu en sont, certes, les témoins oculaires (*'ayn al-yaqîn*) mais ne sont pas encore eux-mêmes le Feu (*Haqq al-yaqîn*). Wadûd commente : « Moïse dit aux siens (28/29) — c'est-à-dire à ses facultés corporelles — attendez ici ! Il aperçut un feu du côté du mont Sinaï : c'est-à-dire du côté de la montagne de son secret intime et de son expérience personnelle. C'est ce à quoi font allusion les mots : fidèles d'amour qui observent avec attention. » Ces derniers sont les *mostabsirûn*. Cf. ci-dessous dans le traité XV, les « strophes de la contemplation vigilante » (*wâridât al-istibsâr*). Cf. D. Masson, *Le Coran*, p. 899, ad 27/8 : « D'après le Deutérononne (23/16) Yahoël est celui qui habite le Buisson ardent » (cf. Exode 3/2).

89. Nos âmes sont donc chacune le Buisson ardent (l'Imagination intellective) qu'embrase le Feu qui est l'Ange-Esprit-Saint. Wadûd commente : « Ce Feu (aperçu par Moïse), c'est l'Esprit-Saint, duquel procède dans les âmes humaines la Lumière, c'est-à-dire la vision intérieure et la Lumière de la direction qui guide. » Cf. ci-dessus n. 87.

90. Un grand ouvrage de Mîr Dâmâd a pour titre les *Qabasât*, « Livre des charbons (ou tisons) ardents ».

91. Cf. ci-dessus n. 88. L'arbre étant l'Imagination intellective et le Feu (l'Esprit-Saint) se nourrissant de cet arbre, être-dans-le-Feu (être le tison ardent) est le mode d'être de cette Imagination se consumant elle-même dans la vision. Ceux qui sont « autour du Feu » n'ont encore que la nouvelle du Feu annoncée par Moïse.

92. Wadûd : « C'est-à-dire ceux qui savent l'exotérique et l'ésotérique des versets. Ceux-là contemplent les Attributs de Dieu dans leurs formes épiphaniques (*mazâhir*) et les lumières de ses théophanies dans leurs propres âmes. » Cf. ci-dessus Traité II, le VIIe Temple, où la mission de révéler le sens caché des paraboles est dévolue au Paraclet. Ce qui est en parfait accord avec ce que nous lisons ici.

93. L'auteur indique ainsi la voie d'une herméneutique conduisant à l'intériorisation radicale des versets qorâniques. Elle est conforme à ce qu'on lira encore ailleurs (v. g. Traité V : « Lis le Qorân comme s'il n'avait été révélé que pour ton propre cas »), formulant la norme d'une herméneutique spirituelle qui a peut-être été portée à son extrême limite par un Semnânî (« les sept prophètes de ton être »).

94. Il s'agit désormais de l'Imagination active lorsqu'elle se laisse subjuguer par l'estimative ; au lieu de pénétrer dans le monde *imaginal*, elle ne sécrète plus que de l'*imaginaire.*

95. L'auteur achève ainsi en termes symboliques sa théorie de l'Imagination active. Au service de l'intellect, elle est l'Imagination intellective, typifiée comme l'arbre au Sinaï, le Buisson ardent. Livrée au service de l'estimative et des perceptions sensibles, elle est la *phantasis*, l'arbre maudit de la Géhenne, le Zakkûm. Cf. Qorân 37/62-64, 44/43-46, 56/52.

96. Ici les deux aspects de l'Imagination active ne sont plus symbolisés comme deux arbres (l'arbre béni et l'arbre maudit), mais comme deux montagnes : l'une qui est stable (le Sinaï) et l'autre toujours en mouvement. Wadûd commente : « La montagne qui s'interpose, c'est la faculté imaginative en mouvement (vers les choses sensibles). Qu'elle reste immobile veut dire : si elle ne se meut pas parmi les choses sensibles qui troublent la faculté intellective dans sa perception des Lumières du monde de l'Intelligence. L'instabilité de cette montagne qui s'interpose empêche l'âme de se tourner vers le monde sacrosaint qui est dégagé des accidents sensibles inhérents aux choses matérielles. » Dans ce cas donc (celui de l'arbre maudit), l'imagination ne quitte pas le niveau des perceptions sensibles, même quand elle les recompose en fantastique. Elle n'est pas l'organe du monde intermédiaire, et ne peut projeter dans le *sensorium* aucune « image intellective ». Cf. ci-dessus n. 86.

97. Comparer *Exode* 33/18-23. Cependant Yahveh converse face à face avec Moïse « comme un homme parle à son ami » (*Exode* 33/11). Cf. ici les entretiens de Fêreydûn et de Kay Khosraw avec le « Père sacrosaint ».

98. Les pages qui achèvent le livre (= persan *Op. met. III*, pp. 192-195) sont données par Wadûd Tabrîzî comme un appendice : « Lorsque j'eus achevé, dit-il, le commentaire du livre, je découvris le manuscrit d'un appendice de l'auteur au présent traité, contenant certaines indications et mises en lumière. » Wadûd commente alors cet appendice. En fait celui-ci figure dans tous les manuscrits que nous connaissons jusqu'ici, comme une partie intégrante de l'ouvrage.

IV.

Le Livre du Rayon de Lumière

(Partaw-Nâmeh)

Extraits traduits du persan

1. Présentation

Le « Livre du Rayon de lumière » (*Partaw-Nâmeh*) : par son titre, ce traité rédigé en persan révèle d'emblée son affinité avec le « Livre des Temples de la Lumière » traduit ci-dessus et avec le grand « Livre de la Théosophie orientale ». L'accent se trouve mis sur la notion de *lumière*, notion fondamentale dans la pensée et dans l'œuvre de Sohravardî. Mais il faut dire plus. Le Shaykh al-Ishrâq révèle le fond de sa pensée et de son projet, quand il reconduit la notion de lumière à ce qui en est pour lui la source et l'origine, à savoir la Lumière de Gloire, le *Xvarnah* (persan *Khorrah*), qui est un concept majeur de l'Avesta et qui domine toute la religion zoroastrienne de l'ancien Iran.

On a pu constater la place qu'occupe cette notion déjà dans les traités précédents. Or, c'est elle que nous retrouvons à la fin du présent traité, nous suggérant non seulement qu'elle en justifie le titre, mais qu'elle est bien le sommet auquel achemine la doctrine philosophique et spirituelle. Comme figure ici également le nom de Platon, on peut dire que ce « Livre du Rayon de lumière » présente d'ores et déjà les traits caractéristiques de la théosophie de l'*Ishrâq*. Les disciples de Sohravardî, les *Ishrâqîyûn*, ne l'ont jamais oublié. On a pu voir ci-dessus Davânî s'y référer à plusieurs reprises dans son commentaire des VIe et VIIe Temples du « Livre des Temples de la Lumière ».

Ce livre comporte dix chapitres. Les deux derniers dont nous donnons ici en partie la traduction, sont de loin les plus importants. En fait ils sont préparés par les chapitres qui les précèdent. L'ordre de succession des thèmes correspond en effet, en gros, à celui que nous avons déjà pu repérer dans les traités précédents. Pour permettre de situer ces pages finales, achevant la structure d'un système porté par une expérience spirituelle toujours fidèle à elle-même, nous indiquons brièvement les thèmes des huit premiers chapitres.

Le chapitre Ier explique quelques termes techniques. Le chapitre II traite de la Sphère des Sphères comme Sphère-limite définissant les orientations de l'espace sensible. Le chapitre III est une enquête sur l'âme. Le chapitre IV traite des facultés de l'âme. Le chapitre V traite de l'essence et des attributs de l'Être Nécessaire. Le chapitre VI élargit la question en traitant de l'action de l'Être Nécessaire. Le chapitre VII est un vaste exposé de la cosmologie, reprenant toute la doctrine de la procession des Intelligences hiérarchiques. Le chapitre VIII a pour thème les causes des événements ; le Bien et le Mal ; le Destin et la Destinée. Il expose le schéma des mondes, dont on sait qu'il comporte des variantes : tantôt on considère qu'il y a trois mondes, tantôt qu'il y en a quatre, tantôt qu'il y en a cinq. En fait toutes ces considérations peuvent être reconduites au schéma triadique. Quant aux chapitres IX et X, on en lira ci-dessous la traduction.

La tonalité du chapitre IX est nettement platonicienne. L'affirmation de l'incorruptibilité, et partant de l'immortalité des êtres immatériels, est explicitement rattachée au nom de Platon, le maître de sagesse. Les termes composés où entre le mot lumière, y tiennent une grande place. La vocation de l'homme spirituel est d'atteindre, en devenant un être de pure lumière, au rang des Intelligences, ce qui implique une angélomorphose, une exaltation au rang des Anges rapprochés du Principe. Les relations entre les êtres de lumière, leur multiplication les uns par les autres, s'expriment en termes d'une théorie des miroirs, une katoptrique mystique que l'on retrouve dans le « Livre de la Théosophie orientale ». Le chapitre s'achève par quelques considérations sur l'amour éminemment platoniciennes.

Le chapitre X cumule les thèmes par lesquels s'achève tout exposé d'ensemble de la doctrine *ishrâqî* : il traite de la prophétie, des thaumaturgies, des charismes, des songes. En bref, il constitue un exposé concis du rôle du *sensorium* dans les perceptions visionnaires, et il s'achève sur un rappel du *Xvarnah*, la Lumière de Gloire, rappel motivé de façon proprement *ishrâqî* par les thèmes qui précèdent.

Dans la première page du chapitre (omise ici), le Shaykh al-Ishrâq déclare : « Un prophète-législateur est nécessaire à chaque époque et à chaque peuple, un prophète qui ait la connaissance des réalités suprasensibles et qui reçoive l'assistance du monde de la Lumière. » L'affirmation s'accorde parfaitement avec ce qu'énoncent en termes à peu près identiques les philosophes et les *hadîth* shî'ites. Il arrive que les prophètes aient besoin d'un initiateur, comme Moïse a eu besoin de Khezr (Khadir). Il arrive aussi qu'ils aient la connaissance des réalités spirituelles et suprasensibles sans l'intermédiaire d'aucun maître humain. Ainsi en fut-il pour Idris (Hénoch/Hermès), pour Abraham, pour le prophète de l'Islam (cf. le texte traduit ici).

Toute cette page reflète les problèmes éclos autour du rapport entre la *nobowwat* (la vocation prophétique) et la *walâyat*, à savoir l'idée de la *walâyat* (la prédilection divine élisant ses Amis, les *Awlîyâ*) comme ayant la précellence sur la mission prophétique, parce qu'elle est la présupposition de celle-ci, tout *nabî* ayant été d'abord un *walî*, sans qu'un *walî* devienne nécessairement un *nabî* [a]. Cependant, au concept de la *walâyat* se substitue ici celui des *Mohaqqiqân*, les chercheurs qui ont « réalisé » en eux-mêmes (cf. *haqq al-yaqîn*). On peut ainsi suivre à la trace un « theologoumenon » qui, shî'ite en ses origines, parce qu'il se posait essentiellement en termes de prophétologie shî'ite, prend une extension telle que son nom se dissimule. En fait, il reste ce qu'il est, et Sohravardî en a témoigné par sa mort en martyr : il y a une lignée spirituelle qui n'est pas close, même après la venue du « Sceau des prophètes ».

De la prophétologie, l'exposé passe à ce que l'on peut considérer comme une phénoménologie de la conscience visionnaire, qui ferait elle-même suite à une phénoménologie de la conscience angélique, celle des *Animae caelestes* et qui entraînerait avec elle une science de type proprement *ishrâqî* (cf. n. 14). Nous y insistons, parce que l'exposé de la fonction du *sensorium* dans l'expérience visionnaire atteint ici un degré de précision qui renforce celui des traités précédents. Il importe de relever comment les formes de l'Imagination intellective sont projetées dans le *sensorium*, de la même façon que les formes de la perception sensible. C'est en cela même que consiste la perception visionnaire. Celle-ci a donc une « objectivité » *sui generis* et de plein droit, précellente même, étant donnée sa source, à l'égard de l'objectivité des perceptions sensibles. Malheureusement le commun des hommes et des philosophes exotériques ne sont en mesure de reconnaître d'objectivité et de certitude qu'à ces dernières.

Il peut y avoir un obstacle à la projection des images intellectives, donc symboliques, dans le *sensorium* et cet obstacle peut provenir de deux excès contraires. Il peut y avoir un excès d'occupation par les perceptions sensibles, et il peut y avoir un excès des cogitations théoriques. Dans le premier cas, l'Imagination active succombe à l'imaginaire. Dans le second cas, la vision reste vision mentale théorique sans devenir événement de l'âme, événement dont la réalité s'impose à la conscience avec une force et une évidence plus contraignantes que les événements extérieurs (de même qu'une vision en songe laisse une impression plus profonde qu'une perception sensible du monde extérieur). Ces pages forment autant de prolégomènes nécessaires à la compréhension de l'*événement* rapporté dans les Récits mystiques (cf. n. 16 à 20).

Le passage de cette phénoménologie du *sensorium* au rappel du *Xvarnah* est typiquement *ishrâqî*, en ce sens que les formes immatérielles suprasensibles dont le *sensorium* est le miroir pour la conscience visionnaire, sont toutes des Formes de Lumière dont le Shaykh al-Ishrâq considère que la source est cette Lumière de Gloire dont l'image domine toute la théosophie mystique de l'Avesta (cf. n. 28).

C'est d'elle qu'eurent la vision les souverains extatiques de l'ancienne Perse, et c'est d'elle que notre jeune Shaykh a réactivé le sens en instaurant sa propre doctrine (voir précédemment les extraits du « Livre des Tablettes »).

De nouveau ici ces Lumières apparaissent non point comme formes cognitives, mais comme présence à demeure dans l'âme du méditant, état de présence prolongée que désigne le terme d'*habitus*, et c'est cela même qui permet au Shaykh al-Ishrâq de conjuguer les notions de *Xvarnah* et de *Sakîna* (voir n. 30 à 34). Cette conjonction typifie elle-même une spiritualité qui conjoint la tradition du prophétisme sémitique avec celle du prophétisme iranien et celle des « prophètes grecs » en une spiritualité commune à l'élite des « communautés du Livre », celle-là même que Sohravardî considère comme la « communauté de la *Sakîna* ». Voir *En Islam iranien...* t. II, pp. 37-39.

2. Traduction

Chapitre IX : *Des êtres immortels*

Sache que l'âme est immortelle (*bâqî*). Son anéantissement est inconcevable, parce que la cause dont elle émane, qui est l'Intelligence agente [1], est elle-même à jamais perdurable. Le causé permane donc du fait même de la permanence de sa cause. L'âme n'est point quelque chose qui serait imprimé dans un substrat [2]. Si elle l'était, la conséquence en serait que pût être actualisée dans ce substrat une nouvelle disposition qui détruirait l'âme, en ce sens que cesserait dans ce substrat l'aptitude à être le support de l'âme, à la façon de ce qui se produit par l'échauffement de l'eau. Lorsque l'échauffement de l'eau atteint un certain degré, il fait disparaître la forme « eau » et entraîne l'actualisation de la forme « air ». Or, comme l'âme n'a pas de substrat et qu'elle est elle-même une essence substantive (*jawhar*) séparable du corps, que vienne à disparaître une autre substance (le corps) dont elle est séparable, cela n'aura nullement pour conséquence que l'âme doive cesser d'être.

En bref, ce qui fait la différence entre la mort et la vie, c'est la rupture de l'attache. Mais l'attache est un accident de l'ordre de la relation. Or, la disparition de la relation n'entraîne nullement la disparition de l'être substantiel qui en est l'un des termes. Donc, cette essence (l'âme) permane de par la permanence même de sa cause. Bien que l'état de préparation du corps demande, à un moment donné, que lui soit conférée l'âme [3], la destruction du corps n'a nullement pour conséquence nécessaire la destruction de l'âme, pas plus que la disparition du charpentier qui est un être substantiel différent et séparé du siège qu'il a fabriqué, n'a pour conséquence nécessaire la disparition de ce siège.

Les Intelligences archangéliques sont à jamais indestructibles, parce qu'elles n'ont ni support ni d'attache quelconque avec un support [4]. Leur existence n'est conditionnée par rien d'autre que par la cause qui est leur Émanatrice. Or, l'Être Nécessaire (qui est cette cause) permane à jamais. Donc le monde des Intelligences, qui n'est conditionné par rien d'autre que par l'Être Nécessaire, permane à jamais de par l'existence même de l'Être Nécessaire.

Toute essence immatérielle est immortelle, car la vie des Essences immatérielles (ou substances séparées de la matière) ne provient pas d'une cause extrinsèque, telle qu'elle pourrait venir à cesser. Non pas. En raison de leur séparation de la matière, elles ont cette perception et connaissance de soi-même qui est leur vie même, et qui leur est inhérente par essence. Cette vie donc ne peut cesser, ainsi que PLATON, le maître de sagesse (*khwâjeh-ye hikmat*), le déclare à propos de l'âme, à savoir que l'âme est ce qui donne la vie aux choses. Or, tout ce dont la vertu et propriété est de donner la vie, possède la vie par essence. Jamais donc l'âme ne peut subir le contraire de ce que postule son essence et qui est inhérent à sa quiddité même (*mâhîya*).

Sache pourtant qu'une masse de gens du commun estiment qu'il n'est d'autre bonheur ni plaisir que dans la jouissance sexuelle, le manger et le boire. Selon eux, les Anges et les Chérubins (*Fereshtegân o Karûbîyân*) sont bien malheureux, et la condition des quadrupèdes qui jouissent de tous ces plaisirs est bien meilleure que celle des Anges et Chérubins du Plérôme suprême.

Or, sache que le plaisir consiste en ce que le bien et la perfection échoient à un être et qu'il en ait conscience comme tels, lorsqu'il n'y a rien qui mette obstacle ni rien qui cause un retard. Il se peut en effet que quelque chose d'agréable advienne sans qu'il en résulte aucun plaisir, parce qu'un obstacle s'interpose. Quelqu'un, par exemple, dont l'estomac est malade ou replet, n'éprouve que de l'aversion pour les mets savoureux. En revanche, lorsque cet obstacle est levé, il retrouve du plaisir à ces mêmes mets. Il se peut également qu'advienne quelque chose qui normalement fait souffrir, sans qu'il en résulte pourtant aucune souffrance, en raison d'un obstacle qui s'interpose. Si l'on frappe quelqu'un qui est dans la torpeur (engourdi, par exemple, par un soporifique), il n'en a pas conscience et n'en ressent aucun mal. Vienne à cesser cette torpeur, il prendra conscience qu'on le frappe et en ressentira de la douleur (...).

En bref, la perfection de l'être humain consiste à se séparer de la matière dans la mesure où il le peut, et à ressembler aux Principes (*Mabâdî*, les êtres originels du Plérôme suprême). Et lorsque auront été actualisés en lui les *habitus* des mœurs divines et des hautes connaissances, voici qu'après l'*exitus* il goûtera une douceur qu'il est impossible de décrire, ainsi que le dit le Prophète, en parlant de par Dieu dans un *hadîth* inspiré : « J'ai préparé pour mes serviteurs les justes ce qu'aucun œil n'a vu, ce qu'aucune oreille n'a entendu, ce qui n'est encore monté au cœur d'aucun homme [5]. »

Et lorsque tu sais que le plaisir de chaque faculté est en fonction de son degré de perfection et de perception, tu comprends que le rapport entre les plaisirs de l'intellect et les plaisirs des sens correspond au rapport entre ce que perçoit l'intellect et ce que perçoivent les sens, au rapport entre l'Être Nécessaire, le monde des Intelligences, le monde des Ames, et la saveur des nourritures terrestres ou de tout ce qui est du même genre inférieur. La perception de l'intellect (*'aql*) est plus puissante que la perception des sens, parce que les sens ne perçoivent que les apparences des choses, tandis que l'intellect perçoit aussi bien l'apparence (*zâhir*, l'exotérique) que l'invisible (*bâtin*, l'ésotérique) des choses. L'intellect perçoit davantage, parce que les objets perceptibles par l'intellect sont sans limite, tandis que les sens ne perçoivent que des choses limitées. L'intellect est incommensurablement plus noble et plus essentiel aussi, puisque les sens sont destructibles, tandis que l'âme est indestructible. C'est pourquoi il y a, d'une part entre ce qui perçoit, ce qui est perçu et l'acte de perception dans le cas de l'intellect, et d'autre part ce qui perçoit, ce qui est perçu et l'acte de perception dans le cas des facultés de perception sensible, le même rapport qu'entre le plaisir propre à l'intellect et le plaisir des sens [6].

Si en ce monde nous ne prenons pas plaisir aux choses spirituelles et si nous ne souffrons pas des vices ni de l'ignorance, cela tient à ce que l'ivresse du monde de la nature triomphe de nous, et que nous sommes insouciants et inconscients du monde qui est vraiment le nôtre. Lorsque seront levés les soucis qui nous en détournaient, celui qui aura atteint la perfection éprouvera un plaisir infini à la contemplation de l'Être Nécessaire, du Plérôme suprême, des merveilles du monde de la Lumière, et restera perpétuellement dans ce plaisir, « en un séjour de Vérité, auprès d'un roi puissant » (54/55). Il deviendra une Intelligence, un être de pure lumière ; il sera au nombre des « Anges les plus proches de Dieu » (*fereshtegân-e moqarrab*) ; il n'aura plus aucune pensée pour ce monde impur et dédaignera de le regarder. « Lorsque tu regardes là-bas, tu y vois séjour de délices et grand faste royal » (76/20). Des lumières de sa Gloire, Dieu Très-Haut fera pour lui un breuvage spirituel, comme le dit ce verset : « Leur Seigneur les abreuve d'un breuvage très pur » (76/21) [7]. Ces Élus sont libérés de cette mort qui consiste dans les obsessions de la nature ; ils sont sortis des ténèbres ; ils ont rejoint la « Source de la Vie » [8] et les océans de la lumière véritable, la Lumière spirituelle. « Ils reçoivent leur récompense et leur lumière » (57/18). Ailleurs il est dit : « Leur lumière courra devant eux et à leur droite » (66/8). Ils sont déchargés du fardeau de l'impureté du corps de chair. La vie au sens vrai est dans l'autre monde, ainsi que le dit le Véridique : « L'autre monde est le Vivant. Si seulement ils savaient ! » (29/64).

(...) « Un vin mélangé à l'eau du *Tasnim*, une source dont boivent les proches de Dieu » (83/27-28). C'est une source à laquelle s'abreuvent les Anges les plus proches de Dieu, et les âmes des bienheureux jouissent réciproquement les unes des autres. Toute âme que l'*exitus* sépare du corps, prend sa part de la lumière du *Jabarût*. De cette âme la lumière se réfléchit sur les âmes également immatérialisées, et elle est pour ces âmes une cause de plaisir, en même temps que les lumières infinies se réfléchissent de ces dernières sur cette âme, à la façon de brillants miroirs se faisant face les uns aux autres [9]. Les réprouvés, tout au contraire, souffrent des ténèbres et du voisinage les uns des autres. Celui qui précède souffre par celui qui vient à la suite, et celui qui vient à la suite souffre par celui qui le précède.

Une fois compris que le plaisir est l'atteinte à la perfection, en pleine conscience et connaissance de cause, on comprend que rien n'est plus parfait que l'Être Nécessaire. Il est le plus sublime de tout ce qui est connu et de tout ce qui est connaissant, et son acte de connaître est le plus sublime de tous les actes de connaître. Son plaisir et sa joie sont donc plus sublimes que tous les plaisirs et toutes les joies ; aucune joie ni aucun plaisir n'ont de commune mesure avec sa joie et son plaisir. L'amour, c'est la joie que l'on éprouve à se représenter (*tasawwor*) la présence d'une certaine personne. L'ardent désir, c'est le mouvement de l'âme pour parfaire cette joie. Le nostalgique, c'est celui qui simultanément a trouvé et n'a pas trouvé [10]. Lorsque son amour est complet et parachevé, il n'éprouve plus de désir. C'est pourquoi l'Être Nécessaire ne peut être que simultanément son propre amant et son propre aimé ; l'objet de son amour ne peut être que lui-même, mais il est l'objet d'amour de tous les autres êtres. Après la douceur que l'Être Nécessaire trouve lui-même en lui-même, il y a celle que goûtent les Intelligences archangéliques. Les Intelligences n'éprouvent pas l'ardent désir, puisqu'elles sont totalement en acte, et que rien ne reste en elles à l'état virtuel. Ensuite il y a l'amour et la douceur qu'éprouvent les Ames, chacune à son degré respectif [11].

Chapitre X : *Le sensorium et les perceptions visionnaires. La Lumière de Gloire (Xvarnah)*

Les grands prophètes comme Idrîs [12], Abraham et notre propre Prophète — les bénédictions divines soient sur eux — ainsi que d'autres personnes encore, eurent connaissance des hautes réalités spirituelles sans l'aide d'aucun maître humain [13]. Rien d'étonnant à cela. Tout le monde reconnaît que les hommes diffèrent entre eux quant à la rapidité de la pensée. Il y en a qui ne tireraient aucun profit de la méditation prolongée ; ils ne comprennent rien, étant complètement stupides. Il en est d'autres qui, par la rapidité de leur conception, déduisent une foule de choses de certaines questions, sans l'aide d'aucun maître humain. On peut donc admettre qu'il y en ait qui possèdent une promptitude de conception d'une telle force, qu'ils atteignent en un temps très bref un grand nombre de connaissances.

Il n'est point étonnant non plus que les prophètes exercent des actions extraordinaires, telles que produire des tremblements de terre, des éclipses, guérir des malades, soumettre les bêtes de proie et les oiseaux, car tu sais fort bien que le corps obéit à l'âme, et que la matière cosmique (*mâddat-e 'âlam*) obéit aux Essences immatérielles (les *Animae caelestes*). Ne constates-tu pas comment le corps s'échauffe, lorsqu'il subit l'effet du courroux de l'âme ? Les imaginations ont, elles aussi, leur influence, car il arrive que, par suite de ce que leur représente leur imagination, des hommes se laissent choir d'une grande hauteur. Puisqu'il en est ainsi, il n'y a rien d'étonnant dans le cas de quelqu'un dont l'âme est illuminée par la lumière de l'Être divin et du Plérôme suprême — cette lumière qui est l'élixir du savoir et du pouvoir — rien d'étonnant, dis-je, si la matière cosmique est soumise à un tel homme, si en raison de la lumière de son âme, son Verbe est entendu dans le Plérôme suprême, et si son appel est exaucé dans toute la mesure du possible. Quant à la cause des prémonitions concernant les choses en devenir, il faut, si tu veux la comprendre, approfondir certaine position de thèse fondamentale (*qâ'ida*).

Sache que les *Animae caelestes* (les Ames motrices des Cieux, *Nofûs-e aflâk*) ont conscience et connaissance de leurs mouvements, et des effets que leurs mouvements produisent en ce monde [14]. Il y a chez elles connaissance et fonction régulatrice générales de ce qui, en ce monde-ci, est l'effet résultant des différents aspects que présentent successivement les Sphères célestes qu'elles animent respectivement. Lorsqu'elles arrivent (par le mouvement de leur Sphère respective) à telle ou telle position particulière, elles connaissent l'événement qui va résulter de leur atteinte à la position en question ; elles savent quel en sera l'effet en ce monde-ci. En bref, leur compréhension embrasse les causes des événements, les moments du passé et de l'avenir, aussi bien que ce qui arrive présentement. Or nos âmes humaines ne sont pas coupées des *Animae caelestes*. Le seul obstacle qui nous empêche de nous conjoindre à elles, ce sont nos attaches avec les facultés organiques du corps.

Bien que, dans le sommeil, les sens externes ne fassent plus obstacle, cependant les sens internes, en particulier l'Imagination active, tiennent encore l'âme occupée. Lorsque ces occupations se relâchent, comme il arrive à certains pendant le sommeil, ou bien aux épileptiques et aux hypocondriaques [15], ou mieux encore lorsque l'âme est assez forte pour ne pas subir passivement les obsessions des sens, comme dans le cas des prophètes et de certains Amis de Dieu (*Awlîyâ*), lesquels se frayent la voie par les exercices spirituels, par la réforme des mœurs, etc., de sorte que leur âme se trouve en correspondance parfaite avec les *Animae caelestes*, ou encore à cause de certaine faiblesse de la constitution physique, comme chez certains prêtres-prophètes [16], ou bien enfin lorsque l'on demande l'aide de certaines choses qui provoquent la relâche des sens externes et des sens internes — de la même façon que l'on occupe les jeunes enfants à contempler certaines choses qui fascinent les yeux, telles qu'une surface d'eau, un objet noir brillant, etc., les enfants et les femmes étant particulièrement aptes à cette contemplation, parce que leur intellect rationnel est moins dominant que chez les hommes, — bref, dans tous ces cas, pour les âmes de tous ceux-là, il se produit, soit pendant le sommeil soit à l'état de veille, une libération des attaches avec l'organisme physique du corps. Dans cet état, elles reçoivent en elles les empreintes des *Animae caelestes*, à la façon dont un miroir où il n'y avait aucune image, reçoit les images d'un miroir placé vis-à-vis.

Alors, sache que, si la perception visionnaire (*moshâhadat*) des formes immatérielles leur est possible, c'est parce que, comme tu le sais déjà d'autre part, quelle que soit la forme qui se manifeste dans le *sensorium*, cette forme y est vue et contemplée comme objet de perception directe et immédiate [17] (quelle qu'en soit la provenance dans le *sensorium*, qu'elle provienne des sens ou qu'elle provienne de l'Imagination intellective), et l'imagination représentative en reçoit l'image [18], comme un miroir reçoit l'image d'un miroir placé vis-à-vis. Deux choses peuvent empêcher l'Imagination active de projeter ses images dans le *sensorium*. Dans un cas, ce sera parce que l'intellect tient l'Imagination active entièrement occupée par le cours de ses cogitations [19]. Dans l'autre cas, ce sera, au contraire, parce que les sens externes tiennent le *sensorium* tout occupé par les objets de perception sensible (l'empêchant ainsi d'accueillir les images de l'Imagination intellective) [20].

Lorsque l'un de ces deux obstacles fait relâche, comme il arrive aux sens externes pendant le sommeil, ou encore dans le cas de certaines infirmités qui affaiblissent les organes vitaux [21], lorsque l'âme est attirée du côté malade et que ses énergies sont en compétition l'une avec l'autre, — entraînée par l'une de ses énergies, l'âme renonce à une autre : lorsqu'elle incline au désir, elle renonce au courroux, et inversement ; lorsqu'elle est entraînée par les sens externes, elle renonce aux sens internes, et inversement, — bref, ce que l'on veut dire ici, c'est que dans les deux états — je veux dire d'une part, l'état où l'âme, par suite de quelque infirmité des organes vitaux, est sollicitée de venir en aide à la nature, et d'autre part l'état où elle reste en repos — dans ces deux cas, l'Imagination active domine les sens et elle projette librement images et empreintes variées dans le *senso*-

rium [22]. Les épileptiques et les hypocondriaques [23], par exemple, voient les formes de telle sorte que, même s'ils ferment les yeux, ils continuent de les voir mêmement. La vision tient donc à une cause interne. Les génies et les démons sont également au nombre des formes qui sont actualisées par l'Imagination active [24].

L'Imagination active est perpétuellement en transfert d'une forme à une autre ; elle n'est pas stable. Aussi bien, s'il n'en était pas ainsi, nous ne pourrions pas poursuivre le cours de nos cogitations [25]. L'Imagination active *imite* [26] (en images correspondantes) les modalités de la constitution de chaque homme et des perceptions de l'âme. Chez celui qui est de tempérament sanguin, elle *imite* par des choses de couleur rouge. Pour celui chez qui le phlegme prédomine, elle *imite* par la neige, par la pluie, etc. [27]. Lorsque l'âme a la représentation d'une réalité suprasensible, il arrive que cette représentation se replie rapidement et qu'il n'en reste plus de trace. Mais il arrive aussi que cette réalité suprasensible illumine comme une lumière se levant à l'Orient (*ishrâq*) sur l'Imagination active, et que l'image se communique de celle-ci au *sensorium* [28], lequel en a alors la perception visionnaire directe. Il se peut que l'âme perçoive une forme de grande beauté, qui lui tient un discours également de grande beauté. Il se peut qu'elle entende une voix qui appelle, ou bien qu'elle lise un texte écrit. Tout cela se passe dans le *sensorium*. Il arrive aussi que l'Imagination active libère tout cela, et le transpose en quelque chose d'analogue, voire en quelque chose de contraire. Si cela se passe en songe, il y aura besoin d'une interprétation (*ta'bîr*). Si cela se passe à l'état de veille, il y aura besoin d'une herméneutique des symboles (*ta'wîl*) [29].

Le mot « sommeil » (*khwâb*) désigne un état dans lequel l'esprit (*rûh*) se retire de l'extérieur (*zâhir*, l'exotérique) à l'intérieur (*bâtin*, l'ésotérique). Sur celui dont l'Imagination active poursuit assidûment la méditation du *Malakût* [30], — s'abstient des plaisirs des sens et de la nourriture, sinon dans la mesure du besoin, — s'acquitte de la prière nocturne, — persévère à veiller pendant la nuit, — psalmodie fréquemment le texte de la Révélation divine, — travaille à spiritualiser (*taltîf*) son âme par des méditations subtiles, — vient en aide à son âme, à certains moments, par le chant et la musique, — a des entretiens confidentiels et des rapports de courtoisie (*tamalloq*) avec le Plérôme suprême, — sur celui-là sont projetées des Lumières pareilles à l'éclair qui extasie (*khâtif*, *ek-stasie*) ; elles se succèdent les unes aux autres, de même qu'à d'autres moments elles se retirent. Il arrive aussi que l'on voit de belles formes. Il arrive qu'un rapt prodigieux ravisse l'âme jusqu'au monde du Mystère (*'âlam-e ghayb*).

Dans le *sensorium* tombe une lumière plus resplendissante que le soleil, et une grande douceur l'accompagne. Cette lumière resplendissante devient peu à peu chez les âmes un *habitus* [31], de sorte qu'elles la rencontrent chaque fois qu'elles le désirent et s'élèvent par elle au monde de la Lumière.

Ces fulgurations et ces lumières ne sont ni connaissance ni forme intellective [32] ; elles sont une irradiation de lumière sacrosainte. Du monde sacrosaint viennent les Lumières immatérielles et les êtres aux âmes pures reçoivent leur part de cette splendeur de lumière. Il n'est point de limite, quant à l'intensité, aux lumières de l'Être Nécessaire ni à celles des Intelligences archangéliques. Les êtres aux âmes de lumière les contemplent, dans l'autre monde, comme plus manifestes et plus évidentes que les objets perçus par la vue sensible en ce monde-ci, et plus resplendissantes que toutes les splendeurs.

La lumière des êtres immatériels n'est point quelque chose qui se surajoute à leur quiddité (*mâhîyat*, leur essence). Non pas, ils sont eux-mêmes, dans leur être même, des Lumières séparées de la matière, comme l'ont dit les théosophes de la Lumière (*hakîmân-e nûrânî-ye ilâhî*), en apportant en témoignage leur expérience visionnaire.

A celui qui connaît la sagesse divine (*hikmat*, la *theosophia*), persévère dans l'action de grâces et le service divin de la Lumière des Lumières [33], comme nous l'avons dit déjà, à celui-là est donnée la Lumière de Gloire royale (*Khorrah-ye kayânî*, le *Xvarnah*) et est conférée la splendeur de Lumière (*Farr-e nûrânî*) [34]. Une fulguration divine le revêt de la robe de la majesté et de la beauté. Il devient le chef naturel du monde. Du monde suprême lui vient l'assistance qui donne la victoire. Son Verbe est entendu dans le monde d'en-haut. Ses songes et son inspiration atteignent à la perfection.

Ici finit le Livre du Rayon de Lumière.

NOTES DU TRAITÉ IV

(*a*) Sur cette question fondamentale en prophétologie shî'ite, voir *En Islam iranien*... t. IV, index s. v. *nobowwat, walâyat.*

1. Intelligence agente qui est l'Ange-Esprit-Saint. Dans les traités qui précèdent, l'auteur a déjà marqué le rapport de filiation qui fait de cette Intelligence le « parent céleste » à l'égard des âmes qui émanent d'elle. C'est en ce sens qu'ont été interprétés par lui les versets de l'Évangile de Jean relatifs au « Père ».

2. Ce qui veut dire que l'âme n'est pas immanente au corps qu'elle gouverne à la façon dont un accident immane à la substance, la façon dont, par exemple, la couleur noire immane à un corps noir. Dans ce cas, l'existence de l'accident dépend évidemment de celle de son substrat. Mais il est totalement faux de se représenter ainsi le rapport d'une entité spirituelle elle-même substantive à l'égard du corps matériel qu'elle anime.

3. Ame qui précisément émane de l'Ange-Esprit-Saint comme Ange de l'humanité, lequel pour cette raison est appelé en persan *Ravânbakhsh* (*Donator animae*). Cf. déjà ci-dessus, Traité I, n. 16 ss.

4. Donc à la différence des *Animae* ou *Angeli caelestes* et des âmes humaines qui ont une attache avec un corps (tantôt corps matériel, tantôt corps subtil) qu'elles gouvernent et mettent en mouvement. Les Intelligences ou *Angeli intellectuales* ne sont motrices des cieux que par l'amour qu'elles inspirent aux *Animae caelestes* qui émanent d'elles, et dont l'amour met en mouvement leur ciel respectif. Quant à la Sphère céleste, elle est elle-même incorruptible, parce que de matière toute subtile.

5. Sur les sources de cette sentence, passée dans un *hadîth qodsî* (*hadîth* où Dieu parle à la Ire personne) et fréquemment citée par les mystiques de l'Islam, cf. ci-dessus Traité I, n. 40.

6. Ces plaisirs de l'intellect ne sont pas cependant des plaisirs théoriques ordonnés à des vérités purement abstraites. Ce que signifie *tajarrod az mâdda*, l'anachorèse spirituelle, est conjoint au rôle de l'Imagination intellective régie par l'intellect. Celle-ci est ordonnée à la perception visionnaire d'Images métaphysiques, à la réception de la suprême Lumière de Gloire qui est le

Xvarnah, comme le rappellera plus loin la fin du chapitre X du présent traité. Cf. déjà ci-dessus le Traité III, les n. 80 à 95.

7. C'est le verset où il est dit que les Élus porteront des vêtements de satin *vert*. Sur le symbolisme de la couleur verte, voir *En Islam iranien...* t. IV, index s. v. couleurs, vert, *latîfa, visio smaragdina.*

8. En persan *Tcheshmeh-ye zendagî* ; en arabe *'Ayn al-hayyat* ; en latin *Fons Vitae.* C'est dans les parages de la Source de la Vie que se tient Khezr (Khadir) l'initiateur de Moïse ; c'est à elle que nous conduira le Récit de l'exil occidental. Beaucoup d'autres allusions y seront faites. Cf. *En Islam iranien...* t. IV, index s. v. Source.

9. C'est par cette katoptrique mystique que le « Livre de la Théosophie orientale » explique la multiplication des Lumières à partir du *Jabarût.*

10. Ce thème platonicien sera magnifiquement orchestré ci-dessous dans le Traité IX, dans la triade Beauté, Amour, Nostalgie, typifiée dans les personnages de Joseph, Zolaykhâ, Jacob.

11. L'ardent-désir est donc le propre des Ames dont la dimension propre est « obédience d'amour », tandis que celle des Intelligences chérubiniques est « domination d'amour ». Il en est ainsi en premier lieu des *Animae caelestes* dont le désir vers l'Intelligence dont elles émanent entraîne leur Ciel respectif dans leur mouvement. Et il en est ainsi en second lieu pour les âmes humaines. Car en bref, être une âme c'est cela : à la fois avoir trouvé et n'avoir pas encore trouvé.

12. Idrîs, mentionné dans le Qorân (19/57 et 21/85), est traditionnellement identifié avec Hénoch et avec Hermès. Les données traditionnelles sont en grande partie réunies par Qotboddîn Ashkevârî, *Mahbûb al-Qolûb*, lithogr. Shîrâz s. d., pp. 38-41.

13. C'est également le cas de tous ceux qui n'ont pas eu de maître humain, et que la tradition mystique en Iran désigne comme *Owaysis*, voir *En Islam iranien...* t. IV, index s. v. Voir aussi le beau texte d'Abû'l-Barakât Baghdâdî : « Certaines âmes n'apprennent rien que de maîtres humains ; d'autres ont eu des guides humains et supra-humains ; d'autres ont tout appris de guides invisibles, connus d'elles seules. » Cit. dans notre ouvrage *Avicenne et le Récit visionnaire* (Bibliothèque Iranienne, vol. 4), Téhéran-Paris 1954 pp. 103-104.

14. L'auteur a déjà rappelé ailleurs (cf. Traité II, Ve Temple, chapitre II) que les événements qui en sont la conséquence dans notre monde terrestre, ne sont pas la finalité de leurs mouvements. Marquons au passage les conséquences pour une science de type *ishrâqî* qui sans doute n'a jamais été réalisée au complet depuis Jamblique. Comme les *Animae caelestes* aussi bien que les Anges ou seigneurs des espèces (*Arbâb al-anwâ'*) ont connaissance et conscience des événements qui se passent dans les espèces qui sont leurs théurgies, une science *ishrâqî* devrait être fondée sur quelque chose comme une phénoménologie de la conscience angélique. Il en résulterait, par exemple, une astrologie fondée non pas sur la théorie d'énergies impersonnelles irradiées ou de positions géométriques dans un ensemble, mais sur les actes de la conscience des *Animae caelestes*, d'autant plus que, dans ce même chapitre, l'auteur envisage le cas où ce qui est empreint dans la conscience des *Animae*

caelestes se trouve réfléchi dans le *sensorium* de l'homme comme dans un miroir. De même minéralogie, botanique, zoologie, auraient à tenir compte que les espèces dont elles s'occupent sont les théurgies de leur Ange respectif.

15. Le texte persan imprimé porte ici *mahrûrûn*. Il faut évidemment lire, comme dans les passages parallèles, *mamrûrûn*.

16. *Kâhin*, pluriel *kahâna*.

17. Tout ce passage précise la théorie de la perception visionnaire des formes immatérielles, et *eo ipso* la métaphysique de l'Imagination en général, dont nous avons déjà recueilli des éléments décisifs dans les traités qui précèdent. La forme qui se manifeste dans le *sensorium* peut provenir aussi bien du monde intelligible par l'intermédiaire de l'Imagination intellective, que du monde sensible. La différence entre le philosophe et le prophète est que, s'ils contemplent l'un et l'autre les mêmes formes, pour les prophètes seuls ces formes sont projetées dans le *sensorium*. C'est toute la doctrine de l'expérience visionnaire, de la *moshâhadat* comme vision du témoin oculaire, chez notre Shaykh al-Ishrâq. L'« objectivité » de la vision dans le *sensorium* est la même, qu'elle monte à partir des perceptions sensibles ou qu'elle descende de l'Imagination intellective. Position fondamentale pour une phénoménologie de la conscience visionnaire, évitant les pièges de l'agnosticisme moderne sous ses différentes formes. Le cas envisagé ici est bien entendu celui déjà exposé précédemment, de l'Imagination active déjouant les pièges de l'estimative, et restant au service de l'intellect comme organe de pénétration dans le monde médian qui est le *mundus imaginalis*.

18. Cela, puisque l'Imagination représentative ou passive est simplement le trésor qui recueille les formes manifestées dans le *sensorium*, que ces formes proviennent des perceptions sensibles ou qu'elles proviennent de l'Imagination intellective comme Imagination active.

19. C'est le cas du philosophe, par exemple, envisagé ci-dessus dans la n. 17. Dans ce cas, la méditation se poursuit, sans qu'il y ait perception visionnaire, et par là même sans que la doctrine devienne *événement* vécu dans l'âme et par l'âme. Pour qu'il y ait cet événement, il faut projection dans le *sensorium*, autrement dit accéder « au confluent des deux mers ». C'est précisément ce qui se passe dans les Récits mystiques de Sohravardî, et la raison pour laquelle la réalité de l'événement dans ces Récits implique la « phénomonologie » de la perception visionnaire esquissée par Sohravardî. Il y aurait à comparer avec la métaphysique de l'*Imaginal* (non pas de l'imaginaire) chez Ibn 'Arabî et chez Haydar Amolî ; chez celui-ci, la théorie des *Amthila 'aqlîya* ou Images proprement métaphysiques, déjà rappelée ici.

20. C'est le cas inverse du cas envisagé dans la note précédente. Ce n'est plus l'intensité de la méditation cogitante qui empêche la projection d'Images métaphysiques dans le *sensorium*, mais c'est l'encombrement de celui-ci par le tumulte des perceptions sensibles. C'est le cas où l'Imagination active restant subordonnée à l'estimative et aux perceptions sensibles, est la proie de l'imaginaire. C'est évidemment le cas le plus fréquent chez les hommes. On a rappelé déjà que cette théorie de l'Imagination s'accorde avec celle de Paracelse, différenciant entre l'*Imaginatio vera* et la *phantasis*. Elle apparaît

irréductible à l'unidimensionnalité de l'inconscient dans les théories courantes de nos jours.

21. *A'zâ-ye ra'ysîyeh*, à savoir le cœur, le foie, le cerveau, les organes génitaux.

22. La domination de l'Imagination active sur les sens présuppose donc, pour qu'elle soit *Imaginatio vera*, le relâchement de l'attache avec l'organisme physique, lequel enchaîne l'âme aux perceptions sensibles et l'empêche de *voir* l'autre monde. Ce relâchement peut être dû à la constitution du sujet ou à la pratique des exercices spirituels. Notons bien qu'il s'agit là d'une *condition* posée, non pas d'une explication causale. Ce n'est pas ce relâchement qui produit la perception visionnaire ; il la permet, rien de plus. De toute façon, pour qu'il y ait *Imaginatio vera*, il faut que l'Imagination active échappe à l'emprise de l'estimative et des sens externes.

23. Cf. ci-dessus n. 15.

24. Puisqu'ils appartiennent, eux aussi, au monde *imaginal*, serait-ce à son enfer.

25. Faculté cogitative ou méditative (*mofakkira*) est le nom de l'Imagination active lorsqu'elle fonctionne au service de l'intellect : pensée imaginante, imagination pensante, à qui il arrive de projeter ses Images intellectives (*amthila 'aqlîya*) dans le *sensorium* et d'en avoir la perception visionnaire. Ces Images intellectives sont conservées, on l'a vu, tout comme les images sensibles, dans l'imagination représentative (ici *khayâl*). Elles ont de plein droit la même « objectivité » d'une vision directe (*moshâhadat*) que les images résultant de la perception sensible. La grande affaire est que le sujet différencie bien entre les deux ; c'est cette différenciation qui différencie elle-même le spirituel visionnaire et celui que l'on appelle aujourd'hui un schizophrène.

26. *Mohâkât.* Sur la convergence des notions d'*image* et d'*imitation* dans le récital (*hikâyat*) qui est à la fois récit et imitation (*mimêsis*), où le récitant, le héros et la geste ne font qu'un, voir *En Islam iranien*... t. IV, index s. v. *hikâyat*.

27. Par cette loi des correspondances il s'agit de la réalité *imaginale* des couleurs, de la neige, de la pluie, etc. Aussi bien, l'auteur parle-t-il immédiatement après du *ma'nâ-ye ghaybî*, la réalité suprasensible dont ces images sont la correspondance. Cf. notre étude sur *Symbolisme et réalisme des couleurs en cosmologie shî'ite, d'après le « Livre du hyacinthe rouge » de Shaykh Mohammad Karîm-Khân Kermânî* (ob. 1870) in « Eranos-Jahrbuch » 41/1972, Leiden 1974, pp. 109-176. La philosophie de la couleur n'est pas limitée au monde sensible ; si dans le monde sensible la couleur se manifeste dans le phénomène sensible, elle a sa source et ses modes d'être propres dans les mondes suprasensibles.

28. Nouvelle affirmation donc que le *sensorium* n'est pas seulement l'organe de la *koinaisthêsis* sensible, mais aussi l'organe de la perception visionnaire ; non pas seulement de l'image projetée par les sens externes, mais de l'image projetée par l'Imagination intellective. En outre l'image de la Lumière à son Orient qui se communique au *sensorium* assure ici la transition vers le

rappel de la Lumière de Gloire, le *Xvarnah*, qui clôturera plus loin à la fois le chapitre et le traité.

29. Observer la nuance entre les deux mots *ta'bir* et *ta'wîl*. La racine *'br* connote l'idée de passer, traverser (un fleuve), parcourir (un écrit). A la seconde forme (*'bbr*) faire passer, traverser, d'où le nom verbal *ta'bîr* = interpréter. Conversion du sens, tropologie (cf. notre étude sur *La Science de la Balance et les correspondances entre les mondes en gnose islamique*, in « Eranos-Jahrbuch » 42/1973, chap. V : Les cavaliers de l'Invisible). *Ta'wîl* est le nom verbal, à la seconde forme, de la racine *awl*, revenir. Le *ta'wîl*, c'est faire revenir, reconduire (dans la gnose ismaélienne : reconduire au *asl*, à l'archétype). En bref, le *ta'bîr* fait passer le sens en ce monde-ci. Le *ta'wîl* le reconduit au monde originel, à la source, à l'archétype. Il y aurait une longue étude à entreprendre sur le déploiement de cette herméneutique des symboles.

30. Ce qui veut dire celui dont l'Imagination active se maintient, comme organe visionnaire, au service de l'intellect. Tout le paragraphe décrit cette discipline de l'Imagination mise au service de l'entraînement spirituel. Discipline des Images, non pas suspension impossible des Images pour avoir l'illusion d'un informel abstrait. Aussi bien ces lignes préparent-elles la conclusion du chapitre : le *Xvarnah* dont le don est conféré à celui qui persévère dans la méditation du *Malakût* n'est ni une forme intellective ni moins encore une négativité informelle, mais irradiation de la Lumière de Gloire. Rien d'abstrait, mais figures immatérielles, *ashkhâs nûrânîya*, personnes de lumière du Plérôme.

31. Cet *habitus* qui est présence à demeure de la Lumière immatérielle dans le *sensorium*, lui-même organe purement spirituel, c'est cela que Sohravardî désigne, nous l'avons vu précédemment, comme *Sakîna*, et qui est l'Image primordiale par laquelle il perçoit le *Xvarnah*, la Lumière de Gloire. Cf. ci-dessus le Traité III, n. 74.

32. A la fin de son « Livre de la Théosophie orientale » Sohravardî décrit les quinze sortes de lumières immatérielles qu'expérimente le mystique *ishrâqî*. Cf. *En Islam iranien...* t. II, pp. 341, 344.

33. Cf. *infra* le traité XV.

34. La conclusion vient donc ici corroborer ce que nous ont appris déjà les Traités II et III ci-dessus. On rappelle que la forme persane *Khorrah* dérive de l'avestique *Xvarnah*, tandis que la forme persane *Farr* dérive du vieux-perse. Sur le *Xvarnah* royal et les catégories du *Xvarnah*, voir *En Islam iranien...* t. IV, index s. v. *Kevaem Xvarnô*, *Xvarnah*. James Darmesteter, *Le Zend-Avesta*, t. I, p. 7 n. 2, p. 16, n. 54 ; t. II, pp. 306, 615-617.

V.

Le Livre du Verbe du Soufisme

(Kitâb Kalimat al-tasawwof)

Extraits traduits du texte arabe inédit

1. Présentation

Ce traité de Sohravardî a été rédigé en arabe et est resté inédit jusqu'ici, sans que nous ayons perdu l'espoir de l'éditer un jour. Son authenticité ne fait aucun doute, non seulement parce que Shahrazôrî le mentionne dans sa bibliographie du Shaykh al-Ishrâq, mais parce que les données en recoupent tout ce que nous enseignent les autres livres de Sohravardî, et qu'au surplus celui-ci y réfère à son grand « Livre de la Théosophie orientale », en formulant une profession de foi d'une netteté exemplaire.

L'un des manuscrits lui donne un titre plus développé [(a)] : « Rédaction de propos référant aux réalités spirituelles (*haqâ'iq*) et expliquant les stations mystiques (*maqâmât*) des soufis. » Titre confirmé par l'*explicit* : « Ici s'achève le traité sur l'explication des stations mystiques des soufis. » En revanche, les autres manuscrits [(b)], à l'exemple de la bibliographie de Shahrazôrî, donnent comme titre : *Kalimat al-tasawwof*. On peut hésiter *a priori* sur la meilleure traduction à en donner, mais, dès que l'on en a pris connaissance, il n'y a plus d'hésitation. Il ne s'agit pas de parole ni de discours sur le soufisme. Il s'agit de la parole comme Verbe (*Logos*). La traduction littérale s'impose : « Le Verbe du soufisme », c'est-à-dire le Verbe, tel que le conçoit le soufisme. Le terme désigne par excellence l'âme humaine pensante comme Verbe, et avec elle toutes les catégories d'êtres spirituels qui sont autant de Verbes. De ce point de vue, le présent traité forme la meilleure des introductions au récit mystique intitulé : « Le Bruissement des ailes de Gabriel » (*infra* Traité VII), où la notion de Verbe embrasse, avec les trois catégories de Verbes, toute l'angélologie et l'anthropologie.

Le traité comporte vingt-cinq chapitres. Ceux que nous présentons ici ont été extraits de l'œuvre, parce qu'ils ont une sorte de vertu récapitulative des thèmes exposés dans les traités précédemment traduits ici même, et parce qu'ils assurent une excellente transition vers ceux que contient la seconde partie du présent ouvrage. La succession des chapitres illustre au mieux la notion de Verbe, et en fait saisir l'articulation fondamentale avec les thèmes majeurs de la philosophie et de la spiritualité *ishrâqî*. Les intentions explicites de Sohravardî sont à la fois la première et la dernière explication du grand projet de sa vie et de la place que tient ce traité dans l'ensemble de son œuvre. C'est seulement à partir de ce ferme projet qu'il y aurait à expliquer telles ou telles influences extérieures. Le seul contexte que nous aurions incliné à donner ici, est ce même concept du Verbe dans la théosophie mystique de l'école d'Ibn 'Arabî [(c)]. Mais cela nous eût entraîné trop loin.

Tous les opuscules de Sohravardî sont remarquables par leur densité allusive. En quelques pages et en quelques lignes, le Shaykh al-Ishrâq arrive à noter, comme on le fait dans un *memento*, l'essentiel des thèmes majeurs qui le préoccupent et qui dessinent les lignes de force de la doctrine *ishrâqî*. Le lecteur qui les aborde pour la première fois, peut en être dérouté et ne pas très bien entrevoir où on l'emmène. La tâche de l'interprète est de l'orienter, de lui permettre de repérer les étapes sur la voie, en marquant ce qui les relie les unes aux autres. C'est ce que nous essayons de faire à l'aide des sept points qui suivent.

1) On sera tout d'abord attentif aux passages qui explicitent au mieux la notion de Verbe (*Kalima*, Logos), comme désignant l'âme humaine pensante, les *Animae caelestes* et les Intelligences hiérarchiques (chap. III, IV, VI, VIII, XIV). Ces dernières sont de nouveau désignées ici comme les Chérubins (*Karûbîyûn*) et nous reportent d'emblée à l'angélologie juive (*Kerubim*). Chaque Chérubin est l'objet d'amour d'une *Anima caelestis* et est l'Orient de la lumière qui se lève (*ishrâq*) sur celle-ci (chap. VI et VIII, n. 15-16, 22). Là même, la notion de l'impératif existentiateur (*Amr*) explique la désignation des trois catégories d'êtres spirituels comme Verbes. Cet impératif, c'est l'être comme tel mis à l'impératif (KN, *Esto*, Sois !). Chaque Verbe est cet impératif ; son être est de l'être mis à l'impératif (ni infinitif *esse*, ni substantif participe *ens*). Cette ontologie de l'être à l'impératif initial ne peut justement exprimer sa notion de l'être que dans la notion de Verbe, car ce n'est pas de l'être qui subsiste comme une chose, une maison ou un texte écrit, par exemple, pouvant subsister après la disparition de l'architecte ou de l'écrivain. Comme le fera observer le philosophe shî'ite Mohsen Fayz Kâshânî (ob. 1091/1680), l'être du Verbe procède du sujet parlant (*motakallim*) : si celui-ci se tait, le Verbe disparaît. Il en va comme de la lumière du soleil dans le monde qui est nuit par essence. Tant que le soleil est là, la lumière apparaît. Si le soleil se cache, elle disparaît dans l'espace [(d)].

2) Le thème des Intelligences chérubiniques comme Verbes fait réapparaître le thème majeur de la Dixième d'entre elles qui est l'Ange-Esprit-Saint (chap. IX), celle que les philosophes désignent comme Intelligence agente, celle dont émanent les âmes humaines et

qui pour cette raison est désignée en persan par le nom de *Ravân-bakhsh*. Les Verbes que sont les âmes humaines pensantes sont envers cet Ange dans le même rapport d'amour que chaque *Anima caelestis* envers l'Intelligence chérubinique dont elle émane. Il est pour les âmes humaines ce que le soleil est pour leur perception visuelle (il est le *Dator formarum*). De même que cet Ange-Esprit-Saint est l'Ange de l'humanité, le seigneur de la race humaine (*Rabb nû' al-insân*), il est qualifié ici de *Rabb nû' al-Masîh*), expression calquée sur la précédente et qui peut se traduire comme « Ange du Christ ». Cependant nous n'avons encore rencontré nulle part ailleurs cette expression qui introduit et caractérise toute la conception sohravardienne de la christologie, et en situe le rang dans la spiritualité *ishrâqî* (cf. la fin du chap. IX et les n. 28-29). La conception s'accorde parfaitement avec ce que nous ont appris les traités précédents. Elle sera consolidée et amplifiée dans le chap. XIX (cf. n. 40), lequel énonce avec une concision sûre d'elle-même, la position de thèse christologique.

Position de thèse d'autant plus intéressante qu'elle est parfaitement étrangère à la christologie historique officielle, et nous met à son tour sur la trace d'une christologie disparue, sinon oubliée. La recherche devra se poursuivre du côté de l'ébionisme, de l'arianisme, du nestorianisme, en bref du côté du judéo-christianisme et de la christologie de *Christos Angelos*. On a vu précédemment (Traités II et III) que la notion de « père » dans l'Évangile de Jean était comprise par Sohravardî comme une qualification de l'Ange-Esprit-Saint, lequel est le « parent céleste » du Verbe qui est le Christ aussi bien que de tous les Verbes qui sont les âmes humaines (cf. n. 29, 40 ss.). C'est ce qu'il faut bien se rappeler ici, et c'est cela même qui fait comprendre le rôle central de l'Ange-Esprit-Saint dans certains des Récits mystiques (cf. Traités VI, VII, VIII). Il domine en effet l'horizon limité de l'homme, tout le système de pensée (ontologie, cosmologie, anthropologie) et partant, toute la doctrine spirituelle du Shaykh al-Ishrâq. Soulignons encore que la christologie *ishrâqî* est à étudier parallèlement avec la structure de l'imâmologie shî'ite, quant aux types de christologie qui l'ont inspirée (aussi bien monophysisme que nestorianisme).

Maintenant cette christologie pneumatologique (c'est-à-dire instituant entre l'Ange-Esprit-Saint et le Christ le lien de filiation que définit Sohravardî) se situe, dans l'ordonnance thématique du présent traité, comme déterminant l'intervention de deux autres thèmes majeurs : *a*) un rappel de la métaphysique de l'Imagination active, parce que la rencontre visionnaire de l'Ange-Esprit-Saint s'accomplit dans le *mundus imaginalis*, au « confluent des deux mers » ; *b*) la prise de position *ishrâqî* à l'égard des autres « communautés du Livre », une fois opérée la rectification de la christologie (chap. XIX), en vue du rassemblement de leur élite spirituelle dans la communauté de la *Sakîna/Shekhina*.

3) On trouvera récapitulées ici toutes les données que nous ont apportées les traités précédents concernant l'Imagination active, la différence entre l'imaginaire et l'*imaginal*. Cette différence résulte de l'ambiguïté du rôle de l'Imagination active. Tantôt elle reste subordonnée à l'estimative (*wahm*) qui égare l'âme dans la combinaison de perceptions sensibles dont elle est incapable de dépasser le niveau (elle est alors, nous a-t-il été dit, l'arbre maudit, l'arbre infernal). Tantôt au service de l'intellect, elle projette dans le *sensorium* les images intellectives, proprement métaphysiques (elle est alors l'arbre émergeant au sommet du Sinaï, le Buisson ardent, etc.) ; elle fait se produire l'événement visionnaire que racontent les Récits mystiques (cf. les n. 33 à 39). Ici, l'auteur déclare que l'estimative (*wahm*), c'est Iblîs refusant de s'incliner devant le Verbe qui est le khalife de Dieu (chap. XIV). Par ce *ta'wîl*, toutes les données qorâniques relatives à Iblîs-Satan sont à entendre au niveau de l'Iblîs-Satan du microcosme humain. La métaphysique de l'Imagination culmine dans l'affrontement de l'ange et du démon.

4) Quant à la prise de position *ishrâqî* envers les « communautés du Livre », il importe de bien saisir la nuance des reproches qui sont adressés à celles-ci. On a rappelé, il y a quelques lignes, la rectification de la christologie opérée par Sohravardî. Quant aux Juifs, il leur est reproché de ne pas consentir à l'abrogation de la Torah, en donnant comme raison que cela impliquerait qu'il y eût comme un acte de repentir de la part de Dieu. Mais en fait le changement n'est pas du côté de Dieu ; il est du côté des hommes. En termes de prophétologie du *Verus Propheta*, on dira que pour le Shaykh al-Ishrâq les Juifs ont tort d'affirmer que les manifestations du Vrai Prophète se terminent avec la personne de Moïse. Mais l'on ne peut manquer d'évoquer à ce propos le roman initiatique ismaélien du xe siècle, qui reproche avec véhémence aux Musulmans d'avoir à leur tour commis la même faute en prétendant que la lignée prophétique s'achevait avec le prophète Mohammad (cf. n. 43). Nous avons déjà relevé que le procès intenté à Sohravardî par les *'olamâ* d'Alep avait la même base : Sohravardî était accusé de professer que Dieu peut susciter un prophète chaque fois qu'il le veut.

5) Quant aux Mazdéens et Zoroastriens (chap. XXI), le texte est d'une densité extrême. De même qu'il vient de le faire pour la christologie, le Shaykh al-Ishrâq opère une rectification du dualisme de la cosmologie mazdéenne. Cette rectification est elle-même la condition et le prélude de la solennelle déclaration qui suivra immédiatement. C'est ainsi qu'il faut bien marquer l'enchaînement des chapitres XXI et XXII. Sans cette rectification, il eût été impossible au Shaykh al-Ishrâq de proclamer solennellement, comme il le fait ici, que c'est la « haute philosophie de la Lumière » des anciens Sages perses qu'il a ressuscitée dans son œuvre.

Maintenant il est très intéressant de suivre dans le détail la manière dont s'accomplit cette rectification (cf. les n. 45 ss.), autrement dit comment il est possible au Shaykh al-Ishrâq de rapatrier en Iran islamique un *iranisme* qui, dans son œuvre, opère sa jonction avec l'hellénisme (le néoplatonisme). La grande opération consiste en gros à reconduire le zervânisme à un schéma qui apparaisse compatible avec le monothéisme. L'éclosion de la Ténèbre se produit non plus au niveau du Principe suprême, mais au niveau d'un Ange du plérôme, que ce soit le Premier ou le Troisième. L'exemple de ce néo-zervânisme ou zervânisme rectifié fut donné d'autre part par la gnose ismaélienne comme par les Gayomarthiens dont parle Shahrastânî. C'est cette dramaturgie rectifiée qui conduira le Shaykh al-Ishrâq à configurer l'admirable symbole des deux ailes de l'archange Gabriel (*infra* Traité VII).

Dès lors notre Shaykh peut faire appel à une communauté d'Élus d'entre les anciens Perses. Dans sa pensée il s'agit de ceux qu'il désigne ailleurs, nous l'avons vu, comme les *Khosrovâniyân* (dont l'éponyme est Kay Khosraw) et qui furent dans l'ancienne Perse les précurseurs des *Ishrâqîyûn* de la Perse islamisée. Nous avons relevé par quel processus herméneutique Sohravardî transposait ainsi à une communauté de Sages perses ce qui dans le Qorân se rapporte à une élite spirituelle d'Israël. Nous appelons l'attention (n. 47) sur ce qu'il y a de commun entre ce processus herméneutique et celui qui était mis en œuvre par les Ésséniens de Qumrân, aussi bien que sur son accord avec le principe herméneutique formulé par le Ve Imâm des shî'ites, l'Imâm Mohammad Bâqir (ob. 115/733), à savoir que le sens intérieur du Livre ne cesse de s'accomplir de génération en génération et maintient vivant le Livre jusqu'au Dernier Jour. Et c'est ce que récapitule l'impératif énoncé dans les dernières lignes traduites ici (chap. XXV *in fine*) : « Lis le Qorân comme s'il n'avait été révélé que pour ton propre cas. »

6) Ce qui complète l'évocation des Élus de l'ancienne Perse est alors d'un intérêt capital et typiquement *ishrâqî* : d'un même souffle sont prononcés les noms des anciens sages perses et le nom de Platon. Cela nous est l'occasion (cf. n. 49) de rectifier l'opinion de chercheurs auxquels a échappé le fait de cette rencontre entre l'hellénisme et l'iranisme dans la tradition de l'*Ishrâq*, rencontre dont nous avons déjà précédemment relevé les témoignages. Le grand fait de la culture spirituelle islamique dépasse de loin les limites d'une rencontre dont les partenaires seraient seulement l'arabisme et l'hellénisme. L'*Ishrâq*, comme doctrine et tradition des *Ishrâqîyûn*, a été le lieu de rencontre en Iran islamique entre l'hellénisme des sages considérés comme les « prophètes grecs » et la théosophie des anciens Perses. Deux faces, complémentaires l'une de l'autre, constituent ainsi essentiellement la doctrine sohravardienne : d'un côté, la volonté d'intégrer la tradition

du prophétisme iranien à la tradition du prophétisme abrahamique de la Bible et du Qorân ; d'un autre côté, l'intégration de Platon et de la tradition platonicienne à la tradition iranienne de la philosophie de la Lumière.

Cela compris, on écoutera sans réticence la déclaration solennelle du chapitre XXII concernant les sages de l'ancienne Perse : « C'est leur haute philosophie de la Lumière que nous avons ressuscitée dans notre Livre de la Théosophie orientale. » C'est le grand livre dont l'auteur nous dit lui-même qu'il « fut inspiré à son cœur par l'Esprit-Saint, d'un seul coup, lors d'une journée merveilleuse » [(e)] et qu'il le termina à la fin de Jomâdâ II 582 (16 septembre 1186), cinq ans avant sa mort en martyr à l'âge de trente-six ans. Et parfaitement conscient de son projet, notre shaykh ajoute : « Je n'ai pas eu de prédécesseur pour quelque chose comme cela. » De telles déclarations ne laissent d'échappatoire ni à l'interprète ni aux historiens. Elles marquent à jamais la place de l'*Ishrâq* et des *Ishrâqîyûn* dans la philosophie irano-islamique.

7) Le grand projet de Sohravardî, explicitement déclaré, aboutit à rassembler ce qu'il considère comme la communauté de la *Sakîna*, formée des « gardiens du Verbe » (*hâfizû'l-Kalima*) du côté oriental et du côté occidental, ici au sens géographique de ces mots [(f)]. Les extraits traduits ici s'achèvent sur une nouvelle description de la *Sakîna*. Nous y avons déjà longuement insisté à propos des textes précédents, parce que ce concept, dont la désignation en arabe est l'équivalent de l'hébreu *Shekhina*, s'identifie chez Sohravardî avec celui de la Lumière de Gloire, le *Xvarnah* zoroastrien. Les « Gardiens du Verbe » à l'occident géographique, ce sont tous les sages grecs, y compris Hermès : Platon, Empédocle, les Pythagoriciens, etc. A l'orient géographique, ce sont les *Khosrovânîyûn* : Fêreydûn, Kay Khosraw, etc. Tous ont eu la vision de la même Lumière et des mêmes Lumières, dont la « Source orientale », ici à l'orient métaphysique, est la Lumière de Gloire, le *Xvarnah*.

La règle herméneutique ci-dessus (§ 5 *in fine*), Sohravardî ne l'applique pas seulement au Qôran, mais au livre qui contient toute la tradition iranienne en langue persane, le Livre des Rois, le *Shâh-Nâmeh* de Ferdawsî. Il n'eut le temps de le faire que pour quelques figures et quelques épisodes (cf. Récit de l'Archange empourpré), suffisamment cependant pour que soit marqué dans son œuvre le passage de l'épopée héroïque à l'épopée mystique, et ce passage c'est toute l'histoire secrète de la conscience iranienne. Mais cette histoire secrète est aussi bien celle de tout chercheur spirituel entré un jour sur la voie de la Quête. Et c'est aussi le passage de la doctrine du philosophe mystique à la doctrine devenue événement de l'âme, autant dire de la première à la seconde partie de la présente Anthologie sohravardienne.

2. Traduction

Chapitre III : *De l'âme pensante comme Verbe*

(...) Le sujet qui en toi pense et intellige (*al-'âqil*) est indépendant des dimensions spatiales et de tout ce qui leur est inhérent. C'est lui que les philosophes appellent l'« âme pensante » (*nafs nâtiqa*), tandis que les soufis l'appellent « secret » (*sirr*) [1], « esprit » (*rûh*), « Verbe » (*kalima*), « cœur » (*qalb*). On explique ce qu'est le *Verbe* en disant que c'est une essence (*dhât*) qui n'est ni un corps ni corporelle, qui n'a pas besoin d'un substrat pour subsister, qui se connaît soi-même, et qui dispose à son gré de l'usage d'un corps. Le Verbe n'existe pas antérieurement au corps [2]. En effet, s'il préexistait, ou bien il y aurait une multiplicité de Verbes sans rien qui les différencie — ce qui est impensable — car il n'y a pas de discrimination antérieurement au corps [3] : actions exercées, impressions subies, connaissances. Tous les Verbes constitueraient une seule et même espèce. Or, ce qui est inhérent à une seule et même essence, ou bien se retrouve dans toutes les individualités numériques de même espèce, ou bien l'ensemble ne forme qu'une seule et même chose indifférenciée. Si les Verbes sont un seul et même Verbe qui gouverne l'ensemble des corps, alors leur ensemble ne constitue qu'une égoïté unique (*anâ'îya*, un Sujet unique), si bien que ce que connaît l'un serait identiquement connu par l'autre. De même, ce qui est objet de désir pour l'un, le serait pour l'autre. Or il n'en va pas ainsi. Et si la réalité du Verbe se divisait après avoir été une, c'est qu'elle serait matérielle. Or tu en sais l'impossibilité.

Parmi les témoignages du Livre concernant la nature incorporelle du Verbe, il y a ces versets : « O toi, âme apaisée, retourne vers ton Seigneur, agréante et agréée » (89/27-28). « Les Anges et l'Esprit montent vers lui » (70/4). « Dans un séjour de Vérité, auprès d'un roi puissant » (54/55). « Leur salutation sera : Paix ! » (10/10). « Vers lui sera le Retour » (5/18, 40/3). « Ce Jour-là c'est la poussée vers ton Seigneur » (75/30). « Ce Jour-là le Retour se fera vers ton Seigneur » (75/12). « Il s'approcha et demeura en suspens » (53/8), et autres versets innombrables. Il est impensable que ce qui possède des dimensions matérielles et les modalités d'un corps matériel, puisse être présent auprès de Dieu et le rencontrer.

Et parmi les témoignages de la tradition, il y a ce propos du Prophète : « Je passe la nuit chez mon Seigneur, il me nourrit et m'abreuve. » [4] Et ce mot au moment de sa mort : « Le compagnon suprême [5] ». On demanda à certain shaykh d'entre les soufis : « Qu'est-ce que le soufi ? » Réponse : « Celui qui est en compagnie de Dieu en dehors de tout lieu. » Il y a ce mot de Jonayd que l'on interrogeait sur la Réalité divine : « Un chant s'est fait entendre pour moi dans mon cœur, et je chante à l'unisson de ce chant. Et nous sommes partout où il est, et il est partout où nous sommes. » Il y a ce mot d'Abû Tâlib Makkî, disant à propos de son maître Hasan ibn Sâlim [6] : « Le lieu s'était retiré de lui. » Et au sujet du Prophète : « Il cligna l'œil hors du *où*. [7] » Or il est impossible à un corps ou à ce qui possède la modalité d'un corps et est localisé dans l'espace sensible, que le lieu se retire de lui, ou « qu'il cligne l'œil hors du *où*. » Il y a ce mot de Hallâj : « Mon essence s'élucide *là où* il n'y a pas de *où* [8]. » Et ce mot d'Abû Yazîd Bastâmî : « J'ai cherché mon essence (*dhâtî*, moi-même) dans les deux mondes (astral et élémentaire) ; je ne l'y ai pas trouvée [9]. » Ces mots encore de Hallâj : « Le compte de l'Unique c'est que l'Unique le fasse Un [10] », et disant au sujet du soufi que « le soufi est d'essence monadique, il n'est ni *recipiens* ni *receptus* ». Tout corps est divisible, de même que ses modalités, tandis que l'Un est indivisible. Il y a beaucoup de propos de ce genre chez Abû Yazîd [11], et les propos des soufis sur ce point sont innombrables.

Chapitre IV : *Du pneuma vital comme lien entre le Verbe et le corps*

Le Verbe (l'âme pensante) a un rapport avec le monde sacro-saint et un rapport avec le corps (...) [12]. Il y a chez l'être vivant un corps subtil et de nature chaude qui résulte de la partie subtile dans la complexion des humeurs. Le principe qui lui donne origine est le cœur. Les philosophes l'appellent *pneuma* (*rûh*, esprit) [13]. Il est le support de l'ensemble des facultés, et il est le médiateur entre le Verbe et le corps. Il peut arriver qu'un membre meure, bien que le Verbe continue de disposer librement du reste du corps. La raison en est qu'un obstacle empêche le *pneuma* de pénétrer dans ce membre. Ce *pneuma* est différent de l'Esprit (*Rûh*) qui est rapporté à Dieu Très-Haut, je veux dire celui au sujet duquel [14] il est dit : « Après que je l'aurai harmonieusement formé et que j'aurai insufflé en lui de mon Esprit » (15/29) et « le Christ, Jésus fils de Maryam, est le prophète de Dieu, son *Verbe* qu'il projeta en Maryam » (4/170).

Chapitre VI : *Des Intelligences ou Chérubins qui sont les Verbes majeurs* [15]

Lorsque le possible de rang inférieur existe, c'est que d'ores et déjà l'Être Nécessaire a fait exister le possible de rang supérieur. Sinon, ce serait que par sa « dimension » monadique, il rendrait nécessaire l'existence du possible de rang inférieur. Lors donc que l'on supposerait l'existence du possible de rang supérieur, il faudrait supposer une « dimension » supérieure à celle qui serait en fait celle de l'Être Nécessaire. Ce qui est absurde. Or, comme existe le Verbe (mineur qui est l'âme pensante) et que les quiddités (ou essences, *mâhîyât*) totalement séparées des corps et du soin de les gouverner sont supérieures au Verbe qui est l'âme (parce qu'il incombe à celle-ci de gouverner un corps), il est nécessaire que de telles essences (ou Verbes entièrement séparés de la matière) existent antérieurement. Ce sont celles qui, dans la terminologie des philosophes, sont appelées Intelligences (*'oqûl*), et qui, dans la terminologie des soufis et de la *sharî'at*, sont appelés Chérubins (*Karûbîyûn*) [16] et Tabernacles de Lumière (*Sorâdiqât nûrîya*).

Chapitre VII : *De la première Intelligence qui est l'Impératif divin initial*

Comme le Premier Être, étant essentiellement monadique, ne peut rendre nécessaire l'existence d'un non-Un [17], le premier être qu'il rend nécessaire n'est donc pas un corps, car le corps comporte une matière et une forme, des dimensions et des propriétés multiples ; le corps ne peut donc émaner sans intermédiaire du Premier Être. Le premier à émaner nécessairement de lui est donc une Essence intellective monadique (*jawhar 'aqlî wahdânî*, la Ire Intelligence, *'Aql awwal*) et c'est l'Impératif initial [18]. Dieu Très-Haut le dit : « Notre Impératif est un (Verbe) unique, pareil à un clin d'œil » (54/50).

Chapitre VIII : *Des « Animae caelestes » qui sont les Verbes médians*

La générosité, c'est faire don de ce qui convient sans rien attendre en retour. Celui qui fait un don pour obtenir louange et éloge, ou pour échapper à un blâme, n'est qu'un trafiquant. Or, le Souverain divin est celui à qui appartient l'essence de toute chose, mais dont la propre essence n'appartient à aucune. Celui qui se suffit à soi-même (*al-ghânî*), c'est celui dont ni l'essence ni la perfection ne sont conditionnées par quelque chose d'autre que lui-même. Bref, l'Être Nécessaire, celui qui est en haut, ne cherche pas un but dans ce qui est en bas, puisque l'idée de but comporte l'idée de quelque chose dont l'existence est préférable (à la non-existence) pour l'agent. Si quelqu'un pour qui il serait préférable de produire une chose, s'abstient de produire cette chose, celui-là se trouve donc privé de ce qui serait préférable pour lui. Combien l'Être Nécessaire transcende tout cela !

Sache que le mouvement de la Sphère céleste n'est pas un mouvement de nature, puisque ce qui se meut par le seul fait de sa nature, tend à quelque chose qui lui convient. Lorsqu'il l'a atteint, il s'arrête là. Or, quel que soit le point auquel tende la Sphère par son mouvement, chaque fois elle s'en sépare (et son mouvement continue après qu'elle l'a atteint). Son mouvement n'est donc pas un mouvement naturel, mais un mouvement volontaire. Comme tel, il a nécessairement un but [19]. Ce but ne peut être quelque chose relevant de la *vis concupiscibilis* ni de la *vis irascibilis* [20], puisqu'il n'y a pas d'accroissement qui la sollicite, ni d'obstacle qui la gêne. Ce ne peut être de s'attirer la louange de ce qui est en bas, car ce serait là une perfection consistant dans l'opinion que l'on aurait d'elle, et tel ne peut être le fondement de quelque chose d'une perpétuité nécessaire, c'est-à-dire le mouvement de la Sphère. D'ailleurs, comment en serait-il ainsi, puisque ce qui est en bas n'est pas envers ce qui est en haut dans un rapport qui puisse entrer en considération ? Le but qu'elle cherche ne peut pas être quelque chose de partiel, car alors, qu'elle l'atteigne ou qu'elle en désespère, dans les deux hypothèses elle s'arrêterait. C'est donc quelque chose de total. C'est pourquoi la Sphère a une volonté totale, une connaissance totale et un VERBE PENSANT (*Kalima nâtiqa*, l'*Anima caelestis*) [21]. Son mouvement a pour but de se rendre semblable à l'objet de son amour (*ma'shûq*).

Or, les *Animae caelestes* ne peuvent être un objet d'amour les unes pour les autres ; sinon, leurs mouvements seraient pareils. L'objet de leur amour ne peut pas être, non plus, un seul et même pour toutes ; sinon, dans ce cas encore, tous les mouvements célestes seraient pareils. Non pas, chacune a un objet d'amour qui lui est propre, et c'est la cause prochaine dont elle émane et qui l'aide par sa lumière. L'objet de leur amour respectif, ce sont les Essences entièrement séparées du monde corporel, je veux dire les CHÉRUBINS (*Karûbîyûn*) [22]. Chacun des Chérubins effuse respectivement sur chaque *Anima caelestis* l'illumination d'une lumière se levant à son Orient (*ishrâq*) et des délices qui n'ont pas de fin. Cependant, les *Animae caelestes* ont aussi un objet d'amour qui leur est commun, et c'est le Premier Être. C'est pour cette raison que leurs mouvements respectifs se ressemblent en ce sens qu'ils sont tous circulaires. Ainsi les Sphères célestes se meuvent-elles dans un mouvement d'extase et de plaisir. Il faut aussi que leur corps présente l'image de la sphère, puisque, si elles persistaient dans un *situs* déterminé, tous les autres resteraient à jamais en puissance. Or, il est impossible que tous les *situs* soient réalisés simultanément. Aussi, par leur passage successif et ininterrompu d'un *situs* à l'autre, maintiennent-elles perpétuellement l'image de quelque chose que renouvelle sans cesse un perpétuel renouvellement.

Ainsi les mondes sont au nombre de trois : 1) Il y a le monde de l'Intelligence (*'Aql = Noûs*), et c'est le *Jabarût*. 2) Il y a le monde de l'Ame et du Verbe (médian), et c'est le monde du *Malakût* [23]. 3) Il y a le monde matériel visible (*molk*), lequel obéit à l'Ame, celle-ci à l'Intelligence, celle-ci à son Principe (*Mobdi'*).

Chapitre IX : *De l'Esprit-Saint qui est l'Ange spécifique du Christ*

Une fois établie l'existence d'entités totalement séparées de la matière (les Intelligences chérubiniques), lesquelles sont les objets d'amour (*ma'shûqât*) des *Animae caelestes*, on ne saurait concevoir leur pluralité ni la pluralité des *Animae caelestes* immédiatement à partir du Premier Être [24]. Une seule Intelligence procède par procession nécessaire du Premier Être. Les *Animae caelestes* également ne sont point nécessitées d'être par un être unique, puisque chacune a son objet d'amour qui lui est propre et qui est la cause dont elle émane. Il faut donc que les Intelligences procèdent une par une, l'une de l'autre, en une série hiérarchique.

Chez chaque Intelligence il n'y a d'autres « dimensions » de l'intellection de soi-même que les trois suivantes : elle est faite nécessairement existante par le Premier Être ; elle est en rapport avec celui-ci ; en soi-même, en sa propre essence, elle pourrait-ne-pas-être (*momkin*). En tant qu'elle intellige son rapport avec le Premier Être (qui rend son existence nécessaire), elle produit l'existence nécessaire d'un autre être de rang supérieur, qui est la deuxième Intelligence. En tant qu'elle intellige sa propre quiddité, elle nécessite l'existence d'une *Anima caelestis*. En tant qu'elle intellige son propre pouvoir-ne-pas-être, elle donne l'existence à un Ciel (le premier Ciel ou, par rapport à nous, la neuvième Sphère) [25]. C'est ainsi qu'il y a neuf Sphères célestes pour lesquelles il y a neuf Principes intellectifs ou Intelligences. De la neuvième Intelligence procède un neuvième Ciel, la Sphère de la Lune, de laquelle procède le monde des Éléments. Celui-ci bénéficie du concours des mouvements des autres Sphères, car ces mouvements font acquérir aux Éléments des aptitudes et des états de préparation différents, et c'est ainsi que sont différenciées leurs aptitudes respectives à recevoir les perfections qui émanent sur eux du « Donateur des Formes ».

Ce « Donateur des Formes » est la dixième Intelligence (procédant de la neuvième), et c'est elle que les philosophes appellent l'INTELLIGENCE AGENTE (*'Aql fa''âl*), et c'est l'ESPRIT-SAINT (*Rûh al-Qods*) [26]. C'est de cet Esprit-Saint qu'émanent nos âmes [27], dont il est aussi le perfecteur. Son rapport avec les Verbes qui sont nos âmes (*Kalimâti-nâ*, « nos Verbes ») est analogue au rapport du Soleil avec notre perception visuelle [28]. C'est lui qui annonça à Maryam : « Je suis l'envoyé de ton Seigneur pour te donner un garçon pur » (19/18), et c'est lui qui est l'Ange (ou seigneur) spécifique du Christ (*Rabb nû' al-Masîh*) [29].

Chapitre XIV : *Que chaque Verbe en ce monde a un Iblîs*

Il y a des actions thaumaturgiques que tu peux constater chez les « frères de l'anachorèse spirituelle » [30], telles que provoquer ou arrêter certains mouvements, faire descendre du ciel un châtiment, faire tomber la pluie, etc. S'il t'est difficile d'y ajouter foi, sache pourtant que les corps obéissent au Verbe de Dieu (*Kalimat Allâh*), même en l'absence de tout contact matériel. Aussi bien peux-tu constater que, même s'il fait froid, le corps s'échauffe par le courroux de l'âme. Tu as pu observer l'influence de l'imaginaire (*al-awhâm*) sur un homme, à tel point que la frayeur le fait tomber du faîte d'un mur élevé mais de largeur étroite. Quand la sagacité du Verbe est parfaite, ou bien s'il reçoit l'assistance du monde sacrosaint, il n'est point étonnant que sa force s'accroisse [31] au point qu'il en aille comme s'il était l'Ame du monde. La perception des connaissances, indépendamment de tout enseignement donné régulièrement par un maître humain, n'a rien d'impossible. Observe seulement la différence qu'il y a entre les individus, tes semblables, quant à la faculté de pénétration. L'imbécile ne tirera jamais aucun profit de la méditation, tandis que l'homme de conception vive imaginera toutes sortes d'hypothèses sur quantité de questions. Il n'y a ici aucune limite à laquelle il faudrait faire halte. Ainsi il est possible qu'un Verbe (une âme) de puissante nature perçoive en un temps très bref les réalités du monde de l'Intelligence, à cause de la perfection de sa nature et de sa proximité de son Principe (l'Intelligence, l'Esprit-Saint, dont elle procède), comme le dit ce verset : « (L'Ange), le Puissant, le Fort, le lui a enseigné » (53/5-6) [32].

La prémonition des choses à venir n'a rien d'invraisemblable, car les Verbes divins des Sphères célestes (*Kalimât Allâh*, *Animae caelestes*) connaissent les conséquences inhérentes à leurs mouvements à venir et à leurs mouvements passés. Or il n'y a d'autre voile entre nos Verbes (nos âmes, *Kalimâti-nâ*) et les Verbes des Sphères célestes que l'attache (de nos Verbes avec notre être physique). Parfois les obstacles résultant de cette attache s'affaiblissent, par exemple pour certains pendant le sommeil, pour d'autres au cours de maladies qui affaiblissent les sens externes, pour d'autres par les exercices spirituels qui libèrent les sens internes et affaiblissent la *phantasis* [33], car celle-ci est la perpétuelle pertubatrice de la force de l'âme. Alors l'âme, je veux dire le Verbe, reçoit l'empreinte de réalités sacrosaintes. Il s'élève en une ascension nocturne au monde de l'*Imaginatio vera* [34]. Souvent celui-ci miroite dans le *sensorium*. Alors, en songe ou à l'état de veille, le Verbe visionnaire contemple des formes de toute beauté, ou bien entend un discours bien ordonné, à l'enchaînement admirable, ou bien encore la forme du monde du Mystère se manifeste à lui visuellement. Mais, si l'affaiblissement des sens externes est possible, leur destruction complète ne l'est pas. Aussi un verset qorânique déclare-t-il : « Il n'est pas donné à l'homme que Dieu s'entretienne avec lui, sinon par inspiration ou bien derrière un voile, ou bien il lui envoie un Messager » (42/51). Car, tant que l'homme reste en ce monde, jamais ne cessent les suggestions du Satan, dont Dieu Très-Haut l'a cependant rendu maître.

La faculté estimative (*wahm*) [35], c'est IBLIS qui refuse de s'incliner devant le khalife et Verbe de Dieu, quand tous les Anges qui sont les facultés de l'âme, s'inclinent devant ce Verbe (qui est l'âme). « Iblîs refusa et s'enorgueillit, car il était au nombre des incroyants » (2/34). C'est pourquoi toutes les réalités immatérielles qu'admet l'intellect, cet Iblîs qui est la faculté estimative, les nie et les rejette. Cet Iblîs est jusqu'au jour de la Résurrection « au nombre des restés en arrière » (7/14) [36]. Quand l'homme sort de la tombe, le délai qui lui était imparti, est bloqué. Aussi bien notre Prophète a-t-il dit : « Il n'est aucun d'entre vous qui n'ait un démon (*shaytân*, un Satan) [37]. »

De même que l'imagination représentative [38] accueille les formes perçues par le *sensorium*, il arrive que l'Imagination active s'empare du *sensorium*. Cela, quand se relâche l'activité des sens externes qui tenait tout occupé le *sensorium*, ou bien qui empêchait l'âme d'employer l'Imagination active au service de ses méditations et cogitations [39]. Alors les formes et figures apparaissent et brillent dans le *sensorium*. C'est ainsi que deviennent visibles les génies et d'autres êtres spirituels. Même si le visionnaire fermait les yeux, il continuerait de les voir, les yeux fermés. Car sa vision provient d'une cause intérieure.

Chapitre XIX : *Sur les Chrétiens*

Lorsque l'on sait que Dieu Très-Haut n'est pas constitué avec un second, outre ce que l'on a rappelé ici précédemment, on comprend que les Chrétiens se trompent quand ils disent que Dieu a un fils. Non pas. Dans leurs livres, le terme « Père », (*al-Ab*) est employé au sens de Principe originel (*Mobdi'*) c'est-à-dire pour désigner l'Être Nécessaire. L'Esprit-Saint (*Rûh al-Qods*), tu sais maintenant qui il est [40]. Quant au Verbe, c'est le fils de l'Esprit-Saint [41], au sens du lignage compris comme tu le sais, non pas tel que le professent les Chrétiens [42].

Chapitre XX : *Sur les Juifs*

Les Juifs se trompent, quand ils refusent l'abrogation (de la Torah), en disant que cela signifierait un acte de repentir de la part de Dieu. Or, comme l'on sait que, si les changements adviennent aux réalités matérielles, ils ne peuvent advenir à Dieu, il s'ensuit que son Ordre (*amr*) est immuable. Non pas. Le monde, certes, est changeant, mais de même que le changement du monde n'a nullement pour conséquence ou postulat un changement du Principe originel (*Mobdi'*), de même le changement des Lois religieuses n'entraîne ni ne postule aucun changement du Créateur. Ou mieux dit : le changement de la Loi religieuse correspond au changement des hommes [43].

Chapitre XXI : *Sur les Mazdéens*

Les Mazdéens (*Majûsîya*, les disciples des Mages) se trompent, quand ils professent que Dieu a un partenaire (*sharîk*), puisqu'il ne peut y avoir *deux* qui soient deux Êtres Nécessaires. Quant à l'opinion de certains, professant qu'il se passa en Dieu quelque chose qui rendit nécessaire l'existence du Mal [44], tu sais que, selon ce qui précède, nous serons alors conduits à recommencer le raisonnement avec « ce quelque chose qui se passa en Dieu », car le Créateur est immuable ; il n'y a pas en lui *deux* dimensions, l'une active et l'autre passive, telles que son essence comporterait une pluralité interne. Non pas. Ce qui les a induits en erreur, c'est la « dimension » du pouvoir-ne-pas-être (*imkân*), dimension qui est inhérente déjà au Premier que Dieu créa (le *Protoktistos*) [45] : (la négativité qu'implique le fait de) pouvoir-ne-pas-être (tout en étant), ainsi que le non-être tout court (*'adam*, l'absence de l'être), telles sont les deux sources du Mal, sans que le Mal ait lui-même une essence positive. Non pas. Le Mal est négativité, non-être d'une perfection ou d'une autre, car l'acte d'être positif d'une chose n'annule rien d'une autre chose, et n'est dommageable ni pour la chose elle-même ni pour une autre chose. Ce qui est compté comme mal, est tel parce que comportant ce que nous venons de dire (le non-être immanent à l'être qui n'a pas l'être par soi-même).

Quant aux corps matériels, il n'en est point dont on puisse concevoir l'existence, sans que celle-ci ne soit accompagnée d'un léger mal, moindre que son utilité. Il y a le feu, par exemple, qui par le concours de mouvements antérieurs brûlera peut-être le vêtement d'un pauvre. Mais il n'est pas possible que le feu soit constitué autrement que comme feu, ni la Sphère céleste autrement que comme Sphère céleste. Inévitablement, du feu et du mouvement de la Sphère résulteront des conséquences telles que celle-là [46], mais il ne saurait y avoir lieu de renoncer à un bien considérable par peur d'un léger mal, si cet abandon doit entraîner un mal considérable. C'est là la conséquence de cette « dimension » du pouvoir-ne-pas-être, éclose avec le Premier Être que Dieu instaura initialement. Or, il n'est pas possible d'abolir les inhérents qui appartiennent par essence aux quiddités.

Chapitre XXII : *Du grand projet réalisé par l'auteur*

Il y avait chez les anciens Perses « une communauté dont les membres étaient guidés par le Vrai et qui par lui observaient l'équité » (7/159) [47]. C'étaient des Sages éminents à ne pas confondre avec les Mages (*Majûs*). C'est leur haute philosophie de la Lumière [48], dont témoigne d'autre part l'expérience personnelle de PLATON [49] avec celle d'autres Sages antérieurs [50], que nous avons ressuscitée dans notre livre intitulé « Le Livre de la Théosophie orientale [51]. » Et je n'ai pas eu de prédécesseur pour quelque chose comme cela [52].

Chapitre XXIII : *Des éclairs de lumière*

Si quelqu'un persévère dans la méditation du *Malakût*, remémore Dieu en une mémoration procédant d'un acte de componction, applique à la méditation du monde sacrosaint une pensée déliée et subtile, réduit à peu de choses sa nourriture et ses désirs, passe ses nuits à veiller en tenant douce et familière compagnie à son Seigneur [53], long temps ne se passera pas que ne lui surviennent certains rapts délectables, pareils à l'éclair qui fulgure et qui aussitôt se replie. Puis l'éclair s'attarde ; il dure ; il se déploie ; il se replie.

Chapitre XXV : *De la Sakîna* [54]

Les « souffles » (*nafahât*) désignent des apparitions des lumières (*lawâ'ih*, « photismes »). Ce sont des rapts (*kholsât*) délectables et lumineux qui surviennent à l'improviste. Puis ces lumières se replient rapidement, pareilles aux éclairs qui éblouissent. Dieu Très-Haut dit en parlant de lui-même : « Il est celui qui vous fait voir l'éclair, sujet de crainte et d'espoir » (13/13). La *Sakîna*, c'est un rapt délectable qui persiste un certain temps ; ou bien encore une succession ininterrompue de rapts, pendant une certaine durée. C'est un état mystique supérieur, au nombre des photismes. La *Sakîna* affermit l'ensemble de tous les états mystiques supérieurs. La *Sakîna*, c'est la « Nuée lourde » dont parle le même verset qorânique (13/13) [55]. Dieu Très-Haut dit encore en parlant de lui-même : « Il est celui qui fait descendre la *Sakîna* dans les cœurs des croyants, afin qu'ils grandissent dans la foi » (48/4). Lorsque est réalisé l'*habitus* de la *Sakîna*, cette croissance est aisée.

(...) Le *fanâ* consiste en ce que disparaisse toute attention de l'âme pour la douceur qu'elle éprouve, parce qu'elle est totalement absorbée par l'attention qu'elle donne à l'essence de ce qui lui fait éprouver cette douceur. Lorsque a disparu en elle la conscience de tout ce qui est autre que l'objet de son amour, et que même a disparu la conscience de ce *fanâ*, c'est alors l'état mystique que l'on appelle effacement (*mahw*, *tams*). Tant que, chez le théosophe mystique, n'a point encore totalement disparu l'attention donnée à la gnose mystique elle-même (*'irfân*), il n'est encore qu'un moyennement avancé, et il le restera jusqu'à ce qu'il ait oublié la gnose dans la Gloire de celui qui est l'objet de la gnose.

(...) La *Sakîna*, quand elle est parachevée, dans la mesure des aptitudes respectives des mystiques, entraîne de par elle-même ces modalités... On demanda à Sheblî [56] : « Est-ce que les traces de l'extase (*wajd*) apparaissent sur la personne de l'extatique (*wâjid*) ? » Lui de répondre : « Des lumières resplendissent sur les esprits (*arwâh*). Alors leurs traces apparaissent sur les temples (*hayâkil*) [57]. »

(...) Je demande à Dieu pour toi quelque chose qui restera éternellement avec toi, non pas quelque chose qui viendrait à finir. Ne parle pas avant réflexion. Ne t'étonne de rien de ce qui se passe en toi, car le Donateur est d'une puissance infinie. A toi incombe la tâche de lire le Qorân comme s'il n'avait été révélé que pour ton propre cas [58]. Cumule dans ton âme les qualités dont il a été question ici. Tu seras au nombre des comblés. Sache que le soufi, c'est celui en qui sont réunis tous ces *habitus* supérieurs...

NOTES DU TRAITÉ V

(*a*) Ms. Ragib 1480, cf. Hellmut Ritter, *Philologika IX* : *Die vier Suhrawardî*, in « Der Islam » 24/3-4, Berlin 1937, p. 282.

(*b*) Ahmet III 3217, Br. Mus. Add. 23403 et Bodl.

(*c*) Le Verbe (*Kalima*), c'est chez Ibn 'Arabî la Réalité prophétique éternelle (*Haqîqat mohammadîya*) ; chez les Ismaéliens, c'est le Protoktistos (*al-Mobda' al-awwal*) ; chez les Shî'ites imâmites duodécimains, c'est la Lumière mohammadienne (*Nûr Mohammadî*) ; chez les philosophes, c'est la première des Intelligences hiérarchiques, etc. Cf. notre édition de Haydar Amolî, *Le Texte des textes* (Bibliothèque Iranienne, vol. 22), Téhéran-Paris 1975, pp. 12 ss. de l'introduction de Osman Yahya (en arabe). Ce que connotent ces différentes désignations est à étudier en rapport avec le Logos de la théologie chrétienne *ab initio*. Sous tous ces noms le Verbe est la source de la *walâyat* et de la mission prophétique. Dans les *Fosûs al-hikam* d'Ibn 'Arabî, a sagesse de chacun des vingt-sept prophètes est rapportée au Verbe de ce prophète. Cf. encore notre éd. et trad. de Mollâ Sadrâ Shîrâzî, *Le Livre des pénétrations métaphysiques* (Bibliothèque Iranienne, vol. 10), Téhéran-Paris 1964, pp. 194-201 de la partie française.

(*d*) Cf. S. J. Ashtiyânî et H. Corbin, *Anthologie des philosophes iraniens depuis le XVII*[e] *siècle jusqu'à nos jours*, t. II (Bibliothèque Iranienne, vol. 19) Téhéran-Paris 1975, pp. 46 ss. de la partie française.

(*e*) Voir *En Islam iranien...* t. II, p. 20.

(*f*) *Ibid.*, p. 38 et *Op. metaph. I*, pp. 502-503.

1. Sur cette notion du *sirr* (secret, *arcanum*) et son rang parmi les centres et organes subtils, voir *En Islam iranien...* t. IV, index s. v. *sirr, latîfa.*

2. C'est l'irritante question de la préexistence de l'âme chez Sohravardî. Nous l'avons déjà relevée à plusieurs reprises, en soulignant le mécontentement de Mollâ Sadrâ à qui il semblait que Sohravardî ait chanté la palinodie. En fait l'affirmation exotérique doit être compensée par la préexistence de l'âme, telle que l'impliquent ici les Traités VI, VIII, X, etc. Cf. notamment l'histoire du paon, dans le Traité XIII.

3. Nous savons pourtant qu'il y eut bien des manières différentes de

répondre à la question préexistentielle *A-lasto*? (Ne suis-je pas votre Seigneur ?) Tout se passe encore dans cette page comme si la matière était le principe d'individuation. Or, chez les *Ishrâqîyûn*, le principe d'individuation est bel et bien la Forme. L'objection formulée ici par Sohravardî rappelle l'objection inopérante qui fut formulée contre l'unité de l'Intelligence agente chez Averroës. Bien que le chapitre XXII réfère ci-dessous au projet de la « Théosophie orientale » comme à un fait accompli, il semble que la tonalité du livre soit plus proche du soufisme que ne l'implique la formule courante chez les penseurs iraniens : l'*Ishrâq* est à la philosophie ce que le soufisme est au *Kalâm*. On a d'ailleurs l'impression que le présent traité n'a pas été composé d'un seul coup, mais rédigé progressivement.

4. Voir ci-dessus, Traité III, 1 : Extraits de la Deuxième Tablette, et Traité I, n. 25.

5. Cf. *Safînat Bihâr al-Anwâr*, t. II, p. 533.

6. Hasân ou plutôt Abû'l-Hasan ibn Sâlim, disciple de Sahl Tostarî (283/896), est le fondateur de l'école des Sâlimîyah en mystique, laquelle a compté de grands noms, tels qu'Abû Tâlib Makkî (380/990) et Ibn Barrajân (536/1142). Sur Sahl Tostarî, voir Rûzbehân Baqlî Shîrâzî (606/1209), *Commentaire sur les paradoxes des Soufis*, texte persan publié par H. Corbin (Bibliothèque Iranienne, vol. 12), Téhéran-Paris 1966, pp. 206-213. Cf. encore *infra* Traité XIII, n. 5.

7. Cf. ci-dessous Traité XIII, chapitre II.

8. C'est tout le thème de ce que Sohravardî désigne comme *Nâ-kojâ-âbâd* (le pays du Non-où), sur lequel on a déjà insisté ici et sur lequel il y aura à revenir (voir ici l'index).

9. Cf. ci-dessus Traité II : Extrait de la Deuxième Tablette.

10. Voir *ibid.* et Traité I, chapitre VII.

11. Un grand nombre des sentences d'Abû Yazid Bastâmî sont recueillies et commentées dans le grand ouvrage de Rûzbehân cité ci-dessus (n. 6), voir l'index s. v.

12. Nous omettons ici un long passage qui ne fait que reproduire la théorie classique des cinq sens externes et des cinq sens internes, telle qu'on peut la lire déjà, par exemple, dans le « Livre des Temples » (ci-dessus Traité II) et telle qu'elle sera configurée en symboles de la Cité personnelle, ci-dessous dans les Traités IX et X. Vient ensuite la théorie de l'Imagination active en son double rôle (ange ou démon), comme l'ont exposée les traités précédents. Tantôt l'imaginative ne fait que reproduire et combiner les perceptions sensibles, sécrète de l'imaginaire et reste dépendante des états de l'organisme. Tantôt, entièrement au service de l'intellect, elle est l'Imaginatrice transposant en images métaphysiques symboliques (*amthila 'aqlîya*) les intuitions intellectives, et est l'organe de pénétration dans le *mundus imaginalis*. Nous avons déjà signalé que les grandes étapes de cette métaphysique de l'Imagination sont représentées par les noms de Sohravardî, Ibn 'Arabî, Haydar Amolî, Mollâ Sadrâ.

13. Cf. ci-dessus Traité II, n. 16 et 83. *Pneuma* différent de celui qui au début du chapitre est désigné comme *Rûh* (Esprit), équivalent de *Kalima* (Verbe). Cf. la suite du texte.

14. *Allatî fî-hâ* : ici l'auteur pense au féminin le mot *Rûh*, comme il est d'usage courant en sémitique.

15. Avec ce chapitre, nous pénétrons au cœur de la conception qui justifie le titre du présent traité de Sohravardî. Il conviendra de l'avoir présent à l'esprit, lorsqu'on lira ci-dessous dans le grand récit qui a pour titre « Le bruissement des ailes de Gabriel » (Traité VII), que les Intelligences ou Chérubins sont les Verbes majeurs, que les *Animae caelestes* sont les Verbes médians et que les âmes humaines sont les Verbes mineurs (cf. encore *infra* n. 18). Répartition correspondant au *Jabarût*, au *Malakût* majeur et au *Malakût* mineur. Le chapitre débute par un rappel du principe de l'*imkân al-ashraf*, « la possibilité prééminente » principe fondamental chez Sohravardî. La première phrase énonce ce que comporte ce principe comme loi de l'être.

16. Toute une recherche reste à faire concernant le passage des Chérubins de la gnose hébraïque (*Kerubim*) à la gnose islamique (*Karûbîyûn*). Cf. *3 Enoch or the Hebrew Book of Enoch*, ed. and transl. by Hugo Odeberg, Cambridge 1928, pp. 148-149 de l'Introd., chap. XXII du texte, p. 75. Pour « le Chérubin sur le Trône », cf. G. Scholem, *Les Origines de la Kabbale*, index s. v.. Avicenne dans son « Épître sur les Anges » (*Risâla fî'l-Malâ'ika*) désigne comme Chérubins les Intelligences hiérarchiques, voir le texte cité et traduit dans notre ouvrage *Avicenne et le Récit visionnaire*, t. I, pp. 71-74. Les Chérubins dans l'Ancien Testament apparaissent toujours en relation avec les théophanies ; ils médiatisent la présence de Dieu en ce monde. Cf. encore les visions de *I Enoch* (20/1 ; 71/7). Th. A. Busink, *Der Tempel von Jerusalem*, pp. 267-272, 285-287, a rassemblé un abondant matériel pour ce chapitre de l'angélologie. Contrairement à une opinion qui a prévalu assez longtemps, nous retenons et faisons nôtre la conclusion récente : « Il est évident que l'auteur des Chroniques (2 Chron. 3/13) considère les Chérubins du Temple comme des créatures ayant la forme humaine. »

17. C'est le principe classique : *Ex Uno non fit nisi unum*. Cependant dans son « Livre de la Théosophie orientale », Sohravardî infirme ce principe en transposant à la multiplication des Intelligences et des êtres de lumière les lois de la katoptrique.

18. Nous avons eu l'occasion de rappeler ailleurs que pour nos théosophes l'aspect initial de l'être (celui de la philosophie première) n'est en vérité ni l'être à l'infinitif (*wojud*, *esse*), ni l'étant comme substantif (*mawjûd*, *ens*), mais l'être à l'impératif (KN, *Esto*). L'impératif existentiateur (*Amr*) est essentiellement cela : l'être mis à l'impératif. Là même s'enracine le concept de l'être comme Verbe. Chaque Verbe (*Kalima*) est de l'être mis à l'impératif, car réciproquement l'être à l'impératif c'est précisément ce verbe : KN, *Esto*, sois ! D'où, les trois catégories de Verbes (*supra* n. 15). Le monde de l'Impératif (*'âlam al-Amr*) est le monde de l'être mis immédiatement à l'impératif. Le monde créaturel (*'âlam al khalq*) est le monde de l'étant, mis en acte d'être par la médiation du monde de l'Impératif.

19. Cf. déjà ci-dessus Traité I, chapitre VI : « Que l'acte créateur est un acte gratuit. » Les *Animae caelestes* ont un but. C'est pourquoi leur mouvement est volontaire, parce qu'un mouvement volontaire se propose un but. En revanche l'acte créateur de la Création n'est ni un acte naturel ni un

acte volontaire, car le Créateur ne se propose pas un but devant lui apporter un avantage.

20. Ce sont les deux mauvais compagnons du pèlerin, dans le récit avicennien de Hayy ibn Yaqzân. Cf. dans notre ouvrage *Avicenne et le récit visionnaire*, la traduction de ce récit et de son commentaire.

21. Cf. ci-dessus les *Animae caelestes* comme Verbes médians. Elles ont donc une parfaite conscience du mouvement qu'elles communiquent à leur Ciel respectif et par lequel chacune tend à imiter l'Intelligence dont elle procède et qui est l'objet de son amour. Donc ici, comme chez Avicenne, la double hiérarchie des *Angeli intellectuales* et des *Angeli caelestes*, double hiérarchie qui disparaîtra chez Averroës. On rappelle que les *Animae caelestes* sont exemptes des perceptions sensibles et des perturbations causées par celles-ci ; aussi possèdent-elles la connaissance imaginative à l'état pur.

22. Cf. ci-dessus n. 16.

23. C'est la théorie classique des trois mondes que nous avons déjà rencontrée. Voir l'index et ci-dessus n. 15.

24. Cf. ci-dessus n. 17.

25. C'est la théorie avicennienne classique de la procession des Intelligences ; nous l'avons déjà rencontrée ici. Cf. ci-dessous le Traité VII et le Traité IX, où elle est transmuée en une dramaturgie symbolique (la triade Beauté, Amour, Nostalgie, et les personnages de Joseph, Zolaykhâ, Jacob).

26. Nous avons déjà longuement insisté ici sur le sens et la portée de cette identification de l'Intelligence agente avec l'Esprit-Saint.

27. Nous avons déjà vu qu'il est désigné en persan comme *Ravânbakhsh*, le « Donateur de nos âmes », l'Ange dont elles émanent. Cf. particulièrement ci-dessous le Traité VII. Noter comment ces lignes préparent l'allusion christologique qui va terminer le chapitre.

28. Cette comparaison implique toute la gnoséologie sohravardienne : la lumière qui fait voir est l'*Ishrâq, lux matutina*, orient qui se lève sur l'âme et dont la lumière lui révèle les choses à leur aurore.

29. Cette désignation de l'« Ange du Christ » est typiquement sohravardienne, typiquement révélatrice de la christologie *ishrâqî* comme prolongement ou développement de la christologie primitive de *Christos Angelos*. L'expression *Rabb nû' al-Masîh* est calquée sur *Rabb nû' al-insân* désignant l'Ange-Esprit-Saint comme Ange de la race humaine. S'ensuit ici une double interprétation possible : le mot *nû'* a-t-il vraiment le sens d'une « espèce » qui comprendrait dès lors toutes les manifestations du *Verus Propheta*, conformément à la prophétologie judéo-chrétienne (cf. Michée 5/4, les *octo Christos hominum*, chez saint Jérôme) ? Ou bien doit-il s'entendre d'une individualité unique coïncidant avec l'espèce (d'où notre traduction : Ange spécifique du Christ) ? Quoi qu'il en puisse être, on observera que ces lignes préparent le chapitre XIX ci-dessous et corroborent les données christologiques déjà recueillies (cf. *supra* Traité II, Extrait des Comment., 2 et n. 115, Traité III, n. 20). La notion de *Rabb al-nû'*, seigneur ou Ange de chaque espèce, marque dans la doctrine *ishrâqî* le point de convergence entre l'hermétisme, le zoroastrisme et le néoplatonisme. Sohravardî réfère aux Amahraspands et autres

Izad du zoroastrisme (v. g. Hôm, l'ange du Feu). C'est précisément ce concept de *Rabb al-nû'* qui est la clef de son interprétation des Idées platoniciennes en termes d'angélologie zoroastrienne (le pivot de cette herméneutique est le concept avestique de *Ratu*, cf. J. Darmesteter, *Le Zend-Avesta*, t. I, pp. 122-124). Le seigneur ou Ange d'une espèce n'en est pas seulement le concept archétype, mais une hypostase. C'est cela qui fait comprendre l'importance donnée à l'Ange de la race humaine dans les Récits mystiques, et partant ici à la christologie.

Une note en marge d'un manuscrit (Ragib 1480) donne ici : *wâhib nû' al-Masîh*, Donateur spécifique du (ou de l'espèce) Christ, calqué cette fois sur *Ravânbakhsh* : c'est de son *rabb*, seigneur ou Ange, qu'émane l'espèce qui en est la théurgie et que cet Ange gouverne. Simplement donc l'expression est plus proche de la désignation de l'Ange-Esprit-Saint comme « Donateur de nos âmes » ou « Donateur des formes » (*Wâhib al-sowar*). De toute façon ce Donateur est la Dixième Intelligence hiérarchique, Ange de l'humanité, et la christologie rentre dans le schéma général de l'anthropologie (Cf. *En Islam iranien...* t. IV, index s. v. Gabriel, *Rabb al-nû'*). En fait ici : 1) Le rapport du Christ avec son Ange (l'Esprit-Saint, Gabriel, qui est son « père ») est analogue à celui du Poimandrès avec Hermès, du Pasteur avec Hermas. 2) Il est le fils de l'Esprit-Saint (*infra* chap. XIX) ; cf. dans l'Évangile des Hébreux : « Ma mère l'Esprit-Saint... » 3) Pour cette christologie, cf. *Pistis Sophia*, l'Esprit apparu comme frère céleste de Jésus, et qui ensuite se manifeste lors du baptême. On voit que toute la christologie de Sohravardî véhicule un sens lointain remontant à celle de Christos Angelos (cf. Martin Werner, *Christos-Michaël*, *Christos-Gabriel*), au livre de la *Pistis Sophia* (le Christ prenant la forme de Gabriel pour saluer Marie). Rudolf Otto a montré jadis (*Reich Gottes und Menschensohn*, München, 1954, pp. 146 ss., 156 ss.) dans l'idée mazdéenne de la Fravarti la préfiguration des rapports entre Hénoch et l'Homme céleste, entre Jésus et l'Anthrôpos. La spiritualité sohravardienne a là même ses racines.

30. *Ikhwân al-tajrîd*. Voir ci-dessus Traité I, n. 37.

31. *Qowwat-hâ*, ou selon une variante : *qorb-hâ*, sa proximité à l'égard de son Principe qui est l'Intelligence ou Esprit-Saint dont le Verbe (l'âme pensante) émane. Cf. quelques lignes plus loin l'intervention des versets 53/5-6.

32. Versets qui corroborent ici l'identité de l'Ange de la connaissance et de l'Ange de la révélation.

33. C'est-à-dire l'Imagination active livrée au pouvoir de l'estimative (*wahm*) dont il sera dit, dans quelques lignes, qu'elle est l'*Iblîs* (le Satan) du microcosme.

34. *'Alam al-takhayyol*. Tout cela est à coordonner avec ce qui a été constaté précédemment ici concernant la métaphysique de l'Imagination active et de l'*imaginal*, (ci-dessus Traité III, n. 80 à 95 et présentation du Traité IV). L'*Imaginatio vera* projetant dans le *sensorium* les « images intellectives », c'est l'âme imaginante enfin libre pour les contemplations et les événements visionnaires.

35. Relever cette désignation de l'estimative (*wahm*) comme Iblîs ou Satan du microcosme. Iblîs est ici le démon de l'agnosticisme. C'est lui

qui porte l'âme à nier les réalités du monde spirituel ; il la fait divaguer dans l'imaginaire, lui interdit la pénétration dans le monde *imaginal* grâce à laquelle seraient projetées dans le *sensorium* les images intellectives, permettant que se produise l'événement visionnaire des Récits mystiques.

36. Ceux qui attendent (*monzarûn*). Le verset vient dans le contexte de l'histoire d'Iblîs refusant de s'incliner devant Adam, parce qu'Adam a été créé d'argile, tandis que lui-même a été créé de feu.

37. C'est une tradition que chaque prophète a eu son Iblîs, et que Mohammad « convertit le sien à l'Islam ».

38. Ces lignes font allusion au double aspect de l'Imagination active, tantôt ange et tantôt démon. Cf. ci-dessus n. 34 et Traité IV, n. 19 à 30.

39. C'est le double cas envisagé déjà ci-dessus (cf. note précédente) pour la théorie d'ensemble de la connaissance visionnaire et de la métaphysique de l'Imagination active. Tous ces textes rassemblés ici forment donc la meilleure introduction aux récits et traités traduits dans la seconde partie du présent ouvrage.

40. C'est le grand chapitre christologique du présent traité, qui présuppose et récapitule tout ce qui a été dit précédemment sur ce point. Nous avons déjà suggéré la recherche qui ne peut être entreprise ici. Il importerait de remonter à la *Engelchristologie* du judéo-christianisme ; l'importance donnée à la christologie par la spiritualité sohravardienne dévoilerait ses motifs au fur et à mesure que se préciserait les christologies de type ébionite, arien, nestorien. Il y aurait à mettre en parallèle ces christologies anciennes et la structure de l'imâmologie. Cf. ci-dessus n. 29. Il est certain que ce chapitre du Shaykh al-Ishrâq porte les traces d'une christologie précise. Noter la double acception du terme « Père », étant exclu, bien entendu, le sens dans lequel l'entend le christianisme officiel. D'une part, le « Père » est le Principe premier. D'autre part il est, comme déjà ci-dessus dans les Traités III et IV, l'Ange-Esprit-Saint dont le Verbe est le fils. Il y a plutôt une dyade divine qu'une triade. (Cf. le Pasteur d'Hermas) : l'Esprit-Saint est créé par le Principe et lui-même est le père du Verbe, aussi bien le « parent céleste » du Verbe qui est Jésus comme *Rûh Allah* (Esprit de Dieu) que de tous les Verbes qui sont les âmes humaines. Ainsi la figure de l'Ange-Esprit-Saint est la clef de voûte de la cosmologie, de l'anthropologie et de la vie spirituelle. D'où son rôle de premier plan dans les récits mystiques, que ce soit sous le nom de l'Archange empourpré, ou de Gabriel, ou de l'Ange au Sinaï mystique.

41. *Al-Ibn li-Rûh al-Qods*. Il a été en effet largement question de lui dans tous les traités qui précèdent. Cf. le long extrait de Wadûd Tabrîzî traduit *supra* Traité III, n. 20. Le terme dont se sert Sohravardî, se trouve littéralement dans un texte gnostique copte, l'*Epître de Jacques* (Codex Jung), en écho à l'*Evangile selon les Hébreux* : « Ressemblez au Fils de l'Esprit-Saint. » Cf. E. Hennecke/W. Schneemelcher, *Neutestamentliche Apokryphen*, J. Bd., Tübingen 1959, p. 107, n. 3.

42. C'est exactement le sens du « père » que nous avons trouvé dans l'interprétation des versets johanniques chez Sohravardî, cf. ci-dessus VIe et VIIe Temples du Traité II ainsi que le Traité III. La filiation s'établit au moment de l'annonciation à Maryam.

43. Bien différencier dans les chapitres qui suivent les reproches que Sohravardî adresse à chacune des « communautés du Livre ». Les Chrétiens se sont trompés sur le sens de l'expression « fils de Dieu ». Les Juifs se trompent lorsqu'ils veulent arrêter le cours de la prophétie à Moïse, pour sauvegarder l'immutabilité de l'Ordre divin ; le changement de Loi religieuse correspond à un changement dans les hommes non pas à un changement en Dieu. Rappelons que la gnose ismaélienne reproche également aux Musulmans d'avoir à leur tour commis la même faute que les « communautés du Livre » qui les ont précédés, en prétendant arrêter la lignée spirituelle avec Mohammad comme « Sceau des prophètes ». Cf. notre étude sur *Un roman initiatique ismaélien du Xe siècle*, in « Cahiers de civilisation médiévale », Université de Poitiers, avril-juin 1972, pp. 134-135.

44. Allusion à un zervânisme qui ici ne dit pas son nom. Nous avons montré ailleurs comment le néo-zervânisme altère la dramaturgie zervânite en déplaçant sur un Ange du plérôme l'éclosion de la Ténèbre (Gayomarthiens, Ismaéliens), et en rendant ainsi possible son insertion dans un schéma monothéiste.

45. C'est-à-dire la première des Intelligences hiérarchiques. La dimension d'ombre commence en elle avec son troisième acte de contemplation dirigé sur sa propre essence qui, de par elle-même et à elle seule, n'a pas nécessairement l'être. Virtualité de non-être qui ira en s'aggravant jusqu'à la dixième Intelligence que Sohravardî typifiera dans l'Ange aux deux ailes : l'une toute de lumière, l'autre enténébrée (cf. *infra* Traité VII). On peut comparer avec les systèmes cosmogoniques évoqués dans la note précédente. Tout l'effort qui lui permit de rapatrier en Iran islamique la philosophie des sages de l'ancienne Perse, consiste pour Sohravardî à interpréter et modifier de cette façon le dualisme radical des Mages zoroastriens. Ne pas donner d'être positif à l'*abs-entia*. D'où l'appel (chap. XXII) à la communauté d'Élus d'entre les anciens Perses, sages non-dualistes, les *Khosrovanîyûn* précurseurs des *Ishrâqîyûn*.

46. Conséquences résultant du mouvement des Sphères célestes, dont les Ames motrices ont un but supérieur, nous a-t-il été dit, à toute considération du monde d'en-bas. L'exemple du feu, choisi ici par l'auteur, conduirait à rappeler qu'il y a un feu ôhrmazdien différent du feu ahrimanien, fumeux et ravageur. Le premier, à la différence du second, est de lumière pure ; il ne ravage ni ne détruit.

47. *Ta'wîl* remarquable du verset 7/159, lequel porte : « Il y a chez le peuple de Moïse une communauté d'hommes guidés par le Vrai, et qui par lui observent l'équité. » Le témoignage rendu par le Qorân à la communauté d'Élus au sein du peuple juif, est transposé par Sohravardî à une communauté d'Élus au sein des anciens Perses, c'est-à-dire les *Khosrovânîyûn*. Nouveau témoignage de l'intégration sohravardienne de la tradition prophétique iranienne à la tradition prophétique de la Bible et du Qorân (s'annonçant déjà dans l'équivalence établie entre le *Xvarnah* et la *Sakîna/Shekhina*). Le procédé herméneutique est ici fort proche de celui qui était pratiqué chez les Esséniens de Qumrân, et désigné comme *pesher* (hébreu *p-sh-r* ; cf. l'arabe *f-s-r*, donnant *tafsîr*, commentaire). Le principe est celui-ci : l'énoncé révélé vaut à plusieurs niveaux de l'être comme à plusieurs moments

du temps (c'est exactement ce qu'affirmait le Ve Imâm des shî'ites, Mohammad Bâqir). Il faut pour cela en saisir le sens « au confluent des deux mers ». Pour autant, il sera bien tautégorique, non pas allégorique. C'est tout ce qu'implique aussi la *hikâyat* comme récital mystique. D'où, dans les lignes finales ici (*infra* chap. XXV) le précepte de Sohravardî : « Lis le Qorân comme s'il n'avait été révélé que pour ton propre cas. » Les courts chapitres de ce traité nous livrent la clef de toute l'œuvre du Shaykh al-Ishrâq. Aussi bien trouve-t-on un peu plus loin, dans la même sourate qorânique, ce verset : « Il existe chez ceux que nous avons créés une communauté qui suit la voie du Vrai et qui, grâce à elle, pratique l'équité » (7/180).

48. *Hikmato-hom al-nûrîya al-sharîfa.*

49. L'auteur sous-entend la référence au récit d'extase que rapporte la *Théologie* dite d'Aristote, et où c'est en fait Plotin qui parle. Mais ce qui nous importe ici, c'est le nom de Platon émis d'un même souffle à la suite de celui des sages de l'ancienne Perse, pratiquant la « haute philosophie de la Lumière ». En Occident, ce sera seulement avec le grand philosophe byzantin Gémiste Pléthon, au XVe siècle, que s'opérera la conjonction des noms de Platon et de Zoroastre/Zarathoustra. Il convient d'ajouter ici une remarque essentielle à ce que nous disions ci-dessus (cf. notre présentation du Traité III, le « Livre des Tablettes ») concernant l'existence et les caractéristiques d'un hellénisme islamique trop souvent perdu de vue chez les amateurs de grande synthèse. L'arabisme a si longtemps encombré le devant de la scène pour ces derniers, que l'iranisme en a été rejeté dans l'ombre et que c'est seulement de nos jours que justice commence à lui être rendue. Il semble que nous ayons maintenant des données suffisantes pour corriger le pessimisme de certains chercheurs, chez les anthroposophes notamment, déplorant que le massacre de la famille perse des Barmakides par Harûn al-Rashîd (en 803) ait mis fin à la rencontre de l'hellénisme et de l'iranisme, pour ne laisser subsister qu'une rencontre entre arabisme et hellénisme, personnifiée par excellence en Averroës. Cf. Walter Johannes Stein, *Weltgeschichte im Lichte des heiligen Gral : das neunte Jahrhundert*, Stuttgart 1966, pp. 114-120. Certes, l'œuvre de Sohravardî et l'existence des *Ishrâqîyûn* étaient à peu près inconnues en Occident à l'époque où écrivait l'auteur (la 1re éd. du livre de W. J. Stein est de 1928). Désormais, les chercheurs attentifs à la signification de l'iranisme, trouveront dans l'école *ishrâqî* l'attestation d'une rencontre qui a duré jusqu'à nos jours, mais dont il convient aujourd'hui de réactiver le sens et la portée.

50. Ce sont tous ceux qui sont nommés dans le « Livre de la Théosophie orientale ». Voir *En Islam iranien...* t. IV, index s. v. Sages.

51. Nous en avons édité le texte avec de longs prolégomènes in *Op. metaph. II.* Nous en avons élaboré depuis longtemps une traduction française (texte et commentaire) et nous gardons l'espoir de pouvoir la publier dans un délai raisonnable.

52. *Wa-mâ sobiqto ilâ mithli-hi* (vocalisé in ms. Ragib 1480, 207b). Ce chapitre XXII énonce donc avec une clarté décisive, nous allions dire péremptoire, les intentions du Shaykh al-Ishrâq. De telles déclarations devraient définitivement faire tomber les réticences auxquelles l'éditeur-traducteur de Sohravardî s'est heurté, il y a maintes années, lorsqu'il les a fait connaître,

sans doute parce qu'elles venaient déranger l'ordre des schémas adoptés une fois pour toutes, semble-t-il, par les historiens de la philosophie et de la mystique islamiques.

53. Quelque chose qui correspond à ce que connote en hébreu le terme *devekut*, et qui est appelé par la relation personnelle et personnalisante que suppose le mot *rabb* (cf. le *Rabb al-nû'*, le seigneur ou Ange de l'espèce). Cf. le mot du Prophète rappelé ci-dessus dans le chapitre III : « Je passe la nuit chez mon Seigneur... »

54. Ce chapitre XXV est le plus long du traité. Il a pour titre : « Explication de quelques termes techniques du soufisme. » Nous n'en extrayons ici que ce qui concerne la *Sakîna*, étant donnée son importance dans la doctrine spirituelle de Sohravardî, comme l'ont montré les traités précédents et comme le montrera encore le Traité XIV. La communauté des *Ishrâqîyûn* est la communauté de la *Sakîna*, laquelle conjoint la double ascendance passant par les sages grecs et par les sages perses, cf. *En Islam iranien...* t. II, p. 38.

55. Ce qui rappelle la Nuée remplissant le Temple (1 Rois 8/11 et 2 Chron. 5/13) et souligne la continuité *Shekhina* et *Sakîna*. Penser aussi au Nuage lourd et au Nuage léger du « Récit du Nuage blanc », commenté par Qâzî Sa'îd Qommî, voir *En Islam iranien...* t. IV, pp. 159-160.

56. Ja'far ibn Yûnas Sheblî (ob. 334/945), mystique de souche khorassanienne, né à Sâmara ou à Baghdâd. Cf. *Rayhânat al-adab*, t. II, n° 608, pp. 299-300.

57. C'est-à-dire dans les corps. Mais penser aussi que le cœur du croyant est le temple, le Saint des Saints de la *Sakîna*. Un très beau contexte (page non traduite ici) traite de *ma'rifat* (la connaissance mystique) et de *mahabbat* (l'amour) : « La *mahabbat* est un des inhérents de la *ma'rifat*, même si celle-ci est encore chétive. Toute *ma'rifat* postule un amour, même si cet amour est encore chétif. Tantôt la *ma'rifat* précède la *mahabbat*. Quand la *ma'rifat* est parfaite elle aboutit à la *mahabbat*. Quand la *mahabbat* est parfaite, elle exige la *ma'rifat*. »

58. Cf. ci-dessus la note 47. Le principe de l'herméneutique sohravardienne est celui qui maintient vivant le Livre jusqu'au Dernier Jour, comme le voulait le Ve Imâm, Mohammad Bâqir. Le Livre n'est pas l'histoire du passé, mais l'histoire de chacun de ceux qui le méditent et l'intériorisent. Sohravardî procédera exactement de même avec certains épisodes du *Shâh-Nâmeh* de Ferdawsî. Ce sera le secret caché au cœur du « Récit de l'Archange empourpré » (ici Traité VI), secret qui accomplira le passage de l'épopée héroïque à l'épopée mystique. Cette remarque montre pourquoi il était nécessaire de réunir les textes constituant cette première partie de notre anthologie sohravardienne, et elle assure la transition avec le premier des Récits qui ouvre la seconde partie.

SECONDE PARTIE

La doctrine devenant événement de l'âme

Prologue II

Au seuil de cette seconde partie, nous voudrions souligner les intentions de son titre, en marquant le passage de la doctrine théorique à la doctrine devenant événement de l'âme. Marquer ce passage, c'est faire ressortir trois choses qui se préciseront au fur et à mesure des textes et de nos commentaires : il y a l'événement ; il y a le monde dans lequel se produit cet événement ; il y a l'organe par lequel se produit et est perçu cet événement. Un aperçu liminaire et systématique en permettra une vue d'ensemble.

Parce qu'elle est habituée à la vision d'un monde unidimensionnel, il est difficile à la conscience commune de nos jours de se représenter et d'admettre un monde pluridimensionnel, un monde constitué organiquement de hiérarchies intermédiaires (celles d'un Proclos, d'un Denys, d'un Sohravardî, etc.), autant qu'il lui est difficile d'appliquer la notion d'événement à un niveau qui ne soit pas celui des évidences empiriques, celui des faits qui constituent ce qu'elle appelle l'Histoire. Or tout « ce qui se passe » au cours des récits et dialogues de cette seconde partie de notre *corpus*, postule qu'il y a des événements parfaitement réels de plein droit, sans qu'ils appartiennent au niveau auquel « se passent » les événements qu'enregistrent les chroniques historiques [1].

Il reste impossible de faire droit à cette notion de l'événement qui est événement de l'âme, événement « dans le Ciel », c'est-à-dire dans le *Malakût*, sans disposer d'un monde médian, médiateur entre le monde des perceptions et évidences empiriques et le monde des réalités de l'intellect, qu'il s'agisse du plérôme à la fois spirituel et concret des Intelligences archangéliques, ou qu'il s'agisse d'un intelligible réduit aux lois abstraites de l'entendement scientifique. C'est ce monde intermédiaire que nos auteurs désignent comme le *'âlam al-mithâl* et que nous désignons comme le monde *imaginal* (*mundus imaginalis*), afin qu'une fois pour toutes soit écartée la confusion avec l'*imaginaire* que l'on identifie aujourd'hui avec l'irréel.

L'effort de Sohravardî fut d'assurer la base ontologique de ce monde intermédiaire. La philosophie irano-islamique est riche en traités sur cette question qui a provoqué débats et recherches. Nous aurons occasion de répéter qu'en l'absence de ce monde, les événements visionnaires auxquels participent les prophètes et les mystiques et qui « se passent » dans le *Malakût*, aussi bien que les événements de l'eschatologie, sont privés de leur « lieu » propre, celui où « ils ont lieu », et partant sont privés, dirions-nous aujourd'hui, de leur « crédibilité ». Ce monde est le « huitième climat » par rapport aux sept climats de la géographie classique. Le Shaykh al-Ishrâq forgera en persan le terme de *Nâ-kojâ-âbâd* pour désigner ce lieu qui est bien un lieu, mais sans endroit, sans emplacement dans le monde perçu par les sens, ni coordonnées qui permettraient au premier venu d'en trouver le chemin [2].

Corrélativement, le Shaykh al-Ishrâq a posé les bases d'une ample métaphysique de l'Imagination comme organe de pénétration dans le *'âlam al-mithâl*, et comme organe par lequel adviennent et sont perçus les événements dans le *Malakût*, le monde de l'Ame ou monde *imaginal*. Ce monde est le monde où « ont leur lieu » les événements de l'âme. L'Imagination métaphysique est l'organe qui leur « donne lieu » et qui les perçoit. Les traités de la première partie (notamment les Traités III et IV) ont fourni de précieuses données sur ce point.

On voit donc qu'il s'agit d'une triade correspondant à la triade anthropologique constituée de l'esprit intellectif, de l'âme et du corps ; à la triade cosmogonique constituée à chaque niveau des mondes par l'Ange, l'Ame de son ciel et ce ciel lui-même ; triades impliquant toutes la triade des mondes intelligible, *imaginal*, sensible. Si manque le chaînon intermédiaire, la structure et la vision du monde s'effondrent. Il ne reste plus que ce dont précisément le « Récit de l'exil occidental » veut nous sauver.

Corrélativement encore, tout texte représentant cette structure ou racontant les événements du monde imaginal, postule une herméneutique (un art de comprendre) qui est elle-même essentiellement triadique. La grande erreur contre laquelle nous nous efforcerons, à plusieurs reprises, de prémunir le lecteur, serait de croire, par exemple, que le « sens ésotérique » des récits d'initiation ou des paraboles de notre Shaykh al-Ishrâq consisterait à substituer à l'événement vécu et raconté un concept philosophique correspondant. Ce serait simplement retomber du niveau de l'événement vécu au niveau du concept. C'est malheureusement ce qu'ont fait la plupart des interprètes des récits et épopées mystiques.

Nous avons proposé ailleurs de distinguer trois niveaux : un niveau *A*, qui est celui de l'événement raconté ; un niveau *B*, qui est celui du concept philosophique correspondant ; un niveau *C*, qui est précisément le passage du niveau *A* au niveau *B* et inversement du niveau

B au niveau *A* [3]. La doctrine devenant événement de l'âme, c'est ce passage qui ne s'effectue qu'au fur et à mesure de la métamorphose de l'âme (cf. l'image de la goutte de baume, à deux reprises, dans le « Récit de l'Archange empourpré »). La découverte du « sens ésotérique » ne consiste pas dans la rechute d'un niveau à un autre, mais dans ce passage qu'il faut sans cesse effectuer de nouveau, parce que c'est en cela même que consiste l'« histoire de l'âme », c'est-à-dire finalement celle du Sage parfait selon l'esprit de Sohravardî. En bref, si l'on sépare le récit de son *sens* comme signifiant la doctrine devenant événement de l'âme, il n'y a plus que de l'allégorie. Et la confusion entre le sens ésotérique ou spirituel et l'allégorie est la plus grave de toutes. Inversement, si l'on sépare le concept philosophique de l'événement qui en fait l'événement de l'âme, il ne « se passe » plus rien. Il n'y a plus ni théosophie ni événement *ishrâqî*.

C'est cela même que nous avons eu et aurons à répéter à plusieurs reprises, et ce qui nous semble malheureusement le plus difficile à saisir pour certains contemporains. Certaines critiques monotones ne font qu'avouer implicitement qu'il leur est impossible de concevoir de l'événement qui ne soit ni du mythe ni de l'histoire, au sens courant de ces deux mots. L'obsession sociologique de nos jours n'est peut-être à l'aise que quand elle dispose de données soit mythiques soit historiques. Mises en présence de données qui marquent la rupture avec l'histoire extérieure et avec le contexte social dénoncé comme la « Cité des oppresseurs » d'où l'Appel vous presse de sortir, il n'est point surprenant que les méthodes d'analyse pratiquées par nos sciences humaines agnostiques, soient vouées à un échec.

Ce passage du niveau *B* au niveau *A* et inversement, l'herméneutique sohravardienne l'opère aussi bien sur des textes bibliques et qorâniques (par exemple, l'épisode du Buisson ardent), que sur certains épisodes du « Livre des Rois » (*Shâh-Nâmeh*) de Ferdawsî. Les traités de la première partie auront préparé le lecteur à entendre ce dernier cas comme passage de l'épopée héroïque à l'épopée mystique. Le passage qui constitue essentiellement l'herméneutique ésotérique, c'est ce qui se présente sous la forme de la *hikâyat*, un récit qui est à la fois récit et imitation ou reproduction de l'événement, ici donc un « récital mystique ». Il y a le sujet qui récite ; il y a l'événement récité ; il y a le héros du récit. De cette triade, le récital mystique fait une unité, une triunité [4]. D'où la portée d'injonctions telles que : « Si tu *es* Khezr... » ou d'une exclamation triomphale comme : « Je *suis* moi-même le Graal de Kay Khosraw ». Certes, l'on trouvera au cours de nos présentations et de nos notes maints rappels de ces aspects fondamentaux. Mais il nous fallait donner ici un aperçu en quelque sorte méthodologique, qui éclaircît le secret de leur réseau.

Il nous reste à motiver le classement thématique adopté pour les récits et traités composant la seconde partie du présent *corpus*. Un classement chronologique était exclu, faute d'indications certaines. Au demeurant, il n'eût pas forcément assuré la cohésion de ce *corpus*. En revanche, certains de ces récits et traités mystiques présentent entre eux une affinité de thème et de structure suffisante pour que leur ordonnance se soit imposée d'elle-même. Rappelons pour mémoire que Sohravardî a traduit lui-même en persan le « Récit de l'Oiseau » d'Avicenne, sans doute le plus beau des trois récits composant le cycle avicennien. Ce récit, nous l'avons traduit ailleurs [5]. Sohravardî n'en étant pas l'auteur, il n'y avait pas à le reprendre ici. Quant aux autres, qui sont tous en persan (sauf les Traités VIII, X et XV), ils ont été répartis sous les thèmes suivants :

1) *La rencontre avec l'Ange.* Le même événement est le ressort de l'action dramatique des Traités VI à VIII, lesquels sont intitulés respectivement : « Le Récit de l'Archange empourpré », « Le Récit du Bruissement des ailes de Gabriel », « Le Récit de l'exil occidental ». Aux énoncés angélologiques concernant l'Ange-Esprit-Saint comme Ange de la race humaine succède ici le face à face avec l'Ange qui se présente dans le premier récit comme « l'Archange empourpré » (Traité VI). C'est lui encore, sous son nom de Gabriel, qui est l'initiateur du visionnaire dans le Traité VII. Ces deux récits sont une initiation au parcours que devra suivre le pèlerin mystique pour revenir « chez lui ». Le « Récit de l'exil occidental » (Traité VIII) est alors le récit du voyage effectué en acte. L'Ange n'apparaît plus au début du récit mais à sa conclusion. C'est lui le « parent céleste » que l'initié retrouve enfin au Sinaï mystique sur la vision duquel s'achève le récit.

2) *La conquête du château-fort de l'Ame.* Le « Vade-mecum des fidèles d'amour » (Traité IX) et « l'Épître des hautes tours » (Traité X) sont thématiquement associés, parce que l'un et l'autre traités décrivent dans les termes d'une même topographie symbolique le lieu d'où le pèlerin doit partir pour accéder à ce château-fort de l'Ame qui est le monde spirituel, le *Malakût* supérieur, au seuil duquel il sera attendu par l'Ange. Ce lieu, c'est le microcosme, le monde intérieur, celui que le Traité VII désigne comme le *khângâh*, l'oratoire ou le temple intérieur. C'est par l'ésotérique, le niveau *imaginal* du microcosme, que le pèlerin doit passer pour accéder au *Malakût*. Ce n'est pas à partir du monde extérieur, monde de la perception sensible, mais en rentrant dans son monde intérieur que l'homme pourra trouver l'issue hors de lui-même « vers les siens », la sortie des défilés, accéder finalement au château-fort de l'Ame. A la différence des trois récits précédents, ces deux traités ne sont pas écrits à la première personne et ne donnent pas lieu à un dialogue continu.

Le « Vade-mecum » est avec le « Jasmin » de Rûzbehân Baqlî Shîrâzî parmi les plus beaux textes persans sur la « philosophie d'amour ». Pour en comprendre l'action, il nous faut de nouveau avoir bien présente à l'esprit la structure du monde de l'*Ishrâq* rappelée ci-dessus. Les *dramatis personae* (Beauté, Amour, Nostalgie) ne sont ni des allégories, ni ce que l'on se contente le plus souvent d'expliquer comme des « abstractions personnifiées ». Ce sont des typifications. Les typifications ne se produisent ni au niveau de l'universel logique du concept, ni au niveau du singulier de la perception sensible. Une pure essence, antérieurement à ces deux niveaux auxquels elle est indifférente de par elle-même, est ce qu'elle est et ne peut avoir de forme d'apparition (*mazhar*) qu'au niveau du *mundus imaginalis* dont l'organe de perception est l'Imagination métaphysique. Seul un personnage perçu à ce niveau, a la vertu de typifier une essence. Avec le concept on écrit un traité de philosophie théorique ; avec le singulier du monde sensible on fait de l'histoire, ou bien encore un roman tout court. Avec la pure essence métaphysique au niveau concret qui est propre au *mundus imaginalis*, on écrit une épopée mystique, un récit visionnaire, un récit ou rituel d'initiation, etc. [6] (cf. encore sur cet aspect fondamental, présentation et notes du Traité IX).

3) *Les dialogues intérieurs*, à savoir le récit dialogué qui a pour titre : « Un jour, avec un groupe de soufis... » (Traité XI) et l'« Épître sur l'état d'enfance » (Traité XII). Les deux traités ont ceci de commun que l'interlocuteur du visionnaire n'est plus l'Ange, mais un Sage, un *pîr* ou *shaykh* mystérieux, dont l'identité n'est pas dévoilée. Nous croyons que notre présentation et nos notes aideront à percer cet incognito. On se rappellera que dans les récits précédents l'Ange interlocuteur se présente toujours aussi comme un Sage d'aspect éternellement juvénile.

4) *Les symboles et paraboles* groupent les traités intitulés : « La langue des fourmis » (Traité XIII) et « L'Incantation de la Sîmorgh » (Traité XIV). Le premier forme une suite de paraboles mystiques d'un humour à la fois savoureux et pathétique. Comme à la fin du Traité XI, nous y lisons entre les lignes le pressentiment qu'eut notre shaykh de son destin de martyr. Le Traité XIV est un traité de haute doctrine mystique, orchestré autour du symbole du mystérieux oiseau Sîmorgh (déjà apparu dans le Traité VI), dont le thème est développé tout au long du prologue. Tout ce qui est formulé dans les deux parties du Traité XIV, y compris donc le chapitre capital sur la *Sakîna* est présenté comme ne faisant que traduire l'Appel du mystérieux oiseau.

5) *Le Livre d'heures* forme un ensemble absolument unique dont nous ne connaissons pas d'autre équivalent. De même que les récits mystiques forment le couronnement de la théosophie *ishrâqî* qu'ils

exhaussent au niveau de l'événement vécu par l'âme, de même le Livre d'heures est le couronnement des récits, dialogues et paraboles contenus dans cette seconde partie de notre *corpus*. On a bien l'impression que le Shaykh al-Ishrâq visait très haut, et que ces strophes, hymnes et psaumes, constituent l'« office divin » prévu à l'usage d'une communauté idéale des *Ishrâqîyûn*. On en vient alors à supposer que les dialogues des récits précédents, en forme de questions et de réponses, aient pu constituer quelque chose comme un rituel d'initiation à l'usage des *Ishrâqîyûn*. Dans l'envolée lyrique de ses invocations, le Shaykh écarte toute réticence : il invoque nommément Ohrmazd, le « Dieu des Dieux », les Archanges du zoroastrisme, le patronage d'Hermès, etc.

Nous n'avons pas à en dire plus ici. Que l'on veuille bien se reporter à nos textes de présentation et à nos notes.

Nous avons rappelé au passage les traductions françaises que nous avons données jadis ou naguère de plusieurs de ces traités. Ils avaient été notre premier contact avec le Shaykh al-Ishrâq et nous nous acquittons ici envers lui d'une dette d'amitié de jeunesse. Cela d'autant plus que l'exemple d'Avicenne et de Sohravardî écrivant ces brefs romans mystiques en prose, n'a guère été suivi. La littérature persane s'enrichira des grandes épopées mystiques de Farîdoddîn 'Attâr, de Jâmî et de plusieurs autres. Il n'y aura plus de ces brèves évocations en prose, arrivant à tout dire en quelques pages, quitte à requérir le dévouement des interprètes.

Nous pouvons cependant ranger parmi les « récits d'initiation » certains textes très amples qui ne se donnent pas d'emblée comme tels. Nous pensons ici au « Récit du Sage et du disciple » qui forme un authentique roman d'initiation à la doctrine et à la gnose ismaéliennes [7]. Et dans la vaste littérature shî'ite duodécimaine, un *hadîth* comme le « Récit du Nuage blanc » peut être interprété comme l'a fait d'ailleurs Qâzî Sa'îd Qommî, à la façon d'un récit d'initiation [8]. Là aussi toute l'action dramatique se passe dans le *mundus imaginalis ;* l'Imâm entraîne ses compagnons à la perception d'événements visionnaires ayant lieu et « leur lieu » dans le *Malakût*.

Notre *corpus* sohravardien aidera, nous l'espérons, à mieux comprendre ce qu'est la gnose en Islam, gnose nous ne disons pas musulmane mais islamique. Il fera connaître une forme de gnose différente de celle contre laquelle s'obstinent encore tant de préjugés. Pour un *Ishrâqî* il n'y a aucune opposition entre la foi prophétique et la religion mystique. Il y a eu plusieurs fois ici l'occasion de dire que c'est un non-sens d'opposer l'aventure gnostique de l'exil à l'aventure abrahamique de l'expatriement, car ce à quoi elles tendent l'une et l'autre c'est à s'expatrier de l'expatriement. Abraham est le père des « chevaliers spirituels » (*fityân*). Sohravardî termine son « Livre des Temples » sur cette invocation : « Fais de la chevalerie spirituelle (*fotowwat*) notre parure distinctive. » L'Appel auquel répond l'exilé gnostique et l'Appel auquel répondit Abraham sont un seul et même Appel. La dernière note de cet Appel, nous l'entendons ici à la fin du Livre d'heures, quand se fait proche le lever du soleil du *Malakût* à son « Orient » mystique. La liturgie *ishrâqî* s'achève sur l'imminence de cette « relève du matin ».

NOTES DU PROLOGUE

1. Voir *En Islam iranien...* t. IV, index général, les nombreuses références données s. v. événement.

2. Cf. *ibid.*, index général s. v. Image, imaginal, imagination, *'âlam al-mithâl*, *mundus imaginalis.*

3. Cf. *ibid.*, t. II, pp. 191 ss.

4. Cf. *ibid.*, t. IV, index s. v. *hikâyat.*

5. Voir notre ouvrage *Avicenne et le récit visionnaire*, Paris, Adrien-Maisonneuve, 1954, t. I, pp. 215-221.

6. Voir *En Islam iranien...* t. II, pp. 365-370.

7. Cf. notre étude sur *Un roman initiatique ismaélien du Xe siècle*, in « Cahiers de civilisation médiévale », Université de Poitiers, XVe année, N°s 1 et 2.

8. Voir notre traduction du « Récit du Nuage blanc », *En Islam iranien...* t. IV, pp. 150-204.

1. La rencontre avec l'Ange

VI.

Le récit de l'Archange empourpré

('Aql-e Sorkh)

Traduit du persan

1. Présentation

Le *Récit de l'Archange empourpré* n'est sans doute plus tout à fait inconnu pour au moins quelques lecteurs occidentaux. Nous en avons publié déjà la traduction dans un important ouvrage d'ensemble, accompagné d'un commentaire que nous ne pouvons répéter ici en entier. Nous référons donc expressément à cette publication antérieure [a]. Les notes dont nous faisons suivre ici la traduction, suffiront à dire l'essentiel.

Ce récit est le premier des trois récits que nous avons groupés sous le motif de la « rencontre avec l'Ange ». Dans les deux premiers récits de la trilogie, l'Ange initie son visionnaire, en termes symboliques, au voyage qu'il lui faut entreprendre et lui indique quelles en sont les étapes. Le troisième récit décrira la mise en route, les périls et le triomphe du voyageur accomplissant le retour de l'exil. Cette fois la « rencontre avec l'Ange » se produit en la patrie commune à l'Ange et au visionnaire. Nous avons rappelé précédemment que c'est un non-sens d'opposer l'aventure gnostique de l'exil, sous prétexte qu'elle serait une évasion, à l'aventure abrahamique de l'expatriement. Précisément, c'est Abraham qui montre aux exilés le chemin du retour en s'expatriant de la patrie terrienne.

C'est ce récit qui a donné son titre au présent recueil de traités de Sohravardî. On le comprendra d'autant mieux, si l'on se rappelle le rôle de l'Ange-Esprit-Saint dans les traités qui précèdent. L'Archange empourpré, de même que l'archange Gabriel du traité qui ici fait suite, et l'Ange au Sinaï dans la finale du Récit de l'exil, sont autant de désignations référant à cet Ange-Esprit-Saint, Intelligence agente, Ange de l'humanité, et que Sohravardî reconnaissait comme le « père » qu'évoquent les versets de l'Évangile de Jean.

Nous avons simplement à motiver ici le choix des termes qui ont été préférés pour la traduction du titre en français, et à rappeler le symbolisme de la couleur rouge ou rougeoyante qui caractérise la vision. Le titre persan porte *'Aql-e sorkh*. Le mot *'aql* (pluriel *'oqûl*) est le terme traditionnel pour désigner les Intelligences chérubiniques (*Karûbîyûn, Kerubim*), les dix Intelligences hiérarchiques, Archanges ou *Angeli intellectuales* de la tradition avicennienne latine. La dernière d'entre elles, on le sait déjà, assume un rôle éminent dans la spiritualité sohravardienne. Il arrivera au Shaykh al-Ishrâq de la désigner aussi sous le nom de l'ange Sraosha de l'Avesta (*infra* Traité XV). Elle est également *Madonna Intelligenza* pour les Fidèles d'amour autour de Dante.

Quant au mot *sorkh*, il veut dire « rouge ». Il était impossible de traduire par « l'Intelligence rouge ». Le lecteur eût été complètement égaré, à supposer même que ces mots lui eussent dit quelque chose. Il convenait plutôt de se guider sur l'explication que l'Ange donne lui-même de son apparence au visionnaire. Cette couleur « rouge pourpre » qui est celle du crépuscule du matin et du soir, est produite par le mélange de la lumière et de la nuit, du blanc et du noir. C'est cela même qu'exprimera d'autre part le symbolisme des deux ailes de Gabriel dans le traité qui fait suite (Traité VII). Alors, puisque les *'Oqûl* ou Intelligences sont désignées comme des archanges, et que la couleur rouge est ici rapportée à la pourpre du crépuscule auroral ou vespéral, la traduction s'imposait spontanément, et nous avons écrit : *Récit de l'Archange empourpré.* Expérience faite, elle s'est révélée comme éminemment « parlante » au lecteur.

Cette qualification de l'Archange empourpré est à mettre en connexion avec le symbolisme des couleurs en théosophie islamique. Le thème s'organise initialement autour du motif du Trône (correspondant à celui de la *Merkaba* dans la mystique hébraïque). Aux quatre colonnes du Trône typifiant les fondements de l'être, correspondent les figures de la tétrade archangélique (Séraphiel, Michaël, Gabriel, Azraël), lesquelles se signalent chacune par leur couleur respective. Il y a d'amples commentaires sur ce thème. Qâzî Sa'îd Qommî l'a particulièrement développé. Est à insérer ici le sens de la couleur rouge dans le symbolisme des visions de lumières colorées chez Najmoddîn Kobrâ et chez son disciple Semnânî (736/1336) [(b)], de même que le rôle prépondérant de la couleur rouge dans les visions d'un mystique comme Rûzbehân Baqlî Shîrâzî (606/1209) [(c)]. (Que l'on pense également au sens de l'armure vermeille portée par certain chevalier de notre cycle du Graal.) Enfin nous avons analysé et étudié longuement ailleurs le « Livre de la hyacinthe rouge » de Shaykh Mohammad Karîm-Khân Kermânî (ob. 1870), deuxième successeur de Shaykh Ahmad Ahsâ'î. Ce traité considère la couleur rouge depuis le phénomène optique sensible, puis dans son essence jusque dans les mondes suprasensibles, et en dégage par un *ta'wîl* à plusieurs degrés les significations symboliques et mystiques [(d)].

Les circonstances de la « rencontre avec l'Ange » sont fort bien décrites dès le début par le narrateur ; elles sont analogues à celles sur lesquelles s'ouvrira le récit qui viendra à la suite (motifs de la nuit, du désert, cf. n. 6 et 7). A la différence des traités didactiques, la préexistence de l'âme à sa venue en ce monde est nettement affirmée. Quant aux sept grands thèmes du discours d'initiation, ils sont annoncés par l'Ange, après qu'il a révélé son identité et son état de perpétuel migrateur (n. 10, 13).

Il est opportun d'insister de nouveau sur les règles de l'herméneutique qu'il convient de suivre, si l'on veut être fidèle aux intentions des récits sohravardiens. Nous les avons longuement expliquées ailleurs (cf. ci-dessus Prologue II) et différencié trois niveaux de compréhension qui en dérivent, et que nous avons désignés comme niveaux *A*, *B*, *C*. Disons qu'ici le niveau *A* correspond à la lecture de la donnée littérale et extérieure du récit. Le niveau *B* correspond au sens conceptuel ou philosophique qui est censé supporter ces données, et que nous indiquerons fréquemment en note. Mais le sens ésotérique du récit d'initiation ne consiste ni en ce sens théorique, ni dans la transposition du niveau *A* au niveau *B* (le niveau *A* serait aussi bien le sens ésotérique du niveau *B*). Atteindre vraiment le sens ésotérique initiatique, faire que se produise l'événement de l'âme, cela ne consiste pas simplement à substituer un sens ésotérique théorique à la succession des données extérieures du récit. Chaque fois que l'on se contente de cette substitution, on ne fait plus que de l'*allégorie*. Pour que la doctrine devienne événement de l'âme, il faut que le pèlerin mystique s'éveille à la conscience de cet événement comme de quelque chose qui lui arrive réellement à lui, et dont il est en sa personne la réalité et la vérité. C'est ce que nous avons appelé ailleurs le niveau *C*, comme étant la limite à laquelle, en s'y exhaussant, se rejoignent les niveaux *A* et *B* [e]. Chacun des trois récits groupés ici sous le motif de la « rencontre avec l'Ange », nous l'enseignera admirablement. Ce sera, à la fin du Récit de l'Archange empourpré, l'exemple de la goutte de baume et du mystérieux prophète Khezr (Khadir).

Telle est également la clef de l'herméneutique caractéristique que Sohravardî donne ici de deux épisodes du *Shâh-Nâmeh*, un *ta'wîl* opérant sur le texte de Ferdawsî de la même manière que le *ta'wîl* opère sur le texte qorânique. C'est pourquoi l'on devra d'emblée tenir compte que les données cosmologiques et astronomiques qui précèdent et préparent la décisive entrée en scène de l'oiseau Sîmorgh, visent tout autre chose qu'une simple leçon d'astronomie et de cosmologie. La montagne cosmique de Qâf, les onze montagnes qu'elle englobe, l'arbre Tûbâ, le Joyau qui illumine la nuit, les douze puis les sept ateliers (cf. les n. 14, 15, 19 à 23, 28, 29) sont les points de repère du voyage proposé au pèlerin mystique. C'est le voyage que l'Ange décrit en disant : « Si loin et si longtemps que tu ailles, c'est au point de départ que tu arriveras de nouveau. » Le lieu du retour (*ma'âd*) de l'homme spirituel est aussi bien le lieu de son origine (*mabda'*). Pourtant, il ne s'agit pas simplement de partir de soi-même pour arriver de nouveau à soi-même. Entre départ et arrivée un grand événement aura changé toutes choses. Le *moi* que l'on retrouve là-bas, au sommet de la montagne de *Qâf*, c'est le Moi supérieur, le Moi à la seconde personne, dans le face à face auquel atteindra le pèlerin du Récit de l'exil occidental (Traité VIII).

Il ne s'agit donc pas d'un voyage exigeant la mise en œuvre de grands moyens physiques (la percée d'un tunnel, par exemple, comme le dit le texte avec humour). Il ne s'agit pas d'un voyage dans l'espace extérieur, mais d'une transmutation de l'être par laquelle se déploie l'espace intérieur. C'est en effet un voyage qui s'accomplit par la métamorphose intérieure du voyageur, docile aux instructions de l'Ange initiateur. C'est ce que celui-ci lui fera comprendre par le symbole de la goutte de baume traversant l'épaisseur de la main (n. 17). C'est aussi tout l'enseignement initiatique que comportera le rapport entre l'arbre Tûba et le Joyau qui illumine la nuit, entre le soleil spirituel et l'âme du mystique qui est une « Lune au ciel du *tawhîd* » (Traité X). En bref, les données astronomiques composant l'imagerie scénographique sont exhaussées au rang d'une parabole, et cette parabole reconduit aux cieux spirituels de l'astronomie ésotérique (n. 13, 23). Aussi, avons-nous évoqué le commentaire de Proclos expliquant en quel sens Timée peut être reconnu comme un parfait connaisseur en astronomie (n. 19), et cette reconnaissance est en parfait accord avec ce que Sohravardî nous enseigne ailleurs (Traité XI) concernant les trois manières de contempler le ciel, trois manières correspondant à trois catégories d'astronomie. (Les figures insérées dans le texte sont du traducteur ; elles ne visent à aucun réalisme, mais simplement à faciliter l'intelligence du texte.)

Tout se trouve mis en place pour la soudaine intervention de Sîmorgh, provoquée par une question du visionnaire. Nous avons rappelé brièvement (n. 24) les données traditionnelles concernant ce mystérieux oiseau, depuis l'Avesta de l'Iran zoroastrien jusqu'à l'épopée mystique de 'Attâr et au-delà. Il est au nombre des symboles mazdéanisants qui ont la prédilection du soufisme iranien (le grand maître des Mages, le couvent des Mages, le vin des Mages, etc.). Son intervention est ici décisive, en ce sens que c'est par la médiation de Sîmorgh que la geste des héros du *Shâh-Nâmeh* va s'achever en épopée mystique. Son intervention provoque le *ta'wîl*, l'herméneutique qui exhausse en symboles de l'histoire de l'âme deux épisodes du *Shâh-Nâmeh* : la naissance de Zâl, le combat de Rostam et Esfandyâr. C'est cette herméneutique qui marque par excellence chez Sohravardî le passage de l'épopée héroïque de l'Avesta, celle de l'ancien Iran, à l'épopée mystique de l'Iran islamique. Et ce passage est une des manifestations décisives de cet *iranisme* dont la volonté a été affirmée précédemment avec tant de vigueur par le Shaykh al-Ishrâq (cf. *supra* Traités III et V).

La Sîmorgh est ici le symbole de l'Ange-Esprit-Saint, tel que les traités précédents nous ont montré que Sohravardî le concevait. Or, nous avons relevé (n. 24) que tous les traits par lesquels il la décrit dans un autre de ses livres (ici le Traité XIV) concordent littéralement avec les attributs qu'un grand théologien syriaque monophysite, Bar-Hebraeus (ob. 1286), confère à la colombe comme symbole de l'Esprit-Saint. La rencontre est frappante et suggère bien des conséquences décisives. D'emblée ce symbole nous reconduit aux données des Traités II et III, où l'Ange-Esprit-Saint était reconnu comme le parent céleste de l'âme humaine, le « père » que nomment les versets cités de l'Évangile de Jean (cf. aussi la christologie du Traité V). Son rapport s'individualise avec chaque âme sous la forme de la Nature Parfaite (l'« Ange du philosophe », *al-tibâ' al-tâmm*), voire comme le Paraclet missionné auprès de chaque spirituel. Cette individuation résout le paradoxe apparent d'une Sîmorgh à la fois une et multiple, paradoxe proposé ici comme dans l'épisode final de l'épopée mystique de 'Attâr.

Quant au premier épisode constitué par la naissance de l'enfant Zâl coiffé d'une chevelure blanche et par son exposition dans le désert (cf. n. 25), nous en avons déjà constaté ailleurs les correspondances avec les épisodes de certains romans grecs d'initiation. De même que le *ta'wîl* initiatique d'un verset qorânique en fait s'accomplir le sens caché, l'événement ésotérique, dans chaque âme, de même le *ta'wîl* des épisodes de l'épopée héroïque du « Livre des Rois » en fait s'accomplir l'événement dans chaque âme mystique. C'est par là, avons-nous dit, que le *ta'wîl* initiatique conduit l'épopée héroïque à sa finalité « orientale » (*ishrâqî*), autrement dit l'achève en épopée mystique. C'est un fait spirituel qui domine non seulement l'œuvre de Sohravardî, mais aussi toute l'histoire de l'Iran spirituel, le secret de la continuité entre l'ancienne Perse et l'Iran islamique. La naissance de l'enfant Zâl typifie ici l'entrée de l'âme venant du *Malakût* dans notre monde de misère. Elle est l'étrangère ; elle est marquée originellement par la blancheur du monde de la lumière.

Le second épisode est constitué par la mort héroïque d'Esfandyâr, le chevalier de la foi zoroastrienne (cf. n. 26). Sous l'apparente défaite, le triomphe mystique, comme au dénouement de l'épopée de 'Attâr. En la personne d'Esfandyâr, le *ta'wîl* reconduit chaque mystique au sommet de la montagne de Qâf (cf. le Traité XIV, le moment où la huppe devient elle-même une Sîmorgh). Sîmorgh est la face impérissable de chaque être. Face divine et face humaine se réfléchissent l'une l'autre, se réciproquent, par la vision dans le miroir. Mais aucun être humain ne peut survivre au dévoilement de ce mystère (se rappeler la demande de la vision formulée par Moïse). Recevoir en don cette vision, c'est déjà franchir le *seuil*. Il est remarquable que le *ta'wîl* qui conduit l'épopée héroïque de l'Iran à son achèvement mystique, s'opère par la médiation de l'oiseau Sîmorgh comme symbole de l'Ange-Esprit-Saint. Esfandyâr éprouve que ce n'est pas la flèche mais les deux ailes de Sîmorgh qui ont aveuglé ses yeux.

Non moins remarquable l'achèvement du discours d'initiation par le rappel du motif de la goutte de baume qui, lorsqu'elle est brûlante, transpasse instantanément au revers de la main (cf. n. 17 et 33). Distance et intervalle de temps sont abolis pour le mystique qui s'est plongé dans la mystérieuse Source de la Vie. « *Si tu es Khezr* (Khadir), à travers la montagne de Qâf, sans peine, toi aussi, tu peux passer. » Ce seront les derniers mots de l'Ange, initiant son disciple au secret qui permet de sortir de la crypte cosmique. Cette identification avec le mystérieux compagnon du prophète Élie est le triomphe du *ta'wîl* initiatique, de l'herméneutique spirituelle qui n'est plus seulement interprétation ou transposition, mais événement accompli dans l'âme. Rappelons que la *hikâyat* comme récital mystique, c'est cela : la geste récitée, le héros du récit et le récitant ne font plus qu'un. Les deux récits qui suivent illustreront encore le fait spirituel accompli.

Le *Récit de l'Archange empourpré* est ainsi typiquement le récit sohravardien d'initiation. Disons même que le dialogue nous apparaît tel que pourrait le comporter un rituel d'initiation. C'est pourquoi il n'est pas exclu, nous l'avons dit, que le Shaykh al-Ishrâq, dont les projets visaient très loin, ait eu dans ces récits une intention de ce genre.

2. Traduction

Gloire soit à Celui qui dispose souverainement des deux univers. L'être passé de tout ce qui fut, exista de par son existence. L'être présent de tout ce qui est, existe de par son existence. L'être futur de tout ce qui sera, existera de par son existence. Il est le Premier et le Dernier, le Révélé et le Caché ; il est Voyant toutes choses. Les Prières et les Salutations soient sur ses Envoyés auprès des créatures, et tout particulièrement sur Mohammad l'Élu par qui fut apposé le sceau sur la prophétie. Salut sur ses Compagnons et sur les Docteurs de la Religion ; que la Complaisance divine soit sur eux tous !

Un ami d'entre mes amis les plus chers me posa un jour cette question :

« Les oiseaux comprennent-ils le langage les uns des autres [1] ?

— Certes, répondis-je, ils le comprennent.

— D'où en as-tu eu connaissance ? rétorqua mon ami.

— C'est qu'à l'origine des choses, lorsque celui qui est le Formateur au sens vrai, voulut manifester mon être qui n'était pas encore, il me créa sous la forme d'un faucon. Or, dans le pays où j'étais alors, il y avait d'autres faucons ; nous parlions les uns avec les autres, nous écoutions les propos les uns des autres, et nous nous comprenions mutuellement [2].

— Fort bien, dit mon ami, mais comment les choses en sont-elles arrivées à la situation présente ?

— Eh bien voici : un jour les chasseurs Décret et Destinée tendirent le filet de la Prédestination [3] ; ils y mirent en appât le grain de l'attirance, et par ce moyen réussirent à me faire prisonnier. De ce pays qui avait été mon nid, ils m'enlevèrent dans une contrée lointaine. Mes paupières furent cousues ;

on serra autour de moi quatre espèces d'entraves [4] ; enfin dix geôliers furent commis à ma garde : cinq ayant le visage tourné vers moi et le dos en dehors, cinq autres en dos à dos avec moi, le visage tourné vers l'extérieur [5]. Les cinq qui avaient le visage tourné vers moi et le dos vers l'extérieur, me maintinrent si étroitement dans le monde de l'hébétude, que mon propre nid, le pays lointain, tout ce que j'avais connu là-bas, tout cela je l'oubliai. Je m'imaginais que j'avais toujours été tel que j'étais devenu.

« Lorsqu'un certain temps eût passé ainsi, mes yeux se rouvrirent quelque peu, et dans la mesure où ils étaient capables de voir, je me mis à regarder. De nouveau je commençai à voir les choses que je n'avais plus vues, et j'en étais dans l'admiration. Chaque jour, graduellement, mes yeux se rouvraient un peu plus, et je contemplais des choses qui me bouleversaient de surprise. Finalement, mes yeux se rouvrirent complètement ; le monde se montra à moi tel qu'il était. Je me voyais dans les liens que l'on avait serrés autour de moi ; je me voyais prisonnier des geôliers. Et je me disais à moi-même : « Apparemment il n'arrivera jamais que l'on me débarrasse de ces quatre entraves, ni que l'on éloigne de moi ces geôliers, pour que mes ailes puissent s'ouvrir et que je prenne un instant mon envol, libre et dégagé de toute contrainte. »

Du temps passa encore. Et voici qu'un jour je m'aperçus que mes geôliers avaient relâché leur surveillance [6]. « Je ne pourrais trouver occasion plus propice », pensai-je en moi-même. Furtivement je me glissai à l'écart, tant et si bien que tout en boitillant avec mes liens, je finis par gagner le chemin du désert [7]. Et là, dans le désert, voici que j'aperçus une personne qui venait de mon côté. Je marchai à sa rencontre et l'abordai en la saluant. Avec une grâce et une délicatesse parfaite, elle me rendit mon salut. Observant la couleur rouge [8] dont l'éclat empourprait son visage et sa chevelure, je pensais être en présence d'un adolescent [9].

« O jouvenceau, lui dis-je, d'où viens-tu donc?

— Enfant ! me fut-il dit en réponse, tu fais erreur en m'interpellant ainsi. Je suis, moi, l'aîné des enfants du Créateur [10], et tu m'appelles « jouvenceau » ?

— Mais alors, comment se fait-il que tu n'aies pas blanchi comme il arrive aux vieillards?

— *Le Sage* : Blanc, je le suis en vérité ; je suis un très ancien, un Sage dont l'essence est lumière. Mais celui-là même qui t'a fait prisonnier dans le filet, celui qui a jeté autour de toi ces différentes entraves et commis ces geôliers à ta garde, il y a longtemps que lui-même m'a projeté, moi aussi, dans le Puits obscur. Et telle est la raison de cette couleur pourpre sous laquelle tu me vois. Sinon, je suis moi-même tout blanc et tout lumineux. Qu'une chose blanche quelconque, dont la blancheur est solidaire de la lumière, vienne à être mélangée avec du noir, elle apparaît alors en effet rougeoyante. Observe le crépuscule et l'aube, blancs l'un et l'autre, puisqu'ils sont en connexion avec la lumière du soleil. Pourtant le crépuscule ou l'aube, c'est un moment entre-deux : un côté vers le jour qui est blancheur, un côté vers la nuit qui est noirceur, d'où la pourpre du crépuscule du matin et du crépuscule du soir [11]. Observe la masse astrale de la Lune au moment de son lever. Bien que sa lumière soit une lumière qu'elle emprunte, elle est vraiment revêtue de lumière, mais une de ses faces est tournée vers le jour, tandis que l'autre est tournée vers la nuit. Aussi la Lune apparaît-elle empourprée. Une simple lampe fait apparaître la même vertu ; en bas, la flamme est blanche ; en haut, elle tourne en fumée noire ; à mi-hauteur elle apparaît rougeoyante. Et mainte autre analogie ou similitude serait à citer en exemple de cette loi !

— *Moi* : O Sage, d'où viens-tu donc ?

— *Le Sage* : Je viens d'au-delà de la montagne de Qâf [12]. Là est ma demeure. Ton nid, à toi aussi, jadis fut là-bas. Hélas ! tu l'as oublié.

— *Moi* : Mais ici, quelle peut être ton occupation ?

— *Le Sage* : Je suis un perpétuel pèlerin. Sans cesse je voyage autour du monde et j'en contemple les merveilles [13].

— *Moi* : Quelles sortes de merveilles as-tu observées dans le monde ?

— *Le Sage* : Sept merveilles en vérité : la première est la montagne de Qâf, notre patrie, à toi et à moi. La seconde : le Joyau qui illumine la nuit. La troisième : l'arbre Tûbâ. La quatrième : les douze ateliers. La cinquième : la cotte de mailles de David. La sixième : l'Épée. La septième : la Source de la Vie.

— *Moi* : Raconte-moi, je t'en prie, l'histoire de tout cela.

— *Le Sage* : Voici : il y a d'abord la montagne de Qâf [14].

Elle se dresse tout autour du monde qu'elle cerne complètement ; en fait, elle se compose de onze montagnes. C'est là que tu te rendras, lorsque tu te seras débarrassé de tes liens, parce que c'est de là que l'on t'a enlevé jadis, et parce que tout être retourne finalement à sa forme initiale.

— *Moi* : Mais comment parcourrai-je le chemin jusque là-bas ?

— *Le Sage* : Difficile en effet est la route. Deux montagnes tout d'abord se présentent, qui, l'une et l'autre, font déjà partie de la montagne de Qâf. L'une est de climat chaud, l'autre est de climat froid, et ni la chaleur ni la frigidité de ces lieux ne connaissent respectivement de limites.

— *Moi* : N'est-ce pas simple ? Pendant l'hiver je traverserai la montagne qui est de climat chaud ; et la montagne qui est de climat froid, je la franchirai pendant l'été.

— *Le Sage* : Malheureusement tu te trompes. En aucune saison, l'atmosphère de ces régions ne s'améliore [15].

— *Moi* : Quelle distance y a-t-il jusqu'à ces montagnes ?

— *Le Sage* : Si loin et si longtemps que tu ailles, c'est au point de départ que tu arriveras de nouveau, de même que le compas dont une pointe est posée sur le centre et l'autre sur la périphérie : si longtemps qu'il tourne, il ne fera jamais qu'arriver de nouveau au point dont il était tout d'abord parti.

— *Moi* : Peut-être est-il possible de percer un tunnel à travers ces montagnes, et d'émerger alors par ce trou ? [16]

— *Le Sage* : Impossible également d'y forer un tunnel. En revanche, celui qui possède l'Aptitude, peut les franchir en un seul instant, sans avoir à creuser de tunnel. Il s'agit d'une vertu semblable à celle du baume. Si tu exposes au soleil la paume de ta main assez longtemps pour qu'elle devienne brûlante, et qu'alors tu verses le baume goutte à goutte dans le creux de ta main, le baume transpasse au revers de ta main grâce à la vertu naturelle qui est en lui. Toi également, si tu actualises en toi-même la vertu naturelle de franchir ces montagnes, c'est en un instant que tu les franchiras toutes les deux [17].

— *Moi* : Cette vertu, comment peut-on la réaliser en soi-même ?

— *Le Sage* : Je te le laisse entendre à demi-mot, si tu es capable de saisir.

— *Moi* : Et lorsque j'aurai franchi ces deux montagnes, est-ce facile, ou non, de franchir les autres ?

— *Le Sage* : Facile, certes, mais à condition de *savoir*. Certains restent à jamais captifs dans ces deux montagnes. D'autres parviennent à la troisième montagne et y demeurent. D'autres atteignent à la quatrième, d'autres à la cinquième, et ainsi de suite jusqu'à la onzième. Plus l'oiseau est intelligent, plus il va loin [18].

— *Moi* : Maintenant que tu m'as expliqué la montagne de Qâf, dis-moi, je te prie, l'histoire du Joyau qui illumine la nuit.

— *Le Sage* : Le Joyau qui illumine la nuit, est également dans la montagne de Qâf ; plus précisément dit, il se trouve dans la troisième montagne, et c'est parce qu'il existe, que la nuit obscure devient resplendissante. Toutefois, il ne persiste pas sans changement dans le même état. Sa lumière provient de l'arbre Tûbâ [19]. Chaque fois qu'il se trouve « en opposition » avec l'arbre Tûbâ, par rapport à la région où tu es toi-même situé, le Joyau apparaît entièrement lumineux, à la façon d'un globe resplendissant. Lorsqu'il se trouve non plus directement en face, mais en un point qui est plus rapproché de l'arbre Tûbâ, une partie de son disque lumineux s'obscurcit par rapport à toi, tandis que le reste continue à briller. Et plus il se rapproche de l'arbre Tûbâ, plus la zone d'ombre gagne sur la partie lumineuse, toujours, bien entendu, par rapport à la position que toi, tu occupes, car par rapport à l'arbre Tûbâ un hémisphère du Joyau reste constamment lumineux. Lorsqu'il est au plus proche de l'arbre Tûbâ, il apparaît par rapport à toi comme étant devenu complètement ombre, tandis que du côté de l'arbre Tûbâ il est complètement lumière. Inversement, lorsqu'il s'éloigne de l'arbre Tûbâ, il commence à briller par rapport à toi (c'est-à-dire s'il est regardé de ton côté) ; et plus il s'éloigne de l'arbre Tûbâ, plus sa lumière augmente par rapport à toi. Ce n'est point que la lumière elle-même s'accroisse ; c'est que la masse du Joyau retient pour elle-même davantage

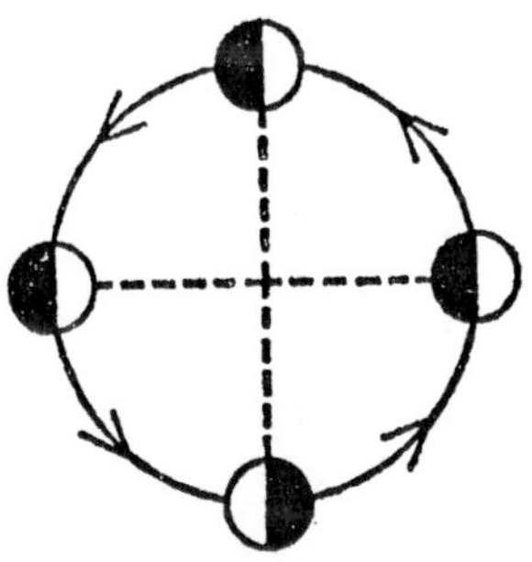

FIGURE 1.

de lumière, et que la zone d'ombre diminue d'autant. Ainsi en va-t-il jusqu'à ce qu'il se retrouve en opposition avec l'arbre Tûbâ (c'est-à-dire au maximum de distance) ; alors la masse du Joyau retient complètement pour elle la lumière [20].

« Une analogie te le fera comprendre. Perfore de part en part une petite sphère par son diamètre, et fais passer par ce conduit un signe de repérage. Remplis alors un bol d'eau, et pose cette petite sphère à la surface du bol, de sorte qu'une moitié en soit plongée dans l'eau. Supposons qu'à un moment donné l'eau ait recouvert à dix reprises toutes les régions de cette petite sphère (révoluant sur elle-même). Si quelqu'un l'a observée en se plaçant au-dessous du bol, il aura vu continuellement une moitié de la sphère plongée dans l'eau. Maintenant, si l'observateur tout d'abord situé juste au-dessous de la ligne médiane du bol, regarde progressivement dans une direction oblique par rapport à cette ligne médiane, il ne pourra plus voir tout l'hémisphère plongé dans l'eau, car dans la mesure où la direction de son regard dévie de la ligne médiane, il cesse de voir la partie de l'hémisphère qui n'est plus en opposition avec son regard. En revanche il verra, en regardant ainsi, une partie de la sphère dégagée de l'eau. Plus il obliquera pour regarder en remontant vers le niveau de l'eau du bol, moindre sera la partie de la sphère qu'il verra plongée dans l'eau, plus grande celle qu'il en verra dégagée. Lorsqu'il se placera pour regarder juste au niveau de l'eau du bol, il verra un hémisphère plongé dans l'eau, et l'autre dégagé de l'eau. Si maintenant son regard oblique progressivement au-dessus du niveau de l'eau, il verra une partie de la sphère de plus en plus grande, dégagée de l'eau, jusqu'à ce que son regard passant verticalement par la ligne médiane du bol, il voie la sphère complètement, mais la voie alors complètement dégagée de l'eau. Quelqu'un nous objectera peut-être qu'en regardant au-dessous du bol, il ne saurait voir, quant à lui,

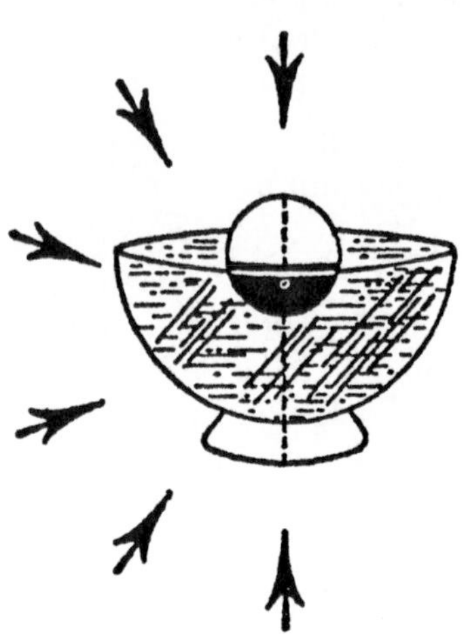

FIGURE 2.

ni l'eau ni la petite sphère. Si fait, lui répondrons-nous, il pourra les voir, à condition que le bol soit en verre ou d'une matière encore plus transparente. Maintenant, lorsqu'il s'agit du bol et de la petite sphère de notre exemple, c'est l'observateur qui se déplace tout autour du bol pour les regarder l'un l'autre. Mais lorsqu'il s'agit du Joyau qui illumine la nuit et de l'arbre Tûbâ, c'est eux qui pareillement tournent autour de leur observateur [21].

— *Moi* : Qu'est-ce donc que l'arbre Tûbâ ?

— *Le Sage* : L'arbre Tûbâ est un arbre immense. Quiconque est un familier du Paradis y contemple cet arbre chaque fois qu'il s'y promène. Au cœur des onze montagnes dont je t'ai parlé, il est une certaine montagne. C'est dans cette montagne que se trouve l'arbre Tûbâ [22].

— *Moi* : Ne porte-t-il pas de fruits ?

— *Le Sage* : Tous les fruits que tu vois dans le monde sont sur cet arbre ; les fruits qui sont devant toi sont eux-mêmes au nombre de ses fruits. Si cet Arbre n'existait pas, jamais il n'y aurait devant toi ni fruit ni arbre, ni fleur ni plante.

— *Moi* : Fruits, arbres et fleurs, quel lien ont-ils donc avec cet arbre ?

— *Le Sage* : *Sîmorgh* a son nid au sommet de l'arbre Tûbâ. A l'aurore elle sort de son nid et déploie ses ailes sur la Terre. C'est sous l'influence de ses ailes que les fruits apparaissent sur les arbres et que les plantes germent de la Terre [23].

— *Moi* : J'ai entendu raconter que c'est Sîmorgh qui a élevé Zâl, et que c'est avec l'aide de Sîmorgh que Rostam tua Esfandyâr [24].

— *Le Sage* : Oui, c'est exact.

— *Moi* : Comment cela advint-il ?

— *Le Sage* : Lorsque du sein de sa mère Zâl fit son entrée dans l'existence, la couleur de sa chevelure était toute blanche, et son visage était entièrement blanc. Son père, Sâm, ordonna qu'on allât le jeter dans le désert. Sa mère également était profondément affligée de l'avoir mis au monde. Voyant que son fils avait un aspect aussi repoussant, elle donna son consentement à cet ordre. On abandonna donc Zâl dans le désert. C'était l'hiver ; il faisait froid. Personne n'imaginait que l'enfant pût survivre quelque temps. Quelques jours passèrent ; sa mère fut libérée de son ressentiment et il lui vint au cœur pitié pour son enfant. « Je vais aller au désert, se dit-elle ; il faut que je voie ce qu'il est advenu de mon enfant. » Arrivée dans le désert, elle le retrouva : l'enfant vivait encore, Sîmorgh l'avait pris sous ses ailes. Lorsque le regard de l'enfant rencontra le regard de sa mère, il lui sourit ; alors la mère le prit sur son sein et l'allaita. Elle voulut l'emporter chez elle, mais elle se dit : « Non, tant que l'on ne sait pas comment il se fait que Zâl ait survécu au cours de ces quelques jours, je ne retournerai pas à la maison. » Elle abandonna donc le petit Zâl à la même place, sous l'aile de Sîmorgh, et elle-même se cacha dans le voisinage. Lorsque la nuit descendit et que Sîmorgh s'enfuit de ce désert, une gazelle s'approcha du chevet de Zâl, et posa sa poitrine sur les lèvres de l'enfant. Lorsqu'il eut bu le lait, elle s'endormit à son chevet, de sorte que Zâl fut préservé de tout malheur. Alors sa mère se leva, écarta la gazelle du chevet de son fils, et emporta celui-ci à la maison.

— *Moi* : Quel est le secret qui se cachait là ?

— *Le Sage* : J'ai moi-même interrogé Sîmorgh sur ce cas, et voici quelle fut sa réponse : « Zâl est venu au monde terrestre sous le regard de Tûbâ. Nous n'avons pas permis qu'il pérît. Nous avons abandonné le faon au pouvoir du chasseur, et avons mis pitié pour Zâl au cœur de la gazelle, sa mère, afin qu'elle prît soin de lui et lui donnât son lait. Pendant le jour, je le tenais moi-même sous mon aile [25]. »

— *Moi* : Et le cas de Rostam et d'Esfandyâr ?

— *Le Sage* : Voici ce qu'il en fut. Rostam n'avait pas été assez fort pour vaincre Esfandyâr, et de fatigue était rentré chez lui. Son père, Zâl, se répandit en supplications devant Sîmorgh. Or, il y a chez Sîmorgh cette vertu naturelle que si l'on tient directement en face d'elle un miroir ou quelque objet qui en tienne lieu, tout œil qui regarde dans ce miroir est frappé d'éblouissement. Zâl fit fabriquer une cuirasse de fer dont toute la surface était parfaitement polie, et il en revêtit Rostam. Il mit de même sur sa tête un casque parfaitement poli, et sur son cheval fixa des pièces de miroir. Alors il envoya Rostam se placer dans l'arène directement en face de Sîmorgh. Esfandyâr devait inévitablement venir au-devant de Rostam. Au moment où il approcha, les rayons de Sîmorgh qui tombaient sur la cuirasse et sur les miroirs, se réfléchirent dans les yeux d'Esfandyâr ; son regard fut ébloui, il ne discernait plus rien. Il imagina et crut qu'il avait été blessé aux deux yeux, parce qu'il avait entrevu deux pointes acérées. Il tomba de cheval et périt de la main de Rostam. On peut penser que les deux pointes de la flèche en bois de *gaz* dont parlent les récits, étaient les *deux ailes* de la Sîmorgh [26].

FIGURE 3.

— *Moi* : Veux-tu dire que dans tout l'univers il n'ait existé qu'une seule Sîmorgh ?

— *Le Sage* : Non, c'est celui qui ne *sait* pas, qui pense faussement ainsi [27]. Si continuellement une Sîmorgh ne descendait de l'arbre Tûbâ sur terre, tandis que simultanément disparaît celle qui était avant elle sur terre, c'est-à-dire que si continuellement ne venait une nouvelle Sîmorgh, rien de ce qui existe ici ne subsisterait. Et de même qu'elle vient sur terre, Sîmorgh s'en va également de l'arbre Tûbâ vers les douze ateliers.

— *Moi* : O Sage ! qu'est-ce que c'est que ces douze ateliers ?

— *Le Sage* : En premier lieu, sache que lorsque notre Roi voulut organiser son royaume, c'est notre contrée qu'il organisa la première. Ensuite il nous mit nous-mêmes à l'œuvre. Il institua douze ateliers [28], et dans chacun de ces ateliers il établit quelques élèves. Puis il mit ces élèves également à l'œuvre, de sorte qu'au-dessous des douze premiers ateliers, un nouvel atelier apparut, et notre roi y constitua un Maître (*ostâd*). Ce Maître, il le préposa à une œuvre propre, telle que sous ce premier atelier nouveau, un autre atelier encore apparut. Il y mit à son tour en activité un second Maître, de sorte que sous le second atelier, un autre atelier apparût, confié à un troisième Maître, ainsi de suite jusqu'à ce qu'il y eût sept ateliers, à chacun desquels un Maître fut spécialement préposé. Alors à chacun des élèves qui étaient répartis dans les douze Maisons, il donna une robe d'honneur. Il donna de même une robe d'honneur au premier Maître, et lui confia en propre deux ateliers parmi les douze ateliers supérieurs. Au second Maître, il donna de même une robe d'honneur, et de ces douze ateliers lui en confia également deux autres. Au troisième Maître de même. Au quatrième Maître il donna une robe d'honneur qui était la plus belle de toutes ; il ne lui confia qu'un seul atelier parmi les douze ateliers supérieurs, mais il lui ordonna d'être attentif à tous les douze. Au cinquième et au sixième Maître, il fit une donation égale à celles qui avaient été faites respectivement au second et au troisième Maître. Lorsque vint le tour du Septième, des douze ateliers il ne restait plus qu'un. On le lui donna, mais on ne lui donna pas de robe d'honneur. Le septième Maître poussa alors les hauts cris. « Chaque Maître a deux ateliers, et pour moi il n'y en a qu'un. A tous on a donné une robe d'honneur, et moi je n'en ai pas. » On lui dit que sous son atelier, deux ateliers seraient institués, sur le gouvernement desquels on lui donnerait la haute main. Et sous l'ensemble de tous les ateliers fut fondé un domaine à ensemencer, dont le soin fut confié également à ce septième Maître. En outre, il fut établi que de la belle robe du quatrième Maître, on ferait continuellement pour le septième une robe mineure déjà usagée, et qu'ainsi à tout moment la robe de l'un serait à son tour la robe de l'autre, la chose se passant comme je te l'ai expliqué à propos de Sîmorgh [29].

— *Moi* : O Sage, dans ces ateliers qu'est-ce que l'on tisse ?

— *Le Sage* : On y tisse surtout du brocart, mais l'on y tisse également toutes sortes de choses qui ne sont encore venues à l'idée de personne. C'est aussi dans ces ateliers que l'on tisse la cotte de mailles de David.

— *Moi* : O Sage, qu'est-ce donc que la cotte de mailles de David [30] ?

— *Le Sage* : Cette cotte de mailles, ce sont les liens divers que l'on a serrés autour de toi.

— *Moi* : Comment la fabrique-t-on ?

— *Le Sage* : Dans chacune des quatre triades composant les douze ateliers supérieurs, on fabrique un anneau ; de ce travail des douze ateliers résultent ainsi quatre anneaux. Mais la chose ne se termine pas là. Ces quatre anneaux sont présentés au septième Maître, pour qu'il opère sur chacun. Lorsqu'ils sont mis à sa disposition, le septième Maître les envoie dans le champ qu'il ensemence, et ils y restent un certain temps à l'état inachevé. Ensuite les quatre anneaux sont engagés l'un dans l'autre, et leur ensemble forme un tissu rigide et ferme. On fait alors prisonnier un faucon tel que toi, on jette sur lui cette cotte de mailles, de sorte qu'elle l'enserre complètement.

— *Moi* : Combien chaque cotte de mailles compte-t-elle d'anneaux ?

— *Le Sage* : Si l'on pouvait dire combien il y a de gouttes d'eau dans la mer de 'Omân, on pourrait alors compter combien il y a d'anneaux dans chaque cotte de mailles.

— *Moi* : Mais y a-t-il un moyen par lequel on peut être débarrassé de cette cotte de mailles ?

— *Le Sage* : Par l'Épée [31].

— *Moi* : Et où peut-on s'emparer de cette Épée ?

— *Le Sage* : Dans notre pays il y a un exécuteur ; cette Épée est dans sa main. On a fixé comme règle que lorsque une cotte de mailles a rendu les services qu'elle avait à rendre pendant un certain temps, et que ce temps est arrivé à expiration, cet exécuteur la frappe de son Épée, et le coup est tel que tous les anneaux se brisent et s'éparpillent.

— *Moi* : Pour celui qui est revêtu de cette cotte, y a-t-il des différences dans la manière de recevoir le coup ?

— *Le Sage* : Certes, il y a des différences. Pour les uns, le choc est tel qu'eussent-ils vécu un siècle, et eussent-ils passé toute leur vie à méditer la nature de la souffrance qui peut être la plus intolérable, et quelle que soit la souffrance que leur imagination ait pu se représenter, jamais leur pensée ne serait arrivée à concevoir la violence du coup que fait subir cette Épée. Pour d'autres en revanche, le coup est supporté plus aisément.

— *Moi* : O Sage, je t'en prie, que dois-je faire pour que cette souffrance me soit rendue aisée ?

— *Le Sage* : Trouve la Source de la Vie. De cette Source fais couler l'eau à flots sur ta tête, jusqu'à ce que cette cotte de mailles (au lieu de t'enserrer à l'étroit) devienne un simple vêtement qui flotte avec souplesse autour de ta personne. Alors tu seras invulnérable au coup porté par cette Épée. C'est qu'en effet cette Eau assouplit la cotte de mailles (cf. Qorân 34/10), et lorsque celle-ci a été parfaitement assouplie, le choc de l'Épée ne fait plus souffrir.

— *Moi* : O Sage, cette Source de la Vie, où est-elle ?

— *Le Sage* : Dans les Ténèbres. Si tu veux partir à la Quête de cette Source, chausse les mêmes sandales que Khezr (Khadir) le prophète, et progresse sur la route de l'abandon confiant, jusqu'à ce que tu arrives à la région des Ténèbres [32].

— *Moi* : De quel côté est le chemin ?

— *Le Sage* : De quelque côté que tu ailles, si tu es un vrai pèlerin, tu accompliras le voyage.

— *Moi* : Qu'est-ce que signale la région des Ténèbres ?

— *Le Sage* : L'obscurité dont on prend conscience. Car toi-même, tu *es* dans les Ténèbres. Mais tu n'en as pas conscience. Lorsque celui qui prend ce chemin se voit *soi-même* comme étant dans les Ténèbres, c'est qu'il a compris qu'il était auparavant d'ores et déjà dans la Nuit, et que jamais la clarté du Jour n'a encore atteint son regard. Le premier pas des vrais pèlerins, le voilà. C'est à partir de là seulement qu'il devient possible de s'élever. Si donc quelqu'un parvient à cette station, à partir de là, oui, il peut se faire qu'il progresse. Le chercheur de la Source de la Vie dans les ténèbres passe par toutes sortes de stupeurs et de détresses. Mais s'il est digne de trouver cette Source, finalement après les Ténèbres il contemplera la Lumière. Alors il ne faut pas qu'il prenne la fuite devant cette Lumière, car cette Lumière est une splendeur qui du haut du Ciel descend sur la Source de la Vie. S'il a accompli le voyage et s'il se baigne dans cette Source, il est désormais invulnérable au coup de l'Épée. Ces vers (de Sanâ'î) :

Laisse-toi meurtrir par l'Épée de l'amour
Pour trouver la vie de l'éternité,
Car de l'Épée de l'ange de la mort,
Nul ne fait signe que l'on ressuscite.

Celui qui se baigne en cette Source, jamais plus ne sera souillé. Celui qui a trouvé le *sens* de la Vraie Réalité, celui-là est arrivé à cette Source. Lorsqu'il émerge de la Source, il a atteint l'Aptitude qui le rend pareil au baume dont tu distilles une goutte dans le creux de ta main en la tenant face au soleil, et qui alors transpasse au revers de ta main. Si tu *es* Khezr, à travers la montagne de Qâf, sans peine, toi aussi, tu peux passer [33].

... Lorsque j'eus raconté ces événements au cher ami qui m'en avait prié, il s'écria : « Tu es bien cela, un faucon qui a été pris dans le filet et qui maintenant donne la chasse au gibier.

Eh bien attrape-moi ; aux cordes de la selle du chasseur, je ne serai pas une mauvaise proie. »

« Oui, c'est moi ce faucon dont les chasseurs du monde
Ont besoin à tout instant.
Mon gibier, ce sont les gazelles aux yeux noirs,
Car la Sagesse est pareille aux larmes qui filtrent entre les paupières.
Devant moi est mise en fuite la lettre des mots
Près de moi, on glane le sens caché. »

NOTES DU TRAITÉ VI

(*a*) Voir *En Islam iranien*... t. II, pp. 211-257 : « Le Récit de l'Archange empourpré et la geste mystique iranienne. » Texte persan in *Op. metaph. III*, pp. 226-239.

(*b*) Cf. notre ouvrage sur *L'homme de lumière dans le soufisme iranien*, 2e éd., Paris-Chambéry, éd. Présences, 1971, p. 125, et *En Islam iranien*... t. IV, index s. v. couleurs.

(*c*) Sur Rûzbehân, voir ibid., t. III, pp. 9-148.

(*d*) Cf. notre étude sur *Réalisme et symbolisme des couleurs en cosmologie shî'ite, d'après le « Livre de la hyacinthe rouge » de Shaykh Mohammad Karîm-Khân Kermânî (ob. 1870)*, in « Eranos-Jahrbuch » 41/1972, Leiden 1974, pp. 109-176. Comparer aussi, dans la littérature talmudique et midrashique : les archanges Michaël et Gabriel, comme représentant les deux aspects de la divinité (miséricorde et rigueur) sont respectivement les archontes de la neige (couleur blanche) et du feu (couleur rouge), cf. Gershom Scholem, *Farben und ihre Symbolik in der jüdischen Überlieferung und Mystik, ibid.*, p. 15.

(*e*) Voir *En Islam iranien*... t. II, pp. 191-200.

1. Ce symbolisme de l'oiseau (ici le faucon) nous réfère à la procession céleste des âmes dans le cortège des Dieux et à la chute de certaines d'entre elles. Cf. Platon, *Phèdre*, 246*a-d*, et notre livre sur *Avicenne et le Récit visionnaire*, t. I, pp. 207 ss. Il est fait mention dans le Qôran (27/16) du « langage des oiseaux » (*mantiq al-Tayr*) que Salomon, comme prophète, avait reçu le privilège de comprendre. En bref, comprendre le « langage des oiseaux », c'est comprendre le langage secret que parle chaque être de par son être même. C'est détenir la clef des symboles, et ce privilège est mis en référence ici à l'état de l'âme préexistant à sa chute en ce monde. Le « langage des oiseaux » est aussi le titre d'une célèbre épopée mystique de Farîdoddîn 'Attâr (XIIe siècle), trouvant son dénouement dans le symbole de la Sîmorgh dont il sera amplement question au cours du présent récit.

2. Il y a dans ce thème d'ouverture du Récit la très nette affirmation de la préexistence de l'âme en un état bienheureux antérieur à sa venue en ce monde. C'est cette préexistence qui donne son sens au « Retour », lequel commence dès que le pèlerin prend conscience qu'il est dans les ténèbres.

Voir la fin du récit. On va retrouver l'affirmation de la préexistence dans plusieurs des traités qui suivent, à la différence des traités de la première partie affirmant que l'âme ne commence à exister qu'au moment où est prêt à la recevoir le corps qu'elle doit gouverner. Il semble que l'affirmation de la préexistence ne doive s'énoncer qu'en symboles, au niveau donc de l'ésotérique, comme le fait ici le Shaykh al-Ishrâq.

3. On pensera ici à Proclos : « Les chasseurs avec les daïmôns qui poursuivent les âmes et les enferment dans les corps... les *daïmôns* qui enferment l'âme dans le corps comme dans une cage... » *Commentaire sur le Timée*, trad. A. J. Festugière, Paris 1966, t. I, Livre I, pp. 204 ss. Comparer avec le *Récit de l'Oiseau* d'Avicenne : « Quand les chasseurs nous virent, ils firent entendre, pour nous attirer, un sifflement si agréable qu'ils nous mirent dans le doute (...) et soudain nous tombâmes dans les rets. » Trad. dans notre livre *Avicenne et le Récit visionnaire*, t. I, pp. 191 ss., 217 ss. Voir également ci-dessous « La Langue des Fourmis » (Traité XIII), chapitre VIII : l'histoire du paon.

4. Quatre entraves symbolisant les quatre Éléments dont est constitué le corps de chair périssable.

5. Dix geôliers, qui sont les cinq sens externes et les cinq sens internes.

6. Il s'agit donc de la « ligature » des sens, en fait des sens externes. Cet état conditionne l'évasion, *délie* le sujet de la servitude du monde de la perception sensible. Il peut être aussi symbolisé (comme dans les Traités VII et VIII) par la « nuit », parce que la nuit, en occultant le monde sensible coïncide avec l'éveil des puissances supérieures de l'âme. Comparer Traité XIII, chap. IV, le moment où le Graal est « dégainé » de son enveloppe, occulté à ce monde-ci.

7. Le « désert » typifie chaque fois le lieu où débouche initialement l'évasion hors du tumulte des sens et de leur perception du monde extérieur. Comparer encore ci-dessous Traités VII et XII. La portée de ce thème (cf. encore *infra* n. 18) chez Sohravardî s'inscrirait dans une enquête d'ensemble sur le motif du « désert » dans les démarches de la vie spirituelle. Cf. par exemple *Les Textes de Qumrân*, trad. et annotés par J. Carmignac, E. Cothenet et H. Lignée, Paris 1963, t. II, index s. v. Quant au trait typique : « tout en boitillant avec mes liens », il a son équivalent dans le *Récit de l'Oiseau* d'Avicenne : « Des bouts de corde étaient encore visibles à leurs pieds, ni trop serrés pour empêcher leur envol, ni suffisamment lâches pour leur permettre une vie sereine et sans trouble. » Trad. in *op. cit. supra* n. 3, p. 218. Comparer encore ci-dessous Traité XII, § 16.

8. Cf. ci-dessus notre texte de présentation de ce Récit : le sens de la couleur rouge et dans quel réseau de symboles elle a sa place.

9. Comparer ce même épisode de la « rencontre avec l'Ange » au début du Traité VII ci-dessous. Celui qui est ici l'Archange empourpré est désigné dans le Traité VII sous son nom de Gabriel, qui est celui de l'Ange-Esprit-Saint, et qui chez les philosophes est l'Intelligence agente, dixième des Intelligences hiérarchiques. Comme il sera dit dans le Traité VII ci-dessous, il est l'herméneute des mondes supérieurs, l'interprète des Intelligences chérubiniques supérieures qui n'ont pas de rapport direct avec l'homme.

L'individuation de sa relation avec chaque âme émanée de lui peut se présenter sous la forme de la Nature Parfaite, l'« Ange du philosophe », cf. *En Islam iranien...* t. IV, index s. v. D'où l'interprétation proposée pour le rapport du Paraclet avec l'Esprit-Saint, ci-dessus Traité II, n. 115.

10. Sous-entendre ici la différenciation entre le « monde de l'Impératif » (*'âlam al-Amr*, monde des Verbes mis à l'impératif sans qu'il y ait de médiation, c'est le *Jabarût* et le *Malakût*, *supra* Traité V, n. 15 et 18), et le « monde créaturel » proprement dit (*'âlam al-khalq*), produit à l'être par la médiation du premier. Comme « Ange de l'humanité », la Dixième Intelligence peut se dire l'« aîné » des enfants du Créateur. Qu'il ait été lui-même projeté dans le Puits obscur, comme il le dira quelques lignes plus loin, c'est ce que symboliseront les deux ailes de Gabriel (Traité VII), une aile de lumière et une aile enténébrée.

11. Cf. *supra* n. 8 et notre texte de présentation de ce Récit.

12. Cf. ci-dessous n. 14.

13. Hayy ibn Yaqzân, autre typification de l'Intelligence agente chez Avicenne, déclare lui aussi : « Ma profession est d'être toujours en voyage : faire le tour de l'univers au point d'en connaître toutes les conditions. » Cf. notre livre sur *Avicenne et le Récit visionnaire*, t. I, p. 162 et t. II, pp. 9, 70, n. 31 et 110-111. Chaque intellect que l'Ange-Intelligence illumine est une étape de ce voyage. La nature des sept merveilles dont la description va former la trame du discours d'initiation, illustrera ce que l'Ange veut dire par ce voyage perpétuel, car c'est dans chaque âme réveillée par son illumination, que lui deviennent visibles les sept merveilles. Ici de nouveau, l'amorce de cette phénoménologie de la conscience angélique dont nous avons déjà rencontré plusieurs exemples.

14. La montagne de Qâf est la montagne cosmique ; au niveau de l'intériorisation, la montagne psychocosmique. Au sens mythique, c'est la chaîne de montagnes ceinturant le monde, celle que l'Avesta dénomme Haraiti Bareza, en persan *Alborz* (Elbourz). Géographiquement, c'est la chaîne de montagnes qui s'étend au nord de l'Iran. Cependant, il ne s'agit pas ici d'orographie terrestre, mais de géographie visionnaire. Comme montagne cosmique, la montagne de Qâf est décrite ici par l'Ange comme englobant onze montagnes. Au sens cosmologique littéral il s'agit des neuf Sphères célestes et de deux Sphères élémentaires (région chaude de l'Air et du Feu, région froide de l'Eau). Mais il ne s'agit ni d'astronomie, ni de physique céleste, ni de physique des Éléments. C'est l'ésotérique de chacune de ces montagnes qui forme chaque fois l'étape de l'ascension mystique (cf. encore ci-dessous n. 19, 28 et 29 et les Traités VII et XI). Et c'est cela seul qui justifie la préoccupation du mystique : comment en sortir ? Comment franchir ces montagnes pour arriver au sommet de la montagne de Qâf ? Voir d'autres détails dans nos livres : *L'homme de lumière dans le soufisme iranien*, p. 68, et *Terre céleste et corps de résurrection : de l'Iran mazdéen à l'Iran shî'ite*, index s. v. *Alborz*, *Qâf*. La montagne de Qâf, comme limite de notre monde, marque le début du *mundus imaginalis*. Là se trouvent les cités mystiques de *Jâbalqâ* et *Jâbarsâ*.

15. Ces deux premières montagnes typifient la condition terrestre de l'homme, asservi aux Éléments, au corps physique composé de ces derniers

et au mode de perception que cette condition impose. Les plus nombreux n'arriveront jamais à sortir de ces deux montagnes. D'autres parviendront à la troisième, à la quatrième, à la cinquième, sans pouvoir aller plus loin. C'est la grande aventure décrite dans l'épopée mystique de 'Attâr, « Le langage des oiseaux ».

16. Il s'agit d'un voyage qui doit ramener au point d'origine (sur l'idée de ce voyage, cf. ci-dessus notre texte de présentation). Un tel voyage ne s'accomplit pas en mettant en œuvre de grands moyens matériels. En revanche, il met en œuvre une profusion de symboles, parce que chaque fois les symboles reconduisent au sens intérieur de l'étape et de l'événement décrits comme extérieurs. Tout se passe dans le *mundus imaginalis*.

17. Confirmation de la note précédente. Si la goutte de baume a la vertu de transpasser au revers de la main, elle n'a cette vertu que lorsqu'elle est brûlante. De même, c'est à la chaleur de son âme (devenant le Buisson ardent) que le voyageur mystique devra de traverser instantanément la montagne de Qâf. Noter que c'est sur le même symbole initiatique, après la traversée de la Source de la Vie, que s'achèvera plus loin le discours d'initiation de l'Archange empourpré (*infra* n. 33).

18. La troisième montagne typifie l'ésotérique du Ciel de la Lune, au sortir des Sphères qui sont encore le monde des Éléments. C'est là l'entrée du « désert » au sens déjà indiqué (cf. ci-dessus n. 7), et que l'on retrouvera dans l'épisode de l'enfant Zâl abandonné « dans le désert ». C'est à cette limite que se produit la rencontre avec l'Ange. Cf. encore ci-dessus n. 14.

19. Le « Joyau qui illumine la nuit », c'est-à-dire la Lune, ou plutôt l'ésotérique du ciel de la Lune, car ici, comme précédemment, ce qui exotériquement apparaît comme une leçon d'astronomie est en fait tout autre chose. Cf. Traité XI, les trois manières de considérer le Ciel qui constituent respectivement une astronomie de niveau différent. Cela s'accorde parfaitement avec la manière dont Proclos explique pourquoi Timée se donne comme « le plus astronome » des trois interlocuteurs du dialogue platonicien auquel son nom sert de titre. C'est « qu'il étudie les astres au-dessus du Ciel même selon le choryphée dont parle le Théétête, et qu'il contemple les causes invisibles qui sont les astres au sens propre ». *Commentaire sur le Timée*, trad. A. J. Festugière, t. I, p. 261. Quant à la signification ésotérique de la Lune chez Sohravardî, cf. encore ci-dessous Traité X et Traité XIII, chapitre IX (les questions posées par le prophète Idrîs). L'arbre Tûbâ dont la lumière embrase la Lune (ici la personne spirituelle du mystique) est une typification du soleil, de l'« astre au sens vrai » qui est le Soleil spirituel. Il faut ici se reporter à ce qui a été dit précédemment à propos de Hûrakhsh (voir l'index), et voir *En Islam iranien...* t. II, pp. 228-230, où nous avons relevé que l'arbre Tûbâ aussi bien que Sîmorgh ont été médités dans l'imâmisme duodécimain et dans l'ismaélisme, comme symboles de l'Imâm (au sens shî'ite du mot), parce que l'Imâm est le Soleil, la Face de Dieu, l'Homme Parfait, la forme épiphanique qui peut investir son fidèle de la Lumière manifestée en lui. Dès lors la locution théopathique « Je suis le Soleil » (*Anâ'l-Shams*) n'a plus, grâce à la médiation imâmologique, la portée catastrophique du *Anâ'l-Haqq* (Je suis Dieu).

20. Cette parabole astronomique et la fig. 1 décrivent donc le rapport entre le soleil spirituel que typifie l'arbre Tûbâ et la personne spirituelle

du mystique comme « Lune au ciel du *Tawhîd* ». L'« Épître des Hautes Tours » (ci-dessous Traité X) donnera la parfaite explication de ce que nous avons schématisé dans l'esquisse que donne ici la fig. 1.

21. Autre parabole dont nous avons esquissé la démarche dans la fig. 2. On peut comparer la progression avec celle que propose la fig. 1. Dans un cas comme dans l'autre, il s'agit de suggérer comment l'être du mystique est invisible aux hommes dans la mesure où il est visible pour l'arbre Tûbâ qui l'embrase de sa lumière, et visible aux hommes dans la mesure où, déserté par cette lumière, il redevient obscur. C'est exactement ce que le Shaykh al-Ishrâq suggère en commentant le Graal de Kay Khosraw. Cf. ci-dessous Traité XIII, chap. IV. Quand le Graal (l'être spirituel du mystique) est dégainé de son enveloppe corporelle (lors du rapt extatique), il est occulté à ce monde-ci, invisible pour les hommes. Il n'est visible que lorsqu'il est revêtu de son enveloppe comportant dix jointures (les dix geôliers du début du présent récit, lesquels sont les cinq sens externes et les cinq sens internes).

22. Cf. *supra* n. 14 et 19. L'arbre Tûbâ typifie donc dans la montagne psychocosmique de Qâf l'ésotérique du Ciel du Soleil (le IVe Ciel, celui de l'archange Michel dans la gnose juive). Aussi bien Sohravardî déclare-t-il ailleurs que « le Sublime Luminaire est le portique (*pishgâh*) de toutes les grandes extases ». Voir *En Islam iranien...* t. II, p. 94. Toute l'astronomie devient donc ici une parabole prenant sa vérité de par sa transposition aux Cieux spirituels de l'astronomie ésotérique (par une même démarche que l'intériorisation de la prophétologie chez Semnânî, parlant des « sept prophètes de ton être »).

23. De même que dans le cas de l'astronomie, il s'agit ici d'une botanique *malakûtî*, ayant son lieu dans le *mundus imaginalis*. Les traditions communes à tout le shî'isme énoncent que les branches de l'arbre Tûbâ pendent depuis la région la plus haute du paradis. Cela veut dire que tout ce que les habitants du paradis désirent, ils en ont aussitôt l'apparition sur les branches de l'arbre Tûbâ, connaissance, désir et actualisation étant simultanés. S'il est dit qu'une branche de l'arbre pend devant la fenêtre de chaque oratoire du paradis, cela signifie que chaque habitant du paradis cueille les fruits de l'arbre Tûbâ en proportion de son désir. Cf. *ibid.*, p. 230.

24. C'est l'intervention de Sîmorgh qui introduit ici l'évocation et l'herméneutique spirituelle de deux épisodes du *Shâh-Nâmeh*. Le nom de ce mystérieux oiseau figure dans l'Avesta sous la forme *Saena meregha*, laquelle aboutit à la forme persane Sîmorgh. Le persan ne connaît pas les genres grammaticaux. La forme avestique du nom est du genre féminin. Il nous semble donc tout indiqué de préférer également le féminin en français et de dire *la* Sîmorgh (ou éventuellement de considérer le terme comme nom propre sans article). On trouvera d'autres indications la concernant dans le prologue du Traité XIV ci-dessous. Là même toutes les indications données par Sohravardî et qui font de l'oiseau Sîmorgh un symbole de l'Ange-Esprit-Saint, se retrouvent littéralement dans un ouvrage du grand théologien syriaque monophysite Bar-Hebraeus († 1286), rapportées cette fois à la colombe comme symbole mystique de l'Esprit-Saint, cf. *The Book of the Dove*, trad. Wensinck, Leiden 1919, pp. 3-4. La concordance est frappante,

si l'on tient compte de la christologie dans les termes professés par Sohravardî et qui la suspendent à sa conception de l'Ange-Esprit-Saint. Il y a déjà eu occasion d'y insister ici. Plus loin ici même, il sera dit que seul l'ignorant imagine qu'il n'y a qu'une seule Sîmorgh ; en vérité il y en a une multitude. Sous son aspect multiple elle correspond à la Nature Parfaite qui est à la fois le *père* et l'*enfant* du mystique. C'est comme à la fois une et multiple que la Sîmorgh figure au dénouement de la grande épopée mystique de 'Attâr, « *Le Langage des oiseaux* ». L'éternelle Sîmorgh est par rapport à l'ensemble des trente oiseaux (les *sî-morgh*) qui arrivent à la rejoindre, ce que chaque Sîmorgh est par rapport à l'être humain dont elle est la Sîmorgh (comparer la Nature Parfaite missionnée comme Paraclet par l'Ange-Esprit-Saint). Le symbole de l'oiseau Sîmorgh joue un grand rôle dans le soufisme iranien. Dans « la Roseraie du Mystère » de Mahmûd Shabestarî (720/1317) elle typifie l'Ipséité divine absolue. Chez le commentateur ismaélien de ce poème, elle est le nom de l'Esprit, et aussi celui de l'Imâm. Pour plus de détails, voir *En Islam iranien...* t. II, pp. 230-233. L'alternance d'une Sîmorgh succédant à l'autre pourrait également être interprétée dans le sens de la succession prophétique puis imâmique ; ou encore quant à la succession des « pôles » de la communauté des *Ishrâqîyûn*.

25. La signification mystique donnée en sous-entendu à l'épisode confère à l'épopée héroïque sa « finalité orientale » (*ishrâqî*). Tout l'épisode est à concevoir comme inaugurant l'histoire spirituelle de l'âme en ce monde-ci. La phase finale de cette histoire sera représentée par l'épisode qui suivra : la mort héroïque d'Esfandyâr, le chevalier de la foi zoroastrienne. Nous avons insisté ailleurs sur le sens mystique de la chevelure blanche de l'enfant Zâl au moment de sa naissance, de même que sur le sens mystique de son exposition « dans le désert ». Les deux traits se retrouvent dans les romans grecs d'initiation. La blancheur de la chevelure indique l'appartenance au monde spirituel dont vient l'enfant naissant ici-bas (au début du récit, l'Archange empourpré déclare que, dans son monde à lui, il est toute blancheur). Sîmorgh veille sur l'enfant Zâl pendant le jour, parce que le jour est le monde de la Lumière. Pour le commentaire détaillé, voir *En Islam iranien...* t. II, pp. 235-241.

26. La mort héroïque d'Esfandyâr typifie le retour du mystique, du chevalier de la foi (*javânmard*) à son monde originel. Il convient de se reporter ici à la théorie des miroirs et des formes épiphaniques de la « théosophie orientale », où le Shaykh al-Ishrâq met en œuvre une katoptrique ésotérique, posant les conditions de la perception visionnaire. C'est une vision de la *Sîmorgh* dans le miroir qui éblouit ici Esfandyâr. La conclusion s'apparente au dénouement de l'épopée mystique de 'Attar : vision de la Sîmorgh au sommet de la montagne de Qâf. Dans cette vision, la Face divine et la face impérissable d'un être humain se réfléchissent et se réciproquent. Un être humain peut anticiper cette vision ; aller au-delà, c'est franchir le *seuil*. Tel est le sens mystique de la mort d'Esfandyâr. La geste héroïque iranienne s'achève ainsi en épopée mystique. Pour plus de détails, voir *ibid.*, pp. 241-246.

27. Cf. déjà ci-dessus n. 24. On pourrait encore donner un autre sens, dans la mesure où l'oiseau Sîmorgh est un symbole de l'Imâm comme Homme Parfait : de sa présence continue en ce monde par la succession

de ses épiphanies, dépend la conservation du monde humain, sa persévérance dans l'être.

28. Les douze ateliers typifient les douze signes du zodiaque. Rappelons-nous ici encore qu'il ne s'agit pas d'une leçon d'astronomie physique.

29. Ces sept autres ateliers sont les sept cieux planétaires avec les Anges qui gouvernent chacun (cf. Traité VII n. 68). Le rapport entre les douze et les sept est exprimé par le nombre de « maisons » dont dispose chacun dans le zodiaque (une seule pour le soleil et une seule pour la Lune, deux pour chacune des autres planètes). Pour bien apprécier l'intention secrète de Sohravardî il faut être attentif aux termes de *compagnonnage* dont il se sert ici en développant ce symbolisme astronomique (cf. ci-dessus n. 19, sur Timée comme astronome). Cela reparaîtra au Traité VII § 3, où chaque Sage (Intelligence hiérarchique) est le maître et éducateur des « élèves » qu'il inscrit dans son registre. Les lignes finales font allusion ici au symbolisme qui est celui des « Lunes au ciel du *tawhîd* ». Cf. ci-dessous le Traité X.

30. La « cotte de mailles » (la référence à David est une allusion aux versets qorâniques 21/80 et 34/10) typifie ici le corps physique élémentaire, « tissé » dans les ateliers précédemment nommés. C'est ce que désigne encore le fourreau de cuir, la gaine de peau, qui enveloppe le Graal de Kay Khosraw. Elle était annoncée au début comme la cinquième merveille.

31. L'Épée est la sixième merveille annoncée au début. C'est celle de l'Ange de la mort qui d'un seul coup brise la « cotte de mailles », lorsque celle-ci a fini de rendre ses services. Ce coup est d'une souffrance indicible pour le non-initié, pour quiconque n'a pas consacré sa vie à passer par l'épreuve de la mort mystique. En revanche pour celui qui s'est baigné dans la Source de la Vie, la cotte de mailles est devenue si souple que le coup de l'Épée ne lui inflige aucune douleur. D'où le septième et dernier thème du discours d'initiation.

32. Septième merveille : la Source de la Vie dans les ténèbres, celle qu'a atteinte le mystérieux prophète Khezr (Khadir), compagnon du prophète Élie, voire peut-être identique à lui. Cf. notre livre sur *L'Imagination créatrice dans le soufisme d'Ibn 'Arabî*, index s. v. Khezr (Khadir) et *En Islam iranien*... t. IV, index s. v. Source.

33. Cf. ci-dessus n. 17. Le motif initial reparaît comme motif final du Récit, et la signification en est décisive. La goutte de baume transpassant au revers de la main n'est plus simplement proposée comme une parabole. Lorsqu'il émerge de la Source de la Vie, l'initié doit *être* lui-même la goutte de baume brûlante. « Si tu *es* Khezr... ». *Être* Khezr, c'est atteindre soi-même à la Source de la Vie. Dans ce passage à la première personne (« Je suis Khezr ») s'accomplit l'*événement* essentiel du Récit d'initiation (comparer la finale du Récit de l'Exil, Traité VIII : « C'est moi le héros de cette histoire »). Le Récit d'initiation culmine dans ce triomphe de la *hikâyat*, le récital mystique où la geste récitée, le héros du récit et le récitateur lui-même ne font plus qu'un.

VII.

Le bruissement des ailes de Gabriel

(Awâz-e Parr-e Jabrâ'yêl)

Traduit du persan

1. Présentation

Le présent récit a marqué pour nous l'une de nos premières rencontres de jeunesse avec le Shaykh al-Ishrâq. Nous en avons jadis publié le texte, accompagné d'un ancien commentaire anonyme également en persan, et nous avons donné une première traduction intégrale de l'un et de l'autre, en collaboration avec notre regretté ami Paul Kraus [a]. Depuis lors nous avons eu l'occasion de commenter ce récit dans plusieurs de nos publications [b]. Nous avons essayé ici d'améliorer la traduction que nous en avions donnée jadis, tout en restant fidèle, le cas échéant, aux leçons des manuscrits que nous avions alors préférées.

L'occasion nous est ainsi donnée d'expliquer comment les années passées dans la familiarité spirituelle de l'auteur, nous ont fait apparaître sous une optique nouvelle son « Récit du bruissement des ailes de Gabriel » (cf. ci-dessous le commentaire, § 6). Quant au commentaire lui-même, que l'on veuille bien se reporter ci-dessous aux lignes qui l'introduisent. Nous y expliquons pourquoi il nous est apparu infructueux de reproduire purement et simplement son système d'équivalences tout abstraites, et pourquoi en procédant ainsi nous eussions fait fausse route. Nous avons préféré faire une synthèse des indications à retenir, et paraphraser en développant nous-même les indications que nous suggéraient ici les autres œuvres de Sohravardî, quant à leurs intentions et quant à ce qu'en présuppose une compréhension réelle. Ce nous est donc l'occasion de renouveler notre avertissement herméneutique : la compréhension du sens « ésotérique » de ces récits (l'événement vécu) ne consiste pas à transposer simplement sur le registre des concepts la séquence des événements visionnaires et des symboles que propose le discours d'initiation (voir ci-dessus le prologue de cette seconde partie et notre présentation du Traité VI ; ci-dessous le début du commentaire et la n. 48).

Son titre aussi bien que le début du récit assignent à cette œuvre la place à laquelle nous la rangeons ici. Le récit du « Bruissement des ailes de Gabriel » forme en quelque sorte le second acte de la « rencontre avec l'Ange ». Comme le récit précédent, il constitue une initiation dispensée par l'Ange : révélation des mondes supérieurs et de l'itinéraire spirituel à suivre pour se rendre présent à ces mondes. C'est pourquoi dans ce récit comme dans le précédent, la « rencontre avec l'Ange » se produit dès le début. Dans le « Récit de l'exil occidental » qui suivra, la rencontre avec l'Ange se produira au terme du récit, comme finale du « troisième acte ». La figure centrale du récit est, comme dans le récit précédent, celle de l'Ange-Esprit-Saint qui est l'Ange de la race humaine (l'Anthrôpos céleste) celui que les philosophes désignent comme l'Intelligence agente. Les traités qui précèdent ont déjà montré l'importance de cette figure aussi bien pour la philosophie que pour la doctrine spirituelle de Sohravardî. Le « Livre d'heures » (Traité XV) soulignera encore cette importance.

Certes, le rôle de cet Ange-Esprit-Saint, « Archange empourpré », se comprend essentiellement au cœur d'une culture spirituelle où il apparaît comme étant à la fois l'Ange inspirateur des prophètes et illuminateur des philosophes. Il est chez les *Ishrâqîyûn* ce qu'est l'Imâm chez les gnostiques shî'ites. D'où les fréquents rappels de la christologie. C'est par lui que les philosophes sont conduits au terme de la sagesse divine intégrale, cette *theo-sophia* que Sohravardî conçoit comme conjoignant à son sommet une parfaite connaissance philosophique et une réelle expérience mystique. Il y aurait toute une recherche angélologique à poursuivre, concernant la personne et le rôle de l'Ange Gabriel en prophétologie et en philosophie. Il y aurait lieu de parler, d'après les *hadîth*, d'une vie d'intimité du prophète de l'Islam avec l'Ange de la révélation. Les modes d'apparition de l'Ange, le « style » de ses angélophanies, devraient faire l'objet d'une description phénoménologique aussi complète que possible, quant aux « intentionnalités » dont ces modes d'apparition sont corrélatifs.

Comme on le sait, l'Ange apparaissait le plus souvent au prophète de l'Islam sous la forme du bel adolescent arabe Dahyâ al-Kalbî, bien entendu sans que les compagnons du Prophète fussent avertis de l'apparition. Chez Sohravardî, le style des épiphanies de l'Ange est extrêmement sobre, voire austère. Dans les trois actes de la « rencontre avec l'Ange », celui-ci apparaît sous les traits d'un Sage à l'éternelle jeunesse, dont la chevelure blanche ne fait qu'annoncer l'appartenance au monde de la Lumière. Rien de plus ne nous est rapporté. La sobriété des traits de l'apparition contraste avec l'émotivité des descriptions visionnaires que contient le *Diarium spirituale* de Rûzbehân Baqlî de Shîrâz (606/1209). Là aussi, l'Ange Gabriel joue un rôle prééminent. Son apparition parmi d'autres Anges ressort en magnifiques couleurs : « Au premier rang de leur assemblée je voyais Gabriel, pareil à une fiancée, semblable à la Lune entre les étoiles ; sa chevelure était comme celle des femmes, disposée en tresses, très longues. Il portait une robe rouge avec des broderies vertes. » Ou encore : « Parmi eux il y avait Gabriel, et c'est le plus beau des Anges. Les tresses de leurs chevelures étaient pareilles à celles des femmes. Leurs visages étaient comme la rose rouge. » (On pensera ici à « l'Archange empourpré » de Sohravardî). « Et je vis Gabriel d'une grâce et d'une beauté que je ne puis décrire » [(c)]. Ailleurs encore, Rûzbehân parle de l'« aile de Gabriel qui est l'âme » (cf. *infra* n. 81).

Comme le précédent, le présent récit est à la fois un récit visionnaire et un récit d'initiation, en ce sens que le personnage surnaturel de l'apparition assume d'un bout à l'autre le rôle d'initiateur à une doctrine. Nous avons évoqué précédemment à ce propos l'idée d'un rituel d'initiation. Après le prologue, dans lequel l'auteur nous rappelle les circonstances qui le déterminèrent à mettre par écrit ce récit, celui-ci aborde les thèmes composant le « discours d'initiation » du Sage. Nous en avons distingué dix que, pour plus de clarté, nous avons pourvus d'une numérotation.

1) La *sortie* pendant la nuit est simultanément une *rentrée* dans le *khângâh*. Ce mot désigne couramment une loge de soufis. Il désigne ici l'homme intérieur, le « temple » intérieur où se produit la rencontre avec l'Ange qui y réside. Ce *khângâh* intérieur a en effet deux portes : l'une donnant sur le monde spirituel (la vaste plaine, le désert), l'autre sur le monde des choses sensibles. Ouverture et fermeture de la première porte motivent un rappel de la métaphysique de l'Imagination active.

2) Un même rappel sera motivé par le thème de *Nâ-kojâ-âbâd*, le « pays du non-où ». C'est de là que vient l'Ange (chez Avicenne il vient du « Temple », *Bayt al-Maqdis*). L'Ange qui apparaît à cette limite est l'herméneute du Silence des mondes supérieurs, typifiés dans la personne des Intelligences hiérarchiques, désignées ensuite comme les Verbes divins dont le sens n'est pas encore révélé aux hommes.

3) Passage des cieux de l'astronomie physique (typifiés dans le bol aux onze compartiments) aux cieux spirituels par la voie du *khângâh* comme cité intérieure personnelle. Les rapports sont exprimés désormais dans le lexique soufi, en termes de compagnonnage (cf. n. 6 et 69, et ci-dessus Traité VI, n. 29).

4) Initiation à la seconde hiérarchie angélique, à la manière dont les *Animae caelestes* procèdent respectivement de chaque Intelligence et à la manière dont les âmes humaines procèdent de la dixième qui est Gabriel, l'Intelligence agente et Ange de l'humanité, et qui est ainsi leur « père ».

5) Initiation à la manière dont l'Ange vient à être présent dans le

khângâh du visionnaire, c'est-à-dire dans l'être intérieur de l'homme, suivie d'une allusion à ce que signifie la science de la couture.

6) Initiation à la « science des lettres » (*'ilm al-horûf*) qui est l'alphabet ou algèbre philosophique pratiquée par les Kabbalistes des trois grandes « communautés du Livre », et qui, en s'exerçant sur le Verbe divin fixé dans la lettre du Livre révélé, oriente le dialogue vers le concept et la genèse des Verbes divins.

7) Initiation à la doctrine des Verbes divins qui, esquissée déjà ci-dessus dans le Traité V, prend ici toute son ampleur : les trois catégories de Verbes (majeurs, médians, mineurs). La notion de Verbe comme pivot de l'identification entre l'Intelligence (le *Noûs*) et l'Esprit motive un rappel de la christologie angélomorphique déjà indiquée dans les traités précédents. Cela même conduit le visionnaire à poser la question décisive concernant l'être de l'Ange-Esprit-Saint.

8) La réponse est alors donnée dans l'explication du symbolisme des deux ailes de Gabriel (parlant ici de lui-même à la troisième personne) : l'aile droite qui est l'aile de lumière, et l'aile gauche qui est l'aile enténébrée. Les âmes humaines procèdent de la première ; le monde de l'illusion procède de la seconde. Le dixième Ange assume ici le même rôle que l'Adam spirituel (l'Anthrôpos céleste) dans la gnose ismaélienne.

9) Les cités du monde de l'illusion sont « moissonnées ». Le Verbe mineur (l'âme humaine pensante) permane comme tous les Verbes de Dieu.

10) La clôture du récit s'annonce avec la levée du jour profane. La porte du *khângâh* donnant sur le monde spirituel est refermée. De nouveau est ouverte la porte donnant sur la cité de ce monde. L'auteur reste inconsolable de la disparition de sa vision.

La numérotation des thèmes proposée ci-dessus se retrouve identique dans notre traduction du récit et dans le commentaire qui la suit. Il sera donc facile de conjuguer la lecture de l'un et de l'autre.

2. Traduction

Il convient de célébrer sans fin la sainteté de l'Éternel, et de nul autre. Que soit glorifiée sa sublimité, sans association d'aucun autre. Action de grâces au Très-Saint, car l'ipséité (le propre soi) de quiconque est capable de le désigner comme « Lui », dérive de Son ipséité à Lui. Et l'être de tout ce qui, en étant, pourrait ne pas être, existe par Son être qui ne peut pas ne pas être. Bénédiction et louange à l'âme du Maître (le prophète Mohammad), dont la pureté irradie une lumière qui resplendit aux deux horizons, et dont la Loi rayonne en brillant jusqu'aux orients et aux occidents. Bénédiction sur ses compagnons et sur ses alliés.

Prologue

Il y a deux ou trois jours, dans un groupe de gens dont la perception visuelle aussi bien que la vision intérieure étaient obscurcies par cette ophtalmie qui s'appelle la bigoterie, quelqu'un, très mal informé concernant les anciens shaykhs, tenait des propos insensés, vitupérant la dignité éminente des maîtres et imâms de la voie mystique. A cette occasion, ce personnage, pour aggraver encore son attitude négative, se mit à tourner en dérision les termes techniques dont usent les maîtres spirituels d'époque récente. Il poussa l'entêtement jusqu'à prétendre raconter une anecdote concernant Maître Abû 'Alî Fârmadhî — que Dieu l'ait en sa miséricorde [1]. On avait demandé au maître : « Comment se fait-il que les vêtus-de-bleu [2] désignent certains sons comme étant des « bruissements des ailes de Gabriel ? » Le maître de répondre : « Sache que la plupart des choses dont tes sens sont les témoins [3], sont toutes autant de « bruissements des ailes de Gabriel ». Et il ajouta à l'adresse du questionneur : « Toi-même, tu es l'un des bruissements des ailes de Gabriel. » Notre prétentieux négateur s'acharnait vainement, en demandant : « Quel sens peut-on supposer à de pareils propos, sinon que ce sont des radotages parés d'un faux brillant ? »

Sa témérité en étant arrivée à ce point, je m'apprêtai, par amour pour la vérité, à faire face à sa fureur avec autant de véhémence. Je rejetai d'un mouvement d'épaule le pan de la considération ; je retroussai la manche de la patience et me posai sur la pointe du genou de la sagacité. Pour le provoquer, je le traitai d'homme stupide et vulgaire. « Attention ! lui dis-je. Avec une ferme décision et un jugement pertinent sur la chose, je vais t'expliquer ce que c'est que le bruissement des ailes de Gabriel. Si tu es digne du nom d'homme, si tu as l'ingéniosité d'un homme, tâche de comprendre. »

C'est pourquoi j'ai donné comme titre à ces pages : « Le bruissement des ailes de Gabriel [4] ».

Ici commence le récit :

1. Je réussis un certain temps à me frayer un passage hors de l'appartement des femmes, et à me débarrasser des entraves et de la ceinture des petits enfants. C'était une nuit où l'obscurité à la noirceur de jais avait pris son envol sous la voûte azurée. La ténèbre, qui est l'alliée fraternelle du non-être, s'était répandue jusqu'aux extrémités du monde inférieur. Les assauts du sommeil m'avaient mis dans le désespoir. En proie à l'inquiétude, je me saisis d'une chandelle et me dirigeai vers les hommes de notre palais. Cette nuit-là, je circumambulai jusqu'au lever de l'aurore [5]. Soudain le désir me prit de visiter le *khângâh* [6] de mon père [7]. Ce *khângâh* avait deux portes : l'une donnait sur la ville, l'autre donnait sur le jardin et la plaine immense.

J'allai. Je fermai solidement la porte qui donnait sur la ville et, l'ayant ainsi fermée, je me proposai d'ouvrir la porte qui donnait sur la plaine immense. Ayant fait jouer la fermeture, je regardai attentivement. Voici que j'aperçus dix Sages (*pîr*), d'une belle et aimable physionomie, dont les places respectives formaient un ordre hiérarchique ascendant. Leur aspect, leur magnificence, leur majesté, leur noblesse, leur splendeur, m'émerveillèrent au plus haut point, et devant leur grâce, leur beauté, leur chevelure de neige [8], leur comportement, une telle stupeur se fit jour en moi que j'en perdis l'usage de la parole. Saisi d'une crainte immense et tremblant de tout mon être, je faisais un pas en avant pour faire aussitôt un pas en arrière. Je me disais : « Montre du courage ! Prépare-toi à les aborder, advienne que pourra. » Pas à pas je me mis à avancer.

Je m'apprêtais à saluer le Sage qui était à l'extrémité de la rangée, mais justement son extrême bonté naturelle le fit me devancer, et il m'adressa un sourire si plein de grâce que ses dents devinrent visibles dans ma prunelle [9].

2. Malgré l'affabilité de son comportement et de ses dispositions, la crainte révérentielle qu'il m'inspirait, continuait de prédominer en moi.

« *Moi* : En deux mots [10], dis-moi, ces nobles seigneurs, de quelle direction ont-ils daigné venir ?

— *Le Sage* : Nous sommes une confrérie d'êtres immatériels (*mojarradân*). Tous, nous venons de *Nâ-kojâ-âbâd* (le pays du « non-où ») [11].

Je n'arrivais pas à comprendre.

— *Moi* : A quel climat (*aqlîm*) appartient donc cette ville ?

— *Le Sage* : A un climat dont le doigt (l'index) ne peut indiquer la route [12].

Cette fois, je compris que c'était un Sage dont la haute connaissance pénétrait jusqu'au fond des choses.

— *Moi* : De grâce, instruis-moi. A quoi occupez-vous la plupart de vos instants ?

— *Le Sage* : Sache que notre travail est la couture. De plus, nous sommes, tous, les gardiens du Verbe de Dieu (*Kalâm-e Khodâ*), et nous faisons de longs voyages.

— *Moi* : Ces Sages qui siègent au-dessus de toi, pourquoi observent-ils un silence si prolongé ?

— *Le Sage* : C'est parce que dans la situation où vous êtes, toi et tes semblables, vous n'êtes pas aptes à entrer en relation avec eux. C'est moi qui suis leur interprète (leur « langue »), mais eux-mêmes ne peuvent pas entrer en conversation avec toi et tes semblables [13]. »

3. Je vis un grand bol renversé sur la surface terrestre. (Sa concavité) comportait onze compartiments ou étages (emboîtés les uns dans les autres). Au centre il y avait une certaine quantité d'eau, et au centre de l'eau une petite quantité de sable immobile. Un certain nombre d'animaux faisaient le tour de cette étendue de sable. A chacun des neuf étages supérieurs de ce bol aux onze compartiments, était fixée une agrafe lumineuse, exception faite cependant pour le deuxième étage (deuxième à partir d'en haut, huitième à partir d'en bas), où il y avait une multitude d'agrafes lumineuses, disposées à la façon de ces cordons de turban du Maghreb, dont se coiffent les soufis [14]. Quant au premier étage (premier à partir d'en haut, neuvième à partir d'en bas), il n'y avait là aucune agrafe. Avec tout cela, ce bol avait la rotondité parfaite d'une balle ; il ne présentait aucune fissure, et à la surface de chacun de ses étages, il n'y avait ni fente ni interstice. Aucun de ces onze étages n'avait une couleur quelconque, et en raison de leur état extrêmement subtil, rien n'était caché de ce qui se trouvait dans leur concavité. Il était impossible de se frayer un passage pour traverser les neuf compartiments supérieurs. En revanche, les deux étages inférieurs pouvaient être facilement déchirés et traversés.

« *Moi* : Ce bol, qu'est-ce que c'est ?

— *Le Sage* : Sache que le premier (ou neuvième) compartiment, dont le volume est plus considérable que celui de tous les autres Sages, c'est au Sage qui siège au-dessus de tous qu'incombent sa mise en ordre et sa structure. Pour le deuxième (ou huitième à partir d'en bas), c'est le deuxième Sage. Pour le troisième (ou septième), c'est le troisième Sage, ainsi de suite jusqu'à ce que cela arrive jusqu'à moi. Ce sont ces compagnons et amis, au nombre de neuf, qui ont produit ces neuf compartiments, lesquels sont dûs à leur activité et à leur art. Quant aux deux étages inférieurs, avec cette gorgée d'eau et ce sable mis au centre, c'est moi-même qui les ai produits. Comme l'art constructif (des neuf Sages supérieurs) est plus puissant et plus solide que le mien, ce qui est le produit de leur art ne peut être ni déchiré ni perforé. Au contraire, ce qui est le produit de mon art à moi, peut être facilement déchiré.

— *Moi* : Ces autres Sages, quelle attache ont-ils avec toi ?

— *Le Sage* : Sache que le Sage qui a son tapis de prière sur la poitrine est le shaykh, le maître et l'éducateur du deuxième Sage qui a pris rang immédiatement après lui ; il a inscrit ce deuxième Sage sur le registre de ses élèves [15]. De même en est-il du deuxième Sage à l'égard du troisième ; du troisième à l'égard du quatrième [16], ainsi de suite jusqu'à ce que cela arrive jusqu'à moi. Pour moi, c'est le neuvième Sage qui m'a inscrit sur le registre de ses élèves ; c'est lui qui m'a donné l'investiture du manteau (*khirqa*) et m'a conféré l'initiation.

4. — *Moi* : Avez-vous des enfants, des biens-fonds, ou quelque chose de ce genre ?

— *Le Sage* : Nous n'avons pas d'épouse. Cependant nous avons chacun un enfant ; nous possédons chacun une meule [17], et nous avons confié à chaque enfant respectivement l'une de ces meules, afin qu'il en prenne soin. Quant à ces meules elles-mêmes que nous avons construites, nous ne les regardons nous-mêmes jamais. Ce sont nos enfants qui veillent, chacun respectivement, à l'entretien et au fonctionnement de chacune des meules. Chacun d'entre eux tient l'un de ses yeux ouvert sur la meule qu'il surveille, tandis qu'il tient l'attention de l'autre perpétuellement fixée du côté de son père. Quant à moi, ma propre meule comporte quatre étages, et mes enfants sont tellement nombreux que les calculateurs les plus ingénieux sont incapables d'en faire le recensement. A chaque instant, il me naît un certain nombre d'enfants. Je les envoie chacun à sa meule respective ; pour chacun, il y a un laps de temps déterminé, pendant lequel il a la charge d'entretenir la meule qui lui est confiée. Lorsque leur temps est achevé, ils viennent près de moi et ne se séparent plus jamais de moi. D'autres enfants nouvellement nés se rendent alors à leur tour à leur meule ; tout se passe selon la même règle. Mais, parce que ma meule est extrêmement étroite, et que, dans les parages, nombreux sont les coupe-gorge et les endroits périlleux, de tous mes enfants qui ont accompli chacun leur tour de garde et qui abandonnent ces lieux, on ne peut concevoir qu'aucun ait envie d'y retourner. Quant aux autres Sages qui sont au-dessus de moi, chacun d'eux a un enfant unique, sans plus. C'est cet enfant qui est responsable de la bonne marche de la meule, et il persévère sans relâche dans son occupation. L'enfant respectif de chacun de ces Sages est à lui seul plus fort et plus puissant que la totalité de mes propres enfants. Aussi bien la provende de mes enfants et de leurs meules leur est-elle fournie par les meules et les enfants de ces Sages.

— *Moi* : Comment se passe pour toi cette multiplication d'enfants par génération successive, en voie de perpétuel renouvellement ?

— *Le Sage* : Sache que dans mon propre état et mode d'être, je ne subis ni changement ni altération. Je n'ai pas d'épouse. Toutefois je dispose d'une servante abyssinienne. Jamais je ne porte le regard sur elle. Il n'émane de moi aucun mouvement. Ce qui se passe, c'est ceci : la noire jeune fille a sa place située au centre des meules. Son regard est attaché à l'observation de ces meules, de leur révolution et rotation. Autant de mouvements accomplissent les pierres (les meules), autant de rotations apparaissent (se réfléchissent) dans le regard et la prunelle de la jeune fille. Chaque fois qu'au cours de la rotation des meules, la prunelle de la noire jeune fille et son regard sont dirigés sur moi et me rencontrent vis-à-vis, un enfant est, de mon fait, actualisé dans son sein, sans que je fasse moi-même aucun mouvement ni ne subisse aucune altération.

— *Moi* : Cette contemplation, cette rencontre, ce vis-à-vis, comment faut-il se les représenter ?

— *Le Sage* : Tout ce que l'on veut signifier par ces mots, c'est une certaine aptitude, un certain degré de préparation. Rien d'autre.

5. — *Moi* : Comment se fait-il que tu sois descendu dans ce *khângâh*, alors que tu revendiques explicitement l'absence de mouvement et d'altération en ce qui te concerne ?

— *Le Sage* : O cœur simple ! Le soleil brille perpétuellement dans le ciel. Cependant, si un aveugle n'a ni conscience, ni perception, ni sentiment, de la présence du Soleil, le fait qu'il ne le perçoive pas n'implique nullement que le soleil n'existe pas, ni qu'il se soit arrêté en cours de route. Que cette infirmité vienne à disparaître chez l'aveugle, il ne conviendra pas qu'il demande au soleil : « Pourquoi auparavant n'étais-tu pas en ce monde ? Pourquoi ne te souciais-tu pas de ton mouvement circulaire ? » — puisque le soleil est constant dans la perpétuité de son mouvement. Non pas, c'est dans la condition de l'aveugle, non pas dans la condition du soleil, que le changement s'est produit. Nous aussi (les dix Sages) nous formons éternellement la hiérarchie que voici. Le fait que tu ne nous voies pas n'est nullement une preuve de notre non-existence, pas plus que, si tu viens à nous voir, cela n'indique un changement et un transfert de notre part. Le changement c'est en toi, dans ton propre état, qu'il se passe.

— *Moi* : Dites-vous des prières et des hymnes à Dieu ?

— *Le Sage* : Non pas. Le fait que nous soyons des témoins oculaires, immergés dans la Présence divine, ne nous laisse pas le loisir de pratiquer un culte. D'ailleurs, s'il existe un service divin, ce n'est pas avec la langue ni avec les membres que l'on s'en acquitte ; ni le mouvement ni l'agitation n'y ont part.

— *Moi* : Ne m'enseigneras-tu pas la science de la couture ?

— *Le Sage*, en souriant : Hélas ! tes semblables et congénères ne peuvent y atteindre. Cette science n'est pas accessible à l'espèce à laquelle tu appartiens, car notre couture ne comporte ni action ni outil. Pourtant, de cette science de la couture, je t'enseignerai suffisamment, pour que, si un jour il est besoin que tu raccommodes ton grossier vêtement et tes haillons déchirés, tu puisses le faire.

Et cette mesure suffisante, il me l'enseigna.

6. — *Moi* : Enseigne-moi maintenant le Verbe de Dieu (*Kalâm-e Khodâ*).

— *Le Sage* : La distance est immense, car tant que tu demeures en cette cité [18], tu ne peux pas apprendre grand'chose concernant le Verbe de Dieu. Pourtant, ce qui t'est accessible, je te l'enseignerai.

Aussitôt il prit ma tablette et m'enseigna un alphabet grandement merveilleux, à tel point qu'avec cet alphabet je pouvais comprendre toute sourate qorânique que je voulais [19].

— *Le Sage* : A celui qui ne connaît pas cet alphabet, jamais les secrets du Verbe de Dieu ne se révéleront tels qu'ils s'imposent. En revanche, chez celui qui connaît à fond tous les modes de cet alphabet, se manifestent supériorité et profondeur de pensée.

Ensuite j'appris la science de l'*abjad* (la science de la valeur numérique des lettres). Après m'être acquitté de cette étude, je couvris complètement de signes la tablette, autant que me le permettait mon degré de capacité et dans la mesure où ma pensée s'élevait en une ascension céleste [20]. Tant de choses merveilleuses m'apparurent d'entre les significations secrètes du Verbe de Dieu (le Livre révélé), qu'elles ne peuvent tenir dans les limites d'une explication. Chaque fois qu'une difficulté surgissait, je la présentais au Sage, et la difficulté était aussitôt résolue. Un moment, l'entretien porta sur le souffle du *pneuma* [21]. Le Sage me montra que ce souffle, lui aussi, provenait de l'Esprit-Saint.

— *Moi* : Mais comment comprendre la correspondance entre les deux ?

— *Le Sage* : Tout ce qui descend dans les quatre parties du monde inférieur, provient des « ailes de Gabriel ».

7. — *Moi* : Quelle est donc cette constitution des choses ?

— *Le Sage* : Sache que Dieu Très-Haut a un certain nombre de Verbes majeurs (*Kalimât-e kobrâ*), émanant de l'éclat de son auguste Face. Ces Verbes forment un ordre hiérarchique. La Première Lumière à émaner est le Verbe suprême, tel qu'aucun autre Verbe ne lui est supérieur [22]. Son rapport avec les autres Verbes, quant à la lumière et la splendeur épiphanique, est semblable au rapport du Soleil avec les autres astres. C'est ce que signifie cette sentence de notre Prophète, déclarant : « Si la Face du Soleil était manifestée, c'est le Soleil que l'on adorerait, non pas Dieu. [23] » Du rayonnement de lumière de ce Verbe procède un autre Verbe, ainsi de suite un par un, jusqu'à ce que leur nombre soit parachevé. Ce sont là les Verbes parfaits (*Kalimât tâmmât*) [24].

« Le dernier de ces Verbes est GABRIEL [25], et les Esprits humains émanent de ce Verbe ultime, ainsi que notre Prophète le dit dans un long *hadîth* concernant la nature foncière initiale de l'homme (*fitrat-e âdamî*) : « Dieu envoie un Ange qui insuffle en lui l'Esprit [26]. » Et dans le Livre de Dieu, après ces mots : « Dieu a créé l'homme avec de l'argile, puis il a assuré la reproduction de sa descendance avec de l'eau vile » (32/7-8), le texte poursuit : « Puis il le paracheva et insuffla en lui de son Esprit (32/9). » Et au sujet de Maryam il est dit : « Nous avons envoyé vers elle notre Esprit (19/17). » Or cet Esprit, ce Verbe, c'est GABRIEL. Jésus, lui aussi, est appelé Esprit de Dieu (*Rûh Allâh*). Outre cela, il est appelé « Verbe » et encore « Esprit », selon ce que dit ce verset : « En vérité le Christ fils de Maryam est l'Envoyé de Dieu, son Verbe qu'il projeta en Maryam, un Esprit émanant de lui » (4/169) [27]. Le verset l'appelle donc à la fois « Verbe » et « Esprit ».

« Quant aux humains (*âdamîyûn*, les adamiques), ils sont une seule et même espèce. Celui qui a l'Esprit (*Rûh*) est *eo ipso* Verbe (*Kalima*), ou mieux dit, ces deux noms ne désignent qu'une seule et même réalité et essence, quant à ce qui concerne l'être humain. Du Verbe majeur qui est le dernier des Verbes majeurs (Gabriel, l'Esprit-Saint) procèdent des Verbes mineurs (*Kalimât-e soghrâ*) innombrables. C'est ce qu'indique le Livre divin, lorsqu'il dit : « Les Verbes de Dieu sont inépuisables » (31/26) [28]. Et encore : « L'océan serait épuisé avant que soient épuisés les Verbes de mon Seigneur » (18/109). Tout a été créé [29] du rayonnement de lumière de ce Verbe majeur qui est le dernier (le dixième) de la hiérarchie des Verbes majeurs [30], ainsi qu'il est dit dans la Torah : «J'ai créé de ma Lumière les Esprits qu'enflamme l'ardent désir. » Or, cette Lumière, c'est l'Esprit-Saint [31]. Tel est également le sens du propos que l'on rapporte du prophète Salomon [32]. Quelqu'un lui dit : « O magicien ! » Lui de répondre : « Je ne suis pas un magicien ; je ne suis qu'un Verbe d'entre les Verbes de Dieu. »

« Enfin Dieu Très-Haut a également des Verbes médians (*Kalimât-e wostâ*). Quant aux Verbes majeurs, ce sont eux que le Livre divin mentionne en disant : « Et par ceux qui s'avancent les premiers » (79/4). Mais les mots du verset suivant : « Et par ceux qui sont les ministres d'un ordre » (79/5) [33] désignent les Anges qui mettent en mouvement les Sphères célestes (les *Angeli caelestes*) [34], et ce sont les Verbes médians. De même encore, ce verset qorânique : « Nous sommes les rangés en degrés hiérarchiques » (37/165) désigne les Verbes majeurs [35], tandis que le verset qui fait suite : « Nous sommes les glorifiants » (37/166) désigne les Verbes médians. C'est pourquoi dans le Qorân glorieux, la mention des « hiérarchiques » vient toujours la première, par exemple dans ces versets : « Et par ceux qui sont rangés en degrés hiérarchiques ! Et par ceux qui repoussent » (37/1-2). Mais la profondeur de tout cela est tellement immense que ce n'est pas ici le lieu d'en parler. Le mot « Verbe » a également dans le Qorân le sens de « relatif à un secret » (*sirrî*), par exemple dans ce verset : « Quand son Seigneur éprouva Abraham par certains Verbes » (2/118). L'explication t'en sera donnée en une autre occasion.

8. — *Moi* : Apprends-moi maintenant ce que sont les ailes de Gabriel.

— *Le Sage* : Sache que GABRIEL a deux ailes. L'une, celle de droite, est lumière pure. Cette aile est, dans sa totalité, l'unique et pure relation de l'être de Gabriel avec Dieu. Et il y a l'aile gauche. Sur cette aile, s'étend une certaine empreinte ténébreuse qui ressemble à la couleur rougeâtre de la Lune à son lever, ou à celle des pattes du paon [36]. Cette empreinte ténébreuse, c'est son pouvoir-être (*shâyad-bûd*) [37] qui a un côté tourné vers le non-être (puisqu'il est *eo ipso* pouvoir-ne-pas-être). Lorsque tu considères Gabriel quant à son acte d'être par l'être de Dieu, son être a la qualification de l'être nécessaire (*bâyad-bûd*, puisque, sous cet aspect, il ne peut pas ne pas être). Mais lorsque tu le considères quant au droit de son essence en elle-même, ce droit est aussi bien un droit au non-être, car ce droit est attaché à l'être qui n'est en lui-même que pouvoir-être (et *eo ipso* pouvoir-ne-pas-être) [38].

Ces deux significations correspondent respectivement aux deux ailes de Gabriel. Sa relation avec l'Être Nécessaire, c'est l'aile droite (*yamanî*). Le droit inhérent à son essence considérée en soi (indépendamment de sa relation avec l'Être Nécessaire), c'est l'aile gauche (*yasrâ*) [39]. Et c'est ainsi que Dieu Très-Haut déclare : « Il prend pour messagers les Anges pourvus d'ailes disposées par paires, par trois ou par quatre » (35/1) [40]. Le *deux* a la précellence, du fait que de tous les nombres le *deux* est le plus proche de l'unité. Viennent ensuite le trois, le quatre, etc. De même l'Ange qui a deux ailes est supérieur à celui qui en a trois et à celui qui en a quatre. Sur tout cela, de nombreux détails sont donnés dans les sciences métaphysiques et théosophiques [41], mais l'entendement du profane ne peut y accéder comme il convient.

Lorsque de l'Esprit-Saint (c'est-à-dire de l'aile droite de Gabriel) descend un rayon de lumière, ce rayon de lumière est le Verbe que l'on appelle Verbe mineur (*Kalima-ye soghrâ*, l'âme humaine). Ne vois-tu pas que c'est cela même que Dieu Très-Haut signifie en disant : « Le Verbe de ceux qui sont incroyants est le Verbe d'en-bas, tandis que le Verbe de Dieu est le plus haut Verbe d'en-haut » (9/40). Car les incroyants ont, eux aussi, un Verbe, bien que leur Verbe soit un écho, un mélange, parce que, eux aussi, ont l'âme.

Et de l'aile gauche de Gabriel, celle qui comporte une certaine mesure de ténèbres, une ombre descend, et c'est de cette ombre que provient le monde du mirage et de l'illusion, comme le dit cette sentence de notre Prophète : « Dieu a créé les créatures dans les ténèbres, puis il a répandu sur elles de sa Lumière [42]. » Les mots : « Il a créé les créatures dans les ténèbres », sont une allusion à l'ombre de l'aile gauche de Gabriel, tandis que les derniers mots : « Ensuite il a répandu sur elles de sa Lumière », sont une allusion au rayon de lumière émanant de son aile droite. Et dans le glorieux Qorân il est dit : « Il a instauré les Ténèbres *et* la Lumière » (6/1) [43]. Ces ténèbres qui lui sont rapportées par les mots « il a instauré », ce sont elles, peut-on dire, le monde de l'illusion (l'ombre de l'aile gauche de Gabriel), tandis que cette Lumière, dont mention est faite dans le même verset, c'est le rayonnement de l'aile droite de Gabriel, parce que chaque rayon de lumière qui tombe dans le monde de l'illusion, émane de sa Lumière [44]. Connotant le même sens que les mots du Prophète : « Ensuite il a répandu sur elles de sa Lumière », il y a ce verset qorânique : « Vers lui monte le Verbe excellent » (35/11). C'est qu'en effet ce Verbe provient de ce rayonnement. Et dans le verset : « Ne savez-vous pas à quoi Dieu compare un Verbe excellent ? » (14/29) [45], il s'agit également du Verbe noble et lumineux, je veux dire du Verbe mineur (l'âme humaine). Si ce Verbe lumineux n'était pas d'une extrême noblesse, comment effectuerait-il son ascension vers la Majesté divine ?

L'indice que « Verbe » (*Kalima*) et « Esprit » (*Rûh*) ont un seul et même sens, se trouve dans le fait que d'une part il soit dit : « Vers lui monte le Verbe excellent » (35/11), et que d'autre part il soit dit aussi : « Vers lui montent les Anges et l'Esprit » (70/4) [46]. Chacun des deux retourne « vers Lui », gloire soit à Sa puissance. Et c'est précisément aussi le sens de « l'âme apaisée » dans ce verset où il est dit : « O toi, âme apaisée, retourne vers ton Seigneur, agréante et agréée » (89/28).

Le monde de l'illusion est donc l'écho et l'ombre de l'aile de Gabriel, je veux dire de son aile gauche, tandis que les âmes de lumière émanent de son aile droite. De même aussi émanent de son aile droite vérités et réalités spirituelles (*haqâ'iq*) qui sont projetées dans les consciences, ainsi qu'il est dit : « Il a gravé la foi dans leur cœur et il les réconforte par un Esprit qui vient de lui » (58/22). De même encore l'appel sacrosaint, celui auquel fait allusion ce verset : « Et nous l'avons appelé en disant :

ô Abraham » (37/104) et d'autres versets similaires, tout cela provient de l'aile droite de Gabriel. Au contraire, la violence, le cri de misère et les vicissitudes propres au monde de l'illusion, tout cela provient de l'aile gauche de Gabriel, — sur lui la bénédiction et le salut !

— *Moi* : Finalement, ces ailes de Gabriel, quelle forme ont-elles ?

— *Le Sage* : O pénétrant [47] ! Ne comprends-tu pas que tout cela, ce sont des formes symboliques (*romûz*) ? Si tu les comprends selon l'apparence (*zahîr*, l'exotérique), ce ne sont plus que des formes vides de sens et ne menant à rien [48].

— *Moi* : Aucun de ces Verbes ne garde-t-il quelque relation avec le jour et la nuit ?

— *Le Sage* : O pénétrant [49] ! Ne sais-tu pas que le terme de l'ascension de ces Verbes, c'est la Présence divine (*Hazrat-e Haqq*), comme le dit ce verset : « Vers lui monte le Verbe excellent » (35/11) ? Or, en la Présence divine, il n'y a ni nuit ni jour. « Il n'y a chez votre Seigneur ni soir ni matin » (4/77). Auprès de la seigneurie divine [50], le temps n'est point.

9. — *Moi* : Et cette cité dont Dieu Très-Haut a dit : « Faisnous sortir de la cité dont les habitants sont des oppresseurs » (4/77) [51], quelle est-elle ?

— *Le Sage* : C'est le monde de l'illusion, la halte qui est présentement à l'usage du Verbe mineur. Mais le Verbe mineur est à lui seul aussi une cité, parce que Dieu Très-Haut a dit : « Ce sont les cités dont nous te raconterons l'histoire » (7/99), « elles comportent du toujours debout et du moissonné » (11/102). Ce qui est « toujours debout », c'est le Verbe. Ce qui est « moissonné », c'est le temple matériel du Verbe [52], quand il tombe en ruine. Mais tout ce qui n'est pas dans le temps, n'est pas non plus dans l'espace [53]. Et ce qui est en dehors du temps et de l'espace, ce sont les Verbes de Dieu : Verbes majeurs et Verbes mineurs.

10. Enfin, lorsque sur le *khângâh* de mon père, se leva la lueur du jour, la porte donnant sur l'extérieur à ce monde-ci (donc sur l'autre monde) fut refermée [54] et fut ouverte la porte donnant sur la ville. Les marchands entraient, allant à leurs affaires, et la société des Sages me redevint invisible. Je restais les doigts entre les dents, tant je soupirais du regret de

leur compagnie. Je me lamentais ; je me répandis en gémissements. Ce fut en vain.

Ici finit le récit du Bruissement des ailes de Gabriel, que sur lui soit le salut.

Post-scriptum [55]. Que son âme soit extirpée de son corps, qu'il soit une honte au séjour des hommes, celui qui livrerait au profane et à l'indigne les secrets subtils de ce Sage éminent. Que notre Seigneur soit remercié et glorifié. Que sa bénédiction soit sur Mohammad et sur toute sa famille.

3. Synthèse et paraphrase du commentaire

Le récit du « Bruissement des ailes de Gabriel » a été l'objet d'un commentaire en persan dont l'auteur est resté anonyme [56]. Il est indispensable au lecteur d'en prendre connaissance, tout en mesurant bien les services qu'il peut rendre mais aussi les pièges qu'il recèle.

Notre commentateur anonyme nous informe donc qu'il eut un jour l'occasion de lire le livre intitulé « Le Bruissement des ailes de Gabriel », composé par Sohravardî : « Il contenait de multiples secrets et d'innombrables symboles, dont le sens ésotérique échappait à tout le monde. Ces difficultés ayant été résolues pour moi, j'ai voulu en écrire un commentaire, afin que chacun pût arriver à le comprendre. »

On saura gré au commentateur de sa bonne volonté. Malheureusement son commentaire est typiquement le piège dans lequel tombent et font tomber tous les pseudo-commentaires de ce genre. Car tout au long de son travail, il ne fait que transposer les images visionnaires au niveau des concepts, comme si, une fois opéré ce décryptage, le récit était vraiment « compris ». Or, ce qu'il y a à « comprendre » est tout autre chose. C'est la réalité *sui generis* de l'*événement* visionnaire, et comment les concepts d'un système du monde subissent une transmutation dans cet événement. Que l'on veuille bien se reporter à l'avertissement que nous formulions dans le Prologue de cette seconde partie, et que nous avons rappelé encore dans la présentation du Récit qui précède (Traité VI).

Pour répondre à l'intention de ce récit qui est à la fois, comme le précédent et le suivant, un récit visionnaire et un récit initiatique, il faut non pas simplement transposer, décaler, mais simultanément *voir* la vision au niveau du monde de l'*Imaginal* (*'âlam al-mithâl*), et se servir des concepts et des figures dégagés par le commentateur (lequel connaissait fort bien ce système du monde) pour *voir* la forme active et vivante que prennent ces concepts et ces figures au niveau de l'*Imaginal* et de l'événement visionnaire. Sinon, le récit visionnaire se dégrade en une allégorie superflue ; l'*événement* disparaît ; on retombe dans un simple traité philosophique. Or, le sens ésotérique, ce n'est pas cela. Nous l'avons expliqué ailleurs. En bref, il faut accoupler les claviers (comme à l'orgue). Le sens du « récit » n'est pas au clavier positif ni à un autre, mais dans l'accouplement des deux (ou de tous les) claviers et le cumul de leurs registres. L'herméneutique ne consiste pas simplement ici à transposer d'un clavier à l'autre.

Cependant, dans toute la mesure où le commentaire nous aide à identifier les concepts et figures qui se trouvent entraînés et transmués dans la réalité de l'événement visionnaire, animés d'une vie propre qu'ils ne peuvent avoir qu'en tant que *dramatis personae* de cet événement de l'âme, il est nécessaire d'en prendre connaissance. Comme dans les autres commentaires du même genre (Traités IX et X), le commentateur découpe le texte en *lemmata* et y introduit son explication, c'est-à-dire sa transposition au niveau de l'évidence non plus visionnaire mais conceptuelle. Le procédé a quelque chose de monotone et d'artificiel. Il serait fastidieux de le reproduire intégralement et littéralement ici. La numérotation des paragraphes correspond à celle que nous avons introduite dans le texte pour marquer les grands moments du récit et de la vision. Pour chacun de ces moments, nous esquissons la synthèse des explications du commentateur. Nous aurons, bien entendu, à y insérer nos propres remarques, visant à rappeler la réalité de l'événement. C'est pourquoi nous disons : « Synthèse et paraphrase » du commentaire. Les citations entre guillemets, sans autre indication, sont traduites du commentaire.

1. Le récit s'ouvre sur le rappel de l'événement visionnaire vécu : les circonstances de la « sortie », la « rencontre avec l'Ange ». Tout est en accord avec les préludes des autres récits sohravardiens du même genre. L'« appartement des femmes » typifie le monde des corps, « le lieu de la concupiscence, dit notre commentateur, et le règne des jouissances naturelles ». Quant aux « enfants » dont il dénoue les entraves, ce sont les sens externes [57] à l'exclusion des sens internes (parmi lesquels le *sensorium* en sa double fonction rappelée dans les traités précédents), puisque les sens internes sont les organes de la perception effective et conservent à la façon d'un trésor ce qui leur vient de l'intellect.

La « sortie » a donc lieu lors de la nuit des sens, nuit qui est l'alliée du non-être, un non-être qui est ici « l'évanouissement du monde des objets sensibles devant les yeux de la vision intérieure, et la tranquillité triomphant enfin chez l'homme affairé, parce que l'absence d'occupation absorbante est l'un des privilèges de la nuit [58] ». Quant au sommeil dont les assauts avaient désespéré le narrateur, c'est « la submersion dans les attaches du monde sensible. En s'éveillant de ce sommeil, on prend conscience du monde des Intelligences, on découvre les pures Essences et l'on comprend les Idées-archétypes, comme l'a dit l'Émir des croyants 'Alî : les hommes sont endormis ; c'est lorsqu'ils meurent, qu'ils se réveillent [59]. »

Mais cet éveil au monde spirituel a pour condition la mort au monde de la forme extérieure. « Pour la joie des créatures, notre Prophète a dit dans un *hadîth* célèbre : « Mourez avant de mourir », c'est-à-dire mourez de la mort au sens vrai avant de mourir de la mort physique. Ou comme le dit ce distique persan : Avant de mourir de la mort physique — Éprouve que tu portes en toi le paradis éternel [60]. » Le flambeau ou la chandelle dont s'empare le narrateur pour sortir, « c'est l'intellect, en ce sens que l'intellect est le guide de l'espèce humaine, celui qui la conduit du bas fond de la misère au souverain bonheur. » La « demeure des hommes » désigne le monde spirituel et angélique [61]. Le « lever de l'aurore » c'est l'heure de l'*Ishrâq*, la lumière se levant à l'« Orient » qui est le monde spirituel. En parlant du « *khângâh* de son père [62] », le narrateur désigne son propre être, l'homme intérieur « qui est l'habitacle de son père », c'est-à-dire de l'Intelligence-Esprit-Saint, Ange de l'humanité qui est la cause dont il émane et qui par là est son *père*. (Il y a eu maintes occasions déjà d'insister ici sur cette figure.)

On relèvera plus loin (§ 3) que le terme de *khângâh* s'inscrit ici dans un ensemble terminologique portant l'indice de la conception personnelle que Sohravardî se fait du soufisme. Comme étant l'homme intérieur, ce *khângâh* a deux portes : l'une ouvrant sur la ville, sur le monde des sens et des évidences quotidiennes ; l'autre donnant sur le jardin et la plaine infinie (le désert), c'est-à-dire sur le monde spirituel. Il faut donc que la première porte soit close et que la seconde soit ouverte, pour que s'offre à la vision intérieure éblouie les Dix Sages qui sont les dix Intelligences hiérarchiques composant le Plérôme sacrosaint. (En métaphysique de l'Imagination, il faut que l'Imagination active soit au service de l'intellect pour projeter dans le *sensorium* les images intellectives, cf. ci-dessous § 2.) Le Sage qui est au bord de la rangée, le plus proche donc du visionnaire, c'est l'Ange Gabriel, la Dixième Intelligence (cf. *supra* Traité II), Esprit-Saint et Ange de l'humanité [63]. C'est lui seul qui est l'herméneute, pour les hommes, du Silence divin des mondes supérieurs représentés par les autres Intelligences. Il est le « Donateur des âmes » (*Ravânbakhsh*), celui dont émanent les âmes humaines qui sont sa « théurgie », son œuvre divine, et le « Donateur des formes », celui dont l'illumination (*ishrâq*) projette sur les âmes les formes cognitives. Ange de la connaissance donc, de même qu'il est l'Ange de la révélation. C'est lui qui occupe la place centrale au cours des « rencontres visionnaires avec l'Ange » que décrit le Shaykh al-Ishrâq, celui vers qui se tourne sa piété de philosophe et de mystique. On fait fausse route, nous l'avons dit, quand on juge de cette identification comme une « rationalisation » de l'Esprit-Saint. En juger ainsi, c'est rester étranger à l'éthos du Shaykh al-Ishrâq comme à celui de tous nos philosophes.

2. Le dialogue s'engage. Une fois reconnu dans les dix Sages de la vision les dix Intelligences hiérarchiques de la cosmologie et de l'angélologie avicenniennes, ce dialogue n'offre guère de difficultés à la compréhension. Relevons particulièrement la mention de *Nâ-kojâ-âbâd*, le « pays du non-où » terme persan forgé avec bonheur par Sohravardî, et que nous avons longuement commenté ailleurs [64]. Que l'on se rappelle ici la doctrine sohravardienne de l'Imagination active, placée dans un « entre-deux », entre l'intellect et l'estimative (*wahm*). Selon qu'elle est au service du premier ou de la seconde, tantôt elle est l'*Imaginatio vera*, l'Imagination active (ou intellective) comme organe des perceptions visionnaires, tantôt au contraire *phantasis* dégénérant dans les absurdités et les monstruosités. Dans le premier cas elle est, comme ici, l'organe de la pénétration dans le monde *imaginal* ; elle perçoit les choses « au confluent des deux mers », suivant l'expression d'Ibn 'Arabî dont nous avons montré précédemment la convergence avec le concept sohravardien de *Nâ-kojâ-âbâd* (cf. ici Ire partie). Il y a un « espace » imaginal, un « où », mais il y a solution de continuité avec l'espace de notre orientation terrestre. On ne peut donc en « montrer du doigt » la direction, comme le précise ici le Sage. Chez Avicenne, c'est à ce « confluent des deux mers » que le visionnaire entend la réponse de l'Ange : celui-ci vient du « Temple » (*Bayt al-Maqdis*), de la Jérusalem céleste [65], ce terme étant l'équivalent de *Nâ-kojâ-âbâd*, du « huitième climat », hors des sept climats de la géographie classique.

Cependant le monde *imaginal*, ce « confluent des deux mers », ce « huitième climat », n'est encore que la région du monde spirituel la plus proche de nous. Il contient « imaginalement », certes, tout l'immense monde spirituel, mais sous la forme qui n'en est visible pour nous qu'à cette seule limite. C'est le sens profond de la fonction de l'Ange-Esprit-Saint comme interprète pour nous (comme porte-parole) des univers supérieurs. Que l'on y prenne garde. La conception qui confère ce rôle à l'Esprit-Saint comme Ange de l'espèce humaine est tout autre que celle de l'« Esprit absolu », issue (chez Hegel) de la théologie officielle des Conciles. En revanche, l'histoire réelle est ici celle que postulent tous ces Récits, et que mettra en parfaite lumière le Récit de l'exil occidental : c'est l'histoire de l'*exil*, de la descente et de la remontée, non point l'histoire d'une évolution trouvant sa raison suffisante dans une loi qui lui serait immanente. Les épisodes de cette histoire sont des épisodes visionnaires qui ne rentrent pas dans l'évolution d'une histoire matérielle (cf. *infra* n. 13). Ces Intelligences archangéliques, nous sera-t-il dit, sont les « gardiennes du Verbe de Dieu » qui leur est révélé, parce qu'elles sont chacune un de ces Verbes, — Verbes dont le sens n'est pas encore révélé aux hommes. Le Silence des mondes supérieurs à l'humanité et à son Ange-Esprit-Saint, indiquent qu'ils ne relèvent d'aucune phénoménologie de la conscience historique. Dès lors l'histoire, du moins ce que nous appelons couramment ainsi, est impuissante à consommer la profanation du sacré. Il y a là une différentielle décisive à l'égard de la philosophie régnant de nos jours en Occident.

La vraie nature de ces Intelligences nous sera enseignée plus loin, dans la grande doctrine des Verbes divins. Ici, en cette phase du discours d'initiation, il ne s'agit encore que d'une présentation. Dès maintenant, nous quittons les cieux de l'astronomie positive pour aborder les cieux du monde spirituel. Les mouvements célestes dont procèdent les événements terrestres, sont déterminés par l'aspiration d'amour que les Intelligences chérubiniques provoquent chez les *Animae caelestes*, Ames motrices des cieux.

D'où ce concept de « couture » que notre commentateur explique de façon satisfaisante : « Par la couture, il faut entendre que ce Sage (l'Ange) confère la forme à la matière qui y est préparée et conformément à l'état de cette matière, car c'est la couture qui confère à la tunique la forme de tunique et qui est la cause efficiente de la tunique. En outre, la couture est l'organisation de la chaîne des êtres rattachés les uns aux autres par certaines correspondances. » De cette couture, que peut connaître l'homme ? Tout juste de quoi raccommoder son grossier vêtement, comme on l'apprendra plus loin (cf. § 5 *in fine*).

3. Les allusions sont ici transparentes, si l'on se reporte à la cosmogonie et à la cosmologie sommairement esquissées ici dans les Traités I et II de la première partie. L'*Imago* par laquelle la conscience imaginative appréhende ici la sphère du cosmos, est celle d'un bol immense, à l'intérieur duquel sont disposés onze compartiments concentriques : « Neuf d'entre eux sont les Sphères célestes. Des deux autres, l'un est le Feu élémentaire et le second l'Air élémentaire, car le Feu élémentaire entoure l'Air élémentaire, et tous deux sont entourés par les Sphères célestes. L'eau qui est au centre, désigne l'Eau élémentaire, le sable désigne la Terre comme centre. Les quatre Éléments sont ainsi nommés. Substance de l'eau et centre terrestre ne font pas partie des onze compartiments concentriques, parce que leur situation consiste à être entouré, non point à être entourant. »

Il faut donc ici percevoir les choses par une *Imago mundi* qui n'a rien à voir avec notre astronomie positive, et dont la signification ne peut être comprise, si l'on prétend en faire à tout prix un chapitre de notre histoire des sciences. Sont très brièvement suggérés les rôles respectifs des neuf premières Intelligences, dont le troisième des actes de contemplation produit respectivement chacune des Sphères célestes, la Dixième produisant finalement les Sphères du Feu et de l'Air [66]. C'est par un acte de contemplation que le premier Sage, la première Intelligence archangélique (Bahman, sous le nom zoroastrien qu'emploie ailleurs Sohravardî), produit le Ciel suprême, la Sphère des Sphères (*falak al-aflâk*), dont on sait qu'elle ne comporte aucune constellation ; d'où son nom de *Falak al-atlas* (*atlas* = glabre). Le deuxième Ciel, produit par la deuxième Intelligence, est le Ciel du zodiaque et des astres fixes. Relevons avec le commentateur l'inversion de leur ordre par rapport à nous : ce que nous désignons comme la IXe Sphère est, du point de vue du Sage qui initie le visionnaire, la Ire. « C'est que sa connaissance embrasse d'une vue pénétrante le globe de l'ensemble des Sphères. Ce qui est pour nous le neuvième degré, est pour lui le premier. Ainsi de suite. »

On sait que depuis Ibn al-Haytham (= Alhazen, 430/1038) les orbes de Ptolémée se proposent en quelque sorte matérialisés à la vision intérieure, à la façon de sphères de substance cristalline incolore, transparente et intransperçable. « Nous voyons ainsi tous les astres à travers ce qui est pour nous la première Sphère, bien qu'en réalité ils luisent du haut de la huitième Sphère qui est celle du zodiaque. » Qu'elles ne puissent être déchirées, transpercées pour livrer passage, c'est une exigence de cette *Imago mundi* que nos auteurs expliquent par une loi du mouvement circulaire. En fait, l'intentionnalité qui s'exprime dans cette *Imago*, c'est que l'œuvre produite par chacune des Intelligences archangéliques supérieures échappe aux particularités et aux lois de notre physique. Plus précisément encore, elle annonce et signifie que l'ascension céleste de l'âme ne s'opère pas en transperçant les cieux physiques de l'astronomie (cf. le récit précédent, Traité VI : les étapes du voyage correspondant aux degrés de la métamorphose intérieure du pèlerin). C'est une ascension de degré en degré des cieux spirituels ou intérieurs que typifient, certes, les Cieux astronomiques, mais l'intériorisation de ceux-ci dans le *khângâh* (ou le microcosme) du visionnaire est la condition préalable de toute ascension céleste. Il serait donc inopérant de faire valoir que l'astronomie et la physique céleste de nos philosophes étant périmées, ce qu'ils ont exprimé par elles, ou plutôt par leur *Imago* active, serait également périmé.

Une autre observation d'une importance capitale est à faire ici, dont le point de départ est le terme de *khângâh* (loge de soufis) pour désigner l'« homme intérieur » comme habitacle de l'Ange dont émane directement la propre existence de l'âme [67]. Nous avons déjà relevé (cf. n. 16) que cette partie du récit visionnaire emprunte ses symboles à la vie du soufisme : il y a le *Pîr* (maître spirituel, le Sage, le shaykh) ; il y a le *khângâh* ; il y a la *khirqa* (le manteau d'investiture typifiant l'état de soufi) ; il y a la *jarîda* (le registre d'inscription). Le rapport de chacune des Intelligences hiérarchiques avec celle qui émane d'elle, est typifié dans le discours initiatique du Sage comme rapport du Maître avec son élève, du shaykh avec son disciple. Le premier Sage (typifiant la première hypostase archangélique) est le maître et l'éducateur du second, ainsi de suite jusqu'à ce que l'on arrive au dixième, Gabriel, l'Ange-Esprit-Saint, lequel est à son tour le maître et l'éducateur des âmes humaines émanées de son « aile de lumière ». Du sommet à la base, le rapport de génération spirituelle est exprimé en termes soufis, et ces derniers ressortissent à un lexique de compagnonnage [68]. (Les rapports entre les rangs de la hiérarchie céleste étant exprimés en termes de compagnonnage, il y aurait à comparer ici la manière dont s'établit, dans l'Ismaélisme, la correspondance entre les rangs de la hiérarchie céleste et ceux de la hiérarchie terrestre ésotérique.)

Il m'est arrivé de rencontrer le propos, volontairement désobligeant, que le Shaykh al-Ishrâq était un philosophe hellénisant (!) n'ayant rien à voir avec le soufisme, sous prétexte qu'il n'appartenait à la « filiation régulière » d'aucune *tarîqat.* De fait, son appartenance au soufisme est d'un autre ordre. Toute filiation terrestre régulière relève pour lui du monde de l'exil (la *ghorbat*). Ce n'est pas elle qui crée la légitimité du lignage soufi. L'ascendance dont il se réclame est essentiellement et uniquement la lignée verticale partant du « Temple » (*Bayt al-Maqdis*), de la Ire Intelligence, passant d'Ange en Ange, et parvenant par la médiation de l'Esprit-Saint, Ange de l'humanité, jusqu'au soufi en ce monde (cf. les *Owaysîs*, Ibn 'Arabî comme disciple de Khezr [Khadir] etc.). Nous avons ici la conception *ishrâqî* du soufisme, telle qu'elle correspond au concept sohravardien du Sage parfait cumulant à la fois les hautes connaissances philosophiques et une suprême expérience spirituelle. C'est ce qui distingue le spirituel *ishrâqî* du soufi au sens courant, et c'est ce qui permettra à Mollâ Sadrâ Shîrâzî (1640), grand *ishrâqî* de l'Iran aux XVIe et XVIIe siècles, de déclarer que la voie de l'*Ishrâq* est un entre-deux (*barzakh*) royal entre la voie (*tarîqat*) des soufis et celle des purs philosophes. C'est cette conception qui a marqué des siècles de spiritualité iranienne. On se reportera aux pages où Abû'l-Barakât Baghdâdî mentionne ceux des spirituels qui n'ont pas eu de maître humain extérieur, mais doivent tout au maître céleste qui est l'Ange-Esprit-Saint, l'Intelligence agente [69], celui qui chez 'Azîz Nasafî et Semnânî est désigné comme le *ostâd-e ghaybî*, le maître intérieur secret [70]. Ce passage du discours d'initiation est ainsi d'une importance essentielle.

4. Les Intelligences archangéliques ou chérubiniques dont il vient d'être question, celles qui dans la terminologie *ishrâqî* sont désignées comme les « Lumières victoriales » (*Anwâr qâhira*) [71], forment la hiérarchie supérieure ; elles sont désignées, nous l'avons rappelé, dans la terminologie avicennienne latine comme *Angeli intellectuales.* On

se rappellera également que de l'acte de contemplation des Intelligences contemplant leur Principe, procède une autre Intelligence. De la contemplation de leur propre essence ne nécessitant pas l'être par elle-même, donc de la contemplation de leur non-être, procède un ciel de matière toute subtile, mais constituant déjà une dimension d'ombre. Enfin de la contemplation de leur propre essence en tant que son acte d'être est nécessité par leur Principe, procède une Ame motrice de ce ciel. Ces *Animae caelestes* sont la seconde hiérarchie angélique, celle que la terminologie avicennienne latine désigne comme *Angeli caelestes.* Ici, ces *Animae caelestes* sont désignées comme les « enfants » des Intelligences ou *Angeli intellectuales* dont elles procèdent par génération spirituelle.

Quant à la « meule » (ou le moulin) mise en mouvement, c'est la Sphère céleste ou Ciel que met respectivement en mouvement chacune des *Animae caelestes.* Le secret de ces mouvements qui sont autant d'aspirations d'amour dans le ciel sera plus directement exprimé ailleurs. Aussi bien dans le « Livre de la Théosophie orientale », Sohravardî typifie-t-il cette relation entre l'Intelligence et l'Ame de son Ciel comme relation entre aimé et ami. Ce qu'il faut retenir ici, c'est que de toute façon la relation entre le « premier père » et le « premier fils » ou entre le « premier aimé » et le « premier ami », est une relation archétypique qui se propage du sommet à la base de la hiérarchie angélique, et finalement s'exemplifie dans la relation entre Gabriel, Ange de l'humanité, et les âmes qui émanent de son aile droite ou aile de lumière. Lorsque Sohravardî la désigne à maintes reprises, aussi bien dans ses traités théoriques (*supra* Traités II et III) que dans son « Livre d'heures » (*infra* Traité XV) comme notre « père » ou « parent céleste », cette qualification est préparée et justifiée par le mode de la relation entre tous les degrés supérieurs de la hiérarchie de l'être.

Ce sont les « enfants », c'est-à-dire les *Animae caelestes,* qui assurent le mouvement de leur meule, c'est-à-dire de leur ciel. Les *Angeli intellectuales* n'ont pas même à regarder ces meules. Les *Animae caelestes* les animent, un de leurs yeux étant fixé sur la meule, l'autre contemplant cette Intelligence à laquelle elles cherchent à ressembler par le mouvement perpétuel qu'elles impriment à leur ciel, ce ciel de matière subtile qui marque la « distance » qu'il y a entre elles et cette Intelligence. De chaque Intelligence procèdent un ciel unique et une Ame unique. Mais, lorsque la procession de l'être arrive au rang de la dixième, celle qui est l'Ange et l'Esprit-Saint de l'humanité, tout se passe comme si le flux descendant de l'être n'était plus assez fort pour maintenir la norme voulant que de chaque Unique émane un Unique. Il se produit comme un éclatement ou une explosion en une multitude de formes [72], et c'est ce que veut dire le Sage en parlant de la multitude innombrable de ses enfants. Ces derniers, c'est toute la race humaine émanée de lui. Quant aux quatre degrés de sa « meule », ils typifient les quatre Éléments.

Ici encore l'Ange n'a pas un mouvement à faire. C'est à la « servante abyssinienne » de veiller à la rotation de la meule. Le commentateur voit dans cette noire jeune fille une typification de la matière, émanant de l'aile gauche de l'Ange. Selon les mouvements qui se produisent en elle, elle atteint un certain état de préparation ou d'aptitude à recevoir telle ou telle forme de l'Ange dont émanent les formes. C'est cela qui est typifié ici comme le regard de la jeune fille guettant la descente des formes venant du « Donateur des formes », et cette descente est elle-même typifiée comme le face à face de ce regard avec le *Dator formarum*, sans qu'il y ait un mouvement de la part de l'Ange. Le sens de la contemplation, c'est donc ici cette préparation, cette aptitude, rien d'autre, « car la rencontre de l'Intelligence avec la matière, observe le commentateur, n'est ni intelligible ni représentable. Par cette rencontre il faut entendre la préparation et l'aptitude de la matière pour la forme. » Et cela concerne aussi bien les âmes humaines que les autres formes du monde visible. Quand le développement de l'embryon a atteint sa limite, une âme de lumière émane de l'aile droite de l'Ange. Commence alors pour cette âme l'« exil occidental ». Lorsque le délai de son exil est expiré, elle retourne près de l'Ange dont plus jamais elle ne se sépare (cf. la fin du Traité VIII), car il est le « lieu du retour » pour les âmes composant son propre plérôme. Tel est aussi, dans la gnose ismaélienne, le troisième Ange que sa faute avait fait descendre au rang de dixième et qui regagne graduellement son rang initial avec l'aide de « ses âmes » qui sont ses « membres » [73]. De même Nasîr Khosraw rapporte les derniers mots d'Aristote remettant son âme « au seigneur (ou à l'Ange) des âmes des philosophes » qui est le « lieu de leur retour » [74].

5. Le Sage vient de dire au visionnaire qu'il ne subit ni changement ni altération. Or le visionnaire découvre sa présence dans son *khângâh*, c'est-à-dire dans son être intérieur, son « temple » au cœur de son microcosme. Comment l'Ange est-il descendu là, puisqu'il ne fait aucun mouvement, tout en étant (cf. le traité précédent) un perpétuel migrateur ? D'apparence naïve, la question met en cause tout le sens de la vie intérieure, et partant, du sens ésotérique des récits visionnaires, des symboles dans lesquels s'exprime cet ésotérique et que tournait en dérision l'interlocuteur du prologue. A cette question le Sage fait une très belle réponse, réponse attendue et suffisamment claire pour qui sait comprendre. De même que le voyage proposé par l'Archange empourpré, de même ici la descente de l'Ange dans le *khângâh* du visionnaire s'accomplit non point par une traversée de l'espace extérieur mais par une métamorphose intérieure du sujet. Et c'est cela même qui sous-tend la réponse à la

question demandant quelle sorte de culte peuvent bien pratiquer les Anges.

Revient alors l'allusion à la science de la couture (*supra* § 2). Le Sage enseigne au disciple ce qu'il est capable d'en apprendre. Suivons ici notre commentateur : « Il entend par là la science de la médecine et le raccommodage de son corps par l'entretien du juste équilibre des humeurs. Le Sage précise qu'il s'agira pour le visionnaire de *raccommoder* à l'occasion son vêtement déchiré, non pas de *coudre* à proprement parler. Car la couture, qui est la composition de la matière avec la forme, n'est pas du ressort de l'être humain. »

6. Avec la demande formulée par le visionnaire : « Enseigne-moi maintenant le Verbe (la Parole) de Dieu », le dialogue passe à la question décisive pour le sort d'une philosophie qui, inséparée et inséparable de l'expérience spirituelle mystique, constitue en propre la « théosophie orientale ». Faute d'expérience, nous avions, il y a une quarantaine d'années (lors de notre première édition du présent traité), cru discerner ici le début d'une seconde partie du récit. Nous avions alors cru devoir marquer un contraste entre la première partie marquant les préoccupations du philosophe, et la seconde partie décelant celles du soufi. Nous avions créé ainsi un hiatus entre la philosophie et la mystique, un hiatus qui n'eût certainement pas rencontré l'approbation de notre Shaykh al-Ishrâq. Aussi bien ayant créé ce hiatus artificiel, nous n'avions pu réussir ensuite à restaurer la cohérence entre les deux parties. Il en sera ainsi pour quiconque sépare ce que la spiritualité de Sohravardî a pour propos et pour fonction d'unir.

En réalité il n'y a ni coupure ni contraste. Il y a progression vers l'intention finale du récit d'initiation, et cette intention est aussi bien la grande pensée du Shaykh al-Ishrâq. Elle est ici de reconnaître ce qu'est en son essence le personnage archangélique de Gabriel, à la fois Intelligence agente, Esprit-Saint, Ange de l'espèce humaine ; à la fois Ange de la révélation, intermédiaire divin nécessaire à tous les prophètes jusqu'à Mohammad inclusivement, et Ange de la connaissance comme *Dator formarum.* Point de « données » dont cet Esprit-Saint ne soit le Donateur. Il faut beaucoup de hâte, par préjugé, ou bien par défaut d'information, nous l'avons dit, pour estimer que l'identification de l'Intelligence agente des philosophes (Ange de la connaissance) avec l'Esprit-Saint (Ange de la révélation) entraîne ou suppose une rationalisation de l'Esprit. Voir les choses ainsi, c'est peut-être les voir à la manière occidentale moderne, mais certainement manquer le propos et la manière de voir du Shaykh al-Ishrâq (cf. n. 25).

En effet, c'est précisément cette fausse opposition que surmonte la doctrine *ishrâqî*, puisque le Sage parfait cumule la connaissance philosophique et l'expérience spirituelle. Or, c'est la notion de *Verbe*(Logos, Parole) qui est la médiété montrant avec évidence l'identité de l'Intelligence agente (*'Aql fa''âl*, le *Noûs* en grec) et de l'Esprit-Saint (*to Haghion Pneuma*). Et il s'agit si peu d'un point de vue théorique, que notre Shaykh se la fait enseigner par l'Ange lui-même au cours de son récit d'initiation. Les Intelligences et les Ames célestes dont il a été question jusqu'ici, vont se révéler dans leur être essentiel et primordial. Ce sont des Verbes divins (*Kalimât*). Toutes les Intelligences (*'oqûl*) [75] ou hypostases archangéliques sont les Verbes suscités à l'être par l'impératif divin (KN, *Esto*, non pas *fiat* à la 3e personne), ou mieux dit ils sont cet impératif même, l'être à l'impératif. Mais qui dit Verbe dit Esprit. Esprit est un autre nom de cet Impératif (*amr*). L'identité entre Intelligence, Verbe, Esprit, résulte de l'herméneutique qorânique mise en œuvre par Sohravardî, comme on le verra au paragraphe suivant. En bref, on a dans les trois langues la série suivante : *a*) *'Aql, Noûs, Intelligentia. b*) *Kalima, Logos, Verbum. c*) *Rûh, Pneuma, Spiritus.*

Le terme de *Verbe* nous semble mieux approprié que le terme de *Parole* pour désigner ces hypostases. La première demande que formule le visionnaire, concerne le Verbe divin (la Parole de Dieu) qui se révèle dans le Livre, le Qorân [76]. Le passage à l'état écrit, le « phénomène du Livre révélé », n'est que l'état ultime du Verbe proféré par le Verbe qu'est lui-même l'archange Gabriel, communiquant au prophète le Verbe divin perçu par lui « dans le ciel » et qu'il reproduit à la première personne. Chez tous les gnostiques et Kabbalistes des « communautés du Livre », le grand souci est d'atteindre au sens vrai, caché sous la lettre du texte écrit. La gnose islamique se règle sur un célèbre *hadîth* du Prophète, nommant sept profondeurs ésotériques du Qorân. A la descente (*tanzîl*) de la révélation, correspond la remontée, la reconduction de la lettre à son état archétypique, ce que désigne le terme de *ta'wîl* comme herméneutique des symboles. Les uns et les autres ont mis en œuvre la science de l'alphabet philosophique (cf. n. 19), pour la recherche du sens mystique que permet d'atteindre la valeur numérique des lettres de l'alphabet. Cette science a été pratiquée dans la gnose chrétienne primitive (chez Marcos le gnostique, sur la base des lettres de l'alphabet grec) ; elle a connu un essor prodigieux chez les Kabbalistes juifs ; en Islam elle a été principalement pratiquée à l'origine par les shî'ites (*Moghîra*) [77], et elle s'est largement propagée dans tous les milieux ésotériques (l'école des *Horoufis* lui doit même son nom). Ibn 'Arabî en a fait un grand usage. Nous manquons encore d'une large étude comparative entrant dans les détails. Soulignons qu'ici le dialogue de l'initiateur et de l'initié ne laisse aucun doute. Il s'agit bien de l'herméneutique du Qorân pour laquelle la science de l'*abjad* [78] est indispensable (le motif reparaîtra au début du Traité XII).

Malheureusement notre commentateur anonyme a battu ici la campagne. On sera d'accord avec lui pour voir dans la « tablette » du disciple dont le Sage s'empare pour la couvrir de signes, une allusion au *sensorium* dont nous avons appris qu'il est le miroir recueillant et unifiant aussi bien les perceptions des sens externes que les images que projette en lui l'Imagination visionnaire (*Imaginatio vera*) guidée par l'intellect. Mais à partir de là, le commentateur a perdu son chemin. Oubliant les données mêmes du texte qu'il commente, il voit dans l'alphabet philosophique la science de la Logique. Il construit alors un petit système d'équivalences qu'il n'y aurait aucun intérêt à reproduire ici.

7. Ici l'initiation dispensée par le Sage embrasse dans toute son ampleur la doctrine des Verbes divins, telle que nous l'avons esquissée précédemment dans le « Livre du Verbe du soufisme » (*supra* Traité V). La doctrine est ici vécue au cours d'une expérience visionnaire. Il appartient au lecteur d'en suivre ligne par ligne le développement. La commenter comme elle le mérite, exigerait un nouveau livre sur Sohravardî. Comme on l'a indiqué ci-dessus, parce que l'être des Intelligences est conçu comme Verbe divin et que l'Esprit est un autre nom de ce Verbe [79], ce qui nous en est révélé maintenant, c'est le secret de la procession des Verbes formant la double hiérarchie des êtres immatériels (*mojarrada*), double hiérarchie dont les pages précédentes avaient rappelé la fonction telle qu'elle se présente à la conscience imaginative, à la perception *imaginale* du visionnaire. Et cette initiation que dispense l'ange Gabriel (tout en parlant de lui-même à la troisième personne) nous conduit au dénouement de la vision et du récit d'initiation, à savoir : que typifient les deux ailes de Gabriel ?

Il y a ainsi une triple catégorie de Verbes divins : il y a les « Verbes majeurs » (*Kalimât-e kobrâ*) ; ce sont les *Angeli intellectuales*, les Intelligences chérubiniques. Comme on le sait, dans son livre de la « Théosophie orientale », après sa rencontre avec l'angélologie de l'ancienne Perse, Sohravardî ne se contente plus de leur hiérarchie limitée à dix degrés, limitation qui était encore un héritage du péripatétisme. Il y a ensuite les « Verbes médians » (*Kalimât-e wostâ*) ; ce sont les *Animae* ou *Angeli caelestes*, les Ames motrices des cieux dont on a rappelé ci-dessus la genèse spirituelle à partir de chaque Intelligence, ainsi que leur signification, indépendante de l'histoire de l'astronomie positive, par rapport à l'*Imago mundi* qui en est le support. Il y a enfin les « Verbes mineurs » (*Kalimât-e soghrâ*) qui sont les âmes humaines. Ces Verbes mineurs procèdent du dernier des Verbes majeurs qui est l'ange Gabriel ou Esprit-Saint, comme Ange de l'humanité.

Comme le « Livre du Verbe du soufisme » nous a permis déjà de le relever, cette émanation des âmes humaines à partir de l'Esprit-Saint, telle que chacune d'elles est un Esprit divin (*Rûh ilâhî*), détermine *eo ipso* le concept de la christologie chez Sohravardî (cf. n. 27). Le Christ est « Esprit de Dieu » (*Rûh Allâh*) parce qu'il est le « fils de l'Esprit-Saint » (on se rappellera ici cette ligne préservée de l'Évangile des Hébreux : « Ma *mère* l'Esprit-Saint me saisit par la chevelure et me transporta sur le mont Thabor »). Mais aussi bien toute âme humaine est un Verbe, et comme tel est « fils de l'Esprit-Saint ». (Nous avons vu à maintes reprises le sens du mot « père » expliqué ainsi par Sohravardî). Il y aura, certes, à l'égard de l'humanité commune cette différence qu'en raison de la conception virginale tout, chez le Christ, émane de l'aile droite de Gabriel, rien de son aile gauche. Quant à cet Esprit-Saint, il est lui-même le Verbe divin, interprète, pour la race humaine, du Silence des mondes qui lui sont supérieurs (cf. le Traité VIII *in fine*, les Sinaïs qui s'étagent au-dessus du Sinaï de l'Ange). Nous avons déjà remarqué précédemment que, étant données l'origine et la destinée des âmes humaines, l'anthropologie est elle-même un aspect de l'angélologie et que, partant, la christologie se présente ici comme dérivant de la christologie angélologique primitive, celle de *Christos Angelos*, antérieure au Concile de Nicée [80]. Toute une recherche reste à faire, d'autant plus importante qu'elle concerne un aspect essentiel de la doctrine aussi bien que de la spiritualité sohravardienne, comme permet de le constater son « Livre d'heures » (*infra* Traité XV). La recherche sera à mener conjointement avec l'étude des modèles christologiques de l'imâmologie shî'ite.

8. Le récit visionnaire d'initiation atteint ici son sommet : que veut-on dire lorsque l'on parle des deux « ailes de Gabriel » [81] ? Cette phase finale de l'initiation comporte deux grands moments : l'un révélant le sens des « deux ailes » et posant Gabriel comme l'ange-archétype de la race humaine, le « père » de chaque âme de lumière émanant de lui. L'autre moment, révélant la situation de l'âme humaine en ce monde par rapport à l'Ange dont elle émane.

Le symbolisme des deux ailes révèle en la personne de l'ange Gabriel une structure semblable à celle des Intelligences, les Verbes divins, qui la précèdent hiérarchiquement, c'est-à-dire selon l'ordre d'émanation à partir de l'Être premier. Cette structure de chaque Intelligence du plérôme suprême est constituée par les trois actes de contemplation, desquels procèdent une autre Intelligence, un ciel et l'Ame motrice de ce ciel, comme on vient encore de le rappeler (ci-dessus § 4). Nous avons également rappelé le drame qui éclate au niveau de la dixième Intelligence, notre Esprit-Saint, lorsque le flux de l'être semble avoir épuisé son énergie.

Le rapport de chaque Intelligence avec son Principe est le stabilisateur éternel de son être : c'est sa dimension de lumière pure. Ce même rapport existe chez Gabriel : il est typifié par son aile droite l'aile de lumière. Du rapport de chaque Intelligence avec elle-même, avec sa propre essence impuissante à se donner l'être elle-même à elle-même, prend naissance sa dimension d'ombre. Ombre naissante, à peine teintée, se matérialisant dans la matière toute subtile du Ciel qui émane de cette dimension. Ce même rapport s'aggrave au niveau de la dixième Intelligence. C'est ce que typifie l'aile gauche de Gabriel, non pas tant une aile de ténèbres ahrimaniennes, qu'une aile enténébrée et présentant ici encore une couleur rougeoyante (comme dans le récit précédent, la pourpre du crépuscule, mélange de jour et de nuit, donnait sa teinte à l'Archange empourpré). La différence, nous la connaissons déjà. Tandis que les autres Verbes majeurs donnent naissance à trois Uniques : une Intelligence, un ciel et l'Ame de ce ciel, au niveau de Gabriel, Ange de l'humanité, l'Émanation de l'être explose, pour ainsi dire, en une multitude. Ce sont toutes les âmes de lumière et toutes les formes émanant de son aile droite, l'aile de lumière. Au lieu de la matière toute subtile de chacune des neuf Sphères, émane de son essence impuissante à se donner elle-même l'être, la matière de notre monde terrestre, comme vestige de son non-être. Et c'est cela que typifie son aile gauche, l'aile enténébrée.

Moment d'une importance solennelle. Toute cette conception est conforme à la métaphysique des essences. Une essence est indifférente à l'égard de l'être et du non-être. Elle n'a pas d'emblée droit à l'être ; elle n'a pas de quoi se donner à elle-même l'être. L'Impératif créateur (le KN, *Esto*) est l'acte qui compense cette indigence, et qui *eo ipso* fait de son être un être nécessaire, nécessité par cet Impératif. L'ombre commence donc originellement avec le premier Archange du plérôme, avec la « dimension » de son ciel (Ciel des Ciels, Sphère des Sphères). Elle atteint son maximum au niveau du dixième. Là même prend naissance le monde de « l'exil occidental » (*infra* Traité VIII). On sera tenté de dire que l'éclosion simultanée de lumière et de ténèbres à partir d'un même être et de ses actes de pensée, correspond à un schéma sinon zervânite, du moins néo-zervânite (cf. ci-dessus Traité V, n. 44 et 45). Il se passe en effet ici, nous l'avons déjà relevé, une altération dramaturgique du zervânisme, analogue à celle que l'on retrouve dans les écrits de Qumrân et chez les Gayomarthiens dont parle Shahrastânî. Ce n'est point, selon ces derniers, à partir du Principe suprême que font éclosion simultanément Lumière et Ténèbres, mais à partir d'un Ange du plérôme, « l'ange Zervân ». C'est exactement la même altération dramaturgique que l'on retrouve dans la gnose ismaélienne : le troisième Archange du plérôme, qui est l'Adam spirituel, l'Adam métaphysique, devient le dixième, parce que l'enténèbre son retard à reconnaître les deux hypostases qui le précèdent [82]. C'est un semblable décalage qui permet à Sohravardî de se sentir dégagé de tout dualisme irréductible, tout en affirmant avoir ressuscité dans ses livres la théosophie de la Lumière et des Ténèbres professée par les sages de l'ancienne Perse.

Il y a du non-être. Mais ce non-être éclôt au fur et à mesure que progresse la « descente » de l'être. En ce sens, le « monde de l'exil » se situe au terme de cette descente. Et tel est le sens de la genèse et du retour (*mabda' o ma'âd*) chez tous les théosophes mystiques, en premier lieu chez les *Ishrâqîyûn*.

Les âmes humaines émanent de l'aile droite de Gabriel. C'est en ce sens que le rapport entre Gabriel et les âmes émanées de lui est un rapport de filiation, motivant l'appellation de « père » (Gabriel correspond donc ici à l'*Anthrôpos* des anciennes gnoses, lequel, dans le mandéisme, porte précisément son nom). Les Verbes mineurs, les Esprits divins qui sont les âmes humaines, émanent de cet Esprit-Saint qui est l'ultime Verbe majeur (cf. *supra* Traités II et III, et *infra* le « Livre d'heures », Traité XV). Par leur attache avec un corps matériel, ces Esprits divins reproduisent chacun l'archétype de leur Ange « aux deux ailes ». L'aile de gauche typifie la dimension de l'exil chez Gabriel (cf. début du Traité VI) et donne naissance au monde terrestre de l'illusion. De nouveau on décèle ici une analogie avec la sotériologie ismaélienne. Le troisième Ange devenu dixième, l'Adam spirituel, reconquiert progressivement son rang originel avec l'aide de ceux des siens, émanés de lui, qui ont entendu son Appel (*da'wat*). Par toutes les âmes retournant au « Temple de lumière » de l'Imâm — lequel fut en ce monde le vicaire du dixième Ange, de l'Adam spirituel — celui-ci s'exhausse graduellement à la reconquête du paradis perdu. En termes sohravardiens, il s'agit de « désenténébrer » l'aile gauche de Gabriel. L'effort purificateur de chaque âme se désenténébrant elle-même est *eo ipso* un désenténébrement de l'aile gauche de l'Ange de l'humanité. On pressent quel sera, dans ce contexte, le sens spirituel de l'alchimie.

Ce rôle de l'Ange de l'humanité, Esprit-Saint aidé par tous les Verbes majeurs qui le précèdent, permet de comprendre l'emploi de certains termes caractéristiques chez Sohravardî. Comme le dit ici le Sage, le terme final de l'ascension des Verbes mineurs est au niveau de la Majesté divine. Mais cette ascension ne se fait ni d'emblée ni sans guide. Gabriel-Esprit-Saint est pour les siens le guide nécessaire pour les entraîner dans cette ascension. Et pour celle-ci, ils reçoivent l'aide de tous les Verbes majeurs et de tous les Verbes médians qui les précèdent. Cette multiplication théophanique préserve le monothéisme de tout aspect monolithique, sans lequel, comme les Ismaéliens l'ont très bien vu, le monothéisme dégénère en idolâtrie métaphysique. Peut-être est-ce le drame des systèmes de philosophie occidentale qui ont confondu *Weltgeist* et Esprit absolu. C'est qu'en fait l'esprit humain ne peut jamais atteindre qu'une théophanie, et cette théophanie c'est précisément la forme de l'Ange dans les récits visionnaires. Et c'est pourquoi ici c'est l'Ange (dans le shî'isme ce sera l'Imâm) qui rend possible le *tawhîd*, en supportant les attributs qui ne peuvent être donnés à l'*Absconditum*. Il faut s'en souvenir, lorsque l'on voit revenir dans le « Livre d'heures » des expressions telles que « Dieu de chaque Dieu », « Dieu des Dieux ».

Simultanément, cette finalité ascensionnelle précise la vocation du héros des récits visionnaires de Sohravardî. Le monde créaturel est le monde de l'exil (la *ghorbat*, Traité VIII). La finalité de la Création, c'est l'épreuve de la chute en exil *pour* le retour de l'exil. C'est le leitmotiv de tous les récits sohravardiens. Ces récits sont des récits de l'exil, et comme tels ils assurent le lien avec le monde d'*avant* l'exil, lequel est aussi le monde d'*après* l'exil. Éprouver ce monde-ci comme monde de l'exil, c'est savoir que l'on vient d'ailleurs, d'un autre monde, vers lequel il s'agit de retrouver le chemin. Pour se frayer cette voie, il faut aller à l'encontre des normes établies en ce monde, à l'usage de ceux qui s'y sont installés, pour avoir succombé au monde issu de l'« aile gauche », en oubliant qu'ils venaient d'ailleurs et comment y retourner.

Pour ce voyage de retour, pour cette ascension continue, Gabriel est le « partenaire céleste », puisque son aile droite est la Lumière même dont est constitué chaque Verbe mineur émané de lui. Les commentateurs ont parfois identifié ses manifestations avec celles de la Nature Parfaite comme « ange personnel du philosophe ». Il n'y a aucune incompatibilité. Sans revenir ici sur le thème de la Nature Parfaite, à l'adresse de laquelle Sohravardî a composé l'un de ses plus beaux psaumes [83], disons qu'en définitive le rapport entre la Nature Parfaite et l'Ange Gabriel comme Esprit-Saint et Ange de l'humanité, serait analogue au rapport entre le « pasteur » d'Hermas et celui qui est désigné dans le même livre comme l'Ange magnifique. Nous avons été conduit ici (ci-dessus Traité II, VIIe Temple) à élucider par la Nature Parfaite le concept du Paraclet chez Sohravardî.

9-10. Le sens des lignes finales du récit est transparent. La « cité dont les habitants sont des oppresseurs » sera de nouveau mentionnée au début du « Récit de l'exil occidental ». C'est le monde de l'illusion, et c'est pour chaque âme de lumière le corps matériel ténébreux dans lequel elle a été jetée.

De nouveau « le jour se leva sur le *khângâh* de mon père ». C'est le jour tel qu'il brille pour le monde profane, le jour qui permet aux « marchands d'aller à leurs affaires » et qui détourne l'homme intérieur de sa rencontre avec le monde originel dont il vient. Le « *khângâh* de mon père », c'est de nouveau ici le sanctuaire intérieur de l'homme, le « temple » où il arrive à l'Ange de se montrer. Le jour profane s'étant levé, la porte donnant sur la ville est de nouveau ouverte, et refermée la porte donnant sur l'extérieur, c'est-à-dire sur l'autre monde, le monde spirituel, *Nâ-kojâ-âbâd* : le monde « intérieur » qui est « extérieur » à ce monde-ci et dont on ne peut montrer du doigt le chemin. C'est le paradoxe constant de cette expérience : rentrer dans le monde *intérieur*, c'est se retrouver à l'*extérieur* du monde physique des Éléments et des cieux astronomiques [84]. Quant à la nostalgie exprimée ici par le visionnaire, comparer avec la finale du « Récit de l'exil » (Traité VIII).

... Rappelons en conclusion ce qu'il faudrait redire au terme de chacun de ces récits. Le symbole des « deux ailes de Gabriel », c'est la forme même sous laquelle se manifeste « au confluent des deux mers », c'est-à-dire au niveau de l'*Imaginatio vera*, l'Ange qui vient du « Temple » (*Bayt al-Maqdis*), de la Jérusalem céleste, du monde autre. Comprendre réellement le sens ésotérique de cette apparition à la limite qui est le monde imaginal (*'âlam al-mithâl*), limite entre l'intelligible pur et le sensible, c'est *voir* comment sa réalité métaphysique, invisible telle qu'elle est dans le plérôme de Lumière, prend nécessairement cette forme lorsqu'elle apparaît au visionnaire, une forme qui est parfaitement et authentiquement sienne. Tout ce que nous avons tenté de dire au cours de ce commentaire — le commentateur persan nous ayant laissé largement le champ libre — est peu ou prou une rechute au niveau des concepts. Sans doute est-ce momentanément inévitable, mais ce n'est point l'événement réellement vécu. S'en contenter comme d'une explication suffisante, c'est laisser échapper la réalité de cet événement. Inversement, percevoir les images sans percevoir simultanément le sens auquel elles donnent forme et figure, ce serait, comme le dit le Sage au visionnaire, n'affronter que des formes vides de sens.

Dans le passage de la théorie à l'événement vécu, c'est l'Imagination active qui assure le rôle essentiel comme organe de la perception visionnaire, on veut dire l'*Imaginatio vera* non pas la *phantasis*, autrement dit l'Imagination « agente » guidée, comme elle l'est ici, par l'Intelligence agente qui est Gabriel. Elle est l'organe projetant dans le *sensorium*, qui peut alors les contempler en vérité, les Images que Haydar Amolî appellera « images métaphysiques ». Avoir conscience, en les contemplant, de ce qu'elles sont et de ce qu'elles manifestent, c'est-à-dire de leur parfaite réalité de plein droit et de leur fonction médiatrice, c'est pénétrer effectivement dans le monde *imaginal*, dans le « huitième climat », c'est vivre enfin la doctrine devenue événement réel de l'âme. Hors de cette conjonction rigoureuse (des niveaux *A* et *B*) en laquelle consiste l'événement de l'âme comme étant l'ésotérique du récit (se passant dans le *khângâh* du « parent céleste »), il n'y a plus que théorie abstraite ou allégorie non moins abstraite. Le récit visionnaire de l'initiation dispensée par l'Ange est irréductible à l'une et à l'autre.

NOTES DU TRAITÉ VII

(*a*) Cf. *Le Bruissement de l'Aile de Gabriel, traité philosophique et mystique*, publié et traduit avec une introduction et des notes par H. Corbin et P. Kraus, in « Journal Asiatique » juil. sept. 1935, pp. 1-82. Nouvelle édition du texte procurée par S. H. Nasr in *Op. Metaph. III*, pp. 207-224.

(*b*) Voir notre ouvrage sur *Avicenne et le Récit visionnaire*, index s. v., et *En Islam iranien*... t. IV index s. v. Quant au thème de la « rencontre avec l'Ange », nous avons eu l'occasion d'en traiter dans notre préface pour Aurélia Stapert, *L'Ange roman dans la pensée et dans l'art*, Paris, Berg international, 1975.

(*c*) Voir *En Islam iranien*... t. III, pp. 47, 52, 63.

1. Abû 'Alî Fadl ibn Mohammad al-Fârmadhî fut l'élève de Abu'l-Qâsim al-Qoshayrî (l'auteur de la célèbre *risâla* sur le soufisme) et le maître de Ghazâlî. Il fut au nombre des soufis qui gardèrent réserve et réticence (*tawaqqof*) à l'égard du cas de Hallâj. Il est mentionné dans un grand nombre de répertoires : Ma'sûm 'Alî-Shâh, *K. Tarâ'iq al-Haqâ'iq*, Téhéran 1319, index s. v. ; Jâmî, *Nafahât* (éd. W. Nassau-Lees, Calcutta 1858), pp. 419-421 ; 'Attâr, *Tadhkirat al-awliyâ*, éd. Nicholson, vol. I et II, index s. v. ; Hûjwîrî, *Kashf al-Mahjûb*, transl. R. A. Nicholson, p. 169.

2. Pour la couleur bleue de la *morakka'a* portée par les soufis, voir O. Pretzl, *Die Streitschrift des Ghazâlî gegen die Ibâhîya* (Sitz. Ber. Bayr. Ak. d. Wiss. phil. hist. Abt. Jg. 1933, VII), p. 12. note. T. Andrae, *Die Person Muhammads*, p. 298. Rûzbehân Baqlî Shîrâzî, *Le Jasmin des fidèles d'amour*, éd. H. Corbin et M. Mo'în (Bibliothèque Iranienne, vol. 8), Téhéran-Paris, 1958, p. 57 de la partie française (les visions de lumières colorées et la couleur des vêtements portés en conséquence). Cf. encore *infra* Traité XII, n. 44.

3. *Moshâhada-ye ân* : vision directe, celle du témoin oculaire. Le terme s'applique aussi bien aux sens internes qu'aux sens externes.

4. Le mot « aile » (*parr*) est ici au singulier. Plus haut, on le trouve au pluriel. Aussi bien s'agit-il des *deux* ailes de Gabriel, l'une de lumière, l'autre enténébrée. L'usage persan permet de laisser le mot au singulier. Il nous apparaît nécessaire de le mettre au pluriel en français.

5. Non pas l'aurore astrononiique, mais l'*Ishrâq*, le lever de la lumière à l'« Orient » qui est le monde spirituel.

6. Le terme *khângâh* est le terme courant en persan pour désigner une loge de soufis. Ici il va signifier le « temple intérieur » comme lieu de la rencontre avec l'Ange.

7. Se rappeler ici ce que nous ont enseigné les traités précédents : ce « parent céleste », le « père » est l'Ange-Esprit-Saint, comme Ange de la race humaine. On a vu (*supra* Traité II) que pour Sohravardî, c'est le « père » que désignent les versets de l'Évangile de Jean. Cf. encore *infra* la fin du Traité VIII, puis les *Taqdisât*, le récit d'extase d'Hermès (dans les *Talwîhât*) : « Toi qui es mon père, sauve-moi. »

8. Blancheur qui n'est nullement le signe de la vieillesse, mais le signe de l'appartenance au monde spirituel de la Lumière. On a vu précédemment (Traité VI) que tel est précisément ce que signifiait la blancheur de la chevelure de l'enfant Zâl lors de sa naissance en ce monde. Voir *En Islam iranien...* t. IV, index s. v. chevelure blanche (symbolisme de la).

9. Comparer tournure semblable *infra* chapitre 4. Il y a lieu de comparer ce passage avec le début du « Récit de Hayy ibn Yaqzân » d'Avicenne. Là aussi, l'apparition de l'Intelligence agente est décrite sous la figure d'un Sage. On y trouve même le petit trait de détail indiquant que le Sage devance la salutation du voyant. « C'est que la réceptivité est propre au patient qui est ici le disciple, tandis que l'accomplissement appartient à l'agent. » Voir notre livre sur *Avicenne et le Récit visionnaire* (Bibliothèque Iranienne, vol. 4 et 5), Téhéran-Paris 1954, t. I, p. 162 et t. II, pp. 68-69. Dans le « Récit de l'Oiseau » du même Avicenne, c'est seulement lorsque le prisonnier en appelle au « compagnonnage », au pacte de fraternité initiatique, que les autres oiseaux renoncent à leur méfiance et s'approchent de lui. *Ibid.*, t. I, p. 218.

10. Nous avions hésité jadis sur la traduction de *bî-khûrda*. Un autre manuscrit donne simplement *khabar deh kê* (informe-moi).

11. C'est le terme persan caractéristique forgé par Sohravardî. Nous l'avons déjà rencontré ici. Pour plus de détails, voir ci-dessus le commentaire § 2 et *En Islam iranien...* t. IV, index s. v. C'est le « huitième climat », le *mundus imaginalis.*

12. Puisque le « huitième climat » est au-delà de la Sphère des Sphères qui détermine les axes d'orientation dans l'espace sensible. C'est la *quarta dimensio.* Cf. *ibid.*, index s. v. Ile Verte, *mundus imaginalis*, Nuage blanc.

13. L'Ange-Esprit-Saint est donc l'herméneute, pour les hommes, des niveaux d'être qui s'étagent au-dessus de lui. Comme on l'apprend à la fin du « Récit de l'exil » (Traité VIII), au-dessus de son propre Sinaï il y a d'autres Sinaïs. Lui seul peut guider la Quête de ciel en ciel. Comme il n'est pas l'« Esprit absolu », le sacré n'est pas profané ; il reste dans la hiéro-histoire laquelle est constituée par les *événements* tels que ceux que racontent les Récits visionnaires : théophanies et angélophanies constituent en quelque sorte l'autobiographie de l'Ange de l'humanité et c'est tout autre chose qu'une philosophie de l'histoire.

14. Les cordons du turban du Maghreb symbolisent probablement le

mouvement d'Ouest en Est propre aux Sphères. Contrairement à Aristote, la plupart des cosmologues islamiques estiment que la huitième Sphère se meut, elle aussi, de l'Ouest à l'Est.

15. Remarquons ici que cette partie du discours initiatique emprunte ses symboles aux us et coutumes des soufis (*Pîr* : le shaykh. *Khângâh* : la loge des soufis. *Jarîda* : le registre. *Khirqâ* : le manteau). Les rapports entre les rangs de la hiérarchie céleste s'expriment ici en termes de compagnonnage. Il y aurait sans doute à faire un rapprochement avec l'Ismaélisme. Cf. ci-dessous le commentaire § 3.

16. Voir la note précédente. On retrouvera quelque chose de ce genre dans les Traités XI et XII.

17. La comparaison du mouvement des Sphères avec le mouvement de la meule se retrouve maintes fois dans les écrits astronomiques et astrologiques en Islam, et est probablement d'origine grecque. Cf. Bîrûnî, *K. al-tafhîm*, éd. Ramsay Wright, London 1934, § 123, p. 45. L'auteur y mentionne également l'étymologie populaire du mot persan *âsmân* « Ciel » = *âs-mânand* = *shabîh bi'l-râha*, pareil à une meule.

18. Cette cité dont le « Récit de l'exil » (Traité VIII) nous précisera qu'elle est la cité mentionnée dans le Qorân et qui est « la cité dont les habitants sont des oppresseurs ». Voir également ici même § 9. Cf. ci-dessus le commentaire, § 6 : contrairement à ce que nous avions estimé jadis, il n'y a pas lieu de distinguer ici une seconde partie du récit visionnaire. L'initiation progresse régulièrement, et dans ce paragraphe elle est particulièrement chargée d'allusions. Le Verbe de Dieu désigne en propre ici le Verbe révélé dans le Qorân. Viendra ensuite l'initiation aux Verbes de Dieu qui sont autant d'hypostases spirituelles.

19. Comme l'auteur va le préciser d'ici quelques lignes, il s'agit de la « science des lettres » (*'ilm al-horûf*) ou algèbre philosophique, dont la technique est aussi bien pratiquée par les gnostiques et « Kabbalistes » de l'Islam que par les Kabbalistes juifs. Son emploi couvre toute une partie de l'herméneutique transcendante grâce à la mise en œuvre de la valeur numérique des lettres de l'alphabet sémitique. Cf. ici encore, ci-dessous Traité XII : l'enseignement du shaykh commence par l'initiation aux secrets de l'alphabet philosophique. C'est la même initiation que l'on trouve au début du traité proto-ismaélien intitulé *Omm al-Kitâb* (La mère ou l'archétype du Livre), dont une traduction italienne a été procurée par Pio Filippani-Ronconi (Napoli, Istituto universitario orientale, 1966). Voir *En Islam iranien...* t. I, p. 206 n. 169. Elle est donc normalement mentionnée en ce passage où commence l'initiation aux secrets du Verbe de Dieu, c'est-à-dire à l'herméneutique ésotérique du Qorân. Cf. encore *infra*, n. 76-78.

20. *Masrâ*. Allusion à l'ascension céleste du Prophète, la nuit où il fut conduit par l'Ange de ciel en ciel. Cf. Qorân 17/1.

21. Il a été question de ce *pneuma* dans chacun des traités de la première partie. Voir ici l'index s. v. Cf. aussi *Safînat Bihâr al-Anwar*, t. I, p. 527.

22. Ce Verbe suprême est l'archange que Sohravardî désigne ailleurs sous son nom zoroastrien de Bahman ou Bahman-Lumière (cf. par exemple *infra* Traité XV). Sur le concept de Verbe et la hiérarchie des Verbes en trois catégories, cf. déjà ci-dessus le Traité V.

23. Ce qui est manifesté, c'est la masse astrale éclatante du soleil. Voir ici l'index s. v. Hûrakhsh.

24. Sur ce concept des « Verbes parfaits » voir *En Islam iranien...* t. III, p. 211 n. 47 et t. IV, index s. v. Verbes de Dieu. Cf. Mollâ Sadrâ Shîrâzî, *Le Livre des pénétrations métaphysiques*, index s. v. (partie française). Sur les sept Chérubins, les sept Intelligences, leur rôle envers l'Adam métaphysique, voir notre *Trilogie ismaélienne*, index s. v.

25. Le Sage parle ainsi de lui à la troisième personne, alors qu'il est lui-même Gabriel, l'Ange-Esprit-Saint, comme il l'a déclaré au début en se donnant comme l'interprète des Verbes supérieurs (cf. § 2). C'est par le concept de Verbe que s'opère l'identification entre le concept d'Esprit et le concept d'Intelligence, et c'est ce qui confirme combien il est faux d'interpréter l'identification entre *Rûh* et *'Aql* comme une « rationalisation » de l'Esprit. Cf. encore ci-dessus commentaire § 6.

26. In *Op. metaph. III*, p. 218 l. 6, S. H. Nasr réfère au *Sahîh* de Bokhârî, *bad' al-khalq* 6.

27. Se reporter ici au Traité V de la première partie. Ce paragraphe est l'initiation au rôle prééminent de Gabriel comme Esprit-Saint, et partant à la christologie *ishrâqî* qui, en suivant la révélation qorânique, pose le Christ comme fils de l'Esprit-Saint. Il y a à la fois réminiscence de la christologie de l'Évangile des Hébreux, de la christologie ébionite et de Christos-Gabriel dans le livre de la *Pistis Sophia*. Les notions de Verbe et d'Esprit sont ici identiques en anthropologie, et partant, en christologie. Cf. encore le commentaire § 7.

28. Donc ne pas traduire : « Les Verbes de Dieu ne l'épuiseraient pas. » Cela voudrait dire qu'il y aurait trop d'eau (dans le contexte du verset 18/109 il s'agit de l'océan changé en encre) pour que les Verbes de Dieu arrivent à l'épuiser. C'est le contraire qui est vrai. C'est l'océan qui serait épuisé avant que les Verbes de Dieu ne le soient.

29. *Makhlûq* : le monde créaturel, tandis que le plérôme des Intelligences est le « monde de l'Impératif » (*'âlam al-Amr*). C'est pourquoi l'Archange empourpré (Traité VI) ne pouvait être identifié avec Bahman, mais bien avec Gabriel, ou avec Sraosha, comme Verbe de la lumière duquel a été produit le monde créaturel.

30. Cf. le paragraphe suivant, expliquant le symbolisme des deux ailes de Gabriel.

31. De nouveau ressort le rôle prééminent de Gabriel comme Lumière, comme Ange-Esprit-Saint et comme Intelligence agente, dixième de la hiérarchie des Intelligences chérubiniques.

32. *Solaymân-e nabî* d'après notre édition de 1935. *Solaymân-e tamîmî* (c'est-à-dire de la tribu de Tamîm) d'après la nouvelle édition, *Op. metaph. III*, p. 219 l. 8.

33. On peut traduire aussi « Et par ceux (celles) qui gouvernent quelque chose », ce qui est le cas des *Animae caelestes*.

34. Donc la seconde hiérarchie angélique, celle des *Angeli caelestes* de la cosmologie avicennienne. C'est cette hiérarchie qui se trouvera perdue avec

l'averroïsme, et avec elle perdus aussi le *Malakût*, le *mundus imaginalis* et la fonction noétique de l'*Imaginatio vera*.

35. Cf. le début du Récit, où les dix Sages de lumière (les Intelligences) apparaissent comme formant une hiérarchie. Les *Animae caelestes* en forment une aussi, certes, cependant non point en tant qu'elles procèdent les unes des autres comme il en est des Intelligences, mais en tant qu'elles procèdent respectivement d'une Intelligence dont le rang hiérarchique est fixé par l'ordre de procession de son être même.

36. Comparer avec l'explication que, dans le récit précédent, l'archange donne de sa couleur pourpre. Pour le paon, voir aussi Traité XIII, chapitre VIII.

37. Pour tout ce passage nous nous en tenons à notre édition de 1935, où l'emploi des termes techniques est beaucoup plus satisfaisant. Nous avons dit ailleurs pourquoi nous évitions le terme de « contingence », car en fait il n'y a pas de contingence. Intrinsèquement, certes, tout ce qui est autre que l'Être Nécessaire n'est que pouvoir-être, et *eo ipso* pouvoir ne-pas-être. Mais le fait de son existence n'en implique pas moins son devoir-être, la nécessité d'être qu'il tient de son Principe (ce que symbolise l'aile droite de Gabriel).

38 et 39. Voir le commentaire, § 8.

40. Comparer Isaïe 6/2 : le prophète voit les Anges pourvus de six ailes (les Séraphins). Dans la vision d'Ézékiel 1/6, ils sont pourvus de quatre ailes. Ici, plus on s'éloigne de la source de l'Unité, plus le nombre d'ailes va en croissant. Il y aura à comparer avec l'angélologie de la Kabbale juive.

41. En persan *'olûm-e haqâ'iq o mokâshafât*.

42. In *Op. metaph. III*, p. 221 l. 6-7, S. H. Nasr réfère au *Fayz al-Qadîr*, Le Caire 1356, 2e partie, p. 230.

43. Cf. note précédente. En termes de philosophie avicennienne, la dimension d'ombre commence dès la procession du Premier Émané. Ici elle est symbolisée par l'aile enténébrée du Dixième.

44. C'est cela même l'« exil » (la *ghorbat*) de la Lumière dans les Ténèbres, cf. Traité VIII.

45. Ce sont les versets où le « Verbe excellent » est proposé en parabole, et comparé à un arbre dont la racine est solidement implantée, tandis que sa ramure est dans le Ciel. D. Masson, *Le Coran, ad loc.* p. 865, réfère à Matthieu 13/32 (le Royaume de Dieu comparé à un arbre), Marc 4/30-34, Luc 13/19 ; Matthieu 7/17-18, Luc 6/43 (l'arbre bon et l'arbre mauvais).

46. En un jour dont la durée est de cinquante mille ans. Pour l'insertion de ce verset dans la métaphysique de la Résurrection chez Mollâ Sadrâ Shîrâzî, voir *En Islam iranien...* t. IV, pp. 119 ss.

47. Notre édition de 1935 porte ici le mot *'âqil* (sage, pénétrant). La nouvelle édition in *Op. metaph. III* porte *ghâfil* (négligent, inattentif, inconscient). Les deux graphies sont très proches l'une de l'autre. Dans le premier cas, le vocatif fait appel à la sagacité de l'auditeur. Dans le second cas, il se nuance d'ironie, sinon de blâme. La première lecture nous semble mieux convenir au contexte.

48. Comme nous y avons insisté au début du commentaire et dans la présentation du Récit précédent, découvrir le sens de ces formes symboliques ne consiste pas à les réduire à des vérités théoriques, même dites « ésotériques », mais à les méditer comme « tautégoriques », c'est-à-dire à en méditer la vérité métaphysique telle qu'elle se montre précisément au niveau de ces formes. Là seulement elles deviennent événement de l'âme ; sinon on tombe dans l'allégorie, ou bien on en revient aux vérités d'évidence théorique. La conjonction au niveau *C* de ce que nous avons appelé les niveaux *A* et *B* est du même ordre que l'audition d'un accord symphonique. Percevoir celui-ci ne consiste pas à ramener le *canto* au *discanto*, ni inversement, mais à les percevoir dans leur simultanéité. Comparer André Neher, *L'essence du prophétisme*, Paris 1972, pp. 301 ss. Là même, cette citation de Cl. Tresmontant, *Essai sur la pensée hébraïque*, pp. 56, 58, à propos du symbolisme des éléments dans la Bible : « Les écrivains bibliques... jouent sur ce clavier symbolique avec une cohérence étonnante. Ils utilisent, dirait-on, le même clavier élémentaire, les mêmes registres, la même clef, et les variations se font selon un code, un contrepoint qui conserve à l'élément signifiant son sens originel. »

49. Cf. ci-dessus n. 47.

50. *Robûbîyat*, ce qui concerne aussi bien le *Rabb al-nû' al-insânî*, le seigneur ou Ange de l'espèce humaine, que le *Rabb al-arbâb*, le seigneur des seigneurs.

51. Cf. ce même verset comme leitmotiv au début du « Récit de l'exil occidental » (Traité VIII).

52. *Haykal-e Kalima*. Cf. les « Temples de la Lumière ». Le Temple spirituel, c'est le Verbe mineur comme « étant à lui seul une cité ».

53. Retour du motif de *Nâ-kojâ-âbâd* (le pays du Non-où), au « confluent des deux mers », là où se manifeste le messager « venant du Temple » (*Bayt al-maqdis*).

54. Fut donc fermée la porte du *khângâh* (le « temple intérieur ») donnant sur le « désert », la vaste plaine par laquelle on sort de ce monde et où au début du récit se manifeste la vision des dix Sages. Désormais est de nouveau ouverte la porte donnant sur le monde empirique de l'expérience quotidienne.

55. Sans doute allusion, sinon au triste personnage du prologue, du moins à ses imitateurs. La nouvelle édition in *Op. metaph. III* laisse tomber, on ne sait pourquoi, cet éloquent post-scriptum.

56. Nous l'avons publié dans notre édition de 1935, cf. ci-dessus note (*a*).

57. A rapprocher du début du « Récit de l'Exil » (*infra* Traité VIII § 4) : « Ils nous cernèrent, nous lièrent avec des chaînes et des carcans de fer. » Comparer le § final 45, c'est presque textuellement la formule que l'on retrouve chez les « Frères au cœur pur » (*Ikhwân al-Safâ*, IVe section). Cf. aussi les geôliers du début du récit précédent (Traité VI). Échapper à ces geôliers, ce sera pour l'Imagination active la liberté de projeter les « images intellectives » dans le *sensorium*.

58. De même dans le « Récit de l'Exil » (§§ 6, 8 et 9), l'ascension spirituelle de l'âme a lieu pendant la nuit.

59. Sentence également attribuée au Prophète.

60. Sur cette double notion de la mort, voir Avicenne, *Traité sur la délivrance de la crainte de la mort*, éd. Mehren (*Traités mystiques*, 3e fasc.), p. 52 du texte arabe.

61. Un manuscrit porte : « Je me dirigeai vers les hommes du palais de ma mère. » Cela pourrait signifier les sens internes. L'« appartement des femmes », au début, serait alors l'ensemble des sens externes. Il peut y avoir aussi une équivalence sous-entendue entre *mâdar* (mère) et *nafs* (l'âme). Cf. notre édition de 1935, p. 65 n. 3.

62. Cf. ci-dessus n. 6, le commentaire § 3 et ci-dessous n. 67.

63. Sur la salutation de l'Ange devançant celle du visionnaire, cf. ci-dessus n. 9.

64. Voir ci-dessus n. 11 et 12.

65. Cf. notre traduction du « Récit de Hayy ibn Yaqzân » chap. IV, dans notre ouvrage *Avicenne et le Récit visionnaire.* Voir aussi notre étude *L'« Imago Templi » face aux normes profanes*, Eranos-Jahrbuch 43/1974.

66. A l'acte de contemplation produisant un nouveau ciel, correspond chez la Dixième Intelligence un acte de contemplation produisant la Sphère (ou les Sphères) des Éléments. A l'acte de contemplation dont procède chaque *Anima caelestis,* correspond chez la dixième l'acte dont procède la multitude des *Animae humanae.* Cf. encore ci-dessous n. 72.

67. Cf. *supra* n. 6 et 62, et notre étude sur *Imago Templi* citée ci-dessus dans la n. 65.

68. Sur ce lexique de compagnonnage, cf. ci-dessus n. 15 et Traité VI, n. 29.

69. Cf. cit. d'Abû'l-Barakât dans notre livre *Avicenne et le Récit* visionnaire, t. I, pp. 103-106 : sur la Nature Parfaite comme « Ange » du philosophe et individualisant la relation commune avec l'Intelligence agente. Cf. encore *infra* n. 83.

70. Voir *En Islam iranien...* t. IV, index s. v. *ostâd-e ghaybî.*

71. Voir *ibid.*, s. v. *Anwâr qâhira*, Lumières archangéliques.

72. Pour compléter l'indication de la n. 66 ci-dessus et suivre la ligne tracée par Abû'l-Barakât (n. 69 ci-dessus) on pourrait méditer le schéma suivant : à l'acte de contemplation produisant chez les neuf premières une autre Intelligence, correspond chez la dixième l'acte produisant les « Natures Parfaites ». A la contemplation dont émane un ciel, correspond chez la dixième l'acte produisant les Sphères des Éléments. A la contemplation dont procède une *Anima caelestis* animant la Sphère céleste, correspond chez la dixième l'acte dont procèdent les âmes humaines gouvernant les corps composés des Éléments.

73. Sur la dramaturgie dont le troisième Ange du plérôme devenu dixième est le héros, voir notre *Trilogie ismaélienne*, index s. v. Intelligence (la IIIe). Adam spirituel, etc.

74. *Khodâvand-e jân-hâ-ye filosûfân.* Voir Nâsir Khosraw, *Jâmi' al-Hikmatayn* (La Somme des deux sagesses) éd. H. Corbin et M. Mo'în (Bibliothèque

Iranienne, vol. 3), Téhéran-Paris 1953, p. 98. La citation d'Aristote provient du *Liber de Pomo* (*Kitâb-e toffâha*).

75. Suivant la tradition héritée des traductions latines médiévales, nous employons le mot « Intelligence » (le grec Noûs) quand il s'agit des hypostases angéliques, et le mot « intellect » quand il s'agit de la faculté humaine de ce nom.

76. Sur le rapport entre le Verbe de Dieu et le Livre de Dieu, voir notre trad. de Mollâ Sadrâ Shîrâzî, *Le Livre des pénétrations métaphysiques*, pp. 193 ss., 198 ss., 200 ss.

77. Rajab Borsî, dans ses *Mashâriq al-Anwâr* (les Orients des Lumières), a recueilli un grand nombre des textes gnostiques shî'ites les plus anciens. Tout le début du livre est un exposé de la « science des lettres ». Celle-ci joue également un rôle important dans « Le Texte des Textes » de Haydar Amolî.

78. Le mot *abjad* désigne l'ordre de l'alphabet arabe selon la valeur numérique des lettres.

79. Sans doute faudrait-il pousser la recherche du côté de Philon, du côté des Stoïciens, etc. Cependant Sohravardî est d'abord le « lieu » des références qu'il donne lui-même. Ce qu'il importe de retenir ici, c'est que la notion de Verbe (*Kalima*) est le pivot de l'identification entre l'Esprit (*Rûh*) et l'Intelligence (*'Aql*), ce qui doit préserver de parler d'une rationalisation ou d'un rationalisme de l'Esprit (cf. *supra* n. 25).

80. Cf. Joseph Barbel, *Christos Angelos*, Bonn 1941.

81. Concernant la personne de l'ange Gabriel en philosophie et en prophétologie, voir *En Islam iranien...* t. IV, index s. v. Gabriel (Ange), Sohravardî : *Awâz-e Parr-e Jabrâyel*. Le même Ange est une figure de premier plan dans les multiples visions de Rûzbehân Baqlî de Shîrâz. En outre l'« aile de Gabriel » y est le symbole de l'âme. « Attention ! attention ! Car dans ce brasier est consumée l'*aile de Gabriel* qui est l'âme... » Voir *En Islam iranien...* t. III, p. 120.

82. Sur cette altération dramaturgique, voir notre étude sur *Le Temps cyclique dans le mazdéisme et dans l'Ismaélisme* in « Eranos-Jahrbuch » 20/1951, pp. 172 ss., 196 ss. Voir aussi notre *Trilogie ismaélienne*, index s. v.

83. Voir *En Islam iranien...* t. II, pp. 138-139, la traduction du beau psaume adressé par Sohravardî à sa Nature Parfaite : « O Toi mon seigneur et prince, mon ange sacrosaint... Tu es le père qui m'enfanta dans le monde de l'Esprit, et tu es mon enfant au monde de la pensée... » Cf. ci-dessus n. 69.

84. Voir *ibid.*, t. IV, pp. 379-380. Se rappeler le symbole de la goutte de baume « transpassant » au revers de la main, lorsque l'on tient celle-ci face au soleil (cf. ci-dessus Traité VI).

VIII.

Le récit de l'exil occidental

(Qissat al-ghorbat al-gharbîya)

Traduit de l'arabe

I. Présentation

Le « Récit de l'Archange empourpré » nous est apparu comme recelant, en l'un de ses épisodes, le passage de l'épopée héroïque de l'ancienne Perse à l'épopée mystique de la Perse islamisée. Le « Récit de l'exil occidental » nous apparaît comme la forme proprement *ishrâqî*, dans la Perse islamisée, de la geste gnostique.

Nous avons donné ailleurs, il y a quelque vingt ans, l'édition du texte arabe rédigé par le Shaykh al-Ishrâq, et nous avons raconté comment, en 1943, nous avions été assez heureux pour découvrir dans une bibliothèque de Brousse, en Turquie, un *unicum* des version et paraphrase persanes de ce bref et saisissant récit mystique. Un pauvre cahier, en une superbe écriture, gisait, anormalement visible, sur un rayon de livres, comme s'il attendait notre visite inopinée ce jour-là [(a)]. Mais ce n'est point ici le lieu d'évoquer les souvenirs.

Plus récemment nous avons publié déjà la traduction française de ce récit, accompagné d'un ample commentaire qu'il ne nous est même pas possible de résumer ici [(b)]. Ce commentaire est constitué par une ample recherche sur le thème central des récits initiatiques de Sohravardî, celui de l'archétype angélique, partenaire céleste, ange tutélaire. Ce motif prend une résonance simultanément déchirante et triomphale à la fin du présent « Récit de l'exil ». Sous cet aspect, ce récit nous apparaît comme le troisième acte de la « rencontre avec l'Ange ». Les deux premiers actes en sont constitués par les deux récits précédents. La vision de l'Ange s'y produisait dès le début du récit, parce que l'Ange devait dispenser l'initiation à son visionnaire : initiation au voyage à entreprendre. Ici le voyage initiatique est accompli ; l'on aborde au port et l'on gravit le Sinaï mystique.

Si nous associons ce récit à la « geste gnostique », c'est en raison de son motif dominateur qui est celui des gnostiques de partout et toujours. Le motif de l'exil et de l'exilé, du nostalgique, de l'étranger « qui n'est pas d'ici », qui aspire à retrouver les siens dont il n'a d'abord que l'obscur pressentiment, et dont l'allégresse éclatera lors des retrouvailles, ce motif est bien connu de la gnose valentinienne comme de la gnose manichéenne. Nous avons montré ailleurs la frappante analogie thématique et structurale entre le récit sohravardien de l'Exil occidental et le *Chant de la Perle* des « Actes de Thomas ». Là même, l'aventure du jeune prince parthe missionné de l'« Orient » vers l'Égypte est exactement celle du héros du récit sohravardien [(c)]. Le phénomène du monde est éprouvé ici comme étant la crypte cosmique. Il s'agit de trouver l'issue hors de cette crypte. Le présent récit va nous montrer cette issue.

Redisons à l'intention de tous ceux qui persisteraient à voir dans la démarche gnostique une « fuite » à laquelle ils opposeraient la décision résolue des prophètes, que précisément chez les gnostiques de la tradition abrahamique, c'est le prophète Abraham qui est le coryphée des exilés. Car il faut avoir pris conscience de l'exil, pour résoudre de s'expatrier de l'expatriement, pour aller vers le « lieu du retour » encore inconnu, la Terre de lumière montrée ici par l'Ange. C'est ce même sentiment qui éclate dans une célèbre tradition de l'Imâm Ja'far al-Sâdiq, VIe Imâm des shî'ites : « L'Islam a commencé expatrié et redeviendra expatrié comme il était au début. Bienheureux les expatriés ! »

Dans le prélude du « Récit de l'exil », Sohravardî nous situe exactement son rapport avec Avicenne. Il cite avec éloge le « Récit de Hayy ibn Yaqzân » composé par Avicenne, mais fait connaître ce qu'il n'y a pas trouvé, hormis allusivement vers la fin. Ce qu'il n'y a pas trouvé, c'est ce qu'un verset qorânique appelle « le Grand Ébranlement », dont le sens à n'en pas douter est eschatologique, mais dont la signification eschatologique va se trouver ici individualisée et intériorisée. C'est en bref l'expérience initiatique. Le récit d'Avicenne n'y faisait qu'allusion (sans doute explicite-t-il l'allusion dans son « Récit de l'Oiseau » ; aussi bien Sohravardî a-t-il traduit celui-ci en persan). Le présent récit fait de ce « Grand Ébranlement » un événement vécu. Du même coup aussi, le Shaykh al-Ishrâq souligne la distance qu'il y a entre sa propre philosophie « orientale » et la philosophie « orientale » qu'avait conçue Avicenne. Nous ne reviendrons pas ici sur une discussion qui nous est apparue depuis longtemps comme ayant été tranchée par Sohravardî lui-même. « Orient » (*mashrîq, ishrâq*) et « Occident » (*maghrib*) ont ici, comme dans toute l'œuvre de Sohravardî, un sens métaphysique et spirituel.

La division du Récit de l'exil en trois moments est introduite par nous pour guider la lecture : 1) La chute dans la captivité et l'évasion. 2) La navigation sur le vaisseau de Noé. 3) Au Sinaï mystique. Quant à la division des strophes numérotées, elle suit strictement la division des *lemmata* de la paraphrase persane du manuscrit retrouvé à Brousse. Nous avons à proposer ici quelques indications utiles pour orienter la méditation du lecteur. Pour le reste, nous recommandons de suivre attentivement ce que nous disons dans les Notes, bien que celles-ci ne soient pas ni ne puissent être exhaustives.

Avant toutes choses, que l'on ait présent à l'esprit, au cours de la lecture de ce récit, l'avertissement herméneutique que nous avons déjà formulé. Le présent récit est un témoignage saisissant de la triunité que la *hikâyat* ou récital mystique instaure entre le récitant, la geste récitée et le héros du récit. Les étapes de la navigation mystique seront signalées au moyen de ce procédé. Comme il l'a fait pour le *Shâh-Nâmeh*, Sohravardî met en œuvre ici de façon exemplaire sa règle herméneutique. « Lis le Qorân comme s'il n'avait été révélé que pour ton propre cas. »

Nos remarques préliminaires concernant les trois moments du récit sont les suivantes :

1) Que l'on soit attentif dès le début (str. 5 n. 9) au château qui surplombe le puits où ont été jetés l'exilé et son frère. Il s'agit de ce que typifient, en fin du récit, les « Sinaïs » s'étageant au-dessus les uns des autres et que le Traité IX (chapitre VI) désignera comme « le château-fort (le *Burg*) de l'Ame ». Il n'est pas question d'une ascension physique ni simplement conceptuelle (cf. déjà les deux récits précédents). On ne se retrouve « en dehors » de la crypte cosmique que par une « intériorisation » consistant à rentrer dans le microcosme et à le traverser. C'est cette traversée que le récital mystique (la *hikâyat*) va permettre de décrire comme une navigation sur le vaisseau de Noé. C'est cela même le « voyage initiatique » qui ramène de l'Exil occidental et reconduit au Sinaï mystique qui est la demeure de l'Ange.

Dans le récit précédent (Traité VII) le microcosme était typifié comme un *khângâh*, une loge de soufis, mais en l'espèce la loge intérieure personnelle du mystique. Au moment où, pendant la nuit, s'ouvrait la porte donnant sur le désert, la vision de l'Ange se produisait. Ici le microcosme (comme dans les Traités IX et X) est étendu à la dimension du monde qu'il faut traverser pour trouver l'issue hors de la crypte cosmique qui est le macrocosme, et parvenir au Sinaï ou château-fort de l'Ame (le *Malakut* dans la terminologie traditionnelle). Le microcosme est ainsi la seule voie d'accès à ce dernier (le seul moyen de passer à la « surface convexe » de la Sphère des Sphères, c'est-à-dire de « l'autre côté » du cosmos physique). L'intériorisation ne conduit pas ici à quelque solitude intérieure ni à l'acosmisme. Loin de là. Elle, et elle seule, a la vertu de déboucher sur le monde sacrosaint illimité, patrie originelle de l'exilé. La traversée du microcosme, qui transmue le cosmos physique en cosmos *imaginal*, est typifiée ici comme une navigation. Dans le récit suivant (Traité IX) elle le sera comme une chevauchée.

Quant au monde de l'Ange, la « région interdite », il est désigné ici comme le Yémen. Le terme équivaut purement et simplement à « Orient », compris en son sens métaphysique (comparer le concept de « philosophie yéménite » chez Mîr Dâmâd). Le motif qui en introduit le symbole, est le « côté droit » (*yaman*) de la vallée où Moïse aperçoit le Buisson ardent (cf. str. 8 n. 11). On a vu précédemment (Traité III) que le Buisson ardent était le symbole de l'Imagination active, lorsque celle-ci est docile à l'inspiration de l'Ange. Or, c'est précisément par la conscience imaginative (non point, certes, par la perception sensible et ses évidences) que va être entreprise la navigation du gnostique et que seront repérées les étapes du « voyage initiatique » jusqu'au Sinaï mystique. C'est pourquoi les Traités IX et X déploieront à la façon d'un *mandala* la scénographie *imaginale* du microcosme que le gnostique doit traverser pour retourner « chez soi ».

2) Cette traversée est donc décrite ici « initiatiquement » comme une navigation sur le vaisseau de Noé (str. 15 n. 18). Impossible en effet de la décrire, et plus encore de l'accomplir, avec la seule dialectique des concepts. Il n'y aurait pas un réel événement de l'âme.Il faut pénétrer dans le *mandala* : progresser d'image visionnaire en image visionnaire. Il y aura à considérer le parallélisme entre les étapes du navigateur et celles du cavalier lancé à l'ascension du château-fort de l'Ame (Traité IX). Le navigateur est conduit ici vers l'Ange du Sinaï mystique, lequel est Gabriel, l'Archange empourpré. Le cavalier du Traité IX sera conduit à la même rencontre (car telle est la finalité des récits et voyages initiatiques chez Sohravardî), mais l'Ange y portera le nom qui est la forme persane d'un terme pahlavi : *Jâvîdân Kharad*, terme qui est l'équivalent exact de *Sophia aeterna*.

On considérera que les étapes de la navigation signalées par la *hikâyat*, font progresser la navigation mystique de prophète en prophète. Comme Semnânî déployant le motif des « prophètes de ton être » en une vaste intériorisation herméneutique, le navigateur du « Récit de l'exil » progresse, lui aussi, « de prophète en prophète de son être ». Il *est* tour à tour Noé, Loth, Moïse, Salomon, Alexandre... Cette identification n'est pas une *allégorie* dont le sens ésotérique serait un concept caché sous la personne du prophète. Cette identification est *tautégorique*, parce que psychodramatique au sens initiatique de ce mot : elle est authentiquement ce qu'elle est à ce niveau herméneutique que nous avons caractérisé comme le niveau *C* [(d)], tel que le récitateur conjoint dans son acte l'identification avec le héros (en s'exprimant à la première personne, v.g. str. 22 : « il y avait avec *moi* des génies qui travaillaient à *mon* service ») et le sens caché de la geste qu'il répète en la re-citant et en l'imitant (*hikâyat* = récit qui imite, reproduit). C'est cela même l'événement que comporte tout rituel d'initiation.

C'est ce que soulignent l'une après l'autre nos notes 19 à 26 accompagnant le texte. Ce qui s'accomplit au cours de la navigation mystique, c'est une involution des cieux physiques du macrocosme dans les cieux spirituels du microcosme, ce qui veut dire une pénétration progressive dans le *mundus imaginalis*, médiateur entre le monde sensible et le monde sacrosaint des êtres spirituels. La traversée du microcosme conduit chaque fois à l'avancée du « château-fort de l'Ame », dont l'approche est signalée par la présence de la « Source de la Vie », dont le motif reparaît dans chacun de nos récits. Cette traversée ne se fait point sans l'apparition d'images violentes (str. 25 à 30), s'achevant sur une allusion alchimique [(e)]. C'est cela même le « Grand Ébranlement » dont Sohravardî déplorait de n'avoir trouvé qu'une faible trace à la fin du récit avicennien de Hayy ibn Yaqzân (cf. n. 28). C'est l'*eschaton* du monde physique et des perceptions des sens. La navigation sur le vaisseau de Noé est une *ekstasis* dans laquelle s'engloutit le monde (la prison) de Qayrawân. Elle réalise si bien la signification eschatologique du verset 79/34 (cf. le prélude) qu'à l'approche de la Source de la Vie et du Sinaï mystique le navigateur voit se lever l'« étoile du Yémen ». On a rappelé ci-dessus (cf. str. 8 et 34, n. 11) que le Yémen n'est autre ici que l'« Orient » en son sens *ishrâqî*, c'est-à-dire le monde de l'Ange, celui qui est désigné ailleurs comme *Bayt al-Maqdis*, Jérusalem céleste ou plutôt le « Temple », le château-fort de l'Ame, etc.

3) La navigation conduite à son terme, nous voici au sommet du récit initiatique, lequel est le Grand Rocher culminant au sommet du Sinaï mystique et qui nous est signalé comme l'« oratoire de l'Ange ». Ce Grand Rocher est celui que certaines traditions shî'ites désignent comme le « Rocher d'émeraude » [(f)], clef de voûte du système astronomique désormais dépassé par le pèlerin, et imaginé comme marquant le passage vers le « côté convexe » de la Sphère des Sphères, le « huitième climat », les cités mystiques de Jâbalqâ et Jâbarsâ. La trilogie de la « rencontre avec l'Ange » s'achève. L'Ange, qui dans les deux récits précédents avait initié l'exilé au voyage à entreprendre pour le retrouver, se manifeste maintenant au terme du voyage initiatique, en sa propre demeure. Un bref dialogue achève le rituel d'initiation. Il porte sur deux points.

Le pèlerin devra retourner, à son désespoir, dans la prison de Qayrawân, car il n'a pas encore définitivement franchi le *seuil*. Mais désormais l'éthos de l'exil sera complètement changé. L'exilé a trouvé la voie du salut ; il a éprouvé l'allégresse caractéristique du gnostique qui retrouve « les siens ». Il ne sera plus seul en exil et pourra revenir momentanément au Sinaï mystique chaque fois qu'il le voudra. Si l'on se reporte au célèbre récit shî'ite du « Voyage à l'Ile Verte », on discernera les correspondances qui font également de celui-ci un récit d'initiation [(g)].

Mais avant qu'il ne reparte, l'Ange lui révèle ce qui apparaît comme le secret de la philosophie et de la spiritualité *ishrâqî*. Ce secret, nous l'avons vu percer dans le « Livre des Temples de la Lumière » (Traité II), là où il était dit que parmi les Lumières archangéliques qui sont les seigneurs ou Anges des espèces, il est un de ceux-ci qui est avec nous dans le rapport d'un parent céleste ou d'un « père ». L'allusion s'est précisée au cours des deux récits qui précèdent. Ici le pèlerin est au terme de son voyage en présence de cet « Ange de l'espèce humaine » (*Rabb al-nû' al-insânî*), qui lui révèle le secret de leur ascendance commune. Lui aussi a un « père », qui est l'Intelligence archangélique qui le précède, et il est envers celui-ci dans le même rapport que le pèlerin l'est envers lui-même. C'est ce que signifient les Sinaïs qui s'étagent les uns au-dessus des autres, au-dessus de son propre Sinaï (dans le Traité IX, ce seront les châteaux qui s'étagent dans le « Burg » de l'Ame). Chaque Intelligence archangélique est à l'égard de celle qui la suit, un *Noûs patrikos*, selon l'expression néoplatonicienne. C'est cette relation que nous avons trouvé typifiée dans le récit précédent (Traité VII) à la façon des grades d'une confrérie ésotérique. Dans le sens de la hiérarchie descendante, elle aboutit au rapport de filiation entre l'Ange de l'humanité et les âmes dont il est le « père », parce qu'elles procèdent de son « aile de lumière ».

Cette relation paternelle du *Noûs patrikos* avec l'« enfant » qui vient à sa suite, est celle-là même que Sohravardî explicitait en commentant les versets de l'Évangile de Jean (*supra* Traité II). La conception s'accorde parfaitement avec la conception ismaélienne exposée dans l'entretien entre 'Amalâq le Grec et son maître Qostâ ibn Lûqâ [(h)], et qui peut être définie comme une conception monadologique du *tawhîd*. Chaque *Noûs patrikos*, chaque Dieu a lui aussi son Dieu, tour à tour, la hiérarchie ascendante aboutissant à celui qui est le « Dieu des Dieux ». Le « Livre d'heures » récapitulera cette vision en invoquant ce Dieu des Dieux, de même qu'est invoqué le « Dieu de chaque Dieu ». Sans doute Sohravardî revendiquait-il à bon droit la tradition d'Hermès et de l'hermétisme.

Le postlude consacre le triomphe de la *hikâyat*. Au lecteur de lire à son tour ce « Récit de l'exil » comme Sohravardî voulait qu'on lise le Qorân, « comme s'il n'avait été révélé que pour ton cas ». Aussi bien les significations de ce récit apparaissent-elles inépuisables.

2. Traduction

Prélude

Lorsque j'eus pris connaissance du « Récit de Hayy ibn Yaqzân », malgré les admirables sentences spirituelles et les suggestions profondes qu'il contient [1], je le trouvai dépourvu de mises en lumière relatives à l'expérience suprême qui est le Grand Ébranlement (Qorân 79/34) [2], gardé en trésor dans les Livres divins, confié en dépôt aux symboles des Sages, caché dans le « Récit de Salamân et Absâl » [3] que composa l'auteur du « Récit de Hayy ibn Yaqzân » (Avicenne). C'est le Secret sur lequel sont affermies les étapes spirituelles des soufis et de ceux qui possèdent l'intuition visionnaire. Il n'y est point fait allusion dans le « Récit de Hayy ibn Yaqzân », hormis à la fin du livre, là où il est dit : « Il arrive que des anachorètes spirituels d'entre les humains émigrent vers Lui... [4]. » Alors j'ai voulu à mon tour en raconter quelque chose sous forme d'un récit que j'ai intitulé « Récit de l'exil occidental », dédié à certain de nos nobles frères. Pour ce qu'il en est de mon dessein, je m'en remets à Dieu.

1. *La chute dans la captivité et l'évasion*

1. *Début du récit.* Lorsque, étant parti de la région au-delà du fleuve, j'eus entrepris, en compagnie de mon frère 'Asim [5], le voyage pour le pays d'Occident, afin de donner la chasse à certains oiseaux des rivages de la Mer Verte [6],

17. Je compris ainsi que pour mon peuple, le temps de l'accomplissement de la menace le concernant était le matin. « Le matin n'est-il pas proche ? » (11/83) [20].

18. Et je sus que « la ville qui se livrait à des turpitudes » (21/74) « serait renversée de fond en comble » (11/84) et qu'il pleuvrait « sur elle des briques de terre cuite » (11/84) [21].

19. Lorsque nous arrivâmes à un endroit où les flots s'entrechoquaient et où roulaient les eaux, je pris la nourrice qui m'avait allaité et je la jetai dans la mer [22].

20. Mais nous voyagions sur un navire « fait de planches et de clous » (54/13). Aussi nous l'endommageâmes volontairement (18/78) par crainte d'un roi qui derrière nous « s'emparait de tout navire par la force » (18/78) [23].

21. Et « le navire tout chargé » (l'arche, 26/119) nous fit passer par l'île de Gôg et de Mâgôg (cf. 18/93 ss.), du côté gauche de la montagne al-Jûdî (cf. 11/46) [24].

22. Or il y avait avec moi des génies qui travaillaient à mon service, et j'avais à ma disposition la source du cuivre en fusion. Je dis aux génies : « Soufflez sur le fer jusqu'à ce qu'il devienne comme le feu » (et que je jette sur lui le cuivre en fusion, 18/95). Ensuite je dressai un rempart, de sorte que je fus séparé de Gôg et de Mâgôg (cf. 18/94) [25].

23. Alors fut *vraiment* réalisé pour moi que « la promesse de ton Seigneur est vraie » (18/98) [26].

24. Je vis en cours de route les puits de 'Ad et de Thamoud ; je parcourus la région, « elle était ruinée et effondrée » (2/26 et 22/44) [27].

25. Alors, je pris les deux fardeaux avec les Sphères et les plaçai en compagnie des génies dans un flacon que j'avais fabriqué en lui donnant une forme ronde, et sur lequel il y avait des lignes dessinant comme des cercles [28].

26. Je coupai les courants d'eau vive depuis le milieu du ciel.

27. Lorsque l'eau eut cessé de couler au moulin, l'édifice s'effondra, et l'air s'échappa vers l'air [29].

28. Je lançai la Sphère des Sphères contre les cieux, de sorte qu'elle broyât le soleil, la lune et les étoiles [30].

29. Alors je m'échappai des quatorze cercueils et des dix tombes, d'où ressuscite l'ombre de Dieu, de sorte qu'elle est « attirée peu à peu » (25/48) vers le monde hiératique, après que « le soleil lui a été donné pour guide » (25/47) [31].

30. Je trouvai le chemin de Dieu. Alors je compris : « Ceci est mon chemin, c'est le droit chemin » (6/154).

31. Quant à ma sœur, voici que pendant la nuit elle fut « enveloppée dans le châtiment divin » (12/107) ; alors elle resta enténébrée dans une fraction de la nuit, après fièvre et cauchemar allant jusqu'à l'état de prostration complète [32].

32. Je vis une lampe dans laquelle il y avait de l'huile ; il en jaillissait une lumière qui se propageait dans les différentes parties de la maison. Là même la niche de la lampe s'allumait et les habitants s'embrasaient sous l'effet de la lumière du soleil se levant sur eux [33].

33. Je plaçai la lampe dans la bouche d'un Dragon qui habitait dans le château de la Roue hydraulique ; au-dessous se trouvait certaine Mer Rouge ; au-dessus il y avait des astres dont personne ne connaît les lieux d'irradiation hormis leur Créateur et « ceux qui ont une ferme expérience dans la connaissance » (3/5) [34].

34. Je constatai que le Lion et le Taureau avaient tous deux disparu ; le Sagittaire et le Cancer s'étaient involués tous deux dans le pliage opéré par la rotation des Sphères. La Balance resta en équilibre lorsque l'Étoile du Yémen (Sohayl, Canope) se leva d'au-delà certains nuages ténus, composés de ce que tissent les araignées du Monde élémentaire dans le monde de la génération et de la dissolution [35].

35. Il y avait encore avec nous un mouton ; nous l'abandonnâmes dans le désert, où les tremblements de terre le firent périr, tandis que la foudre tombait sur lui [36].

36. Alors, quand toute la distance eut été parcourue et que la route eut pris fin, tandis que « bouillonnait la fournaise » (*al-tannûr*, l'« athanor », 11/42 et 23/27) dans la forme conique (du cœur), je vis les corps célestes ; je me conjoignis à eux et je perçus leur musique et leurs mélodies. Je m'initiai à leur récital ; les sons en frappaient mon oreille à la façon du vrombissement produit par une chaîne que l'on aurait tirée le long d'un

dur rocher. Mes muscles étaient sur le point de se déchirer, mes articulations sur le point de se rompre, tant était vif le plaisir que j'éprouvais. Et la chose n'a cessé de se répéter en moi, jusqu'à ce que la blanche nuée finisse par se dissiper et que la membrane soit déchirée [37].

3. *Au Sinaï mystique*

37. Je sortis des grottes et des cavernes, et j'en finis avec les vestibules : je me dirigeai droit vers la Source de la Vie. Voici que j'aperçus les poissons qui étaient rassemblés en la Source de la Vie, jouissant du calme et de la douceur à l'ombre de la Cime sublime. « Cette haute montagne, demandai-je, quelle est-elle donc? Et qu'est-ce que ce Grand Rocher [38] ? »

38. Alors l'un des poissons « choisit pour son chemin dans la mer un certain courant » (18/60). Il me dit : « Cela, c'est ce que tu désiras si ardemment ; cette montagne est le mont Sinaï, et ce Rocher est l'oratoire de ton père.

« — Mais ces poissons, dis-je, qui sont-ils?

« — Ce sont les semblables à toi-même (tes semblables). Vous êtes les fils d'un même père. Épreuve pareille à la tienne les avait frappés. Ce sont tes frères [39]. »

39. Lorsque j'eus entendu cette réponse, et en ayant éprouvé la vérité, je les embrassai. Je me réjouis de les voir comme ils se réjouirent de me voir. Puis je fis l'ascension de la montagne. Et voici que j'aperçus notre père à la façon d'un Grand Sage, si grand que les Cieux et la Terre étaient près de se fendre sous l'épiphanie de sa lumière. Je restai ébahi, stupéfait. Je m'avançai vers lui, et voici que le premier, il me salua. Je m'inclinai devant lui jusqu'à terre, et j'étais pour ainsi dire anéanti dans la lumière qu'il irradiait [40].

40. Je pleurai un moment, puis je lui dis ma plainte au sujet de la prison de Qayrawân. Il me dit : « Courage ! Maintenant, tu es sauvé. Cependant il faut absolument que tu retournes à la prison occidentale, car les entraves, tu ne t'en es pas encore complètement dépouillé. » Lorsque j'entendis ces mots, ma raison s'envola. Je gémis, je criai comme crie quelqu'un qui est sur le point de périr, et je le suppliai [41].

41. Il me dit : « Que tu y retournes, c'est inéluctable pour le moment. Cependant je vais t'annoncer deux bonnes nouvelles.

La première, c'est qu'une fois retourné à la prison, il te sera possible de revenir de nouveau vers nous et de monter facilement jusqu'à notre paradis, quand tu le voudras. La seconde, c'est que tu finiras par être délivré totalement ; tu viendras te joindre à nous, en abandonnant complètement et pour toujours le pays occidental [42]. »

42. Ses paroles me remplirent d'allégresse. Il me dit encore : « Sache que cette montagne est le mont Sinaï (23/20, *Tûr Saynâ*) ; mais au-dessus de celle-ci, il y a une autre montagne : le Sinaï (95/2, *Tûr Sînîna*) de celui qui est mon père et ton aïeul, celui envers qui mon rapport n'est pas autre que ton propre rapport envers moi [43].

43. « Et nous avons encore d'autres aïeux, notre ascendance aboutissant finalement à un roi qui est le Suprême Aïeul, sans avoir lui-même ni aïeul ni père. Nous sommes ses serviteurs ; nous lui devons notre lumière ; nous empruntons notre feu à son feu. Il possède la beauté la plus imposante de toutes les beautés, la majesté la plus sublime, la lumière la plus subjugante. Il est au-dessus de l'Au-dessus. Il est Lumière de la Lumière et au-dessus de la Lumière, de toute éternité et pour toute éternité. Il est celui qui s'épiphanise à toute chose « et toute chose va périssante hormis sa Face [44] » (28/88).

Postlude

44. C'est de moi qu'il s'agit dans ce Récit, car je suis passé par la catastrophe. De l'espace supérieur je suis tombé dans l'abîme de l'Enfer, parmi des gens qui ne sont pas des *croyants* ; je suis retenu prisonnier dans le pays d'Occident. Pourtant je continue d'éprouver certaine douceur que je suis incapable de décrire. J'ai sangloté, j'ai imploré, j'ai soupiré de regret sur cette séparation. Cette détente passagère fut un de ces songes qui rapidement s'effacent.

45. Sauve-nous, ô mon Dieu ! de la prison de la Nature et des entraves de la Matière. « Et dis : Gloire à Dieu ! Il vous manifestera ses Signes, alors vous les reconnaîtrez. Ton Seigneur n'est pas inattentif à ce que vous faites » (27/95). « Dis : Gloire à Dieu ! Pourtant la plupart d'entre eux sont des inconscients [45] » (31/24).

NOTES DU TRAITÉ VIII

(*a*) Cf. notre édition du texte arabe et de la version-paraphrase persane in *Op. metaph. II*. Pour le manuscrit de Brousse, *ibid.*, *Prolégomènes II*, pp. 89-90, et *En Islam iranien...* t. II, p. 270 n. 380.

(*b*) Voir *En Islam iranien...* t. II, pp. 258-334.

(*c*) Voir *ibid.*, pp. 266 ss. ; t. IV, index s. v. Chant de la Perle ; *Prolégomènes II*, pp. 86-87.

(*d*) *Ibid.*, t. II, pp. 191 ss., 199 ss.

(*e*) Sur cette allusion alchimique, voir *ibid.*, t. II, pp. 285-288.

(*f*) Voir *ibid.*, t. IV, index s. v. Rocher d'émeraude.

(*g*) Sur le « Voyage à l'Ile Verte » voir *ibid.*, t. IV, pp. 346-366.

(*h*) Sur cet entretien, voir *ibid.*, t. II, pp. 133 ss.

1. Voir notre ouvrage sur *Avicenne et le Récit visionnaire* (Bibliothèque Iranienne, vol. 4 et 5), Téhéran-Paris 1954. Le t. I est une « Étude sur le cycle des récits avicenniens » et contient la traduction du « Récit de Hayy ibn Yaqzân ». Dans le t. II, cette traduction est reprise et accompagnée de celle du commentaire persan développé par Jozjânî, disciple d'Avicenne.

2. Ces mots (*al-Tâmmat al-kobrâ*) sont compris en général comme référant au Jugement dernier. Ici, ils concernent le grand ébranlement, le bouleversement de l'âme du mystique, passant par les *événements* que le récit va décrire (c'est cela même le passage de la doctrine à la doctrine devenant événement de l'âme). Dans la théosophie shî'ite, ces mots désignent la personne de l'Imâm, devant lequel chacun prononce son propre jugement en le reconnaissant ou en le refusant. Voir *En Islam iranien...* t. II, p. 271 n. 383, et t. IV, p. 188 (le *hadîth* du Nuage blanc).

3. Voir notre ouvrage *Avicenne et le Récit visionnaire*, t. I, pp. 236-279 où nous avons analysé, traduit et commenté en détail la double version du « Récit de Salamân et Absâl ». Il y a en effet deux versions. Il y a la version hermétiste, récit traduit du grec par Honayn ibn Ishaq ; c'est la version reprise plus tard en persan par Jâmî (xve s.), dans sa grande épopée mystique portant le même titre. Et il y a la version avicennienne que nous connaissons par le résumé et le commentaire de Nasîroddîn Tûsî.

4. Voir texte et contexte, *op. cit.*, t. I, p. 173.

5. Le mot *'âsim* veut dire « celui qui garantit, préserve, immunise », mais aussi au sens passif « le protégé, le sain et sauf » (cf. la *'ismat*, qualification des « Quatorze Immaculés » en imâmologie shî'ite). D'emblée on pense qu'il pourrait s'agir du « Double céleste », de la « Nature Parfaite », « Moi-lumière », qui est aussi le « fils » de l'Ange-Esprit-Saint. On pourrait alors l'assimiler au frère du jeune prince parthe du « Chant de la Perle » dans les *Actes de Thomas*. Mais là même ce frère mystérieux reste en « Orient », dans le Royaume, tandis que son frère est missionné dans les ténèbres d'Égypte. Le commentateur persan nous invite à voir en lui « la faculté contemplative » qui est la propriété de l'âme (émanée de l'aile droite de Gabriel) sans participation du corps physique. 'Asim est immunisé contre toute force nocive et destructrice.

6. L'Occident a bien entendu ici non pas un sens géographique mais métaphysique. C'est le monde de la *physis* matérielle. Donner la chasse aux oiseaux de la Mer Verte, c'est venir dans le monde des ténèbres pour y actualiser, par la connaissance, les choses sensibles en choses intelligibles, et pour l'âme s'élever à l'état de *Noûs* ou intelligence en acte. Prendre garde cependant ici à notre avertissement herméneutique répété. Quant à l'identification du monde de la matière avec l'Occident (*Maghrib*), elle remonte à des spéculations gnostiques. Cf. Andreas-Henning, *Mitteliranische Manichäica III* (Sitz. ber. d. Pr. Akad. d. Wiss. Phil. hist. Kl. 1934), p. 18 : Mani mourant quitte l'Égypte (*misraim*). Cette vision des choses correspond à une herméneutique spirituelle de l'exode d'Égypte et du retour au pays d'Israël.

7. Qayrawân, comme ville d'Occident (du *Maghrib*) est probablement introduite ici à cause de l'étymologie de ce nom (*caravane*) : la vie de l'âme en « Occident » (= dans le monde de la matière) n'est qu'un long pèlerinage.

8. Le Guide (*al-Hâdî*, l'Imâm) désigne l'Ange-Esprit-Saint, Gabriel, qui est le « père » de l'exilé, et que celui-ci rejoindra « au Sinaï mystique » à la fin du récit. Il est le « fils du Bien » (*Ibn al-Khayr*). Il peut y avoir là une allusion néoplatonicienne au « Bien Pur », titre d'un traité de Proclos qui fut connu en arabe (en latin *Liber de causis*). Ce serait le « Suprême Aïeul » qui sera nommé à la fin du récit. Mais le rapport de « filiation » peut prêter à discussion. Il pourrait plus facilement s'agir du Premier Archange du plérôme, la première Intelligence hiérarchique, que Sohravardî nomme fréquemment de son nom zoroastrien sous sa forme persane : *Bahman* (Pensée bonne ; chez Plutarque, *Eunoia*). Quant à la qualification de Yéménite, c'est parce que Yémen (Yaman) est le « côté droit » de la vallée où se montre le Buisson ardent (28/30). *Yémen* équivaut donc à « Orient » au sens métaphysique *ishrâqî* du mot. Cf. chez Mîr Dâmâd la « philosophie yéménite ».

9. Ce château, c'est celui qui dans le Traité IX (chap. VI) sera désigné comme le « château-fort de l'Ame » (*Shâhrestân-e jân*). Il est défendu par un rempart fortifié de nombreuses tours. Bien entendu, en termes d'astronomie physique on peut penser au ciel du zodiaque avec ses constellations désignées comme des « tours » (*borj*). C'est le VIIIe ciel immédiatement au-dessous de la « Sphère des Sphères » non constellée. Il est dit que c'est

à la surface convexe de celle-ci que commence le *mundus imaginalis* qui est le début du « château-fort de l'Ame ». Mais ce n'est point par une ascension physique de Sphère en Sphère que l'on y atteint et que l'on sort de la crypte cosmique. On sort de celle-ci en passant par le microcosme. C'est pourquoi dans le Traité IX ces hautes tours seront intériorisées ; elles seront le rempart du microcosme qu'il faut traverser pour déboucher sur le château de l'Ame. C'est cela le voyage qui sera décrit ci-dessus comme la navigation sur le vaisseau de Noé, et qui aboutit au Sinaï mystique, et c'est en ce voyage que consiste le retour de l'exil occidental. Dans le traité précédent, le microcosme s'appelait le *khângâh*. L'une de ses portes ouvrait sur le désert (ici la mer) dont le présent récit nous raconte la traversée.

10. Comparer ce motif de la nuit au début du traité précédent. La nuit, c'est la chute des entraves imposées par les perceptions des sens. C'est la liberté pour l'Imagination active au service de l'Intelligence qui l'inspire. Cette nuit mystique est donc en fait l'heure de l'*Ishrâq*. Le commentateur persan anonyme s'exprime ainsi à propos des strophes 5 et 6 : « L'auteur veut dire que la nuit, grâce au sommeil, vous pouvez vous élever au monde supérieur et contempler les pures formes spirituelles, par le fait que, pendant le sommeil, les sens sont démis de leurs fonctions et ne règnent plus. Mais pendant le jour, à l'état de veille, il est impossible, à cause de la tyrannie des sens, que tu en aies le loisir. Autrement dit, par la mort on peut atteindre au monde des purs êtres spirituels. Or le sommeil est une seconde mort. Le Qorân y fait allusion : « Dieu reçoit les âmes au moment de la mort et il reçoit aussi celles qui, sans mourir, sont dans le sommeil » (39/49)... Pendant le sommeil, grâce à la démission des sens, nous pouvons contempler quelque chose du monde de l'Ange... Alors nous éprouvons la nostalgie de notre patrie, car nous aussi, nous appartenons à ce monde-là. »

11. A propos de Yémen, cf. déjà ci-dessus n. 8. Il ne s'agit pas ici de géographie physique, ou mieux dit la donnée physique est transposée et perçue au niveau d'une géographie céleste (penser ici à certaines visions de William Blake). La « région interdite », le Yémen, c'est ici l'« Orient » signifiant le monde de l'Ange. La strophe prend toute sa portée allusive par l'intervention du verset qorânique 28/30, mentionnant le Buisson ardent. Or, l'on a vu précédemment (Traité III) que ce Buisson ardent est le symbole de l'Imagination active lorsqu'elle est tout entière au service des puissances spirituelles de l'âme. Inversement, lorsque règne le « jour » de Qayrawân, elle est le Satan inspirant à l'âme ses extravagances. C'est par l'Imagination active, non point matériellement ni par les sens, que l'on peut traverser le microcosme. Aussi bien les Traités IX (chap. VI) et X déploient-ils, à la façon d'un *mandala*, la scénographie *imaginale* des lieux ou des hautes tours que le pèlerin doit franchir pour atteindre au « château de l'Ame ».

12. Sur le Buisson ardent, cf. ci-dessus n. 8 et 11. Quant à la huppe, le commentateur persan voit typifiée en elle « l'inspiration du cœur ». La « nuit de pleine lune », c'est « la purification des souillures et impuretés exhalées par la nature matérielle ». Comparer ci-dessous Traité XIV, le prologue où il est parlé de la huppe prenant son envol au printemps pour devenir elle-même une Sîmorgh, et Traité XIII, chap. VII : l'aventure de la huppe tombée au milieu des hiboux. On peut dire que dès maintenant, dans notre récit, commence le récital mystique (la *hikâyat*), c'est-à-dire ce

récital où récitateur, geste récitée et héros du récit, ne font plus qu'un. Ce procédé de la *hikâyat* va englober tous les versets qorâniques cités ici dans la suite.

13. Le pays de Saba désigne ici, comme le Yémen, le monde de l'Ange. Quant à l'expression « votre père », cf. déjà ci-dessus n. 8.

14. Nous avons déjà signalé ailleurs la correspondance de ce message d'une part avec le message adressé au jeune prince parthe oublieux de son origine céleste dans le « Chant de la Perle », et d'autre part avec l'invitation que la « Pierre des Sages » adresse aux philosophes dans le « Livre des Douze chapitres » attribué à Ostanès, le mage perse. Cf. *En Islam iranien...* t. II, pp. 275 et 285 ss.

15. « S'attacher au câble », c'est exactement la réponse que Hermès entend de son « père », lorsqu'il appelle celui-ci à son aide au cours des périls de sa vision d'extase, cf. *ibid.*, p. 300. Il est de nouveau nommément question ici du « frère » de l'exilé, et ce sera la seule fois. Quant aux « nœuds du Dragon du ciel de la Lune », c'est une allusion aux points auxquels l'orbite de la Lune coupe celle du soleil. Mais tout se passe ici « au ciel de la Lune du *monde spirituel* ». C'est l'idée d'« éclipse » attachée à ces « nœuds » qui permet de comprendre le sens que prend cette injonction pour le voyage de retour qu'il s'agit d'effectuer. Voir *ibid.*, p. 276 et ci-dessus Traité VI, tout le contexte qui entoure la fig. 1. (L'événement spirituel est invisible aux yeux profanes des habitants de la « cité des oppresseurs ».) Cf. le « Récit du Nuage blanc », *ibid.* t. IV, pp. 150-204.

16. Pour ce qui est « chiffré » par la vallée des fourmis, cf. ci-dessous Traité XIII, chap. I. Les injonctions qui vont s'accumuler auront toutes le même sens : laisse périr tes gens, ta femme etc., c'est-à-dire tout ce que comportent les désirs de la chair. « Gloire à Dieu qui m'a fait vivant... » (cf. 2/261 le verset relatif à Esdras). *Vivant* : cela implique que le voyage de « retour de l'exil » est désormais commencé.

17. Le « port », ce sera, dans la troisième partie, le Sinaï mystique. Tout le peuple qui sera mort, lorsque viendra le matin, c'est tout le peuple des sens charnels et des phantasmes disparaissant à l'heure de l'*Ishrâq*, au lever de l'aurore mystique. Tout ce peuple représente les ennemis de Noé, et Noé est aussi le prophète-héros auquel le narrateur s'identifie par sa *hikâyat* (à la fois récit et *mimésis*, imitation, reproduction). Le vaisseau de Noé voguant vers le Sinaï, suggère l'extension mystique du noachisme, cf. André Neher, *L'essence du prophétisme*, Paris 1972, pp. 250 ss.

18. La navigation sur le vaisseau de Noé va constituer la traversée du microcosme, pour aboutir au Sinaï mystique (le « château-fort de l'Ame », dans le Traité IX). Les étapes en seront l'intériorisation progressive des Éléments et des cieux de l'astronomie physique. Elles seront marquées par les versets qorâniques, transmuées par la *hikâyat* en images du *mundus imaginalis*. Ce n'est pas la dialectique des concepts qui peut en effet accomplir la traversée, mais l'herméneutique provoquant les événements visionnaires. « Le soleil au-dessus de nos têtes » de même que la limite de l'ombre marquent la limite de l'« Occident » du monde matériel des sens, le passage à l'« Orient moyen » qui est le monde *imaginal* où s'accomplit la traversée du microcosme. Voir parallèles avec d'autres textes sohravardiens, avec le

« Récit du Nuage blanc », avec Zozime l'alchimiste, *En Islam iranien...* t. II, pp. 277-279.

19. Ici commence le récit de la « navigation » par le *ta'wîl* (l'herméneutique) des versets qorâniques dont la *hikâyat* fait s'accomplir l'événement dans la personne même du mystique (cf. ci-dessus n. 12, 17 et présentation). Ici le narrateur de la *Ghorbat* s'identifie à Noé. Il est lui-même Noé, et séparé de son « fils » pour la même raison que Noé : ce fils n'est pas de sa vraie famille (11/48). Par cette intériorisation on peut dire que le « navigateur » progresse de « prophète en prophète de son être » ; la *hikâyat* de Sohravardî devance ainsi l'intériorisation de la prophétologie chez Semnânî (« les prophètes de ton être »). Quant au « fils de Noé » qui périt ici, le commentateur persan voit en lui le pneuma vital (*rûh hayawânî*) tandis que la nourrice jetée à la mer (str. 19) serait le pneuma physique (*rûh tabî'î*). Cf. *supra*, Traité II, Deuxième Temple, III.

20. *Hikâyat* : ici le récitateur s'identifie à Loth. La ville qui se livre aux turpitudes sera anéantie le matin, à l'heure de l'*Ishrâq* : la *cognitio matutina* devant laquelle s'effondrent les phantasmes de la perception sensible vespertinale. Cf. ci-dessus n. 17.

21. *Hikâyat* : ici encore le récitateur devient lui-même Loth.

22. On est en pleine tempête : approche le moment où seront quittées les traces du monde matériel. Sur la « nourrice », cf. ci-dessus n. 19.

23. Allusion à la mort mystique devançant l'*exitus* physique. *Hikâyat* : ici le narrateur *est* lui-même Moïse voyageant en compagnie de son initiateur, le mystérieux prophète Khezr. Le commentateur voit dans ce roi qui « s'empare des navires par la force », une figure de l'Ange de la mort. Signalons une interprétation pathétique de ce verset, dans une allusion du VIe Imâm, Ja'far Sâdiq, rapportant à l'infortuné Abû'l-Khattâb, son fidèle jusque par-delà le désaveu, l'épisode du verset 18/78. Voir notre étude sur *Une liturgie shî'ite du Graal*, dans les « Mélanges H. C. Puech », Paris 1974, pp. 81-100.

24. *Hikâyat* : de nouveau le narrateur *est* Noé. La navigation est rapide : elle franchit d'un seul coup l'intervalle qui, dans la sourate 18, sépare l'épisode de Moïse de l'épisode d'Alexandre.

25. *Hikâyat* : ici le narrateur devient lui-même Salomon. Comme tel il a les génies à son service, et c'est ce qui lui permet d'*être* Alexandre (Dhû'l-Qarnayn) en construisant un rempart contre Gôg et Mâgôg. Ce qui veut dire : mettre le microcosme humain à l'abri des assauts des infra-humains. Peut-être pourrait-on déceler aussi dans l'opération des génies transmuant le fer en un feu incandescent, une allusion alchimique visant la formation du « corps de résurrection ». Peut-être serait-ce trop peser sur le texte, mais l'allusion revient fréquemment.

26. Dans ces mots apparaît énoncé le triomphe du *ta'wîl* grâce à la *hikâyat*. Parce qu'il a lu le Qorân comme révélant et révélé pour son propre cas, le mystique éprouve que la promesse de son Seigneur a été tenue à son égard.

27. 'Ad et Thamûd, deux peuples de l'ancien monde arabe qui avaient refusé l'appel des prophètes missionnés vers eux. Un hiatus donc pour la

« navigation » (ou l'ascension) de « prophète en prophète de ton être ». Le vaisseau de Noé passe au large.

28. Commence avec ces strophes une série d'événements obscurs exprimés en images grandioses et apparemment incohérentes. On peut toujours établir des équivalences avec le système des facultés de l'âme que présente l'ancienne psychologie. Mais l'important est de saisir intuitivement les étapes de la navigation du vaisseau de Noé depuis le déchaînement de la tempête (str. 19). La succession des images suggère ici l'intériorisation des cieux du cosmos physique. Il faut passer aux cieux spirituels du microcosme pour pouvoir aborder au pied du Sinaï mystique. Le commentateur voit ici dans le « flacon de forme ronde » le cerveau. Peut-être. Mais voici que le navigateur y enferme les Sphères pour procéder aux actes violents que décrivent les strophes qui suivent. Tout montre qu'il s'agit d'en finir avec l'attirail de la prison de Qayrawân. C'est cela le Grand Ébranlement dont parle le prélude du récit et que l'auteur n'avait pas trouvé chez Avicenne. La traversée du microcosme, l'accès au monde *imaginal*, c'est le grand bouleversement. Il est exact de dire que l'atteinte au Sinaï mystique (au château-fort de l'Ame), bref que l'extase mystique a une signification eschatologique pour le monde de Qayrawân.

29. A propos de ce « moulin » que l'on se rappelle les « moulins » ou « meules » typifiant dans le récit précédent (Traité VII) les Sphères célestes. Nous y avons appris que le corps humain est envers l'*Anima humana* ce que chaque Sphère céleste est envers son *Anima caelestis*. Le rapprochement éclaire quelque peu l'allusion de cette strophe.

30. C'est la suite du « Grand Ébranlement », de l'*eschaton* du monde physique, c'est-à-dire de l'« Occident » ou de *Qayrawân*. Cf. ci-dessus n. 28.

31. Le macrocosme (la crypte cosmique) s'est effondrée. La navigation est libre vers le Sinaï (ou, selon le récit précédent, peut s'ouvrir la porte du *khângâh* s'ouvrant sur la vaste plaine). C'est cela l'important. Et c'est ce que suggère avec force l'image prise aux versets 25/47-48. L'ombre (qui est l'âme) suit le soleil et se retire vers le monde sacrosaint. Maintenant il est loisible de considérer avec le commentateur que les dix tombes typifient les cinq sens externes et les cinq sens internes (est-ce sûr ? Que faire sans ces derniers ?), et que les quatorze cercueils sont les dix facultés de l'organisme physique, plus les quatre humeurs.

32. Le glossateur persan voit dans cette « sœur » une allusion à la matière des corps du cosmos.

33. Nous avons expliqué ailleurs pourquoi le commentateur persan bat ici la campagne au point de montrer une incompréhension totale du sens du récit (Cf. *Prolégomènes II*, p. 91 et *En Islam iranien*... t. II, p. 280, n. 400). Cf. la note suivante.

34. De nouveau reparaît ici le Dragon de la str. 12 (n. 15). Mais ici le « Dragon du ciel de la Lune » devient le « Dragon qui habite dans le château de la Roue hydraulique ». Celle-ci n'est donc qu'une autre façon de désigner l'orbe de la Lune. Alors, que l'on se reporte à la n. 15 ci-dessus et au récit précédent (Traité VI, fig. 1). La « lampe » c'est ici aussi le Joyau qui illumine la nuit (nullement l'Intelligence agente, selon la divagation

du glossateur), c'est-à-dire le mystique lui-même qui est une « Lune au ciel du *tawhîd* ». Déposer cette lampe (cette Lune) dans la bouche du Dragon, c'est provoquer l'*éclipse* de cette Lune aux yeux du monde profane, tandis que du côté du soleil (l'arbre Tûbâ) elle est embrasée par sa lumière (cf. la str. 32). Cette fois tout est cohérent. Quant au verset cité (3/5), c'est celui qui, selon la lecture shî'ite, énonce : « Nul n'en connaît le *ta'wîl* hormis Dieu et ceux qui ont une ferme expérience dans la connaissance. »

35. Cet état de certaines constellations du zodiaque, après le « Grand Ébranlement », après que la « lampe » a été déposée dans la bouche du Dragon, demanderait que l'on en transpose les significations connues de l'astrologie, au ciel du microcosme ou au ciel du *Malakût*. C'est précisément à ce moment-là que se montre l'étoile du Yémen. Le glossateur persan voit dans celle-ci l'« Ame du monde ». On ne sait vraiment pas pourquoi, outre que cela détruit tout le schéma que nous apprendrons à la fin du récit. Il est plus simple et plus direct d'y voir un rappel de ce que nous connaissons déjà : le sens métaphysique et mystique du « Yémen », cf. ci-dessus n. 8 et 11. Le lever de l'étoile du Yémen signifie ici que le vaisseau de Noé a définitivement quitté l'« Occident » et approche du port, où est la Source de la Vie, au pied du Sinaï mystique.

36. Ce « mouton » signifierait pour le commentateur le dernier résidu de crainte et de timidité. C'est plausible. L'éclair, en le foudroyant, règle la question.

37. Cette strophe 36 s'ouvre sur une allusion alchimique : l'*athanor*, la fournaise qui est ici le cœur. L'éclatement de la membrane signifie l'éclosion, la naissance du *Filius Sapientiae*. Cette naissance est accompagnée par la grandiose musique des Sphères, perçue évidemment par l'organe de la conscience imaginative. Le terme de « vrombissement » (grec *rhoîzos*, par lequel nous traduisons *sawt silsila*) se trouve dans semblable contexte chez Jamblique, les Pythagoriciens, les Oracles chaldaïques. Dans le Traité XIV ci-dessous, Sohravardî reviendra sur les effets de l'audition musicale. Pour plus de détails, voir *En Islam iranien*... t. II, pp. 281 ss.

38. La traversée du microcosme est achevée. Le navigateur aborde au port du Sinaï mystique. Ce port est la « Source de la Vie » (cf. encore ci-dessous Traité IX, chap. VI). Le symbolisme des poissons s'accorde avec ce dernier thème. Il rappelle un épisode du voyage de Moïse précisément « au confluent des deux mers » (18/60). Le Sinaï mystique est ici au sommet de la montagne de Qâf. Le Grand Rocher qui le domine et qui est l'oratoire de l'Ange, au seuil du *Malakût* (ou château-fort de l'Ame) est le « Rocher d'émeraude » de certaines traditions shî'ites. Sur tous ces thèmes voir *ibid.*, t. II, pp. 282-283.

39. Cf. la note précédente. Le monde de l'exil est pour l'âme, émanée de l'aile de Lumière de Gabriel, même aventure que pour les poissons se trouver tirés hors de l'eau. On se trouve ici, comme dans les récits précédents, à l'avancée du *Malakût*, à la limite (« confluent des deux mers ») à laquelle peut se produire la manifestation de l'Ange.

40. Ce Grand Sage n'est autre que l'Ange apparu au début des deux récits précédents : l'Ange-Esprit-Saint, Gabriel, l'Ange de la race humaine, le « père » évoqué par Sohravardî dans presque tous les traités traduits

ici, celui que les néoplatoniciens désignaient comme le *Noûs patrikos*. Nous arrivons ici à la finale du troisième acte de la « rencontre avec l'Ange ». La vision de l'Ange se produisait au début des deux récits précédents, parce que l'Ange devait initier le visionnaire au « voyage initiatique » qu'il devait entreprendre. Maintenant le voyage est accompli, et c'est l'Ange que le voyageur retrouve et dont l'initiation va complètement modifier cette fois l'éthos de l'exil. Observer le détail : ici encore la salutation de l'Ange devance celle de son visiteur, comme dans le récit précédent (cf. Traité VII, n. 9).

41. Comme l'indiquait ici le début du Traité VI, et comme l'indique le début du « Récit de l'Oiseau » d'Avicenne, il subsiste encore quelques liens qui font « boitiller » l'oiseau. Ce sont ces liens qui vont le contraindre à retourner provisoirement dans la prison de Qayrawân. Mais l'éthos de l'exil ne sera plus le même, puisque le gnostique a désormais trouvé la voie du salut. Comparer avec le récit shî'ite du voyage à l'Ile Verte ; là aussi le pèlerin ne peut pas encore séjourner à demeure. Cf. *En Islam iranien...* t. IV, pp. 346-365.

42. Qu'il puisse revenir, c'est en raison de son ascendance céleste que l'Ange va lui préciser dans les dernières strophes du récit. Si le visionnaire avait entendu qu'on lui dise : « Désormais reste avec nous », cela aurait signifié qu'il franchissait le *seuil...*

43. Ces mots de l'Ange ont une portée décisive. La relation entre chaque Intelligence archangélique et celle qui procède d'elle, est la même que la relation entre l'Ange-Esprit-Saint, Ange de l'humanité, et l'âme émanée de lui. C'est la conception néoplatonicienne du *Noûs patrikos*, et c'est cette conception, nous l'avons vue, que le Shaykh al-Ishrâq retrouvait dans l'Évangile de Jean ; peut-être l'ultime secret *ishrâqî*. La hiérarchie ascendante de ces « Archanges » comme « pères » les uns des autres, est typifiée ici dans la superposition des Sinaïs multiples les uns au-dessus des autres. Ci-dessous, dans le Traité IX, chap. VI § 12, ce seront les châteaux du « *Burg* de l'Ame » se superposant les uns au-dessus des autres. On se rappellera que dans le récit précédent, cette filiation archangélique était représentée à la façon d'une confrérie initiatique (maître et disciple, initiation, investiture du manteau). Comme dans le dialogue ismaélien entre 'Amalâq le Grec et son maître Qosta ben Lûqâ, chaque hypostase supérieure est celle à laquelle se réfère celle qui la suit comme à « son Dieu ». Au sommet des sommets (str. 43, le « suprême Aïeul »), il y a celui que dans son « Livre d'heures », Sohravardî invoquera comme « Dieu des Dieux ». Bref, est impliqué ici tout le thème de l'archétype angélique, partenaire céleste, ange tutélaire, cf. *En Islam iranien*, t. II, pp. 294-334.

44. « Au-dessus de l'Au-dessus. » Ces mots réfèrent aux prémisses de la théologie apophatique (*via negationis*).

45. La str. 44 consacre le triomphe de la *hikâyat* comme forme nécessaire de tout récit d'initiation. Quant à l'invocation formulée dans les premiers mots de la str. 45, nous avons déjà relevé qu'elle s'accorde littéralement avec celle des « Frères au cœur pur » (*Ikhwân al-Safâ*, IVe section).

2. *La conquête du Château-fort de l'Ame*

IX.

Le Vade-mecum des fidèles d'Amour

(Mu'nis al-'oshshâq)

Traduit du persan

1. Présentation

I. Les Traités IX et X se différencient des trois récits précédents sous un aspect essentiel : ils ne racontent pas à la première personne l'événement de la « rencontre avec l'Ange ». Pourtant, c'est de celle-ci qu'il sera encore question. Mais l'initiation à « la rencontre de l'Ange » va se présenter, dans l'un et l'autre traité, sous la forme d'un thème bien caractérisé : la conquête du Château-fort de l'Ame. C'est en même temps aussi ce qui les rattache l'un et l'autre aux trois récits précédents. Dans les Traités VI et VII l'Ange initiait le visionnaire au voyage à entreprendre pour le rejoindre. Le Traité VIII décrivait ce voyage initiatique comme un fait accompli. Ce voyage, nous l'avons vu, consistait en une navigation mystique traversant le microcosme. La traversée opérait une transmutation progressive du cosmos physique tombant sous les sens, en cosmos *imaginal* perçu par la conscience imaginative. C'était cela l'espace à franchir, et dont l'issue s'ouvrait sur la perspective des Sinaïs mystiques du *Jabarût*, s'étageant les uns au-dessus des autres.

La rentrée dans le microcosme, comme voie de l'intériorisation, s'avérait donc comme étant le passage initiatique nécessaire pour aboutir au « monde de l'Ange ». C'est précisément l'idée de ce passage qui va se retrouver au centre du présent traité, comme constituant l'itinéraire initiatique conduisant au « Château-fort de l'Ame ». Cependant, cette initiation à la traversée du microcosme est encadrée ici par un autre contexte : le roman mystique d'amour entre Joseph et Zolaykhâ. La traversée du microcosme conduisant au « Château-fort de l'Ame » dévoilera finalement le mystère cosmique de l'amour qui, au niveau de l'être humain, prend la forme d'une mystique de l'Éros transfiguré. Une transfiguration qui est à la fois l'œuvre et la loi d'une religion et d'un culte de la Beauté (*jamâl-parastî* en persan), pour qui la Beauté est la théophanie, la révélation divine par excellence.

La traversée du microcosme par le pèlerin du « Récit de l'exil » s'accomplissait déjà par une involution ou intériorisation des cieux physiques dans les cieux spirituels, — une navigation sur le vaisseau de Noé, dont les étapes étaient marquées par les versets qorâniques. La *hikâyat* permettait chaque fois au récitant d'être lui-même le héros de ces versets, la progression se faisant de prophète en prophète de son être. Ici va se présenter une autre topographie du microcosme, telle que les cinq sens internes et les cinq sens externes vont se trouver disposés à la façon d'un *mandala*. Ce n'est plus un navigateur mais un cavalier qui va devoir en parcourir *imaginalement* les degrés d'ascension pour atteindre au Château-fort de l'Ame. Dans le Traité X qui suivra, à savoir « l'Épître des hautes tours », on aura même disposition, avec cependant deux variantes : 1) L'image des hautes tours suggérée par les constellations du ciel du zodiaque. 2) La pénétration *imaginale* commençant par les sens externes pour progresser par les sens internes.

L'ascension du microcosme se poursuit alors par l'intériorisation des cieux physiques, parce que le Château-fort de l'Ame (le huitième climat, *Nâ-kojâ-âbâd*, la contrée du Non-où) commence à la surface convexe de la Sphère des Sphères, ce qui veut dire dès la sortie de ce monde, de la *Sphaera mundi*. Mais cette sortie ne peut s'accomplir que par la rentrée dans le microcosme, parce que seule cette rentrée permet le passage du monde physique au *mundus imaginalis*, et que c'est ce passage qui conduit tantôt à l'avancée du Sinaï, tantôt à l'avancée du Château-fort de l'Ame, deux façons de signifier le « monde de l'Ange », le *Malakût* et le *Jabarût*.

La traversée du microcosme, c'est encore la traversée de ce qu'Ibn 'Arabî désigne comme l'imagination conjointe (*mottasil*), c'est-à-dire immanente à l'homme, au microcosme. Accoster au *Malakût*, c'est accoster au monde de l'Imagination disjointe (*monfasil*), séparée, autonome, c'est-à-dire au monde de l'Ame, le *Malakût* que domine le *Jabarût*. Le passage par le microcosme est donc bien la voie nécessaire pour passer de l'exotérique des cieux de l'astronomie physique à leur ésotérique, c'est-à-dire leur Ange. Sans doute l'astronomie de Ptolémée est-elle de nos jours en désuétude. Mais l'ésotérique pour lequel elle n'était qu'un lieu de passage, reste indépendant des vicissitudes de l'histoire de l'astronomie.

Le présent récit fut le premier des récits de Sohravardî à être traduit en français (1933). Cette traduction fut une œuvre de jeunesse quelque peu téméraire, vu la pauvreté des instruments de travail dont nous disposions alors ; nous la mentionnons ici seulement pour mémoire [a]. La forme sous laquelle nous traduisons cette fois le titre du récit (*Mu'nis al-'oshshâq*) en dévoile d'emblée les intentions au lecteur. *Mu'nis* signifie compagnon, familier. Ici, c'est ce petit livre qui est ce compagnon, et c'est ce qu'exprime précisément l'expression latine passée dans le français courant : un *vade-mecum* (littéralement : va avec moi). Quant au mot *'oshshâq* (pluriel de *'âshiq*), ce sont littéralement les épris d'amour, les amants. C'est l'expression couramment employée pour désigner les mystiques, en tant que leur spiritualité est essentiellement une mystique d'amour qui a approfondi, médité et vécu ce qui fait l'essence de l'amour en son principe, en ses manifestations, en ses sublimations. Shaykh Rûzbehân Baqlî de Shîrâz (ob. 1209) est resté l'incomparable maître d'une ascèse intérieure difficile, périlleuse, conduisant l'homme intérieur à reconnaître dans l'amour humain et dans l'amour divin les deux faces d'un même et unique amour [(b)]. Le passage de l'un à l'autre ne consiste pas à substituer un objet divin à un objet humain ; il consiste dans une métamorphose du sujet aimant et du mode de son amour. C'est ce qu'a peut-être le plus de mal à saisir le lecteur occidental, habitué à une tradition religieuse qui mit en opposition l'un et l'autre amour. Mais Rûzbehân a souligné avec force que cette « transparition » réciproque de l'une et l'autre face de l'amour ne peut être que le fruit d'une rigoureuse discipline personnelle, et suppose la lente éclosion de la maturité spirituelle.

La traduction choisie pour le titre du présent récit « le Vade-mecum des fidèles d'amour » marque le profond accord de la mystique d'amour chez Sohravardî et chez Rûzbehân. C'est cette mystique qui va caractériser une vaste littérature en langue persane, où se précisera le passage, amorcé chez Sohravardî, de l'épopée héroïque à l'épopée mystique. Fidèles d'amour (*Fedeli d'amore*) est le nom que se donnaient certains compagnons de Dante. C'est aussi la qualification correspondant le mieux à la vocation de nos mystiques. Si les *Fedeli d'amore* furent les amants mystiques de *Madonna Intelligenza*, notre Vade-mecum conduit ici le pèlerin en présence de l'être qui, précédemment désigné comme l'Archange empourpré, sera nommé ici de son nom persan *Jâvîdân Kharad*, lequel est l'équivalent exact de *Sophia aeterna*, Sagesse éternelle.

C'est pourquoi, si dans certains manuscrits cet opuscule porte comme titre « De l'essence de l'amour », il nous semble que c'est là plutôt un sous-titre explicitant les intentions du « Vade-mecum des Fidèles d'amour ».

II. Ces intentions suspendent tout l'opuscule à « la plus belle des histoires », celle que rapporte la XIIe sourate du Qorân, la sourate « Joseph ». Par sa dramaturgie et sa voie initiatique propre, ce récit de Sohravardî appartient à ce que l'on peut appeler la littérature « joséphique », en désignant ainsi la vaste amplification du thème de Joseph dans la littérature spirituelle des trois rameaux de la tradition abrahamique. Bien entendu, c'est la tradition biblique et post-biblique juive qui est notre guide sur cette voie. Elle est essentiellement représentée par le roman mystique d'amour de *Joseph et Aséneth*. Marc

Philonenko a consacré, il y a quelques années, une belle et sérieuse étude à ce thème privilégié [c]. Son livre, en renouvelant les bases philologiques du thème de « Joseph et Aséneth », reste le point de départ de toute étude comparative à venir.

Aussi bien Marc Philonenko n'a-t-il pas manqué d'être attentif à ce que nous avons à considérer ici. Il a lui-même signalé la diffusion du thème dans la littérature spirituelle islamique, nommément dans les deux grandes épopées persanes composées sous le titre de « Youssof (Joseph) et Zolaykhâ » par Ferdawsî (xe s.) et par Jâmî (xve s.), aussi différentes l'une de l'autre que le mystique Jâmî peut être différent de Ferdawsî. Marc Philonenko estime que le roman mystique de « Joseph et Aséneth » est la source première du roman de « Joseph et Zolaykhâ » en ses diverses formes. Nous souscrivons volontiers à ce jugement, et de même que Marc Philonenko a procédé à une analyse de l'épopée mystique de Jâmî (dont Bricteux a donné jadis une traduction inoubliée) [d], nous aurions voulu reprendre ici cette analyse et celle de quelques autres afin de mieux situer le lieu spirituel du « Joseph et Zolaykhâ » de Sohravardî, car si ce petit livre, à la fois profond, exquis et pathétique, appartient bien à l'ensemble de la littérature joséphique, il se différencie de tout autre de ses voisins par ce qui en fait justement en propre l'œuvre du Shaykh al-Ishrâq.

Un philosophe *ishrâqî* n'oublie jamais que sa philosophie est faite pour le conduire ailleurs. Ici le point de départ philosophique qui va décider de toute l'histoire de Joseph et Zolaykhâ, se trouve dans la cosmologie angélologique d'Avicenne. Mais précisément cette cosmologie (cf. ci-dessus Traité II, les IVe et Ve Temples) va être ici transformée, du fait que sont substituées aux entités cosmogoniques les personnages de Joseph, Zolaykhâ, Jacob. C'est un cas typique de la doctrine philosophique devenant événement de l'âme ; même cas que dans les récits précédents, mais sous une forme nouvelle. Ici aussi nous avons quelque chose comme un voyage initiatique et un rituel d'initiation. Ce sont précisément ces deux aspects : 1) Une transfiguration qui élève les personnages bibliques au rang de leur archétype céleste, et 2) Un épisode initiatique qui décide du sens et du dénouement du récit, — ce sont ces deux aspects qui nous permettent de marquer un lien avec le roman mystique de Joseph et Aséneth.

Certes, il resterait encore à découvrir. Ici l'on se bornera à relever dans les excellentes introduction et traduction de Marc Philonenko, quelques traits qui nous permettent de rattacher l'une à l'autre les deux versions joséphiques. Simultanément les mêmes traits en marquent les différences profondes, non moins instructives.

A l'origine du roman mystique de Joseph et Aséneth, il y a le verset du livre de la Genèse : « Pharaon donna à Joseph pour femme Aséneth (Asnath), la fille de Pentéphrès, le prètre d'On (Héliopolis) » (41/45), auquel s'ajoutent les versets mentionnant Manassé et

Éphraïm, les deux fils nés de l'union de Joseph et Aséneth (41/50-52 et 46/20). Du roman joséphique il est vrai de dire qu'il a simultanément sa place dans un recueil de Pseudépigraphes de l'Ancien Testament et dans le *corpus* des romans grecs, en tant que les romans grecs sont si bien d'essence religieuse que R. Merkelbach retrouve dans chacun d'eux les étapes de rituels d'initiation. Le couple de Joseph et Aséneth prend place dans le cortège des couples célèbres : Théagène et Chariklée, Daphnis et Chloé, etc. [e]. Les versions multiples (slave, syriaque, arménienne, latine) en attestent la diffusion. Les chercheurs ont proposé des dates de composition oscillant entre des limites un peu trop larges (entre le Ier siècle avant notre ère et le ve siècle A. D.). On a pensé en découvrir l'origine chez les Esséniens, chez les Thérapeutes, dans quelque secte mystique inconnue. On s'est demandé si l'exhaussement de Joseph et Aséneth au rang de personnages symboliques ne présupposait pas « le travail d'un gnostique chrétien ou d'un Juif porté aux spéculations mystiques ». La même question se posant en gnose islamique, Sohravardî est précisément là pour donner la réponse. Le rôle dévolu à l'archange Michel dans le roman mystique de Joseph et Aséneth suffirait à en montrer l'origine juive (ce rôle sera tenu ici par Amour « en personne », archétype céleste de Zolaykhâ). La position de thèse de Marc Philonenko est d'une sage réserve : « Un roman mystique, écrit en grec, à l'époque romaine, par un Juif d'origine égyptienne [f] ».

Le présent récit de Sohravardî appartient à ce que Marc Philonenko désigne comme « le cycle hagiographique » dans lequel s'est développé, en chrétienté et en Islam, le thème joséphique. Ce développement même invite à considérer que « les diverses interprétations possibles du roman font songer aux diverses traductions possibles de l'écriture hiéroglyphique [g] ». Cette position de thèse ne peut que réjouir le traducteur et interprète de Sohravardî, qui, d'un bout à l'autre du présent livre, s'efforce de montrer le « niveau herméneutique » auquel il convient de lire et de comprendre les récits d'initiation du Shaykh al-Ishrâq. C'est donc à ce niveau herméneutique que nous indiquerons comment méditer les traits qui nous apparaissent communs entre les deux romans mystiques, en les rattachant aux deux aspects définis ci-dessus, lesquels sont essentiellement ceux que Marc Philonenko groupe dans ses considérations sur le « drame gnostique » et sur la « liturgie initiatique » que présente le roman de Joseph et Aséneth.

Quant au drame gnostique [h] quelques chercheurs ont déjà comparé le couple de Sôter-Sophia dans la gnose valentinienne avec le couple Joseph-Aséneth, et la prière d'Aséneth avec la prière de Pistis-Sophia, tombée dans le monde de la matière. Lorsque Pharaon déclare à Aséneth que Joseph « est le fils premier-né de Dieu, et toi tu t'appelleras fille de Dieu », les deux propositions sont indissociables : c'est en tant que parèdre de Sagesse-Sophia, que Joseph est le premier-né de Dieu. Le couple Joseph-Aséneth étant identifié avec le couple Logos-Sophia, on évoquera le Logos de Philon, le Logos qui est « le plus ancien des Anges, l'Archange qui porte plusieurs noms. » Si les textes de Philon, sans être explicites, suffisent à suggérer l'identification du Logos et de Joseph, cette identification fait complètement éclosion dans le roman mystique de Joseph et Aséneth. Cette identification pose essentiellement la question du rapport entre l'archétype céleste et la figure qui le typifie en ce monde. A cette question répond l'apparition de l'archange Michel, « l'archistratège de toute l'armée du Très-Haut », comme initiateur céleste d'Aséneth au mystère de sa rédemption. Il est en tout point semblable à Joseph (quant à la robe, la couronne, le sceptre royal) avec cette différence que « son visage était comme l'éclair, ses yeux comme l'éclat du soleil, les cheveux de sa tête comme une flamme ardente, et ses mains et ses pieds comme du fer en fusion » (14/8-9). L'archétype céleste, le double angélique d'Aséneth n'apparaît peut-être pas avec la même netteté. Pourtant là où il est annoncé que le nom d'Aséneth, après sa conversion, est interprété comme signifiant « Ville de Refuge », Aséneth est alors la manifestation de la Jérusalem-archétype, la Jérusalem spirituelle « où les prosélytes des nations trouvent un asile à la fin des jours » (cf. *Zacharie* 2/4-5) [1].

Il est donc nettement notifié que « l'être humain venu du ciel », l'archange Michel, est l'archétype céleste et l'ange tutélaire de Joseph. Or la tradition gnostique veut que ce soit dans la rencontre avec son Image-archétype céleste que l'âme exilée en ce monde trouve son salut, et sa rédemption. Cette « rencontre avec l'Ange », telle est bien la sotériologie que nous avons vu s'accomplir ici dans les trois récits précédents de Sohravardî (Traités VI à VIII), et ce pour quoi, dans tous ces récits aussi bien que dans son œuvre de philosophe, la figure de l'Ange-Esprit-Saint, Ange-archétype de l'humanité, prend une telle prépondérance. Il est le *Noûs patrikos* et, comme archétype, celui que l'Évangile de Jean désigne comme « le Père ». Mais dans le roman de Joseph et Aséneth, quelque chose d'autre se passe. Comme le note Marc Philonenko, « ce sont les archétypes célestes de Joseph et d'Aséneth qui s'unissent en de mystérieuses noces », typifiant ou répétant la hiérogamie du Logos et de Sophia.

Et c'est en cela même que le drame gnostique comporte nécessairement une liturgie initiatique [1], par laquelle le roman de Joseph et Aséneth se révèle être, à l'exemple des romans grecs, un récit proprement initiatique. Le drame gnostique atteint son sommet dans le discours initiatique de l'archange Michel, annonçant à Aséneth ses noces mystiques avec Joseph. « Ton nom est écrit dans le Livre de vie et il ne sera jamais effacé. Voici, à partir d'aujourd'hui tu seras renouvelée, reformée et revivifiée, et tu mangeras le pain de vie et tu boiras la coupe d'immortalité... Tu ne seras plus appelée Aséneth, mais ton nom sera Ville de Refuge... » (15/3-6). L'initiation se prolonge par un repas de communion (sous les espèces du pain et du vin et d'un mystérieux rayon de miel), partagé entre l'archange et Aséneth. Ainsi, de même que par l'union avec son *daímôn* familier « le myste parvenait à une bienheureuse immortalité, de même Aséneth, parce qu'elle a communié avec l'Ange, ne mourra jamais ». Dans cette communion avec l'archange qui est l'archétype céleste de Joseph, Aséneth est elle-même promue au rang de son propre archétype (la Jérusalem céleste).

III. Nous relevons avec soin cette progression, parce qu'elle marque aussi le rapport entre le roman mystique de Joseph et Zolaykhâ, tel que le présente notre « Vade-mecum », à l'égard des trois récits précédents. Nous disions ci-dessus que ce petit roman d'initiation portait en propre, à son tour, la marque du philosophe *ishrâqî*. C'est qu'en effet les *dramatis personae* agiront comme manifestations de leurs archétypes, tels que les fait éclore la cosmogonie avicenno-sohravardienne (cf. l'analyse donnée ci-dessous). De même que Joseph et Aséneth sont frère et sœur, comme Logos et Sophia sont frère et sœur, de même, dans le récit de Sohravardî, Joseph et Zolaykhâ sont frère et sœur, puisqu'ils manifestent deux archétypes (Beauté et Amour) que le texte nous présente comme deux « frères ». Le drame gnostique sera représenté ici dans les chapitres I à V, trouvant leur dénouement dans les chapitres VII et VIII. La partie initiatique ne comprendra ni liturgie ni repas de communion comme dans le roman de Joseph et Aséneth, mais un discours initiatique dans lequel Amour initie Zolaykhâ à la traversée du microcosme qui conduit à la Source de la Vie et de l'immortalité, et au Château-fort de l'Ame (chapitre V). Ce discours initiatique sera complété par les chapitres IX à XII, lesquels sont une initiation au mystère de l'Éros cosmogonique et à l'œuvre qu'il accomplit dans le microcosme de l'homme.

Quant à ce qui concerne la triade des *dramatis personae* comme manifestations de leurs archétypes célestes, nous avons déjà ailleurs attiré l'attention sur l'herméneutique qui peut seule dévoiler le mode de leur apparition [(k)]. Nous avons refusé tout recours facile à ce que l'on désigne couramment comme « abstractions personnifiées », pour cette raison que « personnifiée », une abstraction n'est plus une abstraction, et qu'une personne abstraite n'est plus une personne. La manifestation *imaginale* d'un archétype n'est pas une abstraction personnifiée. Prenant comme exemples justement les *dramatis personae* du présent « Vade-mecum », nous nous étions attaché à montrer comment une pure essence qui n'est en soi ni l'universel logique ni le singulier empirique, et qui en termes avicenniens est même indifférente à l'un et à l'autre, ne peut se manifester comme une « personne » qu'au niveau intermédiaire du *mundus imaginalis*, dont il nous faut accepter la réalité ontologique *sui generis* de plein droit. Nous avions pris un autre exemple dans les personnages de l'*Arbre de la philosophie d'amour* de Ramon Lull. Ni le concept logique ni le singulier du monde sensible ne sont aptes à assumer le rôle de *typification* de l'*archétype* céleste. Cette typification s'accomplit au niveau intermédiaire où les esprits prennent corps et où les corps deviennent spirituels (*caro spiritualis*), niveau intermédiaire qui est en propre celui du *mundus imaginalis*. Lui correspond le niveau herméneutique que nous avons déjà désigné comme le niveau *C*, comme niveau auquel les personnages des récits et rituels d'initiation peuvent être compris dans leur réalité et quant à leur rôle. Comprendre leur sens ésotérique ne consiste pas à ramener la réalité de l'événement extérieur (le niveau *A*) au niveau de la simple évidence conceptuelle (le niveau *B*). La typification et sa compréhension comme ésotérique s'accomplissent par une *trans-sumptio*, un transfert au *mundus imaginalis* qui transfigure et fait apparaître, par exemple, sous les traits de feu de l'archange Michel l'archétype céleste de Joseph.

IV. Le drame gnostique se répartit, avons-nous dit, entre les chapitres I à V et VII-VIII. La source et le point de départ de la *trans-sumptio* imaginale, c'est ici la cosmologie angélologique telle qu'on la trouve formulée chez Avicenne et dans les traités didactiques de Sohravardî qui ont été traduits ici précisément pour cette raison (cf. ci-dessus Traités I et II).

Le premier chapitre s'ouvre en effet par un rappel des trois actes de contemplation de la première Intelligence, le Noûs-Logos des philosophes avicenniens. Cette Intelligence contemple son Principe ; elle contemple sa propre essence comme ne nécessitant point de par elle-même l'existence et portant ainsi en elle-même l'ombre d'un virtuel non-être ; elle contemple son propre acte d'exister comme rendu nécessaire par son Principe. Du premier acte de contemplation procède une autre Intelligence hiérarchique ; de sa contemplation de sa propre essence procède la matière subtile du premier ciel ; de la contemplation de son être comme nécessaire par son Principe, procède l'*Anima caelestis* motrice de ce ciel. Comme nous l'avons dit, le « ciel » marque la distance idéale entre l'Intelligence et son Principe. C'est toute la nostalgie de l'Ange que l'Ame motrice de son ciel tend à combler, par le mouvement que lui inspire son désir d'imiter et de rejoindre l'Intelligence dont elle émane. Et de ce mouvement de l'*Anima caelestis* procèderont tous les événements de ce monde. Ainsi l'essence du Noûs-Logos suprême est essentiellement une essence triadique, se manifestant dans l'apparition d'une Intelligence, d'une Ame et d'un ciel.

L'intuition géniale du Shaykh al-Ishrâq fut de substituer ici une triade de noms qui transfigurent les entités de la cosmogonie, en opérant une *transsumptio* qui illumine leur fonction archétypique au niveau de l'*imaginal*. Cette fonction archétypique est latente dans leur être : l'Intelligence est beauté, l'*Anima caelestis* est amour, le ciel est nostalgie. Dès lors, voici que la triade Intelligence, Ame, Ciel, devient la triade Beauté, Amour, Nostalgie. Ces trois derniers termes ne désignent respectivement ni un universel logique ni une individualité concrète du monde sensible. Ils désignent les pures essences ne pouvant être manifestées qu'au niveau de l'*imaginal*, par les personnages d'un roman symbolique portant un nom qui est un nom commun promu au rang d'un nom propre ; et c'est le premier signe par lequel s'annonce au niveau de l'*imaginal* la typification de l'archétype. Les noms propres des *dramatis personae* sont ici trois noms de pure racine persane : *Nîkû'î* (Beauté), *Mihr* (Amour), *Andûh* (Nostalgie) [1]. La triade cosmogonique vibre alors en des résonances lointaines, que ne pourraient éveiller à eux seuls les concepts philosophiques. C'est de l'extatique nostalgie d'Amour devant la Beauté, que sont nés le Ciel et la Terre.

Le récit nous montrera comment ces trois êtres (Beauté, Amour, Nostalgie) se rendirent respectivement auprès d'un être humain de ce monde, avec lequel chacun lia compagnie au point d'atteindre à une identification parfaite, autrement dit au point de transposer cet être humain à un niveau qui fasse de lui la typification de son archétype. Ces trois êtres seront d'une part Joseph et Zolaykhâ, d'autre part Jacob en Kanaan. La *transsumptio* qui s'opère ici consiste à dégager ces trois personnages de l'histoire concrète, pour que seule en apparaisse la norme intérieure qui fait leur essence ; elle consiste à les transfigurer en les faisant apparaître au niveau du *mundus imaginalis* comme typifiant leur archétype céleste. Comme nous le disions ci-dessus, c'est en cela même que consiste la *typification*, c'est-à-dire le fait qu'une individualité *typifie* un archétype. Les trois *dramatis personae* vont typifier ensemble la triple essence du Noûs-Logos primordial. Le jeune Joseph sera la typification de la Beauté, parce que celle-ci typifie le premier acte de contemplation du Noûs-Logos. Zolaykhâ sera la typification de l'Amour, parce que celui-ci typifie l'aspiration de l'*Anima caelestis* envers l'*Angelus intellectualis* dont elle émane. Jacob sera la typification de la Nostalgie, parce que celle-ci typifie la distance qui s'interpose *ab origine* entre l'archange Logos et son Principe, entre l'Ame et l'Intelligence dont elle émane, entre Amour et Beauté, entre Zolaykhâ et Joseph, entre Jacob au pays de Kanaan et Joseph au pays d'Égypte.

Ici la relation entre l'Intelligence et l'Ame n'est point celle du *Noûs patrikos* envers son « enfant », qui dans les traités précédents marquait le lien entre l'Ange et l'âme humaine. Le texte nous dit que Beauté, Amour et Nostalgie sont « trois frères ». Beauté et Amour, notions-nous ci-dessus, sont frère et sœur comme Logos et Sophia, comme Joseph et Aséneth sont frère et sœur. La Nostalgie typifiée dans Jacob, le troisième personnage, marque la distance qui originellement voue à l'échec cet Amour. Le frère et la sœur, les deux « frères », ne peuvent se rejoindre. C'est alors que prend place ici l'élément initiatique correspondant au discours initiatique de l'archange Michel dans le roman mystique de Joseph et Aséneth. C'est Amour lui-même qui révélera à Zolaykhâ la topographie des lieux à traverser pour atteindre au « Château-fort de l'Ame », la demeure de Beauté-Intelligence qui s'appellera ici *Sophia aeterna*, en persan *Jâvîdân Kharad.* C'est également ce qui ici correspond au discours initiatique de l'Ange dans les récits précédents. Que l'on observe alors le synchronisme des deux voyages : instruite par l'Amour, Zolaykhâ trouve le chemin de l'Égypte où le jeune Joseph typifie la Beauté-archétype (chapitre VII), tandis que Jacob, guidé par Nostalgie, achève de son côté le même pèlerinage (chapitre VIII). Plus de nostalgie. Plus même de Ciel qui puisse séparer les amants mystiques, Joseph et Zolaykhâ, en la personne de qui s'unissent mystérieusement, comme en Joseph et Aséneth, les archétypes célestes qu'ils typifient : Beauté et Amour, Logos et Sophia, *Angelus intellectualis* et *Angelus caelestis.* On constate que cette *transsumptio* libère ainsi la cosmogonie angélologique de toute dépendance à l'égard des vicissitudes de l'histoire de l'astronomie, car celle-ci ne saurait en infirmer le sens spirituel.

Les chapitres II et III énoncent le mystère de la Beauté comme suprême théophanie, et le mystère de la beauté humaine comme suprême théophanie de la Beauté. Théophanie, non point « incarnation » au sens dogmatique courant de ce mot, mais « intronisation » de la forme de manifestation (le *mazhar*). La manifestation initiale de la Beauté théophanique fut en la personne d'Adam (chapitre Ier) ; la seconde fut en la personne du jeune Joseph (chapitre II). Sous ce rapport privilégié entre le jeune Joseph et Adam se cache peut-être la réminiscence d'un messianisme joséphique. Nostalgie (le ciel de l'archange Logos) est accueillie chez Jacob en Kanaan (chapitre IV). Amour (l'*Anima caelestis*) est accueilli chez Zolaykhâ.

Alors intervient une pause dans la séquence du « drame gnostique ». Cette pause est remplie par le discours initiatique qui remplit les deux chapitres V et VI. Les chapitres VII et VIII mènent ensuite le drame à son dénouement par la reconstitution du couple céleste.

Quant à cette partie proprement initiatique, encadrée ici par le roman mystique de Joseph et Zolaykhâ, on a déjà relevé qu'elle consiste dans le discours par lequel Amour révèle à Zolaykhâ l'itinéraire du voyage qui doit lui permettre d'atteindre au « Château-fort de l'Ame », là même où peut se célébrer la mystérieuse union des archétypes célestes. Comme dans les discours initiatiques des récits précédents, les étapes du voyage sont toutes exprimées en symboles.

Il y aurait à étudier comparativement le système de symboles choisi pour chaque récit. Nous ne pouvons le faire ici. Cependant nous avons, dans ce cas encore, la chance qu'un commentaire persan anonyme nous vienne en aide, comme dans le cas du Traité VII, traduit ci-dessus. Ce commentaire persan porte essentiellement sur le chapitre VI, indiquant l'itinéraire menant au « Château-fort de l'Ame ». Nous en donnerons ci-dessous synthèse et paraphrase.

Quant à cet itinéraire, il va s'agir de nouveau de la traversée du microcosme, dont la topographie imaginale se déploie à la façon d'un *mandala*, dans les dessins duquel seraient disposés autant de postes typifiant les sens externes et les sens internes (de même aussi dans le Traité X ci-dessous). Cette topographie rappelle les figurations auxquelles recourait l'*ars memorativa*, lequel se confond ici avec un *ars interiorativa* ou *meditativa* [m].

Le discours d'initiation semble s'achever (chapitre VI) avec la vision des châteaux-forts qui s'étagent au monde de l'Ange, comme s'étageaient au-dessus les uns des autres les Sinaïs du « Récit de l'exil occidental ». Cependant le discours n'est vraiment complet que lorsqu'il a répondu à la question de Zolaykhâ demandant à Amour les raisons de sa venue dans son oratoire. Amour révèle le secret des « trois frères », qui est celui de l'origine cosmique de l'amour, et le drame gnostique est ainsi conduit à son dénouement (chapitres VII et VIII). Cependant l'ultime révélation formulée par Amour est si prégnante de conséquences que l'auteur ne peut se dispenser de les développer dans les derniers chapitres de son « Vade-mecum » (les chapitres IX à XII).

Les chapitres IX et X amplifient les thèmes de Beauté, Amour et Nostalgie. C'est toute sa métaphysique de l'amour que le Shaykh al-Ishrâq développe ainsi, et finalement toute la métaphysique du microcosme. Les magnifiques symboles de l'« Arbre excellent » et de l'« Arbre à la taille élancée » conduisent au thème de la « mort d'amour », transfigurant le Verbe, qui ici aussi est l'âme humaine, en « âme absolue » (chapitre XI). Le microcosme est la cité personnelle dont s'empare en totalité le seigneur Amour. Mais il n'y pénètre que si on lui consent le sacrifice prescrit par le verset qorânique 2/63 (chapitre XII).

2. Traduction

Au nom de Dieu le Miséricordieux, le Très-Miséricordieux. « Nous voulons te raconter la plus belle des histoires, en te révélant ce Livre » (Qorân 12/3). — Ces distiques : Sans toi je n'aurais pas connu la passion. — Sans la passion je ne t'aurais pas connu. — Sans l'amour et sans douleur d'amour. — Ces belles paroles que tu profères, qui les eût entendues ? — Sans le souffle du vent pour soulever les boucles de la chevelure — Qui donc montrerait à l'amant le visage de l'aimée ?

Chapitre Ier : *La triade Beauté, Amour, Nostalgie* [1]

Sache que le premier être que Dieu créa fut une essence de lumière, dont le nom est Intelligence (*Noûs*, *'Aql*). Cette tradition le dit : « Le premier être que Dieu créa, fut l'Intelligence. » Et Dieu Très-Haut dota cette essence de trois propriétés : connaissance de Dieu, connaissance de soi-même, connaissance du fait que d'abord elle-même n'était pas et ensuite se mit à être [2]. De par celle de ses propriétés qui se rattache à sa connaissance de Dieu, fut manifestée la beauté, que l'on appelle en persan *Nîkû'î*. De par celle de ses propriétés qui se rattache à sa connaissance de soi, fut manifesté l'amour, que l'on appelle en persan *Mihr* [3]. De par celle de ses propriétés qui se rattache à sa connaissance de l'antériorité de son non-être sur son être, fut manifestée la nostalgie, que l'on appelle en persan *Andûh*.

Et ces trois êtres : Beauté, Amour, Nostalgie, éclos d'une même source originelle, sont *frères* [4] l'un de l'autre. Beauté, qui est le frère aîné, se contempla soi-même. Elle eut vision d'elle-même comme étant le Bien suprême ; l'allégresse naquit en elle, et elle sourit. Alors des milliers d'Anges du plus haut rang furent manifestés, éclos de ce sourire. Amour, le frère moyen, était le compagnon familier de Beauté. Il ne pouvait détacher d'elle son regard, et restait en serviteur assidu à son service. Lorsque lui apparut le sourire de Beauté, il fut pris d'un vertige de folie ; il fut bouleversé. Il voulut faire un mouvement, s'en aller. Mais Nostalgie, le plus jeune frère, se suspendit à lui. Et c'est de cette suspension de la nostalgie étreignant l'amour, que prirent naissance le ciel et la terre.

Chapitre II : *L'intronisation d'Adam*

Lorsque fut créé Adam le terrestre — sur lui la bénédiction et le salut — la rumeur se répandit au Plérôme suprême [5] que serait agencée une nature constituée des quatre Éléments opposés. A l'improviste, l'architecte qui avait conçu le plan, posa le compas de la mise en œuvre sur la surface du sol. Une forme très belle apparut. Les quatre natures ennemies l'une de l'autre, furent soumises au pouvoir des sept Migrateurs qui sont des commandants d'élite [6], de sorte qu'elles furent mises en captivité dans la prison aux six côtés [7]. Lorsque Jamshîd-e Khorshîd [8] fut monté quarante fois à l'horizon, tournant autour du centre, et que « quarante matins » furent passés [9], le vêtement de la condition humaine fut jeté au cou de ces natures, si bien que les quatre natures ne furent plus qu'une seule et même nature.

Lorsque la nouvelle de l'existence d'Adam se fut répandue dans le *Malakût* [10], un grand désir de le voir se leva chez tous les habitants du *Malakût*. On exposa la situation à Beauté. Celle-ci, qui était la souveraine, de déclarer : « Il m'appartient d'être la première à pousser une chevauchée jusque-là. S'il m'est agréable, je stationnerai là-bas quelques jours. Vous ensuite, venez sur mes pas. »

Beauté, la souveraine, chevauchant la monture de la magnificence, se dirigea donc vers le château-fort [11] de l'existence d'Adam. Elle trouva un lieu délectable, ravissant, enchantant le cœur. Elle descendit de sa monture et s'empara de la totalité d'Adam, au point de ne laisser en lui aucun espace où elle ne fût pas. Lorsque Amour eut connaissance du départ de Beauté, il entoura Nostalgie de son bras, et s'engagea à la poursuite de

Beauté. Les habitants du *Malakût* en ayant été informés, tous ensemble s'engagèrent sur leurs traces. Amour atteignit le royaume d'Adam. Il aperçut Beauté qui avait posé sur sa tête le diadème de la magnificence, et qui siégeait sur le trône de l'existence d'Adam. Amour désirait que, là même, place lui fût faite, mais son front heurta le mur de la stupeur, et il chancela. Nostalgie lui prit aussitôt la main. Lorsqu'il eut recouvré la vue, il vit les habitants du *Malakût* profondément troublés. Il se tourna vers eux. Tous lui rendirent hommage ; tous le reconnurent comme leur souverain, et tous ensemble se dirigèrent vers la cour de Beauté.

Lorsqu'ils en furent tout proches, Amour qui était leur commandeur (*sepahsâlâr*), donna délégation à Nostalgie. Il ordonna à tous de baiser de loin la terre, parce qu'ils n'avaient pas la force d'approcher davantage. Lorsque le regard des habitants du *Malakût* tomba sur Beauté, tous se prosternèrent et baisèrent la terre, car ce verset le dit : « Tous les Anges l'adorèrent » (15/30).

Chapitre III : *L'intronisation du jeune Joseph*

Il y avait un certain temps que Beauté s'était remise en route, abandonnant le château-fort de l'existence d'Adam. Elle était retournée au monde qui est le sien et demeurait dans l'attente que se manifestât le Signe, — le Signe lui indiquant le lieu dont il conviendrait de faire le siège de sa magnificence. Lorsque fut venu le tour de Joseph, nouvelle en fut donnée à Beauté. Aussitôt elle fut en route. Amour prit Nostalgie par la manche, et entreprit de la rejoindre. Lorsqu'il approcha, il vit que Beauté était si intimement confondue avec la personne du jeune Joseph, qu'il n'y avait plus de séparation entre Beauté et Joseph. Amour pria Nostalgie de frapper à la porte avec l'anneau de l'humilité. Du côté de Beauté une voix demanda : « Qui est là ? » Amour de répondre en laissant parler l'éloquence de son état [12] : « Un apprenti, le cœur dolent, revenu sous tes yeux — L'infortuné ! Parti droit sur ses pieds, revenu à toute extrémité. » Beauté n'en avait cure. Elle resta indifférente à cette prière [13], tandis qu'Amour, plaintivement, psalmodiait ces vers : « Parce que personne ne peut me tenir lieu de toi — Ne te montre pas si dure, point n'ai la force de subir ta dureté. » Mais Beauté, ayant écouté cette psalmodie répondit avec froideur : « O Amour ! fini le temps où tu faisais ma joie. Aujourd'hui, je n'ai plus souvenance de toi. »

Amour, ayant perdu l'espérance, prit la main de Nostalgie et traîna ses pas vers les déserts de la perplexité. Il se murmurait [14] à lui-même ces vers : « Qu'il n'y ait aucun pouvoir victorieux pour t'atteindre ! — Que mon âme soit seule à brûler de chagrin pour toi ! — Venu pour moi le jour de languir dans l'attente — Je m'éloigne, mais que nul autre n'usurpe ce jour [15]. »

La séparation d'avec Beauté étant consommée, Nostalgie dit à Amour : « Nous étions ensemble au service de Beauté. C'est d'elle que nous tenons notre *khirqa* [16] ; elle est notre maître spirituel (*pîr*). Maintenant que l'on a fait de nous des rejetés, voici la conduite à tenir. Que chacun de nous deux aille de son côté, et qu'en vue de nous entraîner nous entreprenions chacun un long voyage. Engageons-nous, un certain temps, d'un pas ferme dans les assauts et les combats de ce monde. Passons la tête dans le collier de la résignation. Accomplissons quelques *rak'a* [17] sur le tapis de prière bigarré que nous devons au Décret et à la Destinée. Peut-être avec la coopération des sept maîtres spirituels solitaires [18] qui sont les tuteurs du monde de la génération et de la corruption, arriverons-nous de nouveau en présence de Beauté. » Cette décision prise, Nostalgie se dirigea vers le pays de Kanaan. Amour prit le chemin de l'Égypte.

Chapitre IV : *Nostalgie est accueillie par Jacob*

Le chemin de Nostalgie conduisait à proximité. En une étape, elle fut au pays de Kanaan. Elle franchit la porte de la ville, et s'enquit d'un maître spirituel (*pîr*) avec qui elle pourrait passer quelques jours en entretiens. Elle entendit parler de Jacob de Kanaan. Elle franchit à l'improviste le seuil de son oratoire. Le regard de Jacob tomba sur elle ; il vit un voyageur au visage qui lui était familier et sur lequel était visible l'empreinte de l'amour (*Mihr*) [19]. « Sois le bienvenu, lui dit-il. Que mille joies saluent ton arrivée. Dis-moi, sans entrer dans les détails, de quelle région viens-tu ici honorer ma demeure ? » Nostalgie de répondre : « Je viens du climat (*aqlîm*) de NA-KOJA-ABAD [20], de la cité des purs êtres spirituels (*Shahr-e Pâkân*). »

Jacob étendit courtoisement le tapis de prière de la patience et invita Nostalgie à y prendre place. Lui-même prit place à côté d'elle. Quelques jours passèrent. Une telle intimité naquit entre Jacob et Nostalgie que Jacob ne pouvait demeurer un seul instant sans elle. Tout ce qu'il possédait, il en fit don à Nostalgie. Tout d'abord il lui fit présent de l'éclat de ses yeux noirs, car il est dit : « Ses yeux blanchirent de chagrin » (12/84). Il appela son oratoire la « maison des chagrins [21] » et il lui en confia la charge. *Distique* : Que craindre de l'ennemi, lorsque tu es mon compagnon ? — Et que dans la séparation, tu restes mon confident ? »

Chapitre V : *Amour est accueilli par Zolaykhâ*

De son côté Amour, désespéré, s'en fut vers l'Égypte. De deux étapes il n'en fit qu'une, afin d'arriver au plus vite, et du circuit de la route fit irruption au grand bâzâr. *Distiques* : Amour, un beau jour, fit son apparition — Tumulte et trouble fit se lever la beauté de cette idole — A quoi bon l'intellect ? Voici l'amour à la démarche gracieuse — A quoi bon la patience ? voici que l'Aimée est apparue — Le nom de mon cœur, aboli depuis tant d'années — De par les boucles de cette chevelure au parfum de musc, est réapparu.

Les gémissements remplissaient la ville de Misr. Les gens s'assemblaient. Amour, tel un *qalandar* [22] ayant dépouillé toute pudeur, passait devant chaque visage, contemplait chaque jeune beauté, et à chaque coin demandait le coin où reposer son cœur [23]. Mais personne ne répondait à son attente. Tandis qu'il cherchait minutieusement l'étendard du palais de Misr, il vint à passer à hauteur de l'oratoire de Zolaykhâ.

Dès que Zolaykhâ perçut l'événement, elle fut sur pied. Elle se tourna vers Amour et lui demanda : « O cent mille fois cher ! Que je sois ta rançon ! D'où viens-tu ? Où vas-tu ? Quel nom te donne-t-on ? »

Amour de répondre : « Je viens du TEMPLE [24]. Je viens de la région qui est le pays de l'Esprit (*Rûh-âbâd*, le monde spirituel), par la voie escarpée de la Beauté. Je possède une demeure dans le voisinage immédiat de Nostalgie. Ma profession est de voyager. Je suis un soufi sans attache [25]. A chaque instant je pars dans une direction. Chaque jour je franchis une étape ; chaque nuit je fais d'une demeure mon lieu de halte. Lorsque je suis chez les Arabes, on m'appelle *'Ishq*. Lorsque je viens chez les Persans, on m'appelle MIHR (Mithra). Dans les cieux, je suis réputé comme celui qui met en mouvement [26]. Sur terre, je suis connu comme celui qui immobilise. Bien que je sois un très ancien, je suis encore et toujours un adolescent. Bien que je sois pauvre, je suis de haute lignée. Longue est mon histoire, mais « mon récit traîne en longueur, tandis que tu sombres dans l'ennui. »

Nous étions trois frères, élevés dans la douceur et n'ayant jamais connu l'indigence. Mais si je disais les conditions qui règnent en notre pays, si je décrivais les merveilles qui s'y trouvent, vous ne pourriez comprendre, car cela dépasse votre faculté de perception. C'est un royaume lointain, aux bords les plus lointains de tous nos royaumes. Neuf étapes le séparent de votre propre contrée. Seul celui qui connaît le chemin, peut en tenter l'approche. L'histoire [27] de ce lointain royaume, telle qu'elle est accessible à votre compréhension, je vais te la conter.

Chapitre VI : *Le Château-fort de l'Ame*

1. Sache donc qu'au-dessus de cette voûte aux neuf coupoles superposées, il est un dôme que l'on appelle le « Château-fort de l'Ame » (*Shahrestân-e Jân*). Il est entouré d'un puissant rempart et de retranchements grandioses. Au portail de ce Château-fort est préposé un jeune maître spirituel [28], dont le nom est « Sagesse éternelle » (persan *Jâvîdân Kharad*, *Sophia aeterna*) [29]. Il est perpétuellement en voyage ; cependant il ne sort jamais de sa demeure [30]. Il est doué d'une mémoire parfaite [31]. Il *sait* lire le Livre divin (*Kitâb-e Ilâhî*). Immense est son éloquence ; malgré cela, il est muet. Il a traversé d'innombrables années ; malgré cela, il ne porte en rien le poids des ans. Il est extrêmement ancien ; malgré cela, aucune débilité ne l'a jamais atteint.

Que celui qui veut parvenir au Château-fort de l'Ame, commence par briser les quatre arches aux six cordages [31a]. Que de l'amour il tresse un lasso. Qu'il mette la selle de la chasteté sur le coursier de l'ardent désir. Qu'avec le bâtonnet du jeûne il étende sur ses yeux le collyre de la vigilance. Qu'il empoigne l'épée de la gnose, et qu'il se mette en quête du chemin du microcosme (*jahân-e kûtchak*). Qu'il pénètre par la région du nord et gagne le « quart habité de la terre ». Quand il approche de l'enceinte du microcosme, il voit se dresser une citadelle comportant trois étages.

2. Au premier étage sont disposées deux loges. Dans la première loge est disposé un trône d'*eau*, sur lequel siège un personnage dont la nature incline vers l'*humide*. Sa faculté de pénétration est immense, mais l'oubli le domine. Quelque forme [32] que tu lui présentes, il l'accueille sur le champ, mais il ne lui en restera aucun souvenir.

Dans son voisinage, dans la seconde loge, est disposé un trône de *feu*, sur lequel siège un personnage dont la nature incline vers le *sec*. Il est ingénieux, mais impur. Il peut comprendre lentement le dévoilement des symboles (*kashf-e romûz*), mais, lorsqu'il a compris, cela ne sort plus jamais de sa mémoire. Lorsqu'il aperçoit l'arrivant, il se met à le flatter et entreprend de le séduire par toutes sortes de choses chatoyantes ; à chaque instant il se propose à lui sous une forme nouvelle. Il importe que le cavalier n'y prête aucune attention. Qu'il reste maître de sa monture, et parvienne au second étage.

3. A ce second étage, il voit mêmement deux loges. Dans la première est disposé un trône d'*air* sur lequel siège un personnage dont la nature incline vers le *froid*. Il aime mentir, calomnier, bavarder follement, meurtrir, s'égarer hors du droit chemin ; sans cesse il porte des jugements sur des choses dont il ne sait rien.

Dans son voisinage, dans la seconde loge, est disposé un trône de *vapeur*, sur lequel siège un personnage dont la nature incline vers le *chaud*. Il observe et expérimente beaucoup, en bien et en mal. Tantôt il surgit, revêtu des attributs des anges ; tantôt il paraît avec les attributs des démons. Il y a en lui des choses merveilleuses. Il connaît les incantations bénéfiques, et c'est de lui que l'on apprend la magie [33]. Dès qu'il aperçoit l'arrivant, il excelle à le flatter ; il lui met les bras autour du cou et s'efforce de le faire périr. Que le cavalier brandisse alors son épée ; qu'il le terrifie par elle, de sorte que l'autre prenne la fuite.

4. Lorsqu'il arrive au troisième étage, il voit une loge charmante. Dans cette loge est disposé un trône de *terre* pure. Sur ce trône siège un personnage dont la nature est toute proche du parfait équilibre. La cogitation (*fikr*) prédomine en lui ; une masse de dépôts confiés sont accumulés chez lui, et il ne trahit

rien de tout ce qu'on lui confie. Toute acquisition réalisée par cette compagnie (logée dans les étages inférieurs) lui est confiée en dépôt, afin qu'il en fasse son profit, à un autre moment.

Lorsque le cavalier en a terminé à cet étage et qu'il se remet en route, voici que cinq grandes portes se présentent à lui.

5. La première porte a deux ouvertures, dans chacune desquelles est disposé un trône allongé en forme d'amande. Deux rideaux sont suspendus devant le trône ; l'un est noir et l'autre blanc, et de nombreux ligaments sont suspendus devant la porte. Il y a un personnage qui siège sur les deux trônes. Un veilleur lui est attaché ; il peut observer le chemin à la distance de plusieurs années. La plupart du temps il est en voyage, sans bouger cependant de sa place. Où qu'il veuille aller, serait-ce à une grande distance, il y arrive avec la rapidité de l'éclair. Quel que soit celui qui se présente à lui, il ne le laisse pas franchir la porte inaperçu. Et si quelque part une brèche se fait jour, il en répercute rapidement la nouvelle.

6. Puis le cavalier arrive à la deuxième porte. Celle-ci a également deux ouvertures. Chaque ouverture comporte une longue galerie aux circonvolutions talismaniques. Au bout de chaque vestibule est disposé un trône circulaire. Un personnage siège sur les deux trônes. On l'appelle l'« Informateur ». Il dispose d'un messager sur la route, lequel est toujours en marche. Toute forme qui vient à se produire, le messager a l'ordre de la capter et de la lui transmettre, afin qu'il en prenne connaissance. Il a l'ordre de rapporter rapidement tout ce qu'il entend. Cependant il n'accueille pas indifféremment n'importe quelle forme, ni ne se détourne pour n'importe quel son.

7. De là, le cavalier arrive à la troisième porte. Cette troisième porte comporte mêmement deux ouvertures. A chacune de ces ouvertures fait suite une longue galerie, disposée de telle sorte que les deux galeries aboutissent à une loge unique, et dans cette loge sont disposés deux trônes. Sur les deux trônes siège un personnage. Il dispose d'un serviteur que l'on appelle le « Vent » (*bâd*). Tout le jour celui-ci fait le tour du monde, et tout ce qu'il perçoit, d'agréable ou de désagréable, il lui en apporte une part. Le personnage s'en saisit et en fait sa dépense. Il lui arrive de dire au messager de diminuer les échanges, de peur que le circuit ne devienne excessif.

8. De cette porte on gagne la quatrième. Cette quatrième porte est plus vaste que les trois premières. Il y a là une source d'eau fraîche, et tout autour de la source il y a un mur de perles. Au milieu de la source, il y a un trône essentiellement mobile ; sur ce trône siège un personnage que l'on appelle le « Dégustateur [34] ». Il discerne entre les quatre qualités contraires, et il a pouvoir de les partager et de les mettre en ordre toutes les quatre. Nuit et jour il vaque à cette fonction. Mais il a l'ordre de ne s'en acquitter que dans la mesure du besoin.

9. De là on arrive enfin à la cinquième porte. Celle-ci se déploie tout autour du château-fort du microcosme. Tout ce qui existe dans celui-ci, se trouve en effet compris dans cette porte. Tout autour du microcosme est disposé un tapis. Sur ce tapis siège un personnage, tel qu'il occupe entièrement ce tapis. C'est lui qui a la charge de juger les huit contraires et de manifester la différence entre les huit. Pas un instant il ne néglige cette fonction. On l'appelle le « Différenciateur [35] ». Il donne parfois l'ordre d'enrouler le tapis et de fermer la porte.

10. Lorsqu'il a franchi ces cinq portes, le cavalier arrive au centre du château qui est le microcosme et se dirige vers la forêt. Lorsqu'il y pénètre, il voit un feu embrasé. Un personnage est assis et fait cuire quelque chose sur ce feu, tandis qu'un second personnage attise le feu et qu'un troisième maintient la chose avec force, jusqu'à ce que la cuisson en soit achevée. Il y en a un autre qui sépare l'écume et l'élément subtil, et met à part ce qui reste au fond de la marmite. Un autre l'enlève et le partage entre les habitants du château. Il donne au subtil ce qui est plus subtil ; au dense il transmet ce qui est plus dense. Il y a encore là un autre personnage de haute stature. Il prête attention à celui qui s'est acquitté de se nourrir, et il l'attire vers l'en-haut.

Au centre de la forêt se trouvent un lion et un sanglier [36]. Le premier est occupé nuit et jour à tuer et à déchirer ; l'autre est occupé à piller, à dévorer et à boire. Que le cavalier dégage le lasso des courroies de la selle, qu'il le lance à leur cou, qu'il les ligote fortement et les jette là ensemble.

11. Que le cavalier lâche alors les rênes de sa monture, qu'il l'excite de la voix, et que d'un seul élan il s'enlève hors des neuf défilés. Il atteint cette fois au grand portail du Château-fort de l'Ame. A ce moment il voit un Sage qui le salue [37], et qui d'un

geste courtois l'invite à s'approcher. Là même il est une source que l'on appelle l'« Eau de la Vie » (*Ab-e zendegânî*) [38]. Qu'il y fasse ses ablutions. Lorsqu'il a trouvé (la source de) la Vie éternelle (*zendegânî-e âbâd*), il peut apprendre et comprendre le Livre divin.

12. Au-dessus de ce Château-fort s'élèvent plusieurs autres Châteaux-forts [39]. Le Sage montre au cavalier la voie qui mène à tous, et il l'initie à leur connaissance.

Mais si je vous racontais l'histoire [40] de ces Châteaux-forts et que je vous la commente, vous ne pourriez comprendre. Vous ne me croiriez pas et seriez immergés dans la mer de la stupeur. C'est pourquoi je me limite à ce bref récit. Mais si vous avez compris ce que j'en ai dit, la paix soit à votre âme.

Chapitre VII : *Amour guide Zolaykhâ vers le jeune Joseph*

Amour ayant arrêté là son récit, Zolaykhâ posa de nouveau la question : « Mais la raison de ta venue ici, loin de ton royaume, quelle est-elle ? » Amour reprit donc son récit : « Nous étions trois frères. On donne à notre frère aîné le nom de Beauté. C'est lui qui nous avait éduqués. A notre plus jeune frère, on donne le nom de Nostalgie. Il était presque toujours en ma compagnie. Nous étions tous trois ensemble ; nous étions bien. Mais voici qu'à l'improviste une voix se fit entendre dans notre royaume, proclamant : Au monde terrestre, voici qu'un être nouveau a fait son apparition. Cet être, ô merveille ! est à la fois céleste et terrestre ; il est à la fois corporel et spirituel. Il a reçu en partage les bords terrestres, et pourtant on lui a assigné une retraite dans notre royaume. Chez les habitants de notre royaume, se leva grand désir de le voir. Ils se rassemblèrent près de moi et tinrent conseil avec moi. J'exposai cette situation à Beauté, qui était notre guide et notre chef. Patientez, me dit-elle, le temps que j'y aille moi-même et que je jette un coup d'œil. S'il me plaît, je vous appellerai. — Et nous tous de dire : A tes ordres.

En une étape, Beauté atteignit le château-fort d'Adam (*Shahrestân-e Adam*). Elle fut charmée par le lieu et y fixa sa demeure. Nous partîmes à notre tour sur ses traces. Mais lorsque nous arrivâmes à proximité, nous n'eûmes pas la force de la rejoindre. Tous, nous chancelâmes, et chacun de nous languit dans un coin. Il en fut ainsi jusqu'à maintenant, où est venu le tour de Joseph [41], sur la personne de qui est dressé l'étendard de la Beauté. Moi-même et mon jeune frère, celui dont le nom est Nostalgie, nous nous dirigeâmes ensemble de ce côté. Lorsque nous y arrivâmes, Beauté surpassait tout ce que nous avions jamais vu. Mais elle ne nous permit pas d'accéder jusqu'à elle, à tel point que plus grandissaient nos plaintes, plus croissait son indifférence envers nous [42] (...).

Lorsque nous eûmes compris que son indifférence à notre égard était un fait accompli, chacun de nous prit son chemin. Nostalgie s'en alla du côté de Kanaan, moi-même je pris le chemin de l'Égypte. »

Zolaykhâ ayant entendu ce récit, livra toute sa demeure à Amour qu'elle regardait comme lui étant plus cher à elle-même que sa propre vie. Ainsi en fut-il, jusqu'au moment où le jeune Joseph fit son apparition en Égypte. Les gens de l'Égypte s'assemblèrent. La nouvelle en parvint à Zolaykhâ, qui s'entretint de l'événement avec Amour. Alors Amour enlaça le cou de Zolaykhâ, et tous deux partirent ensemble pour aller contempler le jeune Joseph.

Lorsque Zolaykhâ eut aperçu le jeune Joseph, elle voulut s'avancer, mais le pied de son cœur heurta le roc de l'éblouissement ; elle sortit du cercle de l'endurance ; elle défia le pouvoir de la censure ; elle déchira sur elle le voile protecteur de la bonne conduite, et sombra d'un coup dans la mélancolie. Les gens de l'Égypte se mirent à la calomnier. Mais absente d'elle-même, elle murmurait ces vers : Aucune blessure n'atteint plus quiconque a révélé son secret — Un cas pareil au mien ne reste pas caché — On présume que je t'aime — Ma passion surpasse tout ce que l'on présume.

Chapitre VIII : *Nostalgie guide Jacob vers le jeune Joseph*

Joseph étant devenu le premier ministre de l'Égypte, la nouvelle en parvint jusqu'en Kanaan. Un ardent désir s'empara de Jacob, qui s'entretint de cet état de son âme avec Nostalgie. Celle-ci considéra comme sage que Jacob prît avec lui ses enfants et s'en allât avec eux en Égypte. Jacob confia donc à Nostalgie la fonction de guide, et prit avec tous ses enfants le chemin de l'Égypte. Une fois en Égypte, il franchit la porte du palais du premier ministre. Soudain il aperçut Joseph en compagnie de Zolaykhâ (Beauté réunie à l'Amour), siégeant sur le trône royal. Du coin de l'œil, Jacob fit signe à Nostalgie. Lorsque Nostalgie eut vu Amour réuni en compagnie de Beauté, elle tomba à genoux et se prosterna le visage contre terre. Jacob et ses enfants furent à l'unisson de Nostalgie, et tous se prosternèrent le visage contre terre.

Alors Joseph s'adressant à Jacob lui dit : « O mon père ! voici l'interprétation symbolique (*ta'wîl*) [43] du songe que je t'avais raconté : Père, voici que j'ai vu onze étoiles, ainsi que le Soleil et la Lune. Et je les ai vues se prosternant devant moi » (Qorân 12/4).

Chapitre IX : *Du rapport entre Beauté, Amour et Nostalgie*

Sache que dans l'ensemble des noms que l'on donne à la beauté, il y a la « grâce » (*jamâl*) et il y a la « perfection » (*kamâl*). Une tradition nous affirme : « Dieu Très-Haut est beau, et il aime la beauté. » Tous les êtres spirituels et tous les êtres corporels recherchent mêmement la perfection, et tu n'en vois aucun chez qui serait absente l'aspiration à la beauté. Cela donc, médite-le bien. La beauté, c'est elle que tous recherchent; c'est à s'élever jusqu'à elle que tous consument leurs efforts.

Mais difficile est l'accès de cette beauté qui est l'objet de l'universelle aspiration, car il est impossible d'accéder à la beauté sans la médiation de l'amour [44]. Cependant Amour n'ouvre pas à n'importe qui la voie qui conduit à lui ; il ne fixe pas n'importe où sa demeure ; il ne se montre pas à n'importe quel regard. S'il lui arrive de constater chez un être le signe que celui-ci est apte à cette félicité, il envoie vers lui Nostalgie qui est son confident et son délégué, afin que celui-ci purifie la demeure et n'y laisse entrer personne. C'est lui, le messager Nostalgie, qui annonce l'arrivée du Salomon de l'amour [45], et qui fait entendre cette proclamation : « Fourmis, fourmis ! rentrez dans vos demeures, de peur que ne vous brisent Salomon et ses armées » (Qorân 27/18).

Que les fourmis, qui sont les sens externes et les sens internes, se maintiennent fermement chacune à sa place ; elles demeureront saines et sauves sous l'assaut de l'armée de l'Amour, et aucun désordre n'atteindra le cerveau [46]. Ensuite, il faut qu'Amour fasse le tour de la demeure, qu'il y inspecte tout, et descende jusque dans la cellule du cœur. Il détruit certaines choses ; il en édifie d'autres ; il fait passer par toutes les variantes du comportement amoureux. Au bout de quelque temps, il en a fini avec cette occupation, et il résout de se rendre à la cour de Beauté. Or, comme il est reconnu que c'est l'amour qui, seul, peut conduire l'aspirant à l'objet de son aspiration, il faut s'efforcer de se rendre soi-même capable d'éprouver l'amour, de connaître les étapes et les degrés par lesquels passent les fidèles d'amour, et de donner son assentiment total à l'amour [47]. C'est après cela seulement que seront données les visions merveilleuses...

Chapitre X : *De la connaissance et de l'amour*

Lorsque l'amour (*mahabbat*) atteint à son apogée, on l'appelle amour de passion (*'ishq*). L'amour de passion est un amour qui surpasse l'amour. L'amour de passion est plus particulier que l'amour, parce que tout amour de passion est amour, tandis que tout amour n'est pas amour de passion. L'amour est plus particulier que la connaissance, parce que tout amour est connaissance [48], mais toute connaissance n'est pas amour. De la connaissance deux choses opposées peuvent éclore, que l'on appelle respectivement amour et haine. C'est qu'en effet la connaissance peut se rapporter à un objet qui est en parfaite correspondance et concordance, qu'il soit matériel ou qu'il soit spirituel, et que l'on appelle « Bien pur » (*Khayr-e mahz*), « Perfection absolue » (*Kamâl-e motlaq*). C'est à lui que l'âme humaine aspire. C'est à cela qu'elle veut elle-même atteindre, en voulant que sa perfection soit réalisée.

En revanche, il peut se faire que la connaissance se rapporte à un objet qui n'est ni en correspondance ni en concordance, qu'il soit matériel ou qu'il soit spirituel, et que l'on appelle « Mal pur » (*Sharr-e mahz*), « Déficience absolue » (*Naqs-e motlaq*). C'est ce devant quoi l'âme humaine prend toujours la fuite avec horreur, et ce contre quoi elle éprouve une aversion absolue. Du premier genre de connaissance prend naissance l'amour ; du second genre, prend naissance la haine.

Il y a ainsi trois échelons : l'échelon de la connaissance, l'échelon de l'amour, l'échelon de l'amour de passion. Mais on ne peut accéder au monde de l'amour passionné qui est le plus élevé de tous, tant que par la connaissance et par l'amour l'on n'a pas gravi les deux premiers degrés de l'échelle. Et tel est le sens caché de cette sentence : « Deux pas et tu as rejoint. » De même que le monde de l'amour passionné est le sommet du monde de la connaissance et du monde de l'amour, de même celui qui y atteint est le sommet des philosophes enracinés et des théosophes mystiques [49]. De là un poète a pu dire : « L'amour passionné n'appartient pas à l'homme quelconque — Il n'appartient qu'à l'homme accompli d'être un fidèle d'amour. »

Chapitre XI : *Du tréfonds du cœur et de l'amour passionné*

Le mot *'ishq*, désignant l'amour de passion, est pris du mot *'ashaqa*, désignant cette plante (le lierre) qui prend naissance, dans les jardins, à la base des arbres. Elle commence par prendre fortement racine dans le sol. Puis elle se dresse, s'enroule autour de l'arbre et fait tant et si bien qu'elle finit par enserrer l'arbre tout entier. L'arbre en éprouve une telle torture que la sève finit par s'épuiser dans ses veines. Toute nourriture qui parvient à l'arbre par l'intermédiaire de l'eau et de l'air, cette plante l'accapare, si bien que finalement l'arbre languissant se dessèche complètement.

De même dans le monde humain (le microcosme) qui reproduit en abrégé l'ensemble des êtres, il y a un arbre à la taille élancée, qui est enté sur le tréfonds du cœur. Or, le tréfonds du cœur opère sa croissance dans le sol du *Malakût* [50]. Tout ce qui est en lui, a l'âme et la vie, comme l'a dit un poète : « Tout ce qui a place là-bas (dans le *Malakût*), y compris la pierre et la motte de terre, tout a l'âme et la vie. »

Ce tréfonds du cœur est une semence que du grenier de la demeure des Esprits — « les Esprits sont des cohortes enrôlées » — le jardinier de la prééternité et de la postéternité a implantée dans le jardin du *Malakût*, que typifie ce verset : « L'Esprit procède de l'impératif de mon Seigneur » (17/87). Cette semence, le jardinier a lui-même veillé sur elle avec un soin jaloux, car « les cœurs des hommes sont entre deux doigts d'entre les doigts du Miséricordieux, qui les tourne et les retourne comme il lui plaît » [51]. L'eau de la Connaissance est la nourriture de cette graine, celle dont il est dit : « C'est par l'eau que toute chose est vivante » (21/31). Et il y a une brise légère à laquelle fait allusion cette tradition : « Il est à Dieu certains souffles pour les jours de votre durée [52]. » Lorsque cette eau et cette brise parviennent au tréfonds du cœur, cent mille ramures et ailes spirituelles s'élancent de celui-ci. Cette douceur et cette fraîcheur sont le sens caché, signifié par ce propos du Prophète : « Je rencontre le Respir du Miséricordieux, qui souffle du côté du Yémen [53]. »

C'est ce tréfonds du cœur que l'on appelle « Verbe excellent » (*Kalima tayyiba*) [54], et c'est aussi l'« Arbre excellent », puisque Dieu fait de l'Arbre excellent le symbole du Verbe excellent (Qorân 14/29). De cet Arbre, il y a un reflet dans le monde de la génération et de la corruption, un reflet que l'on appelle « ombre », « corps », et aussi « arbre à la taille élancée ». Lorsque l'Arbre excellent a commencé sa croissance et tend à sa perfection, voici qu'Amour surgit de son coin et s'enroule autour de lui, au point qu'il en arrive à tarir en lui la sève de la vie humaine, et cette étreinte d'Amour enserrant l'arbre ne fait qu'aller en croissant. Alors le reflet ou l'ombre de cet Arbre excellent dans le monde corporel, ce reflet que l'on appelle « arbre à la taille élancée », s'affaiblit et pâlit, de sorte que d'un seul coup, finalement, l'attache (de l'Arbre excellent au tréfonds du cœur, avec l'arbre à la taille élancée, le corps) se trouve brisée [55]. Alors l'Arbre excellent devient « âme absolue » (*ravân-e motlaq*) ; il est digne, désormais, de prendre sa place dans le Jardin divin. Cette âme, c'est elle à qui il est dit : « Entre parmi mes fidèles, entre dans mon paradis » (89/30-31).

Or, c'est par l'amour passionné que l'âme atteindra à cette dignité et capacité (*shâyestagî*). L'amour passionné est l'œuvre digne de la conduire à ce rang, car « vers Lui monte le Verbe excellent, et l'œuvre digne, Il l'élève vers Lui » (35/11). La dignité, c'est l'aptitude à ce rang. Lorsque l'on dit que telle ou telle personne est digne, cela veut dire qu'elle a l'aptitude. Ainsi, bien que l'amour passionné conduise l'âme au monde de la pérennité, il abandonne le corps au monde de l'annihilation, car dans le monde de la génération et de la corruption il n'est rien qui ait la force de porter le poids de l'amour passionné. C'est en ce sens qu'un grand homme a émis ces vers : « Aurais-je un ennemi obsédé par le désir de ton union ? — Puisse-t-il, fût-ce un instant, n'en jamais connaître la jouissance. — Non, non ! je n'ai point à proférer contre lui d'autre imprécation — Car, l'ennemi fût-il de fer, pour son supplice ton amour suffit. »

Chapitre XII : *Du sacrifice nécessaire*

L'amour passionné (*'ishq*) est un serviteur né dans la famille ; il a été élevé dans le château de la prééternité. Le Seigneur de la prééternité et de la postéternité lui a confié la charge de surveiller les deux états de l'être (corporel et spirituel). Cette surveillance, il l'exerce à chaque instant, d'un côté ou d'un autre. Il ne se passe pas de temps qu'il ne jette un regard sur un climat ou sur l'autre. Sur son titre d'investiture, il est stipulé qu'en quelque cité qu'il se rende, il sera notifié au seigneur de cette cité qu'une vache doit lui être offerte en sacrifice, car il est dit : « Dieu vous ordonne, dit Moïse à son peuple, de lui sacrifier une vache » (2/63). Tant que n'est pas immolée la vache qui est l'âme charnelle [56], Amour ne mettra pas le pied dans la cité.

Or, le corps de l'homme est à l'image d'une cité. Les membres en sont les différents quartiers ; les veines en sont les ruisseaux qui passent par les petites rues. Les sens, ce sont les artisans qui sont occupés chacun par le travail qui leur est respectivement propre. Et l'âme charnelle est une vache qui cause des ravages dans cette cité. Elle a deux cornes : l'une est l'avidité, et l'autre l'espoir. Elle a une couleur plaisante ; elle est d'un jaune brillant, trompeur. Quiconque fixe sur elle son regard en est charmé. « Sa couleur est d'un jaune pur qui charme ceux qui la regardent » (2/64). Elle n'est ni le sage expérimenté (*pîr*), près duquel on cherche à participer aux bénédictions célestes, car il est dit que « la bénédiction céleste est avec vos anciens ». Elle n'est pas non plus le jeune homme pour lequel on suspend le calame du devoir, car une décision juridique (*fatwâ*) porte que « la jeunesse est un rameau qui pousse parmi les fous ». Elle ne comprend rien à l'objet religieux (*mashrû'*) ; elle ne comprend pas mieux l'objet de la philosophie (*ma'qûl*). Elle n'éprouve aucun attrait pour le paradis ; elle n'éprouve aucune crainte de l'enfer. « Elle n'est ni vieille ni jeune, mais d'un âge moyen » (2/63). « Pour elle ni science ni sagesse, ni vérité ni certitude — Comme pour le derviche impie, ni pays ni foi. »

Car elle ne laboure pas la terre du corps matériel avec le fer de l'entraînement spirituel, en vue de devenir apte à recevoir la semence de l'expérience de l'âme. Elle ne puise pas, au puits de la découverte, avec le seau de la méditation, l'Eau de la Connaissance, en vue de parvenir à l'encore inconnu par l'intermédiaire du déjà connu. Elle tourne perpétuellement dans le désert de sa propre fantaisie, comme ayant brisé son frein. « Elle ne sert pas à labourer la terre, elle ne travaille pas à arroser les champs » (2/66).

Mais ce n'est pas une vache quelconque qui convient pour ce sacrifice, et ce n'est pas dans n'importe quelle cité que l'on en trouve une qui convienne. Ce n'est pas non plus le premier venu qui peut avoir le cœur de sacrifier cette vache, et cette faveur divine n'échoit ni à n'importe qui, ni n'importe quand.

« Il faut des années pour que, sous l'action du soleil, la pierre originelle — Devienne rubis dans le Badakhshan ou agate dans le Yémen [57]. »

Ici finit le Vade-mecum des fidèles d'amour.

3. Synthèse et paraphrase du commentaire

(chapitre VI)

De même que le récit du « Bruissement des ailes de Gabriel » (ci-dessus Traité VII), le « Vade-mecum » a fait l'objet d'un commentaire en persan dont l'auteur est resté anonyme [58]. En fait ce commentaire est limité au chapitre VI, à l'« explication » des symboles du discours d'Amour, initiant Zolaykhâ à l'ascension mystique du microcosme conduisant au Château-fort de l'Ame. Malheureusement, à suivre notre commentateur, tout n'est plus qu'« allégorie ». Nous sommes renvoyés au niveau des concepts et des évidences logiques. Il nous faut donc renouveler ici l'avertissement herméneutique que nous prodiguons à chaque occasion. Il ne s'agit ni de prendre à la lettre les événements extérieurs, ni de leur substituer une série de concepts que l'on pourrait trouver dans n'importe quel manuel de philosophie. Ce n'est plus ici un philosophe qui énonce une physiologie classique. C'est un cavalier qui est invité à tenter l'ascension du microcosme, et seul celui qui effectuera cette ascension en réalisera le sens ésotérique, et partant, aura compris celui-ci [59].

Bien entendu, pas plus que dans les cas précédents, il ne s'agit d'un exercice physique. Tout va s'accomplir dans le monde *imaginal*. La pénétration dans celui-ci est marquée par (ou plutôt comme) une rentrée dans le microcosme, dans le monde intérieur. Il s'agit de traverser ce microcosme pour atteindre au Château-fort de l'Ame, c'est-à-dire au monde spirituel, au monde de l'Ange. Dans le « Récit de l'exil », cette traversée nous a été présentée comme une navigation sur le vaisseau de Noé conduisant à la Source de la Vie, au pied du premier Sinaï, au-dessus duquel s'élèvent encore d'autres Sinaïs. Ici il s'agira d'une chevauchée conduisant de portique en portique, d'étage en étage du « château du microcosme », pour aboutir au Château-fort au seuil duquel on rencontre l'Ange « Sophia aeterna », le même qui, au premier Sinaï, accueillait l'exilé au terme de son voyage initiatique. Ici ce ne seront plus les Sinaïs, mais les châteaux qui s'étagent au-dessus les uns des autres pour composer comme un

Graalsburg qui est le « Burg de l'Ame ». Il est loisible de se représenter les descriptions scénographiques du microcosme comme disposées à la façon d'un *mandala*, guidant le méditant dans sa « composition du lieu ». Celui-ci doit alors concentrer ses énergies intérieures pour pénétrer chaque étape en en visualisant l'image, et progresser de l'une à l'autre comme dans un rituel d'initiation. Telle nous apparaît, à grands traits, l'intention du chapitre VI.

Le commentaire persan reprend phrase par phrase le texte qu'il « explique », en indiquant pour chaque symbole sa correspondance philosophique. C'est très utile, voire nécessaire, mais ne mène à bonne fin qu'à la condition d'être dépassé. Pas plus que nous ne l'avons fait dans le cas précédent, nous ne reprendrons séparément chaque *lemma.* Nous grouperons les indications illustrant un même thème en les complétant par une brève paraphrase. La numérotation donnée ici aux paragraphes correspond à celle que nous avons donnée dans le texte. Il sera donc facile d'en conjuguer la lecture.

Comme nous l'avons indiqué, ce chapitre constitue le moment proprement initiatique du roman mystique de Joseph et Zolaykhâ, tel que Sohravardî l'a conçu et revécu ; ce moment correspond à l'initiation dispensée par l'archange Michel dans le roman de Joseph et Aséneth. Ici c'est Amour « en personne » qui est l'initiateur.

Nous aurons à relever, dès les premières lignes, une énorme bévue du commentateur. Il importe d'avoir bien présente à la pensée la topographie qui, bien entendu, correspond ici, sous une terminologie différente, à celle que nous connaissons déjà. Le Château-fort de l'Ame (*Shahrestân-e Jân*), c'est tout l'ensemble du monde spirituel (le *Rûhâbâd*). Il commence « à la surface convexe » de la IXe Sphère. Il faut commencer par sortir des cavernes du microcosme ; sortir ensuite des neuf « défilés » qui typifient les neuf Sphères ; alors seulement on émergera dans le pur espace spirituel, le *Rûhâbâd*, que Sohravardî désigne comme *Nâ-kojâ-âbâd*, la contrée du non-où, ou comme le « Temple » (*Bayt al-maqdis*), la Jérusalem céleste. La progression dans le microcosme accomplit l'intériorisation nécessaire, le passage par le *mundus imaginalis*, pour accéder à l'ésotérique des cieux de l'astronomie physique. Cet ésotérique, ce sont les *Animae caelestes* et les Intelligences chérubiniques. La rentrée dans le microcosme, c'est donc bien le passage au monde *imaginal*, lequel, en tant que monde médian, est l'accès nécessaire au Château de l'Ame (*Malakût* et *Jabarût*). Aussi bien la traversée du microcosme s'accomplit-elle au niveau du monde imaginal, non pas au niveau de la perception sensible ni des concepts. Le passage des cieux physiques de l'astronomie à leur ésotérique qui est le Château-fort de l'Ame, reste toujours à effectuer, quelles que soient les vicissitudes et les révolutions que puisse connaître l'astronomie, car ce passage ne ressortit pas à l'histoire des sciences positives [60].

A la fin du chapitre V, Amour a révélé à Zolaykhâ son origine. Il vient du monde spirituel, de ce *Rûhâbâd* dont il va maintenant enseigner le chemin à Zolaykhâ. Mais précisément parce qu'il est impossible à un être humain d'accéder d'emblée au Château-fort des pures Intelligences, l'initiateur va montrer à Zolaykhâ la seule voie possible. Il faut franchir le cosmos physique, sortir de la crypte cosmique ; mais on ne passe du sensible à l'intelligible pur qu'en passant par l'entre-deux, le *barzakh* qui est le monde *imaginal.* Passer par celui-ci, c'est rentrer dans le monde intérieur, dans le microcosme.

1. Commence alors le récit dont Amour veut mettre le propos à la portée de Zolaykhâ. Commencent malheureusement ici aussi les bévues du commentaire. Le texte nous apprend qu'à l'entrée du Château-fort de l'Ame veille un « jeune maître spirituel » (*pîrî javân*) dont le nom est « Sagesse éternelle ». C'est l'Ange de la « rencontre » dans tous les récits mystiques de Sohravardî, l'Ange le plus proche de l'homme, parce qu'il est l'Ange-Esprit-Saint, Ange de l'humanité. Le commentateur a dû lire *pîrî o javânî*, dédoublant le personnage en un « vieillard » et un jeune homme. Le premier typifierait, selon lui, la Première Intelligence ; le second, « l'Âme du monde ». L'explication est malheureusement absurde. On ne peut rencontrer au premier des châteaux composant le Château-fort de l'Ame, celui qui en occupe le château le plus élevé. Il ne peut s'agir ici que de la dixième des Intelligences hiérarchiques, l'Intelligence agente des philosophes, l'Esprit-Saint ou ange Gabriel des autres traités de Sohravardî, celui qui, dans le récit d'Avicenne, se désigne comme Hayy ibn Yaqzân (Vivant fils du Vigilant). Un trait nouveau apparaît dans ce chapitre du Vade-mecum : le nom de l'Ange, *Jâvîdân Kharad*, équivalent persan de *Sophia aeterna.* L'angélologie sohravardienne se trouve dès lors orientée vers la sophiologie.

Comme Hayy ibn Yaqzân, l'Ange est ici un perpétuel migrateur, bien qu'il soit faux de parler de mouvement ou de déplacement, puisque c'est là une propriété des corps matériels. Non point. Disons avec le commentateur que ce voyage perpétuel signifie la perpétuelle effusion des dons de l'Intelligence sur les êtres ; l'Ange *Jâvîdân Kharad* est l'Ange de toute connaissance qu'il dispense, sans avoir plus à se déplacer que le soleil ne descend en ce monde pour l'éclairer de sa lumière. (Cf. ci-dessous n. 30). Qu'il ait une mémoire parfaite, c'est que les Idées divines lui sont présentes en acte, et tel est ce qui constitue sa science du « Livre divin » (cf. n. 31). S'il est éloquent par rapport au monde intelligible, tout en étant muet par rapport au monde sensible, c'est parce qu'il manifeste les intelligibles purs sans avoir besoin du secours d'organes physiques. C'est un « ancien » par rapport au monde intelligible dont l'existence éternelle est constante. Pourtant c'est un adolescent d'une éternelle jeunesse, puisque la vieillesse est déterminée par l'écoulement du temps chronologique, lui-même déterminé par le mouvement des Sphères célestes. Or celles-ci appartiennent au monde corporel, tandis que l'Intelligence est au-delà de ce monde.

Quant aux quatre arches et aux six cordages qu'il faut rompre, si l'on veut parvenir au Château-fort de l'Ame, ils typifient, toujours selon notre commentateur, les quatre Éléments et les six directions de l'espace. Les conditions de l'entraînement spirituel préalable sont ensuite clairement énoncées. Ce n'est plus un navigateur, comme dans le « Récit de l'exil », mais un cavalier de l'invisible qui est ici invité à tenter d'abord l'ascension du château-fort du microcosme. Il pénètre par la région du nord, dit le texte. Géographiquement, c'est dans le nord que se trouve le « quart habité » de la Terre. Ainsi en est-il, par homologation, du microcosme humain, lequel est composé de quatre choses : esprits (*pneumata*), membres, humeurs, cavités. Le *pneuma* est donc un quart de ces choses, et il est triple : pneuma psychique (*rûh-e nafsânî*), pneuma vital (*rûh-e hayawânî*), pneuma végétal (*rûh-e nabâtî*). L'habitat et demeure de ces *pneumata* est le *nord* du microcosme, parce qu'il en constitue la partie habitée.

2. Le château-fort à la porte duquel se présente le cavalier n'est pas encore le Château-fort de l'Ame, mais le château-fort du microcosme. La citadelle aux trois étages qu'il voit se dresser, typifie, selon le commentateur, le cerveau avec ses trois cavités : antérieure, moyenne et postérieure, et là est le siège du *pneuma* psychique. Le trône d'eau disposé dans la première loge du premier étage désigne le substrat humide qui est celui du *sensorium* et qui est la première cavité du cerveau. Le *sensorium* est typifié comme personnage siégeant sur un trône d'*eau*, parce que sa nature incline à l'*humide*. Or, tout ce dont la nature est telle, accueille aussi facilement les formes qu'il les abandonne. La fonction du *sensorium* est d'accueillir toutes formes issues des cinq sens externes, non pas de les garder. Cette fonction trésorière est celle de son voisin dans la seconde loge. C'est qu'en effet les sens internes aussi bien que les sens externes sont des choses simples, et que de ce qui est simple ne peuvent procéder deux opérations différentes.

Dans la seconde loge du même étage, le trône de *feu* désigne le substrat *sec* qui est celui de l'imagination représentative (ici *khayâl*), et qui est la partie postérieure de la première cavité du cerveau. Cette imagination représentative est typifiée comme un personnage siégeant sur un trône de feu, parce que le sec prédomine dans sa nature. Or, tout ce dont la nature est telle accueille les formes avec lenteur et les abandonne difficilement. C'est avec lenteur que l'imagination représentative perçoit l'objet dans le *sensorium*, mais une fois qu'elle l'a perçu, elle le garde. Elle est ainsi le trésor des formes qui, perçues par les sens externes, sont projetées dans le *sensorium* où elles convergent. (On peut parler ici de l'« imagination passive » pour bien la différencier de l'« imagination active » dont il sera question plus loin). C'est parce qu'elle est ce trésor, qu'elle tente de séduire le cavalier : elle lui présente toutes sortes de formes illusoires, sans existence réelle, et les hommes de faible intelligence prennent plaisir à ces formes vides de contenu. Il ne faut donc leur prêter aucune attention. Il faut stimuler la monture qui continue de typifier la concentration mentale, et passer au deuxième étage.

3. Ce deuxième étage, c'est la cavité moyenne du cerveau dont la première loge représente ici la partie antérieure, tandis que la seconde loge en est la partie postérieure. Le trône d'*air* ou de vent disposé dans la première loge désigne le substrat *froid* qui est celui de la faculté estimative (*qowwat-e wahmî*), elle-même typifiée comme personnage siégeant sur ce trône. Tout homme en qui prédomine la qualité élémentaire dite *froidure*, est un être chez qui prédomine la faculté estimative, laquelle ne peut atteindre à la perception des intelligibles purs. Par exemple, remarque le commentateur, chez les gens du Turkestan et chez les Slaves aux yeux bleus et à la chevelure rousse, c'est la froidure extrême qui prédomine, et partant, c'est aussi la faculté estimative qui prédomine en eux et les empêche de participer à la perception des intelligibles purs. Notre commentateur amplifie : le propre de la faculté estimative est de configurer des représentations absurdes, de revêtir d'une apparence de vérité des significations mensongères [61]. En outre, elle décrète, par exemple, que tout ce qui existe doit forcément être un objet qui tombe sous les sens. Chez l'homme inexpérimenté, cette conjecture finit par prendre racine dans son être ; il ne reconnaît plus que les corps matériels comme existants réels, et dénie, dans son ignorance, les réalités métaphysiques purement intelligibles (*haqâ'iq-e ma'qûl*). La faculté estimative vient en aide, certes, quand il s'agit de composer les deux prémisses (majeure et mineure) d'un syllogisme. Mais, quand il s'agit de tirer la conclusion, l'estimative bat en retraite, parce que la composition des deux prémisses s'opère par abstraction des objets sensibles, tandis que l'invention de la conclusion ressortit aux intelligibles.

Quant à la seconde loge de ce deuxième étage, elle désigne la partie postérieure de la cavité moyenne du cerveau. Suivons encore notre commentateur. Le personnage qui siège dans cette loge est l'Imagination active (*motakhayyila*). Une signification symbolique profonde s'attache à son trône de *vapeur*. En effet, tout comme la vapeur, l'Imagination active exerce une double fonction ou opération [62]. La vapeur est, d'une part, une énergie qui, en tant que chaleur s'exerçant sur l'eau, fait passer les parties de celle-ci à l'état subtil et annule ainsi la densité de l'eau. D'autre part, en son essence, la vapeur n'est que de l'eau à l'état subtil, ce qui fait que la vapeur est composée de parties d'*eau* et de parties de *feu*. Or, nous avons dit ci-dessus que le substrat du *sensorium* a la nature de l'eau (ou de l'humide), et que sa fonction est de percevoir les formes des objets que perçoivent les cinq sens externes. D'où, l'Imagination active, en participant à cette nature de l'eau, perçoit les formes des objets sensibles. Nous avons dit en outre que le substrat (le trône) de l'imagination représentative ou passive a la nature du feu (ou du sec) et que, comme telle, sa fonction de trésorière est de conserver les formes perçues par le *sensorium*. D'où, l'Imagination active, en participant à la nature du feu, est elle-même la gardienne des formes des choses sensibles qu'elle fait elle-même passer à l'état subtil. De même, mais en sens inverse, lorsqu'une réalité du monde intelligible vient à se dévoiler à l'âme, l'Imagination active la perçoit de la façon spéciale qui lui est propre : elle la revêt de sons, de lettres et de mots, et elle en fait le récit (la *hikâyat*, comme dans les présents récits de Sohravardî) [63]. C'est cela même que nous appelons la conservation de la base (*asâs*) de l'Idée pure (*ma'nâ*) sous une image qui est en correspondance avec elle (*dar sûratî monâsib*). L'Imagination active exerce donc une double opération, comme la vapeur qui, parce qu'elle est de l'eau que la chaleur a fait passer à l'état subtil, participe à la fois à l'eau et au feu. L'Imagination active, par sa nature d'eau, perçoit l'Idée « revêtue » (*ma'nâ-ye motalabbis*), et par sa nature de feu, elle la conserve.

(Cette ambiguïté de l'Imagination active, dans son analogie avec la vapeur, n'affecte pas seulement sa double capacité ; elle affecte aussi la double direction qu'elle peut prendre à partir de son *situs* entre-deux, qui fait, comme Sohravardî l'a dit ailleurs et le rappelle ici, qu'elle est tantôt ange et tantôt démon. Elle est placée en effet dans un entre-deux, un *barzakh* : entre l'intellect et la faculté estimative qui est ici sa « voisine de loge »). Tout cela, notre commentateur le rappelle. Lorsque c'est l'intellect qui l'instruit et l'initie à parler, l'Imagination active est bonne et devient ange. On l'appelle alors méditative ou cogitative (*mofakkira*). En revanche, lorsque l'estimative s'empare d'elle, elle est mauvaise et devient *démon*. On l'appelle alors faculté de l'imaginaire ou fantaisie (*motakhayyila*) [64]. Par exemple, dans ce second cas, elle opère des assemblages ou des découpures absurdes, un homme sans tête ou à deux têtes, etc. Mais lorsqu'elle est ordonnée à l'intellect (comme imagination métaphysique), c'est par elle que les êtres spirituels se manifestent « en personne » (*shakhs*). C'est elle qui permet aux spirituels (*mashâyekh*) dans leurs retraites de contempler les Esprits des prophètes et des *Awliyâ*, « de la même façon que notre Prophète voyait l'ange Gabriel sous la forme du jeune Dahyâ al-Kalbî ». Tout cela est l'œuvre de l'Imagination active. En revanche, lorsque c'est l'estimative qui le guide, l'homme est si totalement occupé par elle qu'il reste incapable de percevoir les intelligibles (les réalités spirituelles). L'épée avec laquelle le cavalier doit la terrifier et la mettre en fuite, ce sont, nous dit le commentateur, les preuves décisives qui se rapportent aux réalités métaphysiques.

4. Quant au troisième étage, il désigne la cavité postérieure du cerveau, laquelle est le substrat de la mémoire. Si sa nature est proche du parfait équilibre, observe notre commentateur, c'est qu'elle n'habille pas le vrai avec du faux. Tout ce que l'estimative lui confie s'y retrouve, conservé identique, plusieurs années plus tard. Si la mémoire est déséquilibrée, il y a alors, certes, un côté d'elle-même qui l'emporte sur l'autre. Tout ce qui s'y trouve conservé souffre alors d'un excès ou d'un manque selon le tempérament.

5. L'inspection, la « visualisation » des cinq sens internes est maintenant terminée. La méditation du microcosme passe par les cinq sens externes [65], lesquels se présentent à la visualisation symbolique comme cinq portiques. Le premier portique typifie le sens de la vue. Les trônes en forme d'amande désignent respectivement chacun des deux yeux ; le rideau blanc et le rideau noir désignent le blanc et le noir de l'œil. Les ligaments désignent les veines dont les embranchements y prennent naissance, outre les sept strates et les trois humeurs de l'œil. Le veilleur attaché au personnage siégeant sur les deux trônes n'est autre que le sens même de la vue, dont l'essence est un corps subtil qui est émis depuis le cerveau, et qui se propage par la cavité intérieure d'un nerf qui est creux et forme conduit. C'est par ce conduit que le « veilleur » peut percevoir les choses visibles.

De ce veilleur, capable de saisir les objets à grande distance, le texte nous dit encore qu'il est le plus souvent en voyage, tout en précisant qu'il ne bouge jamais de sa place. Cette précision décèle une intention à laquelle est attentif notre commentateur. Il est bien connu, dit-il, que parmi les philosophes opticiens certains veulent expliquer le phénomène de la vue par l'émission de rayons lumineux projetés directement par le sens de la vue sur l'objet. Il y a, par contre, la théorie de ceux pour qui le phénomène de la vue se produit par l'impression de la forme de l'objet sur l'humeur gélatineuse de l'œil. La mobilité immobile du veilleur fait allusion à ce problème débattu chez les philosophes opticiens [66]. La seconde thèse est celle qui est adoptée par l'auteur, et c'est pourquoi le texte nous dit que, si lointain que puisse être le lieu que le veilleur veut atteindre, il y atteint instantanément, dès lors qu'il y a impression de la forme de l'objet sur le sens de la vue.

6. Le deuxième portique représente le sens de l'ouïe, désigné comme l'Informateur. La description allusive est claire par elle-même. Le messager est ici l'*air* qui est voisin du canal de l'ouïe. Lorsque cet air

ondule, sous l'effet d'un choc par exemple, l'ondulation provient jusqu'à l'air qui est voisin du tambour de l'ouïe ; il s'y produit alors une résonance que perçoit le sens de l'ouïe ; le son est audible. Cependant l'Informateur ne présente à l'intellect qu'un certain nombre de ces audibles. Si l'intellect y voit quelque avantage, il les fixe sur la tablette de l'imaginative. Sinon, il les rejette.

7. Le troisième portique typifie le sens de l'odorat. L'imagerie est transparente. Le serviteur est également ici l'*air*, le souffle du vent.

8. Le quatrième portique typifie le sens du goût. Ici aussi, l'imagerie est transparente. Les quatre contraires dont il est question, sont les quatre qualités gustatives : le doux, l'amer, le salé, l'acide.

9. Le cinquième portique enfin représente le toucher, répandu sur toute la surface du corps à la façon d'un tapis. Le personnage siégeant sur ce tapis est la faculté tactile. Les huit contraires désignent ici les qualités proprement tactiles : le chaud et le froid, l'humide et le sec, le léger et le pesant, le poli et le raboteux. Le personnage typifiant la faculté tactile est désigné dans le texte comme le Différenciateur. Malheureusement, le commentateur a suivi une lecture qui substitue à ce nom celui de « bien connu » [67], et l'interprète au jugé. Il y voit signifié qu'il n'est point d'animaux qui ne possèdent le sens du toucher, bien que certains soient dépourvus de l'un des autres sens, tel le scorpion qui ne possède pas le sens de la vue. Quant à l'enroulement du tapis, il désigne les cas où il n'est pas fait usage de la faculté tactile.

10. Les cinq portiques une fois franchis, le cavalier se dirige vers le centre du château du microcosme, qui est représenté comme une forêt. Cette forêt désigne l'habitat du *pneuma* végétal, lequel est le foie. Le feu embrasé typifie la fournaise (*al-tannûr*, l'athanor !) de l'estomac. Le personnage assis, qui fait cuire quelque chose sur le feu, typifie la force attractive qui attire les aliments en vue de les cuire. Le personnage qui attise le feu, est la force digestive qui fusionne et transforme la nourriture. Celui qui maintient fermement, c'est la force rétentive qui retient la nourriture jusqu'à ce que la force digestive l'ait assimilée. Le personnage qui sépare l'écume et ce qui reste au fond de la marmite, est la force répulsive. Celle-ci rejette ce qui est dense et inassimilable et elle libère ce qui est subtil, pour que la force nutritive y exerce son action. Le personnage qui alors distribue le tout entre les habitants du château du microcosme, c'est-à-dire les organes et parties du corps, c'est cette même force nutritive. Ce qu'il y a de plus *chaud* dans la matière nutritive, elle le transmet au *pneuma* et au cœur, lesquels sont les parties les plus chaudes du corps. Ce qu'il y a de plus *froid*, elle le transmet à la graisse et au phlegme, qui sont les parties les plus froides du corps. Ce qu'il y a de plus *humide*,

elle le transmet au phlegme et au sang. Ce qu'il y a de plus *sec*, elle le transmet à la chevelure et aux os, de sorte qu'elle se conforme en tout point à la loi de correspondance. Enfin le personnage de haute stature qui attire vers l'en-haut, c'est la force de croissance (*virtus crescitiva*). Lorsque la force nutritive a transmis la matière nutritive correspondante aux organes du corps, la force de croissance la distribue dans les trois directions, longueur, largeur et profondeur, selon les exigences respectives de la nature, jusqu'au terme de la croissance achevée.

Quant au sanglier et au lion qui se trouvent au cœur de la forêt, ils typifient respectivement la force appétitive (*virtus appetitiva, desiderativa*) et la force irascible (*vis irascibilis*) [68]. C'est là que se trouve le substrat du *pneuma* vital, lequel est le cœur. Que l'un soit occupé à tuer et à déchirer, cela signifie que le propre de la force irascible est de commettre des sauvageries et des ravages, de repousser tout ce qui s'oppose à elle. Si d'aventure elle perçoit quelque chose qui contrarie son propos, elle met en ébullition le sang du cœur par la haine vindicative. Que l'autre soit occupé à piller, à manger et à boire, cela veut dire que le propre de la force appétitive est de désirer, chercher et poursuivre les femmes et de se procurer vêtements et nourritures. Le lasso avec lequel le cavalier doit dompter et ligoter les deux bêtes, c'est la force de l'intellect (*virtus intellectualis*), le pouvoir que possède la connaissance de cerner et de soumettre ces deux bêtes aux impératifs de la religion et de la philosophie [69].

11. Ainsi tout le système physiologique classique de nos philosophes a été exhaussé au niveau *imaginal* d'un château-fort, dont les différentes parties sont distribuées à la façon de la topographie d'un *mandala*. Grâce à cette transmutation, la traversée effective du microcosme s'accomplit à ce niveau de l'*imaginal*, qui est le seul conduisant au « Château-fort de l'Ame ». Le microcosme, le cavalier mystique l'a maintenant franchi. Sans doute, parce que d'un seul élan il s'élève hors des neuf défilés, c'est-à-dire hors des neuf Sphères célestes composant le macrocosme, ni l'auteur ni le commentateur n'insistent sur le détail de cette ascension céleste. Cette fois, il atteint à un portail qui est bien celui du « Château-fort de l'Ame », le *Shahrestân-e Jân*, englobant la totalité du monde spirituel. Le Sage qui l'accueille avec affabilité, est le jeune Sage désigné au début du récit (§ 1) sous le nom de *Jâvîdân Kharad*, « Sagesse éternelle ». C'est celui-là même qui accueillit déjà le visionnaire dans les trois récits précédents : c'est l'Ange-Esprit-Saint, Gabriel, Ange de la connaissance, comme Intelligence agente, et Ange de la révélation.

Malheureusement le commentateur persan anonyme commet ici la même bévue qu'au début (*supra* § 1), en l'identifiant avec la Première Intelligence, bévue dont aurait dû le préserver la mention, quelques lignes plus loin, des châteaux-forts qui s'élèvent au-dessus du premier château-fort qui vient d'être atteint par le cavalier. Là même, comme dans le « Récit de l'exil occidental » se trouve la Source qui est l'Eau de la Vie éternelle, mentionnée également dans les trois récits précédents, car son atteinte marque le moment décisif dans tout récit d'initiation. Faire ses ablutions dans cette Eau d'immortalité, c'est revêtir la Vie au sens vrai et se séparer du souvenir du monde qui tombe sous les sens. Que le cavalier mystique puisse dès lors apprendre le « Livre divin » signifie qu'ayant désormais atteint l'aptitude et l'état de correspondance avec le monde spirituel, il peut recevoir les connaissances que l'Ange « Sagesse éternelle » effuse sur lui.

12. Au-dessus de ce château-fort s'élèvent encore d'autres châteaux-forts. C'est exactement ce que dans le « Récit de l'exil occidental » le Sage montrait au pèlerin parvenu jusqu'à lui, non pas, il est vrai, sous l'image de châteaux-forts superposés, mais sous l'image de Sinaïs se dressant les uns au-dessus des autres. Ces châteaux-forts échelonnés dans les hauteurs du pur espace intelligible, typifient la hiérarchie des Intelligences chérubiniques. Chacune est envers celle qui la suit immédiatement, dans le même rapport que la dixième d'entre elles, Intelligence agente, Ange de l'humanité, est envers chacune des âmes humaines qui reçoivent ses dons. Chacune est à la fois l'enfant de celle qui la précède, et le « père », le *Noûs patrikos*, de celle qui la suit.

Malheureusement le commentateur est complètement inattentif à la spécificité de la vision du Shaykh al-Ishrâq. Il réduit le « Château » de l'Intelligence à un seul, auquel il superpose alors *Hazirat al-Qods*, le « paradis où est contemplée la beauté de la Majesté divine, monde vers lequel l'Intelligence est le guide ». C'est aller un peu vite. C'est non seulement omettre les univers (les *Aiôns*) que représente respectivement chaque château-fort (chacune des Intelligences), mais omettre aussi qu'il y a d'abord, au *Malakût*, le paradis du *mundus imaginalis* (*'âlam al-mithâl*), et le terme *Hazîrat al-Qods* désigne plus souvent l'enceinte paradisiaque de l'Ame du monde. Laissons à chaque mystique la responsabilité de la topographie de ses visions.

Les dernières lignes du chapitre n'offrent plus de difficultés. De même qu'il avait résumé le début du récit jusqu'à cet entretien initiatique entre Amour et Zolaykhâ, de même le commentateur anonyme résume ici la partie du « Vade-mecum » qui fait suite à ce chapitre. Comme on a pu en lire la traduction dans les pages qui précèdent (cf. ci-dessous les notes), ce résumé serait ici superflu.

Ainsi s'achève le commentaire persan. Comme dans le commentaire du « Récit du bruissement des ailes de Gabriel », nous avons mis en garde contre l'erreur de chercher dans un catalogue d'équivalences conceptuelles le sens ésotérique du drame et de l'action mystique. Il est cependant opportun d'en prendre connaissance pour suivre et reproduire mentalement cette action et ce drame. Car, nous l'avons maintes fois répété, l'ésotérique consiste précisément dans le lien qui s'établit entre l'action dramatique et le concept, sur le chemin de crête qui passe entre l'une et l'autre. C'est seulement sur ce chemin de crête que se produit l'événement de l'âme, et que le récit est initiation.

Les détails de la traversée du microcosme pour accéder au Château-fort de l'Ame, vont se retrouver dans « l'Épître des Hautes Tours ».

NOTES DU TRAITÉ IX

(*a*) Cf. nos *Prolégomènes III*, pp. 90 ss. Notre traduction fut publiée dans le recueil annuel *Recherches philosophiques II*, Paris 1933, pp. 371 à 423. Elle avait été établie sur un manuscrit unique, antérieurement à l'édition du texte par O. Spies (Delhi 1934). Le texte persan a été édité de nouveau par S. H. Nasr in *Op. Metaph. III*, pp. 268-291. Nous expliquons ci-dessus les raisons du titre français choisi ici. Il y a quarante ans, nous avions traduit *Mu'nis al-'oshshâq* par « le Familier des Amants », ce qui est littéralement exact (O. Spies traduisit : *The Lover's Friend*). Malheureusement le mot « amants » n'éveille aucunement d'emblée, chez le lecteur occidental, l'idée de mystique d'amour. Or, c'est de cela qu'il s'agit dans le lexique persan. La littéralité ne fait donc qu'égarer le lecteur. Le titre choisi est à la fois plus fidèle et infiniment plus « parlant ».

(*b*) Voir notre longue étude consacrée à la mystique d'amour chez Rûzbehân, dans notre ouvrage *En Islam iranien...* t. III, pp. 9 à 148.

(*c*) Marc Philonenko, *Joseph et Aséneth.* Introduction, texte critique, traduction et notes (*Studia post-biblica*, vol. XIII). Leiden, 1968.

(*d*) Voir *ibid.*, pp. 117-123. Il convient de mentionner encore l'œuvre d'un poète judéo-persan du XIVe siècle, Shahin de Shîrâz, « le Ferdawsî des Juifs », qui a laissé entre autres une tétralogie épique : un *Moses-Nâmeh*, un *Ardashîr-Nâmeh*, un *Ezra-Nâmeh* et un *Genesis-Nâmeh*. Ce dernier ouvrage contient l'histoire de Joseph et Zolaykhâ, cf. Walter J. Fischel, *The Contributions of the Persian Jews to Iranian Culture and Literature*, in « Acta Iranica. Commémoration Cyrus, Hommage universel », vol. III, Leiden-Téhéran, 1974, p. 307.

(*e*) Cf. Marc Philonenko, *op. cit.*, pp. 43-47 ; R. Merkelbach, *Roman und Mysterium in der Antike*, München und Berlin 1962, ainsi que notre ouvrage *En Islam iranien...* t. II, pp. 239-241.

(*f*) Cf. Marc Philonenko, *op. cit.*, pp. 99, 102, 104 ss., 109.

(*g*) *Ibid.*, pp. 107, 109.

(*h*) Pour ce qui suit, voir *ibid.*, pp. 83-89.

(*i*) Voir *ibid.*, p. 55 et le texte de Joseph et Aséneth 15/6.

(*j*) Marc Philonenko, *op. cit.*, pp. 89-98.

(*k*) Voir l'analyse détaillée que nous avons donnée sur ce point dans notre ouvrage *En Islam iranien...* t. III, pp. 362 ss., 371 ss.

(*l*) La traduction « nostalgie » nous semble préférable à toute autre, comme répondant de plus près aux intentions de l'auteur. Quant au mot *Mihr*, c'est, comme on le sait, la forme en persan du nom de Mithra.

(*m*) Sur cet aspect qui introduit toute la question de l'art des diagrammes, l'*ars diagrammatica*, dans lequel a excellé un Haydar Amolî, voir *En Islam iranien...* t. II, pp. 368-370, ainsi que notre étude sur *La science de la Balance et les correspondances entre les mondes en gnose islamique, d'après l'œuvre de Haydar Amolî* (VIIIe/XIVe s.), in « Eranos-Jahrbuch » 42/1973, pp. 79 à 157.

1. Le texte de Sohravardî est divisé en chapitres (*fasl*). Nous avons observé la même division, mais les sous-titres dont sont munis les chapitres, sont du traducteur.

2. C'est un rappel de la doctrine avicennienne des trois actes de contemplation de chacune des Intelligences hiérarchiques ; cf. ci-dessus notre présentation. On saisit ici en quelque sorte « sur le vif » le passage de la doctrine énoncée théoriquement à la doctrine devenant événement de l'âme.

3. *Mihr* est la forme persane du nom de Mithra, comme on l'a rappelé ci-dessus.

4. Il n'y a pas de genre grammatical en persan. Aucune difficulté donc à se représenter Beauté, Amour, Nostalgie comme trois « frères ». Joseph et Zolaykhâ seront « frère et sœur », comme le sont Joseph et Aséneth.

5. « Plérôme suprême » traduit littéralement *Malâ-ye a'lâ*.

6. Les « quatre natures ennemies » sont les quatre Éléments. Les Migrateurs (*râvendeh*) sont les planètes. Quant au terme désignant les « commandants d'élite », il est emprunté au vocabulaire de l'ancienne chevalerie iranienne (*sarhangân-e khâss*, aujourd'hui « colonel »), de même que *Nûr Espahbad* pour désigner l'âme pensante commandant à son corps.

7. C'est-à-dire dans le corps humain, enfermé comme tout volume corporel dans les « six » dimensions (dessus et dessous, droite et gauche, avant et arrière).

8. Le mot *Khôrshid* (avestique *Hvare-Xshaêta*) désigne en persan le soleil (Sohravardî emploie couramment aussi la forme *Hûrakhsh*). Ici s'ajoute le nom de *Jamshîd* (avestique *Yima Xshaêta*, le grand héros de la préhistoire iranienne, « l'idéal de toute puissance et de toute splendeur »). L'un et l'autre nom recèlent le même élément désignant l'éclat, la splendeur. Cf. J. Darmesteter, *Le Zend-Avesta*, t. II, pp. 16-19, 313 ss., 624. La tradition veut que, lorsque Jamshîd arriva en Azerbaïdjan (Azerâbâdgân), le soleil levant était au premier degré du Bélier ; son éclat embrasa la couronne et le trône de Jamshîd.

9. Allusion à la célèbre tradition concernant l'anthropogenèse. Il ne s'agit pas d'évaluation chronologique.

10. Le *Malakût* peut désigner l'ensemble du monde spirituel, monde sacrosaint de l'Ange. Plus rigoureusement dit, le *Malakût* est le monde de

l'Ame (englobant le *mundus imaginalis*), tandis que le *Jabarût* est le monde des Intelligences.

11. *Shahrestân* désigne une grande cité fortifiée. C'est le mot allemand *Burg*, des épopées chevaleresques, qui traduirait le mieux.

12. *Zabân-e hâl.* C'est laisser parler l'état ou l'aspect sous lequel on se présente, sans prononcer un mot (v. g. quelqu'un qui est trempé des pieds à la tête n'a pas à dire qu'il sort de l'eau).

13. Littéralement : « Beauté posa la main de l'indifférence sur la poitrine de la demande. » Une traduction reproduisant toutes ces tournures tolérables en persan, ne serait pas toujours une traduction tolérable en français.

14. En persan, le mot *zamzama* désigne une lecture psalmodiée. Plus exactement, il désigne le murmure des prières prononcées par les Zoroastriens au moment des ablutions, des repas, etc.

15. Nous comprenons : que nul autre que l'Amour ne soit dans l'attente et l'espoir d'atteindre la Beauté. On pensera ici à une anecdote de la vie de Rûzbehân Baqlî de Shîrâz. La première fois qu'il s'apprêtait à monter en chaire comme prédicateur à Shîrâz, il entendit une mère conseiller à sa fille de voiler sa beauté aux regards de tous. Il s'arrêta pour lui dire : « Madame, la beauté ne peut souffrir d'être séquestrée dans la solitude ; tout son désir est que l'amour se conjoigne à elle, car dans la prééternité la beauté et l'amour ont échangé la promesse de ne jamais se séparer. » Cf. Rûzbehân, *Le Jasmin des Fidèles d'amour* (Bibliothèque Iranienne vol. 8), Téhéran-Paris 1958, p. 18 de la partie française. Le roman mystique de Joseph et Zolaykhâ, c'est précisément le drame de la rupture du pacte d'union entre Beauté et Amour, et l'initiation à la voie de la rejonction.

16. La *khirqa* : le manteau dont un maître spirituel revêt son disciple, comme signe de son investiture mystique. Nous avons déjà relevé, ci-dessus dans le Traité VII, l'usage du lexique de compagnonnage emprunté au soufisme pour caractériser les relations entre les êtres spirituels à la façon de celles d'une confrérie initiatique. Ici c'est Beauté qui est le maître spirituel (*pîr*). *Jamâl-parastî* (le culte de la Beauté) est supporté par une pédagogie spirituelle fondée sur les relations entre les trois figures de la triade. La tonalité est la même que chez Rûzbehân.

17. Inclination du corps pendant la Prière canoniale, de sorte que les paumes des mains soient posées sur les genoux.

18. *Haft pîr-e gûshah-neshîn* ; ce sont les régents des sept planètes dont le cours modifie la tournure des choses en ce monde. Cf. ci-dessus, chapitre Ier : les sept Migrateurs, commandants d'élite.

19. A propos de cette signification du nom persan de Mithra, cf. L. H. Gray, *The Foundations of the Iranian Religions*, Bombay s. d., p. 96.

20. Comme l'Ange, dans les récits précédents, Nostalgie vient ici de *Nâ-kojâ-âbâd*, le « pays du Non-où », le « huitième climat ». Sur ce terme persan forgé par Sohravardî, voir *En Islam iranien...* t. IV, index s. v. et ici même l'index à la fin du présent livre. Quant à *Shahr-e Pâkân*, la cité sera désignée ci-dessous comme « le Temple » (*Bayt al-Maqdis*) ou comme le « Pays de l'Esprit » (*Rûhâbâd*).

21. *Bayt-e Ahzân.*

22. En bref, derviche migrateur qui a renoncé à tout en ce monde, famille, enfants, possessions, etc. Sur l'explication du mot, voir la longue note de Moh. Mo'în dans son édition du *Borhân-e Qâte'*, t. III, pp. 1540-1541. Tout est loin d'être encore clair.

23. C'est Amour qui va amener Zolaykhâ à la conscience d'elle-même : Amour à la quête de Beauté sera typifié dans le rapport de Zolaykhâ (Aséneth) envers le jeune Joseph.

24. *Bayt al-Maqdis* (*al-Moqaddas*), en propre « le Temple ». L'expression désigne couramment Jérusalem. Il ne peut s'agir ici que de la Jérusalem céleste. Cependant en vue de rassembler tout ce qui ressort à la spiritualité du « Temple », mieux vaut traduire par ce dernier mot. Cf. notre étude sur *L'« Imago Templi » face aux normes profanes*, in « Eranos-Jahrbuch », 43/1974 C'est la même réponse que donne Hayy ibn Yaqzân à Avicenne. Chez Sohravardî, le mot équivaut à *Nâ-kojâ-âbâd*, le pays ou le monde du Non-où, ou, comme on le voit ici dans le texte, à *Rûhâbâd*, le pays ou le monde spirituel, un espace, mais sans « endroit » en ce monde-ci.

25. *Mojarrad*, séparé. Nous avons expliqué pourquoi il nous arrive aussi de traduire ce mot étymologiquement par « anachorète spirituel ».

26. Puisque c'est par un élan d'amour pour l'Intelligence dont elles procèdent, que les *Animae caelestes* entraînent chacune leur ciel dans leur mouvement. On a vu ci-dessus que Beauté correspond à l'Intelligence archangélique, Amour à l'*Anima caelestis*, Nostalgie au ciel (Sphère) que cette *Anima* entraîne dans son mouvement.

27. *Hikâyat.* Nous avons déjà longuement insisté ici sur ce terme. Voir l'index de ce livre s. v.

28. *Pîrî javân* (le mot *pîr* = *shaykh* implique donc bien l'idée du rang spirituel, non pas celle de vieillesse). On a vu ci-dessus que le commentaire persan commettait une lourde bévue en dédoublant : *pîrî o javânî.* Il est alors impossible de retrouver son chemin dans le Château de l'Ame.

29. Ce jeune sage ou maître spirituel n'est autre que l'Ange de la rencontre dans les récits précédents (Traités VI et VII), l'Ange au Sinaï (Traité VIII). C'est l'Ange-Esprit-Saint, Gabriel, l'Archange empourpré, Ange de la race humaine, celui qui polarise la spéculation et la dévotion des *Ishrâqîyûn.* On le retrouvera ci-dessous au § 11 de ce chapitre : c'est lui qui invite le cavalier à s'approcher, exactement comme le fait Gabriel dans un des récits précédents (Traité VII). Le nom qui le désigne ici est très caractéristique (*Jâvîdân Kharad* : Sagesse éternelle) et rattache *eo ipso* cet aspect fondamental de l'angélologie *ishrâqî* à la sophiologie. On pensera au titre d'un ouvrage célèbre en pahlavi : *Menoke-Xrat* (un dialogue du sage avec la Sagesse céleste). Dans l'école d'Azar Kayvân (ceux qui au XVIe siècle donnèrent la réponse zoroastrienne à Sohravardî) on connaît un traité du roi Hûshang portant également le titre de *Jâvîdân Kharad*, cf. *En Islam iranien...* t. II, pp. 353-360.

30. Cette migration immobile était déjà un trait signalé dans les récits précédents.

31. C'est un *hâfez*, terme qui désigne quelqu'un qui sait le Qorân par cœur. D'où la proposition qui suit : « Il sait lire le Livre divin », ce qui s'entend éminemment de Gabriel, comme Ange de la révélation communiquant le Livre divin au prophète. Mais il y a ici un sous-entendu ésotérique. Que l'on se reporte au Traité VII, le moment auquel l'Ange couvre de signes la tablette du visionnaire et lui enseigne la science mystique des lettres (*'ilm al-horûf*), la science des Kabbalistes. Alors seulement le disciple « sait » lire le Livre divin. Même indication ci-dessous dans le Traité XII.

31*a*. Les quatre et les six : cf. ci-dessus les n. 6 et 7. A partir d'ici va commencer la traversée du microcosme dont les étapes sont visualisées à la manière que proposait l'*ars memorativa seu interiorativa*.

32. Il s'agit du *sensorium*, mentionné déjà précédemment à plusieurs reprises ici même (voir l'index du présent livre). Pour le détail des symboles qui se succèdent au cours de ce chapitre VI, se reporter à la synthèse du commentaire persan donnée ci-dessus.

33. On retrouve ici le concept de l'Imagination active, qui peut être tantôt ange, tantôt démon. C'est toute la métaphysique de l'Imagination et de l'*imaginal*, esquissée déjà dans le Traité III, chapitre XII.

34. *Tchâshnîgîr*, celui qui est chargé d'« éprouver » mets et breuvages, avant que le prince ne les consomme.

35. *Mofarriq*, séparateur, distributeur. Variante : *mo'arrif*, celui qui fait connaître, donne nouvelle (l'introducteur, le maître des cérémonies). Malheureusement le commentaire porte *ma'rûf* (le bien connu, le répandu), ce qui détruit le sens actif du symbole.

36. Ce sont « les deux mauvais compagnons » contre lesquels met en garde le « Récit de Hayy ibn Yaqzân » d'Avicenne.

37. Il s'agit donc de nouveau du « jeune sage » (*pîr-e javân*) dont il nous a été dit au début du chapitre que son nom était *Jâvîdân Kharad* (Sagesse éternelle, cf. ci-dessus n. 29) et qu'il gardait le portail du Château-fort de l'Ame, c'est-à-dire du monde spirituel. Il n'est autre que cet Ange de l'humanité (*Rabb al-nû' al-insânî*), Esprit-Saint et Intelligence agente des philosophes, le « parent céleste » dans le Livre des Temples de la Lumière (ici Traité II), le « père » que Sohravardî reconnaissait dans ses citations de l'Évangile de Jean. Le geste courtois de l'Ange est ici le même que celui de Gabriel dans le Traité VII.

38. La « Source de la Vie éternelle » est la suprême étape du « voyage initiatique ». Nous l'avons trouvée mentionnée à la fin des Traités VI et VII. A la fin du Traité VIII, elle jaillissait au pied du Sinaï mystique. Le bain dans cette Source donne au myste l'immortalité et la science des secrets du Livre. C'est la nouvelle naissance, naissance du *puer aeternus* qui jamais plus ne vieillira dans la temporalité de ce monde. Le thème est inépuisable. Voir *En Islam iranien*... t. IV, index s. v. Source.

39. Ces Châteaux-forts qui se superposent les uns aux autres, ce sont ceux que le « Récit de l'exil » (ci-dessus Traité VIII) désignait comme autant de Sinaïs, s'élevant dans les hauteurs spirituelles au-dessus du Sinaï où l'Ange de l'humanité a sa demeure, son « oratoire ». Nous retrouvons ici le schéma constant du système du monde des *Ishrâqîyûn* et de leur doctrine spirituelle,

posant cette grandiose hiérarchie d'êtres spirituels, reliés entre eux, à la façon d'une confrérie initiatique, par le même lien du *Noûs patrikos* se répétant de l'un à l'autre. C'est seulement en compagnie et par l'intermédiaire de l'Ange-Esprit-Saint de l'humanité que l'homme peut en tenter l'ascension. Ce qui veut dire que sa connaissance est celle-là même qu'en atteint le Seigneur ou Ange de son espèce, ce qui n'autorise ni prétention ni identification à l'« Esprit absolu ». Voir ci-dessus l'importante n. 43 du Traité VIII.

40. *Hikâyat.* Cf. l'index du présent livre. Amour est bien ici à la fois le récitant, l'acte du récit et le héros du récit. Coordonner avec la note précédente. On entreverra ce que pourrait signifier une « autobiographie d'archange ».

41. L'histoire ésotérique du monde est ici marquée non pas de prophète en prophète, mais d'épiphanie en épiphanie de la Beauté.

42. Drame d'une séparation que le propos de Rûzbehân cité ci-dessus n. 15 se refusait à envisager.

43. *Ta'wîl* insérant ici une interprétation astrale (cf. Genèse 37/9-10) dont témoigne déjà le roman mystique de *Joseph et Aséneth.* Cf. Marc Philonenko, *op. cit.*, p. 83.

44. Profond accord avec toute l'éthique mystique de Rûzbehân, cf. *En Islam iranien...* t. III, livre III, pp. 83 ss. Le *Vade-mecum* de Sohravardî donnerait lieu à une comparaison approfondie avec la mystique d'amour de Rûzbehân. Nous rappelons certains thèmes dominateurs : la théophanie dans la beauté ; le sens prophétique de la beauté ; la source prééternelle de l'amour, etc. Le « Jasmin des Fidèles d'amour » de Rûzbehân forme le digne pendant persan des « Dialogues d'amour » de Léon Hébreu.

45. C'est-à-dire de l'Amour typifié en la personne de Salomon, ce qui justifie l'intervention du verset qorânique qui fait suite.

46. Immunisées donc à l'égard de ce qui s'appelle aujourd'hui névrose, psychose, etc.

47. *Taslîm kardan*, c'est faire profession d'*Islam*, faire abandon de soi-même à Dieu. Le fidèle d'amour fait abandon de soi-même à l'amour, comme principe de *jamâl-parastî* (la religion ou adoration de la beauté).

48. La connaissance n'est pas l'acte du seul intellect. L'amour « fait connaître » son objet, lequel reste inconnaissable sans lui. Ainsi pour tous les états vécus. La position peut être dite « phénoménologique ».

49. Significative est ici la juxtaposition des *'olamâ-ye râsikh* (cf. Qorân 3/5) et des *hokamâ-ye mota'allih.* Voir *En Islam iranien...* t. IV, index s. v. *ta'alloh.*

50. Le *Malakût* : le monde de l'Ame entre le *Jabarût* et le *Molk.* L'« arbre à la taille élancée » est le symbole du corps. L'« arbre excellent » est le symbole de l'âme, ou mieux dit du « tréfonds du cœur ». Lorsque le lierre qui est l'amour étouffe l'« arbre excellent » dans son étreinte, l'« arbre à la taille élancée » ne peut survivre. D'où le motif mystique de la *mort d'amour.*

51. Sur ce *hadîth* du Ve Imâm, Mohammad Bâqir, voir *Safînat Bihâr al-Anwâr*, t. II, p. 7.

52. Cf. *Op. metaph. III*, p. 288, S. H. Nasr réfère à Ghazâlî, *Ihyâ 'olûm al-Dîn*, Le Caire 1312, t. I, p. 134.

53. *Ibid.*, t. III, p. 153. En fait ce *hadîth* est chargé d'une allusion à Oways al-Qaranî, éponyme des Owaysîs, ceux qui n'ont pas eu besoin de maître humain. Oways était du Yémen, d'où la signification symbolique du Yémen (cf. la « philosophie yéménite » chez Mir Dâmâd). Penser également au « côté droit » (*Yaman*) de la vallée, où Moïse aperçoit le Buisson ardent (*supra* Traité III). Cf. *En Islam iranien...* t. IV, index s. v. Oways, Owaysîs, Yémen.

54. Sur le concept de l'âme comme « Verbe », voir principalement ci-dessus les Traités V et VII.

55. Cf. ci-dessus n. 50. Rappel ici du thème des *martyrs d'amour*. Cf. le livre de Mogholtâ'î (ob. 1360) « en souvenir des fidèles d'amour qui ont rendu le Vrai Témoignage (les « martyrs ») ». Voir Rûzbehân, *Le Jasmin des fidèles d'amour*, pp. 9 ss. de la partie française.

56. C'est le verset 2/63 qui motive le titre de la IIe sourate du Qorân. Le *ta'wîl* développé ici par Sohravardî est exemplaire. Dans tout ce qui a été dit et écrit concernant la mystique d'amour, on oublie trop souvent la loi rigoureuse qu'elle comporte.

57. Observer la précision croissante des phases de la doctrine d'amour. 1) Il y a le symbolisme du microcosme dans le chapitre XI (l'Arbre excellent et l'Arbre à la taille élancée). 2) Dans le chapitre XII, le microcosme est symbolisé comme la cité à laquelle s'impose le sacrifice de la vache, tel que la clause en est stipulée sur le diplôme d'Amour pour qu'il entre dans la cité. 3) D'où le parallélisme entre le sacrifice de l'Arbre à la taille élancée (la mort d'amour) et le sacrifice de la vache stipulé par le verset 2/63. Finale : ce n'est pas n'importe quelle vache qui est digne de ce sacrifice, autrement dit le sacrifice de la vache ne suffit pas à lui seul à faire un fidèle d'amour. La vache sacrifiée n'est pas l'habitante d'une cité médiocre, mais de la cité qui est celle d'un fidèle d'amour.

58. De ce commentaire, nous avons également donné une première traduction littérale dans notre travail publié dans les *Recherches philosophiques II*, Paris 1933. Elle avait son intérêt et ses faiblesses. Nous avons pensé qu'il y avait mieux à faire, en en esquissant une synthèse et une paraphrase à l'intention du lecteur occidental. Notons qu'ici les chapitres VI et VII ont été, conformément à la nouvelle édition, bloqués en un seul. Il y a donc douze chapitres en tout. Le récit initiatique d'Amour occupe tout le chapitre VI. Voici l'exorde du commentateur persan anonyme : « Sache que nous eumes un jour l'occasion d'examiner attentivement un traité intitulé *Vade-mecum des fidèles d'amour*, et qui avait pour auteur l'éminent shaykh Shîhâboddîn le martyr (*shahîd*), que Dieu l'ait en sa miséricorde ! Au cours du traité, certaines propositions étaient énoncées en figures et en indications symboliques, qu'il était assez difficile de comprendre. L'un de nos amis demanda avec insistance un exposé qui éclaircît ce discours. Mais comme le début du traité n'avait pas besoin d'explication, nous nous sommes contenté de présenter l'ouvrage en résumant le début. »

59. Cf. ce que nous avons dit concernant les niveaux herméneutiques *A*, *B*, *C*, dans notre ouvrage *En Islam iranien...* t. II, pp. 191 ss. Revoir également ci-dessus nos présentations des Traités VI et VII et le Prologue II.

60. Cf. notre étude sur *Le microcosme comme cité personnelle en théosophie islamique* (Colloque de l'Institut de philosophie de l'Université de Tours,

mai 1975. « Bulletin de la Société Ligérienne de philosophie », 3e année, automne 1975).

61. C'est pourquoi, comme il nous l'a été dit déjà, tant que l'Imagination active reste sous la domination de l'estimative, elle ne sécrète que de l'*imaginaire*. Elle ne pénètre dans le réel *imaginal* que lorsqu'elle est guidée par l'intellect. Elle s'appelle alors en propre cogitative (*mofakkira*). Cf. *infra* n. 64.

62. L'Imagination active est donc bien différenciée de l'imagination passive ou simplement représentative. L'Imagination active est à la fois d'*eau* et de *feu*. 1) De même que la vapeur fait passer les parties de l'eau à l'état subtil, de même l'Imagination active fait passer les données sensibles à l'état subtil, c'est-à-dire imaginal. 2) L'Imagination active fonctionne « entre-deux » : elle fait monter le sensible à l'état imaginal, et elle y fait descendre l'intelligible pur. Mais la rencontre se fait toujours au niveau de *caro spiritualis*. 3) D'où alors sa place entre l'Idée et le sensible, tantôt dirigée par l'intellect, tantôt égarée par l'estimative. Cf. chez Paracelse, la différenciation entre *Imaginatio vera* et *phantaisie*. Nos philosophes ont su préserver l'*Imaginatio vera* de toute confusion entre l'imaginal et l'imaginaire, entre le trans-sensible et l'horrible ou l'absurde (soi-disant surréel), de toute réduction du surconscient au subconscient, dans un inconscient dont la négativité ne permet aucune différenciation positive.

63. Sur la *hikâyat*. Cf. l'index du présent livre, et *En Islam iranien*... t. IV, index s. v. Elle marque le passage à l'épopée mystique. Ni l'intelligible pur ni l'histoire extérieure ne sont *mon* événement. C'est par l'organe de l'Imagination active qu'ils le deviennent, par l'union des deux, de l'*eau* et du *feu*.

64. Ces lignes récapitulent toute la métaphysique sohravardienne de l'Imagination, telle que nous la connaissons déjà, tantôt comme faculté de l'*imaginal*, tantôt comme faculté de l'imaginaire. Cf. les notes qui précèdent. Que l'on en fasse l'application à la vision des Sinaïs mystiques et du Château-fort de l'Ame ! Les traités traduits ici dans la première partie nous ont montré que Sohravardî posait, avec sa métaphysique de l'Imagination active, les bases mêmes de la connaissance visionnaire, de la *hiérognose*.

65. Dans le Traité X l'ascension commencera par les sens externes et progressera par la voie d'une intériorisation croissante à travers les sens internes. Il apparaît surprenant qu'ici l'ascension commence par les sens internes. L'intention de l'auteur semble être de suggérer que ces derniers entraînent alors sans résistance les sens externes dans leur involution ou leur repli.

66. Cf. notre étude sur *Symbolisme et réalisme des couleurs en cosmologie shî'ite, d'après le « Livre de la hyacinthe rouge » de Moh. Karîm-Khân Kermânî*, in « Eranos-Jahrbuch » 41/1972, pp. 109-176.

67. Cf. ci-dessus n. 35.

68. Cf. ci-dessus n. 36.

69. Nous avons déjà signalé que la topographie imaginale du microcosme donnée ici par Sohravardî, se retrouve trait pour trait dans un roman spirituel indo-persan du XIVe siècle. Voir *En Islam iranien*... t. II, pp. 325-335 ainsi que l'étude signalée ci-dessus n. 60.

X.

L'épître des hautes tours

(Risâlat al-Abrâj)

Traduit de l'arabe

1. Présentation

Cette « Épître des hautes tours » fut, comme le « Récit de l'exil occidental », rédigée par Sohravardî en arabe, à la différence des autres récits et traités mystiques réunis ici, lesquels furent tous rédigés en persan. Nous avons nous-mêmes donné ailleurs l'édition du texte [(a)].

Il y a d'abord à expliquer le titre de ce traité, titre qui se présente sous une double forme. La meilleure explication de l'une et de l'autre se trouve dans le grand commentaire que composa sur ce traité un auteur originaire de Bastâm dans le Khorassan, compatriote par conséquent d'Abû Yazîd Bastâmî (on rappelle que la vocalisation persane exacte est *Bastâm* et non pas *Bistâm*, comme on s'obstine à l'écrire en Occident). Le commentateur en question se nommait 'Alî ibn Majdoddîn ibn Moh. ibn Mahmûd Shahrûdî Bastâmî, connu sous le surnom de *Mosannifak*. Né en 803/1400-01, il mourut en 873/1468-69 [(b)]. Il écrivit son commentaire à la fin de sa vie, à Andrinople, en 866/1461-62, et il le fit précéder d'une longue et intéressante dissertation sur le soufisme de son temps, dans laquelle il fait état de ses propres expériences mystiques. Il donna pour titre à l'ensemble : « Solution des énigmes et découverte des trésors » (*Hall al-romûz wa-kashf al-konûz*) [(c)]. Nous avons déjà relevé ailleurs que l'un de nos manuscrits est de ceux qui confèrent au Shaykh al-Ishrâq non pas la simple qualification de « Shaykh *maqtûl* » (le Shaykh tué, mis à mort), mais la qualification de *shahîd*, « martyr » que lui reconnaissent ses disciples : « l'Imâm martyr Sohravardî ».

Quant aux deux formes sous lesquelles se présente le titre, voici ce qu'il en est :

a) Une première forme nous est donnée dès la str. 1 : « Paroles de saveur mystique et frappes d'ardent désir » (*Kalimât dhawqîya wa-nikât shawqîya*). Le commentateur insiste sur les intentions de l'auteur, en relevant que partout dans ses livres, le Shaykh al-Ishrâq désigne la connaissance propre au mystique comme « lumière du cœur » (*nûr al-qalb*). Cette lumière du cœur ressortit essentiellement au goût intime, à l'expérience intérieurement savourée ; c'est le sens du latin *sapere*, et si le sens de l'adjectif n'avait évolué, on pourrait traduire étymologiquement : « Paroles *sapientiales* ». Cette « sapience » caractérise ce que Sohravardî oppose comme *hikmat dhawqîya* (sagesse divine, théosophie proposée au goût intime qui peut seul la savourer) à la *hikmat bahthîya*, la philosophie théorique et dialectique. En bref, ces deux mots marquent le contraste entre la théosophie illuminative, celle des « Orientaux » au sens métaphysique du mot (*hikmat al-Ishrâqîyûn*) et la philosophie des Péripatéticiens (*hikmat al-Mashshâ'-yîn*). Tel est le propos du « Livre de la Théosophie orientale », lequel ne s'adresse qu'à ceux qui ont à la fois la connaissance philosophique et l'expérience spirituelle du mystique.

Quant au second terme qui compose le titre sous sa première forme, *nikât shawqîya*, le commentateur fait observer qu'il vient heureusement compléter le premier. Les « paroles » ont pour propos d'énoncer quelque chose ; le fait de l'énonciation comporte qu'il y ait une littéralité de l'énoncé, et cette littéralité en est l'aspect exotérique (*zâhir*). Mais déjà le qualificatif *dhawqîya* annonce que ces paroles comportent une signification cachée ésotérique (*bâtin*), qui ne peut être comprise que par le goût intime qui est propre à l'homme de désir. Le mot *nikât* est le pluriel de *nokta*. La racine *nkt* connote le sens de frapper sur le sol, soit avec une baguette, soit avec la main ou le pied et d'y imprimer une trace. *Nikât*, ce sont les traces, les empreintes, ainsi laissés sur le sol (d'où le mot *nokta*, pluriel *nokat*, prenant le sens de propos subtil, frappant, etc.). Ici il s'agit des empreintes ou traces portant la frappe de l'ardent désir, et ces *frappes* indiquent le sens caché des « paroles de saveur mystique » proposées à la compréhension du goût intime.

b) Quant à l'autre forme sous laquelle est également intitulé le présent opuscule de Sohravardî, c'est celle que nous avons retenue ici : « L'Épître des hautes tours » (*Risâlat al-abrâj*). Le mot *borj* est bien connu en arabe, où il n'est que la transcription du grec *pyrgos*, « tour », que l'on retrouve en Occident médiéval sous la forme *Burg* en allemand, château-fort (le *Burg* du Graal par exemple). Dans le traité précédent, le « Vade-mecum des fidèles d'amour », nous avons rencontré l'idée du château-fort sous une double exemplification : d'une part le Château-fort de l'Ame, en persan *Shahrestân-é Jân*, désignant l'univers des êtres spirituels, le monde de l'Ange ; d'autre part, le château-fort du microcosme. C'est celui-ci qu'il s'agissait de traverser pour accéder à l'avancée du Château-fort de l'Ame. C'est exactement ce qui se produit dans le présent traité, et c'est aussi, nous y reviendrons plus loin, ce qui fait le lien spécial entre le « Vade-mecum » et « l'Épître des hautes tours ».

A propos du mot *borj*, le commentateur Mosannifak observe que la forme plurielle courante du mot est *borûj*. Sous cette forme, le mot est d'un usage courant pour désigner les *signes du zodiaque*, les douze « hautes tours », « donjons » ou « châteaux-forts » célestes qui sont les constellations zodiacales (c'est ce qu'illustre l'iconographie de certains traités de cosmographie). Quant au pluriel *abrâj* qui figure dans le titre du présent traité, Mosannifak y voit une forme peu usitée, un pluriel de pluriel (formé sur le pluriel *borûj*). Cependant, si Sohravardî donne la préférence à la forme *abrâj*, il lui arrive aussi d'employer la forme *borûj*. Il y a sans doute chez lui l'intention d'éviter toute confusion avec le sens courant du mot *borûj*, car il ne s'agit pas ici des signes du zodiaque de l'astronomie physique. Il s'agit des hautes tours, au nombre de dix, flanquant la citadelle du microcosme qu'il s'agit de conquérir pour atteindre au Château-fort de l'Ame, — ces hautes tours jouant à l'égard de celui-ci le rôle en quelque sorte défensif du Ciel des Fixes (ciel du zodiaque) à l'égard de la Sphère des Sphères. Conquérir ces hautes tours, ce sera les dépasser, et on ne les dépasse qu'en les « intériorisant », c'est-à-dire en les exhaussant au niveau du monde *imaginal*, par lequel seul s'ouvre la voie du Château-fort de l'Ame. D'où le *mandala* disposé *imaginalement* en forme d'une citadelle pourvue de dix tours. L'ascension de cette citadelle est le propos caractéristique du présent traité, de même que l'ascension du château du microcosme caractérisait la voie initiatique proposée dans le « Vade-mecum ». Nous en signalerons plus loin les correspondances. Dans un cas comme dans l'autre, cette ascension est une autre configuration symbolique du « voyage de retour » décrit comme une navigation mouvementée dans le « Récit de l'exil occidental ».

C'est pourquoi nous donnons ici la préférence à la seconde forme du titre. En effet la première, à savoir « Paroles de saveur mystique et frappes d'ardent désir », pourrait aussi bien intituler d'autres traités mystiques de Sohravardî. Si elle vient fort à propos ici en sous-titre, en revanche les « hautes tours » marquent mieux l'originalité du présent traité, en offrant d'emblée à la vision intérieure le cadre dans lequel l'auteur met ici en scène, dans le *mundus imaginalis*, la traversée de la citadelle du microcosme.

Cette traversée constitue le moment central de l'Épître. Celle-ci se présente comme une suite de strophes que nous avons numérotées pour faciliter les citations. Nous y distinguons quatre grandes parties : 1) La première partie (strophes 1 à 12) est essentiellement une exhortation. 2) La deuxième partie (strophes 13 à 18) évoque l'exemple des grands mystiques. 3) Vient ensuite (strophes 19 à 28) l'ascension des hautes tours de la citadelle du microcosme. 4) Au terme de cette ascension, le mystique voit s'ouvrir devant lui le monde de l'Ange, les présences spirituelles vers lesquelles le dirigeait déjà la nostalgie de l'exilé, dans les récits précédents (strophes 29 à 31).

I. La première partie (str. 1 à 12) est une exhortation s'adressant aux *Ikhwân al-tajrîd* qui avaient demandé que soient mis par écrit les propos du présent traité. Nous rappelons dans la n. 1 le sens du mot *tajrîd* (acte de séparer, d'isoler, le grec *khôrismos*, et acte de se séparer, le grec *anakhôrêsis*) qui avec le mot *tajarrod* (l'état résultant de l'acte de séparer, le grec *khôristos*) est d'un usage multiple dans les sciences philosophiques et théologiques (v. g. les Intelligences « séparées » de la matière). Il nous a semblé ici, comme précédemment, que le terme d'*anachorèse spirituelle* en était la traduction à la fois la plus fidèle et la plus parlante. Il désigne ici, comme précédemment, l'acte d'ascèse intérieure par lequel l'homme spirituel se sépare, s'esseule, des conditions sous lesquelles succombe l'existence terrestre (l'ignorance, l'aveuglement spirituel, l'ambition des honneurs, etc.). C'est cet acte de renoncement, d'*anakhôrêsis*, qui *eo ipso* valide le lien de parenté spirituelle du mystique non seulement avec les « frères » qui en ce monde pratiquent la même *anakhôrêsis*, mais avec le plérôme des entités archangéliques « séparées » de la matière (str. 6). L'exhortation s'adresse à des gnostiques : le gnostique est un exilé et un esseulé ; il doit retourner chez lui, trouver la voie du retour vers la patrie (*watan*) au sens vrai, laquelle n'est aucune patrie de ce monde, mais la patrie au sens vrai.

C'est dans ce contexte même que, tranchant avec l'ambiguïté ou les réticences des traités exotériques, l'affirmation de la préexistence de l'âme à sa descente en ce monde se fait entendre avec une netteté aussi décisive que dans les récits mystiques précédents. « Le retour implique l'antériorité de la présence. On ne dit pas à quelqu'un qui n'a jamais vu l'Égypte : retourne en Égypte » (str. 2). A s'en tenir aux traités exotériques, faudrait-il admettre que la préexistence de l'âme puisse s'entendre de l'être virtuel, de l'être de l'âme encore en puissance antérieurement à sa venue en ce monde ? Mais n'y aurait-il pas une sérieuse difficulté à ne rapporter l'idée de « présence antérieure » qu'à ce mode d'être en puissance ? Comment un être simplement en puissance aurait-il la représentation d'un monde qu'ensuite il oublierait en venant en ce monde à l'état d'être en acte ? Non pas, la solution nous semble exclure tout détour ; elle est dans la « lettre » même des traités ésotériques, la « littéralité spirituelle » des paraboles du Shaykh al-Ishrâq (cf. encore *infra* Traité XIII, chapitre VIII).

Les autres motifs de l'exhortation sont en parfaite consonance avec tout ce que nous ont appris les traités précédents. Le souhait d'être au nombre de ceux qui ressemblent à « leur père » (str. 7) fait reparaître ici le leitmotiv de l'Ange-Esprit-Saint comme Ange de l'espèce humaine, comme *Noûs patrikos* dont Sohravardî trouvait l'existence confirmée par les versets de l'Évangile de Jean (cf. n. 8). Comme il est la *qibla*, l'axe d'orientation de la spiritualité *ishrâqî*, il reparaîtra ici encore à la fin du traité (str. 29). La mention de l'Ange de l'humanité, dixième des Intelligences hiérarchiques, appelle spontanément celle de ses « neuf frères » (str. 29), composant avec lui le plérôme des Dix (str. 6 et 30). De nouveau ici comme précédemment (cf. le Traité VII), le plérôme des « dix frères archangéliques » se présente à la façon d'une confrérie initiatique. Impression confirmée par le fait que leur monde est désigné comme le « Temple ». Antérieurement déjà (comme au début du récit avicennien de Hayy ibn Yaqzân), l'Ange s'annonçait comme venant du « Temple » (*Bayt al-maqdis*). Simplement, au nom du Temple qui est la Jérusalem céleste est substitué ici le nom du temple de la *Ka'ba* du monde spirituel. Mais dans l'un et l'autre cas il s'agit bien de ce que typifie le « Temple » [(d)].

II. La deuxième partie (str. 13 à 18) propose l'exemple des grands spirituels. De nouveau s'impose le symbolisme de la Lune qui, dans ses phases successives, typifie les états du mystique jusqu'à l'état d'union transformante (cf. n. 11*a*). Abû Yazîd Bastâmî, Hallâj et d'autres encore parmi les anachorètes spirituels (*ashâb al-tajrîd*) ont été « des Lunes au ciel du *tawhîd* » (str. 16).

III. La troisième partie (str. 19 à 28) correspond au voyage initiatique décrit ou effectué dans les récits précédents. Dans le « Récit de l'exil occidental », le voyage était imaginé et vécu comme une navigation sur le vaisseau de Noé. Dans le « Vade-mecum » (chapitre VI), c'était une chevauchée à travers le château du microcosme, pour déboucher sur le Château-fort de l'Ame. Le symbolisme est inépuisable. Ici il s'apparente étroitement à celui du « Vade-mecum ». Mais l'idée en est introduite par un motif *ishrâqî* caractéristique, qui d'emblée se rattache à celui de l'Ange évoqué au début et à la fin du traité. Il est dit en effet : « A toi de résoudre la *théurgie* humaine. » Nous rappelons (cf. n. 12) qu'en termes de cosmologie *ishrâqî*, toute espèce naturelle ou spirituelle est la *théurgie* de son Ange. C'est même aux yeux de Sohravardî la conception fondamentale qui lui permet d'interpréter les Idées platoniciennes (les archétypes de lumière) en termes d'angélologie zoroastrienne. L'espèce humaine est la théurgie de son Ange qui est l'Ange-Esprit-Saint, Gabriel, l'Anthrôpos céleste. « Résoudre cette théurgie » ne fait ici que désigner cette traversée du microcosme à laquelle nous ont initié les récits précédents. Cette traversée est la seule voie par laquelle « involuer » le cosmos physique pour rejoindre le monde de l'Ange (« involuer » les facultés de perception sensible par lesquelles est « donné » le cosmos physique).

Dans le discours initiatique du « Vade-mecum » le château du microcosme se présentait à l'imagination visualisante comme un *mandala* où était disposé un palais à trois étages, puis une série de cinq portiques, puis une forêt (repaire de deux bêtes féroces) à la sortie de laquelle le cavalier débouchait enfin au seuil du Château-fort de l'Ame ou monde de l'Ange. Ici le château du microcosme est visualisé à la façon d'une citadelle flanquée de dix hautes tours (*abrâj*), lesquelles donnent son titre à notre petit traité. Il n'y a qu'une différence : ce sont ici les typifications des sens externes qui viennent en premier lieu, et comme il s'agit d'obturer les voies de pénétration du monde physique extérieur, c'est peut-être plus compréhensible. Sinon, il y a correspondance parfaite entre l'architecture (l'*ars memorativa*) du château du microcosme dans le « Vade-mecum », et l'architecture de la citadelle aux dix hautes tours du présent traité. Nous avons indiqué le détail de cette correspondance (n. 16).

Cependant nous relevons là même (n. 16) une expression étrange qui trouvera son explication ici. Les « hautes tours intérieures », celles qui typifient les sens internes, sont désignées ici par l'adjectif *jawwânîya*, dérivé du mot *jaww* qui signifie l'atmosphère, l'espace compris entre le ciel et la terre, tandis que les « hautes tours extérieures », celles qui typifient les sens externes, sont désignées par l'adjectif *barrânîya*, dérivé du mot *barr*, continent, terre ferme, par opposition à *bahr*, la mer. Pourquoi ces tours « atmosphériques » et ces tours « continentales » ? Certes, les deux adjectifs ont ici une grande puissance *imageante* et facilitent la visualisation intérieure, ce qui est le propos de l'auteur. Mais le commentateur nous en montre en outre la signification profonde et la cohérence. L'espace compris entre le ciel et la terre signifie *eo ipso* ce qui est « au milieu », au « centre », et par conséquent ce qui est intérieur, intime, caché (v. g. *jaww al-bayt*, l'intérieur de la maison). D'où les « tours atmosphériques » sont celles qui, comme l'atmosphère, sont dans l'*espace intérieur*, compris entre le ciel et la terre ; elles *symbolisent avec* les sens internes, tandis que le continent, la terre ferme, étant la limite *extérieure* de l'espace intérieur, les « tours continentales » symbolisent avec les sens externes.

En outre, comme nous le signalons à propos de la neuvième tour (n. 17) qui est celle de l'Imagination active, le commentateur Mosannifak a pris occasion de cette tour pour rassembler un certain nombre de données concernant la métaphysique de l'Imagination et de l'*imaginal* professée par les *Ishrâqîyûn*. Elles concordent avec ce que nous avons appris jusqu'ici. On sera particulièrement attentif au beau symbole qui caractérise ici le double rôle de l'Imagination active : « Son nom varie selon que s'y réfléchissent les rayons des étoiles ou les rayons de la Lune. » Dans le premier cas, elle est asservie à la multiplicité des perceptions sensibles, dégénère en fantaisie et ne sécrète que de l'imaginaire. Dans le second cas, elle est la puissance cogitative, l'*Imaginatio vera* que guide et inspire la puissance intellective. Peut-être est-ce dans le « Livre des Tablettes » (ci-dessus Traité III) que Sohravardî a donné l'exposé le plus frappant de sa métaphysique de l'Imagination active, en montrant comment celle-ci était tantôt l'« arbre béni » auquel les Élus cueillent les hautes connaissances qui sont le « pain des Anges », tantôt au contraire l'« arbre maudit ». C'est ce que désignent ici les rayons de la Lune (rayons de l'âme pensante) et les rayons des étoiles (rayons des perceptions sensibles).

IV. La quatrième et dernière partie (str. 29 à 31) est brève. Le pèlerin ayant terminé son voyage initiatique se trouve ici comme dans le « Vade-mecum » au seuil du Château-fort de l'Ame, en présence de l'Ange qui là même était désigné comme *Jâvîdân Kharad*, Sagesse éternelle, et qui n'est autre que l'Ange Gabriel, l'Esprit-Saint, l'Intelligence agente, l'Ange de l'humanité, qui est envers l'âme humaine, et par excellence envers celle qui s'efforce de lui ressembler (str. 7), dans le rapport d'un parent céleste avec son enfant.

Ici encore, comme dans les cas précédents, la vision de Sohravardî typifie cet Ange sous les traits d'un shaykh, d'un sage (*pîr*), d'un maître spirituel d'une éternelle jeunesse (*pîrî javân*) et d'une incomparable beauté. Le commentateur Mosannifak s'en avise, et nous y décelons avec lui un trait caractéristique de la spiritualité des *Ishrâqîyûn*, dont les traités suivants nous montreront toute la portée (cf. n. 19). Car, demande Mosannifak, pourquoi l'auteur dit-il un « shaykh » ? Cela n'a rien à voir avec l'âge ; plusieurs récits soulignent les traits juvéniles de l'apparition. Non, l'emploi du mot vise quelque chose de beaucoup plus essentiel. C'est que l'Ange, explique très justement Mosannifak, est lui-même un guide spirituel, un *morshid*, comme on dit que le shaykh est un *morshid*. Alors il y a ici une allusion discrète mais impérative au fait que, selon les *Ishrâqîyûn* de Sohravardî, le pèlerin mystique, le *sâlik*, n'a pas besoin d'un shaykh humain qui soit son *morshid*. Non pas, le fait d'être un anachorète spirituel, d'avoir intérieurement renoncé à ce monde et aux ambitions de ce monde (le *tajarrod* des frères du *tajrîd*) implique que d'ores et déjà l'Ange-Esprit-Saint est son « shaykh ». L'Ange-Esprit-Saint, Gabriel, est le *morshid* des *Ishrâqîyûn*, et ils n'ont besoin d'aucun *morshid* humain (d'aucun *gourou*, selon le mot mis à la mode en Occident) à la différence de ce que professent les *Mashâyekh* et les soufis [(e)].

Il en résulte que selon la spiritualité des *Ishrâqîyûn*, le rôle du shaykh humain se limite à préparer la rencontre de son disciple avec le vrai shaykh, spirituel, invisible, intérieur : à savoir le guide qui est l'Ange ou cette « Nature Parfaite » pour qui Sohravardî a composé l'un de ses plus beaux psaumes. Mais il n'est pas même indispensable pour cela. En fait les deux traités qui vont suivre (Traités XI et XII) nous montreront la rencontre et le dialogue avec le guide personnel, le maître intérieur, celui que l'école de Najmoddîn Kobrâ devait désigner comme le *shaykh al-ghayb*, *ostâd-e ghaybî* le « témoin dans le Ciel » [(f)]. La rencontre avec ce maître intérieur, sa manifestation à la vision du cœur, marque le point culminant de cette *Queste* de la connaissance de soi qui ne peut être atteinte que par la rencontre avec l'*alter ego* céleste. Tel est l'axe de toute la spiritualité du Shaykh al-Ishrâq et des *Ishrâqîyûn*. Mosannifak l'a fort bien vu.

Dès lors qu'il a pour guide l'Ange-Esprit-Saint, le mystique *ishrâqî* devient *eo ipso* le compagnon de ses « neuf frères », ceux que le finale du « Récit de l'exil » présentait comme les « ascendants » communs de Gabriel, Dixième Intelligence et de l'âme humaine qui est son enfant. Ainsi l'« Épître des hautes tours » s'achève sur l'évocation de ce compagnonnage qui agrège le mystique à la « confrérie initiatique » des Intelligences archangéliques. « Jamais celui qui est devenu leur familier n'est abandonné par eux ni laissé dans la détresse. » « Lorsque tu te seras élevé successivement de l'un à l'autre, sans doute verras-tu resplendir en toi les vestiges de la condition divine » (str. 31).

2. Traduction

1. Les propos qui suivent sont des paroles de saveur mystique et des frappes d'ardent désir. Nous les avons écrits à la requête de certains de nos frères, les anachorètes spirituels [1].

I.

2. Sachez, ô frères anachorètes spirituels — puisse Dieu vous être en aide par la lumière du *tawḥîd* — que le bienfait procuré par l'anachorèse (*tajrîd*) est la rapidité du retour vers la patrie originelle et la conjonction avec le monde supérieur. Le sens du propos du Prophète énonçant que « l'amour de la patrie fait partie de la foi », est une allusion à cela, ainsi que le sens de cette parole de Dieu dans son Livre : « O âme pacifiée ! retourne à ton Seigneur, agréante et agréée » (89/27-28). C'est qu'en effet le retour implique l'antériorité de la présence. On ne dit pas à quelqu'un qui n'a jamais vu l'Égypte : « Retourne en Égypte [2]. » Prends-donc garde de comprendre par « patrie » Damas, Bâghdâd ou autres cités, car ce sont là des cités de ce monde (des patries terriennes). Or, le Prophète déclare : « L'amour de ce monde est le principe de tout péché. »

3. Lors donc que tu as bien compris ce que signifie « ta patrie », sors de « la cité dont les habitants sont des oppresseurs [3] » (4/77). Car à quoi bon l'anachorèse et l'allègement, si le résultat n'en est pas de « rejoindre » ? Celui qui séparerait sa forme spirituelle des attaches de la nature physique, sans être capable de se conjoindre avec le monde de la Vraie Réalité, serait pareil à quelqu'un qui composerait une médecine pour se

guérir et rétablir la complexion de ses humeurs, sans que le traitement donnât de résultat.

4. Oui, la monture, c'est l'anachorèse spirituelle. Si après cela on commence à se frayer une sortie hors des Six, si l'on renonce aux Dix et que l'on coupe les Quatre [4], si l'on s'oriente vers le monde de l'Unique et Seul, on devient digne de « rejoindre », succès qui est la totalité du succès pour les frères de l'anachorèse mystique, puisque leur anachorèse a pour but de rejoindre la lumière du *tawhîd*.

5. Voici que l'irradiation du soleil de la déité (*lâhût*) s'est levée sur les terrasses de l'être qui n'a pas l'être par soi-même [5]. Jusques à quand vous attarderez-vous dans les recoins ténébreux des corps matériels ? Jusques à quand serez-vous au service des temples corporels, comme si vous serviez les idoles ? Bienheureux celui qui est sorti des misères de son corps, celui qui est entré dans le Temple (la *Ka'ba*) de la foi et a quitté les ténèbres de l'aveuglement et du désespoir. A vous donc de vous tenir sur le Seuil et de vous attacher à son voisinage. Car ne s'égare pas celui qui le cherche ; n'est point frustré celui qui en fait son but.

6. Salut à l'âme qui a quitté son nid et s'est tournée vers son Seigneur ; elle a abandonné la pesanteur des corps, et elle se réjouit d'avoir la légèreté des Esprits. Elle a parcouru les voies de la condition humaine (*nâsût*), et elle a atteint à la demeure de la condition divine (*lâhût*). Elle s'est délivrée des entraves des Dix (sens externes et internes), et elle trouve désormais sa joie en la compagnie des Dix (Archanges) [6]. Elle s'est élevée depuis le périgée jusqu'à l'apogée sacrosainte. Alors elle obtient ce qu'aucun œil n'a vu, ce qu'aucune oreille n'a entendu, ce qui n'est monté au cœur d'aucun homme [7].

7. Bienheureux ceux qui ont pour station la condition humaine, et pour lieu de leur envol le libre espace de l'éternité. O notre Seigneur ! mets-nous au nombre de ceux qui ressemblent à leur « père [8] », qui ont coupé l'ascendance de leurs parents terrestres, qui ne se fient pas à leur être dans le monde des Éléments, qui ne s'accoutument pas à la société des habitants de l'espace et du temps, afin de ne pas être retenus captifs dans l'enfer du devenir.

8. Et sache que « l'amour de la patrie (originelle) fait partie de la foi ». Si tu es au nombre des vrais hommes (*rijâl*), ne te contente pas des on-dit ; ne gaspille pas les souffles précieux de ta vie à la recherche des jouissances inférieures. Jusques à quand tremperas-tu dans la poussière de la tombe, sans que puissent t'atteindre les lumières des rayons du soleil ?

9. Voici que les Lumières ont effusé sur les réceptacles, et qu'elles ont restauré la complexion des « temples [9] ». Que l'aveugle de naissance le nie et ne voie aucune lumière, cela n'infirme en rien l'effusion des lumières. Il appartient à la condition de l'ambre parfumé d'exhaler son parfum, de sorte qu'il embaume les réunions de l'intimité et les tours de veille où guette l'aspirant au monde sacrosaint. Qu'il soit interdit à l'enrhumé d'en percevoir la senteur exquise, à cause du dérangement survenu dans son odorat, cela ne nuit en rien au doux parfum de l'ambre.

10. Si se dissipait la nuée des tristesses des précipices, si s'élevait le nuage du vent mortifère des déserts, alors tu verrais ce que tu n'as pas encore vu. Pose une échelle à seize degrés [10]. Monte jusqu'à la terrasse du ciel des réalités hiératiques (*qodsîyât*), afin d'atteindre par la réalité des êtres spirituels (*rûhânîyât*) à la réalité des pures Intelligences (*'aqlîyât*).

11. Ensuite pénètre dans le Temple (la *Ka'ba*) de la prééternité, et récite : « Dis : j'ai tourné ma face vers celui qui créa les Cieux et la terre » (6/79). Et récite encore : « La coupe s'affine tandis que s'affine le vin — Tous deux se ressemblent jusqu'à l'homogénéité pure — On dirait du vin et non point une coupe — On dirait une coupe et non point du vin. »

12. Et sois certain que celui qui résout cette énigme, s'empare du trésor. Goût intime, ensuite ardent désir, ensuite amour passionné, ensuite annihilation, ensuite surexistence. Il n'y a point de cité au-delà de 'Abbadân, et 'Abbadân est sans limite.

II.

13. Et sache — que Dieu te soit en aide par une vision intérieure venant de lui — que la Lune est l'amant sincère de la reine [11] des astres, souveraine des luminaires migrateurs en sa

traversée des plaines célestes, victorieuse des ténèbres par la lumière, gardienne des temps et des siècles, dispensatrice des bienfaits sur la surface de la terre, produisant les nativités de la puissance à l'acte, celle à l'existence de grande migratrice, gardienne des prodiges du Seigneur très aimant.

14. Il est essentiel à l'amant malheureux de se tourner vers la majesté de son aimée, et de parvenir à l'atteindre. C'est pourquoi la Lune se hâte d'une marche rapide ; elle ne s'attarde pas plus de deux jours dans une demeure ; elle voyage en une marche hâtive jusqu'à ce qu'elle s'élève du périgée de la néoménie jusqu'à l'apogée de la pleine lune.

15. Lorsque l'opposition (le face à face) des deux astres est proche, les rayons du Soleil se réfléchissent sur son être. Voici que son être tout entier resplendit des lumières du Soleil, après avoir été enténébré ; il est embrasé par des rayonnements du Soleil après avoir été tout plein d'obscurité. Alors la Lune se contemple soi-même. Il n'y a plus rien en elle qui soit vide des lumières du Soleil. Alors elle s'écrie : « Je suis le Soleil [11a].»

16. Abû Yazîd Bastâmî, Hallâj, et d'autres encore parmi les maîtres de l'anachorèse mystique, furent des Lunes au ciel du *tawhîd*. Lorsque la terre de leur cœur fut illuminée par la lumière de leur Seigneur, ils révélèrent le secret à la fois manifeste et caché. C'est Dieu qui les fit parler, « Dieu qui rend toute chose parlante » (41/21), c'est l'Être Divin qui parle par la langue de ses Amis.

III

17. A toi donc de résoudre la théurgie humaine [12], car les trésors du monde sacrosaint y sont cachés. Celui qui la résout, s'empare de l'objet de la Quête (*maqsûd*) et atteint à l'objet de son adoration (*ma'bûd*). Il s'élève depuis l'abîme des corps jusqu'à l'altitude des Esprits ; il monte depuis le périgée de la profondeur des profondeurs jusqu'à l'apogée du sommet de *'Illîyûn*. Il contemple la beauté hénadique ; il réussit à atteindre l'éternel ; il est sauvé des pièges du *shirk* [13].

18. Le moyen de la résoudre, c'est de te saisir du câble à deux branches avec lequel tu entraves le tigre et l'hyène [14]. Ensuite

franchis trois cent soixante mers, ensuite deux cent quarante huit montagnes reliées à quatre hautes montagnes, elles-mêmes disposées dans six directions. Après cela, tu parviens à une citadelle fortifiée, pourvue de dix hautes tours, logée sur le sommet des montagnes, se mouvant en raison du mouvement de l'ombre de la cime suprême [15].

19. Dans la *première tour* (la première des tours extérieures ou « continentales ») tu vois un personnage disert ; il explique, il est éloquent. Chez lui se trouvent les différentes espèces de ce qui est objet du goût et toutes les catégories des saveurs. Prends garde de te laisser séduire par ses délices, lorsque tu le vois, ou de prêter attention à sa douceur, lorsque tu le contemples. Car la conséquence de ses délices est chagrin, l'aboutissement de sa douceur est poison. Souvent plaisir d'une heure est cause de long chagrin [16].

20. Lorsque tu as franchi cette première tour, tu arrives à la *deuxième tour*. Tu constates qu'elle est pourvue de deux petites portes, disposées dans le sens de la longueur de la citadelle. Le chemin pour monter à cette tour est difficile ; on n'y réussit qu'en prenant l'air comme échelle. Lorsque tu y es monté, tu vois deux personnages siégeant sur les dômes de la citadelle. Il y a chez eux les différentes espèces de senteurs agréables, parmi lesquelles s'exhalent les senteurs de l'ambre gris et du musc odoriférant. Prends bien garde que les senteurs matérielles ne t'empêchent de percevoir les souffles de la brise spirituelle.

21. Lorsque tu as franchi cette deuxième tour, tu arrives à la *troisième tour*, disposée dans le sens de la largeur de la citadelle ; elle est pourvue d'un (double) belvédère partagé entre deux amandes, autour desquelles sont tendus des cordages de soie, tandis qu'entre les deux il y a une colline. Dans chacun des deux belvédères il y a un trône fait d'ivoire et d'ébène. Sur chaque trône, un personnage à la taille svelte, à la joue d'agate, au caractère délicat, aux manières subtiles ; il observe et juge la beauté des lumières ; il connaît bien ce qu'il expérimente. Ne fais halte ni en son joli belvédère ni en son charmant intérieur. Passe outre, comme doit le faire un fidèle d'amour, vers la Beauté unique.

22. Quand tu as franchi la troisième tour, tu arrives à la *quatrième tour*, disposée sur les deux côtés de la citadelle, car elle

comporte deux châteaux fortifiés. Un rempart de cartilage entoure chaque château. Cette quatrième tour attire à elle depuis les horizons les sonorités agréables. Y sont rassemblées toutes sortes de mélodies et d'accords délectables. Là encore efforce-toi de passer outre.

23. Alors tu arrives à la *cinquième tour*, qui englobe le tout, siège de la perception des contraires, du dur et du mou.

24. Ensuite la *sixième tour*, la première des tours intérieures (« tours atmosphériques »). Tu vois là une loge illuminée, resplendissant des lumières des rayons projetés par les cinq premières tours.

25. Ensuite la *septième tour*, chambre du trésor pour toutes ces tours.

26. Ensuite la *huitième tour*, dans laquelle est rassemblé l'avoir des loges intérieures et des loges extérieures, et par qui s'opère la discrimination entre l'ami et l'ennemi.

27. Puis la *neuvième tour*, la discriminatrice dont le nom varie selon que s'y réfléchissent les rayons des étoiles ou les rayons de la Lune [17].

28. Enfin la *dixième tour*, chambre du trésor pour certaines loges intérieures.

IV.

29. Lorsque tu as traversé ces demeures et franchi ces étapes, tu arrives au pays de la fixité et de la stabilité [18]. Le premier être que tu vois est un shaykh d'une grande dignité, plus beau et plus lumineux que la pleine Lune [19]. Bien qu'il soit dans l'espace de l'être qui n'a pas l'être par soi-même, aucun lieu ne le contient. Rapide à se retirer en lui-même, sans pour autant opérer de mouvement ; lent à subir une impression, sans pour autant être immobile. Ses dents éclairent son sourire ; pourtant il n'a pas de dents [20]. Il est l'interprète éloquent [21], pourtant il n'a pas de langue. C'est lui qui transmet la révélation et l'inspiration aux prophètes et aux Amis de Dieu, les grands, les nobles spirituels. Alors sois assidu à son Seuil ; mets à profit son entretien et l'entretien avec ses neuf frères [22].

30. Sache qu'ils sont tous les dix la confrérie dont le compagnon n'est jamais laissé par eux dans la détresse, et dont le familier n'est jamais l'objet d'un abandon de leur part. Ils sont la quintessence de l'être, les très Proches de Celui qui est l'objet de leur adoration.

31. Lors donc que tu es devenu le compagnon de ces dix très nobles Bienfaisants, que tu as modelé ton éthos sur leur propre éthos, que tu t'es élevé successivement de l'un à l'autre, sans doute verras-tu se lever sur toi l'Orient des Lumières éternelles et resplendir en toi les vestiges de la condition divine. Alors te voici délivré du nœud coulant de l'esclavage et du devenir. Tu atteindras à l'Éternel, au Bienfaisant. Puisque tu auras la vision, tu n'auras plus désormais besoin d'explication. Tu auras atteint à la réalité de cette parole divine : « Vers lui retournent toutes choses » (42/53) et de cette autre : « En ton Seigneur est leur aboutissement » (79/44). Et tu ne t'exprimeras plus que dans la langue silencieuse de ton état vécu.

NOTES DU TRAITÉ X

(*a*) Nous avons donné l'édition de ce texte en appendice aux *Op. metaph. III*, pp. 462-471. Bien que le volume *Op. metaph. III* ne dût contenir que les œuvres persanes, nous avons pensé, d'accord avec notre ami S. H. Nasr, qu'il ne convenait pas de morceler le corpus des récits mystiques de notre Shaykh. Déjà le « Récit de l'exil occidental » avait été inséré in *Op. metaph. II*.

(*b*) Cf. *Rayhânat al-adab*, IV, p. 32, n° 67 ; Brockelmann, *Gesch. d. arab. Lit.*, II, 234 ; Storey, *Persian Literature*, I, 10.

(*c*) Cité ici d'après le ms. Aya Sofya 1772.

(*d*) Cf. notre étude sur *L'Imago Templi face aux normes profanes*, in « Eranos-Jahrbuch » 43/1974, et *Spiritualité du Temple et tradition abrahamique*, in « Cahiers de l'Université Saint-Jean de Jérusalem » 2/1975.

(*e*) Ce même trait caractérise la spiritualité shî'ite, laquelle considère l'Imâm (l'un des douze Imâms) comme le seul *pôle* du shî'ite mystique (*'irfânî*), cf. *En Islam iranien*... t. IV, pp. 283-284 et l'index général s. v. guide, Imâm, etc.

(*f*) Voir ces mots *ibid.*, dans l'index général.

1. *Ikhwân al-tajrîd.* Nous avons déjà expliqué ici (cf. l'index s. v.) pourquoi nous nous étions décidé à traduire *tajrîd* (le grec *khôrismos*, *anakhorêsis*) par anachorèse spirituelle, anachorèse mystique, le terme *mojarrad* désignant aussi bien les êtres qui ont pour statut ontologique d'être *séparés* de la matière que les spirituels qui par un acte intérieur se tiennent *séparés* de ce monde. C'est aussi bien cet acte qui noue leur parenté avec les êtres du *Malakût*. Cf. str. 6.

2. On ne saurait surestimer l'importance de tout ce paragraphe. Nous avons vu que dans les traités encore exotériques traduits ici dans la première partie, Sohravardî rejetait l'idée de la préexistence de l'âme à sa « descente » en ce monde-ci. En revanche cette idée est présupposée par tous ses récits d'initiation. Elle est affirmée ici en termes on ne peut plus clairs et explicites. L'idée du « retour » à un lieu implique que l'on ait été antérieurement présent à ce lieu. Ce lieu est ici la « patrie originelle ».

3. Cette cité des oppresseurs n'est autre que ce monde-ci. Elle a été

nommée déjà à la fin du Traité VII et dès le début du Traité VIII. Elle est le lieu de l'« exil occidental ».

4. Les six directions de l'espace (haut et bas, avant et arrière, gauche et droite), les dix sens (externes et internes), les quatre Éléments.

5. Tout le domaine de l'*imkân*, c'est-à-dire de l'être qui doit à un autre sa nécessité d'être (le nécessaire *ab alio*).

6. Le balancement entre les deux groupes de dix est éloquent : d'une part les dix qui au début du Traité VI étaient désignés comme les dix geôliers, d'autre part les dix Intelligences archangéliques qui reparaissent dans presque tous les récits mystiques du Shaykh al-Ishrâq, parce que leur « confrérie initiatique » est l'axe d'orientation de son pèlerinage intérieur.

7. Sentence, nous l'avons vu déjà, fréquemment citée chez les soufis. C'est un verset de Saint Paul (I Cor. 2/9), mais qui en fait provient de l'*Apocalypse d'Élie*, laquelle, par une voie ou une autre, doit être la source de nos auteurs qui en général ignorent tout du corpus paulinien.

8. Ce « père » est apparu tout au long de nos traités, comme pôle de la spiritualité sohravardienne. C'est l'Ange-Esprit-Saint, Ange de l'humanité, inspirateur des philosophes et des prophètes, celui qui accueille son « enfant » au seuil du Château-fort de l'Ame. C'est le *Noûs patrikos*, dont Sohravardî trouvait la confirmation dans les versets de l'Évangile de Jean abondamment cités par lui (cf. Traité II, les VIe et VIIe Temples).

9. Les *Hayâkil al-Nûr* (cf. Traité II) : les temples de la lumière, les habitacles des êtres de lumière descendus en ce monde.

10. En dehors d'une déclaration explicite de l'auteur, toutes équivalences proposées sont arbitraires. Les seize degrés peuvent représenter ici les quatre Éléments, les neuf Sphères, puis le *Malakût*, le *Jabarût*, le *Lahût*.

11. On rappelle que le mot *shams* (soleil) est féminin en arabe, tandis que le mot *qamar* (lune) est masculin. La traduction française s'en accommode comme elle peut.

11*a*. On retrouve ici le symbolisme de la Lune comme typifiant l'expérience unitive du mystique. Voir ci-dessus le Traité VI, et ci-dessous les Traités XI et XII ainsi que le Traité XIII, chapitre IX.

12. Allusion à une conception *ishrâqî* caractéristique : chaque espèce est l'œuvre divine, la « théurgie » (*talasm*, *tilism*) de son Ange. L'espèce humaine est elle-même la théurgie de son Ange, cet Ange-Esprit-Saint qui est la figure prépondérante de tous ces récits mystiques. Résoudre cette théurgie, c'est en pénétrer le secret, c'est-à-dire entreprendre, comme dans les récits d'initiation précédents, la traversée du microcosme (cf. la str. 18), lequel va se présenter ici sous une imagerie propre mais en parfaite correspondance avec celle du récit précédent.

13. Principalement les pièges du *shirk* latent, celui dont le Prophète a dit qu'il était aussi difficile à discerner qu'« une fourmi noire cheminant sur une roche noire pendant une nuit tout à fait noire ». C'est le piège auquel succombe le monothéisme abstrait, en prenant la place de l'idolâtrie métaphysique qu'il voulait à tout prix éviter. Haydar Amolî a écrit sur cette question quelques pages pénétrantes, celles où il montre que le monothéisme exotérique (le *tawhîd* théologique) n'échappe au piège que par le

tawhîd ontologique ou théomonisme ésotérique. Cf. *En Islam iranien...* t. III, pp. 190 ss. Nous avons déjà indiqué ici que l'angélologie de l'*Ishrâq* préservait du même piège.

14. Ces deux bêtes correspondent au lion et au sanglier cachés dans la forêt du microcosme, dont a parlé le récit précédent (chapitre VI, § 10) et dont l'image remonte au récit avicennien de Hayy ibn Yaqzân.

15. Peut-être, selon le commentateur, les trois cent soixante veines, artères et canaux, les deux cent quarante huit os du corps de l'homme, reliés à quatre montagnes qui seraient les deux bras et les deux jambes. Ce qui compte, c'est qu'une fois franchie cette anatomie du corps physique, nous nous retrouvons dans la situation initiale du cavalier décrite dans le récit précédent. La citadelle logée au sommet des montagnes est le cerveau ; elle se meut évidemment avec le mouvement de la cime suprême, laquelle est le corps humain qui la supporte.

16. De même que dans le récit précédent (chapitre VI) le cavalier ne devait s'arrêter à aucune des loges ni aucun des portiques que rencontrait sa traversée du microcosme, de même ici le méditant doit franchir, sans s'arrêter, chacune des tours qui typifie l'un des sens externes ou internes. Il y a correspondance parfaite entre le *mandala* dessiné mentalement dans le discours initiatique du récit précédent et celui qui est proposé ici comme citadelle pourvue de dix hautes tours. Pour guider le lecteur nous marquons ici cette correspondance dans le détail. Quant aux cinq « tours extérieures », la *première* d'entre elles (le sens du goût) correspond au quatrième des cinq portiques décrits dans le « Vade-mecum ». La *deuxième* tour (l'odorat) correspond au troisième portique. La *troisième* tour (la vue) correspond au premier portique. La *quatrième* tour (l'ouïe) correspond au deuxième portique. La *cinquième* tour (le toucher) correspond au cinquième portique. Quant au système des cinq tours intérieures, il est désigné par un terme étrange (*abrâj jawwânîya*) devenu traditionnel, que nous avons expliqué ci-dessus dans notre présentation. La *sixième* tour (le *sensorium*) correspond à la première loge du premier étage du château du microcosme dans le récit précédent. La *septième* tour (imagination représentative) correspond à la seconde loge de ce premier étage. La *huitième* tour (l'estimative) correspond à la première loge du second étage. La *neuvième* tour (l'Imagination active) correspond à la seconde loge de ce second étage. Enfin la *dixième* tour (la mémoire) correspond au troisième étage. Comme le remarque le commentateur, la disposition des cinq tours intérieures correspond à la disposition des cavités du cerveau réputées être le siège des facultés que ces tours typifient.

17. Rayons de la Lune et rayons des étoiles typifient ici les deux aspects de l'Imagination active dont le Shaykh al-Ishrâq nous a déjà montré qu'elle peut être tantôt Ange et tantôt démon. Dans son premier rôle elle est indispensable au mystique (cf. ci-dessus notre présentation). Aussi bien le commentateur Mosannifak en prend-il occasion pour référer longuement à ses devanciers et constituer son propre dossier pour une métaphysique de l'Imagination. Il réfère à Fakhroddîn Râzî, puis à Qotboddîn Shîrâzî, le commentateur de la « Théosophie orientale » de Sohravardî. Nous savions jusqu'ici que l'Imagination active pouvait assumer un double rôle, et prenait un nom différent selon chacun. Comme faculté de l'imaginal, voire comme projetant sur le *sensorium* d'authentiques images métaphysiques (*amthila*

'aqlîya), elle est la « cogitative » (*mofakkira*). Comme faculté de l'imaginaire, obéissant à l'estimative, elle est la *phantasis* (*motakhayyila*). Il nous est précisé désormais qu'un même nom couvre ces deux fonctions, l'une angélique, l'autre démoniaque : c'est « la faculté qui dispose librement » (*al-qowwat al-motasarrifa*). Mosannifak rappelle ainsi opportunément les positions plus approfondies prises par Sohravardî dans son « Livre de la théosophie orientale ». Là même il n'admettra plus (à la différence des Péripatéticiens) que trois sens internes, parce qu'il y considérera l'imagination représentative, l'estimative et l'Imagination active comme une seule et même chose (la première étant la présence des formes imaginatives, la seconde étant la perception des concepts partiels attachés aux perceptions sensibles, la troisième étant l'acte de séparer ou de composer). Dans le même livre, Sohravardî donnera également une nouvelle théorie de la mémoire, dont l'exercice est lié aux facultés supérieures des Lumières séparées, régentes des Sphères, lesquelles n'oublient absolument rien. Ni ce dont un homme se souvient, ni ce qu'il oublie et cherche en vain, ne se trouve dans une de ses facultés, la mémoire, comme le veulent les Péripatéticiens. La souvenance (*dhikr*) ne vient que du « monde de la souvenance » (*'âlam al-dhikr*), sur lequel règnent les *Animae caelestes*. Il y a là tout un aspect de la « lecture des choses dans le Ciel » comme phénoménologie des *Animae caelestes.*

18. Le commentateur rappelle ici certain propos d'al-Qoshayrî : « J'ai entendu le maître Abû 'Alî al-Daqqâq dire qu'aux environs de Neyshâpûr il y avait un shaykh, auteur de nombreux livres, à qui quelqu'un demanda : As-tu voyagé ? ô shaykh. — Voyage terrestre ou voyage céleste ? Quant au premier, non. Quant au second, oui. » A un disciple lui disant : « J'ai parcouru une grande distance pour te rencontrer », le shaykh de répondre : « Il t'aurait suffi d'un seul pas, si tu t'étais mis en route depuis ton âme. »

19. De même que dans le traité précédent, le visionnaire rencontrait l'Ange *Jâvîdân-Kharad* à l'avancée du Château-fort de l'Ame. Et c'est la même « rencontre avec l'Ange » que dans les traités précédents : Archange empourpré, Gabriel, Esprit-Saint, Ange de l'humanité, *Sophia aeterna.* Comme il arrive dans les traités précédents, l'Ange est aussi désigné comme un *shaykh*, un maître spirituel d'éternelle jeunesse (*pîrî javân*). Ici le commentateur Mosannifak nous rend attentifs à la signification capitale de ce que cela comporte pour la spiritualité des *Ishrâqîyûn.* Ceux-ci n'ont pas besoin de *gourou* ; leur seul maître et guide est l'« Archange empourpré », lequel est pour eux le maître secret, le guide intérieur (cf. *ostâd-e ghaybî*, dans l'école de Najm Kobrâ). Voir ci-dessus notre présentation du texte.

20. Se rappeler le sourire du Sage, mentionné au début du Traité VII.

21. *Ibid.*, il était dit que le Sage le plus rapproché du visionnaire, c'est-à-dire la dixième des Intelligences hiérarchiques, était pour les hommes l'interprète de celles qui lui sont supérieures, parce que celles-ci ne pouvaient être que « silence » à l'égard des hommes.

22. De nouveau nous retrouvons ici, comme dans le Traité VII, le plérôme des Intelligences archangéliques groupées à la façon d'une « confrérie initiatique ». Le visionnaire est invité à modeler son éthos sur le leur, à devenir semblable à eux, et à nouer par là même avec eux le pacte d'un « compagnonnage » qui ne sera jamais déçu.

3. Les dialogues intérieurs

XI.

Un jour, avec un groupe de soufis...

(Rûzî bâ-jamâ'at-e Sûfiyân)

Traduit du persan

1. Présentation

Nous avons groupé le présent traité et celui qui le suit (Traité XII) sous un nouveau thème : « Dialogues intérieurs ». A la différence des récits précédents (Traités VI à VIII), ces deux traités offrent en effet cette particularité d'être, non plus des récits visionnaires rapportant la rencontre avec l'Ange et l'initiation dispensée par l'Ange, mais des récits rapportant un long dialogue avec un shaykh, lequel est ici celui qui dispense l'initiation. Notre traduction de l'un et l'autre récit s'efforce de mettre particulièrement en évidence la forme dialoguée. Sans doute est-ce suffisant pour différencier nos Traités XI et XII des Traités IX et X. Mais, si nous nous interrogeons sur la personne du shaykh, interlocuteur du dialogue, nous nous apercevons que la marge de la différence à l'égard des Traités VI à VIII est en fait très étroite.

Qui est en effet ce shaykh ? Inutile d'en chercher le nom dans quelque arbre généalogique d'une *tarîqat* soufie. Le commentateur du traité précédent (Traité X), Mosannifak, nous a rendu attentif à la signification du fait que Sohravardî désigne comme shaykh, ou en persan comme *pîr* (sage, maître spirituel), l'Ange-Esprit-Saint, Gabriel, qui est l'interlocuteur de ses précédents récits d'initiation. C'est que le Shaykh al-Ishrâq et les *Ishrâqîyûn* ne revendiquent aucun shaykh humain. Leur shaykh et leur guide (*morshid*) est l'Ange lui-même, qui est l'Esprit-Saint et l'Intelligence agente, inspirateur des prophètes aussi bien que des philosophes. Par l'intermédiaire de cet Ange, les *Ishrâqîyûn* se rattachent à la « confrérie initiatique » constituée par toutes les Intelligences archangéliques du plérôme. S'ils revendiquent un arbre généalogique authentique, c'est celui-là. (Cf. encore le finale du « Récit de l'exil ».) Certes, ils peuvent affirmer que les *Khosrovânîyûn*, les sages de l'ancienne Perse, furent leurs précurseurs, mais c'est justement parce que ces derniers pouvaient aussi revendiquer la même ascendance. La succession se fait ainsi par la verticale qui chaque fois rattache chaque nadir terrestre au zénith céleste, non point par la ligne horizontale d'un enchaînement historique de ce monde, trouvant en lui-même la raison de sa continuité.

Bref, nous pouvons identifier dans le shaykh du présent récit celui qui, dans l'école de Najmoddîn Kobrâ, s'appelle *shaykh al-ghayb, ostâd-e ghaybî*, le guide intérieur, le maître personnel invisible, le « témoin dans le Ciel ». Le Shaykh n'est donc ici que le substitut de l'Ange des premiers récits. C'est l'Ange « qui ne dit pas son nom ». En revanche, il n'a rien de caché pour son disciple. La toute dernière phrase du récit laissera entrevoir, comme dans un pressentiment de son destin tragique, le lourd fardeau qu'impose à un pèlerin mystique le fait d'avoir l'Ange pour shaykh et pour guide.

D'autre part, dès la première phrase, le récit se situe « dans un *khângâh* ». Le mot persan *khângâh* désigne exotériquement une loge de soufis, mais nous savons déjà le sens secret que lui donne le Shaykh al-Ishrâq. Nous savons que c'est le sanctuaire de l'homme intérieur (cf. ci-dessus le Traité VII), le microcosme comme cité personnelle dont une des portes s'ouvre sur l'autre monde, bref le lieu de la présence mystique de l'Ange. La tonalité du récit est ainsi donnée dès le début. En quelques mots tout est en place : c'est dans ce *khângâh*, ce temple intérieur, que se situe non pas simplement le récit rapportant le dialogue, mais le dialogue même du disciple avec son shaykh intérieur.

Ce dialogue, ou le récit qui le rapporte, n'a d'autre titre pour le désigner que les premiers mots du texte : « Un jour, avec un groupe de soufis... » C'est sous cette forme qu'il figure dans la bibliographie dressée par le fidèle disciple Shahrazôrî, et son authenticité ne fait pas de doute [a]. Tel qu'il nous apparaît, l'extrême intérêt de ce récit d'initiation est de nous confirmer l'herméneutique que nous avons déjà rencontrée au cours des récits précédents. Chaque fois que nous croyions entendre une leçon de cosmologie et d'astronomie, nous étions soudain rappelés à l'évidence que l'intention du récit visait d'autres cieux que les cieux visibles de l'astronomie. Toutes les questions et réponses de la première partie du dialogue, concernant la cosmologie et les mouvements des Sphères, sont formulées en images allusives (v. g. l'art des lapidaires). Le shaykh prodiguera les comparaisons, jusqu'au moment où il interrompra avec fermeté le cours suivi jusque-là par le dialogue. Nous apprenons alors qu'il y a trois manières d'observer le ciel ; il en est une qui fait accéder à des profondeurs célestes que n'atteindront jamais les engins physiques les plus perfectionnés. A partir de là, le récit d'initiation prend son orientation décisive.

Le questionneur dit à son shaykh son émerveillement devant l'art des lapidaires, tel qu'il l'a constaté en se promenant dans leur quartier, au « bâzâr ». Nous comprenons très vite, par certains rappels de traités antérieurs (notamment le Traité VII) que cet art des lapidaires symbolise l'art du démiurge des mondes. Est-il possible d'en faire l'« histoire », la *hikâyat*, de dire cet art en une parabole dont les images reproduisent la réalité de l'acte créateur ? La réponse du shaykh tend à exposer la genèse des Sphères célestes, avec les particularités de chacune, mais elle le fait en une suite d'images si obscures que son auditeur avoue ne rien comprendre. Il en est tout à fait excusable. Le shaykh reprend alors « en clair » son exposé, et nous apprenons les lois selon lesquelles descend et se répartit la Lumière de Sphère en Sphère. On sera attentif ici (§ 6) à la comparaison que l'auteur emprunte à l'art du peintre qui se propose de représenter un temple (l'exemple n'est sans doute pas choisi au hasard). Quelle que soit la couleur choisie pour la base, la couleur bleue par exemple, plus la dimension de l'image s'élève, plus la couleur cède la place à la blancheur correspondant à l'état subtil des hauteurs. Ci-dessous les Traités XII et XIV nous montreront un Sohravardî sensible aux différentes formes de l'expérience musicale. Avait-il aussi l'expérience du peintre ?

De nouvelles questions fusent de la part du disciple : pourquoi y a-t-il sur la IIe Sphère (la VIIIe en comptant à partir de la Terre, le Ciel des Fixes) une multitude infinie d'étoiles, tandis que sur les autres il n'y en a qu'une seule ? Et pourquoi la Lune n'a-t-elle pas de lumière par elle-même ? Et si la Lune n'est pas un substrat de la lumière, comment la lumière du Soleil peut-elle s'y manifester ? Les réponses du shaykh, d'apparence « technique », n'en semblent pas moins chargées de sous-entendus. Aussi bien, n'avait-il pas dit, dès le § 2, que personne ne sait dire au complet l'« histoire » rapportant l'art des lapidaires et que « personne n'en connaît le sens caché » ? C'est ce dernier seul qui importe. La rupture s'accomplit avec une certaine vivacité (§ 9). « Toutes ces questions tombent à côté (sont intempestives), déclare le shaykh... Il n'appartient à personne de divulguer le secret caché dans tout cela. Le connaît celui qui le connaît. »

Oui, mais « comment le connaître ? » Alors vient la grande leçon du shaykh (§ 10), celle en vue de laquelle a été écrit le présent opuscule. Il y a trois manières d'observer le ciel et partant, il y a trois catégories de gens qui observent le ciel. Il y a la catégorie des gens qui n'ont d'autre perception que les perceptions de leurs sens externes. Le ciel qu'ils perçoivent est aussi bien celui que perçoivent les animaux. Il y a la catégorie des hommes de science qui observent le ciel « avec les yeux du ciel ». Ce sont les astronomes et les astrologues, occupés à comprendre les lois et les significations des mouvements des astres. Il y a enfin la catégorie des chercheurs de vérité spirituelle (les *Mohaqqiqân*), les théosophes mystiques. Ceux-là observent le ciel par une faculté de perception intérieure qui leur permet de comprendre les cieux invisibles, l'ésotérique des cieux de l'astronomie. Nous relevons semblable motif du ciel extérieur et du ciel intérieur chez un Paracelse, un Swedenborg (cf. n. 24). C'est à la vision de ce ciel intérieur, non pas ciel « subjectif » mais ciel du *Malakût*, que tendaient toutes les leçons d'astronomie et de cosmologie données dans les traités précédents, et c'est pourquoi nous nous sommes déjà référé maintes fois à celui-ci qui énonce explicitement ce dont il s'agit. Il semble en effet que tout soit dit dans ces quelques lignes. Nous rejoignons le sens néoplatonicien de l'astronomie comme connaissance des astres suprasensibles, c'est-à-dire des astres au sens vrai, — cette science qui permettait que l'on reconnût à Timée la qualité d'astronome éminent.

A cette page d'une portée essentielle, nous rattacherons deux observations. La première est celle-ci. Une lecture purement historiciste de ce texte — d'autres textes de Sohravardî nous ont déjà suggéré la même remarque — pourrait se chercher un alibi en déclarant que toute cette spiritualité est liée à un certain système astronomique, celui de Ptolémée, et que celui-ci étant tombé en désuétude, cette spiritualité a perdu sa base. Ce serait là précisément méconnaître toute la méthode spirituelle du Shaykh al-Ishrâq, qui rejoint celle des néoplatoniciens que l'on vient d'évoquer. Le système de Ptolémée a ici la vertu d'une *Imago mundi*. Celle-ci ne résulte pas des perceptions empiriques ; elle les devance et elle les guide, et elle parachève son œuvre, comme organe de la perception imaginative, en reconduisant l'intuition de l'âme à la perception des cieux du *mundus imaginalis*. La validité de cette *Imago mundi* pour la méthode d'oraison théosophique ne dépend donc nullement des vicissitudes de l'histoire de l'astronomie comme science positive (pas plus que la zoologie et la botanique modernes n'infirment la validité de la symbolique romane). La « révolution astronomique » des temps modernes a été et est également guidée par une *Imago mundi*. La différence est qu'il n'y a peut-être plus de théosophes mystiques pour reconduire aux cieux du *mundus imaginalis* les cieux qui sont vus « avec les yeux du ciel » (cf. n. 27), et qui deviennent alors une parabole.

C'est cette reconduction que le shaykh enseigne à son disciple (§ 12). Nous appelons l'attention sur elle — et ce sera notre seconde observation — car elle illustre toute la pédagogie spirituelle de notre shaykh (cf. n. 28). Lorsqu'il s'agissait de traverser le microcosme, les sens internes étaient dépassés aussi bien que les sens externes. Cependant nous avons appris qu'il fallait revenir du Sinaï mystique dans la prison de Qayrawân (Traité VIII). Mais il y a désormais cette différence : la communication avec le *Malakût* — c'est-à-dire entre le monde imaginal immanent à l'homme et le monde imaginal absolu — est à tout moment possible. Cette possibilité dépend d'un entraînement spirituel intense. Le traitement que doit suivre le candidat à l'initiation, est rude. Broyer tout ce à quoi il attache du prix en ce monde, et l'absorber comme une médecine sous forme de laquelle tout cela sera évacué. Alors l'*anima imaginativa* se substitue à l'*anima sensitiva.* Main intérieure, vue intérieure, ouïe intérieure, odorat intérieur, etc. (§ 12), ce sont là des termes caractérisant la « physiologie » des organes subtils de l'homme intérieur, dont les sens sont transfigurés en « sens spirituels », en sens du suprasensible (cf. n. 28). Sohravardî complète ainsi ce qu'il nous a déjà appris concernant la théorie de la connaissance visionnaire, la hiérognose. L'Imagination active n'est plus le démon qui égare ; elle est l'*Imaginatio vera*, l'Ange dont la médiation permet aux mondes supérieurs irrévélés de se manifester dans un *sensorium* capable d'images intellectives.

Que voit alors le visionnaire ? « Il voit ce qu'il voit et ce qu'il lui incombe de voir » (§ 12). De nouveau se présente ici l'idée de la *hikâyat*, d'une « histoire » qui est à la fois récit et *mimêsis*, image-imitation. Cette *mimêsis*, cette parabole, seule peut la comprendre celui pour qui l'événement raconté fut aussi l'événement vécu par lui. Autrement dit, il ne s'agit pas de « données objectives » indifféremment saisissables par n'importe qui. Telle est la norme des perceptions théophaniques que les *Acta Petri* ont déjà admirablement énoncée : *Talem eum vidi qualem capere potui.* « Je l'ai vu tel qu'il était dans ma capacité de le saisir. » Sohravardî eut certainement reconnu cette norme comme sienne, comme sanctionnant sa propre doctrine de la connaissance visionnaire, de la hiérognose. « L'accès de ce monde suprasensible ne s'ouvre qu'à un petit nombre de personnes. » Et il sait les rechutes ; il sait à quel point est tenace l'ivresse des évidences sensibles, lesquelles poussent à dénier la réalité des perceptions suprasensibles en les considérant elles-mêmes comme un autre genre d'ivresse.

Tout le § 12 de notre traité décèle une profonde expérience spirituelle. Il semble que dans ces lignes Sohravardî nous livre tout le secret des récits mystiques composés par lui. Aussi l'assemblée idéale réunie dans son *khângâh* peut-elle constater que son shaykh est vraiment un shaykh extraordinaire (§ 13). Disciple et maître ne se cachent rien l'un à l'autre, et cette réciprocité est la norme exaltante et redoutable de la compagnie de l'Ange. Redoutable, car les normes du monde profane ne peuvent s'accommoder de la fidélité à l'Ange. Il ne reste que le dilemme. Parler, mais aller au-devant de la mort. Se taire, mais accepter de capituler. Dans les toutes dernières lignes de ce récit, Sohravardî a inscrit son destin de « shaykh martyr » (*shaykh-e shahîd*).

2. Traduction

1. Un jour, avec un groupe de soufis, j'avais fait halte dans un *khângâh* [1]. Chacun s'était mis en devoir de rapporter quelques propos d'entre les enseignements de son shaykh. Lorsque mon tour fut venu, voici ce que je racontai.

Certaine fois que j'avais pris place en présence de mon shaykh, je lui tins ce propos.

— *Moi* : Je suis passé aujourd'hui par le quartier où les lapidaires tiennent boutique. J'observai l'un d'eux. Devant lui il avait disposé un disque, et il tenait dans sa main une pierre précieuse. De cette pierre précieuse il était en train de faire, sur ce disque, une sorte de boule ayant une forme parfaitement ronde. Je me posai cette question : à supposer que ce disque qui tourne de haut en bas, vînt à tourner à plat sur le sol à la façon d'une meule de moulin [2], et que le lapidaire, une fois posée la boule sur le disque, en aurait retiré sa main, est-ce que la boule posée sur le disque n'aurait par elle-même, à cause du mouvement du disque, aucun mouvement, ou bien en aurait-elle un ? Je ne suis pas parvenu à résoudre le secret de la chose [3].

— *Le shaykh* : La boule, elle aussi, tournerait sur le disque, mais à rebours de la marche du disque, de sorte que, si le disque tournait de la gauche vers la droite, la boule tournerait sur le disque de la droite vers la gauche. Une comparaison. Supposons que tu prennes une planche et que tu poses une boule à l'extrémité de cette planche. Voici que tu tires (brusquement) cette planche vers toi. La planche se rapproche de toi, mais la boule tombe à l'opposé de toi en s'en allant par le côté de cette planche qui est le plus éloigné de toi.

2. — *Moi* : Supposons maintenant que sur le disque en question il y ait une boule, ou dix boules, ou plus encore. Est-ce que leurs marches respectives seraient égales entre elles, ou bien non [4] ?

— *Le shaykh* : Supposons que tu traces dix lignes (concentriques) sur la surface du disque, de sorte que les lignes marquent respectivement l'itinéraire de rotation de chaque boule. Une fois que tu auras posé la boule sur cette ligne, elle ne déviera pas de cette ligne. Tu projettes donc une boule sur chaque ligne et tu fais alors tourner le disque. La boule qui est plus rapprochée du centre arrive plus rapidement au point d'où elle était partie. Quant à chacune des autres boules, plus elle est éloignée du centre, plus lentement elle arrive au point dont elle était partie. Mais il y a à cela une condition : c'est que les boules soient égales entre elles, car si une boule était plus petite, elle arriverait plus lentement qu'une boule plus grande. En effet, il en faut autant à la petite boule pour tourner dix fois, qu'à une boule qui serait dix fois plus grande pour tourner une seule fois.

— *Moi* : C'est un art merveilleux que l'art des lapidaires !

— *Le shaykh* : Il y a une histoire [5] célèbre concernant leur art. Mais personne ne dit au complet cette histoire et personne n'en connaît le sens caché.

— *Moi* : Cette histoire, quelle est-elle ?

3. — *Le shaykh* : Il était une fois un lapidaire qui possédait une pierre précieuse. Il voulut exercer sur elle son art. De ce joyau il fit un bol [6], quelque chose comme une sphère. Du surplus qu'il avait extrait de la pierre précieuse pour tailler le premier bol, il fit de même, à l'intérieur du premier bol, un autre bol. A son tour, du surplus qu'il avait extrait pour tailler le second bol, il fit un troisième bol, ainsi de suite jusqu'à neuf bols. Après cela, des copeaux de ces bols (successivement taillés) il fit un joyau et l'inséra entre deux robes. De l'étoffe de ces deux robes, une pièce n'avait aucune couleur tandis qu'une autre inclinait quelque peu vers la blancheur. Il fixa ce joyau au milieu du bol [7]. Puis il donna de l'éclat au premier bol. Sur le second bol il peignit un grand nombre d'oranges et disposa sur celles-ci de l'or. Sur le troisième et le quatrième bol, ainsi de suite jusqu'au neuvième, il peignit sur chacun une orange [8].

Après cela il jeta ce bol bien orné au tournage ; le bol tournait de la gauche vers la droite, tandis que les oranges qui étaient sur chaque bol tournaient de la droite vers la gauche, de sorte que si quelqu'un regardait par le milieu du neuvième bol pour voir le premier bol, il penserait qu'il s'agit d'un seul et même bol, et que toutes ces oranges ont été peintes sur un seul et même bol. Et en raison du mouvement extrême des bols, il penserait que ce joyau qui est entre les pièces de la robe au milieu du neuvième bol, est resté en suspens, comme si son inclination vers un côté quelconque du bol était à égalité avec n'importe quelle autre [9].

— *Moi* : Sans doute penses-tu que, moi aussi, je suis au milieu de ce bol. Mais en fait, je ne comprends rien à ce que tu veux bien me dire. Veux-tu m'expliquer encore, afin que j'en tire quelque enseignement ?

4. — *Le shaykh* : Lorsque le Créateur — grandiose est sa gloire — créa les Sphères célestes, pour l'embellissement de (chaque) Sphère il émit une Lumière pour la Ire Sphère (la IXe à partir de la Terre). Cette Ire Sphère, à cause de son mode d'être extrêmement subtil, ne put être un support pour cette Lumière, parce que la Sphère est intermédiaire entre l'être (*hastî*) et le non-être (*nîstî*) [10]. D'une part elle est voisine de l'être, d'autre part elle est voisine du non-être. Elle est donc quelque chose entre l'être et le non-être : proche de l'irréel (*nâ-tchîz*) quant à la forme extérieure, mais plus réelle (*tchîz-tar*) que tous les réels quant à la qualification (*sifat*) [11]. Il en va de même que lorsque tu ne fais pas entrer l'élément-Air en ligne de compte, en déclarant qu'il n'est rien, sous prétexte que, lorsqu'il n'y a pas en lui la force du mouvement, il ne peut pas soutenir le poids d'un atome. Or, cela tient à son extrême subtilité. Donc la Ire Sphère, elle aussi, est proche de ce non-être qui est le monde, mais elle est aussi plus subtile que n'importe quoi au monde. A cause de son extrême subtilité, elle ne peut capter et retenir la lumière. Lorsque la Lumière parvint à la IIe Sphère (la VIIIe à partir de la Terre), celle-ci la supporta. La lumière se répartit sur toute la IIe Sphère ; chaque partie en devint une étoile. Alors ce qui resta de lumière en surplus de ces étoiles, parvint à la IIIe Sphère (la VIIe à partir de la Terre). De ce surplus fut manifestée la masse astrale (*jism*) de Saturne. A son tour, ce qui resta de lumière en surplus de

Saturne parvint à la IVe Sphère (la VIe à partir de la Terre). En fut manifestée la masse astrale de Jupiter. De même, du surplus de la lumière de Jupiter, Mars fut manifesté. Du surplus de la lumière de Mars, fut manifesté le Soleil. Du surplus du Soleil fut manifestée Vénus. Du surplus de Vénus fut manifesté Mercure, et du surplus de Mercure fut manifestée la Lune.

5. — *Moi* : Pourquoi la masse astrale du Soleil est-elle plus grande et plus lumineuse que celle des autres étoiles ?

— *Le shaykh* : Parce qu'il se trouve en position médiane. En effet, si tu considères ces sept étoiles, le soleil est au milieu d'elles [12]. Et si tu considères la totalité des Sphères, eh bien, de même qu'il y a deux Sphères au-dessus de ces sept Sphères [13], de même il y a deux autres Sphères au-dessous de ces sept Sphères : l'une est l'Éther (*athîr*) et l'autre le *Zamharîr*. Donc, de quelque manière que l'on compte, le Soleil est en position médiane [14]. Il se passe même chose que lorsqu'un courant d'eau vive court dans une campagne. Si, à cause de la pierraille ou d'un sol trop compact, l'eau ne peut plus déborder de côté, les deux rives du courant se resserrent, tandis qu'au milieu se creuse une profondeur, parce que c'est au milieu que l'eau a la supériorité, et que sa force est là où est sa supériorité. Par cette indication, (tu peux comprendre pourquoi) nécessairement le soleil est plus grand et plus lumineux que les autres étoiles.

6. — *Moi* : Pourquoi ces étoiles qui sont sur la IIe Sphère (la VIIIe à partir de la Terre, le ciel des Fixes) ne sont-elles pas plus éclatantes de lumière ? Car il y a là une multitude d'étoiles. La lumière y parvient même en plus grande abondance, puisque toutes les autres étoiles (celles des cieux planétaires) dérivent du surplus de la lumière de ces étoiles.

— *Le shaykh* : La IIe Sphère est voisine de la Ire Sphère. Elle non plus n'a pas trop de robustesse [15]. L'image des Sphères célestes est semblable au cas du peintre qui se propose de peindre un temple (*haykal*). Il pose d'abord un point, soit bleu, soit rouge, soit vert, de quelque couleur qu'il veuille. Supposons qu'il soit bleu. Après ce point (il tire une ligne) en mélangeant quelque peu de blancheur à la couleur bleue, et il tire une autre ligne à l'extrémité de cette ligne. Et quelque ligne qu'il tire, la blancheur va en s'accroissant, de sorte que finalement il ne reste rien de la couleur bleue. L'ensemble est blanc, car graduellement il l'a fait parvenir de la couleur bleue à la blancheur. Maintenant suppose que la Terre soit le point de couleur bleue, et que chaque Sphère qui révolue au-dessus d'elle, soit de plus en plus blanche jusqu'à la Ire Sphère. Voici que la couleur bleue qu'il y avait au début (celle de la Terre), est devenue, tout au long de la ligne qui s'élève au-dessus d'elle, complètement blanche [16] ; en d'autres termes, la couleur bleue a disparu [17]. Ce que l'on signifie par cette blancheur, c'est l'état subtil et diaphane, non pas la couleur comme telle. Maintenant, la IIe Sphère qui est voisine de la Ire Sphère, est également d'un état subtil et diaphane. L'étoile, elle aussi, est d'un état subtil. Tout se passe comme dans le cas de l'eau ; en quelque récipient (transparent) que tu la verses, l'eau prend la couleur de ce récipient. Alors comme la IIe Sphère n'est pas (étant donné son état subtil et diaphane) d'une grande robustesse physique, les étoiles, elles aussi, ne sont pas d'une grande robustesse physique.

7. — *Moi* : Pourquoi y a-t-il sur la IIe Sphère une multitude d'étoiles, tandis que sur chacune des autres Sphères il n'y en a qu'une, sans plus ?

— *Le shaykh* : Supposons que tu prennes un grand plateau et que tu y verses une certaine quantité de mercure. Ensuite tu prends le centre du plateau et tu disposes quelque chose (un pivot) au-dessous de ce centre. Tu fais alors tournoyer le plateau. Comme il y a beaucoup de mercure, celui-ci se répartit sur l'ensemble par suite du mouvement du plateau. Maintenant, si tu mets les parcelles de mercure sur un petit plateau et que tu fasses également tournoyer ce petit plateau sur son axe, voici que sur ce petit plateau les parcelles de mercure s'agglomèrent ensemble, par suite du mouvement de ce petit plateau. L'image est la même. La IIe Sphère (ou VIIIe ciel, ciel des Fixes) reçoit la lumière de la Ire Sphère. Le champ qu'elle offre est immense. Nécessairement la lumière se répartit sur l'ensemble. Lorsque, à partir de là, la lumière parvient à chacune des Sphères qui sont au-dessous, le champ qui l'accueille devient plus étroit et la lumière diminue. Nécessairement elle tend à s'agglomérer (en une seule masse astrale).

8. — *Moi* : Pourquoi la Lune n'a-t-elle pas de lumière à elle ?

— *Le shaykh* : Toute étoile, quelle qu'elle soit, est entre deux

Sphères. La fourniture en lumière de ces étoiles vient également de la Sphère. L'étoile sur sa Sphère est pareille à la vie dans le corps humain, car l'alimentation de la vie en énergie provient de l'énergie du corps, et réciproquement l'alimentation du corps en énergie provient de l'énergie vitale. Dans le cas de la Lune, son côté qui est tourné vers le terrestre, est vide de toute Sphère astrale nouvelle [18]. Il y a bien deux Sphères [19], mais celles-ci sont en rapport avec le monde des Éléments. De même que dans la Ire et la IIe Sphère (IXe et VIIIe ciel à partir de la Terre), c'est l'état subtil qui prédomine, de même dans ces deux Sphères (au-dessous de la Lune), c'est la pesanteur qui prédomine. Suivant l'image de la peinture du peintre que nous t'avons proposée tout à l'heure, ces deux Sphères qui viennent au-dessous, ont plus de rapport avec la couleur bleue qu'avec la blancheur [20], tandis que la Ire et la IIe Sphère ont plus de rapport avec la blancheur qu'avec la couleur bleue. Par cette couleur bleue et par cette blancheur nous signifions respectivement, avons-nous dit, la pesanteur et l'état subtil ou diaphane. Quant à la Sphère du Soleil, elle est en position médiane [21]. Là est le lieu de l'équilibre quant à l'état subtil et quant à la pesanteur.

— *Moi* : Si la Lune n'est pas le siège (ou substrat) de la lumière, pourquoi la lumière du Soleil se manifeste-t-elle en elle ?

— *Le shaykh* : Si les rayons du Soleil tombent sur un miroir, ou sur un globe de cristal, ou à la surface de l'eau, ou sur n'importe quoi de semblable, la lumière s'y manifeste et de là se réfléchit, de même qu'elle le fait à partir de la masse astrale du Soleil [22]. Donc ces choses sont le siège et le réceptacle de la lumière du Soleil. A fortiori, en est-il ainsi de la masse astrale de la Lune [23].

9. Finalement ce genre de questions et de réponses parut épuisé entre nous.

— *Le shaykh* : Toutes ces questions tombent à côté. Il n'appartient à personne de demander : pourquoi telle ou telle étoile est-elle lumineuse, et pourquoi telle ou telle autre ne l'est-elle pas ? Pourquoi y a-t-il ici beaucoup de lumière, et pourquoi là y en a-t-il peu ? Car alors, à celui qui fréquente cette voie, le questionneur demandera : pourquoi n'y a-t-il pas quinze Sphères célestes ? ou pourquoi n'y en a-t-il pas onze ? Pourquoi révoluent-elles ? pourquoi leur marche ne commet-elle pas d'erreur ? On répondra : c'est comme cela. Il n'appartient à personne de divulguer le secret caché dans tout cela. Le connaît qui le connaît.

10. — *Moi* : Comment peut-on le connaître ?

— *Le shaykh* : Ceux-là qui observent le ciel et les étoiles forment trois groupes [24] :

a) Il y a le groupe de ceux qui observent avec leurs yeux de chair ; ils voient une étendue de couleur bleue ; sur cette étendue ils remarquent un certain nombre de points de couleur blanche. Ce groupe est celui du commun des hommes. Les animaux, eux aussi, sont capables de regarder le ciel de cette façon.

b) Puis il y a le groupe de ceux qui observent le ciel avec les yeux mêmes du ciel (*bedîdeh-ye âsmân*). C'est le groupe des astronomes et astrologues. Les yeux du ciel, ce sont les étoiles, et ceux-là voient les cieux par les étoiles. Ils disent : aujourd'hui telle étoile est dans tel signe du zodiaque ; elle aura donc telle influence. Elle est en conjonction avec telle autre étoile dans tel signe du zodiaque. Le signe du zodiaque a la nature de l'élément Air, ou de l'élément Terre, ou de l'élément Feu. La conjonction est primaire. Il y a prédominance de l'élément Air ou prédominance de l'élément Eau. Telle année le Soleil allait par le signe du Bélier. En ce temps-là tel signe du zodiaque montait. L'horoscope (*tâlí'*, l'ascendant) de l'année est tel ou tel Signe ; l'année sera pluvieuse. Au temps où telle personne est venue du sein de sa mère à ce monde, tel Signe du zodiaque montait. L'horoscope de cette personne est ce Signe ; son *kadkhodâ* (maître de maison) [25] est telle étoile ; le maître de maison de l'ascendant est actif ; il procure bénédiction. A tel moment le nœud de la queue du Dragon [26] est devant le Soleil ou bien devant la Lune. Le Soleil ou la Lune subissent une éclipse. Ils font le calcul de telle ou telle étoile. Bref, ils voient le ciel avec les yeux du ciel.

c) Quant au troisième groupe, ce sont ceux-là qui ne contemplent le secret du ciel ni avec leurs yeux de chair ni avec les yeux du ciel, mais avec le regard intérieur de l'inférence (du visible à l'invisible). Ce sont les chercheurs qui comprennent le sens vrai (les *Mohaqqiqân*) [27].

11. — *Moi* : Je ne possède pas ce regard. Quel régime suivre (pour l'acquérir) ?

— *Le shaykh* : Ce dont tu souffres, c'est de réplétion. Va, fais abstinence pendant quarante jours. Après cela prends médecine jusqu'à ce que tu évacues. Peut-être ta vue reviendra-t-elle.

— *Moi* : Quelle est la recette de cette médecine ?

— *Le shaykh* : Les ingrédients en sont là, à ta portée.

— *Moi* : Ces ingrédients, quels sont-ils donc ?

— *Le shaykh* : Tout ce à quoi tu attaches du prix : richesses, possessions, équipements, plaisirs sensuels et charnels et tout ce qui ressemble à cela, tels sont les ingrédients de cette médecine. Va ! pendant quarante jours contente-toi d'un minimum de nourriture convenable qui soit hors de tout soupçon et sur laquelle ne se pose le regard de personne. Alors jette ces ingrédients dans le mortier du confiant abandon (*tawakkol*). Broie-les avec le pilon de l'ardent désir ; de tout cela confectionne une médecine et absorbe-la d'un seul coup. Si bientôt tu éprouves le besoin d'évacuer, c'est que la médecine a été opérante. Rapidement tu recouvreras la lumière de la vue. Si le besoin ne se produisait pas, c'est que la médecine aurait été inopérante. De nouveau, fais mêmement abstinence pendant quarante autres jours et absorbe de cette médecine qui cette fois devrait être opérante. Mais, si cette fois encore, elle reste inopérante, eh bien de la même manière absorbe une autre fois de cette médecine, et une autre fois encore, jusqu'à ce qu'elle soit opérante. Mais si quelqu'un retourne comme le chien à son vomissement, s'il se laisse de nouveau tenter par ces ingrédients dont il avait confectionné une médecine, cette médecine qu'il avait absorbée, qui avait produit en lui son effet et qu'il avait expulsée, dans ce cas il se produit une rechute ; une maladie se déclare que cette fois aucun médecin ne sera en mesure de guérir.

12. — *Moi* : Lorsque l'œil s'est ouvert, que voit le clairvoyant ?

— *Le shaykh* : Lorsque l'œil de la vision intérieure (*dîdeh-ye andarûnî*) est ouvert, il faut fermer l'œil de la vision extérieure (*dîdeh-ye zâhir*) sur toutes choses, et il faut clore les lèvres. Les cinq sens externes, il faut y renoncer. En revanche il faut mettre en action les sens internes, de sorte que, si ce malade saisit quelque chose, il le saisisse par la main *intérieure*. S'il voit quelque chose, qu'il le voie par les yeux intérieurs. S'il entend quelque chose, qu'il l'entende par l'ouïe intérieure. S'il perçoit quelque parfum, qu'il le perçoive par l'odorat intérieur, et que son goût intime soit de la nature de l'âme. Lorsque cet état spirituel est réalisé, il peut contempler de façon continue le secret des cieux spirituels (*sirr-e asmân-hâ*, l'ésotérique ou le *Malakût* des cieux) [28]. A tout moment, il est en communication avec le monde suprasensible.

Maintenant tu demandes : que voit-il ? Il voit ce qu'il voit et ce qu'il lui incombe de voir. De ces choses qui s'offrent à son regard il ne peut faire le récit [29] qu'à celui qui peut comprendre par sa propre expérience. L'accès de ce monde suprasensible ne s'ouvre qu'à un petit nombre de personnes, car renoncer au monde sensible est chose difficile pour le profane (*nâ-ahl*), et peu nombreux sont dans le monde ceux qui y réussissent et deviennent des initiés. Le libertin retombe chaque matin au monde de l'ivresse avec le malaise qui suit l'excès de boisson [30]. L'excès de boisson a affaibli son cerveau, et celui dont le cerveau est affaibli, est saisi de frayeur devant toute chose. Dans cet état il désavoue sa propre action. Il se dit à lui-même : il faudrait que je renonce à ce libertinage pour revenir à Dieu, car ce monde-ci et l'autre monde risquent de s'y engloutir. A ce moment-là sa réflexion est correcte. Mais, lorsque le soir revient, son inconscience est attirée de nouveau vers les tavernes et il redevient un homme ivre. Dans son ivresse il se dit : Mes réflexions de ce matin ne signifiaient rien ; le monde, c'est le monde de l'ivresse. Renoncer à ce monde (au monde sensible) n'est qu'un autre genre d'ivresse. L'inconscience prend les devants, et ne permet à personne de suivre la voie droite ; elle maintient ceux qui ont opté pour ce monde (*jahâniyân*), perpétuellement ivres du vin de l'illusion.

En revanche, si quelqu'un expérimente la douceur de la vie secrète et substitue l'être au non-être, il devient un cavalier chevauchant la monture de l'imagination méditante et court dans la vaste plaine du monde du Mystère (*'âlam-e ghayb*) [31]. Car c'est des réalités suprasensibles que lui vient cette douceur. Il se peut qu'il soit incapable de décrire quelque chose de l'extrême douceur qu'il éprouve en son état intérieur, car cela échappe aux normes de la condition humaine commune. Les fous (ici les gens raisonnables) disent de lui qu'il est fou. Tout ce qu'il fait est de travers, à ton jugement. Mais ce que tu peux en penser, lui est indifférent, car là où il est, il ne se soucie pas de toi.

13. Lorsque j'eus rapporté à cette assemblée cette partie des propos de mon shaykh, ils me dirent : Tu as un shaykh éminent et plein de sollicitude pour toi, puisqu'il ne te tient caché aucun secret.

— *Moi* : Il ne me cache rien, mais je ne puis redire tout ce qu'il me dit : « Si je parle, il y a le sabre ou le gibet — Mais si je ne parle pas, je capitule devant la lourde tâche [32]. »

Ici finit le récit.

NOTES DU TRAITÉ XI

(*a*) Le texte persan a été publié par S. H. Nasr in *Op. metaph. III*, pp. 242-250. Un autre ms. (Shahîd 'Alî 2703) nous a permis d'améliorer quelques lectures, mais nous ne pouvions entrer ici dans le détail des remarques philologiques.

1. On se rappellera ici le début du Traité VII ci-dessus. Le *khângâh* est une loge de soufis. Dans les récits mystiques de Sohravardî, il s'agit du *khângâh* intérieur, du sanctuaire de l'homme intérieur qui est le lieu de la présence mystique de l'Ange. Ainsi donc la tonalité du présent récit est donnée dès le début. Il ne s'agit pas d'une rencontre dans un *khângâh* situé ou situable dans quelque lieu géographique.

2. Se rappeler l'exemple des meules, proposé également dans le Traité VII.

3. La question est celle-ci : les planètes ont-elles un mouvement différent de celui de la Sphère des Sphères (mouvement diurne d'est en ouest) ? Réponse : oui. Mais il serait peut-être scabreux de tenter de reproduire empiriquement les exemples proposés par le shaykh.

4. La question porte sur les mouvements autonomes des Sphères célestes, mouvements différenciés entre eux à l'intérieur de la Sphère des Sphères. On rappelle que la lenteur ou la rapidité de leurs mouvements ont pour cause certaines différences dans l'aspiration d'amour des *Animae caelestes* à l'égard des Intelligences hiérarchiques (*Angeli intellectuales*) dont elles émanent.

5. Une *hikâyat*, c'est-à-dire un récit qui soit à la fois l'image et l'imitation (la reproduction, la répétition) de l'art des lapidaires, lequel n'est ici rien d'autre que la démiurgie donnant origine aux Sphères célestes.

6. Se reporter de nouveau au Traité VII, où la cosmographie était présentée sous l'image d'un bol renfermant plusieurs bols homocentriques.

7. Sur les « deux robes » cf. le § 8 : toute étoile (planète) est entre deux Sphères. Quant au joyau fixé au milieu du bol, il désigne ici le soleil (cf. § 5 et ci-dessous les n. 12 à 14).

8. Ces oranges figurent ici les astres (les fixes et les planètes) ; dans la cosmographie du Traité VII l'image était celle d'agrafes lumineuses.

9. Comparer avec l'image du bol donnée ci-dessus dans le Traité VI (la fig. 2).

10. On rappelle que la matière subtile de chaque Sphère procède du second acte de contemplation de chaque Intelligence, à savoir l'acte par lequel elle contemple sa propre essence comme ne nécessitant pas l'existence par elle-même, comme étant par conséquent la « dimension » de son virtuel non-être. C'est cette dimension qui dans le « Vade-mecum » était typifiée dans le personnage de Nostalgie. Se reporter ici au « Vade-mecum » (Traité IX), chap. I, IV, VI, VIII, IX.

11. Comme cristalline invisible.

12. La Sphère du soleil, qui est la quatrième, est en position médiane : il y a trois Sphères planétaires au-dessus (Mars, Jupiter, Saturne) et trois Sphères planétaires au-dessous (Vénus, Mercure, la Lune).

13. A savoir le Ciel des Fixes et la Sphère des Sphères.

14. Dans ce cas on compte en effet onze Sphères, et celle du Soleil est toujours en position médiane : il y a cinq Sphères au-dessus (Mars, Jupiter, Saturne, le Ciel des Fixes et la Sphère des Sphères) et cinq Sphères au-dessous (Vénus, Mercure, la Lune, l'Éther et la *Zamharîr* qui est la Sphère du froid intense).

15. Pour la même raison que celle donnée ci-dessus n. 10.

16. La phrase persane est ici assez embrouillée, mais l'intention de l'auteur est ferme : il s'agit de la disparition progressive de la couleur bleue au profit de la blancheur, au fur et à mesure que l'on s'élève. L'image du Temple n'est certainement pas choisie ici au hasard.

17. En lisant *a'nî nîstî* avec le ms. Shâhîd 'Alî 2703, au lieu de *aknûn bînî* qui n'offre ici aucun sens.

18. De l'Intelligence hiérarchique dont le Ciel est le Ciel de la Lune, procède, non pas une nouvelle triade (Intelligence, Ciel, Ame), mais la dixième Intelligence qui est notre Intelligence agente, l'Esprit-Saint, Gabriel, l'Anthrôpos céleste. Celle-ci, à son tour, ne donne pas naissance à une nouvelle Intelligence ni à la matière subtile d'un nouveau Ciel ; elle « explose », pour ainsi dire, en la multitude des âmes humaines et donne naissance à la matière sublunaire. C'est ce que typifie, on se le rappelle, le symbolisme des deux ailes de Gabriel ci-dessus dans le Traité VII.

19. L'Éther et le *Zamharîr* nommés ci-dessus (n. 14).

20. Puisqu'elles sont plus proches de la pesanteur des Éléments que de la subtilité des Sphères astrales.

21. Cf. ci-dessus les n. 12 à 14.

22. C'est une question posée chez nos auteurs (chez l'alchimiste Jaldakî par exemple) : la masse astrale du Soleil reçoit-elle d'ailleurs la lumière pour alors la réfléchir à la façon d'un gigantesque miroir ? Ou bien est-elle elle-même source de lumière ?

23. C'est cela même, on le sait, qui permet de méditer les phases successives de la Lune comme symbolisant les différents états du mystique, cf. ci-dessus les Traités VI et X.

24. Le paragraphe précédent (§ 9) a marqué la rupture de la leçon d'astronomie et de cosmographie physique. Moment d'une importance capitale, car le dialogue va désormais rejoindre les préoccupations marquées dans les récits précédents. Chaque fois qu'il a été question d'astronomie, nous avons pu relever qu'en fait l'intention ne visait pas les cieux de l'astronomie physique mais les cieux intérieurs de l'astronomie spirituelle. (Ici même, dès le § 2, il était fait allusion au sens caché de l'art des lapidaires ; c'est à ce sens caché que revient maintenant l'auteur). Le présent dialogue nous montre jusqu'à quelle limite il est licite de poser des questions concernant l'exotérique de l'astronomie et de la cosmographie. Avec la caractérisation des trois manières de contempler le ciel et des trois groupes qui leur correspondent, Sohravardî énonce une doctrine qui a ses répercussions sur l'ensemble des traités traduits ici. C'est pourquoi nous nous sommes déjà référé à maintes reprises à cette page du présent traité. A propos de ce passage du « Ciel extérieur » au « Ciel intérieur », de l'astronomie physique à l'astronomie spirituelle, du « Livre des horizons » au « Livre des âmes », il y aura lieu d'établir une comparaison avec les conceptions semblables chez Paracelse, cf. notre étude sur *La Science de la Balance et les correspondances entre les mondes en gnose islamique*, in « Eranos-Jahrbuch » 42/1973, p. 125. On pensera également aux trois, voire aux quatre manières différentes de connaître l'Imâm, en dehors de quoi il n'y a plus d'imâmologie (ce qu'oublient en général les critiques sunnites aussi bien qu'orientalistes). Voir notre *Trilogie ismaélienne*, index s. v. Imâm.

25. Terme d'astrologie (grec *oïkodespotês*). Par le jeu des transcriptions, il a subi une profonde altération en passant en latin, où on le retrouve, chez T. Campanella, sous l'étrange vocable de *Colcodea* (identifié par Nallino). Chez Sohravardî, dans d'autres contextes, le mot ne fait que désigner sous une forme purement iranienne l'Ange ou seigneur d'une espèce (le *Rabb al-nû'*). Dans la théologie zoroastrienne, Spenta Armaiti est la « maîtresse de maison » (*kadbânû*) d'Ohrmazd. Voir *En Islam iranien...* t. II, p. 112, n. 171.

26. Ce que l'on appelle en astronomie la tête et la queue du Dragon (arabe *Tannin*, persan *Jawzahar*) ce sont les « nœuds de la Lune », c'est-à-dire les points auxquels l'orbite de la Lune coupe celle du Soleil, et qui marquent les moments de l'éclipse. Cf. *En Islam iranien...* t. II, pp. 276, 280, 290, 292 et déjà ci-dessus le Traité VIII.

27. Cette troisième catégorie constitue donc celle des chercheurs qui méditent l'ésotérique de chaque Ciel. Pour cette astronomie spirituelle, présente tout au long des traités de Sohravardî, l'astronomie physique ne constitue donc qu'un point de départ. Elle le constitue comme *Imago mundi* devançant toute perception empirique, non point à partir de données positives ressortissant à l'histoire des sciences. On a vu ci-dessus (§ 9) la rupture avec les données de ce genre. C'est pourquoi le système de Ptolémée peut être périmé quant à l'histoire des sciences positives, cela n'invalide en rien la méditation théosophique de Sohravardî, laquelle ne regarde plus les cieux « avec les yeux du Ciel ». Il n'y a donc pas à « démythifier ». L'observatoire de l'astronomie spirituelle est situé non pas dans le monde empirique, mais « au confluent des deux mers ».

28. Ce paragraphe est très remarquable pour la pédagogie spirituelle. Lors de la traversée du microcosme vers le Château-fort de l'Ame, décrite précédemment dans les traités IX et X, il s'agissait de dépasser aussi bien les sens internes que les sens externes. En d'autres termes il s'agissait de sortir momentanément même du monde *imaginal* immanent à l'homme (imagination *mottasil*) pour atteindre au monde *imaginal* absolu du *Malakût*. Ici, en revanche, la pédagogie spirituelle, après le rude traitement aboutissant à l'évacuation des ingrédients composant le « vieil homme », propose la mise en action intense des sens internes (car le pèlerin ne peut se maintenir en permanence dans le *Malakût* absolu). C'est l'homme intérieur, « l'homme de lumière » qui désormais agit librement au niveau du *mundus imaginalis* ; d'où le sens « spirituel littéral » d'expressions telles que la main intérieure, la vue intérieure, l'ouïe intérieure etc. C'est cet état intérieur qui rend possible à tout moment la communication avec le *Malakût*. C'est l'état où l'Imagination active échappe définitivement au pouvoir de l'estimative ; elle est l'Ange au service de la puissance visionnaire de l'*intellectus sanctus*. L'idée de cette transfiguration des sens en *sens spirituels* se retrouve chez les grands maîtres de la théosophie *ishrâqî*, chez Mollâ Sadrâ par exemple. Il y aurait maintes comparaisons possibles avec l'anthropologie spirituelle de Swedenborg.

29. La *hikâyat*, cf. ci-dessus n. 5 et *passim* dans le présent livre. Toute cette page de Sohravardî est d'une psychologie profonde. Une expérience spirituelle n'est communicable qu'à celui qui en a connu une semblable, car seul il peut la comprendre.

30. L'ivresse est ici l'état qui résulte de l'abus de la connaissance sensible, du privilège exclusif accordé aux perceptions empiriques. Le cerveau s'atrophie et devient incapable d'être pour l'âme le support de perceptions suprasensibles, d'une *hiérognose*. D'où les timidités et les frayeurs, voire les fureurs, de l'agnostique, lorsqu'on lui parle de gnose, de visions du monde spirituel, etc.

31. Comparer ici avec ceux qu'Ibn 'Arabî nomme « les cavaliers de l'Invisible ». Voir notre étude citée ci-dessus n. 24 sur *La Science de la Balance*, chapitre V, pp. 145 ss.

32. L'Ange qui est le guide spirituel, le shaykh au sens vrai, ne cache rien à celui qu'il guide et inspire. Mais le dépositaire de ses secrets se trouve devant un dilemme mortel. Dans les dernières lignes de ce traité, il y a chez notre jeune Shaykh al-Ishrâq comme le pressentiment de son destin de martyr (*shahîd*).

XII.

L'épître sur l'état d'enfance

(Risâla fî hâlat al-tofûlîya)

Traduit du persan

1. Présentation

I. Cette « Épître » nous offre un second exemple du « dialogue intérieur » poursuivi avec un shaykh anonyme, mais dont le dialogue précédent (Traité XI) nous a déjà suggéré qui nous devions reconnaître en lui. D'emblée cette épître appelle deux éclaircissements concernant : 1) la personne du shaykh qui est l'interlocuteur ; 2) l'« état d'enfance » qui fait l'objet même de l'épître.

1) Mosannifak, le commentateur de l'« Épître des hautes tours » (ci-dessus Traité X), nous a opportunément rappelé que l'Ange Gabriel, Ange de l'humanité, à la fois Esprit-Saint et Intelligence agente, est lui-même le shaykh et guide (*morshid*) des *Ishrâqîyûn*, lesquels n'ont pas l'habitude de revendiquer l'ascendance d'un maître humain de ce monde (ils sont dans le même cas que ceux des soufis que l'on appelle en persan les Owaysis) [a]. C'est pour cette raison que dans ses récits d'initiation où se produit la « rencontre avec l'Ange », le Shaykh al-Ishrâq désigne celui-ci comme un *shaykh*, ou en persan comme un *pîr*, un sage, un maître spirituel. Cette caractéristique de la spiritualité des *Ishrâqîyûn* nous permit, dans le récit précédent, d'identifier dans la personne du « shaykh » un substitut de l'Ange. Anonyme, parce qu'il est le *shaykh al-ghayb, ostâd-e ghaybî*, le maître personnel secret, dont le mystique est seul à savoir le nom.

De nouveau, le shaykh de la présente Épître nous apparaît bien comme ce guide personnel intérieur, mais il y a une complication, quelque chose comme un dédoublement de sa personne. L'auteur nous raconte comment, ayant commis l'imprudence de rompre la « discipline de l'arcane » en parlant imprudemment avec un profane qui s'était imposé comme compagnon de route, il perdit la trace de son shaykh. Impossible de retrouver celui-ci. Profonde fut sa détresse ; il le chercha partout. Or, voici qu'un jour il pénètre dans un *khângâh*. Il y trouve un Sage (*pîr*) à qui il fait part de son malheur. Celui-ci l'admoneste, mais lui fera retrouver son shaykh. Quel est le rapport entre les deux shaykhs, dont l'intervention répond certainement à une intention profonde de l'auteur ?

Deux détails de l'épisode (§ 4) sont à relever. C'est dans un *khângâh* que le narrateur rencontre le Sage qui va lui faire retrouver son shaykh personnel. Or, les textes précédents nous ont montré le sens de ce motif du *khângâh*. C'est le microcosme comme cité personnelle, le sanctuaire intérieur qui est le lieu de la présence mystique de l'Ange. Nous voici ramenés à la situation décrite dans un récit précédent (le Traité VII). De plus, le narrateur précise qu'au fronton de ce *khângâh* était suspendu un manteau (une *khirqa*) d'une double couleur : une moitié était blanche, l'autre moitié était noire. Il y a là manifestement un symbolisme qui est non seulement un rappel frappant mais l'équivalent du symbolisme des deux ailes de Gabriel : une aile de lumière et une aile enténébrée (cf. également Traité VII). Le manteau suspendu au fronton du *khângâh* est ainsi une allusion conduisant le lecteur à identifier le Sage présent dans le *khângâh*. Mais s'il s'agit bien de Gabriel, l'Ange-Esprit-Saint qui est le shaykh des *Ishrâqîyûn*, qui est alors l'autre shaykh, le maître personnel du narrateur, celui que le Sage au manteau blanc et noir permettra au disciple imprudent de retrouver ?

Ici encore, ce sont les données éparses dans l'ensemble de l'œuvre de Sohravardî qui nous mettent sur la voie. Il est une figure qui joue un grand rôle dans sa philosophie et dans sa spiritualité, à savoir celle de la « Nature Parfaite » (*al-Tibâ' al-tâmm*). Notion hermétiste, certes. Dans le récit d'extase d'Hermès, c'est elle qui est invoquée pour le sauver des périls. Nous avons longuement insisté ailleurs sur les textes hermétistes et sohravardiens où paraît cette figure (cf. ci-dessous n. 3). En bref, elle est « l'Ange personnel du philosophe », non pas simplement ce que l'on désigne ailleurs comme l'« ange gardien », mais la contrepartie céleste, le Jumeau ou *alter ego céleste* de l'homme terrestre (cf. la notion mazdéenne de Fravarti). Sohravardî s'adresse à elle dans son psaume en lui disant : « Tu es mon père spirituel et mon enfant spirituel. » Il y a comme une responsabilité partagée entre l'être humain et son Ange. Or, il y a un lien étroit entre Gabriel-Esprit-Saint comme Ange de l'espèce humaine (*Rabb al-nû' al-insânî*) et cette Nature Parfaite, un lien si étroit même que les commentateurs ont plus d'une fois hésité et confondu.

Le lien est subtil en effet, mais il est sans équivoque. Nous avons montré ailleurs que la Nature Parfaite, comme ange personnel du philosophe, est l'individuation du rapport de l'Ange-Esprit-Saint avec chacun des siens, chacun de ceux dont il est le *morshid*, le guide. Il y a entre l'Ange-Esprit-Saint, Gabriel, et la Nature Parfaite le même rapport qu'entre la communauté des *Ishrâqîyûn* et chacun de ceux-ci pris à part. Gabriel est le *morshid* des *Ishrâqîyûn* ; chacun d'eux a sa

Nature Parfaite, l'ange personnel qui le guide. A la fin du « Livre des Temples » (ci-dessus Traité II, cf. n. 115), la Nature Parfaite nous est apparue comme le Paraclet personnel que l'Esprit-Saint envoie à chacun des siens, chacun de ceux dont il est le « père » (cf. aussi Traité V). On comprend alors d'autant mieux que, dans la présente Épître, ce soit l'Ange-Esprit-Saint qui permette au disciple égaré de retrouver sa Nature Parfaite. L'imprudence du disciple, les reproches formulés par le shaykh, suggèrent admirablement comment on perd le « contact avec l'Ange » et quelle pénalité est attachée à cette perte. L'identité et le rapport des deux shaykhs nous apparaissent alors avec une parfaite cohérence. Le shaykh qui est l'initiateur du disciple, est sa Nature Parfaite. Cela s'accorde parfaitement avec la vision qu'eut Hermès de sa Nature Parfaite et que Sohravardî rapporte ailleurs : la Nature Parfaite est l'ange « qui projette les connaissances dans l'âme du philosophe ». Le Sage qui, dans le *khângâh,* la lui fait trouver ou retrouver, est l'Ange-Esprit-Saint, interlocuteur des précédents récits d'initiation. La Nature Parfaite est « envoyée » par lui. Il n'y a nullement ici un simple détail de composition littéraire. C'est de toute la structure de la cosmologie et de l'anthropologie mystique de l'*Ishrâq* que relève ce « détail ».

2) Il y a d'autre part le titre du présent traité : « Épître sur l'état d'enfance ». Très rapidement on s'aperçoit qu'il ne s'agit pas de l'enfance selon l'état civil, ni des camarades de jeu d'un écolier. Il s'agit, dès le début de l'Épître, de l'enfance au sens spirituel, de l'insouciante ignorance qui précède l'engagement de l'homme intérieur dans la Voie. L'adulte profane n'est en ce monde qu'un enfant par rapport à la Voie spirituelle. Les enfants qui ici vont s'instruire auprès du shaykh sont les puissances secrètes de l'âme qui sont toujours en avance sur les démarches de la personnalité consciente. Qu'est-ce que la Connaissance que ces enfants veulent acquérir ? Eux-mêmes ne le savent pas. Il faut interroger leur shaykh. Pourquoi dès lors ne pas se mettre en quête de celui-ci ? (§ 1 et 2). Ce shaykh, le narrateur le trouve dans la « campagne déserte », là même où se produisit antérieurement la « rencontre avec l'Ange » (Traité VII). Le détail doit être relevé avec soin ; il confirme ce que nous avons dit ci-dessus concernant l'identité du shaykh. De même encore que ci-dessus (dans le Traité VII), ce que le shaykh commence par apprendre à son disciple, c'est à lire la tablette sur laquelle est écrit l'alphabet philosophique, c'est-à-dire la science kabbalistique des lettres.

Il semblerait que nous ayons ainsi une explication suffisante de l'état d'enfance. Cette enfance marque, comme il est normal, le début, le premier éveil à la Connaissance. Pourtant, notre Épître recèle d'autres passages qui nous incitent à chercher un sens plus profond, moins évident, de ce concept d'enfance, ou mieux dit un sens qui complète et amplifie le sens des premières lignes de l'Épître. Au cours du dialogue, une parabole va amener une digression sur l'herméneutique des visions en songe (cf. tout le § 13). Le shaykh y commente la loi d'analogie *a contrario*. Ce que contemple l'âme en songe, ce sont en effet les événements dans l'autre monde, et ce qu'elle y contemple, c'est l'image inversée de l'événement en ce monde-ci. La vision d'une mort annonce que quelqu'un meurt à ce monde-ci et naît à l'autre monde. Ainsi se trouve explicitement mentionné à cette occasion le fait de la seconde naissance. Naître en ce monde-ci, c'est naître pour être la proie du temps chronologique, vieillir et mourir. Naître à l'autre monde, ce n'est pas pour y passer par une croissance amenant la vieillesse et la mort, mais pour y garder à jamais le statut du *renovatus in novam infantiam* (cf. les n. 21 et 22, c'est le thème du *Puer aeternus*). C'est le geste radical du marchand (§ 12), héros de la parabole, qui signifie la mort mystique à ce monde-ci et la nouvelle naissance à l'autre monde, et par celle-ci être libre pour l'au-delà de la mort, pour sortir *vivant* de ce monde-ci, car la résurrection appelle les vivants, non pas les morts spirituels.

Nous avons ici le développement qui légitime intégralement le titre de l'Épître (sinon, ce titre ne concernerait que les premières lignes), en approfondissant le concept d'« enfance ». Une confirmation vient peu après (§ 14, cf. n. 27). Désormais le narrateur lit avec facilité et plaisir la tablette (les secrets de la science mystique des lettres) qu'il déchiffrait avec peine au début. Son shaykh lui dit qu'il est devenu un adulte. Certes, mais en appliquant la loi d'analogie inversée que nous a rappelée, quelques lignes auparavant, la digression sur l'herméneutique des songes, laquelle ne figure point là par hasard, nous comprenons que l'adulte spirituel est précisément l'enfant au ciel de l'âme (cf. ci-dessus l'adresse à la Nature Parfaite : Tu es mon père spirituel et tu es mon *enfant* spirituel). En revanche, l'adulte, au sens profane de ce monde-ci, n'est encore qu'un enfant, voire un avorton, par rapport au monde spirituel, tant qu'il en ignore tout. Les intentions de Sohravardî sont toujours subtiles et discrètes. Il nous apprend non point à peser sur ses textes, mais à lire entre les lignes.

II. Quant à l'enseignement dispensé par le shaykh, il importe d'en bien suivre la progression, car c'est elle qui motive l'intervention des paraboles. Celles-ci ne sont nullement là pour satisfaire à un « don de conteur ». Il n'y a jamais rien d'arbitraire chez Sohravardî. Ces paraboles viendront comme une illustration nécessaire de l'enseignement du shaykh.

La pédagogie spirituelle du shaykh est marquée par trois étapes, chacune typifiée par un symbole (§ 6, cf. n. 8 à 10). 1) Il y a l'exemple de la luciole qui croit être elle-même la source de la lumière qu'elle exhale. 2) Il y a l'exemple du bœuf marin qui accentue lourdement la prétention de la luciole : parce que la Lune est invisible pendant le jour, il reproche au Soleil de dérober à la Lune sa lumière. 3) Alors une fois comprise l'erreur de la luciole et du bœuf, doit s'accomplir le retour à la montagne psycho-cosmique de Qâf, à l'arbre Tûbâ dans lequel est le nid de Sîmorgh. Ces derniers motifs ont déjà longuement trouvé place dans le « Récit de l'archange empourpré » (Traité VI ; ils reparaîtront ci-dessous dans le prologue du Traité XIV. Que l'on veuille bien se reporter à l'un et à l'autre). Le symbolisme des phases de la Lune, on en a déjà vu plusieurs exemples, typifie les états spirituels successifs du mystique qui est une « Lune au ciel du *tawhîd* » (cf. Traité X). Invisible pour les hommes, lorsqu'elle est au plus proche de l'arbre Tûbâ, la Lune, comme un parfait miroir, est alors si totalement investie de la lumière qui lui vient du Soleil, qu'il lui arrive de s'écrier : « Je suis le Soleil » (cf. n. 10). Cet exposé donne lieu à une leçon d'astronomie (§ 8) qui se traduit par le plan d'une cartographie céleste compliquée, dont les indications données par l'auteur sont suffisamment détaillées pour que chaque lecteur puisse construire la figure à son gré. Aussi bien s'agit-il au total d'une astronomie dont le sens caché vise toujours « les Lunes au ciel du *tawhîd* » (« Voir les cieux avec l'œil intérieur », enseignait déjà le dialogue précédent, § 9). Ce que nous avons condensé ci-dessous dans la n. 13 ne fait qu'anticiper sur ce que développent immédiatement après les § 9 et 10, en proposant le cas exemplaire d'Abû Yazîd Bastâmî, et en s'adressant à « celui qui a l'âme d'un vrai *qalandar* » (cf. la n. 16).

C'est cette évocation du cas d'Abû Yazîd et du vrai *qalandar* qui, par la transition du § 10, motive les deux grandes paraboles des § 11-13. Les deux exemples qu'elles proposent sont à l'inverse l'un de l'autre, en réponse à la question du disciple : « Lorsque (le renonciateur) ne possède plus rien, comment subvient-il aux besoins de sa vie ? » Il y a d'abord la parabole du riche personnage qui se mit en tête de construire un palais magnifique. L'Ange de la mort se présente trop tôt à son gré ; il essaie en vain d'obtenir un délai. Il meurt sans avoir renoncé à son palais et, faute de ce renoncement, sa propre construction reste à jamais inachevée (même si d'autres achèvent matériellement l'édifice) (§ 11). En revanche, voici un marchand qui après avoir essuyé une terrible tempête au cours de sa navigation, jette de plein gré par-dessus bord tous ses bagages, lorsqu'il est arrivé au port (§ 12). C'est que jeter ses bagages par-dessus bord en pleine tempête, c'est un acte auquel on consent pour sauver sa vie en ce monde, rien de plus. Mais tout jeter par-dessus bord, alors que l'on est dans les eaux calmes du port et que l'on pourrait tout conserver, c'est un acte que l'on accomplit pour sauver et rendre libre son âme. Aussi le shaykh déclare-t-il que le marchand en question a réellement, lui, effectué et terminé le voyage, tandis que le constructeur, qui même en présence de l'Ange de la mort n'a pas consenti à un tel acte, a laissé sa propre construction inachevée (cf. n. 23-24).

C'est le geste héroïque du marchand qui provoque la digression sur l'herméneutique des songes par la voie de l'analogie inversée, sur laquelle nous avons insisté ci-dessus. Celui qui renonce à quelque chose de ce monde trouve *eo ipso* quelque chose de l'autre monde, la loi de cet équilibre étant constante. Lorsqu'il aura rejeté la totalité de ce monde, il sera un « séparé », un parfait « anachorète spirituel », un vivant de l'autre monde (§ 13). La balance est rigoureuse : c'est elle qui nous a dévoilé ci-dessus le sens du *Puer aeternus* comme étant l'« adulte » au sens spirituel (§ 14), tandis que l'adulte du monde profane, selon l'état civil, n'est encore au plan spirituel qu'un petit enfant. On trouvera encore peu après un autre exemple de cette loi de compensation, dans le sens caché que prend le rejet du manteau au cours des séances de danse mystique (§ 17, cf. n. 36).

La fin du dialogue est précisément consacrée à expliquer le sens caché des pratiques des soufis : le concert spirituel (*samâ'*, § 15), la danse mystique (§ 16 ss.). Sohravardî semble avoir été particulièrement sensible et attentif, nous l'avons dit, aux effets de l'expérience musicale. Celle-ci marque essentiellement pour lui la rencontre avec l'autre monde, le monde suprasensible (cf. n. 29-30). Au sommet de cette expérience, ce n'est plus l'oreille extérieure qui écoute, mais l'âme elle-même. On se rappellera les allusions du traité précédent (Traité XI, n. 28) aux sens spirituels, sens du suprasensible : la vue intérieure, l'ouïe intérieure, etc. C'est à cette audition transfigurée qu'aboutit chez Sohravardî l'expérience musicale. Il rencontre sur ce point l'expérience du grand émotif que fut Shaykh Rûzbehân Baqlî Shîrâzî. Nous avons rappelé en note l'un des textes les plus frappants de celui-ci (cf. n. 31).

Enfin, toute la partie finale du dialogue (§ 20) contient un sévère avertissement concernant ces pratiques. L'avertissement tombe sur tous les pseudo-mystiques, sur ceux de l'époque, comme sur ceux qui foisonnent de nos jours. Il ne suffit pas de se vêtir de vêtements bleus (cf. n. 43) pour devenir un soufi. Il ne suffit pas de se mettre à danser pour rencontrer l'extase. Il en va en effet tout à l'inverse. Le shaykh nous en avertit : « C'est la danse qui est le produit de l'état intérieur de l'âme ; ce n'est pas l'état intérieur de l'âme qui est le produit de la danse. » Autrement dit, musique et danse sont les moyens d'expression de l'extase intérieure de l'homme ; ils ne sont pas des moyens d'acquérir l'extase intérieure. Si on prétend les asservir à cette fin, on commet alors la falsification et l'imposture de ce qu'un maître kabbaliste dénomme très justement l'extase « provoquée ». Celle-ci est décrite « comme un effort conscient pour parvenir à un état extatique à des fins personnelles : on ne se livre à la contemplation que pour provoquer l'extase ; ce qui aurait dû être un effet second, devient le but principal. On prend d'assaut la citadelle de l'extase [b] ».

Et c'est à cet assaut que se livrent tous les pseudo-mystiques foisonnant de nos jours, en recourant à tous les moyens, y compris aux drogues de toute espèce. Plus grave encore, des savants, des hommes de laboratoire, ont poursuivi des recherches (encéphalogrammes à l'appui) pour montrer que ces pseudo-mystiques aux extases « provoquées » arrivaient aux mêmes résultats que les mystiques authentiques. Ils concèdent, certes, que ces derniers arrivent au résultat sans mettre en œuvre les moyens déployés par leurs douteux émules. Ils n'oublient qu'une chose : c'est que précisément les mystiques authentiques ne sont pas à la recherche de ces effets. Ces effets n'ont jamais été leur but. Puisse cette Épître de Sohravardî rappeler à tous les pseudo-mystiques et pseudo-ésotéristes que l'on ne prend pas d'assaut la « citadelle de l'extase » [c].

2. Traduction

1. Quand j'étais un enfant, je jouais au bout du village, comme les enfants ont l'habitude de le faire. Un jour, je vis quelques enfants qui marchaient ensemble. Leur recueillement m'étonna. Je m'avançai vers eux et leur demandai : « Où allez-vous ? » Ils me dirent : « Nous allons à l'école pour acquérir la Connaissance. — La Connaissance, demandai-je, qu'est-ce que c'est ? — Nous ne savons que répondre, me dirent-ils. C'est notre maître qu'il faut interroger. » Ils dirent, et passèrent leur chemin.

2. Quelque temps plus tard, je me dis à moi-même : « Voyons, qu'est-ce que c'est que la Connaissance ? Pourquoi n'irais-je pas avec eux chez leur maître et n'apprendrais-je pas de lui la Connaissance ? » Je me mis à leur recherche et ne les retrouvai pas. Mais je vis un shaykh qui se tenait seul dans la campagne déserte [1]. Je m'avançai et le saluai. Il me rendit mon salut et me manifesta tout ce que peut comporter l'affabilité la plus délicate.

— *Moi* : J'ai vu un groupe d'enfants qui s'en allaient à l'école. Je leur ai demandé : pour quel but va-t-on à l'école ? Ils me dirent que c'était à leur maître qu'il fallait poser la question. A ce moment-là je restai indifférent, et ils s'éloignèrent de moi. Mais après leur passage, voici que se leva en moi le désir de les retrouver. Je me mis à leur recherche, mais ne les retrouvai pas. Maintenant je continue de chercher leurs traces. Si tu n'as aucune information sur eux, apprends-moi du moins qui est leur maître.

— *Le shaykh* : C'est moi qui suis leur maître.

— *Moi* : Il faut que tu m'enseignes quelque chose de la Connaissance.

Le shaykh prit une tablette sur laquelle il avait écrit *alif, bâ, tâ*... (*a, b, c*), et il commença à m'instruire [2].

— *Le shaykh* : Aujourd'hui arrête-toi là. Demain je t'enseignerai autre chose, et chaque jour un peu plus, jusqu'à ce que tu deviennes Connaissant.

Je retournai à la maison, et jusqu'au lendemain je répétai *alif, bâ, tâ*... Les deux jours suivants, je retournai chez le shaykh, afin qu'il me donnât une autre leçon. Ces leçons nouvelles, je me les assimilai aussi. Il en alla si bien que je finis par me rendre dix fois par jour chez le shaykh, et chaque fois j'apprenais quelque chose de nouveau. Finalement je ne quittai plus un seul moment la présence du shaykh, et j'acquis une abondante Connaissance.

3. Mais voici qu'un jour que je me rendais chez le shaykh, un profane s'imposa à moi par hasard comme compagnon de route, et je n'arrivai par aucun moyen à m'en débarrasser. Or, il m'était arrivé, une fois que je me rendais chez le shaykh, que celui-ci tînt la tablette à distance vis-à-vis de moi. Je regardai attentivement et je vis sur la tablette quelque chose d'écrit ; je fus transporté de joie intérieure en savourant le secret qui était écrit sur la tablette. Eh bien, je fus tellement insensé que tout ce que j'avais vu écrit sur la tablette, je le répétai à ce compagnon de route. C'était un profane, je l'ai dit. Il éclata de rire en entendant mes paroles et les tourna en dérision. Il devint impertinent et allongea la main pour me donner des coups. « Il faut que tu sois devenu fou, dit-il ; sinon, aucun homme sensé ne tiendrait ce genre de propos. » Je fus indigné, et ce goût intime que j'avais éprouvé (à la lecture de la tablette) se refroidit en moi. Je laissai là le profane, et poursuivis mon chemin. Mais je ne vis plus le shaykh à la place qu'il occupait. Mon chagrin s'accrut d'autant, et la détresse me fit face. Longtemps, longtemps, je tournai autour du monde, mais par aucun moyen je n'arrivai à retrouver le maître.

4. Un jour j'entrai dans un *khângâh*. Je vis un Sage. Le fronton de ce *khângâh* était revêtu d'un manteau de soufi (*khirqa*) de deux couleurs : une moitié était blanche, l'autre moitié était noire [3]. Je saluai le Sage. Il me rendit mon salut. Je lui exposai alors mon cas.

— *Le Sage* (*pîr*) : Le bon droit est du côté du shaykh. Un secret dont la saveur fait tressaillir dans le ciel les grandes âmes des temps passés, tu t'en vas, toi, en parler à quelqu'un qui ne sait pas même distinguer le jour de la nuit [4]. Tu reçois des coups en échange, tandis que le shaykh ne te donne plus accès auprès de lui.

— *Moi* : Dans le cas présent, il s'agit pour moi d'une autre situation. Tout ce que j'ai dit, je l'ai dit dans un état de folie. Il faut que tu m'aides ; peut-être qu'avec ton aide j'arriverai à retrouver mon shaykh.

De fait, le Sage me reconduisit chez mon shaykh. Lorsque celui-ci me vit :

— *Le shaykh* : Sans doute n'as-tu jamais entendu raconter qu'un jour une salamandre demanda l'hospitalité au canard. C'était l'automne. La salamandre avait très froid, mais le canard n'avait aucune idée de ce qu'elle éprouvait. Il se mit à commenter les charmes de l'eau froide et l'agrément de l'eau du bassin pendant l'hiver. La salamandre était mal à son aise et indignée contre le canard. Elle finit par lui dire : « S'il n'y avait le fait que je suis ton hôte dans ta propre maison et que je craigne que tu me poursuives, je ne te laisserais pas là sans m'en prendre à ta vie. » Et elle s'en alla de chez le canard. Maintenant, ne sais-tu pas que, si tu parles avec les profanes, tu recevras des coups ? Les discours qu'ils ne comprennent pas, ils les attribuent à l'impiété ou à d'autres causes. Mille choses prennent naissance de là.

— *Moi* : « Puisque pour moi ma religion et ma croyance sont pures — Qu'aurais-je à craindre du coup de lance du profane ? »

— *Le shaykh* : Tenir n'importe quel propos n'importe où est une erreur. Poser n'importe quelle question à n'importe qui est également une erreur. Il ne faut pas converser avec les stupides, car les profanes s'ennuient à entendre les propos des « vrais hommes » [5]. Le cœur du profane et de l'étranger [6] à la Vraie Réalité (*haqîqat*) est semblable à une mèche de lampe dans laquelle, au lieu d'huile, serait montée de l'eau, si bien que, même si tu mets cette mèche au contact du feu, jamais elle ne s'enflammera. En revanche, le cœur de l'initié (l'intime) est semblable à la chandelle qui de loin attire le feu vers elle et qui s'enflamme. Certes, le récit de l'orateur n'est pas vide de lumière.

Mais si la lumière peut prendre dans une chandelle, elle ne prend pas dans une mèche saturée d'eau. La chandelle consume son propre corps dans l'embrasement de son cœur, et lorsqu'il ne subsiste plus rien de la chandelle, il ne subsiste plus de feu. Les spirituels (*ahl-e ma'nâ*), eux aussi, consument leur propre corps dans l'embrasement du cœur, mais lorsqu'il ne subsiste plus rien de leur corps, leur lumière grandit encore et se prolonge dans leur qualité d'intimes.

— *Moi* : Est-il absolument impossible que le cœur d'un profane devienne celui d'un initié et soit rempli de lumière ?

— *Le shaykh* : Si un profane prend conscience que son cœur est aveugle, il peut alors se faire qu'il devienne clairvoyant. Son cas est semblable à celui d'un malade à qui sa maladie donne le délire. Tant qu'il est prisonnier de cette maladie, le malade n'a conscience ni de lui-même ni de sa maladie, parce que le délire s'empare du cerveau et affaiblit celui-ci. Or la faculté de comprendre a son siège à l'avant du cerveau. Lorsque le cerveau est troublé, le malade est sans conscience. Plus tard il revient à lui-même et prend conscience qu'il est un malade dont la maladie approche maintenant de la convalescence, et que son cerveau a recouvré la santé ; sinon, il n'en saurait rien encore. Le cas du profane est tout à fait semblable, car, au moment même où il prend conscience que son cœur est aveugle, c'est que déjà il est devenu quelque peu clairvoyant.

Maintenant, il faut que le physiquement malade et le malade spirituel aillent trouver le médecin. A celui dont le corps est malade, le médecin prescrit certaines potions qui agissent sur les humeurs. A celui que tourmente la maladie de l'âme, le médecin prescrit les potions qui agissent sur l'état spirituel, jusqu'à ce qu'il recouvre la santé parfaite. Lorsque sa santé s'est rétablie, un régime alimentaire s'impose. L'un et l'autre malades passent par trois étapes en correspondance avec le degré de l'alimentation.

6. A celui qui souffre d'une maladie physique, le médecin commence par dire : prends de la tisane d'orge. A la seconde étape il lui dit : prends du potage. A la troisième étape il lui dit : mange de la viande. Ainsi procède le médecin jusqu'au moment où le malade reconnaît de lui-même ce dont il convient le mieux qu'il se nourrisse.

Quant à celui qui souffre de la maladie de l'âme, le médecin dira : il te faut d'abord aller dans le désert et rechercher la solitude, car dans le désert il existe une luciole qui jamais ne sort de son trou pendant le jour, mais seulement pendant la nuit. Il y a, chez cette luciole, cette propriété que, lorsqu'elle respire, le souffle émis par sa bouche lui apparaît comme une lumière, à la façon de l'étincelle de feu qui jaillit de l'entrechoc du fer et de la pierre. Alors, dans la solitude, la luciole prend plaisir à cette lumière et elle en fait sa nourriture. Quelqu'un demanda à cette luciole : « Pourquoi ne circules-tu pas dans le désert pendant le jour ? » Elle de répondre : « Je possède moi-même la lumière de par ma propre âme. Pourquoi faudrait-il que j'aille en me soumettant à la bonne grâce de la lumière du Soleil, et que je contemple le monde par l'éclat de sa lumière ? » La pauvre créature manque d'envergure d'esprit. Elle ne sait pas que cette lumière de son âme provient elle-même du Soleil. Quand le malade spirituel s'est procuré cette luciole, il voit, lui aussi, à la lumière de cette luciole, quelle est l'herbe dont elle se nourrit. Que lui aussi consomme la même herbe, aussi longtemps qu'il faut pour que se manifeste en lui également la même propriété, à savoir que dans les souffles de sa propre respiration se manifeste la lumière. Et c'est la première étape [7].

Après cela, qu'il aille au bord de l'océan, et que là même il observe qu'il y a dans l'océan un bœuf qui pendant la nuit sort de l'océan [8] ; il aborde au rivage et pâture à la lumière du Joyau qui illumine la nuit (*Gôhar-e shab-afrûz*) [9]. Ce bœuf, à cause du Joyau qui illumine la nuit, est en contestation avec le Soleil, à qui il reproche de s'emparer pendant le jour de la lumière du Joyau qui illumine la nuit et de détruire sa propre lumière (à lui, le bœuf). Le pauvre ne sait pas que la nourriture de toute lumière provient du Soleil. Donc, que le malade, ici encore, cherche à la lumière du Joyau qui illumine la nuit quelle est l'herbe dont se nourrit le bœuf. Il lui faut, à lui aussi, consommer la même herbe, aussi longtemps qu'il faut pour que fasse éclosion dans son cœur l'amour du Joyau qui illumine la nuit. Et c'est la seconde étape.

A ce moment, il lui faudra partir pour la montagne de QAF. Là, il est un arbre (l'arbre Tûbâ) dans lequel la SIMORGH a son nid [10]. Qu'il atteigne cet arbre et qu'il en mange les fruits. Et c'est la troisième étape. Après cela, il n'a plus besoin de médecin, car il est lui-même devenu médecin.

7. — *Moi* : Le Soleil possède-t-il donc toute cette énergie, au point que la lumière qui est celle du Joyau qui illumine la nuit, résulte, elle aussi, de son empreinte ?

— *Le shaykh* : Immense est sa force, et il étend la main de sa faveur sur tout l'univers. Mais il y a des gens qui ne font pas leur devoir en reconnaissance de sa faveur. Supposons que quelqu'un possède un jardin et donne une grappe de raisin de ce jardin à un mendiant. Pour toute la durée de sa vie, il s'attire mille obligations de la part de ce mendiant. Or, chaque année c'est le Soleil qui remplit son jardin de raisin et d'autres fruits. Jamais le jardinier n'est trop bas pour recevoir la faveur du soleil. Qu'y a-t-il sur quoi l'action du Soleil n'aurait pas opéré ? Que l'on élève un enfant dans une maison obscure, de sorte qu'il grandisse sans avoir jamais vu le Soleil. Lorsque l'on constate en lui la faculté de discernement, qu'on lui montre le Soleil. Il sera en mesure de comprendre la puissance de cette lumière.

8. — *Moi* : Quand la Lune est dans la phase de la pleine Lune et que les deux luminaires (Soleil et Lune) sont en opposition (face à face), il est bien connu que le globe terrestre est entre les deux. Comment se fait-il que la lumière ne soit pas voilée entre le Soleil et la Lune, de la même manière qu'elle est voilée, lorsque le nœud de la queue du Dragon [11] s'interpose devant le Soleil ou devant la Lune (c'est-à-dire lors de l'éclipse) ?

— *Le shaykh* : Tu fais erreur. Si tu veux comprendre la figure que cela présente, trace un grand cercle tel que du centre jusqu'à la périphérie il y ait cinquante coudées et demie (le diamètre étant donc de cent une coudées). De même, en prenant comme centre le centre de ce grand cercle, trace un autre cercle qui du centre jusqu'à la périphérie mesure tout juste une demi-coudée (le diamètre étant donc d'une coudée). Ensuite, trace une ligne droite passant par le centre, de sorte que les deux cercles soient partagés exactement, l'un et l'autre, en deux moitiés. Sur cette ligne droite (bissectrice) quatre points apparaissent, à savoir deux points sur la bordure du grand cercle : l'un à la naissance de la bissectrice (le point A), l'autre au terme de celle-ci (le point B), — et deux autres points apparaissent sur la bordure de ce petit cercle, l'un de ce côté-ci, l'autre de ce côté-là (les points C et D). Maintenant, trace deux autres cercles, l'un autour du premier point (le point A), excentrique donc au grand cercle, l'autre autour du second point (le point B), également donc excentrique au grand cercle, tels que chacun de ces deux derniers cercles mesure deux coudées depuis le centre jusqu'à la périphérie (le diamètre étant donc de quatre coudées). Considère alors le grand cercle comme figurant la Sphère, et le petit cercle central comme figurant la Terre, tandis que les deux autres cercles tracés ensuite (et ayant les points A et B comme centres), figurent respectivement la Lune et le Soleil [12]. Maintenant, à partir du point qui appartient au cercle figurant la Lune (le point A, en bas), tire une ligne jusqu'au côté *droit* du petit cercle central qui figure la Terre, de telle sorte que cette ligne soit exactement tangente à ce cercle, ne passe ni à l'intérieur ni à l'extérieur. De même, à partir du même point, tire une autre ligne qui soit tangente au côté *gauche* de la Terre. L'origine de ces deux dernières lignes (respectivement tangentes à la Terre) est un point ne comportant pas d'intervalles, tandis qu'il y a un intervalle d'une coudée compris entre les deux extrémités de ces deux lignes (puisqu'elles aboutissent en tangentes de part et d'autre de la Terre, et qu'à la figure représentant celle-ci il a été donné par hypothèse un diamètre d'une coudée). Maintenant, si ces deux lignes que tu as tracées (depuis le point A, c'est-à-dire depuis le cercle de la Lune) jusqu'à la Terre (au centre), tu les prolonges jusqu'à la Sphère, il y a alors entre ces deux lignes, là même où se trouve le cercle figurant le Soleil (centré sur le point B, en haut), un intervalle de deux coudées. Or, nous avons supposé pour le cercle figurant le Soleil un diamètre de quatre coudées (ou un rayon de deux coudées). Il y a donc deux coudées de la masse astrale du Soleil qui restent en dehors de ces deux lignes, une coudée du côté droit et une coudée du côté gauche. Si maintenant au lieu d'une coudée nous disons un atome (donc si nous réduisons la dimension de la Terre à celle d'un atome), tel qu'en ce qui concerne le point inférieur qui est le point initial (le point A) appartenant au cercle figurant la Lune, la Lumière soit continue de part et d'autre, tandis que l'ombre de la Terre (dans le cône formé par les deux lignes initialement tirées) est la nuit, la situation est telle qu'entre les deux autres lignes tirées depuis la Terre jusqu'à l'autre point (le point B, appartenant au cercle figurant le Soleil), tout est éclairé par la lumière du Soleil [13].

Tout cela est une analogie que nous proposons. Ne t'imagine pas que le rapport de la Terre avec le ciel ou avec les deux luminaires (Soleil et Lune) soit tel quel (conforme aux mesures que nous avons supposées), car, pour revenir à l'image que nous avons donnée, le véritable rapport du Ciel et des étoiles avec la Terre représente cent mille fois plus.

9. L'ensemble du globe terrestre est de quatre-vingt-seize mille parasanges (*farsang*). Le « quart habité » est de vingt-quatre mille parasanges, chaque parasange mesurant soit mille coudées soit mille pieds, car on pratique l'une et l'autre mesure. La Terre n'est pas plus que cela. Maintenant considère cette partie de la Terre qui constitue le « quart habité ». Quelques souverains la possèdent ; les uns ont une province ; d'autres ont une région ; d'autres tout un climat (*aqlîm*). Mais tous prétendent à la souveraineté. S'ils étaient conscients de la Vraie Réalité (*haqîqat*) ils auraient vraiment honte de leurs prétentions. Cette souveraineté, ABU YAZID BASTAMI [14] la trouva. Il abandonna tout ce qu'il possédait. Il renonça à tout d'un seul coup, et d'un seul coup trouva cette souveraineté. Plaisirs, honneurs, fortune sont le *Voile* qui s'interpose sur la route des « vrais hommes » [15]. Tant que le cœur est préoccupé par des choses de ce genre, impossible d'aller plus avant sur la voie. Mais celui qui a l'âme d'un *qalandar* [16] se redresse, échappant aux liens du luxe et des honneurs. Le monde se présente à lui en toute pureté.

10. — *Moi* : Qui est celui qui se redresse ainsi, en se défaisant du lien de tout ce qu'il possède ?

— *Le shaykh* : Celui-là qui est celui-là.

— *Moi* : Lorsqu'il ne possède plus rien, par quels moyens subvient-il aux besoins de sa vie ?

— *Le shaykh* : Celui qui réfléchit à cela, ne donnera rien. Mais celui qui donne tout, ne réfléchit pas à cela. Le monde du confiant abandon est un monde où il fait bon vivre. En goûter la saveur n'est pas donné à tout le monde.

11. On raconte cette histoire. Il était une fois un homme bienfaisant ; il possédait d'abondantes richesses. Il lui vint à l'esprit le projet de bâtir un palais des plus grandioses. Il fit venir des environs les artisans, et n'épargna à leur égard aucun genre de promesse. Aussi bien fournirent-ils un travail digne de leur salaire. Ils posèrent les fondations et firent apparaître les premières assises. La construction n'en était encore qu'à la moitié, que déjà l'on venait des villes d'alentour pour jouir de sa vue.

Les hauts murs s'élançaient ; de belles peintures y figuraient. Le plafond rivalisait avec un chef-d'œuvre de Mani [17]. Le portique en était encore plus aérien que l'arc de Kesrâ [18]. Or, le palais était encore inachevé, que le propriétaire du palais tomba malade ; il fut frappé d'un mal pour lequel n'existait aucune possibilité de remède, et la chose en arriva au point qu'il entra en agonie. L'Ange de la mort apparut à son chevet. Le maître comprit. Il dit à l'Ange de la mort : « Est-il absolument impossible que tu me fasses grâce assez de temps pour que je puisse achever la construction de ce palais ? » L'Ange de la mort de lui dire : « Lorsque leur terme est arrivé, les hommes ne sauraient ni le retarder ni l'avancer d'une heure (Qorân 7/32, 16/63). Cela n'est pas possible. Mais suppose que tu obtiennes un délai, tel que tu puisses mener le palais à son achèvement pour ne rendre ton âme qu'ensuite. N'éprouverais-tu pas alors un regret encore plus grand de ton palais, puisque c'est là que cette fois tu aurais été surpris par la maladie, tandis que pour les autres il continuerait d'être le lieu où poursuivre leur vie ? Mais puisqu'il est inachevé, c'est qu'il ne peut pas être achevé par toi. » Comme il n'y avait lieu à aucun délai de grâce, l'homme rendit l'âme. Aujourd'hui la construction du palais est achevée, mais la construction du maître, elle, est inachevée et jamais ne sera achevée, parce que tel est l'état intérieur dans lequel on est, telle est la forme extérieure que l'on présente et telle est la prière que l'on formule.

12. — *Moi* : La bonne disposition qui est proche de la parfaite aptitude, quelle est-elle ?

— *Le shaykh* : Voici une autre histoire qui nous le fait comprendre. Il était une fois certain marchand qui possédait des biens immenses. Il projeta de s'embarquer sur un navire et, pour des raisons commerciales, de quitter la ville où il était pour aller s'établir ailleurs. Lorsqu'il arriva au rivage, il fit charger sur le navire tous les biens qu'il possédait et s'embarqua à son tour. Les matelots mirent en marche le navire qui fendit les flots. Lorsque l'on arriva en haute mer, il s'éleva un fort vent contraire et le navire fut pris dans un tourbillon. Les matelots jetèrent le chargement dans le gouffre de la mer et, comme telle est la règle qu'ils suivent, ils terrifièrent les marchands et imposèrent à ceux-ci leur volonté. Quant au nôtre, le commerçant gorgé de richesses, il était dans l'impuissance et au désespoir ; à chaque instant une angoisse ; à chaque respiration une crainte. Il était totalement incapable de supporter ce chagrin. Tantôt ce chagrin retombait ; tantôt il s'exaspérait. Ni front pour lui résister ; ni pied pour le fuir. Son état en arriva au point qu'il se sentit incapable de survivre ; la vie même lui était devenue amertume, et tout le plaisir que procurent les biens de ce monde disparut de son cœur. Finalement le vent de tempête finit par tomber ; le navire poursuivit son voyage et l'on arriva en vue du rivage. Lorsque notre marchand se vit près d'aborder, il empoigna tout ce qu'il possédait encore et le jeta lui-même à la mer. Les gens lui dirent : « Sans doute es-tu devenu fou ? Sinon, rien ne motive ce geste. Tout le temps de la frayeur, quand tu étais prisonnier de la menace du naufrage, et qu'il y avait crainte pour ta vie, tu n'as rien fait de cela. Maintenant que le havre de sécurité est en vue, faire un tel geste, quel en est le motif ? »

Mais le marchand de répondre : « Si à ce moment-là j'avais jeté mes richesses à la mer sans faire de différence entre les deux éventualités que nous affrontions — ou bien en effet le navire s'échappait vers le salut et du même coup mes richesses et ma vie échappaient au péril de la mer, ou bien le navire coulait et ni mes biens ni ma vie n'en réchappaient — si donc à ce moment-là j'avais tout jeté à la mer, les deux éventualités (naufrage ou salut) seraient revenues au même. Mais maintenant que me voici au port, je vais m'imaginer que ni souffrance ni misère n'ont jamais frappé mon cœur. Parce que je suis arrivé à bon port, je vais m'imaginer que c'est par moi-même que je suis arrivé au havre de repos. Alors je fais en moi-même cette réflexion : si j'oubliais la souffrance avec cette rapidité, j'oublierais toute cette épreuve. Au bout d'un certain temps ma souffrance vieillirait ; il n'en resterait plus rien à ma conscience, et je goûterais dans mes biens abondance de profit, par avidité de ce monde. Eh bien non ! que jamais plus je ne m'embarque sur un navire ; que jamais plus pareille épreuve ne se présente, qui cette fois serait ma perdition. La vie vaut mieux que la richesse. J'ai renoncé à tous mes biens de sorte que rien ne me reste. Il ne faut pas s'embarquer sur un navire ; il ne faut pas faire de commerce, car c'est avec les richesses que l'on fait du commerce. De toute manière j'obtiendrai toujours du pain pour me nourrir. Du pain avec la santé, cela vaut mieux que trésor et royauté [19]. »

13. Cet homme avait vraiment et réellement effectué le voyage [20]. Si quelqu'un possède certitude aussi ferme, il devient possible que la route le mène quelque part. Si quelqu'un a trouvé quelque chose dans le monde d'en-haut, il resurgit libéré de tout ce qui le tenait captif en ce monde-ci. Si quelqu'un voit en songe que quelque chose s'accroît pour lui, l'interprète dira que quelque chose diminue [21]. Et si quelqu'un voit en songe que quelque chose diminue, l'interprète conclura que quelque chose augmente. De nombreuses choses sont conformes à cette analogie. C'est là en effet un principe fermement établi, parce que ce qui voit en songe c'est l'âme, et ce que l'âme *voit*, elle le voit dans le monde d'en-haut. Or, tout ce qui diminue dans le monde d'en-haut est en croissance dans ce monde-ci, et inversement. Par exemple, si quelqu'un voit en songe qu'un enfant est en train de grandir, c'est que quelqu'un est en train de mourir en ce monde-ci. Inversement s'il voit que quelqu'un est en train de mourir, c'est qu'un enfant est en train de grandir en ce monde-ci. Dans ce cas en effet, l'interprétation du songe donne ceci : si quelqu'un meurt (c'est-à-dire meurt à l'autre monde), sa vie est encore en croissance (il a encore devant lui toute sa vie en ce monde-ci), parce qu'il ne fait encore que venir de l'autre monde à ce monde-ci [22]. Tout cela est parfaitement clair.

D'où, celui qui en ce monde-ci renonce à quelque chose en vue de l'autre monde, pour l'amour de la Vraie Réalité, celui-là trouve en compensation quelque chose dans l'autre monde [23]. On comprendra donc que c'est au moment où un tel état intérieur fait éclosion chez un homme, que cet homme rejette tout ce qu'il voit en sa possession, cela parce que cet état intérieur est précisément une part de l'autre monde dont il lui est fait don [24]. Aussi abandonne-t-il en compensation quelque chose de ce monde-ci, de sorte que graduellement il se séparera de ce monde (*mojarrad*, deviendra un *anachorète* spirituel). Progressivement il rejette la totalité de ce monde-ci et acquiert autant de l'autre monde.

14. — *Moi* : Mime-moi dans un récit [25] l'état intérieur des « vrais hommes » [26].

— *Le shaykh* : Aucun récit ne peut mimer ce qui appartient à l'autre monde.

— *Moi* : Autrefois je contemplais la tablette que tu me

montrais, mais je n'en éprouvais pas grand plaisir. Mais maintenant chaque fois que je la contemple, mon état intérieur est complètement changé, et je suis si débordant de joie que je ne sais plus comment je suis devenu ce que je suis [27].

— *Le shaykh* : C'est qu'en ce temps-là tu n'avais pas encore atteint la maturité spirituelle. Maintenant tu es devenu un adulte. Écoute à ce propos une parabole. Si un homme qui n'a pas encore atteint l'âge viril, s'approche d'une femme, cela ne provoque en lui aucune jouissance. Mais, lorsqu'il a atteint la virilité et est en souci du contact d'une femme, ce contact éveille en lui un tel plaisir que si, au moment de consommer l'acte d'amour, l'un de ses plus chers amis venait l'en empêcher, il regarderait celui-ci comme son pire ennemi, alors qu'il se perd dans ce plaisir. Mais, à supposer qu'il veuille faire à un impuissant le récit du plaisir éprouvé dans cet état, l'impuissant ne comprendra rien à son récit, parce que l'on ne peut comprendre ce qu'est en réalité un état de plaisir, qu'à la condition de l'avoir éprouvé soi-même [28]. Or, cette chance est interdite à l'impuissant.

Maintenant, ce n'est pas du tout de ce plaisir-là qu'il s'agit pour nous. Dans le cas des « vrais hommes », le plaisir concerne l'âme. Toi, tu n'avais pas encore atteint l'âge adulte dans l'autre monde. Tu ne comprenais pas encore le plaisir que donne la réalité spirituelle, pas plus que tu ne comprenais le mot plaisir en son sens spirituel. Maintenant, te voici un adulte. L'adulte peut jouer au jeu du plaisir attaché à sa race. Mais alors celui dont le jeu est sans limite, ne connaît d'autre enjeu qu'un enjeu sans limite, à savoir le monde du Mystère (ou du suprasensible), et sous le voile des secrets ésotériques il est en communion avec tous les Voilés (les ésotéristes) de cette haute province. Remarque qu'il y a quelque différence entre ce plaisir-ci et ce plaisir-là.

15. — *Moi* : Chez les soufis, pendant le concert spirituel (*samâ'*) un certain état se manifeste. D'où provient-il [29] ?

— *Le shaykh* : Quelques instruments de résonance agréable, tels que la flûte, le tambourin et autres semblables, font entendre, sur les notes d'un même mode, des sons qui expriment la tristesse. Au bout d'un moment, le psalmiste élève la voix sur le ton le plus doux qui soit, et accompagné par les instruments il psalmodie une poésie. L'état auquel tu fais allusion est celui de l'extatique rencontrant le monde suprasensible [30], lorsqu'il entend la voix de plus en plus triste et que, porté par cette audition, il contemple la forme manifestée à son extase. De même que l'on évoque l'Inde en faisant mention de l'éléphant, de même on évoque l'état de l'âme en faisant mention de l'âme. Mais alors l'âme soustrait ce plaisir au pouvoir de l'oreille : « Tu n'es pas digne, lui dit-elle, d'écouter cela. » L'âme destitue l'oreille de sa fonction auditive, et elle écoute directement elle-même. C'est alors dans l'autre monde qu'elle écoute, car avoir la perception auditive de l'autre monde, ce n'est plus l'affaire de l'oreille [31].

16. — *Moi* : Et la danse mystique, quel en est le profit?

— *Le shaykh* : L'âme tend vers la hauteur, à la façon de l'oiseau qui veut s'élancer hors de sa cage. Mais la cage qui est le corps l'en empêche. L'oiseau qui est l'âme fait des efforts et soulève sur place la cage du corps. Si l'oiseau est doué d'une grande vigueur, il brise la cage et s'envole. S'il n'a pas assez de force, il reste en proie à la stupeur et à la détresse, et il fait tourner la cage avec lui. Là même, le sens mystique de cette violence est manifeste. L'oiseau-âme tend vers la hauteur. Comme il ne peut pas s'envoler hors de sa cage, il veut emporter la cage avec lui, mais quelque effort qu'il fasse, il ne peut pas la soulever plus haut que d'un empan. L'oiseau soulève la cage, mais la cage retombe au sol.

17. — *Moi* : En quoi alors consiste la danse [32] ?

— *Le shaykh* : Certains ont dit : « Je danse hors de tout ce que je possède [33] », ce qui veut dire : nous avons trouvé quelque chose de l'autre monde [34], c'est pourquoi nous avons renoncé à tout ce que nous possédions en ce monde-ci ; nous sommes désormais des *anachorètes spirituels* [35]. Quant au sens symbolique, le voici. L'âme ne peut pas s'élever plus haut que d'un empan. Elle dit à la main (étendue pour la danse) : « Toi au moins élève-toi d'une coudée, peut-être aurons-nous avancé d'une étape. »

— *Moi* : Et rejeter au loin le manteau de soufi (*khirqa*), quel est le sens de cet acte?

— *Le shaykh* : Il signifie que nous avons reçu des nouvelles de l'autre monde ; alors nous rejetons quelque chose de ce monde-ci [36]. Quant à celui qui a rejeté son manteau, il le revêt de nouveau, tout comme celui qui étend les manches (pour danser), remet ensuite son avoir dans ses manches.

18. — *Moi* : Si un soufi s'effondre sur le sol au milieu du cercle, on a une dette envers lui. Il appartient à la communauté de se prononcer sur le cas de ce pauvre. Tantôt on requiert un concert spirituel, tantôt une quête, tantôt toute autre chose que l'on voudra ; c'est à cette assemblée d'en décider. Quel est le secret (l'ésotérique) de tout cela ?

— *Le shaykh* : Lorsque les « vrais hommes » s'effondrent sur le sol au milieu du cercle [37], ils ne se relèvent plus. L'oiseau est devenu vigoureux ; il a brisé la cage ; il s'est enfui. Maintenant, la décision à prendre, par la communauté, concerne le corps. Parfois on le lave au moment même, parfois à un autre moment. Tantôt on le revêt d'un linceul blanc, tantôt d'un linceul bleu. Tantôt on l'ensevelit dans ce cimetière, tantôt dans un autre. C'est à l'assemblée d'en juger. Aussi bien le cas de celui-ci est-il le cas de celui-là.

19. — *Moi* : Il arrive que tel ou tel autre se relève, et noue un accord avec tel autre extatique, son compagnon dans la danse mystique. En vue de quoi ?

— *Le shaykh* : Il appelle un compagnon de route, un ami animé du même souffle [38].

— *Moi* : Après l'extase, l'extatique visionnaire reste sens dessus dessous ; il ne dit rien.

— *Le shaykh* : Celui qui ne parle pas, c'est que toute sa personne est langage. C'est seulement dans un langage muet [39] qu'il peut exprimer son état intime, car aucun récit ne peut mimer l'état qu'il éprouve [40], en parlant la langue du discours logique. Mais il importe que l'extatique sache ce qu'il dit ainsi sans parler.

20. — *Moi* : Lorsque l'on a terminé le concert spirituel, on boit de l'eau. Quel est le sens caché de cela ?

— *Le shaykh* : Les soufis disent que le feu de l'amour produit ses effets dans le cœur. Par le mouvement de la danse, la marmite de l'estomac (*dîk-e mâ'ida*) s'est vidée. Si l'on n'y verse pas de l'eau, elle prend feu. Eux-mêmes ne connaissent pas le plaisir d'avoir faim. Mais s'ils avaient conscience de ne pas être préoccupés par la rupture du jeûne, ils ne seraient pas des soufis [41].

Combien de prétendus cavaliers [42] ayant l'extérieur de soufis, ont décidé de galoper dans l'arène des « vrais hommes » ! Au premier choc qu'ils ont subi de la part des champions engagés sur la route de la quête du Vrai, ils y ont laissé leur existence. Le premier venu qui se met à danser, ne rencontre pas pour autant l'extase. C'est la danse qui est le produit de l'état intérieur de l'âme ; ce n'est pas l'état intérieur de l'âme qui est le produit de la danse. Discuter de ce renversement des choses, c'est l'affaire des « vrais hommes ». La danse, c'est pour les soufis le choc du monde suprasensible [43]. Mais il ne suffit pas au premier venu de s'habiller de bleu pour devenir un soufi. Comme on l'a dit : « Les vêtus de bleu [44] surabondent — Parmi eux sont les soufis qualifiés — Ceux-là ne sont que des corps, étant vides de l'âme — Ceux-ci apparences de corps [45], car ils sont tout entiers âme. »

NOTES DU TRAITÉ XII

(*a*) Cf. *En Islam iranien*... t. IV, index s. v. Owaysis.

(*b*) Dov Baer de Loubavitch, *Lettre aux Hassidim sur l'extase*, introduction et notes par Louis Jacobs, trad. par G. Levitte (Documents spirituels, 12). Paris, Fayard, 1975, pp. 16-17.

(*c*) Le texte persan de la présente Épître se trouve in *Op. metaph. III*, pp. 252-266.

1. Cf. déjà ci-dessus, le Traité VII. C'est sur la campagne déserte que s'ouvre l'une des deux portes du *khângâh* intérieur ; lorsque le visionnaire réussit à ouvrir cette porte, il se trouve en présence de l'Ange, le dixième de la hiérarchie des Intelligences, qui devient alors son initiateur. Quant au rapport entre le shaykh dont il est question ici et celui que l'auteur rencontrera dans un *khângâh* (§ 4), et à qui il devra de retrouver son propre shaykh, cf. ci-dessus notre texte de présentation.

2. Il s'agit de la « science des lettres », ou algèbre philosophique. Cf. *En Islam iranien*... t. IV, index s. v. *'ilm al-horûf*. C'est également à cette science que ci-dessus, dans le Traité VII, l'Ange initiait son disciple.

3. De nouveau reparaît ici le motif du *khângâh*, qui est l'homme intérieur, le lieu de la présence mystique de l'Ange. Cf. ce que nous avons eu l'occasion d'en dire ci-dessus, dans les Traités VII et XI. Quant au manteau à la double couleur, blanche et noire, le symbolisme s'accorde parfaitement avec celui des deux ailes de Gabriel, comme Anthrôpos céleste, Ange de l'humanité : une aile de lumière et une aile enténébrée. Or nous savons que l'Ange Gabriel est le « shaykh » de Sohravardî et des *Ishrâqîyûn*. Cf. ci-dessus Traités VII et X. Il se produit donc, dans la première page de l'Épître, un dédoublement de la figure du shaykh, s'accordant parfaitement avec le rapport que la théosophie de l'*Ishrâq* institue entre l'Ange-Esprit-Saint, Ange de l'humanité, et la « Nature Parfaite », ange personnel du philosophe. Cf. ci-dessus notre texte de présentation et *En Islam iranien*... t. IV, index s. v. Nature Parfaite (multiples références).

4. Sur l'incapacité du profane à distinguer entre le jour et la nuit, cf. ci-dessous Traité XIII, chapitre VII, la parabole de la huppe tombée au milieu des hiboux.

5. Ceux que l'on appelle en persan les *Javân-mardân*, les chevaliers spirituels. Cf. H. Corbin et M. Sarraf, *Traités des compagnons-chevaliers* (*Rasâ'il-e Javân-mardân*) (Bibliothèque Iranienne, vol. 20), Téhéran-Paris, 1973.

6. Bien entendu, il s'agit ici de l'étranger (*bîgâneh*) aux choses spirituelles, non pas de l'« allogène », l'étranger à ce monde qui est le héros du « Récit de l'exil occidental ».

7. Les trois étapes, dont la première vient d'être décrite sous le symbole de la luciole, conduisent le mystique à l'état spirituel de ceux qui furent « des Lunes au ciel du *tawhîd* » (ci-dessus Traité X), c'est-à-dire à l'état spirituel où se vérifie dans leur personne le symbolisme des phases de la Lune (cf. ci-dessus le Traité VI). La luciole croit qu'elle est elle-même la source de la lumière émise par son souffle.

8. L'exemple du bœuf marin accentue, sur le mode ironique, l'exemple de la luciole. Celle-ci était dans la situation d'une Lune qui, dans son ignorance que c'est la lumière du Soleil qui resplendit en elle, s'imagine être elle-même la source de sa lumière. Le bœuf va plus loin : il reproche au Soleil de s'emparer, pendant le jour, de la lumière de la Lune. C'est le parfait symbole de la conscience profane, revendiquant pour elle-même l'acte d'une illumination dont elle n'est en fait que l'organe et l'instrument.

9. C'est dans ces mêmes termes que la Lune était désignée ci-dessus dans le Traité VI. La deuxième étape spirituelle consiste à découvrir quelle est la source de la lumière qui se manifeste dans la Lune. Une fois compris en quoi consiste cette lumière, la prétention du bœuf apparaîtra tout à fait dérisoire. « L'herbe dont il se nourrit, » cette lumière qu'il croit être sa propre lumière, n'est autre que la Lumière même à laquelle doit son éclat le Joyau qui illumine la nuit.

10. Que l'on veuille bien se reporter à tout ce qui a été dit ci-dessus dans le Traité VI (et repris ci-dessous dans le prologue du Traité XIV) à propos de la montagne psycho-cosmique de Qâf, de l'arbre Tûbâ et de Sîmorgh. La troisième étape dont il est question ici, y était décrite comme celle où le Joyau qui illumine la nuit « est au plus proche de l'arbre Tûbâ ; il apparaît alors par rapport à toi comme étant devenu complètement ombre (invisible), tandis que du côté de l'arbre Tûbâ il est complètement lumière ». Alors le mystique est devenu une « Lune au Ciel du *Tawhîd* ». Ce n'est même plus seulement qu'il a conscience de recevoir du Soleil sa lumière, mais comme miroir en réfléchissant totalement l'éclat, il lui arrivera de s'écrier : « Je suis le Soleil. » Cf. ci-dessous Traité XIII, chapitre IX.

11. Il y a déjà eu occasion de rappeler ici que ce que l'on appelle la tête et la queue du Dragon, ce sont les « nœuds de la Lune », c'est-à-dire les points auxquels l'orbite de la Lune coupe celle du Soleil (les moments de l'éclipse). Cf. *En Islam iranien*... t. II, p. 276. C'est l'importance du symbolisme de l'éclipse de la Lune (cf. note précédente) qui fait revenir cette mention du Dragon.

12. Nous traduisons aussi fidèlement que possible, en ajoutant quelques précisions entre parenthèses. Il est regrettable que l'auteur ou que le copiste n'ait pas construit la figure. Néanmoins ce que l'auteur veut démontrer est assez clair et ses indications suffisamment précises, pour que chacun puisse construire la figure proposée. Cf. la note suivante.

13. En fait ce que l'auteur veut illustrer par la grande construction qu'il propose, c'est, comme dans les cas précédents (cf. Traités VI, X, XI), une leçon d'« astronomie du ciel intérieur ». Le texte est à comprendre dans le prolongement de ce qui précède : les trois étapes du traitement de la maladie spirituelle qui est la cécité empêchant de voir le monde suprasensible. L'âme prend conscience de la lumière qui est en elle, mais elle est d'abord dans l'illusion de la luciole. Après être passée par l'état d'une Lune s'imaginant qu'elle était elle-même lumière sans le Soleil, l'âme accède à l'état de Sîmorgh dans l'arbre Tûbâ. La question est celle-ci : dans quelle mesure la Terre peut-elle faire obstacle à la lumière du Soleil (au ciel intérieur) ? La conscience spéculative, au sens étymologique (*speculum*, le miroir qui réfléchit la lumière), c'est-à-dire Sîmorgh, sait que la lumière qui resplendit en elle et qu'elle réfléchit, est la lumière même du Soleil. Le sujet qui a atteint cette conscience que sa lumière est la Lumière divine dont il est l'organe et le miroir, peut-il rechuter dans la nuit ? Ou bien encore quelle part de nuit lui est inhérente (comme à l'aile gauche de Gabriel) ? Réponse : la ténèbre de la nuit est limitée au cône d'ombre. Au-delà, tout est éclairé par le Soleil. La Terre, ce sont les attaches, les possessions terrestres et les ambitions profanes. C'est cela le cône d'ombre et ce qui empêche de « voir », parce qu'interceptant la lumière. D'où le traitement radical proposé dans le traité précédent (Traité XI). Finalement la « Terre », c'est la folie de l'homme prêt à en payer la possession au prix de son aveuglement au monde spirituel. Tel est l'enseignement que dégagent explicitement les §§ 9 et 10, et qu'illustreront les paraboles proposées ensuite §§ 11 ss.).

14. Abû Yazîd Bastâmî (ob. 261/875), le grand mystique khorassanien, plusieurs fois déjà nommé ici (rappel : *Bastâmî*, non pas *Bistâmî*).

15. Cf. ci-dessus n. 5.

16. Le mot *qalandar* pose bien des problèmes non encore résolus. Il est probablement d'origine préislamique et semble avoir été d'un usage courant en persan dès avant le IVe/Xe siècle. W. Ivanow a relevé qu'avec l'introduction du christianisme en Russie (XIe-XIIe s.) se produisit un phénomène de dévôts chrétiens migrateurs, connus sous le nom de *Kaliki perekhozhiye*, et dont la description que l'on en trouve dans la littérature médiévale coïncide de façon frappante avec celle des *qalandars* islamiques. Tandis que ces derniers cheminaient pour leur pèlerinage à La Mekke, les seconds cheminaient pour leur pèlerinage à Jérusalem. Voyageant par bandes d'une quarantaine, leur allure impérieuse inspirait plutôt la crainte. W. Ivanow avoue avoir passé en vain quarante ans à la recherche d'une explication satisfaisante du mot *qalandar*. Il a pensé au grec *kaletor*, de *kaleo* (appeler, convoquer), usité peut-être dans le sens de l'arabe *dâ'î*. Il n'en était pas lui-même convaincu. L'histoire des rapports des *qalandars* avec le soufisme est complexe. En bref, le terme de *qalandar*, tel qu'il est usité couramment en poésie persane, est synonyme de « migrateur religieux, libre comme le vent ». Cf. W. Ivanow, *The Truth-Worshippers of Kurdistan, Ahl-i Haqq Texts*, Leiden 1953, pp. 60-62.

17. Comme on le sait, la tradition iranienne conserve le souvenir du talent exemplaire du prophète Mânî comme peintre, et de la beauté des images qui illustraient les livres manichéens.

18. *Tâq-e kesrâ*, le célèbre palais des souverains sassanides à Ktésiphon, non loin de l'actuelle Baghdad.

19. Le sens caché de la parabole prolonge ce qui précède : la « Terre » ne doit pas voiler la lumière au ciel de l'âme. Il y avait la démonstration fournie par la leçon d'astronomie. Maintenant il y a le geste du marchand qui est le même que celui d'Abû Yazîd Bastâmî. C'est de sang-froid, en pleine paix, non pas en plein péril, qu'il faut tout jeter par-dessus bord. Sinon, il n'y aurait pas de différence entre naufrage et salut : il n'y aurait pas de différence entre tout jeter pour sauver sa vie et tout jeter pour sauver son âme.

20. Bien peser le contraste : parce que, même arrivé au port, le marchand a tout rejeté, il a réellement effectué et terminé son voyage, tandis que dans le cas précédent (§ 11) la construction a été laissée inachevée par le maître constructeur.

21. La loi d'analogie inversée qui inspire ici l'herméneutique des visions en songe, est clairement expliquée au cours du paragraphe. Ce que l'âme voit en songe, elle le voit dans l'autre monde comme dans un miroir où sont inversés les événements de ce monde-ci. La naissance ou la croissance d'un enfant dans l'autre monde est l'image inversée correspondant à la mort de quelqu'un en ce monde. L'enfant qui naît dans l'autre monde n'est pas destiné à y vieillir et à y mourir. Il y est à jamais *renovatus in novam infantiam*. C'est le motif du *Puer aeternus*, et c'est peut-être le sens profond de cet « état d'enfance » qui donne son titre à la présente Épître.

22. Mourir à l'autre monde, c'est venir en ce monde-ci. Ces quelques lignes impliquent à la fois une réminiscence du « Récit de l'exil occidental » et l'affirmation de la préexistence de l'âme à sa venue en ce monde. Venue en ce monde, elle est en proie au vieillissement et à la mort, jusqu'à l'acte décisif qui détermine sa nouvelle naissance à l'autre monde (tout le thème de la seconde naissance qui, chez les *Ishrâqîyûn* comme chez les Ismaéliens, est souvent illustré par des citations de l'Évangile de Jean).

23. Tel fut le geste du marchand qui, même arrivé au port, envoya par-dessus bord toutes ses richesses matérielles. C'est ce geste même qui a amené ici cette digression sur l'herméneutique des songes procédant par analogie *a contrario*.

24. Atteindre à cet état intérieur, c'est déjà satisfaire au précepte qui prescrit d'anticiper l'*exitus* physique par la mort mystique. Celui qui y atteint est en effet libre pour l'au-delà de la mort et sortira vraiment vivant de ce monde.

25. De nouveau ici la *hikâyat*, à la fois récit et imitation reproduisant ce qu'elle récite (sur ce mot, cf. l'index du présent volume).

26. Cf. ci-dessus n. 5.

27. Confirmation de ce que nous suggérions ci-dessus n. 21. Le narrateur avoue lire maintenant avec aisance et allégresse la mystérieuse tablette qu'il déchiffrait avec peine au début (§ 2). Le shaykh lui explique qu'il est maintenant devenu spirituellement un adulte. L'herméneutique par voie d'analogie inversée, telle que le shaykh l'a exposée dans les lignes qui précèdent, permet alors de comprendre que le *puer aeternus* est au sens vrai l'adulte au

monde spirituel, tandis que l'adulte en ce monde-ci, dont l'âge est mesuré par les années du calendrier, n'est encore qu'un enfant par rapport aux choses spirituelles, jusqu'à l'acte de sa nouvelle naissance (ci-dessus n. 21 à 24).

28. C'était le même enseignement que dégageait le traité précédent, et que l'on retrouve chez les néoplatoniciens, chez Najmoddîn Kobrâ, chez Goethe : le semblable n'est connu que par le semblable.

29. Sur les effets de l'expérience musicale chez Sohravardî et les explications données par Jamblique sur les effets de la musique, voir *En Islam iranien*... t. II, pp. 281-282, et ci-dessous Traité XIV, Ire partie, chap. II. Sur la pratique du *samâ'* ou concert spirituel, voir *ibid.*, t. IV, index s. v.

30. Comparer avec cette même notion d'événement, la rencontre (*wâqi'a*) chez Semnânî, *En Islam iranien*... t. III, pp. 342-344.

31. Comparer avec le propos tenu, à la fin de sa vie, par Rûzbehân Baqlî Shîrâzî qui était aussi un musicien assidu à la pratique du *samâ'*. Il n'avait plus besoin de l'intermédiaire des sons sensibles ; il percevait l'inaudible en une pure musique intérieure. « Désormais c'est Dieu même qui est en personne l'oratorio que j'écoute ; je m'abstiens d'écouter tout autre concert que lui-même. » *En Islam iranien*... t. III, p. 29.

32. En persan *dast bar-afshândan*, littéralement « étendre les mains ».

33. En persan *âstîn afshândan*, danser, littéralement « étendre les manches », c'est-à-dire refuser, rejeter loin de soi avec mépris. D'où le double sens allusif du mot danse, marqué par la position des mains écartées.

34. C'est le sens de la *wâqi'a*, cf. ci-dessus n. 30.

35. Cf. ce que nous avons dit antérieurement ici (voir l'index) sur le *tajrîd*, l'acte de séparer, en grec *khôrismos*, *anakhôrêsis* (se séparer, se retirer), et les raisons pour lesquelles nous avons pensé traduire au mieux *Ikhwân al-tajrîd* par « anachorètes spirituels ». Voici que le contexte de Sohravardî nous fait évoquer ici le grec *anakhoreuô*, former des chœurs de danse, célébrer par des danses. Simple consonance sans doute (nonobstant l'*omicron* dans un cas et l'*oméga* dans l'autre), mais qui a la vertu de rapprocher *anachorète* et *anachoreute* !

36. Nouvel exemple de la compensation par analogie inversée, cf. ci-dessus n. 21 ss.

37. C'est un cas bien connu que ces morts se produisant au cours de séances musicales accompagnées de la danse, si violente peut être l'émotion atteinte. Que l'on en rapproche le cas de celui des morts mystiques d'amour, dont il a été question précédemment. C'est à la communauté, on le voit ici, de régler le cérémonial des funérailles.

38. Traduction littérale du persan *ham-damî*, accord « sym-pathétique ». L'idée de pacte spirituel se présente également sous d'autres formes, qu'il y aurait lieu d'étudier comparativement. C'est ainsi, par exemple, que chez les Ahl-e Haqq se forment des groupes en vue du jour de la Résurrection. Trois personnes (deux « frères » et une « sœur »), ou quatre personnes, concluent ensemble le pacte (*iqrâr*) de partager au Dernier Jour les bonnes et les mauvaises actions de chacun. Cf. W. Ivanow, *op. cit.* (ci-dessus n. 16), p. 40.

39. En persan *zabân-e hâl* (arabe *lisân-e hâl*). Cf. ci-dessus Traité IX, n. 12.

40. Pas de *hikâyat* possible ici. Cf. déjà ci-dessus § 14.

41. Le sens est celui-ci : les gens du commun ont faim pendant le Ramazan. Ils attendent la rupture du jeûne (*iftâr*) le soir. Les soufis n'y pensent même pas, car ils n'ont pas faim. D'où, penser même avec indifférence à l'*iftâr*, ce serait encore penser à cette faim que précisément ils ignorent. Mais alors ce ne seraient pas des soufis.

42. Le texte persan porte *khar-sovarân*, ceux qui montent un âne.

43. La *wâqi'a*, cf. ci-dessus n. 30 et 34.

44. Pour la couleur bleue du vêtement des soufis, voir déjà ci-dessus Traité VII, n. 2. Comparer le commentaire turc de Sûdî (II, 42) exposant le *ta'wîl* de cet hémistiche de Hâfez : « Mon maître couleur-de-rose à l'égard des bleu-vêtus... » dans notre Introduction à Rûzbehân, *Le Jasmin des fidèles d'amour* (Bibliothèque Iranienne, vol. 8), Téhéran-Paris 1958, p. 57. Il y a un lien sans doute entre la couleur du vêtement porté et les photismes colorés (Semnânî) révélant au mystique son degré d'avancement spirituel. Voir notre ouvrage *L'homme de lumière dans le soufisme iranien*, Chambéry-Paris 1971, index s. v. vêtement (symbolisme de la couleur du). *En Islam iranien...* t. IV, pp. 342-343.

45. *Tcheken*, sorte de manteau fait de tissu brodé (cf. *Borhân-e Qâte'*, s. v.). L'idée est que pour les vrais soufis, le corps n'est qu'un manteau jeté sur l'âme.

4. Symboles et paraboles

XIII.

La langue des fourmis

(Loghât-e mûrân)

Traduit du persan

1. Présentation

Les deux traités qui suivent (Traités XIII et XIV) forment un groupe à part dans le *corpus* des traités et récits mystiques de Sohravardî. Ce ne sont ni des récits racontant la « rencontre avec l'Ange », ni des dialogues intérieurs avec le guide ou *daïmôn* personnel. Le mode de composition et la finalité sont autres. Dans notre classement thématique, nous les réunissons sous une quatrième variante spécifique : « Symboles et paraboles ».

Dans le présent traité les symboles éclosent, sans que nous puissions rechercher ici quels sont ceux créés par le Shaykh al-Ishrâq lui-même et quels sont ceux qu'il a hérités d'ailleurs. Aussi bien n'est-ce pas cela qui importe. Il arrive à un compositeur d'emprunter les thèmes d'une tradition folklorique et de les orchestrer en une œuvre parfaitement originale. De même ici, sous le calame du Shaykh al-Ishrâq, les symboles s'organisent pour constituer une suite de paraboles, par lesquelles l'auteur nous donne à entendre son message le plus personnel.

L'opuscule se présente donc plutôt à la façon d'une rhapsodie, dans laquelle sont « cousues » à la suite l'une de l'autre une douzaine de paraboles ou d'histoires symboliques. Composition si bien « rhapsodique » qu'elle aurait pu s'interrompre prématurément, de même qu'elle aurait pu se poursuivre encore. C'est ce que révèle aussi bien la tradition manuscrite. Un des manuscrits s'arrête, par exemple, à la fin du chapitre VII [(a)]. En revanche, un copiste des douze chapitres achève son travail en disant : « Voici les quelques chapitres qui ont été retrouvés du Message (ou du traité, *risâla*) de la langue des fourmis. » Y en avait-il d'autres, dont on soupçonnait l'existence sans en posséder de manuscrits ? Quelque trouvaille nous le dira peut-être un jour. Pour le moment nous disposons du texte tel qu'il est traduit ici. Et c'est déjà beaucoup, car sa teneur est particulièrement significative.

C'est le premier motif de la rhapsodie qui donne son titre à l'ensemble du petit traité : « La langue des fourmis » (de même que le présent *corpus* groupe la traduction de quinze traités sous le titre de l'un d'eux : l'Archange empourpré). C'est qu'aussi bien ce même motif va se développer en variations de chapitre en chapitre. La parabole des fourmis est une « pierre spéculaire » transparente ; elle n'appelle d'autre commentaire qu'une insistance sur ce qui est en question, à savoir l'origine de l'âme. Il faut lire cette parabole d'un seul trait avec la parabole qui lui fait suite, la parabole des tortues (chapitre II), parce que celle-ci reprend le motif en l'amplifiant et en le précisant.

La gradation se montre ainsi : la parabole des fourmis (chapitre I) décide de ce qui a pour origine la lumière et de ce qui a pour origine la ténèbre pure. La question est donc posée en termes proprement *ishrâqî*. De ce dilemme fait éclosion le thème du peuple des ténèbres, qui sera le leitmotiv de deux autres chapitres. Dans le chapitre VI, le peuple des ténèbres est typifié par les chauves-souris qui attaquent le caméléon et le persécutent à mort. Dans le chapitre VII, le peuple des ténèbres est typifié par les hiboux qui s'en prennent à la huppe, laquelle ne trouve son salut qu'en se réfugiant dans un ésotérisme strict. Notons que les deux chapitres sont écrits avec un humour qui est presque de l'humour noir, et qui nous révèle la tournure d'esprit secrète de notre shaykh.

La parabole des tortues (chapitre II) fait un pas de plus. L'origine de l'âme étant le monde de la lumière, comment l'âme, qui n'est pas elle-même dans une dimension de l'espace sensible, peut-elle résider dans un habitacle localisé dans l'espace sensible ? Autrement dit, quel est le rapport entre le *non-où* et le *où* (le thème de *Nâ-kojâ-âbâd*) ? C'est la question qui motive ici l'intervention des propos de maîtres soufis célèbres : Abû Tâlib Makkî et Hallâj (« Il a cligné l'œil hors du *où* »). Or, ce sera exactement la même question qui sera posée plus loin en un chapitre que l'état du texte rend difficile (le chapitre X) : quel est le rapport entre le maître de maison et la maison ? Là même intervient alors le phénomène du miroir (en prolongement du chapitre IX). C'est celui-ci qui peut nous aider à comprendre le rapport entre le *non-où* et le *où*, entre ce qui n'est pas dans l'espace et la forme spatialisée dans laquelle ce non-spatial se manifeste. C'est une question proprement *ishrâqî* ; la solution n'en est concevable que par une katoptrique mystique, ressortissant à la métaphysique de la lumière et métamorphosant tout ce qui est corps en un miroir. Cette katoptrique postule toute l'ontologie du monde médian entre l'intelligible et le sensible, parce que le phénomène du miroir typifie par excellence les manifestations du *mundus imaginalis* (cf. encore ci-dessous ; nous tentons de coordonner le *status quaestionis* dans notre longue n. 41). Or, c'est cela même que les tortues, non seulement dans le chapitre II de notre opuscule, mais *ubique et semper*, ont le plus de mal à comprendre. Et le dénouement est partout et toujours le même : les tortues couvrent de boue le malheureux sage, le destituent et le bannissent.

Nous venons de relever le lien qui unit les intentions des deux premiers chapitres avec celles des chapitres terminaux. Ce lien montre que, sous les variantes de la rhapsodie, persiste une intention bien arrêtée de l'auteur. Une analyse plus approfondie, que l'on ne peut entreprendre ici, aurait à dégager les connexions des chapitres, d'une part les uns avec les autres, d'autre part avec les principaux thèmes.

Avec le chapitre IV, consacré au « Graal de Kay Khosraw », reparaît un des grands thèmes iraniens du Shaykh al-Ishrâq. Les extraits du « Livre des Tablettes » (ci-dessus Traité III) ont montré sous quels traits apparaissait à un *ishrâqî* la figure spirituelle du souverain extatique de l'ancien Iran. Comme nous avons déjà longuement traité ailleurs de ce « récit du Graal », nous n'y insistons pas ici (cf. n. 10). Relevons seulement la résurgence du motif de la *Sakîna* que Sohravardî associe ailleurs avec celui du *Xvarnah*, la lumière de Gloire mazdéenne (cf. la n. 15 où nous récapitulons les références aux passages où il en est traité dans le présent livre). *Khosrovânîyûn* de l'ancienne Perse et *Ishrâqîyûn* de la Perse islamique appartiennent, selon Sohravardî, à la même « communauté de la *Sakîna* ». Il est alors d'autant plus important de préciser comment s'établit dans sa pensée le lien entre l'état mystique où le moi spirituel que typifie le Graal, devient invisible (le *fanâ*), et la « descente de la *Sakîna* » (cf. n. 15 *in fine*).

Le lien entre les chapitres VI et VII, dénonçant les persécutions du gnostique par le peuple des ténèbres, a été signalé ci-dessus. Disons que de nouveau ici, dans le chapitre VI, le Shaykh al-Ishrâq préfigurait son propre destin de martyr dans le sort du caméléon. Dans la parabole de la huppe tombée prisonnière des hiboux (chapitre VII) on relèvera l'importance de la « discipline de l'arcane », comme la seule sauvegarde à opposer à la fureur des ignorants. Une indication précieuse se cache sous le fait que le secret à ne pas trahir est le *sirr al-robûbîya* (cf. n. 29). Ici de nouveau une indication pathétique : faut-il parler ? faut-il se taire ? « Un millier de clous me ferment la bouche. » Que l'on se reporte aux derniers mots du Traité XI, on sentira vibrer de page en page le drame personnel secret de Sohravardî dont le dénouement l'attendait à Alep, lorsqu'il parla avec trop d'intrépidité. Comment la huppe eût-elle consenti à la cécité spirituelle qui est le signe de la mort spirituelle ? (cf. n. 28). Consentir à ce que demandent les hiboux, c'est consentir à cette mort, c'est s'interdire de sortir « vivant » de ce monde, lors de l'*exitus*. Alors il faut passer sain et sauf à travers ce monde ; l'ésotérisme est donc le refuge vital. Disons en outre qu'il empêche les dégradations, préserve des profanations et des vicissitudes de la mode. Comment en effet traiter autrement qu'en paraboles — voire en paraboles visionnaires

— de l'appartenance à la « confrérie initiatique » que forme le plérôme archangélique, à maintes reprises mentionnée par notre shaykh ?

Appartenance que garantit à l'âme de lumière son origine même, comme l'ont rappelé avec force les paraboles des deux premiers chapitres (cf. encore ci-dessous dans le Livre d'Heures : « Viens en aide au peuple de la Lumière. Guide la Lumière vers la Lumière ».) Cela même motive la réapparition du thème de la préexistence de l'âme à sa venue en ce monde. Nous avons pu constater que dans les traités exotériques, le shaykh semblait écarter l'idée de cette préexistence (Mollâ Sadrâ Shîrâzî s'en montrait même irrité). Ici même, comme dans les Traités VI, VIII, X (cf. n. 34 et le récit avicennien de l'Oiseau), cette préexistence est explicitement affirmée. La parabole du paon n'est autre que l'histoire même du gnostique, orchestrée en une tonalité mineure douloureuse, tandis que le « Récit de l'exil occidental » modulait le passage de l'épopée héroïque à l'épopée gnostique.

Et c'est le retour à celle-ci qui assure la transition secrète amenant le chapitre IX, mentionnant l'entretien que le prophète Idrîs eut avec les étoiles et les planètes. L'idée de ce dialogue est en consonance, si l'on pense aux Sabéens hermétistes de Harran, avec l'assimilation d'Idrîs à Hermès (à Hénoch également, cf. n. 38). L'entretien avec la Lune motive le retour du symbolisme des phases de la Lune comme typifiant les états spirituels successifs du mystique (cf. n. 39). Plus explicitement qu'ailleurs, l'état théopathique est assimilé ici au phénomène du miroir. L'outrance hallajienne : « Je suis Dieu » (*Anâ'l-Haqq*) s'explique et s'excuse comme un cas limite de katoptrique mystique. Comme nous l'avons signalé ci-dessus, c'est par excellence ce phénomène du miroir qui conduit à surmonter le paradoxe, celui-là même qui était posé dans la parabole des tortues (chapitre II), sous forme de cette question : quel rapport y a-t-il entre un être qui n'est pas spatialisé en ce monde-ci et la forme spatialisée dans laquelle il se manifeste en ce monde ? Cette forme joue en fait le rôle d'un miroir. L'image dans le miroir est bien dans un espace, le sien propre, mais celui-ci n'est ni en contiguïté, ni en continuité avec les dimensions de l'espace sensible. Ce n'est jamais l'image que l'on peut « toucher », mais le miroir. Briserait-on le miroir pour l'atteindre, l'image ne ferait que disparaître. Le phénomène du miroir typifie au mieux la relation visionnaire qu'établit ce qui est une « théophanie » non pas une « incarnation », parce que la relation entre les êtres spirituels et les formes de ce monde ne peut être qu'une relation théophanique.

Le texte de ce chapitre X a souffert du découragement des copistes qui n'y retrouvaient pas leur chemin. Nous nous sommes attaché, en utilisant toutes les variantes, à dégager un texte cohérent, tant ce chapitre, venant en fin de l'opuscule, nous semblait avoir d'importance. Le rappel du phénomène du miroir fait en effet ici écho aux efforts déployés ailleurs par Sohravardî pour assurer l'ontologie du *mundus imaginalis* (*'âlam al-mithâl*) dont il fut, peut-on dire, le fondateur en philosophie irano-islamique, et qui décide du caractère spécifique de la théosophie *ishrâqî*. Le mode d'apparition d'un être spirituel dans une forme spatiale de ce monde, est le mode d'être de l'image dans un miroir. Voir toutes choses dans ce miroir, c'est voir les choses dans le *mundus imaginalis* (« en Hûrqalyâ »). Là même culmine tout ce qui a été dit précédemment ici concernant la métaphysique de l'Imagination et de la vision *imaginale*. Le Shaykh al-Ishrâq a rappelé plus d'une fois que si l'on manquait cette ontologie de l'*imaginal*, ce sont toutes les visions des prophètes, les expériences des mystiques, y compris leurs paraboles visionnaires, les événements eschatologiques, qui perdaient leur lieu propre, bref cessaient d'« avoir lieu ». Il faut lire d'un trait les chapitres I et II, IX et X. Notre longue note 41 tend à coordonner ce qui est ici en cause. On se reportera en outre à ce que nous avons dit déjà ici et ailleurs concernant le *mundus imaginalis* [(b)].

Le chapitre XII et dernier prolonge, avec une nuance d'humour, le chapitre IX et les textes apparentés à ce dernier. Un faible d'esprit expose une lampe en plein soleil et s'écrie : « O mère ! le soleil a rendu notre lampe invisible. » C'est en quelque sorte un écho donné au bœuf marin se plaignant que le Soleil dérobe à la Lune sa lumière (cf. Traité XII). On sera attentif à la réponse donnée par la mère, car elle situe bien les limites du *fanâ* :« Ce n'est nullement que la lampe et sa lumière soient anéanties, mais, lorsque l'œil perçoit quelque chose d'immense, il perçoit comme négligeable la petite chose que l'on aura mise en face. » [(c)].

2. Traduction

Grâces soient rendues au Principe qui en est digne en vérité de façon absolue, comme en font l'aveu tous les êtres par le témoignage même de leur acte d'être. Et que la bénédiction divine soit sur l'âme des Purs, tout particulièrement sur le prince de la race humaine, Mohammad l'Élu, et sur toute sa famille.

Quelqu'un parmi ceux que je vénère et dont la protection s'était faite attentive à l'égard de ma chétive personne, me demanda instamment de rédiger quelques propos qui lui seraient une aide pour le parcours de la voie mystique. La condition en fut qu'il les tiendrait à l'abri des profanes, Dieu voulant. A ces propos j'ai donné comme titre : « La langue des fourmis [1]. » En Dieu est notre secours.

Chapitre Ier : *Quelques fourmis sortirent...*

Quelques fourmis diligentes, s'étant équipées pour le voyage, sortirent du fond des ténèbres de leur cachette et résidence première, et se dirigèrent vers la campagne déserte en vue de pourvoir à leur subsistance. Par hasard, quelques pousses de végétaux s'offrirent dans leur champ de vision, et à l'aurore il y avait des gouttes de rosée disposées à la surface de leurs feuilles.

Les fourmis se demandèrent les unes aux autres : « Qu'est-ce que cela ? » Les unes répondirent en disant : « Ces gouttelettes ont pour origine la terre. » D'autres dirent : « Non pas ! elles proviennent de la mer. » Là-dessus voilà la dispute mise en train. Certaine fourmi de leur nombre était particulièrement ingénieuse. Elle leur dit : « Patientez donc un moment pour savoir de quel côté inclinent ces gouttelettes, car chaque être subit une attirance vers son origine ; il éprouve le désir de rejoindre son lieu initial et sa source. Toutes les choses sont attirées vers leur propre racine. Ne voyez-vous pas que l'on peut lancer une motte de terre depuis notre centre terrestre vers la périphérie céleste ; mais comme son origine est en-bas (minérale), et que le principe selon lequel toute chose retourne à son origine est solidement fondé, la motte de terre finit par retomber. Tout ce qui est attiré par la ténèbre pure, doit également son origine à la ténèbre. Et quant à la lumière de la divinité, cette thèse rapportée à la Noble Essence [2] est encore plus évidente : vaine imagination est l'Union, à moins que tout ce qui aspire à la lumière n'appartienne déjà au monde de la Lumière. »

Les fourmis en étaient là, lorsque le soleil commença à chauffer et que la rosée commença à être aspirée vers la hauteur, hors de l'habitacle des végétaux. Alors les fourmis comprirent que les gouttes de rosée n'appartenaient pas à la terre, mais que, si elles se dirigeaient vers l'air, c'est que l'air était leur origine. « Lumière sur lumière ! Dieu conduit vers sa Lumière qui il lui plaît et il parle aux hommes en paraboles » (24/35). « Ton Seigneur n'est-il pas l'aboutissement ? » (53/43). « Vers lui monte le Verbe excellent, et l'œuvre digne il l'élève vers lui » (35/11) [3].

Chapitre II : *Quelques tortues sur le rivage...*

Quelques tortues s'étaient établies sur le rivage. Un jour elles contemplaient la mer, en manière de distraction. Un oiseau bigarré jouait à la surface de l'eau, comme ont l'habitude de le faire les oiseaux : tantôt il plongeait, tantôt il s'élevait. L'une des tortues demanda : « Cette forme gracieuse est-elle de nature aquatique ou bien de nature aérienne ? » Une autre observa : « Si elle n'était pas de nature aquatique, qu'aurait-elle à faire dans l'eau ? » Une troisième alors déclara : « Si elle était de nature aquatique, elle ne pourrait pas vivre hors de l'eau. »

Le juge qui était en fonction chez les tortues, trancha l'affaire de la façon suivante : « Observez donc, dit-il, et soyez attentives à son cas. S'il peut exister hors de l'eau, c'est qu'il n'est pas de nature aquatique et que l'eau ne lui est pas nécessaire. Le cas du poisson en est la preuve, car, si on le sépare de l'eau, il ne peut plus rester en vie. » Soudain un vent violent s'éleva et gonfla les eaux. Le petit oiseau s'envola dans les hauteurs de l'air.

Les tortues dirent alors au juge : « Ta leçon a besoin d'être expliquée. » Le juge de leur dire : « Abû Tâlib al-Makkî, sur la question de l'extase et de la crainte, déclare au sujet du Prophète : « Lorsque Dieu le recouvrit [4], il fit cesser pour lui l'ordre de l'intellect ; il retira de lui l'être (*kawn*) et le lieu (*makân*). » Il dit encore : « Dans l'état d'extase, le lieu fut retiré du Prophète. » Et au sujet de Abû'l-Hasan ibn Sâlim [5], à propos de l'amour (*mahabbat*) en la station mystique de l'amitié divine (*kholla*), al-Makkî déclare : « La vision directe lui apparut ; alors le *lieu* fut involué pour lui. » Les grands mystiques comptent dans l'ensemble des voiles [6] la passion, le *lieu*, le corps. Hosayn ibn Mansûr al-Hallâj dit au sujet du Prophète : « Il a cligné l'œil hors du *Où*. » Un autre disait : « Le soufi est audelà des deux modes d'être et au-dessus des deux univers (matériel et spirituel). » Et tous sont d'accord sur ce point que, tant que le voile n'est pas levé, la vision ne se produit pas. Quant à cette Essence qui se présente dans le champ de la perception visionnaire, c'est quelque chose de créé et qui a un commencement dans l'être [7]. »

Toutes les tortues poussèrent des clameurs. « Comment une Essence qui est localisée dans un lieu, pourrait-elle sortir du lieu ? Comment serait-elle soustraite aux directions spatiales ? » Le juge de répondre : « Mais c'est précisément pour cela que je viens de vous faire tout au long ce récit ! » Les tortues clamèrent toutes en chœur : « Nous te destituons, ô juge ! Tu es destitué. » Elles lui jetèrent de la boue et puis s'en furent chez elles.

Chapitre III : *Le rossignol absent à la cour de Salomon*

Tous les oiseaux se présentèrent à la cour de Salomon, sauf le rossignol [8]. Salomon désigna un oiseau pour porter un message au rossignol, déclarant à celui-ci : « Il est nécessaire que nous venions l'un chez l'autre, vous et nous. »

Lorsque le message de Salomon parvint au rossignol, celui-ci n'était encore jamais sorti de son nid. Il en répéta la lecture avec ses amis : « Oui, telle est bien la teneur du *firmân* de Salomon, et il ne ment pas. Il nous fait la promesse que nous serons réunis.

Mais, s'il reste à l'extérieur et nous à l'intérieur, rencontre et réunion ne seront pas aisées. Et puis, il ne pourrait pas tenir dans notre nid. Or, il n'y a pas d'autre moyen. » Il y avait là parmi eux un ancien, chargé d'années. Il éleva la voix : « Si, dit-il, la promesse du verset *Le jour où ils le rencontreront* (33/43) est vraie ; si *tous seront réunis devant nous* (36/32), si *c'est vers nous qu'ils reviennent* (88/25), *fermement établis auprès d'un roi puissant* (54/55), — si ces affirmations sont vraies, voici la voie qu'il faut suivre. Puisque le roi Salomon ne saurait tenir dans notre nid, abandonnons donc notre nid et rendons-nous près de lui. Sinon, la rencontre ne sera pas possible. »

On demanda à Jonayd [9] : « Qu'est-ce que le soufisme ? » Il récita ces vers : « Un chant est monté à moi de mon cœur — Et j'ai chanté à l'unisson de son chant — Et j'étais partout où il était, lui, — Et il était partout où j'étais. »

Chapitre IV : *Kay Khosraw possédait le Graal, miroir de l'univers...*

Kay Khosraw possédait le Graal miroir de l'univers [10]. Tout ce qui pouvait être l'objet de son désir, il le contemplait dans ce Graal. Il y scrutait l'ensemble des êtres ; il y était informé des mondes invisibles.

Ce Graal était enfermé dans un fourreau de cuir dont la forme avait été façonnée au tour, et qui comportait dix jointures [11]. Lorsque Kay Khosraw voulait contempler quelque mystère de l'invisible, il remettait ce fourreau au tournage (pour le défaire). Lorsqu'il avait délié tous les liens, le Graal n'apparaissait plus. Mais lorsque tous les liens étaient liés de nouveau dans l'atelier, le Graal apparaissait.

Au moment de l'équinoxe du printemps [12], Kay Khosraw tenait le Graal exposé face au Soleil, et l'éclat de l'astre venait frapper le Graal ; voici que toutes les lignes et empreintes des mondes y étaient manifestées.

« Lorsque la Terre est étendue à plat [13], qu'elle rejette ce qui est en elle et qu'elle reste vide, qu'elle prête l'oreille à son Seigneur et qu'elle en est devenue digne, alors, toi, ô homme, toi qui marches avec effort vers ton Seigneur, voici que tu le rencontres » (84/3-5). « Rien de ce qui est secret en vous, ne restera caché » (69/18). « Chaque âme comprendra ce par quoi elle s'est fait devancer et ce qu'elle a laissé en arrière » (82/5).

« Quand j'entendis de mon maître le récit du Graal de Jam — Je fus moi-même le Graal de Jam miroir de l'univers. » « Que l'on dégaîne mon propre Graal miroir de l'univers — Ce Graal enseveli est Flamme ardente dont se nourrit notre mort [14]. »

Et ces vers de Jonayd : « De nocturnes éclairs brillent quand se montre (la *Sakîna*) — Manifestée comme occultation, expérimentée comme union [15]. »

Chapitre V : *Ayant lié amitié avec un roi des génies...*

Ayant lié amitié avec l'un d'entre les rois des *Jinns* (génies), quelqu'un lui demanda : « Comment puis-je te voir ? » Le *Jinn* de lui répondre : « Si tu veux que vienne le moment opportun pour notre rencontre, mets un peu d'encens sur le feu, puis jette tout ce qu'il peut y avoir dans la maison en fait de pièces de fer et tout ce qui des sept métaux produit son et bruit. *L'idolâtrie, fuis-la* (74/5). Par la tranquillité et la douceur éloigne tout ce qui vocifère. *Détourne-toi d'eux et dis : Paix* (43/89). Alors regarde dehors par la fenêtre après t'être assis dans un cercle ; lorsque tu auras brûlé l'encens, tu me verras. Quant aux autres, *qu'ils symbolisent le mal* (16/62) [16]. »

On demanda à Jonayd : « Qu'est-ce que le soufisme ? » Il répondit : « (Les soufis) sont les membres d'une famille dans laquelle n'entre personne d'autre qu'eux. »

Maître Abû Sa'îd Kharrâz [17] disait : « Mes qualifications se dressaient toutes appartenant à leur possesseur — Et mes qualifications s'absentèrent lorsque je m'absentai de la prison [18] — Et s'absenta cela même à cause de quoi je m'absentai [19] — Tel est mon *fanâ*. Comprenez, ô mes semblables [20] ! »

En réplique à ces distiques, quelqu'un d'autre a dit : « Je suis un égaré et à cause de mon égarement je ne sais qui je suis — Hormis ce que disent les gens sur moi et sur mon lignage. »

L'un des maîtres en mystique a dit : « Coupe les attaches, sépare-toi de tout ce qui arrête et retarde, alors tu seras le témoin oculaire du Seigneur des créatures. » Il a dit encore : « Lorsque nous avons fait ainsi et que nous avons rempli parfaitement les conditions, *la Terre est illuminée par la lumière de mon Seigneur... et le jugement est prononcé entre eux avec justice* » (39/69). Et il a été dit : « Gloire à Dieu, Seigneur des mondes, et paix sur ceux qui entrent dans notre alliance ; en vérité ils sont le chemin de mon aiguade et le lieu où souffle mon vent du nord. »

Chapitre VI : *Les chauves-souris et le caméléon*

Une bande de chauves-souris entrèrent une fois en dispute avec un caméléon [21]. L'hostilité entre eux devint violente, la querelle sortit des limites. Les chauves-souris convinrent ensemble d'un plan : lorsque l'obscurité de la nuit se serait répandue sous la voûte céleste et que le prince des étoiles (le Soleil, *ra'is-e setâregân*) serait descendu dans l'enclos du couchant, elles se rassembleraient, attaqueraient le caméléon et le feraient prisonnier comme on fait à la guerre ; elles le tortureraient selon le désir de leur cœur et le tueraient selon leur bon plaisir. Lorsque l'instant propice fut arrivé, elles se mirent en campagne, et en s'aidant et se soutenant l'une l'autre elles entraînèrent le caméléon dans leur maison de malheur. Elles le gardèrent prisonnier toute la nuit. Le matin venu elles se demandèrent : « Quel est le meilleur moyen de châtier ce caméléon ? » Toutes furent d'accord qu'il convenait de le faire mourir, mais elles délibérèrent sur le genre de mort. Finalement elles conclurent qu'il n'y avait pas de pire châtiment que d'avoir à contempler le Soleil. Naturellement elles ne pouvaient concevoir de peine plus terrible que le voisinage du Soleil ; elles en jugeaient d'après leur propre condition. Elles menacèrent donc le caméléon de le forcer à contempler le Soleil. Or, c'est cela même qu'il demandait lui-même à Dieu. C'est ce genre de mort que le pauvre caméléon désirait en lui-même. Hosayn Mansûr Hallâj disait : « Tuez-moi donc, mes camarades, en me tuant vous me ferez vivre — Car pour moi c'est vivre que de mourir et mourir que de vivre [22]. »

Lorsque le Soleil se fut levé, elles jetèrent le caméléon hors de leur maudite maison, afin qu'il fût tourmenté par les rayons du Soleil. Mais ce tourment fut sa résurrection. « Ne croyez pas que ceux qui ont été tués sur la voie de Dieu sont morts. Non, ils vivent ! Près de leur Seigneur, ils reçoivent leur subsistance, se réjouissant de ce que Dieu leur accorde de sa grâce [23] » (111/163-164).

Si les chauves-souris avaient su quel bienfait elles exerçaient envers le caméléon par ce tourment, et quelle perte c'était pour elles que de passer à côté de sa jouissance, elles en seraient mortes suffoquées. Abû Solaymân Dârânî [24] disait : « Si les ignorants et inconscients savaient ce qu'ils laissent échapper du bonheur des gnostiques, ils en mourraient de tristesse. »

Chapitre VII : *La huppe tombée au milieu des hiboux*

Un jour une huppe tomba au milieu des hiboux [25], chemin faisant sur la grand'route, et elle fit halte dans leur maison. Or, la huppe est renommée pour sa vue extrêmement perçante, tandis que les hiboux ne voient rien pendant le jour. Aussi bien leur histoire est-elle très connue chez les Arabes. Cette nuit-là donc, la huppe la passa avec les hiboux dans leur nid, et il n'était aucune sorte d'affaires sur laquelle les hiboux n'eussent de question à lui poser.

Au matin, la huppe plia bagage et se disposa à partir. Mais les hiboux se récrièrent : « O malheureuse ! Quelle est cette innovation que tu institues ? Personne ne se met en route pendant le jour ! » La huppe de répondre : « Voilà bien une étrange histoire. Tous les voyages se font pendant le jour. » Mais les hiboux de répliquer : « Sans doute es-tu devenue folle ! Comment verrait-on quelque chose pendant le jour qui est tout obscurité, alors que le soleil surplombe les ténèbres ? » La huppe de répondre : « Mais tout est à rebours de ce que vous dites. Toutes les lumières de ce monde sont des parasites de la lumière du Soleil ; tout ce qui brille tient de lui sa lumière et lui emprunte son éclat. Si on l'appelle source-soleil, c'est parce qu'il est la source de la lumière. » Ce que les hiboux réfutèrent en demandant : « Pourquoi alors ne voit-on rien pendant le jour [26] ? »

La huppe alors de proclamer : « Pour mesurer les choses, ne les rapportez pas toutes à vous-mêmes, car quiconque voit pendant le jour vous dira : Me voici, moi, je vois ! Je suis dans le monde où la vision est celle du témoin oculaire ; je jouis de la vision directe. Les voiles ont été levés ; les surfaces sur lesquelles le soleil se lève (le côté « oriental » de toutes choses) [27], je les perçois par une intuition visionnaire (*kashf*), sans même être éborgnée par un doute. »

Lorsqu'ils eurent entendu ce récit, les hiboux élevèrent aussitôt une clameur plaintive. Ils se rassemblèrent et se dirent les uns aux autres : « Cet oiseau prétend y voir clair en plein jour, alors qu'il y a tout lieu de penser que le jour, c'est l'absence de visibilité (c'est ne-pas-voir). Là-dessus les hiboux se ruèrent de l'ongle et du bec sur les yeux de la huppe, l'injurièrent en l'appelant : « Eh celle-qui-voit-pendant-le-jour ! » parce que chez les hiboux ne pas voir pendant le jour, c'est cela le grand art et la vertu. Et ils ajoutèrent : « Si tu ne changes pas d'idée, il y aura à craindre pour ta vie. »

La huppe réfléchit : « Si je ne me rétracte pas (si je ne me fais pas moi-même passer pour aveugle), ils vont me tuer parce qu'ils me frappent surtout aux yeux, et que la mort et la cécité surviennent en même temps [28]. » Elle reçut alors cette inspiration : « Parle aux gens selon la capacité de leur intelligence. » Aussitôt elle ferme les yeux et déclare : « M'y voici ! Je suis arrivée à votre niveau ; moi aussi je n'y vois rien pendant le jour. » Constatant que les choses en étaient là, les hiboux cessèrent de la frapper et de la faire souffrir.

La huppe comprit alors que, lorsque l'on est chez les hiboux, il y a une règle qui ne souffre pas d'exception. Divulguer le « secret de la seigneurialité [29] », c'est commettre une impiété. Divulguer le secret du destin personnel, c'est commettre une rébellion. Publier le secret, c'est tomber dans l'impiété. Jusqu'au moment du départ, la huppe contrefit la cécité, au prix de mille tourments. Elle disait : « Parfois j'ai dit : Je vais divulguer — Tout ce que ce temps comporte de secrets — Mais devant la violence du sabre des ignorants — Un millier de clous me ferment les lèvres [30]. »

La huppe poussait de profonds soupirs et se disait : « Certes, il y a par devers moi connaissance en abondance ; si j'en faisais don généreusement, on me mettrait à mort [31]. » Et encore : « Si le voile avait été levé, ma certitude n'en serait pas plus grande [32]. » Et elle récitait ces versets du Livre : « ... de sorte qu'ils n'adorent pas le Dieu qui a produit au grand jour ce qui est caché dans les cieux et sur terre » (27/25). « Il n'est point de choses dont les trésors n'existent chez Nous, et Nous ne les faisons descendre que dans une mesure déterminée [33] » (15/21).

Chapitre VIII : *L'histoire du paon*

Un roi avait un jardin qui, en aucune des quatre saisons, n'était dépourvu de basilics, de verdure et de lieux d'agrément. Les eaux courantes y coulaient à profusion, et toutes sortes d'oiseaux, aux extrémités des branches, y faisaient entendre toutes sortes de mélodies [34]. Tous les agréments qui pouvaient occuper la pensée, toutes les beautés qui pouvaient venir à l'imagination, tout cela était dans ce jardin. Dans tout cet ensemble, il y avait un groupe de paons d'une grâce, d'une beauté et d'une délicatesse extrêmes, qui avaient pris demeure en ce lieu et en avaient fait leur patrie.

Un jour le roi choisit un paon d'entre ce groupe et ordonna qu'on le cousît dans une peau, de sorte que rien ne restât apparent des dessins et couleurs de son plumage, et que malgré ses efforts il ne pût avoir conscience de sa propre beauté. Puis le roi ordonna que l'on disposât dans le jardin, au-dessus du paon, une petite corbeille n'ayant tout juste qu'une fente par laquelle on jetterait le millet qui lui servirait de nourriture et de provision. Du temps passa. Le paon perdit le souvenir de lui-même ; il oublia le roi et le jardin et les autres paons. Il se contemplait lui-même et, désespéré, ne voyait que cette peau immonde et une demeure complètement obscure et indigne. Puis il finit par en prendre son parti, et dans son cœur s'implanta la conviction qu'il ne pouvait pas y avoir de contrée plus vaste que le fond de la corbeille, si bien qu'il crut fermement que, si quelqu'un prétendait chercher au-delà quelque joie de vivre, quelque lieu de repos ou quelque perfection, ce serait impiété absolue, erreur pure, ignorance complète.

Pourtant, chaque fois que naissait un souffle de brise qui, à travers l'orifice de la corbeille, lui apportait les senteurs des fleurs et des arbres, des roses, des violettes, des jasmins et des variétés de basilics, il éprouvait un étrange plaisir. Un grand trouble faisait éclosion en lui, et il éprouvait un ardent désir de s'envoler. Il s'apercevait bien d'un désir en lui, mais il ne comprenait pas d'où venait ce désir, car il ne se connaissait lui-même que comme cette peau qui l'enveloppait ; il ne connaissait pas d'autre monde que la corbeille, ni d'autre nourriture que le millet. Il avait tout oublié. De même, lorsqu'il entendait les voix et les modulations des paons et les mélodies des autres oiseaux, il éprouvait ardent désir et nostalgie, mais il n'arrêtait pas son attention sur les chants des oiseaux ni sur le zéphir soufflant de l'Orient.

Un jour il était tout à cet enchantement intime : « Sur moi s'est levé le souffle de la brise, semblant me dire — Me voici, je suis auprès de toi un envoyé de la part de l'Ami. » Longtemps il resta à méditer là-dessus, se demandant : quelle est cette brise si parfumée ? D'où viennent ces sons agréables ? « O éclair qui étincelles ! — A quels bords de la région interdite t'es-tu levé ? »

Il n'en savait rien, tandis qu'en ces instants un sentiment d'allégresse naissait en lui, sans qu'il pût le contrôler. « Ah ! si Layla par grâce abaissait vers moi son salut — Alors qu'entre nous s'étendent la tombe et les dalles — Mon salut d'allégresse la saluerait en retour — Ou bien jusqu'à elle percerait le cri d'un pauvre hibou — Déchirant l'obscurité de la tombe [35]. »

Son ignorance tenait à ce qu'il était tombé dans l'oubli de lui-même et de sa patrie. « Ils ont oublié Dieu, et c'est pourquoi Dieu les a conduits à l'oubli d'eux-mêmes » (59/19). Chaque fois que du jardin lui parvenait un souffle ou un son, il en éprouvait une grande nostalgie, mais sans comprendre ce qui la suscitait ni savoir quelle en était la cause. « L'éclair de Ma'arra voyagea une nuit après minuit — Alors il fit halte à Râma en racontant sa fatigue — Il émut cavaliers et chevaux et chameaux — Et fit tant et tant qu'il émut presque les selles des chameaux [36]. »

Le paon resta longtemps dans cette stupeur hébétée, jusqu'à ce qu'un jour le roi donnât cet ordre : « Prenez cet oiseau et délivrez-le de la corbeille et de la peau [37]. » « La trompette retentira une seule fois » (37/19). « Et voici qu'ils sortiront de leurs tombes, se hâtant vers leur Seigneur » (36/51). « Lorsque ce qui est dans les tombeaux s'élancera au dehors, lorsque paraîtra au grand jour ce qui est dans les cœurs, alors leur Seigneur saura ce qu'il en est d'eux » (100/9-11).

Lorsque le paon sortit de ces voiles, il se vit lui-même au milieu du jardin. Il vit ses propres couleurs ; il vit le jardin, les fleurs, les formes, et l'immensité du monde et de l'espace où voyager et voler, et il perçut les voix et les chants des autres oiseaux. Il restait dans l'émerveillement de cette situation et il dévorait son regret : « Hélas ! pauvre de moi qui étais tombé dans l'oubli à l'égard de Dieu » (39/57). « Nous avons ôté le voile qui te couvrait. Aujourd'hui ta vue est perçante » (50/21). En vérité « lorsque (votre âme) remontera jusqu'à votre gorge et que vous jetterez des regards de tout côté, alors que Nous en serons plus proche que vous-même, sans que vous le voyiez... » (56/82-84). « En vérité vous apprendrez. Encore une fois, en vérité, vous apprendrez » (102/3-4).

Chapitre IX :
Les questions posées à la Lune par le prophète Idrîs

Les étoiles et les planètes eurent toutes un entretien avec le prophète Idrîs [38], — que Dieu le bénisse. A la Lune, Idrîs posa ces questions :

— *Idrîs* : Pourquoi la lumière est-elle en toi tantôt décroissante et tantôt croissante ?

— *La Lune* : Sache que mon corps est noir, mais lisse et pur ; par moi-même je ne possède aucune lumière. Mais lorsque je suis en opposition avec le Soleil, et dans la mesure même de notre face à face, alors de sa lumière une image apparaît dans ce miroir qui est mon corps, de même que les formes des autres corps se manifestent dans les miroirs. Lorsque j'arrive à la perfection du face à face, c'est que je me suis élevé du nadir de la néoménie au zénith où je brille de tout mon éclat (*badarîyat*, la pleine lune) [39].

— *Idrîs* : L'amour entre lui et toi, jusqu'à quelle limite va-t-il ?

— *La Lune* : Jusqu'à cette limite que lorsque je me contemple moi-même au moment du face à face, c'est le Soleil que je vois, parce que l'image de la lumière du Soleil est manifestée en moi au point de me remplir totalement, l'étendue et la polissure de ma face étant rivées à accueillir sa lumière. Alors, quelque regard que je dirige sur moi-même, je vois tout en moi comme étant le Soleil. Ne vois-tu pas que, si l'on tient un miroir en face du Soleil, la forme du Soleil s'y manifeste ? Si, par hypothèse, le miroir avait des yeux, et qu'il se contemplât lui-même au moment où il est face au Soleil, il se verrait tout entier comme étant le Soleil, bien qu'en lui-même il soit du métal. « Je suis le Soleil (*Anâ'l-Shams*) » dirait-il, parce qu'il ne verrait rien d'autre en lui-même que le Soleil. Et s'il allait jusqu'à dire : « Je suis Dieu (*Anâ'l-Haqq*) » ou bien : « Gloire à moi ! combien sublime est mon cas », il faudrait, même alors, accueillir son excuse. » « Tu m'avais rapproché de toi, au point que j'ai cru que tu étais moi [40]. »

Chapitre X : *La maison et le maître de maison*

Lorsque le roi du monde (*malik-e keyhân*) a un miroir dans lequel son apparence est manifestée, même s'il n'y a pas de lumière, le miroir reste digne du roi. Il convient donc que le miroir du roi ne se trouve pas dans la circonscription du monde visible. Si quelqu'un habite une maison, et que lui-même soit compris dans les dimensions de l'espace, sa maison est également comprise dans les dimensions de l'espace. Mais si lui-même n'est pas dans les dimensions de l'espace, il faut exclure qu'une spatialisation se produise par cette voie (c'est-à-dire par le fait d'occuper une demeure qui est dans l'espace sensible). « O David ! c'en est fini pour moi des demeures. J'habite chez ceux dont le cœur est brisé. » Dieu Très-Haut transcende le lieu et les dimensions spatiales. L'opinion que se forment les agnostiques (*mo'attilân*) est fausse. Dans la maison toute chose demeure avec le maître de maison (*Kadkhodâ*). Mais « rien ne lui ressemble. Il est celui qui entend, celui qui voit » (42/9). Jamais la maison et le maître de maison ne deviennent une seule et même chose [41].

Chapitre XI : *Maximes spirituelles*

Tout ce qui fait obstacle au Bien, est le Mal. — Tout ce qui est voile s'interposant sur la voie spirituelle, est impiété des hommes. — Si l'âme agrée ce qui lui réussit et s'en satisfait, c'est là impuissance quant au parcours de la voie mystique. — Être content de soi-même est égarement, même si c'est en vue de Dieu. — Se tourner totalement vers Dieu est libération.

Chapitre XII : *Une lampe exposée en plein soleil...*

Un faible d'esprit exposa une lampe en plein soleil. Il s'écria : « O mère ! le soleil a rendu notre lampe invisible [42]. » La mère de répondre : « Si on transporte la lampe hors de la maison, surtout en plein soleil, il n'en reste rien, non point que la lampe et sa lumière soient anéanties, mais lorsque l'œil perçoit quelque chose d'immense, il perçoit comme négligeable la petite chose que l'on aura mise en face. Quelqu'un qui, tournant le dos au soleil, rentre dans la maison, ne peut rien voir dans celle-ci, même si la maison est éclairée. « Tout ce qui est sur terre est éphémère, tandis que permane la face de ton Seigneur en sa puissance et en sa gloire » (55/26-27). Toute chose hormis Dieu n'est-elle pas vaine ? « Il est le Premier et le Dernier, le Manifesté et le Caché, et il est sachant toutes choses » (57/3).

Voici transcrits les quelques chapitres qui ont été retrouvés du « Message de la langue des fourmis. » Gloire à Dieu, le Seigneur des mondes. Sa bénédiction soit sur Mohammad, la meilleure des créatures, et sur toute sa famille.

NOTES DU TRAITÉ XIII

(*a*) C'est le manuscrit Ragib 1480, fol. 331*b* (déjà cité ici), excellent recueil écrit de la main d'un savant qui se l'était constitué pour son propre usage. Malheureusement ce manuscrit n'a pu figurer dans l'apparat critique des *Op. metaph. III.*

(*b*) Voir *En Islam iranien...* t. IV, index s. v. *mundus imaginalis.* Un texte exemplaire de ce qu'il faut entendre par la vision des choses « en Hûrqalyâ » est celui de Sarkâr Aghâ (Shaykh Abû'l-Qâsem Khân Ebrâhîmî), traduit dans notre livre *Terre céleste et corps de résurrection : de l'Iran mazdéen à l'Iran shî'ite,* Paris 1961, pp. 363-398 : « La terre céleste de Hûrqalyâ et la foi shî'ite ».

(*c*) Une de nos œuvres de jeunesse fut l'essai d'une première traduction française de « La langue des fourmis », parue dans la revue *Hermès,* IIIe série, n° 3, Bruxelles-Paris 1939, pp. 38-50. Le texte persan figure maintenant in *Op. metaph. III,* pp. 294-311.

1. En fait, c'est le premier chapitre du présent traité qui donne son titre à l'ensemble. Cf. ci-dessus notre présentation du texte.

2. C'est-à-dire l'âme humaine. Penser à l'Homme Noble, chez Maître Eckhart. La signification du contraste entre la lumière et la ténèbre est ici nettement *ishrâqî* (cf. ci-dessus notre présentation du texte). Comparer ci-dessous Traité XV, les Strophes de la contemplation vigilante : « Guide la lumière vers la lumière. »

3. Sur l'âme humaine comme Verbe, voir ci-dessus le « Livre du Verbe du soufisme » (Traité V), et les trois catégories de Verbes (majeurs, médians et mineurs) décrits dans le Traité VII.

4. Allusion aux versets qorâniques 73/1 et 74/1 : le Prophète, recouvert de son manteau, recevant ses premières révélations. On voit le sens mystique que leur donne Abû Tâlib Makkî.

5. Abû Tâlib al-Makkî (mort à Baghdad en 389/999) est le docteur de l'école théologique des *Sâlimîya,* dont l'élaboration dogmatique est toute pénétrée de tendances mystiques. L'union mystique y est conçue comme consistant à prendre conscience de l'investiture momentanée grâce à laquelle le croyant peut à son tour réciter le Qorân à la première personne, « repro-

duire » le texte, être la *hikâyat* de l'événement. On pensera ici à la règle herméneutique énoncée par Sohravardî à la fin de son « Verbe du soufisme » (ci-dessus Traité V) : « Récite le Qorân comme s'il n'avait été révélé que pour ton propre cas. » On pensera également à l'herméneutique de Semnânî : la lecture du Qorân par les sept « prophètes de ton être ». L'œuvre maîtresse d'al-Makkî est le *Qût al-Qolûb* (la Nourriture des cœurs). Elle véhicule l'enseignement de l'école *sâlimîya* issue des doctrines de Sahl al-Tostarî (283/896), par l'intermédiaire de son disciple Abû 'Abdallah ibn Sâlim al-Basrî (cf. *Tabaqât al-Sûfîya*, Le Caire 1953, pp. 206 ss. et 414 ss.). Le personnage nommé dans le texte, Abû'l-Hasan ibn Sâlim, est le fils de ce dernier (corriger dans ce sens la lecture fautive « Hasan ibn Sâlih » du texte persan imprimé, p. 296 l. 15). En font foi non seulement le ms. Ragib 1480 (fol. 330 l. 24), mais le texte même d'al-Makkî auquel se réfère ici Sohravardî (cf. *Qût al-Qolûb*, Le Caire 1351/1932, 3e partie, pp. 112-113). Cf. déjà ci-dessus Traité V n. 6. L'influence de l'école sâlimîya se fait sentir chez Ibn 'Arabî, par exemple sur l'idée du *sirr al-robûbîya* qui n'est nullement le secret de l'omnipotence divine, mais le secret de la solidarité et de l'interdépendance entre le *Rabb* (le Seigneur personnalisé dans la croyance) et le *marbûb* (le fidèle dont il est personnellement le Seigneur) cf. encore ci-dessous n. 29. Quant au propos de Hallâj concernant le Prophète (« il a cligné l'œil hors du Où »), il se trouve dans le chapitre II, fragment 7 des *Tawâsîn*, tels que nous les a conservés Rûzbehân. Cf. notre édition du grand ouvrage de Rûzbehân Baqlî Shîrâzî, dans sa rédaction persane, *Commentaire sur les paradoxes des soufis* (*Sharh al-Shathîyat*), texte persan publié avec une introd. en français et un index par H. Corbin (Bibliothèque Iranienne, vol. 12), Téhéran-Paris 1966, § 875, pp. 473-474.

6. Cf. *En Islam iranien...* t. IV, index s. v. Voile. Texte persan p. 296 l. 16 : le mot *'aql* est à supprimer.

7. Cf. *ibid.* s. v. *wâqi'a.*

8. Cf. Qorân 27/17-28. Là même c'est la huppe qui est absente, mais elle apparaît bientôt comme messagère de la reine de Sabâ. Au début du « Récit de l'exil occidental » (ici Traité VIII), elle est aussi la messagère qui vient du pays de Sabâ. Cf. ci-dessous chapitre VII, l'histoire de la huppe (l'oiseau doué de la clairvoyance) tombée au milieu des hiboux.

9. Le célèbre maître en soufisme à Baghdad (ob. 298/910).

10. Nous avons longuement commenté ce chapitre dans notre ouvrage *En Islam iranien...* t. II, chap. IV, 5 : « Le récit du Graal d'un mystique khosrovânî », pp. 200-210. Que l'on veuille bien s'y reporter ; nous ne pouvons nous répéter ici.

11. Ces jointures typifient les cinq sens externes et les cinq sens internes, cf. *ibid.*, p. 207.

12. Comparer ce passage, comme nous l'avons déjà suggéré, avec le prologue de « L'incantation de la Sîmorgh » (ci-dessous Traité XIV) : la huppe prenant au printemps son envol vers la montagne de Qâf.

13. Il importe de traduire ici au présent ces versets compris au sens d'une eschatologie personnelle d'ores et déjà réalisée. Le *ta'wil* les fait correspondre

à l'état mystique correspondant à l'invisibilité du Graal et (en fin de chapitre) à l'apparition de la *Sakîna-Shekhina* (cf. encore Traité V, chap. XXV).

14. L'auteur a bloqué ici quatre vers dont les deux premiers proviennent d'une source différente de celle des deux derniers. C'est leur réunion en un seul bloc, pour achever le « récit du Graal », qui nous importe ici. Quant à la lecture du quatrième vers, nous nous en sommes expliqué dans une longue note : *En Islam iranien...* t. II, p. 208, n. 315. Le texte imprimé donne à lire : « Ce Graal est l'enseveli sous (= ce que cache) notre vieux froc de laine. » C'est édifiant, mais peu original. Un autre manuscrit nous a conduit à une lecture plus difficile et plus subtile : deux mots arabes provenant d'une source familière à Sohravardî et enchâssés dans le vers persan. Les deux mots (*lohba sa-tomîtoh*) « flamme ardente (ou soif ardente) le fera mourir » se rapportent allusivement à un héros mystique non nommé. Sohravardî les fait siens. Littéralement : ce Graal enseveli est *notre* « flamme ardente le fera mourir ». Il est ardeur ou soif dont on finit par mourir. Nous avons traduit « dont se nourrit notre mort ». Une mort qui est nouvelle naissance à l'autre monde. Le symbole du Graal rejoint ici le symbole du Phénix.

15. Ce vers de Jonayd est déjà cité dans le « Verbe du soufisme » (ci-dessus Traité V, chapitre XXV ; nous ne l'y avons pas traduit, mais il précède immédiatement la citation que nous avons traduite de Sheblî). Là même le contexte immédiat de Sohravardî impose de sous-entendre, comme nous l'avons fait ici le mot *Sakîna*. Le « récit du Graal » de Kay Khosraw serait donc l'occasion de reprendre tout le thème de la *Sakîna* et de la communauté des *Ishrâqîyûn* comme communauté de la *Sakîna*. Quant au concept de *Sakîna*, son rapport avec l'hébreu *Shekhina* et le rapport que Sohravardî établit avec le concept de *Xvarnah*, nous ne pouvons que rappeler ici les principaux passages dans lesquels il en est traité ici. Cf. ci-dessus Traité III, présentation du texte et chapitre XI avec les n. 50, 51, 74, 84, 85, 87. Revoir également le Traité V, chapitre XXV, avec les notes 54, 55, 57. Le thème reparaîtra ci-dessous Traité XIV, Ire partie, chapitre III. Nous récapitulerons ailleurs toutes ces données essentielles. Relevons simplement ici à propos de ce « récit du Graal », que le *fanâ* correspond à l'état mystique où le Graal (le moi spirituel) devient invisible, parce qu'il est hors de son enveloppe ; que ce *fanâ* représente l'état parfait et à demeure de la *Sakîna*. La « descente de la *Sakîna* » correspond donc à l'occultation de ce Graal qu'est la personne spirituelle du mystique. C'est cela même à quoi fait allusion Jonayd : elle se manifeste en cachant le mystique à lui-même. Alors il y a union vraie (cf. ci-dessus, chapitre III, le cas du rossignol).

16. Le verset 16/62 vise ceux qui ne croient pas en la vie future. Ils sont (ou leur appartient) le symbole du mal. A Dieu, en revanche, appartient le symbole suprême.

17. Célèbre maître en soufisme, mort à Baghdad en 286/899. Auteur du *Kitâb al-Loma'*.

18. *Hîna ghibto min al-habs* : le moment correspond donc à celui où, dans le chapitre précédent, le Graal est libéré de son fourreau et devient invisible. Ici, l'occultation est typifiée comme absence et disparition des qualifications.

19. Le *fanâ* est donc atteint lorsque le mystique n'a plus conscience de sa

joie ni de la raison pour laquelle il la cherchait et « s'est absenté » de lui-même ; il est tout entier immergé dans l'objet de son amour. « Tel est mon *fanâ* », déclare Kharrâz. Comparer ci-dessus le Traité V, chapitre XXV.

20. Lire : *yâ banî jinsî* !

21. Comparer le sort du caméléon et le sort de la huppe dans le chapitre suivant. Chauves-souris et hiboux typifient le peuple des ténèbres, le peuple des *foqahâ* qui provoquèrent à Alep la mort de Sohravardî en martyr. Maintes pages de son œuvre nous révèlent qu'il en eut le pressentiment.

22. Cf. L. Massignon, *Le Diwân d'al-Hallâj*, Paris 1931, pp. 31-35. Ce sont les premiers vers de la célèbre *qasîda X*.

23. Le *ta'wîl* de Sohravardî applique ici le sens de ces versets à tous les spirituels, théosophes et mystiques, qui sont tombés victimes de l'intransigeance des littéralistes. Ailleurs, les versets sont appliqués également aux « martyrs d'amour ».

24. Abû Solaymân Dârânî était un élève de 'Abdol-Wâhid ibn Zayd (ob. 177/793) qui fonda l'un des premiers groupements soufis près de Basra. Dârânî fut de ceux qui donnaient cette interprétation mystique des *houris* du paradis, dans laquelle Asin Palacios a pensé trouver le premier germe de l'idée de Béatrice chez Dante.

25. Lire *bûman*, selon deux manuscrits (dont Ragib 1480, fol. 331*b*), lecture préférable à *perîân* (les fées), l'idée de myopie étant attachée à la race des hiboux plutôt qu'à celle des fées. Quant à la huppe, cf. ci-dessus n. 8.

26. Ou selon une variante : « Les hiboux pressent la huppe d'expliquer comment on pourrait voir quelque chose pendant le jour. »

27. Toute la phrase est typiquement *ishrâqî*. La connaissance « orientale » (*ishrâqî*) est la *cognitio matutina*.

28. L'aveuglement spirituel est la mort spirituelle, et la mort spirituelle empêche, lors de l'*exitus*, que l'on « sorte vivant » de ce monde. Consentir à l'aveuglement spirituel, c'est donc consentir à la seconde mort. Une seule échappée : *feindre* la cécité. L'ésotérisme est le refuge vital.

29. Le *sirr al-robûbîya* est le secret de l'individualisation du rapport qui rend solidaires et interdépendants le Seigneur (*rabb*) personnel et personnalisé dans la croyance, et le *marbûb*, le fidèle dont il est le seigneur personnel et à qui il se manifeste en proportion de sa capacité de perception théophanique. C'est donc le secret le plus intime et le plus personnel du croyant. Voir notre livre sur *L'Imagination créatrice dans le soufisme d'Ibn 'Arabî* (en réimpression), pp. 93 ss. et 225 n. 38. Cf. déjà ci-dessus n. 5.

30. Ou selon une variante : « Par crainte du sabre et par crainte pour mon cou, il y a sur ma langue un millier de clous. » Comparer les derniers mots du Traité XI ci-dessus.

31. Ou selon une variante : « Il y a par devers moi science en abondance. Si seulement je trouvais quelqu'un à qui je puisse la confier. » Ce sont les propres mots du Ier Imâm des shî'ites dans l'un de ses célèbres entretiens avec son disciple Komayl ibn Ziyâd. Cf. *En Islam iranien*... t. IV, index s. v.

32. C'est là même encore un propos du Ier Imâm. Cf. Majlisî, *Bihâr al-Anwar*, Téhéran, éd. lithogr., t. XVI, p. 59.

33. Ces « trésors » sont interprétés par beaucoup de théosophes mystiques comme signifiant les archétypes des êtres et des choses. Cf. par exemple notre étude sur *Réalisme et symbolisme des couleurs en cosmologie shî'ite*, in « Eranos-Jahrbuch » 41/1972, et *En Islam iranien...* t. I, p. 326.

34. Se rappeler ici le début des Traités VI, VIII, IX, X, aussi bien que le début du « Récit de l'Oiseau » d'Avicenne (traduit dans notre livre *Avicenne et le récit visionnaire*). L'« histoire du paon » est l'histoire du gnostique dans le « Récit de l'exil occidental ». A l'encontre des traités exotériques, tous ces textes, et notamment le présent chapitre, affirment explicitement la préexistence de l'âme à sa venue en ce monde-ci.

35. Fragment tiré de la *Khamâsah*, monument de l'ancienne poésie arabe, dont Friedrich Rückert donna une traduction allemande, et Charles James Lyall une traduction anglaise : *Translations of Ancient Arabian Poetry chiefly praeislamica*, London 1885. On y retrouve, p. 76, les vers cités ici. Ils font allusion à l'histoire des deux amants célèbres, Tawbah et Layla. Tous deux étaient enfants du désert, et s'aimèrent dès leur jeune âge, mais le père de Layla s'opposa au mariage. Tawbah mourut. Bien des années plus tard, Layla, en voyage avec son mari, passa à proximité de la tombe de Tawbah. Elle voulut à tout prix aller le saluer. Arrivée au bord de sa tombe, elle s'écria : « Salut sur toi, ô Tawbah ! » Puis, se tournant vers sa suite, elle récita ces mêmes vers qui sont cités ici par Sohravardî, et elle ajouta : « Je n'avais jamais su qu'il pût mentir... Maintenant je l'ai salué, et il n'a pas répondu comme il l'avait promis. » A ce moment même, un hibou blotti dans l'ombre à côté de la tombe, s'envola effrayé par tout ce monde et tout ce bruit. Au passage, il frappa à la face le chameau sur lequel était montée Layla. Le chameau fit un brusque écart et projeta Layla à terre. Layla mourut sur le coup et fut ensevelie à côté de Tawbah.

36. Vers du célèbre poète Abû'l-Alâ al-Ma'arrî, né en 368/979 d'une notable famille arabe en Syrie. Il devint aveugle dès l'âge de quatre ans. Sa mémoire et son érudition étaient extraordinaires. Il est avec Motanabbî un des noms célèbres de la poésie arabe. Les vers cités ici proviennent du début du recueil de poèmes intitulés *Siqt al-zand* (les étincelles du briquet). Une autre de ses œuvres célèbres est la *Risâlat al-ghofrân* (le message du pardon), traité en prose contenant toute une mise en scène eschatologique. Cet homme, à la fois sceptique et ascète, était un pessimiste sans espoir.

37. Comparer avec le moment où le Graal est dégainé de la peau qui l'enveloppe (ci-dessus chapitre IV) et le sens donné là même comme ici par le *ta'wîl* aux versets qorâniques cités.

38. Idrîs est regardé en prophétologie islamique comme étant l'Hénoch de la littérature apocalyptique juive. C'était également lui, pensait-on, que les Grecs avaient connu sous le nom de Hormoz ou sous celui de Hermès Trismégiste (les graphies arabes des noms de Hormoz et de Hermès sont très proches l'une de l'autre). Outre cette équivalence, sa signification pour les mystiques tient à ce que ce prophète avait traversé l'enfer, avait été « retiré » (enlevé) par Dieu de ce monde, comme furent « enlevés » Élie et Jésus.

39. Comme on le voit, le dialogue entre le prophète Idrîs et la Lune introduit de nouveau ici le symbolisme des phases de la Lune comme typifiant

les états spirituels du mystique ; comparer les passages correspondants dans les Traités VI, X, XI, XII. Bien tenir compte que tout est rapporté ici au phénomène du miroir. Le miroir a la propriété de réfléchir totalement l'image qui lui fait face, sans que l'image habite *dans* le miroir et soit unie à la substance naturelle du miroir. C'est ce que rappellera allusivement mais impérativement le chapitre X. Cf. les notes qui suivent.

40. Le « *Anâ'l-Haqq* » est la célèbre outrance de Hallâj. Le « Gloire à moi ! » est d'Abû Yazîd Bastâmî. La toute dernière phrase est de Hallâj, cf. *Dîwân* (ci-dessus n. 22), pp. 30-31. Ce sont ces « outrances », ces paradoxes, que Rûzbehân a admirablement commentés dans le grand ouvrage cité ci-dessus n. 5 *in fine*. Aussi bien Sohravardî en précise-t-il bien ici la portée et la limite. Si le miroir avait des yeux, dit-il, « il se verrait tout entier comme étant le soleil, bien qu'en lui-même il soit du métal ». De nouveau ici, le phénomène du miroir (*speculum*) nous rappelle le sens étymologique de toute mystique ou théosophie *spéculative*. Il y a peut-être lieu de penser ici à la « pierre spéculaire », *lapis specularis* (l'une est opaque, l'autre est transparente), chez les kabbalistes juifs.

41. Les divergences des manuscrits pour ce bref chapitre sont telles qu'à première vue on serait en droit de désespérer. Aussi bien la tradition manuscrite de tout le traité semble-t-elle avoir été assez précaire (cf. la phrase du copiste clôturant le chapitre XII). En recomposant pièce à pièce un texte épars dans les variantes des manuscrits, et en suppléant à une lacune évidente (le copiste ayant été trompé par une répétition), il semble que l'on arrive à la lecture cohérente d'un texte qui prolonge le chapitre précédent. Je ne puis malheureusement reproduire ici le texte persan tel qu'il m'apparaît qu'on doive le lire.

Le thème est le rapport entre le maître de la maison et la maison elle-même. Lorsque l'un et l'autre sont dans l'espace sensible, leur rapport n'offre pas de difficulté. Mais comment concevoir qu'un être spirituel, qui échappe aux coordonnées de l'espace sensible, puisse immaner à une demeure établie dans l'espace ? Cet être spirituel sera-t-il lui-même spatialisé par le fait d'habiter un corps dans l'espace ? (Observons que c'était déjà là même le leitmotiv énoncé dans les deux premiers chapitres : la parabole des fourmis et la parabole des tortues. Voir ci-dessus notre présentation du texte.) Alors intervient ici l'idée dominante : le phénomène du miroir dont la mention vient en tête de ce chapitre comme un rappel du chapitre précédent (cf. n. 39 et 40). Le rapport entre un être spirituel et son lieu d'apparition (*mazhar*) en ce monde est analogue au rapport entre une forme et le miroir dans lequel cette forme se manifeste. Le miroir n'est pas sa demeure ; l'être spirituel n'immane pas à ce miroir comme l'accident immane à la substance, comme le noir immane à une pièce de bois de cette couleur.

Dans le récit du chapitre VIII, l'erreur du paon était de ne plus différencier son moi spirituel de la peau qui l'enveloppait. De même l'erreur du miroir serait d'identifier sa propre matière minérale ou métallique avec l'image qu'il manifeste. Erreur qui peut être cette ivresse momentanée s'exprimant dans les locutions théopathiques (finale du chapitre IX) dont Rûzbehân explique comment on peut leur trouver une excuse. Un être spirituel a des *mazâhir*, formes ou lieux d'apparition (autant de miroirs), mais il n'y est pas « incarné » comme s'il ne formait avec ces *mazâhir* qu'une seule et même substance. L'image se manifeste dans le miroir ; elle ne lui est pas immanente. Il y a donc toujours une différence radicale entre le maître de la maison (Dieu, l'âme ou tout être spirituel) et la maison elle-même qui est pour lui comme un miroir, car autre chose est d'être « dans une maison », autre chose est d'être « dans un miroir ». L'essence du miroir, ce n'est pas telle ou telle matière dont il peut être fait, mais sa « spécularité ». Même s'il n'y a pas de lumière, cette spécularité reste hors de l'espace sensible. Affirmation initiale reprise quelques lignes plus loin en termes pathétiques : « Fini pour moi des demeures ; j'habite chez ceux dont le cœur est brisé. » Le « cœur brisé », c'est par excellence le miroir dont il était question au début.

Toutes les notations de ce chapitre difficile sont d'une importance capitale pour la conception même de l'*unio mystica*. Lorsque la mystique chrétienne se réfère à la christologie, elle se réfère en général à la christologie des Conciles fondée sur l'union hypostatique. Mais il y a aussi une christologie qorânique et une christologie chrétienne différente de celle des Conciles. Un mystique *ishrâqî* peut se référer à la christologie telle que la conçoit Sohravardî, qui n'y a pas insisté sans intention (Traités II et V) : il n'y a pas d'union hypostatique entre le *lâhût* et le *nasût*, entre le maître de la maison et la maison qui est le miroir. Un « docétisme » peut-être, mais qui en fait est un réalisme du *mundus imaginalis*.

42. A rapprocher du chapitre IX ci-dessus, et du bœuf qui, dans le Traité XII, reprochait au soleil de dérober la lumière de la Lune.

XIV.

L'incantation de la Sîmorgh

(Safîr-e Sîmorgh)

Traduit du persan

1. Présentation

Ce traité diffère, quant à sa forme extérieure, des précédents récits avec lesquels pourtant il fait corps. S'il est vrai de dire que ce traité en persan présente, de même que « le Verbe du soufisme » (*supra* Traité V), un compendium de la doctrine mystique de Sohravardî, son titre même, « l'Incantation de la Sîmorgh », ne lui en assigne pas moins la place que nous lui avons réservée ici, dans le champ des « symboles et paraboles ».

Non point qu'il présente un récit dramatique continu, ni une succession de paraboles mystiques, comme le traité précédent (Traité XIII). Il n'offre en fait qu'une parabole unique, celle de Sîmorgh exposée tout au long du prologue, à la façon dont le prélude d'un drame musical développe le leitmotiv majeur. Aussi bien, on le rappellera encore, ce traité se caractérise-t-il par l'importance donnée à l'expérience musicale, à la portée incantatoire des sonorités précellentes. Le prélude s'achève sur cet avertissement : « Toutes les paroles mises ici par écrit sont elles-mêmes une inspiration émanée de la Sîmorgh. C'est un résumé de son Appel. » Ainsi donc, c'est comme un accompagnement en sourdine, une basse continue, que doit être entendue, tout au long de la lecture du traité, cette « incantation de la Sîmorgh ».

Cette traduction du titre nous semble être la plus fidèle à l'intention secrète de Sohravardî (cf. encore ci-dessous) [a]. Quant au thème même de Sîmorgh, nous avons déjà eu l'occasion d'en traiter longuement ici même et ailleurs. C'était un des grands thèmes du « récit de l'Archange empourpré ». Que l'on veuille bien se reporter aux indications données ci-dessous dans la n. 2.

Le prologue expose donc assez longuement le motif du mystérieux oiseau Sîmorgh : chaque huppe (chaque âme) qui, à la saison du printemps, prend son envol vers la montagne de Qâf (cf. n. 5), en se dépouillant elle-même de son propre plumage, devient une *sîmorgh*. Puis il est fait allusion à l'Oiseau mystérieux. Son incantation parvient à tous, mais seul un petit nombre lui prêtent l'oreille. Toutes les connaissances dérivent de son incantation, de même que celle-ci est à l'origine de l'inspiration musicale comme aussi de tous les instruments de musique, lesquels ne font que la traduire.

Ces données rejoignent toute une tradition dans laquelle l'orgue, auquel il est fait allusion ici même, joue un rôle central. Que l'on veuille bien se reporter aux sources mentionnées ci-dessous dans notre longue note 6. A Sîmorgh se trouve substitué, comme équivalent, le *qûqnos* (le cygne, en grec), terme désignant communément aussi le phénix. On pensera alors au sens mystique du « chant du cygne » dans le *Phédon* de Platon. Finalement c'est toute une philosophie mystique de la musique qui nous est transmise, ou à laquelle nous sommes invités, par ces traditions. Ici, les voix de tous les instruments de musique, nommément celles de l'orgue, sont autant d'échos de l'incantation de la Sîmorgh. Chez le philosophe *ishrâqî* Shahrazôrî, la voix du cygne qui a sa mystérieuse demeure dans les îles du golfe de Constantinople, est à l'origine de l'instrument byzantin appelé orgue.

La nourriture de Sîmorgh est le feu. L'Oiseau merveilleux n'est ni de l'Orient ni de l'Occident. C'est de lui que l'« Archange empourpré » entretenait déjà son disciple, en lui indiquant que son nid est au sommet de la montagne de *Qâf*. Dès lors, tous les thèmes sont en place, n'attendant que la splendide orchestration de l'épopée mystique de 'Attâr, mais tout d'abord celle, discrète et allusive, que va lui donner Sohravardî.

Le plan en est simple. Le prologue, dont nous venons de donner le sommaire, est suivi de deux parties, comprenant chacune trois chapitres. Les sous-titres sont de l'auteur lui-même.

Le premier chapitre de la première partie marque la distance entre la théologie mystique, plus largement dit entre la théosophie et la gnose mystique d'une part, et la théologie du *Kalâm*, la scolastique rationnelle de l'Islam, d'autre part. On notera l'importance que prend au sommet de ce chapitre la question de la vision (*ro'ya*). Une expérience visionnaire du mystère divin est-elle possible, voire concevable ? Ne l'est-elle qu'au-delà de ce monde ? L'est-elle dès ce monde ? Nous avons rappelé très brièvement (cf. n. 11) quelques données permettant de cerner le champ de la question, telle qu'elle se posait en spiritualité islamique. C'est à cette question que le Shaykh al-Ishrâq va répondre dans le chapitre II, pour émerger au niveau de la *Sakîna* dont nous savons déjà l'importance pour sa doctrine mystique.

Le second chapitre n'a plus rien de théorique ; il s'attache à décrire les expériences vécues par les disciples qui sont réellement engagés dans la voie mystique, mais en sont encore au début. Les fulgurations intérieures éprouvées au fur et à mesure que croît l'entraînement spirituel, correspondent à celles qui sont décrites dans le « Livre de la Théosophie orientale » et dans certains des textes traduits ici précédemment (Traités II, III, IV). Mais il y a de plus ici tout un ensemble d'indices révélant l'âme passionnée de notre shaykh, âme ouverte à toutes les expériences émotives, aux bouleversements intérieurs que peuvent comporter certains instants privilégiés. L'« Épître sur l'état d'enfance » (ci-dessus Traité XII) s'achevait déjà sur une fine analyse de l'expérience musicale, comme expérience libératrice de l'âme captive. Le présent chapitre comporte également un rappel des effets psychiques, voire physiologiques, de l'audition musicale sous ses formes multiples. Il ne s'agit plus simplement du *samâ'* ou concert spirituel pratiqué par les soufis. Notre auteur évoque le tumulte des jours de fête, lorsque l'air que l'on respire vibre du chant des invocations, de l'éclat des cymbales et des trompettes. Et il y a, au cours des combats, le tumulte qu'aggravent le hennissement des chevaux, le son des tambours et des instruments de musique guerrière, l'entrechoc des glaives. Et il y a, plus couramment, l'ivresse du cavalier que sa monture emporte dans un élan triomphal, tel qu'il s'imagine alors avoir quitté son habitacle corporel et être enlevé parmi les cohortes angéliques. Rares sont chez nos auteurs les allusions à un champ d'expérience aussi étendu.

Conformément à ce que nous a suggéré le prologue, nous pouvons dire que les formes multiples de l'audition musicale sont autant de formes « incantatoires » variant l'*incantation* de la Sîmorgh. Si même il ne la connote pas étymologiquement, le mot « incantation » comporte l'idée d'un certain chant magique. Or, la musique comprise à la façon de notre shaykh, comme à la façon de nos romantiques dont ici il nous apparaît si proche, est une « magie » sonore, une magie de l'âme, que l'âme produit elle-même au moyen des sons dont elle règle les proportions en accord avec sa propre nature intime. La phrase musicale est bien une incantation opérant sur l'âme, parce qu'elle fait entendre le chant de la Sîmorgh et que ce chant est une « incantation » qui fait s'ouvrir des mondes inconnus. Il y a en effet une condition que pose le Shaykh al-Ishrâq. Ces moments d'exaltation peuvent, même à celui qui n'a pas encore pratiqué l'ascèse de l'âme, dévoiler les prémices de l'expérience mystique, mais il faut qu'à ce moment-là, il ait présente à l'esprit, sous une forme ou une autre, une vision intérieure des magnificences du monde spirituel. Tout se passe comme si l'élément visionnaire, en orientant les puissances émotives, stabilisait et équilibrait l'éveil de l'âme, en la préservant de s'égarer. Aussi bien, nous savons déjà que l'audition musicale des sons extérieurs doit conduire l'âme à percevoir les sons suprasensibles d'un autre monde, qui ne sont plus l'affaire de l'oreille physique, — précisément la pure incantation intérieure de la Sîmorgh. « Mais là même, déclare notre shaykh, sont enfermés des secrets au fond desquels n'ont accès de nos jours qu'un petit nombre. »

Et voici qu'à la façon d'une symphonie où l'*adagio* succède à un déchaînement de l'orchestre, le tumulte du chapitre II se résout dans le thème du chapitre III : la *Sakîna*. Les premières lignes du chapitre sont la meilleure définition que l'on puisse donner de celle-ci. La descente de la *Sakîna* se produit ici comme au comble de l'extase musicale. Il est remarquable en effet que ce soit le choc éprouvé au cours du concert spirituel, de l'audition musicale (*samâ'*), qui amène à éclore le thème de la *Sakîna* (cf. les n. 16 et 18). L'expérience commence par des visions de lumières ; elle appelle et provoque les sonorités privilégiées qui la propagent et l'amplifient ; puis elle se résout de nouveau en visions de lumières. Il a été traité ici à plusieurs reprises de la *Sakîna*, équivalent arabe de l'hébreu *Shekhina*, et que Sohravardî associe au thème zoroastrien de la Lumière de Gloire (*Xvarnah*). De même que la *Shekhina* était la mystérieuse Présence divine dans le Saint des Saints du Temple, *imaginalement* perceptible par quelque signe extérieur, de même la *Sakîna* est la présence à demeure des *Lumières divines* dans l'âme-temple. Et les *Ishrâqîyûn*, succédant aux sages de l'ancienne Perse, sont de par le monde la communauté de la *Sakîna* (*ahl al-Sakîna*) ; cf. ci-dessous la note 19 et l'index du présent livre.

Le premier chapitre de la seconde partie de notre traité ne fait que mener à son achèvement le thème de la *Sakîna*. Il circonscrit au mieux le concept de l'état de *fanâ*, à propos duquel on a commis tant de méprises, faute de connaître les données théologiques et anthropologiques dans lesquelles s'insère ce concept qui n'est ni celui du néant ni celui de l'anéantissement. Le thème du *fanâ* est essentiellement lié à la conception mystique du *tawhîd*, comme étant la seule conception permettant la réalisation authentique de celui-ci. Nous rappelons sur ce point (cf. n. 24 et 25) les notations très subtiles du théosophe shî'ite Haydar Amolî. En fait, le *tawhîd* exotérique ou théologique recèle encore un *shirkh khafî*, une pensée associant secrètement quelque chose d'autre à Dieu. Et c'est bien le paradoxe fondamental du monothéisme, lequel ne trouve sa vérité que dans ce qui semble le détruire, à savoir le *tawhîd* ontologique ou ésotérique, ce que nous avons appelé ailleurs théomonisme. Que l'on médite bien les phases décrites ici par Sohravardî, lesquelles sont récapitulées dans le paradoxe final d'un maître non nommé : « Qu'est-ce que le soufisme ? Son point de départ, c'est Dieu ; son point d'arrivée, c'est le sans-limite. »

C'est la sentence à prendre comme guide pour la lecture du chapitre II de cette seconde partie. Ce chapitre pose comme leitmotiv : plus la connaissance mystique est avancée, plus grande est la perfection de l'homme. Inversement l'ignorance, c'est le mal radical. Le rappel initial du *hadîth* célèbre fixe la tonalité du chapitre : « Dieu ne se choisit pas comme ami (*walî*) un ignorant. » Cette sentence a pour première vertu d'illustrer au mieux le sens du mot *walî*, dont nous avons dit que trop souvent il est inexactement traduit par le mot « saint ». En fait, l'idée de sainteté ressortit à la racine *qds*. Ici s'établit avec une clarté décisive le lien entre la connaissance, la gnose mystique et la familiarité divine, l'intimité divine (la *walâyat* des *awliyâ*, en persan *dûsti-e dûstân*). Ce lien constitue et oriente toute la spiritualité sohravardienne de l'*Ishrâq*. Il écarte d'emblée toutes les formes pieuses de l'agnosticisme, les mépris qu'une piété prétentieuse professe à l'égard de la connaissance. Bien entendu, si l'œuvre rédemptrice s'accomplit par la *gnôsis*, c'est que celle-ci est connaissance salvifique, et ceux qui la vitupèrent ignorent précisément ce qui fait d'elle la connaissance « salvifique ». Le cercle se referme : « Dieu ne se choisit pas comme ami un ignorant (un a-gnostique).

Ce que rappelle très brièvement Sohravardî concernant l'objet des sciences ésotériques, de la hiérognose dont la source est la vision intérieure (*kashf*), concorde parfaitement avec les exposés systématiques que donnera Haydar Amolî, concernant les trois sources et les trois modes de connaissance qu'elles alimentent : *'aql*, *naql*, *kashf* (cf. n. 33). Puis vient une indication discrète, presque périlleuse. S'il n'y a dans l'homme qu'un seul « point » qui puisse s'élever jusqu'au monde sacrosaint, n'en serait-il pas ainsi également au sein d'une communauté ? La question posée est extrêmement proche de la *wahdat-e nâtiq*, professée dans le shî'isme par l'école shaykhie (cf. les n. 35 à 37). Mais ici même qui est visé ? Peut-être bien le Shaykh al-Ishrâq lui-même. D'où le prudent repli que lui impose aussitôt la discipline de l'arcane. Le mouvement qui lui fait prendre refuge sous un poème allusif de sa composition, est un repli conforme à la leçon que nous l'avons vu tirer des paraboles du Traité XIII.

Le chapitre III traite, pour finir, d'une question d'une importance décisive pour le sort de la mystique. Avec celle décidant de la possibilité ou de l'impossibilité de la vision divine (cf. n. 11), c'est une des questions qui ont le plus agité la théologie et la spiritualité islamiques. D'emblée Sohravardî la résout en formulant le titre de son dernier chapitre à la manière d'une position de thèse, énonçant qu'il peut y avoir douceur et plaisir dans l'amour de l'homme pour Dieu. Mais comment un tel amour est-il seulement concevable ? Ne faut-il pas une homogénéité entre le sujet et l'objet de l'amour, l'ami et l'aimé ? Comment le Dieu transcendant, tel que le pose le *tawhîd* en son énoncé exotérique et théologique, comporterait-il une telle homogénéité ? La question initiale est alors celle-ci : est-il légitime, et si oui en quel sens, d'employer les mots tels que amour et désir, quand il s'agit des rapports de l'homme avec Dieu ? Dès les premières lignes, Sohravardî relève l'écart que met la question entre la spiritualité des soufis et la théologie rationaliste des *Motakallimîn* et des *Mo'tazilites*.

C'est la question qu'à peu près à la même époque Rûzbehân Baqlî Shîrâzî posait dans toute son ampleur en son admirable livre intitulé :

« Le Jasmin des fidèles d'amour ». Nous rappellerons ici à grands traits (cf. n. 13) la position et les données du problème, si souvent mal compris. Sa solution positive implique, d'une manière ou d'une autre, l'idée de théophanie. C'est pourquoi dans la théosophie shî'ite, la figure théophanique de l'Imâm répond aussi bien à la question posée par les spirituels quant à l'amour de l'homme pour Dieu, qu'à la question concernant la possibilité d'une vision de Dieu. Chez Sohravardî et chez Rûzbehân, ce théophanisme est de nature platonicienne. Notre shaykh dénie la nécessité que l'ami et l'aimé appartiennent d'ores et déjà à une seule et même espèce. Aussi bien la rencontre que postule l'amour se fait-elle grâce à une sortie hors des limites, dans un « entre-deux ». L'homme de désir est quelqu'un qui a trouvé quelque chose et qui en même temps ne l'a pas encore trouvé. Il est essentiel au désir passionné, pour rester ce qu'il est, de ne point trouver son objet ; essentiel au désir, que son objet lui reste encore autre et lointain dans une certaine mesure, bien loin de lui être d'ores et déjà homogène et assimilable.

Toute cette partie du chapitre est de saveur authentiquement platonicienne, comme le sont de leur côté les analyses de Rûzbehân. Que l'on se reporte ici aux derniers chapitres du « Vade-mecum des fidèles d'amour » (ci-dessus Traité IX). Sohravardî se montre comme étant le frère spirituel de son contemporain Rûzbehân. L'un et l'autre ont entendu dans la mystique d'amour la même « incantation de la Sîmorgh ». Chez Sohravardî elle se traduit par une dernière évocation de la perfection de l'âme humaine, laquelle consiste dans l'actualisation de la connaissance de Dieu, des êtres et des mondes spirituels. Car c'est cela « l'Orient de la lumière divine se levant sur l'âme ». L'âme a alors réalisé en elle l'*Imago Dei*, et cette *Imago* porte en elle-même avec le secret des théophanies, la capacité de son amour. Le mot de la fin reste : « Quiconque n'éprouve pas, ne comprend pas. »

2. Traduction

Prélude : *l'Appel de la Sîmorgh*

Louange soit au Donateur de la vie et au Principe des êtres. Bénédiction sur les maîtres du Message prophétique et sur les Imâms de la prophétie, particulièrement sur le Messager de la *sharî'at* majeure (la révélation qorânique), le guide sur la *tarîqat* suprême (la voie mystique exemplaire) Mohammad l'Élu. Sur lui la bénédiction et le salut de Dieu.

Maintenant, les quelques propos que voici rassemblés ont pour objet les états mystiques des frères anachorètes spirituels [1]. L'exposé en sera condensé en deux parties : la première concernera les débuts, la seconde concernera les buts proposés. Et l'on a intitulé cette épître : « L'incantation de la Sîmorgh [2]. »

Il ne sera pas mauvais qu'en tête de la présente introduction, je fasse mention des états caractéristiques de cet oiseau sublime ainsi que de la demeure où il réside. Voici ce qu'en ont dit ceux qui ont la lumière de l'âme [3].

Chaque huppe qui au printemps [4] abandonne son nid, de son propre bec se dépouille de son propre plumage et prend son envol vers la montagne de Qâf [5], voici que l'ombre de la montagne de Qâf s'étend sur elle pour la durée d'un millier d'années de ce temps terrestre, dont il est dit que « un jour pour ton Seigneur équivaut à mille années de celles de votre comput » (22/46). Ces milles années, telles que les évaluent les familiers de la Vraie Réalité (*Ahl-e haqîqat*), équivalent à la durée d'une aurore à l'orient (*mashriq*) de la suprême divinité. Alors, pendant ce temps, la huppe devient une Sîmorgh dont l'incantation réveille les ensommeillés. Sa résidence est dans la montagne de Qâf ; son incantation parvient à tous, mais il n'y a qu'un petit nombre à lui prêter l'oreille. Tous sont avec elle, mais la plupart sont sans elle. Comme le dit un poète : « Tu es avec nous tout en n'étant pas avec nous — Tu es l'âme et c'est pourquoi tu ne te rends pas visible. »

Et pour les malades en proie aux troubles de l'hydropisie, ou pour les captifs d'une lente consomption, son ombre est le salut ; elle efface la lèpre ; elle met fin à toutes les sortes de maux.

Cette Sîmorgh prend son essor tout en restant immobile ; elle vole sans franchir de distance ; elle s'approche, et pourtant elle n'a parcouru aucun lieu. Sache que toutes les couleurs dérivent de la Sîmorgh, mais qu'elle-même n'a aucune couleur. Son nid est en Orient, mais sa place en Occident ne reste pas vacante. Tous sont préoccupés d'elle, mais aucun ne la préoccupe. Tous sont remplis d'elle, mais elle est vide de tous. Toutes les connaissances dérivent de l'incantation de cette Sîmorgh. Les instruments de musique merveilleux, tels que l'orgue et d'autres, ont été produits de son écho et de ses résonances [6]. « Tant que tu n'as pas vu Salomon certaine nuit — Comment connaîtrais-tu la langue des oiseaux [7] ? »

La nourriture de la Sîmorgh est le feu. Quiconque noue une plume de ses ailes à son côté droit, passera à travers le feu en étant préservé de toute brûlure [8]. La brise du matin dérive de son respir ; c'est pourquoi les amants lui disent le mystère de leur cœur, les secrets de leurs pensées intimes.

Les paroles mises ici par écrit sont elles-mêmes une inspiration émanée de la Sîmorgh. C'est un résumé de son Appel.

Première partie : SUR LES DÉBUTS

Cette partie comprendra trois chapitres : un premier chapitre sur la précellence de cette science ; un deuxième, sur ce qui est manifesté aux débutants ; un troisième, sur la *Sakîna*. La seconde partie concernera les buts proposés, et comprendra, elle aussi, trois chapitres : un premier chapitre sur le *fanâ* ; un deuxième, montrant que plus un homme est connaissant (*'ârif*), plus il est parfait (*kâmil*) ; un troisième démontrant que l'homme peut éprouver de la douceur dans son amour pour Dieu.

Chapitre Ier : *De la précellence de cette science (la théologie mystique) sur l'ensemble des sciences*

Il n'est point celé à ceux qui ont la lumière du cœur [9] qu'une science peut l'emporter sur une autre de plusieurs points de vue.

Un premier aspect tient à ce que l'objet d'une science soit plus noble que celui d'une autre ; l'orfèvrerie, par exemple, a précellence sur la bourrellerie, parce qu'elle opère sur l'or, tandis que la bourrellerie opère sur le bois et les tissus.

Un second aspect, c'est qu'une science dispose de démonstrations plus solides que celles d'une autre.

Un troisième aspect tient à ce qu'il y ait plus d'importance et une utilité majeure à s'occuper de telle science plutôt que de telle ou telle autre.

Or, en comparaison des autres sciences, la science dont on traite ici, réunit tous les indices de précellence.

Quant au premier aspect, celui de l'objet de la connaissance et du but de la recherche, il est manifeste que dans cette science l'objet de la quête, de la recherche et de la connaissance, c'est Dieu Très-Haut. Or, il est impossible d'établir un rapport entre sa sublimité et les autres êtres.

Quant au second aspect, celui de l'invention des preuves et de la solidité des arguments, il est bien établi que la vision directe (*moshâhada*) a plus de forme que le raisonnement inductif. Les théologiens spécialistes du *Kalâm* (les *Motakallimûn*) [10] tiennent pour admissible l'idée que Dieu accorde à l'homme une connaissance *a priori* de son existence, de ses attributs, etc. Or, puisque l'on peut admettre que tel soit le cas de certains, il n'est pas douteux que la connaissance directe l'emporte sur celle qu'il faut acquérir par une investigation patiente, par de grands efforts, par de pénibles inductions, ou en se lançant dans les régions du doute et les espaces d'incertitude. Quelqu'un demanda à un soufi : « Quelle est la preuve de l'existence du Créateur ? » Le soufi de répondre : « L'aurore vient de se lever ; on peut désormais se passer de la lampe. » Un autre également d'entre les soufis disait : « Quiconque cherche Dieu par les démonstrations est pareil à quelqu'un qui chercherait le Soleil avec une lampe. »

Les théologiens spécialistes de la recherche des sources (*Mohaqqiqân-e osûl*) tiennent pour accordé et s'accordent ensemble à dire qu'il se peut que dans la vie future Dieu crée dans l'homme une faculté de perception dans l'organe de la vue qui lui permette de voir Dieu sans l'intermédiaire d'indices ni de preuves. Mais pour les gnostiques la mort n'est pas la condition dont dépendrait cette vision. En vertu de cette même thèse, on admettra que Dieu fasse exister dans leur cœur quelque chose de semblable à cette perception, de sorte que dès ce monde ils le *voient* sans intermédiaire ni preuve [11]. C'est pour cela que 'Omar [12] — qu'il soit agréé de Dieu — a pu dire : « Mon cœur a vu mon Seigneur. » Et 'Alî — que Dieu honore sa face — a dit de son côté : « Si le voile avait été levé, plus grande n'eût pas été ma certitude. » Mais ici sont celés nombre de secrets ésotériques qu'il ne convient pas d'exposer présentement.

Enfin, quant au troisième aspect, qui est celui de la plus ou moins grande importance d'une science, il n'est pas douteux que rien n'est plus important pour l'homme que la béatitude suprême. Mieux dit encore, les autres objets de recherche, considérés par rapport à cette science, ne sont dans leur totalité qu'un simple abrégé. Le suprême moyen d'accès est la gnose mystique (*ma'rifat*).

De tous les points de vue donc, il se trouve établi que la gnose mystique est supérieure à la totalité des sciences. Jonayd disait : « Si je savais qu'il y eût sous le ciel une science supérieure à celle dans laquelle s'engagent les chercheurs en gnose mystique, je ne m'occuperais plus d'autre chose. Je m'efforcerais de l'acquérir par les moyens les plus efficaces, jusqu'à ce qu'enfin je la possède. »

Chapitre II : *De ce qui est manifesté aux débutants*

Les premiers messages qui de la Seigneurialité divine [13] parviennent aux âmes des chercheurs, ce sont des lueurs aurorales et des éclairs, lumières qui se lèvent de l'Orient du monde sacrosaint sur l'âme du mystique. Ces lumières sont délectables. Leur impétuosité peut être comparée à un éclair éblouissant qui apparaît tout à coup et qui disparaît avec la même rapidité : « Il est celui qui devant vous fait briller l'éclair, inspirant crainte et désir » (13/13). Crainte de le voir cesser, désir qu'il persiste [14]. Dans l'ésotérique de ce verset, il y a une allusion aux « instants » des Frères de l'anachorèse spirituelle (*Ikhwân al-tajrîd*). Ces lueurs qui soudain se lèvent, les soufis les appellent en effet « instants » (*waqt*). C'est de là que l'un d'eux a pu dire : « L'instant est plus tranchant que le glaive. » Et l'on a dit aussi : « L'instant est un glaive qui tranche. » Nombreuses sont les allusions à cela dans la Parole divine, par exemple celle-ci : « Peu s'en faut que l'éclat de son éclair ne détruise la vue des yeux » (24/43). On demanda à Wâsitî [15] : « Ce trouble violent qui saisit certains hommes au cours de l'audition musicale (*samâ'*) [16], d'où provient-il ? » Wâsitî de répondre : « Il y a des lumières qui font leur apparition et qui très vite s'effacent. » Et il illustra sa pensée par ces deux vers : « Soudain il en vint l'inspiration à mon cœur — A la façon dont soudain l'éclair se montre et puis s'efface. » Et il est dit dans ce verset : « Ils y recevront leur nourriture au matin et au soir » (19/63).

Ces fulgurations ne se produisent pas à tout instant. Il y a des périodes pendant lesquelles elles s'interrompent. Mais à mesure que l'entraînement spirituel progresse, les éclairs se font plus fréquents, jusqu'à arriver à cette limite où, dans tout ce qu'il contemple, l'homme prend conscience de tel ou tel des aspects du monde sacrosaint. Soudain ces lumières qui l'enlèvent à lui-même, en viennent à se chevaucher. Il peut arriver qu'à la suite de cela, les membres du corps soient saisis de tremblement. Lorsque l'Envoyé de Dieu était dans l'attente de ces états intérieurs, il disait — et c'est là un des mots célèbres rapportés de notre Prophète : « Votre Seigneur a pour les jours de votre durée les souffles de sa miséricorde. Offrez-vous à eux. »

Entraîné à la méditation subtile et à la litanie intérieure (*dhikr*), pure de tout mélange avec le flot des pensées courantes [17], le spirituel, pendant les moments d'intervalle, prie pour que revienne cet état mystique. Il se peut même que quelqu'un, tout en étant dépourvu d'entraînement spirituel, éprouve en certains instants un état de ce genre, mais il n'en prendra pas conscience. Si quelqu'un tient son attention éveillée, pendant les jours de fête, lorsque les gens se rendent au lieu réservé à la Prière, parmi les voix qui s'élèvent et les acclamations (*takbîr*) qui résonnent, lorsque le tumulte va grandissant, et que triomphe l'éclat des cymbales et des trompettes, — si c'est un homme qui a le don de clairvoyance et dont le tempérament est parfaitement sain, et s'il a présents à l'esprit les états du monde sacrosaint, il éprouvera par là, avec un agrément intense, un état du même genre.

De même, à l'heure des combats, au moment où les hommes s'affrontent : les clameurs des guerriers se mêlent aux hennissements des chevaux ; les tambours et les instruments de combat résonnent avec violence ; les hommes se précipitent en brandissant leurs glaives. S'il y a alors quelqu'un de tant soit peu ouvert aux inspirations d'une pensée sans trouble, même s'il n'a guère pratiqué l'entraînement spirituel, celui-là éprouvera quelque chose de cet état mystique, à condition qu'à ce moment-là il évoque en sa pensée les états du monde sacrosaint et qu'il ait intérieurement présents les esprits de ceux qui ont quitté ce monde, la vision de la Gloire divine et les rangs de la hiérarchie angélique (*Malâ-ye a'lâ*, le « Plérôme suprême »).

De même encore si un cavalier montant un cheval lancé au galop et l'excitant fortement de l'éperon, s'imagine qu'il s'en va et qu'il abandonne son habitacle corporel, s'il a le sentiment, en son âme immatérialisée, d'être mis en présence de l'Éternelle Essence et d'être enlevé à son corps parmi les cohortes des sacrosaints (les « hiératiques »), un intense frisson sacré (*haybatî sakht*) éclôt en lui, et dans une expérience comme celle-là il lui parvient un vestige de ces éclairs dont nous parlons, même s'il n'a pas encore beaucoup d'entraînement spirituel. Mais là même sont renfermés des secrets au fond desquels n'ont accès de nos jours qu'un petit nombre.

Lorsque ces éclairs tombent sur l'homme, le cerveau lui-même en subit l'impression. Il se peut que l'impression en soit ressentie dans le cerveau, dans l'épaule, dans le dos. La pulsation des artères se fait plus forte. On ressent quelque chose d'intensément délectable. On peut aussi recourir à l'audition musicale [18], pour que l'état en soit plus parfaitement éprouvé. Mais tout cela, ce n'est encore que la première station mystique.

Chapitre III : *De la Sakîna*

Lorsque ces lumières du monde du Mystère atteignent leur maximum, et qu'elles ne tendent pas à disparaître hâtivement, mais persistent un temps assez long, c'est cela que l'on appelle la *Sakîna* [19]. La douceur qu'elle fait éprouver est plus parfaite que celle des autres éclairs. Lorsque l'homme retombe de la *Sakîna* et revient à la condition humaine normale, il éprouve un immense regret de cette séparation. C'est en ce sens que l'un des justes a énoncé ces distiques : « O brise de la proximité [20], combien tu es douce ! — Il a éprouvé le goût de l'intimité celui qui habite avec toi — O nourriture pour les hommes qui t'ont approchée — Qui ont été abreuvés par la coupe puisant à ta source ! » Et dans le saint Qorân il est fréquemment fait mention de la *Sakîna*, par exemple : « Dieu a fait descendre sa *Sakîna* sur son Envoyé et sur les fidèles » (9/26). Ailleurs il dit : « C'est Dieu qui fait descendre la *Sakîna* dans les cœurs des croyants, afin qu'ils grandissent dans la foi par toujours plus de foi » (48/4).

Celui pour qui cette *Sakîna* se produit en acte, atteint à la connaissance des pensées secrètes des hommes et à la divination des choses cachées ; sa science de la physiognomonie est parfaite. Le Prophète nous en avertit en déclarant : « Craignez la science physiognomonique du croyant, car c'est à la lumière de Dieu qu'il regarde ». Le Prophète encore disait au sujet de 'Omar : « La *Sakîna* parle par la langue de 'Omar. » Et enfin : « Il y a dans ma communauté des hommes à qui parlent (les êtres du monde spirituel) et qui en sont les interlocuteurs. 'Omar est de ceux-là [21]. »

En effet celui qui est investi de la *Sakîna* entend du Paradis supérieur des appels extrêmement subtils. Des interpellations des êtres spirituels (*rûhânîyât*) lui parviennent, et il éprouve un confiant apaisement. C'est de cela que fait mention la Révélation divine, là où il est demandé : « N'est-ce point par la mémoration intérieure de Dieu (*dhikr Allâh*) que les cœurs sont apaisés ? » (13/28). Il contemple des formes extrêmement délicates et subtiles. En prenant leur ressemblance, il opère sa jonction avec les Demeures supérieures. Cette station est encore une station intermédiaire parmi les stations mystiques des fidèles d'amour (*ahl-e mahabbat*). Dans l'état intermédiaire entre la veille et le sommeil, le mystique entend des voix terrifiantes et des appels extraordinaires. Au moment où l'enveloppe la *Sakîna*, il contemple des lumières prodigieuses. Il se peut alors qu'il défaille sous l'excès de la délectation qu'il éprouve.

Tels sont les événements sur la voie de ceux qui ont une expérience réelle (les *Mohaqqiqân*), non pas sur la voie de ces gens qui ferment les yeux dans des lieux de retraite et qui jouent à un jeu d'ombres. Si ces gens découvraient seulement une trace des lumières qu'expérimentent les Véridiques, quel amer regret ils éprouveraient ! « Et c'est là que périssent ceux qui réduisent tout à des frivolités » (40/78).

Deuxième partie : SUR LES BUTS

Chapitre Ier : *De l'état de « fanâ »*

Cette *Sakîna* devient telle que, si l'homme veut l'éloigner de lui, la chose ne lui est point facile [22]. L'homme devient alors tel qu'à toute heure où il le veut [23], il se libère de son corps (*qâlib*, le « moule ») ; il se dirige vers le monde de la Magnificence et poursuit son ascension (*mi'râj*) jusqu'à l'horizon suprême. A quelque moment qu'il le veuille et qui lui convienne, la chose lui est aisée. Quand il se considère soi-même, il est alors rempli d'allégresse, car il contemple les Lumières divines se levant et se répandant sur lui. Mais cela est encore imperfection [24].

Lorsqu'il pénètre plus loin, il dépasse également cette station. Il devient tel qu'il ne considère plus son moi propre, et que le sentiment de sa propre ipséité est aboli. C'est cela que l'on appelle l'« annihilation majeure » (*fanâ-ye kobrâ*). Lorsqu'il a non seulement oublié son propre moi, mais oublié même l'oubli de son moi, c'est ce que l'on appelle « annihilation dans l'annihilation » (*fanâ dar fanâ*). Tant que l'homme trouve satisfaction dans son acte de connaître, il est encore en deçà du but, et l'on considère même cela comme faisant partie du *shirk déguisé* [25]. Non, l'homme n'arrive à la perfection qu'au moment où son acte de connaître est absorbé, occulté, dans celui (l'objet) qu'il connaît, car quiconque trouve satisfaction à la fois dans l'acte de connaissance et dans l'objet qu'il connaît, est dans le même cas que celui dont l'intention est dédoublée. Il n'est vraiment séparé de la dualité (il ne devient un *mojarrad*, un anachorète spirituel) [26] qu'au moment où, ressuscité hors de son acte de connaître, il se dresse dans ce qui est l'objet de sa connaissance. Et lorsqu'il émerge même hors des ruines de la condition humaine, cet état est celui que l'on appelle « effacement », et c'est la station mystique que typifie ce verset : « Tout ce qui est sur terre est évanescent, tandis que permane la face de ton Seigneur en sa gloire et en sa majesté » (55/26-27).

Certains d'entre ceux qui ont l'expérience réelle (les *Mohaqqiqân*) ont dit que l'attestation : « Il n'y a de Dieu que *ce* Dieu », c'est la profession de foi unitaire (le *tawhîd*) du commun des croyants, tandis qu'énoncer : « Il n'y a de lui que Lui (*howâ*) », c'est la profession de foi de l'élite spirituelle (les *khawâss*, les initiés). Il y a un peu de simplisme dans cette répartition. En réalité, il y a cinq degrés du *tawhîd* [27] :

1) Le premier degré, c'est dire : « Il n'y a de Dieu que *ce* Dieu. » C'est le *tawhîd* du commun des hommes, consistant à dénier la divinité à tout autre qu'à *ce* Dieu. Ceux-là sont les plus communs d'entre le commun des hommes.

2) Au-delà de ce groupe, il en est un autre qui par rapport au premier est déjà un groupe d'initiés, bien que par rapport au suivant et par rapport encore aux autres dont le rang spirituel est plus élevé, ils soient encore des gens du commun. Leur *tawhîd* consiste à dire : « Il n'y a de lui que Lui. » Cette attestation est supérieure à la première ; leur rang spirituel est également plus élevé, parce que le premier groupe exclut la divinité de tout autre que *ce* Dieu, tandis que ceux du second groupe ne se contentent pas de refuser la divinité à tout autre qu'à *ce* Dieu, mais au niveau où se manifeste l'Ipséité divine (arabe *howîyat al-Haqq*), ils nient toutes les autres ipséités. Ils disent que l'ipséité (l'acte d'être soi-même, *ipse*) n'appartient qu'à Lui. De personne d'autre on ne peut dire « lui », parce que toutes les ipséités (persan *û'î-hâ*) sont par (ou procèdent de) son ipséité (*û'î-e û*), et que par conséquent c'est à lui qu'appartient l'Ipséité absolue (l'acte d'être soi).

3) Après eux il y a un troisième groupe dont le *tawhîd* (l'attestation de l'Unique) consiste à dire : « Il n'y a de toi que Toi. » Ce *tawhîd* est supérieur à l'attestation de ceux qui nomment Dieu « lui », et qui, en en parlant ainsi à la troisième personne, en parlent comme de quelqu'un d'absent. Ceux de ce troisième groupe nient tout autre Toi [28] auquel s'adresserait son témoin. En outre, ils se réfèrent (non pas à une troisième personne absente, mais) à la présence effective (en mettant Dieu à la seconde personne).

4) Au-delà de ce groupe il y en a un quatrième, plus élevé encore, et qui disent ceci : « Quiconque s'adresse à quelqu'un d'autre à la seconde personne (en lui disant *toi*), le tient séparé de soi et donne ainsi une réalité positive à la dualité. Or la dualité est loin du monde de l'Unité. » Alors ils s'occultent et s'effacent eux-mêmes dans l'épiphanie divine, et leur *tawhîd* consiste à dire : « Il n'y a de moi que Moi [29]. »

5) Quant aux plus avancés d'entre eux en expérience intérieure (les *Mohaqqiq-tarîn*), ils disent : « *Egoïté, tuïté, ipséité*, tout cela ce sont des points de vue qui se surajoutent à l'essence éternelle de l'Unique. » Les trois mots (lui, toi, moi), ils les submergent dans l'océan de l'effacement. Alors les explications se perdent, et les points de repère s'effacent. « Toute chose va périssante hormis sa face [30] » (28/88). A ceux-là appartient le rang le plus élevé. Tant qu'il conserve une attache avec le monde de la condition humaine, l'homme ne peut atteindre à un rang spirituel qui soit supérieur à celui-là, car cette station mystique n'a ni limite ni fin. On demandait à un éminent maître en mystique : « Qu'est-ce que le soufisme ? » Sa réponse fut celle-ci : « Son point de départ c'est Dieu, son point d'arrivée, c'est le sans-limite. »

Chapitre II : *Que plus un homme est connaissant, plus il est parfait*

Une tradition (*hadîth*) bien connue, rapportée de notre Prophète, énonce que « Dieu ne se choisit jamais comme ami un ignorant [31] ». Le Messager de la suprême Loi religieuse reçut, malgré toute sa perfection, l'ordre de demander à progresser en connaissance. Dieu Très-Haut lui ordonne : « Dis : Seigneur, fais-moi progresser en connaissance » (20/113). Et entre autres propos que l'on rapporte de lui, il y a celui-ci : « Chaque jour où je ne progresse pas en connaissance, est un jour dont le matin n'a pas été béni. » S'il en est ainsi concernant le Prophète, qu'en sera-t-il à l'égard des autres !

La connaissance qui advient au gnostique par voie de révélation intérieure (*kashf*) ne saurait avoir pour objet des questions juridiques, telles que répudiation et affranchissement, impôts et transactions, car tout cela constitue la science exotérique. Non pas, elle consiste dans le dévoilement intérieur (*inkishâf*) de ce qui concerne l'éternelle Essence, la sublimité, la seigneurialité divine [32], la hiérarchie des degrés de l'être, les mondes du *Malakût* (l'univers angélique), les arcanes cachés dans le ciel et sur terre [33], — comme l'atteste ce verset : « Dieu qui a fait descendre (a révélé) ce Livre, est celui qui connaît le Secret (*sirr*) dans les cieux et sur terre » (25/7). Elle comporte aussi la connaissance du secret de la prédestination, dont la divulgation est prohibée, comme l'énonce ce mot du Prophète qui en porte l'interdiction : « La prédestination est le secret de Dieu. Ne le divulguez pas. » Tous les gnostiques (*ahl-e haqîqat*) sont d'accord sur ce point, que divulguer le secret de la prédestination est un acte d'impiété et d'infidélité (*kofr*). En outre, tout ce qu'embrasse leur connaissance, les gnostiques ne le produisent pas dans le champ du discours en clair, ce qui permettrait au premier venu de se mettre en tête de l'acquérir. Non pas, la beauté de l'Unitude en sa sublimité est trop élevée pour être l'aiguade de n'importe quel promeneur, le but de n'importe quel marcheur en quête d'un abreuvoir, l'objet cherché par n'importe quel chercheur. « Les reconnaissants ne sont qu'un petit nombre d'entre mes serviteurs » (34/10).

Dans la nature humaine telle qu'elle fut créée à l'origine [34], avec la pluralité des membres et des organes du « temple » (*haykal*) corporel, il y a un point (*noqta*), un seul, qui soit apte à s'élever jusqu'à l'horizon sacrosaint (*ofq qodsî*). « Nous n'y avons trouvé qu'une famille de dévoués à Dieu » (51/36). Mais alors, puisque dans le cas d'une seule personne, il en va de telle sorte que de ses facultés multiples, de ses nombreux membres, bref de tout l'organisme humain avec la complexité de sa composition, seule une partie, sans plus, est apte à l'ascension spirituelle, il doit en aller de même par analogie dans le cas de toute une communauté [35]. Mais c'est un sujet dont il vaut mieux ne parler qu'en termes voilés. C'est pourquoi je citerai simplement ces quelques vers de moi : « Dans les recoins des tavernes, nombreux sont les hommes — Qui sur la tablette de l'être lisent les secrets cachés — Hors du coq-à-l'âne du devenir sublunaire [36] — Ils connaissent les floraisons et sont portés par l'allégresse [37]. »

Il convient que l'homme qui a le don de la clairvoyance s'applique sans relâche à l'examen des faits extraordinaires et des hautes réalités métaphysiques (les *haqâ'iq*), et que faisant droit à ce que mérite l'inspiration de sa pensée, il ne redescende pas. Hosayn Hallâj disait : « L'amour entre deux personnes n'est vraiment affermi qu'au moment où il ne reste plus entre elles aucun secret caché. » Lors donc que l'amour atteint sa perfection, voici que les secrets des sciences ayant pour objet les réalités ésotériques et occultes, les angles cachés des êtres, ne sont plus voilés au gnostique. Et comme le terme final de la perfection de l'homme est d'être à l'imitation de Dieu [38], et que la science parfaite est au nombre des qualifications divines, l'ignorance constitue donc un défaut radical chez l'homme. Il s'ensuit que plus il connaît les hautes réalités, plus il a un rang élevé dans l'être. Bref, l'ignorance est honteuse et abominable.

Chapitre III : *Où l'on montre qu'il y a de la douceur dans l'amour de l'homme pour Dieu*

La doctrine des *Motakallimûn* [39] et du commun des théologiens spécialistes des sources de la religion, c'est qu'il n'est pas concevable que l'homme éprouve de l'amour pour Dieu, car « éprouver de l'amour », c'est là un terme qui connote une inclination de l'âme pour un objet qui est du même genre qu'elle-même. Or Dieu Très-Haut est trop élevé pour qu'il puisse y avoir une communauté de genre (une homogénéité) entre lui et les créatures [40]. Il faut plutôt dire que l'amour peut signifier tout juste l'obéissance de l'homme envers Dieu.

En revanche les mystiques (*ahl-e ma'rifat*) affirment cet amour et le plaisir qu'il comporte. C'est que pour eux l'appartenance à une même espèce n'est nullement une condition de l'amour. Il arrive que l'homme aime certaines couleurs ou certaines formes, sans que celles-ci appartiennent à la même espèce que lui. L'amour éprouvé pour Dieu n'a pas d'attache avec les facultés vitales organiques. Non pas, il y a chez un homme un « point de seigneurialité divine » (*rabbânîyat*) qui est le centre des secrets divins chez cet homme, et qui est le point d'attache de son amour pour Dieu. Cet amour est en rapport avec son expérience intime (*dhawq*).

L'amour (*mahabbat*), c'est la joie qu'éprouve un être à se représenter la présence d'un autre être, et l'appartenance à une même espèce n'en est point une condition. L'amour passionné (*'ishq*) signifie un amour qui est sorti de ses limites [41]. L'amour passionné présuppose que l'être qui en est l'objet n'a pas encore été atteint ; ni l'amour passionné ni l'ardent désir (*shawq*) ne subsistent après cette atteinte. Un être au véhément désir (*moshtâq*) est nécessairement quelqu'un qui a trouvé quelque chose et qui en même temps ne l'a pas encore trouvé, car si de la beauté de l'objet de son amour passionné (*ma'shûq*) il avait tout découvert, il ne lui resterait plus de désir. En revanche, s'il n'avait rien découvert, s'il n'avait rien perçu, son désir serait inconcevable. Tout être au véhément désir est donc un trouveur qui ne trouve pas (*yâbendeh-ye nâ-yâbendeh*). Le désir implique un manque, parce qu'il lui est nécessaire de ne pas trouver.

Quant à l'affirmation du plaisir, elle signifie que la perfection est réalisée dans une chose et que l'on a conscience qu'elle y est réalisée, car si la perfection en était réalisée sans que celui qui la rencontre s'en aperçût, cette perfection ne serait plus une perfection. Lorsque la perfection d'une chose est réalisée pour l'œil, c'est-à-dire pour la vision, et que l'œil perçoit ainsi quelque chose qui lui convient, il en éprouve du plaisir. De même il y a un plaisir pour l'ouïe, et c'est de percevoir l'audible qui, entre toutes les sonorités agréables, s'accorde avec elle. Pour l'odorat, le plaisir est de percevoir les senteurs agréables qui lui conviennent. Ainsi de suite, par analogie, pour toutes les facultés.

Mais pour l'âme pensante [42] la perfection consiste en la connaissance de Dieu et en la connaissance des réalités spirituelles. Lorsque cette connaissance est actualisée dans l'âme en sa suprême perfection — et c'est cela l'Orient de la lumière divine se levant sur l'âme (*ishrâq-e nûr-e Haqq*) — et que l'âme porte alors l'image de la perfection de la sublimité divine, il faut que le plaisir qu'elle éprouve soit supérieur (à celui de ses diverses facultés), puisque son acte de perception est d'un rang supérieur. C'est l'âme humaine qui est le plus élevé des êtres doués de perception, tandis que Dieu est le plus sublime des êtres cogniscibles. Donc le plaisir réservé à l'homme est aussi plus parfait et plus abondant. L'impuissant, il est vrai, n'a personnellement aucune expérience du plaisir de l'acte d'amour, bien qu'il ait entendu dire que mesure parfaite en soit impartie aux vrais hommes. Il a parlé excellemment, ce Sage qui a dit : « Quiconque n'éprouve pas, ne comprend pas. »

Voici maintenant un exemple montrant la puissance de l'amour. A l'époque de Jonayd, on fit des rapports au sujet des soufis. Gholâm Khalîl ainsi qu'un groupe de théologiens *motakallimûn* et de juristes (*foqahâ*) lancèrent des calomnies contre les frères de l'anachorèse spirituelle. Ils rendirent un décret les accusant d'hérésie et d'infidélité (*kofr*), et les citèrent à comparaître [43]. Jonayd, en cette circonstance, se déroba. Mais l'on fit comparaître devant le Conseil d'État (*Majlis-e siyâsat*) Abû'l-Hosayn Nûrî, le « prince des cœurs mystiques », Kattânî Zaqqâq, et avec eux tout un groupe d'hommes éminents. Déjà le bourreau se préparait à les mettre à mort. Alors — l'histoire est bien connue — Abû'l-Hosayn Nûrî s'empressa pour être exécuté le premier. On lui demanda pourquoi. « Ce seul instant de vie qui me reste, dit-il, je voudrais en faire profiter mes frères. » Cette parole fut rapportée au khalife, et elle fut la cause de leur salut. Antérieurement à cette époque on avait déjà inquiété Dhû'l-Nûn (Zû'l-Nûn) Misrî pour la même raison, mais Dieu Très-Haut l'avait délivré.

Sceau du livre

Un être divisible est inapte à la connaissance de l'indivisible, car la connaissance serait alors, elle aussi, divisible, et sa divisibilité entraînerait la divisibilité de l'objet connu [44]. Hosayn Mansûr Hallâj a dit : « Le soufi n'accueille ni n'est accueilli, il n'est ni divisé ni partagé. » Et pendant qu'on le crucifiait, il disait : « Ce qui fait le compte de l'unique, c'est que l'unique le fasse Un [45]. »

Quiconque veut trouver la sortie hors de l'atelier de l'araignée [46], doit éloigner de soi les dix-neuf auxiliaires. Cinq de ces derniers sont des oiseaux dont le vol est visible, et cinq autres sont des oiseaux au vol invisible [47]. Deux sont des marcheurs rapides, au mouvement visible ; sept autres sont des marcheurs au mouvement lent et peu apparent [48]. De tous, ce sont les oiseaux qu'il est le plus difficile d'éloigner de soi, car aussitôt que l'âme veut prendre son envol, déjà les oiseaux l'ont devancé et font obstacle à son mouvement. Et de tous les oiseaux, ce sont ceux dont le vol est invisible qu'il est le plus difficile de repousser.

Au centre, il est une île dans laquelle habite une bande de rusés trompeurs [49]. Dès que le voyageur s'avance, ils lancent soudain leurs jambes et les agrippent autour de son cou, empêtrant si bien sa marche qu'il ne peut plus trouver l'Eau de la Vie. Mais j'ai entendu dire que si quelqu'un s'embarque sur l'arche de Noé et prend en main le bâton de Moïse [50], il en sera délivré.

Gloire soit à Dieu, au Donateur de l'intelligence.

Ici finit le Livre de l'Incantation de la Sîmorgh.

NOTES DU TRAITÉ XIV

(*a*) Nous avons donné jadis un premier essai de traduction du présent traité, dans la revue *Hermès*, IIIe série, n° 3, Bruxelles-Paris, novembre 1939, pp. 22-37, sous le titre « La modulation du Sîmorgh ». En fait, le mot *safîr* rapporté à un oiseau quelconque, est l'équivalent de l'allemand *pfeifen* (siffler, fifrer ; *Pfeife*, flûteau, tuyau d'orgue). Il fallait sur cette voie trouver le mot qui correspondît le mieux à ce que veut signifier Sohravardî, et aux allusions qui vont venir quant à l'origine de l'orgue. Le texte en figure désormais dans les *Op. metaph. III*, pp. 313-332. Mais ici encore le manuscrit Ragib 1480 nous a été d'une aide précieuse pour la présente traduction.

1. Nous avons déjà expliqué ici à plusieurs reprises notre traduction de *tajrîd* par « anachorèse spirituelle », et la traduction d'*Ikhwân al-tajrîd* par « anachorètes spirituels » (les « frères » de cette anachorèse, ceux qui la mettent en pratique). Cf. l'index du présent livre.

2. Voir ci-dessus notre présentation du texte. Le « Récit de l'Archange empourpré » (ci-dessus Traité VI) nous a déjà fourni l'occasion d'illustrer le thème de Sîmorgh : l'origine du nom de cet oiseau merveilleux dans l'Avesta (où il est du genre féminin que nous avons conservé en français) ; son intervention lors de la naissance de Zâl et de la mort d'Esfandyâr, annonçant toute la portée mystique de ce symbole mazdéanisant chez Sohravardî, pour qui la Sîmorgh est le symbole de l'Ange-Esprit-Saint. Chez le théologien monophysite Bar-Hebraeus les mêmes attributs sont conférés également à la colombe comme symbole de l'Esprit-Saint. Rappelons ici le rôle de Sîmorgh dans le grandiose épisode final du *Mantiq al-Tayr* (le langage des oiseaux), l'une des célèbres épopées mystiques de 'Attâr (cf. notre livre *Avicenne et le Récit visionnaire*, t. I, pp. 229-235), et d'une façon générale son rôle considérable dans l'ensemble du soufisme iranien. Cf. ci-dessus Traité VI, présentation du texte et les n. 24, 26, 27. Voir aussi *En Islam iranien...* t. IV, index s. v. Sîmorgh.

3. En persan les *rôshan-ravânân*, autrement dit les *Ishrâqîyûn*.

4. Lors de l'équinoxe de l'âme. Se rappeler ici le Traité XIII, chap. IV : c'est au moment de l'équinoxe du printemps que Kay Khosraw dégainait le Graal et le tenait exposé face au soleil. Sur la huppe, comparer *ibid.*, chapitre VII.

5. La montagne de *Qâf* entoure le monde terrestre. Elle forme la limite entre le monde visible et le monde invisible, et c'est là que la Sîmorgh, existant dès l'origine du monde, s'est retirée dans la solitude. D'où également l'appellation de « Montagne de la Sagesse » (le *Qâf* arabe correspond à l'*Alborz* persan). Dans sa grande épopée du *Mantiq al-Tayr*, 'Attâr décrit le pèlerinage des mystiques à travers les Sept stations qui les conduisent à l'*unio mystica*, comme un voyage pénible et périlleux que les oiseaux accomplissent à travers les sept vallées, jusqu'à la montagne de *Qâf* où réside la Sîmorgh. Cf. *Terre céleste et corps de résurrection...* ainsi qu'*En Islam iranien...* t. IV, index s. v. *Qâf.*

6. Ces quelques lignes font allusion à toute une tradition où l'orgue joue un rôle central et dont se dégage une expérience spirituelle de la musique s'accordant fort bien avec certaines notations du chapitre II de la première partie du présent traité. Cela remonte peut-être jusqu'à la légende qui fait construire par David (Salomon ?) un temple dans lequel avait été mis un grand orgue. On sait toute l'importance de l'orgue dans le cérémonial de la cour byzantine, cf. Constantin VII Porphyrogénète, *Le Livre des cérémonies* (Coll. byzantine G. Budé), Livre I, chap. I, R. 14 ; chap. V, R. 47 et *passim.* Sans aucun doute, le merveilleux instrument produisait-il une grande impression sur les étrangers qui avaient occasion de l'entendre. La question est de savoir comment il en est venu à se combiner avec un motif particulièrement cher à la mystique persane. D'Ahmad Ghazâlî (520/1126) à 'Attâr (616/1229) en passant par notre Sohravardî, l'oiseau mystique Sîmorgh ou '*Anqâ* est le symbole de la Divinité vers laquelle se dirige le mystique, pour n'apprendre qu'au terme du voyage qu'elle était là depuis toujours, et que seul son moi empirique le séparait de l'union. Cependant un autre nom désigne encore cet oiseau merveilleux ; c'est le terme de *qûqnûs*, désignant communément le phénix, mais qui est une transcription du grec *kuknos* désignant le cygne. Or, dans le *Phédon* (84e-85e), Socrate proclame que si le chant du cygne, l'oiseau d'Apollon, est plus éclatant que jamais lorsqu'il sent venir la mort, ce n'est pas de douleur, mais de la joie d'être sur le point de rejoindre le Dieu. Il y a là, idéalement du moins, la transition vers le symbole de l'union mystique. Pour clore le cycle, voici ce que mentionne le philosophe *ishrâqî* Shahrazôrî (VIIe/XIIIe siècle), biographe et disciple de Sohravardî, dans sa grande encyclopédie philosophique *al-Shajarat al-ilâhîya* (l'Arbre divin, ms. Saray Ahmet III 3223, fol. 223*b*). Venant à parler du *qûqnûs*, dans la partie de l'ouvrage consacré à la physique, il marque d'abord quelque hésitation. Finalement il déclare : « C'est un oiseau, dit-on, qui vit dans les îles du golfe de Constantinople. Il a une voix splendide, et c'est d'après cette voix que l'on a construit l'instrument appelé orgue. » C'est à toute une philosophie mystique de la musique que nous convient ces traditions. Incantation de la Sîmorgh et chant du Cygne. Toutes les voix des instruments de musique en sont l'écho. Shahrazôrî met le sceau final : telle est l'origine de l'instrument byzantin merveilleux appelé orgue.

7. Cf. Qorân 27/16. Salomon comme prophète avait le privilège de le comprendre. Comprend ce langage, celui pour qui toute chose créée est parlante et vivante, cf. *En Islam iranien...* t. II, p. 218. *Mantiq al-Tayr*, on le rappelle, est le titre de la célèbre épopée mystique de 'Attâr qui trouve son

dénouement dans l'épisode de Sîmorgh (ci-dessus n. 5). Revoir également le début du « Récit de l'Archange empourpré » (ci-dessus Traité VI).

8. Allusion à la tradition selon laquelle, lorsque Sâm obtint de Sîmorgh la restitution de son fils Zâl, l'Oiseau merveilleux donna à celui-ci une de ses plumes. En cas de danger, Zâl jetterait cette plume dans le feu. Sîmorgh alors apparaîtrait. Cf. *En Islam iranien...* t. II, p. 238 n. 347. Sur les traits communs à Sîmorgh et au phénix, cf. *ibid.*, t. II, pp. 232-233. Comme on l'a déjà rappelé (ci-dessus n. 2), tous les attributs conférés ici à Sîmorgh sont ceux-là mêmes que Bar-Hebraeus († 1286) confère à la colombe, symbole de l'Esprit-Saint. Voir *The Book of the Dove*, trad. Wensinck, 1919, p. 4.

9. *Rôshan-delân*, comparer *rôshan-ravânân*, ci-dessus n. 3.

10. Le mot désigne les théologiens scolastiques spécialistes de la « technique du Kalâm » (*sinâ'at-e Kalâm*), délibérant sur l'objet de la foi en mettant en œuvre les ressources de la dialectique et de la logique philosophique. A l'alinéa suivant viendra l'expression de « spécialistes des sources », ces sources étant par excellence le corpus des *hadîth*.

11. Question fort débattue de la *ro'ya* ou vision de Dieu. Quel sens lui donner, si on l'admet ? Vision pour les yeux ou pour les cœurs ? Y a-t-il espoir d'y accéder après la mort par une transfiguration de la faculté de perception ? Est-ce vision pour le cœur en ce monde, et contemplation pour les yeux dans la vie future, comme le professe l'école *Sâlimîya* avec laquelle les attaches de Sohravardî ont déjà été évoquées ici. Notons que la théologie shî'ite, excluant toute vision de l'Essence, résout la question par son imâmologie. La personne théophanique de l'Imâm a motivé toute une théologie de l'*Imago Dei*, s'exprimant dans un *hadîth* qui est la transposition d'un verset de l'Évangile de Jean (14/7 et 19) : « Celui qui m'a vu, celui-là a vu Dieu. » Cf. *En Islam iranien...* t. I, p. 253 et t. III, p. 231. Sur le célèbre « *hadîth* de la vision » dans lequel le Prophète déclare : « J'ai vu mon Dieu sous la plus belle des formes », cf. notre livre sur *L'Imagination créatrice dans le soufisme d'Ibn 'Arabî* (en réimpression), Paris, Flammarion, 1958, pp. 203 ss.

12. Le *hadîth* est bien connu, mais la mention du nom de 'Omar (de même que ci-dessous, voir n. 21) ne pourrait inspirer que de l'horreur à un cœur shî'ite. Cela n'empêche nullement que le concept du *Qotb* comme Sage parfait (dans le prologue de la « Théosophie orientale ») dérive de la conception shî'ite.

13. La *robûbîya*. Il a été déjà question ici du « secret (*sirr*) de la *robûbîya* » comme secret du rapport personnel entre *rabb* et *marbûb* ». Voir l'index du présent livre, et *En Islam iranien...* t. IV, index s. v.

14. Sur les quinze sortes de lumières expérimentées par le mystique *ishrâqî*, voir *En Islam iranien...* t. II, pp. 341-344. A comparer avec les photismes colorés dans l'école de Najmoddîn Kobrâ et Semnânî.

15. Abû Bakr Wâsitî, mort à Merv en 331/942. Sur ce mystique, voir Hûjwîrî, *The Kashf al-Mahjûb*, transl. by R. A. Nicholson, London 1936, pp. 154-155.

16. Sur le concert spirituel (*samâ'*), cf. déjà ci-dessus Traité XII, § 15. Observer ici comment l'émotion éprouvée lors de l'audition musicale se

traduit en vision de lumières. Il y aura lieu de comparer avec l'expérience du *samâ'* chez Rûzbehân, cf. *En Islam iranien...* t. IV, index s. v. *samâ'*. Tout ce chapitre offre de précieuses données sur l'expérience musicale chez Sohravardî et dans le soufisme.

17. *Shawâ'ib-e hawâjis.* Var. : *shawâ'ib-e hawâ-ye habs*, contamination par l'air de la prison (du corps).

18. Tout ce chapitre coordonnant « son » et « lumière » culmine ainsi dans la mention du concert spirituel, lequel permet d'éprouver plus parfaitement l'état mystique en question. Or cet état que caractérisent les visions d'éclairs et de lumières, porté à son maximum est celui que le chapitre suivant va décrire comme *Sakîna*. Quant à la licéité du *samâ'* ou concert spirituel, ce fut une question très controversée entre docteurs mystiques. Ghazâlî a consacré plusieurs chapitres de son *Ihyâ* à une analyse extrêmement fine de l'expérience musicale et de sa portée cognitive. Ibn 'Arabî, par contre, en opposant au concert spirituel la psalmodie du texte du Qorân comme Parole de Dieu, prend position contre le premier. Il avoue qu'en donnant sur ce point son enseignement à La Mekke, il rencontra de vives résistances. Cf. Miguel Asin Palacios, *Vidas de santones andaluces*, Madrid 1933, pp. 23-26, 40-50. Cf. également les références rappelées ci-dessus n. 16.

19. Sohravardî, dans les pages traduites ici, s'est exprimé à plusieurs reprises sur la *Sakîna* (en particulier ici Traités III et V), et nous avons longuement annoté ces passages (voir l'index du présent livre). Il en répète ici la définition précise. Il y a analogie conservée entre l'hébreu *Shekhina* et l'arabe *Sakîna*, en ce sens que la *Shekhina* est la mystérieuse Présence divine dans le Saint des Saints du Temple, et que chez Sohravardî la *Sakîna* est la présence à demeure des Lumières divines dans l'âme-temple. Comme étant lumière la *Sakîna/Shekhina* est associée par notre shaykh au *Xvarnah*, la Lumière de Gloire mazdéenne, et cette association est si bien au cœur de son idée de l'*Ishrâq* que les *Ishrâqîyûn* sont la « communauté de la *Sakîna* » (*ahl al-Sakîna*). L'extrême intérêt est qu'ici le chapitre précédent forme en quelque sorte le prélude musical à la *Sakîna* décrite tout au long du présent chapitre. A son tour, celui-ci va introduire le premier chapitre de la seconde partie, qui conduira la *Sakîna* jusqu'à l'état de *fanâ*, comme au sommet de l'extase musicale.

20. Var. : « O brise de l'Esprit ! »

21. Cf. *supra* n. 12. Ceux « à qui parlent les Anges » sont les *Mohaddathûn*. Ne pas les confondre avec les transmetteurs des « dicts » (*logia*) ou *hadîth* lesquels sont les *Mohaddithûn*, les traditionistes.

22. C'est donc bien l'exposé sur la *Sakîna* qui est mené ici à son achèvement.

23. Comparer avec la promesse de l'Ange, formulée à la fin du « Récit de l'exil occidental » (Traité VIII).

24. Puisqu'il lui arrive encore de « se considérer soi-même » dans son allégresse. Il faudra que ce qui était encore « objet » devienne « sujet », en ce sens que dans l'acte du sujet qui le connaît, c'est l'objet qui se connaît soi-même. Le sujet initial devient alors miroir (*speculum*). Telle est la position de toute théosophie « spéculative » (au sens étymologique du mot)

par rapport à toute philosophie ou théologie abstraite délibérant sur l'objet. D'où les degrés du *tawhîd* rappelés un peu plus loin.

25. Le grand théosophe shî'ite Haydar Amolî a d'admirables pages sur le *shirk* patent et le *shirk* occulte, déguisé, cf. *En Islam iranien*... t. IV, index s. v. *shirk*. Le *tawhîd* ou monothéisme théologique recèle encore un *shirk* occulte. Seul le *tawhîd* ontologique (théomonisme) surmonte le *shirk*, mais toute philosophie ou théologie qui délibère sur Dieu comme objet, est du *shirk* (cf. ci-dessus n. 24). Le *tawhîd* ontologique passe, en quelque sorte, du *cogito* au *cogitor*. Cf. tout ce qu'a voulu exprimer Sohravardî, dans certains traités précédents, par le symbolisme du soleil et de la lune.

26. Cf. ci-dessus n. 1.

27. Sur les degrés du *tawhîd*, les aspects exotériques et ésotériques du *tawhîd*, voir *En Islam iranien*... t. IV, index s. v. *tawhîd*.

28. Littéralement toute « *tutté* » (*tû'î*), toute réalité à la seconde personne en dehors du Toi divin.

29. Le sujet divin comme sujet absolu à la première personne, étant en fait le sujet actif de tous les actes de connaître dont il était l'« objet » pour la conscience naïve. Lui-même se rend témoignage à lui-même.

30. De nombreux théosophes mystiques comprennent : « Hormis la face divine impérissable de cette chose. »

31. *Walî*. Une simple phrase comme celle-là montre le sens exact de ce mot. C'est pourquoi nous avons si souvent répété ici dans nos notes, et dans nos livres en général, que la traduction par le mot « saint » est inadéquate, et fausse la tonalité de la chose. Le rapport entre *walâyat* et *nobowwat* n'est nullement un rapport entre « sainteté » et « prophétie ». Le sceau de la *walâyat* n'est pas le Sceau de la « sainteté ». Il y a, comme on le voit ici, un rapport intime entre *walâyat* et *gnôsis*. Voir encore *En Islam iranien*... t. IV, index s. v. *walâyat*, *walî*.

32. Cf. ci-dessus n. 13.

33. Tout cela s'accorde parfaitement avec ce qu'on peut lire sur les « trois sources » chez Haydar Amolî, par exemple. *'Aql* (l'intellection) est la source et l'organe de la connaissance philosophique ; *naql* (la tradition) est la source de la connaissance théologique ; *kashf* (l'intuition intérieure) est la source et l'organe de la connaissance théosophique.

34. Sur la *fitrat*, nature foncière initiale de l'homme, cf. *En Islam iranien*... t. IV, pp. 138, 412, 413.

35. Ces lignes, immédiatement couvertes par la « discipline de l'arcane » (« c'est un sujet dont il vaut mieux ne parler qu'en termes voilés ») font penser au thème de la *wahdat al-Nâtiq* (l'unicité et l'incognito de celui qui a la parole) dans l'école shî'ite shaykhie, voir *En Islam iranien*... t. IV, pp. 281-286.

36. *Oshtor-ghorbeh*, littéralement « chat-chameau », pour signifier deux choses sans rapport, comme il en est de l'incohérence des événements sublunaires. Notre expression courante « passer du coq à l'âne » semble traduire au mieux.

37. Est-ce un hasard que le mot *khorramî* (allégresse) figure dans ce quatrain à l'éloge des ésotéristes ? Ce mot fait penser aux *Khorramdînân* (quelque chose comme religion de joie, « gai savoir »), secte iranienne qui se manifesta pendant les premiers siècles de l'Islam et dont les auteurs font remonter l'origine à Mazdak. Cf. G. H. Sadighi, *Les mouvements religieux iraniens au IIe et au IIIe siècle de l'hégire*, Paris 1938, pp. 187-228.

38. Tout le thème de l'*Imago Dei* en théologie islamique serait à considérer ici.

39. Cf. ci-dessus n. 10.

40. Avec la question de la « vision » (ci-dessus n. 11), c'est un des problèmes qui ont le plus agité la théologie islamique, et tout le sort de la mystique en dépendait. Sohravardî résume ici fort bien en quelques lignes l'opposition des théologiens du *Kalâm* et des mo'tazilites rationalistes à l'égard des mystiques. Rûzbehân Baqlî Shîrâzî, de son côté, pose admirablement le problème dans son beau livre intitulé *Le Jasmin des fidèles d'amour* (voir analyse détaillée de ce livre, *En Islam iranien*... t. III, pp. 65 ss.) et le résout dans le même sens que Sohravardî. Le postulat sunnite antimystique est que, si Dieu ne peut manifester son être sous un signe créé, toute relation avec la pure Essence divine ne pourrait que volatiliser, anéantir l'homme. Mais dans la relation que suppose l'amour pour Dieu, s'agit-il de la pure Essence divine ? Parce que l'on a compris cette relation comme impliquant nécessairement une relation directe (impossible) entre l'Essence divine et la nature humaine, on a prétendu que cette relation impliquerait nécessairement soit l'idée manichéenne du « mélange » soit l'idée chrétienne de l'incarnation. Poser ce dilemme, c'est délibérément tout ignorer de l'imâmologie shî'ite. Cf. ce que l'on a rappelé ci-dessus (n. 11) concernant la personne *théophanique* de l'Imâm, laquelle résout, comme théophanie, à la fois le problème de la vision et le problème de l'amour, car les deux problèmes sont connexes. De nouveau ici tenir compte du vrai sens du mot *walâyat* (ci-dessus n. 31) lequel est très souvent accouplé dans les textes avec le mot *mahabbat*. L'amour du fidèle shî'ite (sa *walâyat* ou *mahabbat*) a pour *qibla* la figure théophanique de l'Imâm, laquelle est elle-même l'objet de la *walâyat* divine. Faute d'en tenir compte, on a posé le problème en termes insuffisants, et le soufisme lui-même, quand son imâmologie « n'ose plus dire son nom », ne facilite pas la question. Voir *En Islam iranien*... t. I, pp. 285 ss., sur « le shî'isme comme religion d'amour spirituel ». Bien entendu, cela laisse ouverte la question des rapports entre christologie et imâmologie.

41. Tout cet alinéa est d'une saveur nettement platonicienne. Il faut en conjuguer la lecture avec celle des derniers chapitres du Traité IX (le Vade-mecum).

42. Le persan *ravân-gûyâ* = l'arabe *nafs nâtiqa*, littéralement l'« âme parlante ». C'est cette idée de l'âme « parlante » (*logos*) qui traduit celle de l'*anima rationalis*, tandis que le *'aql*, c'est l'*intellectus*, l'intellect, l'intelligence, le *Noûs* grec. C'est cette différenciation que l'on oublie, chaque fois que l'on traduit *'aql* par « raison ». *'Aql fa''âl*, l'Intelligence agente, que les compagnons de Dante nommaient « Madonna Intelligenza » n'est pas la « déesse Raison ».

43. Allusion au procès intenté à Baghdad aux soufis nommés dans le texte, à la requête du juriste Gholâm Khalîl.

44. Cf. ci-dessus le Traité II, deuxième Temple, au début.

45. Cf. déjà ci-dessus Traité I, chap. 7. Voir Rûzbehân Baqlî Shîrâzî, *Commentaire sur les paradoxes des soufis*, éd. H. Corbin (Bibliothèque Iranienne, vol. 12), Téhéran-Paris 1966, p. 380 du texte persan.

46. Cette métaphore pour désigner le ciel astronomique comme source du devenir, est inspirée par l'aspect que présentait l'*astrolabe plan*. Dans cet instrument destiné surtout à déterminer l'heure, il y avait une pièce qu'en vertu d'une certaine ressemblance, on désignait simplement comme l'*araignée* ; son mouvement représentait le mouvement d'ensemble du ciel ou mouvement diurne. Cf. *Le Traité sur l'astrolabe plan de Sévère Sabokt*, écrit en syriaque au VIIe siècle d'après des sources grecques, publié et traduit par M. F. Nau, « Journal asiatique » 1899.

47. Les cinq sens externes et les cinq sens internes.

48. Sept + deux = les neuf Sphères.

49. *Dûvâl-pây*, cf. J. J. P. Desmaisons, *Dictionnaire persan-français*, Rome 1908, t. I, p. 929, s. v. « Nom d'une espèce de démon qui détourne le voyageur de son chemin, monte sur ses épaules, se fait porter quelque temps et finit par l'étrangler avec ses jambes. » D'où le sens de rusé, trompeur.

50. Cf. ci-dessus le rôle symbolique de l'arche de Noé dans le Traité VII. Quant au bâton avec lequel Moïse frappa le rocher de Horeb et en fit jaillir douze sources d'eau vive, mention en est faite chaque fois qu'intervient le symbolisme du nombre douze : en alchimie (Jaldakî), en imâmologie (les douze Imâms), etc.

Votre prière en sait plus long que vous
V. Hugo

5. *Le livre d'Heures*

XV.

Strophes liturgiques et offices divins

(Wâridât wa-Taqdîsât)

Extraits traduits de l'arabe

1. Présentation

Les textes que nous groupons ici sous le titre de « Livre d'Heures » forment comme une récapitulation de la doctrine *ishrâqî*, en même temps que le dernier acte des récits initiatiques. L'événement vécu par l'âme résonne à une octave supérieure, lorsqu'il s'exprime sous la forme de l'hymne et de l'action liturgique. Que cette liturgie fasse corps avec la doctrine pensée et vécue, et soit à la fois l'expression et l'aliment de la spiritualité *ishrâqî*, nous en trouvons l'émouvant témoignage dans la pratique de cette école qui apporta la réponse zoroastrienne au projet réalisé par le Shaykh al-Ishrâq. Ce fut l'école groupée autour du grand-prêtre zoroastrien Azar Kayvân qui, de Shîrâz ou de ses environs, émigra en Inde avec ses disciples aux confins des XVIe et XVIIe siècles. Parmi ces spirituels zoroastriens, plusieurs avaient fait du « Livre d'Heures » de Sohravardî le rituel liturgique de leur religion personnelle [a]. Aussi bien, nous le constaterons ci-dessous, Sohravardî avait-il lui-même prévu, sous des allusions diverses, une communauté liturgique *ishrâqî*, à l'intention de laquelle il avait composé son « Livre d'Heures ».

Tous ces textes, en arabe, sont restés jusqu'ici inédits et jamais encore traduits, hormis deux d'entre eux que nous avons traduits et commentés ailleurs, et qui pour cette raison ne sont pas reproduits ici, à savoir le psaume à l'archange du Soleil et le psaume à la Nature Parfaite, l'« ange du philosophe ». Nous invitons expressément le lecteur à s'y reporter, car texte et contexte font corps avec ce qui est présenté ici [b]. Les manuscrits sont rares ; les textes y figurent à l'état fragmentaire, d'une lecture souvent difficile, les copistes ayant été maintes fois mis en déroute par une pensée dont le fil leur échappait.

C'est au regretté Hellmut Ritter que l'on doit la première tentative de rassembler bibliographiquement les fragments de ce « Livre d'Heures » épars dans les manuscrits, sans qu'aucun de ceux que nous connaissons ne nous en donne la totalité [c]. Dans ces manuscrits, les fragments sont groupés sous le titre de *Wâridât wa-taqdîsât*. Le premier terme désigne de façon assez vague tout ce qui survient soudain à la pensée, les inspirations subites, et partant les improvisations inspirées. On trouve également (par exemple pour le premier groupe de strophes traduites ci-dessous) le terme *awrâd*, qui est le pluriel de *wird*, et qui désigne certaines parties du Qorân récitées à différentes heures. Nous rejoignons ainsi la tradition liturgique occidentale du « Livre d'Heures ». Quant au mot *taqdîs*, pluriel *taqdîsât*, il a le sens de sanctification, consécration (*sacrum facere*), et connote l'idée d'acte liturgique, d'office divin (cf. *infra* n. 37). Notre traduction simplifie en recourant au mot « strophes », chaque fois déterminé par les termes mêmes dont se sert Sohravardî.

Le climat de ces liturgies *ishrâqî* est hermétiste, néoplatonicien, zoroastrien, sans que soient absentes la foi qorânique et la glorification de l'Unique. Avec raison, H. Ritter avait déjà fait le rapprochement avec les liturgies astrales des Sabéens hermétistes de Harran comme avec un grand ouvrage du très « orthodoxe » Fakhroddîn Râzî [(d)]. La foi qorânique est, comme la foi biblique, celle d'une religion prophétique. Mais religion prophétique ne signifie nullement désacralisation du monde. Le cas de Sohravardî et de ses émules témoigne contre cette position de thèse à la mode dans certaines théologies chrétiennes de nos jours, et consistant à dresser une opposition radicale et artificielle entre la « foi » et la « religion ». La Révélation biblique aurait opéré une profonde désacralisation du monde sacral de l'antiquité ; la foi biblique serait non-religieuse. En fait les responsables de cette désacralisation, ce sont les théologies modernes occidentales s'épuisant à rivaliser avec des idéologies socio-politiques issues de leur propre décomposition. Ce ne sont ni la Révélation biblique, ni la Révélation qorânique. La religion prophétique est-elle conciliable ou non avec la piété néoplatonicienne envers les *Dii-Angeli* ? Les théologiens pourront argumenter sans fin là-dessus. La réponse de Sohravardî, réponse liturgique, tranche d'un seul coup. Nous avons mis en épigraphe de ces pages : « Votre prière en sait plus long que vous. »

La langue du Shaykh al-Ishrâq livrant dans ces strophes liturgiques le secret de son âme, est d'un lyrisme extraordinaire. Nous nous sommes efforcé de le laisser transparaître dans une traduction aussi littérale que possible, mais en choisissant soigneusement des termes qui fussent à l'unisson des siens. De nombreuses allusions peuvent sembler obscures. Elles s'éclairent à l'aide des quatorze traités qui précèdent. Nous avons multiplié les notes, afin que le lecteur puisse goûter, à condition de répéter ses lectures, les intentions de notre Shaykh. Son âme de feu laisse libre cours ici à son inspiration, comme il en fut dans certaines pages des traités qui précèdent.

Toute la vision du monde est ordonnée ici conformément à la doctrine traditionnelle des hiérarchies médiatrices, laquelle modalise les univers de Denys et de Proclos, comme tout système de mondes en correspondance [e]. Nous retrouverons au cours de ces strophes la figure prestigieuse dont le face à face a dominé les récits initiatiques de Sohravardî depuis le récit de l'Archange empourpré : Gabriel, l'Esprit-Saint, est l'Intelligence médiatrice qui pense l'homme et l'univers de l'homme. Anthropos céleste et Intelligence paraclétique, il est lui-même la pensée du Dieu-archange qui le précède, ainsi de suite en remontant jusqu'au Dieu des Dieux, Lumière des Lumières Dieu de chaque Dieu... C'est tout l'ensemble du plérôme archangélique, la « race royale de Bahman-Lumière », qui est la Révélation divine, la théophanie se propageant, de même que dans la Kabbale ce sont les Sephirôt. Par la médiation de Gabriel, Ange de la race humaine qui est sa théurgie et dont il est le « père », le *Noûs patrikos*, de même que l'univers de l'homme est son architecture divine, ce sont toutes les âmes humaines de lumière qui sont elles-mêmes issues de cette race, et c'est par lui que leur parvient l'Appel à rejoindre leurs « frères de race ». Nous avons déjà relevé que Sohravardî se représentait le plérôme archangélique à la façon d'une confrérie initiatique. C'est le leitmotiv tantôt explicite, tantôt implicite, qui court tout au long de ces strophes, comme il était celui du « Récit de l'exil occidental ». Tout blocage d'un Esprit absolu dans une conscience humaine collective, close sur elle-même et tournant dialectiquement en rond sur elle-même, est ici inconcevable. L'Appel que fait entendre l'Ange médiateur brise la solitude et la déréliction humaine ; c'est le secret de l'amour nostalgique qui vibre tout au long de ces strophes, dont nous ne connaissons pas d'équivalent ailleurs.

Les strophes liturgiques du « Livre d'Heures » dont nous donnons ci-dessous la traduction, appartiennent à cinq groupes. Les titres sont de Sohravardî lui-même. La division des strophes et leur numérotation sont du traducteur.

I. Nous pensons avoir trouvé l'explication du titre des *Strophes de l'observation vigilante* dans une page de l'un des traités traduits ici (le Traité III, cf. ci-dessous la n. 1). Il nous apparaît que ces strophes (*Awrâd*, heures liturgiques par excellence) ont été composées en vue d'un cérémonial rassemblant la communauté des *Ishrâqîyûn* et répartissant l'action liturgique entre les membres ou les groupes de membres participant. Chaque groupe est désigné par un terme allusif qui n'est pas expliqué, et chacune de leurs interventions s'achève par la répétition d'une antienne, d'un refrain, où l'on percevrait volontiers un écho de la ferveur des hymnes manichéennes : « Fais monter la litanie de la Lumière. Viens en aide au peuple de la Lumière. Guide la Lumière vers la Lumière ! » (Cf. ci-dessous n. 1a.) La répétition de cette antienne ou répons s'accorde parfaitement avec le titre de ces strophes, lequel vise les *mostabsirûn*, ceux qui en référence au verset qorânique 27/8 sont désignés comme les contemplateurs attentifs du Buisson ardent (cf. la n. 1). Ces strophes prennent ainsi place au cœur même de la vie spirituelle des *Ishrâqîyûn*.

Cette liturgie *ishrâqî*, célébrée par les *mostabsirûn*, est riche en termes techniques : l'invocation au « Dieu de chaque Dieu » (Str. 2, cf. n. 2) ; la « famille du Sinaï » (str. 3, cf. n. 3), qui nous réfère à la finale du « Récit de l'exil occidental » ; l'expression *Qoddûs al-Ishrâq* (Str. 7, cf. n. 10), *sacrificium matutinum* ; la « lampe du sanctuaire » autour de laquelle sont rangés debout les participants à la liturgie de l'aurore (Str. 7, cf. n. 11), est l'indice d'un cérémonial déjà précis ; les « soleils qui se lèvent quand ils déclinent » (Str. 8, cf. n. 13) sont une image qui récapitule toute la dramaturgie théosophique de l'*Ishrâq*. Vient enfin l'invocation au « Luminaire majeur » pour la compréhension de laquelle nous référons à l'hymne à l'archange du Soleil que nous avons traduit et commenté ailleurs [5].

II. Le lyrisme des *Strophes du Grand Testament* est à l'unisson de celui des strophes précédentes. L'intention liturgique est autre. Le titre n'est pas choisi au hasard. On décèle au cours de ces strophes plusieurs allusions autobiographiques, réminiscences de ce qui fut l'aventure spirituelle personnelle du Shaykh al-Ishrâq. La strophe initiale est d'une grande envolée : « J'ai emprunté leur flamme aux météores et j'en ai embrasé la contrée... » Puis vient l'invocation à l'Ange-Esprit-Saint, « Ange de la théurgie précellente » c'est-à-dire de la race humaine et de son univers (cf. n. 21). La sortie hors de l'étroit défilé des ténèbres ; l'investiture de la sagesse, de la beauté, du pouvoir royal (autant de termes dont la conjonction évoque la Lumière de Gloire, le Xvarnah) ; la diffusion de ces dons, assumée par l'auteur, sur la communauté de l'*Ishrâq* (*ahl al-Ishrâq*, Str. 4, cf. n. 23 et 24), ces « frères de l'Orient » désignés encore comme la communauté de la Sakîna/Shekhîna, comme successeurs des *Khosrovânîyûn* de l'ancienne Perse, autant de traits d'une autobiographie spirituelle. Ce sont toutes les intentions maîtresses de sa vie et de son œuvre que notre shaykh évoque ainsi dans ce « Grand Testament », tout ce qui accompagna sa volonté délibérée de ressusciter la théosophie de la Lumière des sages de l'ancienne Perse (cf. ci-dessus Traité V).

Dans une autre allusion autobiographique, le shaykh se désigne lui-même comme « un affamé, un ménestrel au chant perpétuel ». « Il marche pendant la nuit en pleine lumière, tandis qu'en plein jour le commun des hommes marche en pleine obscurité » (Str. 9). Que l'on se reporte de nouveau ici à la parabole de la huppe tombée captive au milieu des hiboux (Traité XIII ; cf. *infra* n. 28). Les Str. 12-13 décrivent toute une ascension initiatique, jusqu'au plus haut lieu de la liturgie céleste. Nous rappelions encore ci-dessus que Sohravardî se représente le plérôme des Dieux-archanges à la façon d'une confrérie initiatique ; ce sont les « hiératiques » qui forment le Temple céleste (*Bayt al-maqdis*). Le sage *ishrâqî* est accueilli par eux et, parce qu'il est de leur race, ils reçoivent son engagement et l'agrègent à leur compagnie, sans qu'il ait à passer par des intermédiaires humains (comparer Ibn 'Arabî recevant directement de Khezr l'investiture du manteau). La Str. 13 contient une claire allusion à quelque chose comme la « Jérusalem céleste » (cf. n. 30 à 32). Le nouvel initié en visite les temples, de temple en temple, jusqu'au Saint des Saints où s'épiphanise *ab origine* la Lumière de l'Orient des mondes : Xvarnah, Sakîna, Shekhîna (cf. n. 33 et 34). D'où la réponse de l'Ange à son interlocuteur dans certains des récits : « Je viens du Temple » (cf. n. 32).

La Str. 14 récapitule alors ce « Grand Testament ». C'est sur la Table d'HERMÈS qu'est gravé l'ordre de l'Unique et contracté l'engagement (cf. n. 35 et 36). Ce document liturgique de l'hermétisme islamique atteste que la religion prophétique de l'Unique ne détruit pas la sacralité des « temples de la Lumière ». Elle est plutôt à la fois celle qui la sauvegarde et celle qui par elle est sauvegardée.

III. Le groupe des *Strophes liturgiques pour chaque station* est sans doute celui où se donne libre cours, avec éclat et sans réticence, la piété du philosophe à l'unisson des Sages de l'ancienne Perse. Sohravardî n'hésite pas ici à invoquer le « Dieu des Dieux » sous le nom d'Ohrmazd (Ahura Mazda de l'Avesta), le « Seigneur Sagesse » de la religion mazdéenne. Vient ensuite le premier des Amahraspands ou Archanges du zoroastrisme : Bahman (Vohu-Manah de l'Avesta, grec Eunoïa, Pensée Bonne). Sera encore nommé expressément le troisième des Amahraspands, Shahrîvar (Xshathra Vairiya de l'Avesta, Règne désirable). Enfin la dixième Intelligence hiérarchique, Gabriel, l'Esprit-Saint, Ange et Intelligence rectrice de l'humanité, sera glorifiée sous le nom de l'ange zoroastrien Serôsh (avestique Sraosha, persan Sorûsh).

La piété hermétiste se conjoint ainsi étroitement à l'inspiration zoroastrienne. Et c'est bien le même Shaykh al-Ishrâq que nous avons vu se référer volontiers au soufi martyr al-Hallâj, qui invoque ici l'Unique, le Dieu des Dieux, sous l'antique nom iranien d'Ohrmazd « possesseur de la Lumière de Gloire (Xvarnah) ».

Après un bref prélude de trois strophes, cette ample *Liturgia omnium Sanctorum* comporte dix-sept *mawqif*, « stations » ou actes liturgiques. Elle commence avec la liturgie d'Ohrmazd et celle de Bahman-Lumière. Ensuite elle célèbre l'ensemble des Intelligences archangéliques (les *Angeli intellectuales*, cf. n. 49 et 50) et l'ensemble des Ames motrices des Cieux (*Angeli caelestes*). Puis elle célèbre tour à tour nommément chacune des Intelligences du plérôme, chacun des Dieux-archanges. Chacun de ceux-ci est invoqué comme « le Dieu Lumière victoriale » (relever l'emploi du mot *Allâh* accompagné de l'attribut *al-Nûr al-qâhir*, qui est la désignation *ishrâqî* des Lumières archangéliques. D'où le terme *Ilâh al-âliha* pour le « Dieu des Dieux ». Tout ce lexique caractéristique est à relever. A comparer in *3 Enoch* des expressions comme 'Anaphiel-Yahveh, Michaël-Yahveh, etc.). On notera aussi que les Dieux-archanges et les *Animae caelestes* sont glorifiés comme investis du Xvarnah, ce qui accentue la tonalité zoroastrienne d'une strophe à l'autre. La liturgie célèbre ensuite les Anges théurges des Éléments, et s'achève en célébrant les âmes des prophètes, puis celles de tous les justes, de tous les « pèlerins de l'Orient mystique ». Il y a là même une réminiscence significative. L'acte final de cette liturgie qui a commencé par la glorification d'Ohrmazd, rappelle en effet l'hymne liturgique de l'Avesta célébrant les Fravartis (persan *forûhar*), les entités célestes ou « Anges » de tous les croyants. On a vu déjà que cette notion était fort proche de la notion hermétiste de « Nature Parfaite » chez Sohravardî. Ici encore il y a une conjonction frappante.

Pour comprendre ici la structure de chacune des « liturgies astrales » il faut avoir présente à l'esprit la structure de la cosmologie angélologique avicenno-sohravardienne, déjà rappelée au cours du présent livre (cf. n. 46). Par trois actes de contemplation, la pensée de chaque Intelligence, de chaque Dieu-archange, fait éclore à l'être une triade : une autre Intelligence, un ciel et une Ame motrice de ce ciel. Chaque univers archangélique a donc une structure triadique : l'Intelligence, son ciel et l'Ame de ce ciel, c'est-à-dire l'Ame qui communique à ce ciel le mouvement de sa nostalgie pour le Dieu-archange dont elle émane. Chaque liturgie reproduit ici cette structure triadique. Elle glorifie d'abord le Dieu-archange, puis célèbre la magnificence de son « temple », non point la masse astrale qui est sa théurgie, mais cet astre en tant que « personne vivante », parce qu'il est animé par une Ame pensante, son *Anima caelestis*. D'où, par exemple, le rapport entre la « personne solaire » de Hûrakhsh et l'archange Shahrîvar dont Hûrakhsh est le « temple » (cf. n. 63 et 64). La triade d'un univers archangélique correspond ainsi à la triade anthropologique : esprit ou intellect, âme, corps (*'aql, nafs, jism*).

Dès lors il convient d'avoir également bien présente à l'esprit la leçon qui nous a été donnée ci-dessus au cours du Traité XI. Il y a trois manières de regarder et d'observer le Ciel. La manière précellente est propre à « ceux qui observent le ciel par une faculté de perception intérieure qui leur permet de comprendre les cieux invisibles, l'ésotérique des cieux de l'astronomie ». Nous avions ainsi déjà rejoint le sens néoplatonicien de l'astronomie comme connaissance des astres suprasensibles (cf. Traité XI, n. 24 et 27). Or l'organe de cette vision *imaginale* est une *Imago caeli* qui ne résulte pas de perceptions empiriques, mais qui devance celles-ci et les gouverne. Cette *Imago* ne ressortit pas à une perception des sens, mais à une perception de l'Imagination active. Dès lors le destin de cette *Imago caeli* ne ressortit pas non plus aux vicissitudes historiques de l'astronomie positive, mais aux vicissitudes essentielles de l'anthropologie. L'*Imago caeli* réfléchit sur l'homme la propre *Imago* que l'homme a de lui-même. C'est pourquoi il y a corrélation, par exemple, entre la disparition de la hiérarchie des *Animae caelestes* et la destruction de la triade anthropologique. Quand l'homme est réduit au dualisme de l'esprit et du corps, et quand l'astre a perdu son *Anima caelestis*, la voie est ouverte au matérialisme cherchant toutes explications dans les lois immanentes aux corps. Sans le monde de l'Ame, il n'y a plus d'*Imago* ; il n'y a plus que des lois abstraites. Aux mouvements des *Animae caelestes* est substituée une pure mécanique céleste. Mais en fait, disons que la validité de l'*Imago caeli* d'un Sohravardî n'est ni infirmée ni infirmable par les fusées explorant des astres morts. Car, pas plus qu'elles ne peuvent être atteintes par ces fusées, les *Animae caelestes* ne sont affaire d'observation astronomique, car elles sont l'ésotérique de leur ciel respectif. Comme nous l'a enseigné le Traité XI, ce dont il s'agit ce sont les cieux du *Malakût*, non point les cieux visibles de l'astronomie. De ce point de vue il y a une correspondance entre les « liturgies astrales » de Sohravardî et ses paraboles mystiques : le sens ésotérique de celles-ci n'est ni dans les faits du récit, ni dans un concept philosophique, mais dans le passage, l'anaphore de l'un à l'autre : un entre-deux qui ne relève ni de la perception sensible ni de l'entendement abstrait, mais de l'*Imaginatio vera*.

La perspective anthropologique ayant pour foyer le *Malakût* est si bien première que, de même que chaque astre-temple est la théurgie de son Dieu-archange, de même les personnes humaines sont les théurgies, les « temples de la lumière » du dixième de ces Dieux-archanges : Gabriel, l'Esprit-Saint, à qui Sohravardî donne ici le nom de l'ange Sraosha du zoroastrisme (cf. n. 67 et 69). Nous avons relevé que s'opérait ainsi la jonction entre l'angélologie biblique-qorânique et l'angélologie du néoplatonisme zoroastrien de l'*Ishrâq*. (Il serait tout-à-fait inopérant de discuter la question de savoir si la conception des « temples célestes » s'accorde avec la fonction des planètes dans la cosmologie zoroastrienne classique.)

Une autre jonction non moins significative s'opère dans la Str. 16 glorifiant les âmes des prophètes. Elles sont glorifiées comme investies de la Lumière de Gloire, le Xvarnah. Or en prophétologie shî'ite, c'est sous l'aspect de la Lumière mohammadienne (*Nûr mohammadî*), transmise de prophète en prophète, que se présente l'idée du *Verus Propheta* de la prophétologie judéo-chrétienne, dont la prophétologie islamique fut l'héritière. Le Xvarnah se trouve donc être ici l'équivalent de cette Lumière mohammadienne. Précédemment, Sohravardî l'avait mis en équivalence avec la Sakîna/Shekhina. Ici, c'est au niveau même de la prophétologie que s'opère l'intégration de l'« iranisme » : le prophétisme de l'ancien Iran est intégré au prophétisme de la tradition biblique-qorânique. Les strophes liturgiques du Shaykh al-Ishrâq viennent ainsi confirmer l'ampleur des conceptions que nous ont montrées ses traités et ses récits mystiques.

IV. Les *Strophes des êtres de lumière* sont une sorte d'*invitatorium* : elles invitent à glorifier les êtres de lumière issus de la Lumière de Gloire du Dieu des Dieux. C'est une longue exhortation adressée par celui-ci à la « fille de la Lumière », à l'âme humaine missionnée dans les ténèbres du monde terrestre. Avec un lyrisme frémissant, les paradoxes se succèdent pour culminer dans l'adjuration : « Ne te laisse pas donner la mort par cela même qui te doit la vie. La vie de ton corps de chair consomme ta propre mort. La mort de ton corps de chair, c'est l'exaltation de ta vie propre. » Il y a ici comme un écho donné au paradoxe hallâjien : « C'est pour moi vivre que de mourir, et mourir que de vivre. »

Puis le message divin se fait plus pressant. Il évoque les parents célestes de l'âme, les êtres de lumière qui sont les Vivants éternels, ceux dont la nourriture est la pure Lumière (Str. 4 ; cf. le « froment de la Lumière », Str. 12 et n. 79). Les âmes sont des étincelles de Lumière missionnées dans les ténèbres de ce monde, et qui sont la vie des morts que nous sommes. C'est avec l'aide de leurs parents célestes, les êtres de Lumière proches du Dieu des Dieux, que ces étincelles de Lumière retournent à leur patrie originelle. « Empruntez leur lumière à vos parents célestes, je ferai de vous des vivants incorruptibles » (Str. 4). Et c'est cela même qui motive la piété envers ces êtres de Lumière, et partant les actes liturgiques dont le texte nous a été donné dans le groupe de strophes précédentes. C'est ainsi le Dieu des Dieux qui exhorte lui-même la fille de la Lumière à célébrer les liturgies des êtres de Lumière.

De ceux-ci nous voyons reparaître successivement les noms : Hûrakhsh, *Imago Gloriae divinae*, image de la Lumière de Gloire ; le Dieu-archange Shahrîvar-Lumière, troisième des Amahraspands. Puis les « Sept Sublimes ». Puis les deux hiérarchies archangéliques supérieures : celle de l'Ordre longitudinal (le « monde des Mères ») et celle de l'Ordre latitudinal (les seigneurs des espèces, cf. n. 75 et 76). Tous ensemble sont « les rois de la race de Bahman-Lumière » (cf. n. 77a et 78). Et parmi eux il y a l'Ange-Esprit-Saint de la race humaine, Gabriel, que Sohravardî désigne de nouveau sous le nom de l'ange Sraosha de l'Avesta. C'est de son aile de Lumière, on se le rappelle (cf. Traité VII), que procèdent les âmes de Lumière, lesquelles sont la « dimension orientale » dans l'homme. Et c'est par cette « dimension orientale » que l'homme est, lui aussi, un rejeton de « la race de Bahman-Lumière » (cf. la finale du Récit de l'exil occidental).

Prendrait place ici un petit rituel composé par Sohravardî pour chaque jour de la semaine (cf. n. 80).

V. Les *Strophes de la remémoration* commémorent, certes, les liturgies qui précèdent, mais tout autant l'ensemble de la vision du monde et de l'homme professée par la théosophie *ishrâqî*. Il est difficile de distinguer des sections dans ces strophes au lyrisme jaillissant, s'adressant à l'âme humaine en une tonalité qui rappelle aussi bien celle du « Récit de l'exil » que celle du « Chant de la Perle » des Actes de Thomas. C'est comme une longue oraison à la seconde personne, exhortant l'âme qui est saluée comme « l'absente à son monde » (Str. 1), la « fille de l'Esprit-Saint » (Str. 14), la « fille des Sacrosaints » (Str. 22 ; cf. la « fille de la Lumière », Str. 3 du groupe précédent).

Pourtant l'on peut différencier les moments suivants :

1) Str. 1 à 9. C'est l'Ange-Esprit-Saint qui parle. Il se désigne lui-même d'une façon allusive et très caractéristique : « Ton Seigneur dont l'être est perpétuel (l'Ange-Esprit-Saint) a révélé de par son Seigneur dont l'être est éternel (le Dieu des Dieux, cf. n. 82). »

2) Str. 10 à 12. C'est le psalmiste qui prend la parole en se désignant lui-même comme « celui qui parle de par Dieu (*al-Nâtiq 'an Allâh*) ». Nous avons souligné la portée de ces mots, investissant en quelque sorte le Shaykh al-Ishrâq d'une mission prophétique (cf. n. 84 et 91). La mention de l'Esprit-Saint dans la Str. 12 forme transition avec les strophes suivantes.

3) Str. 13 à 15. C'est encore le psalmiste qui parle, mais comme porte-parole de l'Ange-Esprit-Saint.

4) Les Str. 16 à 25 sont une pathétique prière d'intercession, adressée à l'Ange-Esprit-Saint comme parent céleste, « père » de la race humaine (revenir alors aux VIe et VIIe Temples du Traité II).

Chaque strophe appelle maintes remarques quant à son contenu et quant à son lexique. On les trouvera au fur et à mesure dans les notes. Elles achèvent de préciser les traits de l'Ange dont la présence, annoncée déjà dans les traités de la première partie du présent livre, s'est affirmée tout au long des récits mystiques de la seconde partie. Il est la figure centrale de cet hermétisme à la fois zoroastrien et néoplatonicien qui donne à la théosophie *ishrâqî* son aspect à la fois original et traditionnel. Il assume ici le rôle du Christos Angelos de la christologie toute primitive, de même que cette fonction est assumée dans le shî'isme par l'Imâm. Plérôme des douze Imâms et plérôme archangélique : il y aurait une longue méditation comparative à conduire sur ce point.

Finalement, c'est par la médiation de l'Ange-Esprit-Saint, *Noûs patrikos*, Ange et Intelligence rectrice de la race humaine, que celle-ci, du moins quant à ceux des hommes qui répondent à son Appel, peut revendiquer l'ascendance de la « race royale de Bahman-Lumière ». Cette « race royale », c'est le plérôme, la « confrérie » des Dieux-archanges. A celui qui entend l'Appel, ils sont désignés comme « tes frères », ceux d'un Ordre royal ésotérique, s'il en fut jamais.

Un dernier mot sur la dernière strophe. On y rencontre un terme caractéristique du lexique des hiérarchies ésotériques : le mot *badîl* dont le pluriel est *abdâl* ou *bodalâ'*. Nous avons expliqué en note (cf. n. 101) le sens et la portée de ce mot dans le contexte, en le traduisant par « relève-veilleur ». Son appel annonce ici l'approche du matin, c'est-à-dire l'heure de l'*Ishrâq*, de l'aurore levante au sens sohravardien du mot : *cognitio matutina*. L'heure de l'*Ishrâq*, c'est le soleil du *Malakût* se levant sur l'âme, et c'est l'âme se levant, ressuscitant définitivement à son « Orient ».

Il convenait qu'avec ces strophes liturgiques, la théosophie « orientale » du Shaykh al-Ishrâq s'achevât sur cette « relève du matin ».

2. Traduction

1. *Strophes de l'observation vigilante* [1]

1. Que Dieu entende l'appel de l'ardent désir ! Que soit ouverte la voie de l'illumination intérieure (*kashf*) ! Que se rapproche le *Malakût* sacrosaint ! — Que prennent la parole les *Personnes de Lumière* [1a]. Alors qu'elles récitent :

2. *O Dieu de chaque Dieu* [2] ! Fais monter la litanie de la Lumière. Viens en aide au peuple de la Lumière (*ahl al-Nûr*). Guide la Lumière vers la Lumière.

3. Au Premier Être s'originent les principes des mouvements. Au Premier Être aboutit le terme final des repos. Proche est l'instant. Les Signes sont apparus. Voici qu'est rassemblée la famille du Mont Sinaï [3]. — Qu'alors les *Récitantes* [4] récitent :

4. *O Dieu des Séparantes* [5] ! Fais monter la litanie de la Lumière. Viens en aide au peuple de la Lumière. Guide la Lumière vers la Lumière.

5. Le Seigneur est seul et sans égal en l'éclat des éclairs de la Gloire [6]. Seul et unique en la magnitude de la Puissance. Exalté en sa sublime force victoriale, dominant toute Intelligence, toute Ame et tout corps matériel [7]. Par chaque chose il s'épiphanise à chaque être vivant. Au voisinage de sa Majesté, sont à égalité la plus haute des hauteurs et la plus abyssale des profondeurs. — Que les *Pures* [8] proclament alors :

6. O toi *à qui appartient le symbole suprême* [9] ! Fais monter la litanie de la Lumière. Viens en aide au peuple de la Lumière. Guide la Lumière vers la Lumière.

7. Que Dieu purifie ceux que voici debout, et qu'il les approche. Qu'il agrée la liturgie de la Lumière se levant à son orient [10]. Que sa bénédiction soit sur le cône de flamme de la Lumière. Qu'il missionne l'influx céleste sur la lampe du sanctuaire [11]. Qu'il consacre l'offrande et l'acte digne de louange. Il a fait du héraut de la Lumière levante le *cavalier de l'Orient* [12], le confident des Sacrosaints, celui qui fait descendre le secours, lance l'ordre, en proclamant du haut des créneaux du monde de la Gloire :

8. *O Principe de l'Univers*, terme final des mouvements des soleils qui se lèvent à leur Orient quand ils déclinent à l'Occident [13] ! Fais monter la litanie de la Lumière. Viens en aide au peuple de la Lumière. Guide la Lumière vers la Lumière.

9. Car Dieu a fait du Luminaire majeur un médiateur et un souverain [14]. Il a projeté sur lui sa Lumière. Il lui a donné la royauté sur l'avant-garde des corps [15]. Il a fait de lui un seigneur régnant sur les nuques des êtres matérialisés dans un corps. Il a confirmé par lui la preuve qui l'atteste à la face des univers. Il a fait de lui le médiateur de l'ordre cosmique, le perfecteur de la vie, la cause des saisons, des nuits et des jours. — Que les *âmes sacrosaintes* (les « hiératiques ») [15a] l'invoquent avec ferveur, en s'adressant ainsi à lui :

10. *O Personne toute de lumière* [16] ! Toi qui tournes éternellement ta face vers ton « père » [17] ! Invoque le Donateur de l'Intelligence [18] et de la Vie. Récite : Fais monter la litanie de la Lumière. Viens en aide au peuple de la Lumière. Guide la Lumière vers la Lumière.

11. Que les Bons (les Élus) implorent les plus hautes des Personnes, les plus élevés des êtres de Lumière. Que les âmes humaines implorent les Ames célestes. Que toutes ensemble implorent les Intelligences agentes archangéliques [19], tandis que notre Principe à tous encercle leur totalité. — Et que la prière de *tous les rangs de la hiérarchie* des êtres, pour l'Appel exaucé, soit celle-ci :

12. *O Dispensateur de la Lumière* et des influx bienfaisants ! Fais monter la litanie de la Lumière. Viens en aide au peuple de la Lumière. Guide la Lumière vers la Lumière. Amen !

2. *Strophes du Grand Testament* [20]

1. J'ai emprunté leur flamme aux météores, et j'en ai embrasé la contrée. J'ai mis en fuite les cohortes des démons et j'ai aveuglé leurs regards, afin qu'ils ne me voient pas montant vers le Plérôme toute-lumière. J'ai invoqué mon père [21] en disant :

2. O Ange de la théurgie précellente [22] ! Toi, le proche du Dieu généreux, attire-moi vers toi, afin que mon être se dilate en éclat de la clarté divine.

3. Je me suis dépouillé de la peau qui m'enveloppait de ténèbres, et je l'ai jetée au loin. Me voici, de par la force du Nom divin, suspendu au tabernacle de l'Exaltation et de la Gloire. Car après la sortie au grand jour, j'ai été déraciné. Lorsque l'Éternel se manifeste à un être, il le déracine.

4. Lorsque je fus sorti de l'étroit défilé des ténèbres [23], émergeant au libre espace des munificences, je contemplai les choses étranges et leur auteur. Je reçus la sagesse et la beauté, l'aide victorieuse et le pouvoir royal. Je les répandis sur le peuple de la Lumière levante [24], ceux dont l'Ange a écrit les noms dans le Livre.

5. Dieu interdit l'esprit de la sagesse (*rûh al-hikmat*) à toute âme qui met sa confiance dans ce monde, et qui a la passion de posséder les choses qui tombent sous les sens. Car Dieu ne laisse jamais coexister dans une même âme l'amour de la sagesse et la clarté de l'aurore levante [25] avec l'attachement aux passions charnelles et aux richesses.

6. Il s'impose à la Prévoyance divine que n'importe quel dormeur, appesanti dans sa réplétion, ne puisse fouler l'enceinte du monde sacrosaint, et que seul atteigne à l'Étape suprême l'ermite voué sans partage, celui dont le cœur s'humilie au ressouvenir des arcanes de l'Être divin, et qui dans les ténèbres des nuits invoque instamment la Lumière, en appels éloquents et en méditations subtiles.

7. Lorsque l'orant a reçu l'éclat d'un éclair brillant à l'horizon de la Puissance, et qu'il a pénétré au fond de la mine originelle de la splendeur manifestée [26], aucune occupation ne peut le distraire d'approfondir encore. Et s'il résout et affronte les

épreuves en acquiesçant à Dieu — même si parfois lui échappe la joie de l'acquiescement — jamais ne le quitte la beauté de la contemplation vigilante.

8. Est facile au fidèle d'amour déifié par la forme divine [27] ce que jugent trop lourd les jouisseurs amollis. C'est l'homme qui n'a qu'une seule et unique préoccupation, ne se saisissant des à-côtés que dans les urgences.

9. Étant un affamé, c'est un ménestrel au chant perpétuel, tandis que le commun des hommes, étant des rassasiés, succombent à leurs soucis. Il marche pendant la nuit en pleine lumière, tandis qu'en plein jour le commun des hommes marche en pleine obscurité [28].

10. Magnifié soit Dieu dans les cieux et sur la terre, au jour faste qui est le jour de l'Exaltation (*yawm al-'olâ*). Il est fait l'éloge de ces compagnons [29] dans les écritures des Anciens.

11. Il est prescrit aux pèlerins de la Lumière d'Orient (les *mostashriqûn*) d'être des spirituels (*rûhânîyûn*, *pneumatikoï*) qui ont l'amour des êtres de Lumière et qui se défient des êtres de Ténèbres.

12. Lorsque l'un d'eux parvient au haut lieu de la Liturgie [30], il se retire auprès des « hiératiques », les liturges de la Lumière levante (*ishrâq*) parmi les Temples personnels [31], afin qu'ils lui communiquent l'engagement et le suprême degré de la sagesse.

13. Et lorsque se lèvent les éclairs sur le haut lieu de son ascension, les hiératiques le sacralisent et le font monter par degrés jusqu'à la Cité de Dieu qui se dresse dans les hauteurs [32]. Alors il en visite avec eux les Temples (*hayâkil*), et en s'élevant encore plus haut, il visite [33] le lieu où s'épiphanisent la Lumière et l'Orient illuminateur [34].

14. Tel est l'ordre de Dieu (*Amr Allâh*), et la Table d'HERMÈS [35] est gravée conformément à cet ordre. L'engagement y est conclu [36]. Les Anges y sont présents, et les témoins se dressent en faveur de ceux qui habitent un corps (*ashâb al-ajsâm*).

3. *Strophes liturgiques pour chaque station* [37]

1. Sois la bienvenue, ô Lumière qui te lèves à l'Orient (*ishrâq*), et gloire à Dieu, Lumière des Lumières. Bon accueil à toi, ô

Héraut ! Je te vois déliant mes entraves, et je me vois, ma souffrance ayant cessé, mon fardeau diminué, mon dos allégé.

2. Que se hâte le cavalier de Dieu ! Que la porte s'ouvre ! Car je redoute que l'appétit des démons rebelles ne me guette. Je vois la terre qui tremble, tandis que le ciel frémit. Point de doute. L'ordre de Dieu est descendu sur elle.

3. Je sais que c'est toi qui me rapproches du Dieu Seigneur des Seigneurs, tandis que je monte au *Malakût*, et que je contemple les étonnantes merveilles, le libre espace et la Lumière. A cette clarté je prends le Livre. Je demande que les influx célestes descendent sur notre monde. J'étends l'acte de consécration (*taqdîs*) à l'Eau et à l'argile [38].

I. Liturgie d'Ohrmazd

Mon Seigneur est le Dieu Lumière de la Lumière, le Sublime, le Très Fort, le Très Puissant, le Très Glorieux, le soutien de toutes les existences, l'Être Nécessaire, l'ordonnateur des mondes, le possesseur de la Lumière de Gloire (*Xvarnah*) [39] qui va se déployant, de la Lumière toute victoriale (*omnivictrix*), de la beauté la plus élevée, de la clarté la plus intense ; celui qui est sans limite, le Principe originel de la perpétuité, de la sempiternité et de l'éternité ; celui qui prolonge le « dès toujours » (*azal*) par l'« à jamais » (*abad*) ; celui qui se dresse d'un élan impétueux à (ou sur) la tête de toutes les quiddités (*mâhîyât*) : OHRMAZD, Créateur du monde [40], Dieu unique à qui appartient l'Unité absolue sous tout aspect [41], Agent actif des merveilles, Donateur de l'Intelligence et de la Vie, celui qui fait se manifester les ipséités (*mozhir al-howîyât*), celui qui transcende toute éminence, toute noblesse, toute qualification, toute énonciation, toute compréhension, toute indication : *Dieu des Dieux* [42], Lumière des Lumières ! Qu'il soit proclamé saint, qu'il soit glorifié, qu'il soit célébré, qu'il soit magnifié !

II. Bahman-Lumière, première Intelligence [43]

Je célèbre la liturgie du serviteur de Dieu, du Voile le plus sublime de Dieu, Lumière majeure de Dieu, Création suprême de Dieu, Image primordiale, le Très Saint, le Très Proche, roi des Anges [44], prince des Lumières victoriales, le maître de maison [45] du *Malakût* dans le monde sacrosaint : BAHMAN-LUMIÈRE (*Bahman-Nûr*).

III. Le Ciel Atlas et son âme [46]

Je célèbre la liturgie de son ombre très haute, exempte de tous les maux et infirmités, la plus lointaine des Sphères célestes. Et je célèbre la liturgie de son Ame sacrosainte [47], flamboyante des rayons de Bahman-Lumière, possédant la Lumière de Gloire (*Xvarnah*) qui va se déployant [48], et l'éclair qui transperce les plus hautes des hauteurs.

IV. Les Intelligences (*Angeli intellectuales*)

Je célèbre la liturgie des Lumières victoriales suprêmes [49], Sources de la puissance, de la beauté, de la grâce, de la perfection, de la noblesse, Anges des théurgies de tous les cieux et de toutes les terres [50], princes du *Malakût* et du *Jabarût*, très purs et très augustes serviteurs de Dieu, investis du pouvoir royal suréminent, des irradiations qui fulgurent, des éclats de lumière sacrosaints, des dignités suprêmes, seigneurs des âmes de ceux qui descendent en ce monde par l'ordre de Dieu.

V. Les Ames des sphères (*Angeli caelestes*)

Je célèbre la liturgie des Ames pensantes [51], gouvernantes des Sphères, les extasiées d'amour pour les Lumières archangéliques et les irradiations des princes du monde sacrosaint, motrices des corps célestes par obéissance à Dieu, Clartés triomphales, *Espahbad* [52] très purs des cieux et de la terre.

VI. Le Ciel des Fixes

Je célèbre la liturgie des Anges des astres fixes, Lumières victoriales, les Très Purs, les Parfaits, les Très Proches de Dieu, et je célèbre la liturgie des astres fixes, leur haute et noble demeure.

VII. La Troisième Intelligence (*au ciel de Saturne*) [53]

Je célèbre la liturgie en l'honneur du Dieu Lumière victoriale [54], le Fort, le Très Beau, le Très Grand, investi de la puissance et de la domination, archange seigneur de Saturne qui est sa théurgie [55].

Et je célèbre la liturgie du très pur serviteur de Dieu, Saturne (*Kayvân*) [56], le Père vénéré [57], le seigneur lumineux, au Temple très élevé, au rang superbe, à la fonction grandiose, à la réflexion attentive, au regard sur les lointains, dispensateur de la froidure et de la sécheresse [58], maître en glorification, en solitude, en compréhension, en expérience, en concentration des desseins, en autorité, en puissance dominatrice, en constance [59].

Je glorifie sa personne lumineuse et son Ame vénérable. Je célèbre la liturgie de son haut et noble Temple [60].

VIII. La Quatrième Intelligence (*au ciel de Jupiter*)

Je célèbre la liturgie en l'honneur du Dieu Lumière victoriale, le Fort, le doué de la beauté, le Dieu à la lumière d'Orient, à l'amour parfait, le très élevé, le générateur des influx bénéfiques, Source du bien, de l'équité, de l'amour, de la sympathie, archange seigneur de Jupiter qui est sa théurgie.

Et je célèbre la liturgie du fidèle serviteur de Dieu, Jupiter (*Moshtarî*), le Père éminent, le Triomphant, le Resplendissant, l'Éclairant, le Bénéfique majeur [61], maître en connaissance, en équité, en sincérité, investi de la Lumière de Gloire (*Khorrah, Xvarnah*), possédant la beauté, la force conquérante, la générosité sans rivale, la vertu d'ascèse, la réflexion attentive, aux desseins et secrets grandioses.

Je glorifie sa personne lumineuse et son Ame vénérable. Je célèbre la liturgie de son haut et noble Temple.

IX. La Cinquième Intelligence (*au ciel de Mars*)

Je célèbre la liturgie en l'honneur du Dieu Lumière victoriale, le Fort, investi de la puissance robuste, de la suprématie grandiose, de l'éclat qui transperce, archange seigneur de Mars qui est sa théurgie [62].

Et je célèbre la liturgie du fidèle serviteur de Dieu, Mars, le Père éminent, le Vaillant, le Triomphant, le Conquérant, investi de la domination victoriale, de l'élan impétueux, de la rigueur violente, du feu qui embrase, de la clarté qui inspire la crainte, dispensateur de la chaleur et de la sécheresse, de la force et de la domination impérieuse.

Je glorifie sa personne lumineuse et son Ame vénérable. Je célèbre la liturgie de son haut et noble Temple.

X. La Sixième Intelligence (*au ciel du Soleil*)

Je célèbre la liturgie en l'honneur du Dieu Lumière victoriale, le Fort, le Père éminent, le Puissant, doué de l'éclat suprême, de la suprématie majeure, Orient illuminateur (*al-mashriq al-monîr*), Soleil du *Malakût*[63], Parure du monde des Intelligences, SHAHRIVAR-LUMIÈRE[64], archange seigneur de HURAKHSH qui est sa théurgie, le Très Fort qui est son ombre.

Et je célèbre la liturgie du fidèle serviteur de Dieu, le père et seigneur Hûrakhsh, l'Éminent, le Sage, Flambeau de l'univers, roi des astres, médiateur de l'ordre, prince du ciel, Personne toute de lumière, Astre le plus resplendissant de tous, vainqueur des ténèbres, auteur du jour, aux énergies parfaites, trésorier des merveilles, qui inspire la crainte révérentielle, indépendant par sa lumière de tous les astres auxquels il la communique sans la recevoir d'aucun, et que revêtent l'invincibilité, la beauté, l'éclat, la splendeur d'Orient (*ishrâq*).

Je glorifie sa personne lumineuse et son Ame vénérable. Je célèbre la liturgie de son haut et noble Temple.

XI. La Septième Intelligence (*au ciel de Vénus*)

Je célèbre la liturgie en l'honneur du Dieu Lumière victoriale, le Fort, l'Éclatant, le Très Beau, le Glorieux, investi de la beauté et de l'amour, dont parfait est l'amour sacrosaint (*'ishq qodsî*), Orient illuminateur, archange seigneur de Vénus qui est sa théurgie[65].

Et je célèbre la liturgie du fidèle serviteur (*sic*) de Dieu, Vénus la splendide, la gracieuse, l'*Oriante* éclatante (*al-mashriqa al-bahîya*), investie de la bonté, de la subtilité délicate, de la pureté, de la générosité, de la beauté, du suave parfum, de l'équilibre de l'amour et du noble éthos.

Je glorifie sa personne lumineuse et son Ame vénérable. Je célèbre la liturgie de son haut et noble Temple.

XII. La Huitième Intelligence (*au ciel de Mercure*)

Je célèbre la liturgie en l'honneur du Dieu Lumière victoriale, le Fort, l'Éminent, Orient illuminateur, Dispensateur des vérités subtiles et des secrets abscons, archange seigneur de Mercure (*'Otâred*, Hermès) qui est sa théurgie.

Et je célèbre la liturgie du fidèle serviteur de Dieu Mercure, l'Éclatant, le Sachant, l'Éminent, l'Intelligent, le Parfait, le Parlant, le Véridique, investi de la preuve, du regard perspicace, de la sagacité, de l'art de la discussion et de l'écriture, des secrets des connaissances et des calculs, ornement du ciel, auxiliaire très patient des astres.

Je glorifie sa personne lumineuse et son Ame vénérable. Je célèbre la liturgie de son haut et noble Temple.

XIII. La Neuvième Intelligence (*au ciel de la Lune*)

Je célèbre la liturgie en l'honneur du Dieu Lumière victoriale, le Fort, le Lumineux, se levant à l'Orient, le brillant, le splendide, doué de la beauté et des perfections, archange théurge de la Lune qui est son ombre.

Et je célèbre la liturgie du fidèle serviteur de Dieu, la Lune, seigneur éminent, flambeau des étoiles, cavalier de la Sphère céleste, ministre et khalife de *Hûrakhsh* [66], dispensateur des humeurs et des sèves, qui procure l'abondance de l'eau, Donateur des teintures, chambellan des cieux prompt à remplir son office.

Je glorifie sa personne lumineuse et son Ame vénérable. Je célèbre la liturgie de son haut et noble Temple.

XIV. La Dixième Intelligence, Intelligence agente

Je célèbre la liturgie de la Lumière victoriale, le Fort, l'Archange de la théurgie qui est l'homme, l'ESPRIT-SAINT [67],

Donateur de la Vie et de la perfection, de par la permission divine [68] gouverneur du monde des Éléments, l'INTELLIGENCE AGENTE (*'Aql fa''âl*) de qui émanent nos Ames pensantes, investie de la force conquérante et de la suprématie triomphante, SEROSH-LUMIÈRE [69], — pour que soit consacrée par lui la noble espèce humaine.

XV. Les Anges Théurges des éléments

Je célèbre la liturgie de l'Ange de la théurgie qui est le Feu, pour que l'élément Feu soit consacré par lui. Et celle de l'Ange de la théurgie qui est l'Air, pour que l'élément Air soit consacré par lui. Et celle de l'Ange de la théurgie qui est l'Eau, pour que l'élément Eau soit consacré par lui. Et celle de l'Ange de la théurgie qui est la Terre, pour que l'élément Terre soit consacré par lui.

Et je célèbre la liturgie des Anges des théurgies qui sont les minéraux, pour que soit consacré par eux le règne minéral. Et celle des Anges des théurgies qui sont les végétaux, pour que soit consacré par eux le règne végétal. Et celle des Anges des théurgies qui sont les animaux, pour que soit consacré par eux le règne animal.

XVI. Les Ames des prophètes [70]

Je célèbre la liturgie des Ames pensantes de ceux qui sont investis des missions divines, ceux qui assument la haute sagesse, trésor des secrets du *Malakût*, supports de la Lumière de Gloire sacrosainte (*Khorrah qodsî*, Xvarnah) [71], ceux qui sont à la ressemblance des Principes originels (les Intelligences archangéliques), ceux dont Dieu écoute l'Appel pour la remise en ordre des choses et ordonne aux Anges de le faire s'accomplir.

XVII. Les Ames des anachorètes spirituels [72]

Je célèbre la liturgie des Ames des justes, des pèlerins de l'Orient mystique (les *mostashriqûn*), ceux qui aspirent au Bien pur.

Et je demande dans toutes les célébrations liturgiques, en premier et en dernier lieu, l'agrément de Dieu, terme des ardents désirs, ordonnateur de l'être.

4. *Strophes des êtres de Lumière* (extrait) [73]

1. C'est moi qui suis Dieu, le Dieu des Dieux, le Mainteneur de l'univers, l'Être Nécessaire, environné de la Gloire et de la Beauté (...).

2. Il n'y a pas de mort près de moi ; or un non-véridique est un mort. Il n'y a pas de ténèbres près de moi ; or un non-véridique est ténèbres. Ne monte jusqu'à moi que ce qui est semblable à ce qu'il y a près de moi. Je n'aime point le corps de chair périssable ; alors je n'aime pas celui qui aime le corps de chair périssable.

3. O fille de la Lumière ! Ne t'éprends pas d'amour pour les ténèbres. O enfant de la Vie ! Que ne te fasse pas captive l'ennemi qui est un cadavre. Que ne te donne pas la mort ce qui n'a la vie que par toi. Par la mort de ton corps de chair, c'est toi qui es en vie. Par la vie de ton corps, c'est toi qui meurs (...).

4. Les cieux sont des êtres animés doués d'amour que n'approche pas la mort. Et vous, ô fils des humains, vous êtes des êtres animés soumis à la mort. Si vous empruntez leur lumière à vos parents célestes, je ferai de vous — après que vous ayez été des êtres animés — je ferai de vous des Vivants que les siècles des siècles ne pourront corrompre. La nourriture du Vivant est à elle seule supérieure à la nourriture de l'être animé, parce qu'elle est la Lumière à elle seule (...).

5. Les êtres de pure Lumière sont près de moi. Les autres, ce sont des étincelles jaillissant dans les ténèbres, pour que par elles vivent les fantômes des morts que vous êtes, et pour qu'elles prêtent leur lumière aux êtres qui ont pris un corps de chair. J'ai créé les Lumières immatérielles, gouvernantes des corps dans les cieux et sur terre, de la splendeur des Lumières les plus proches de moi, celles que ma Gloire détourne de prêter attention aux silhouettes lointaines. Elles sont l'Existence précellente, l'auguste univers initial (...).

6. Magnifiez *Hûrakhsh* le Fort [74], vainqueur des ténèbres, roi des astres, prince du ciel, auteur du Jour par mon ordre, car il est l'Image de ma Gloire, et il est le rayonnement de l'archange *Shahrîvar-Lumière* [74a], et Shahrîvar-Lumière est pour moi objet d'honneur et d'attention.

7. Honorez les Sept sublimes, les princes des corps célestes, par lesquels vous vous rapprochez de moi. Parmi eux, le meneur des influx bénéfiques, le meneur de la domination d'amour, le prompt à remplir son office. Faites mémoire de ces princes dans vos doxologies, afin de recevoir les influx bénéfiques. Magnifier la Création, c'est magnifier celui qui lui donna origine (*mobdi'*)...

8. Rien ne peut me vaincre. Je suis le vainqueur des ténèbres par la Lumière, et je suis le vainqueur des Lumières par ma Lumière. Je ne me repens pas de ce que j'ai fait. Je ne me suis pas réveillé après un songe. Je ne suis pas de ceux qui changent.

9. Je juge que rien n'est plus vénérable pour moi que BAHMAN-LUMIÈRE. Il est le premier à qui je donnai origine. Alors j'ai instauré dans l'être les Archanges suprêmes (*al-A'lâûn*) [75] dans un ordre ferme et déterminé. Chacun des Archanges suprêmes est une pure Intelligence et une pure Lumière. Leurs rayons de lumière se réfléchissent sur ceux des hauts rangs (*al-'awâlî*) [76]. Ainsi les êtres de Lumière se multiplient en se dédoublant [77] (...).

10. Célébrez en longues liturgies la race de Bahman-Lumière [77a] et les rois de la famille de Bahman-Lumière, peuplant l'inviolable enceinte du *Jabarût*.

11. Et célébrez votre *père*, le prince magnifique du *Malakût*, l'ESPRIT-SAINT, archange Serôsh [78].

12. Car vous êtes nourris du froment de la Lumière [79], et vous ressuscitez au monde du libre espace. Que les amis de la Lumière restent dans l'attente, guettant l'apparition des éclairs [80]...

5. *Strophes de la Remémoration* [81]

1. Célèbre la liturgie de ton Seigneur, ô toi l'absente à ton monde [81a]. Peut-être les pages au service de l'âme t'ouvriront-ils la porte... Tranche les cordes qui te retiennent encore, afin de me rejoindre.

2. Ton Seigneur dont l'être est perpétuel a révélé de par son Seigneur dont l'être est éternel [82] : N'est point croyante une âme qui choisit de complaire aux gens de ce monde plutôt que

de complaire à son Créateur, une âme que suffit à détourner du chemin de Dieu le blâme des censeurs.

3. Lorsque descend la SAKINA [83], cesse le doute. L'attestation du monde de la Magnificence est une Lumière se levant à l'Orient, que l'homme éprouve comme l'entraînant jusqu'au seuil de la Magnificence. Lorsqu'il rencontre celle-ci, elle le revêt de l'armure de la certitude.

4. Dieu ne choisit pour interlocuteur ni un lâche ni un imposteur. Il n'inspire pas la sagesse à une âme dépravée. Celui qui ne fait que penser sans cesse au mal, est un démon rebelle (*shaytân mârid*). Dans le monde spirituel (*'âlam al-ghayb*, le monde suprasensible, le monde du Mystère) Dieu revêtira le cupide de la forme du porc. Les chiens du monde infernal, ce sont des âmes qui disputent en dehors de la vérité. Et il y a les mouches : ce sont ceux qui égratignent avec le vain et le faux...

5. O peuple des hostiles ! Vous qui accordez vos ruses pour repousser le ministre de la Parole [84], Dieu vous fera captifs. Il vous dispersera comme la tempête disperse la poussière. Car la Terre de Dieu est l'héritage des Élus.

6. Vous voulez la mort du missionné de Dieu : il est votre perte, car lorsqu'il s'élève jusqu'à l'Être divin et se conjoint avec l'Esprit-Saint, il prononce son jugement sur le monde à la lumière du Dieu invincible. Ne vous croyez pas garantis contre la menace : il vous pulvérisera comme les rochers énormes pulvérisent le verre, il extirpera vos racines et plantera sur la Terre l'arbre de la rectitude.

7. O merveille ! Comment donc cela qui ne mérite pas même d'être qualifié d'existant, les détourne-t-il de la question majeure [84a] ? Si la Lumière de Dieu se manifestait aux corps célestes, les Éléments du monde d'ici-bas s'effondreraient.

8. Qu'il est grand le Premier Servant [85] qui est le support de Son irradiation sacrosainte ! Les générations de l'Ignorance ont adoré leur Seigneur sous des qualifications qui sont celles du moindre de ses Servants sacrosaints [86]. Dieu approuve la parole de celui qui dit : O notre Seigneur ! O Esprit-Saint, Ange de l'humanité ! Si tu te manifestais (*tajallî*) aux êtres de vie vertueuse, ils reconnaîtraient qu'il ne te manque aucune des qualifications qu'ils attribuent à l'objet de leur culte (*ma'bûd*), et

qu'en ta force archangélique tu es une Lumière émanée des Servants de Dieu qui te surpassent, les immergés dans la lumière du Dieu des mondes [87].

9. Et s'ils s'approchaient de la lumière de HURAKHSH [88], il ferait d'eux ses adorateurs par l'éclat de sa lumière resplendissante [89], tandis qu'ils penseraient au fond d'eux-mêmes professer le *tawhîd* (la religion de l'Unique) [90].

10. Celui qui parle de par Dieu [91] transmet ceci : O servants de votre Seigneur ! Remémorez-moi, adorez-moi, prenez refuge près de moi. Je suis l'immensément longanime, mais aussi le plus violemment terrifique en la hauteur redoutable d'où j'observe. O mes servants ! si vous connaissiez la douceur des merveilles du monde sacrosaint qui vous échappent, vos personnages se disloqueraient et vos corps se dissiperaient comme un nuage, dans les soupirs de regret.

11. Malheur aux vermisseaux de la prison des ténèbres, des caveaux du châtiment dans les intermondes terrifiants [92] ! Sourds et aveugles, parce que se sont écroulés les organes de leur corps de chair. Sur eux le voile d'un intermonde (*barzakh*) ; ils ne voient absolument pas la lumière. Sur eux dominent crainte, obscurité, angoisse et tristesse meurtrissantes, et reptiles ténébreux qui sont l'image de leur propre mode d'être. Point d'autre compagnon pour eux. Jamais les Sacrosaints ne les visitent. Jamais ne se joint à eux l'Esprit-Saint du *Malakût.*

12. O homme ! Connais ton âme (toi-même) et ton *père* (l'Esprit-Saint) [93], car tu es pour ton Seigneur comme l'enfant qui est son orgueil. Connais-le, pour qu'il te conduise jusqu'au Dieu de l'être en sa totalité (*Ilâh al-wojûd kolli-hi*).

13. Voici que notre père l'Esprit-Saint [94] nous parle ainsi : Vous qui êtes nés de moi, vous ne nous répondez pas. Nous vous comblons de nos grâces, et vous vous détournez de nous. Si nous détournions de vous notre miséricorde, c'en serait fini de vous. Nous vous avons donné la vie et le viatique, et vous vous révoltez contre nous.

14. O âme ! toi, l'*occidentale* [95]. Tu es de haute lignée. Tu es la fille de l'Esprit-Saint [96]. Comment retourneras-tu vers ton père, alors que tu es devenue laide et abominable ? Comment tes parents célestes te regarderaient-ils, alors que tu as déchiré la

robe de ton innocence ? Pleure et lamente-toi sur toi-même dans l'enclos de l'humilité. L'éclat de ton visage miroitait devant ton Seigneur. Tu étais belle, tu t'es enlaidie et défigurée. Tu prétends voir le *père*, alors qu'il n'a que de l'aversion pour la déshonorée.

15. Peut-être te dira-t-il : O toi, l'infidèle au pacte, retourne, va-t-en ! car nous n'aimons pas les traîtres et les rebelles. Tu n'es venue à nous qu'après avoir désespéré des maîtres en infamie. Tu t'es souillée par les turpitudes des étrangers. Comment te ferais-je le don de la Lumière ? Tu étais une des nôtres ; tu es devenue une étrangère au monde sacrosaint, un monde où ne pénètrent pas les étrangers. Tu t'es faite l'esclave de ton esclave, et tu as oublié ton Seigneur. Va-t-en au gouffre de la désespérance.

16. Dieu purifie une âme qui renouvelle son engagement envers le *père* [97] miséricordieux, et qui a pris conscience de l'Élément supérieur qui est à elle. Nul n'est plus miséricordieux que toi, ô notre *père* généreux. Tu es notre guide vers le Dieu de l'être en sa totalité. Si tu ne nous dirigeais, jamais nous ne le connaîtrions. Et s'il n'y eût toi pour nous faire entendre son ordre de l'adorer, il ne serait pas au pouvoir des captifs de la réalité terrienne de se remémorer le Dieu du ciel, ni d'être qualifiés comme étant à son service.

17. Où sont-ils les infirmes du gouffre infernal par rapport au Dieu des Dieux (*Ilâh al-âliha*), Seigneur des Seigneurs ? Si ce n'était la trop forte intensité de la Lumière, le voilé serait manifesté. Si ce n'était la faiblesse des facultés humaines, le vestige du divin leur apparaîtrait.

18. O notre *père* ! c'est nous qui nous sommes fait tort à nous-mêmes. Tu n'es pas un avare hésitant à répandre tes dons. Voici debout les captifs des ténèbres, dans l'attente de ta compassion et pleurant sur eux-mêmes. Le Bien est ton essence. L'éclat de ta Lumière se déployant incendie à grand feu nos fautes et nos erreurs, si immenses soient-elles. Combien y a-t-il de ce bois à brûler, pour que la fumée en soit si abondante ! Tu possèdes la Gloire magnifique qui exige des actes généreux, tandis que les fils des humains n'atteignent pas à un niveau qui les rende dignes que l'on en tire vengeance.

19. Qu'en est-il des caravanes, lorsque les assoiffés tombent dans le désert dont les courants d'eau vive se sont perdus dans les

sables, ou que les montures épuisées ne peuvent faire un pas de plus ? Tous sont frappés d'éblouissement et s'abattent. Le guide les appelle à grands cris, mais ils n'en ont même plus conscience.

20. O médiateur du monde sacrosaint, inspire l'âme ensommeillée. N'est-ce pas le moment de s'occuper d'elle avec douceur ? Car, émue de compassion pour ses gémissements, une parenté nombreuse l'appelle, par honneur pour elle-même. Peut-être la mettras-tu en marche, en y mettant un point d'honneur.

21. Dis-lui : « Tes frères [98], au Plérôme suprême, attendent ton retour. » Ou bien : « Celle qui possède une demeure telle que le monde sacrosaint, se contentera-t-elle d'un séjour en ruine et des traces des campements disparus ? O colombe du monde du Mystère ! Que ton ramage salue de ses hymnes la plus glorieuse des néoménies. N'accepte plus d'être abaissée ni méprisée ! »

22. Si elle se réfugie dans une ruine que les jours successifs ont frappé de leur fouet, ou dont abusèrent les mauvais compagnons, dis-lui encore : « O fille des Sacrosaints, ton *père* t'adresse son salut ; il t'appelle pour s'entretenir avec toi en secret, et pour que ton cœur soit dilaté d'allégresse. »

23. Si elle te demande le chemin, dis-lui : « Lorsque se sera déployée l'ombre des ténèbres de la nuit, esseule-toi dans une demeure bien obscure [99]. Voici que tu y entendras un appel secret, et tu seras remplie d'une Vénération sacrale. »

24. Qu'alors elle récite : « O notre *père* magnifique ! O archi-stratège du *Malakût*, commandeur du monde du Mystère [100], ô Esprit-Saint ! Je me suis fait tort à moi-même. Viens à mon aide. Enseigne à cette âme comment se rendre légère dans sa marche, et comment préserver son envol de la frayeur. » Car il ne se passera pas longtemps avant que son *père* ne missionne vers elle les fulgurations de la Lumière, qu'elle ne soit remplie de l'irradiation de la Lumière et qu'elle n'effectue son retour, pour l'honneur de la parole qu'elle aura entendue.

25. Fais qu'elle s'attache au discours subtil qui lui est adressé pour lui donner la nostalgie de sa patrie. Dis-lui : « Quand tu entendras l'appel du relève-veilleur [101], réjouis-toi de celui qui ouvre aux siens leur demeure. Car alors le matin est proche. »

NOTES DU TRAITÉ XV

(*a*) Voir *En Islam iranien*... t. II, pp. 354 ss., 358.

(*b*) Cf. *ibid.*, pp. 126 à 140.

(*c*) Cf. H. Ritter, *Philologika IX* dans la revue *Der Islam*, Bd. XXIV Heft 3/4, 1937, p. 285.

(*d*) Cf. « *Picatrix* », *Das Ziel des Weisen* von Pseudo-Magritî, transl. into German... by H. Ritter and M. Plessner, London 1962. Quant à l'ouvrage de Fakhroddîn Râzî, il a pour titre : *Al-sirr al-maktûm fî mokhâtabât al-nojûm* (Le secret caché dans les interpellations des étoiles). Son authenticité ne fait pas de doute, puisque l'auteur y réfère dans un autre de ses livres. Il est inédit.

(*e*) Comparer sur ce point l'ouvrage de notre ami Gilbert Durand, *Science de l'homme et tradition*, Paris, Tête de feuilles Sirac, 1975, p. 155. Pour l'homme de nos jours, s'entraîner à repenser un univers non cartésien, constitué par ces « hiérarchies intermédiaires », postule, certes, un « nouvel esprit anthropologique ». A propos de l'angélologie de Joseph de Maistre, G. Durand rappelle ce « polythéisme raisonné » (que seul, pensons-nous, rend possible le monothéisme ésotérique ou théomonisme), lequel « fait place même à l'*Angelus rector* cher à l'astrologie képlérienne et aux *dii gentium* », *ibid.*, p. 157. Cette place a été également ménagée par l'hermétisme islamique, mais nous ne sommes pas encore en mesure de tenter une comparaison entre celui-ci et l'hermétisme chrétien, les matériaux étant encore loin d'une élaboration suffisante.

(*f*) Cf. ci-dessus note (*b*).

1. *Awrâd al-istibsâr* (Mss. Aya Sofia 2144, Saray Ahmet III 3217 et 3271). La racine *bsr* (voir, comprendre) prend à la Xe forme (*istibsâr*) le sens d'observer avec attention, scruter une chose cachée. Les *mostabsirûn* sont les vigilants qui scrutent et observent. Nous situerons au mieux l'intention de Sohravardî en nous reportant au « Livre des Tablettes » (ci-dessus Traité III), chapitre XII. Là même le shaykh décrivait le rôle spirituel de l'Imagination active, lorsque, ayant surmonté son ambiguïté, elle remplit sa fonction angélique d'Imagination intellective ou métaphysique. Elle est alors le Buisson ardent (28/30) ou encore l'arbre béni dont parle le verset de la

Lumière (24/35). Il nous était expliqué que le Buisson ardent, le Feu flamboyant, c'est le « Père sacrosaint » c'est-à-dire l'Ange-Esprit-Saint (Gabriel ou Yahoël). D'où le sens du verset qorânique (27/8) : « Béni soit celui qui est dans le Feu », bénis soient ceux qui se sont conjoints à lui ; et « bénis soient ceux qui sont autour du Feu », c'est-à-dire les fidèles d'amour qui observent attentivement ce Feu, et qui sont les *mostabsirûn*. Cf. *ibid.* la note 88 : il y a ainsi les contemplateurs du Feu qui en sont, certes, les témoins oculaires (ceux du *'ayn al-yaqîn*), mais ne sont pas encore eux-mêmes le Feu (ceux du *haqq al-yaqîn*). Ce sont eux les *mostabsirûn*, ceux sans doute pour qui a été composée cette liturgie de « l'observation vigilante ».

1*a*. *Ashkhâs al-daw'* (comparer *ashkhâs al-nûr*, les hypostases de la Lumière). Le terme vise ceux chez qui prédomine l'entité de lumière (*Nûr Espahbad*, l'âme comme Verbe), personnes typifiant ainsi la Lumière. Pour comprendre la structure de cet ensemble de strophes, il importe d'être attentif à la qualification des « récitants » et à la répartition des formes d'invocation entre leurs rangs. N'oublions pas que Sohravardî avait vu très loin, quelque chose comme un « Ordre des *Ishrâqîyûn* ». Il a lui-même parlé explicitement de la « communauté de la *Sakîna* ». Nous dégageons dans le schéma ci-dessous les qualifications respectives des personnes à qui est confiée successivement l'action liturgique et la forme d'invocation qui leur est propre.

Str. 1 :	Les Personnes de Lumière	→	Str. 2 :	O Dieu de chaque Dieu !
Str. 3 :	Les Récitantes (*Qâ'ilât*)	→	Str. 4 :	O Dieu des Séparantes (*fâriqât*)
Str. 5 :	Les Pures (*Zâkîyât*)	→	Str. 6 :	O toi à qui appartient le symbole suprême (*al-mathal al-a'lâ*) !
Str. 7 :	Le cavalier de l'Orient (*râkib al-mashriq*)	→	Str. 8 :	O Principe de l'univers !
Str. 9 :	Les âmes sacrosaintes	→	Str. 10 :	O personne toute de lumière !
Str. 11 :	Tous les rangs de la hiérarchie mystique (*tabaqât*)	→	Str. 12 :	O Dispensateur de la Lumière !

A chaque strophe répond la psalmodie de la même antienne : Fais monter la litanie de la Lumière, etc...

2. *Yâ Ilâha kolli Ilâhin* ! La forme de l'invocation est caractéristique. Chaque Dieu, chaque Intelligence hiérarchique, a elle aussi son Dieu, jusqu'à atteindre au « Dieu des Dieux ». Un des textes les plus frappants, concernant ce point, est l'entretien de 'Amâlaq le Grec avec son maître Qostâ ibn Lûqâ ; voir *En Islam iranien*... t. II, pp. 133 ss.

3. *Al Tûr-Sînâ*. Que l'on se reporte à la finale du « Récit de l'exil occidental » (ci-dessus Traité VIII). L'allusion est transparente.

4. Les *Qâ'ilât*, les récitantes, les psalmistes. Nous conservons chaque fois la forme du féminin pluriel sous laquelle se présente le terme arabe. Il est difficile de préciser le sens exact de termes dont quelques-uns proviennent de la nomenclature angélologique du Qorân. Ibn 'Arabî fut le premier à en dégager une apparence systématique, cf. notre étude sur *La science de la*

Balance et les correspondances entre les mondes en gnose islamique, Eranos-Jahrbuch 42/1973, pp. 102 ss.

5. *Ya Ilâh al-fâriqât*, cf. Qorân 77/4.

6. *Bi-sanâ' al-majd*, ou peut-être *bi-Sînâ' al-majd*, « au Sinaï de la Gloire » (cf. la pluralité des Sinaïs, à la fin du Traité VII).

7. C'est-à-dire dominant les trois mondes : *Jabarût, Malakût, Molk.*

8. *Al-Zâkîyât*, cf. ci-dessus n. 4.

9. *Sâhib al-mathal al-a'lâ*, cf. 16/62 et 30/26. Qu'à Dieu appartienne le symbole suprême, alors qu'il est par essence non symbolisable, a stimulé la méditation des théosophes. Pour certains d'entre eux, le Soleil étant unique, il n'a point d'image qui lui corresponde, et partant, il ne peut avoir de symbole. C'est en ce sens qu'il est le symbole suprême du Dieu qui ne « symbolise avec rien d'autre », étant par essence non symbolisable.

10. *Qoddâs* désigne, dans la terminologie arabe chrétienne, la Messe. *Qoddâs al-ishrâq* est tout à fait typique du lexique sohravardien. L'expression suggère une « messe de l'aurore », *liturgia matutina, sacrificium matutinum.* Le concept même d'*Ishrâq* (illumination de l'astre à son lever, à son Orient) reçoit ici sa consécration liturgique. Deux phrases plus loin figure le mot *qorbân* : offrande, sacrifice offert à Dieu, l'Eucharistie.

11. *Qandîl al-mosallâ.* Dans la phrase précédente, la bénédiction divine est appelée sur « le cône de flamme de la lumière ». Il semble que nous ayons ici la trace d'un cérémonial *ishrâqî* de la liturgie matinale, avec la présence rituelle d'une lampe au centre de l'oratoire, autour de laquelle se tiennent debout les participants.

12. *Râkib al-mashriq.* Sans doute la désignation mystique de l'un des officiants en tant que typifiant le soleil, à qui se rapporte en propre l'expression « cavalier de l'Orient » (cf. les strophes 9 et 10). Ailleurs, dans le Livre des « Entretiens » (*Motârahât*), Sohravardî le désigne comme « le portique (*pish-gâh*) des extases majeures ». Être le héraut, l'annonciateur de l'*Ishrâq*, c'est cela être le « cavalier de l'Orient ». Le terme peut être compris à plusieurs niveaux herméneutiques. Comparer, chez Ibn 'Arabî, les « cavaliers de l'Invisible » ; cf. notre étude citée ci-dessus (n. 4), pp. 145 ss.

13. *Al-shâriqât al-ghâribât.* Ces soleils « qui se lèvent quand ils déclinent », ce sont les Lumières, nos âmes ou Verbes descendus en ce monde, qui se lèvent (ou se relèvent, ressuscitent) à leur Orient-origine qui est le *Malakût*, quand précisément ils déclinent et disparaissent à leur Occident, c'est-à-dire s'évanouissent de ce monde-ci. C'est là un des sens mystiques du « soleil se levant à l'occident ». En descendant en ce monde, les soleils du *Malakût* ont décliné « de leur Orient » ; décliner « de leur Occident », c'est se relever à leur Orient ; c'est l'heure de leur *ishrâq*.

14. Comparer le psaume à l'archange du Soleil, *En Islam iranien...* t. II, pp. 131 ss., et cf. ci-dessous, « Strophes pour chaque station », l'invocation à la Sixième Intelligence et la n. 64.

15. L'avant-garde des corps, ce sont les corps célestes de matière subtile par rapport aux corps matériels du monde sublunaire.

15a. *Moqaddasât al-nofos*, les « hiératiques » au sens des « Oracles chaldaïques » et des néoplatoniciens. Voir *En Islam iranien*... t. IV, index s. v. hiératique.

16. *Yâ ayyo-hâ al-shakhs al-anwar* !

17. Le mot « père » employé ici comme précédemment, au sens symbolique conforme à l'usage des néoplatoniciens, des « Oracles chaldaïques », et de la « Liturgie de Mithra », et désignant essentiellement la « cause » d'un être. De même que l'Ange-Esprit-Saint, comme Ange de l'humanité, est le « père » des âmes humaines, de même l'archange Shahrîvar est le « père » dont la masse astrale flamboyante du soleil est la théurgie. Cf. ci-dessus n. 14.

18. *Wâhib al-'Aql*, celui de qui émanent nos intelligences.

19. *Al-'Oqûl al-fa''âla*, toutes les Intelligences hiérarchiques du Plérôme étant des « Intelligences agentes », bien que le terme soit plus spécifiquement employé pour désigner celle qui est l'Intelligence agente des intellects humains, la Dixième qui est l'Esprit-Saint ou Gabriel. Observer le rassemblement de la strophe 11 : les âmes humaines invoquent les *Animae caelestes*, puis toutes ensemble se tournent vers les Intelligences archangéliques, et leur totalité est encerclée par leur Principe qui est à la fois leur centre et leur périphérie.

20. *Wârid al-wasîya al-kabîra* (Mss. Aya Sofia 2144, Ahmet III 3217 et 3271).

21. Cf. ci-dessus n. 17. Se reporter ici à tous les passages (cf. l'index du présent livre) où l'Ange-Esprit-Saint, comme Ange de l'humanité, est invoqué ou désigné comme « père » (le *Noûs patrikos*). C'est lui qu'invoque Hermès au cours des périls de son extase (« toi qui es mon père, sauve-moi »). C'est aussi bien la « Nature Parfaite » comme ange et guide personnel du philosophe. Le « Livre d'Heures » est particulièrement riche en allusions illustrant ce lien de dévotion personnelle chez le Shaykh al-Ishrâq. Voir *En Islam iranien*... t. IV, index s. v. Ange, Nature Parfaite, père, *Noûs*.

22. Selon la cosmogonie angélologique de l'*Ishrâq*, chaque espèce matérielle, nous l'avons déjà vu, est la *théurgie* de l'Ange qui est le seigneur de son espèce. La race humaine est la théurgie de son Ange, Gabriel, l'Esprit-Saint, Intelligence agente ou dixième Intelligence hiérarchique du plérôme. La race humaine ayant la précellence sur toute autre espèce, son Ange est qualifié comme « Ange de la théurgie précellente ». Cf. *supra* Traité V : les âmes humaines sont autant de Verbes (*Kalimât*) émanés de l'Ange-Esprit-Saint.

23. Cf. le « Récit de l'exil occidental » (ci-dessus Traité VIII). Nous avons relevé dans la présentation de ce « Grand Testament » ce qui nous apparaît comme autant d'allusions autobiographiques spirituelles. Elles sont transparentes dans cette Strophe : l'auteur évoque les défilés dont il a dû trouver l'issue pour répandre la lumière sur la « communauté de l'*Ishrâq* », c'est-à-dire pour ressusciter « la théosophie de la Lumière des Sages de l'ancienne Perse ».

24. *Ahl al-Ishrâq*. L'expression est typique et revient à plusieurs reprises chez Sohravardî. Elle désigne la « communauté de l'*Ishrâq* », ces « frères

de l'*Orient* », l'Ordre des *Ishrâqîyûn*, à qui il donna comme précurseurs le *Khosrovânîyûn*, les Sages de l'ancienne Perse. Aussi bien les termes d'« aide victorieuse et de pouvoir royal » évoquent-ils dans cette strophe la Lumière de Gloire, le *Xvarnah*, concept dominateur de la théosophie zoroastrienne. Les *Ahl al-Ishrâq* ne sont autres que les *Ahl al-Sakîna*, la communauté des frères de la *Sakîna/Shekhina*, dont nous avons déjà relevé que chez Sohravardî l'image est associée à celle du *Xvarnah*. La densité allusive de toutes ces strophes est remarquable.

25. *Al-daw' al-bâzigh*, la lumière qui se lève, émerge triomphalement à l'horizon ; autre désignation de l'*Ishrâq*.

26. *Ma'dîn al-sharaf al-zâhir*. On peut soupçonner ici encore une allusion au *Xvarnah*, à ce qui est désigné dans le « Livre de la Théosophie orientale » comme *Yanâbî' al-Khorrah*, les « sources de la Lumière de Gloire ». Cf. *En Islam iranien*... t. IV, index s. v. *Xvarnah* (les sources du).

27. Le *mota'allih* ; *ta'alloh*, c'est la théomorphose, la déification, la *theôsis* des mystiques byzantins. Cf. *En Islam iranien*... t. IV, index s. v. *apothéôsis*, *ta'alloh*.

28. Autre allusion autobiographique : n'est-ce pas lui-même que le Shaykh al-Ishrâq décrit dans cette strophe ? Comparer ci-dessus Traité XIII, chapitre VII, la parabole de la huppe tombée au milieu des hiboux.

29. *Othnâ 'alay-him*. Mise au pluriel pour désigner les spirituels dont le cas exemplaire est décrit dans la strophe précédente et que Sohravardî éprouve comme étant le sien, bref tous « les pèlerins de la lumière d'Orient ».

30. *Mas'ad al-Qoddâs* (cf. ci-dessus n. 10). Ces dernières strophes marquent une exaltation spirituelle ayant l'allure d'une ascension initiatique. Se rappeler (cf. ci-dessus Traité VII et *passim*) que Sohravardî se représente le plérôme des Intelligences archangéliques à la façon d'une confrérie initiatique. A cette confrérie, le Sage *ishrâqî* est agrégé par une initiation qui n'a pas à passer par l'intermédiaire de maîtres humains (cf. ci-dessus le Traité X). Les « hiératiques », c'est ici toute la communauté du *Malakût* qui accueille le nouvel initié, reçoivent son engagement et lui communiquent le suprême degré de la sagesse. Ils le sacralisent et le font s'élever graduellement jusqu'à la « Cité de Dieu » dans les hauteurs ; il en visite avec eux les Temples jusqu'au Saint des Saints de l'*Ishrâq*.

31. *Al-hayâkil al-mofrada*, sans doute les temples qui sont les « théurgies » respectives de chaque Intelligence hiérarchique.

32. *Madînat Allâh al-qâ'ima fî'l-hawâ'*. C'est une vision de la « Jérusalem céleste ». Aussi bien à plusieurs reprises, l'Ange interlocuteur du visionnaire, comme dans le récit avicennien de Hayy ibn Yaqzân déclare-t-il : « Je viens du Temple » (*Bayt al-Maqdis* : le Temple = Jérusalem). C'est le Temple céleste auquel appartient la confrérie des Intelligences hiérarchiques.

33. Le verbe *zwr* : visiter un lieu, une personne. Dans le langage théologique shî'ite courant, visite d'un lieu saint conservant le tombeau d'un Imâm (*ziyâra*). Ces visites comportent tout un rituel de prières liturgiques, et peuvent être accomplies mentalement (pèlerinages spirituels).

34. *Mazhar al-nûr wa'l-ishrâq*, cf. ci-dessus n. 26. Ce pèlerinage ascensionnel de temple en temple conduit ainsi le myste jusqu'au Saint des Saints

où s'épiphanise originellement la Lumière éternellement levante : *Xvarnah*, *Sakîna*.

35. Tout le « Grand Testament » est ainsi récapitulé sous le patronage d'Hermès dont on sait déjà l'importance chez Sohravardî : il est le héros des épopées d'extase ; il est le « père des Sages » auquel s'origine la double lignée des « gardiens du Verbe » à l'orient (les Sages perses) et à l'occident (les Sages grecs), lignée qui se réunifie dans la « communauté de la *Sakîna* ». Voir *En Islam iranien...* t. IV, index s. v. Hermès. La « Table d'Hermès » est ici comme un rappel de la *Tabula smaragdina* mais vise au-delà de celle-ci. C'est la « Tablette » sur laquelle sont récapitulées les dispositions divines évoquées au long de ce « psaume ». Hermétisme, zoroastrisme, néoplatonisme sont les grandes sources de la doctrine *ishrâqî*.

36. Déjà dans la strophe 12 était prononcé le mot d'engagement. L'idée fait corps avec celle de la confrérie « célestielle » que nous avons dégagée ici à l'aide des autres textes de Sohravardî.

37. *Wârid al-taqdîs li-kolli mawqif* (mêmes mss. que précédemment, ci-dessus n. 20). *Taqdîs*, dans la terminologie chrétienne, c'est célébrer la Messe (c'est aussi aller à Jérusalem, au « Temple »). Étymologiquement c'est sanctifier, consacrer (*sacrum facere*, acte de consécration). C'est aussi proclamer la Sainteté du Très-Saint (cf. le *Sanctus*). Il n'est point indifférent que Sohravardî fasse usage de ce terme pour désigner les actes liturgiques qui vont suivre. *Mawqif*, c'est littéralement « station ». Le terme désigne un des rites du pèlerinage à La Mekke. Ici il désigne chacune des « haltes », c'est-à-dire chacun des actes de la liturgie totale présentée ici.

38. Cf. le célèbre *hadîth* dans lequel le Prophète déclare : « J'étais déjà un prophète (*nabî*), alors qu'Adam était encore entre l'Eau et l'argile », c'est-à-dire avant qu'Adam ne fût formé. Le *taqdîs* s'étend ainsi jusqu'aux éléments préformateurs de l'homme.

39. *Sâhib al-Khorrah.* Cette qualification prépare la mention explicite du nom d'Ohrmazd qui va suivre, et rappelle tout ce que nous avons lu jusqu'ici concernant le *Xvarnah*.

40. *Ormûzd-é Dâtâr-é Keyhân.* Cette tournure est en provenance directe du pehlevi, cf. H. S. Nyberg, *Hilfsbuch des Pehlevi*, II *Glossar*, s. v. *dâtâr*. C'est un des textes où apparaît sans voile l'« iranisme » de Sohravardî, puisqu'il n'hésite pas à invoquer ici le « Dieu des Dieux » par le nom sous lequel l'honore la religion zoroastrienne : Ohrmazd (sous la forme pehlevie ; Ahura Mazda, sous la forme de l'Avesta). Cette liturgie vient donc confirmer le propos explicitement affirmé ailleurs (cf. ci-dessus Traité V) et développé dans le grand « Livre de la Théosophie orientale » : ressusciter la théosophie des Sages de l'ancienne Perse.

41. *Al-wahda al-motlaqa min jamî'i'l-wojûh.* La qualification semble vouloir effacer toute réminiscence de dualisme.

42. *Ilâh al-âliha*, cf. déjà ci-dessus n. 2. Cette expression caractéristique se retrouve ailleurs (hermétisme, néoplatonisme, Kabbale). On ne peut malheureusement ici développer la comparaison. Voir Proclus, *Théologie platonicienne*, Livre II, éd. et trad. H. D. Saffrey et L. G. Westerink, Paris, Belles-Lettres, 1974, p. 123, la n. 9 (réf. à Jamblique, *De mysteriis*, VIII, 2).

43. C'est le premier des Amahraspands ou Archanges émanés d'Ohrmazd. Son nom (avestique *Vohu-Manah*, grec *Eunoïa*) signifie « Pensée bonne », auquel Sohravardî ajoute ici l'attribut Lumière (*Bahman-Nûr*). On a déjà signalé ici son importance dans l'œuvre du Shaykh al-Ishrâq, puisqu'il donne le nom de Bahman à la première des dix Intelligences du plérôme avicennien. Comme premier Archange émané, Bahman (Pensée bonne) est l'archange Logos. Cf. chez Philon, le Logos comme *Arkhê tôn angelôn*. Le rapprochement en fut déjà fait par J. Darmesteter, qui en connaissait aussi le prolongement en Islam, bien qu'il ne semble pas avoir connu le nom de Sohravardî. Cela, par la faute de la misérable traduction du *Dabestân* par Shea et Troyer qu'il avait sous la main. Cf. Le *Zend-Avesta*, t. III, p. LV.

44. *Malik al-Malâ'ika*, cf. la note précédente : *arkhê tôn angelôn*.

45. *Kad-khodâ-ye Malakût*, expression également typique. Voir *En Islam iranien*... t. IV, index s. v. De même l'archange féminin Spenta-Armaiti est la « maîtresse de maison » (*Kad-bânû*) d'Ohrmazd.

46. La liturgie de chaque Archange mentionne la triade composant chaque univers archangélique : l'archange qui en est le « Dieu », le ciel (Sphère ou « Temple ») qui émane de sa pensée, l'*Anima caelestis* qui est la motrice de ce ciel. Le ciel *atlas* est la Sphère des Sphères. L'archange dont il émane est Bahman, invoqué dans la strophe précédente. C'est pourquoi ne sont mentionnés ici que ce ciel et son Ame. La IXe Sphère est non constellée. D'où son nom *Atlas*. On rappelle que la racine *tls* connote l'idée d'effacer. *Tils*, c'est un feuillet dont l'écriture est effacée. *Atlas* signifie ras, uni, glabre (d'où « non constellé »).

47. C'est l'*Anima caelestis* motrice de ce ciel ; cf. ci-dessous Hûrakhsh par rapport à l'archange Shahrîvar.

48. La mention du *Xvarnah* ou Lumière de Gloire accompagne ici, sous une forme ou une autre, la mention de chaque Intelligence et de chaque Ame, y compris les âmes des prophètes et des justes, ce qui donne à toute cette liturgie sa tonalité zoroastrienne (notons qu'ici au lieu d'*al-Khorrah al-bâsita*, certains mss. portent *al-basta wa'l-Khorrah*, ce qui peut être une bévue du copiste ou bien une réminiscence du doublet = *rayomant-xvarromant*).

49. *Al-Anwâr al-qâhira al-a'lâûna*, c'est la hiérarchie archangélique supérieure, celle des Intelligences chérubiniques. Voir *En Islam iranien*... t. IV, index s. v. *anwâr qâhira*. Nous rappelons ici les équivalents latins : *Angeli intellectuales* pour les Intelligences ; *Angeli caelestes* pour les Ames motrices des Sphères. Cette double hiérarchie correspond au schéma avicennien. En fait, dans le « Livre de la Théosophie orientale », le schéma de l'angélologie est beaucoup plus complexe.

50. *Arbâb al-talamsât*, terme technique de la théosophie *ishrâqî*, chaque corps étant la théurgie de l'Ange qui est le seigneur de son espèce. La présente strophe s'adresse donc à l'ensemble des Intelligences comme Anges-théurges de tous les mondes, aussi bien célestes que terrestres.

51. *Nofûs nâtiqa*. La strophe s'adresse à tout l'ensemble des *Animae caelestes*, formant la seconde hiérarchie émanée des Intelligences. Les Ames motrices des Sphères sont des âmes pensantes, supérieures aux âmes humaines, en

ce qu'elles sont exemptes de toutes perturbations causées par des facultés de perception sensible, mais possèdent en revanche la puissance imaginative à l'état absolument pur.

52. L'âme dirigeante, l'« hégémonique ». Le terme provient de l'ancienne chevalerie iranienne et s'applique, chez Sohravardî, aussi bien aux *Animae caelestes* qu'aux âmes humaines. Cf. *En Islam iranien...* t. IV, index s. v. *Espahbad.*

53. Il est étrange que manque le *taqdîs* du second Archange, celui de qui émane le deuxième ciel ou ciel des Fixes. La strophe VI mentionne seulement les Anges ou Ames respectives de la multitude infinie des astres du deuxième Ciel.

54. *Allâh al-Nûr al-qâhir.* La composition des termes est remarquable. Conformément à l'invocation suprême *Ilâh al-âliha* (Dieu des Dieux) la qualification de « Dieu » est donnée à chaque *Nûr qâhir* (Lumière archangélique). A partir d'ici commencent donc les liturgies respectives des *Dii-Angeli* (Proclus), c'est-à-dire des Archanges de qui émane respectivement chacun des sept cieux planétaires. Chaque Archange théurge est le Dieu de son ciel (d'où le « Dieu des Dieux » par-delà tous les cieux, ci-dessus n. 42). Chaque liturgie commence par la doxologie de l'Archange, puis célèbre la « personne » de l'astre lui-même comme théurgie de l'Archange, à la fois quant à son Ame et comme étant le temple de l'Archange. Sur la structure de ces liturgies et sur la fonction transcendante de l'*Imago caeli* qui en est le support, cf. ci-dessus notre texte de présentation, ainsi que le Traité XI, n. 24 et 27.

55. *Rabb talasm Kayvân.* Le corps de la planète Saturne est la théurgie et le temple de son Archange. Ici, comme dans les cas suivants, l'espèce dont l'Archange est le seigneur, coïncide avec une individuation unique.

56. Après la doxologie de l'Archange, vient celle de l'astre lui-même (*Kayvân*), considéré comme temple et comme être vivant, d'où la doxologie de l'Ame qui anime ce vivant. En termes philosophiques il s'agit de l'Ame qui entraîne son ciel dans le mouvement que suscite en elle sa nostalgie à l'égard de l'Intelligence dont elle émane.

57. D'une manière générale, la cosmologie de nos auteurs considère les cieux comme les « pères » et les Éléments comme les « mères ». Cependant la qualification se rapporte ici plus étroitement à la personne spirituelle et à la filiation qui lui est propre. Se reporter ici à la fin du « Récit de l'exil occidental », où l'Ange montre au visionnaire les Sinaïs (les temples) qui se superposent au-dessus du sien. Ce sont ceux des « pères » qui les précèdent. C'est pourquoi, dans les strophes suivantes, on retrouvera cette même qualification de « pères », qu'il convient de replacer dans le contexte du plérôme conçu par Sohravardî à la façon d'une confrérie initiatique.

58. Ce sont les qualités typiquement saturniennes. Cf. A. Bouché-Leclercq, *L'astrologie grecque*, Paris 1899 (Bruxelles 1963), pp. 93-97.

59. Cf. note précédente.

60. *Maskana-ho al-moqaddas* (de la racine *skn*, *Sakîna*), c'est-à-dire la liturgie de l'astre qui est son temple (cf. les « temples de la Lumière ») et dont le

temple qui lui correspondait, chez les Sabéens hermétistes, était le nadir terrestre.

61. Jupiter et Vénus sont astrologiquement les astres bénéfiques.

62. Ou son « ombre » (*zill*). Les deux termes alternent et reviennent au même. Le temple est en effet l'« ombre », puisqu'il émane du troisième acte de contemplation de chaque Archange, visant sa dimension inférieure de virtuel non-être. Pour plus de cohésion nous avons toujours maintenu le mot théurgie.

63. Le Dieu-archange dont la théurgie dans le monde visible est le soleil, est lui-même le soleil dans le monde spirituel (*Malakût*) (dans d'autres contextes ésotériques, le IVe ciel est celui de l'archange Michel, ou encore de Mithra). Comme dans les autres cas, l'astre qui est la théurgie et le temple de l'archange-théurge est considéré comme une « personne » puisqu'il a une Ame pensante qui le meut. D'où le nom de Hûrakhsh, en désignant cette « personne », vise essentiellement son *Anima caelestis*. Chacune de ces liturgies mentionne la triade : le Dieu-archange ou Intelligence, l'Ame, le corps de l'astre qui est la demeure ou le « temple ».

64. Shahrîvar est la forme persane du nom du troisième des Amahraspands ou Archanges du zoroastrisme : Xshathra Vairya (Règne désirable) dans l'Avesta. Comme dans le cas de Bahman (ci-dessus n. 43), Sohravardî ajoute à son nom l'attribut Lumière (*nûr*), d'où « Shahrîvar-Lumière ». Pour cette liturgie, se reporter au contexte d'un autre « psaume à l'archange du Soleil » que nous avons traduit et commenté ailleurs. Voir *En Islam iranien...* t. II, pp. 126-140. Le rapprochement est d'un intérêt capital. Sur la théologie solaire et les textes relatifs à la prière au soleil levant, voir Proclus, *Théologie platonicienne*, livre II, éd. H. D. Saffrey et L. G. Westerink (*supra* n. 42), p. 95 n. 2, et p. 121 n. 12.

65. Cf. ci-dessus n. 62.

66. De même que le Soleil était qualifié de « cavalier de l'Orient » (ci-dessus n. 12), la Lune est désignée comme « cavalier du Ciel » ou de la Sphère céleste (allusion au parcours de ses vingt-huit stations). Qu'elle soit le ministre et le khalife de Hûrakhsh (ci-dessus n. 63 et 64), cela se comprend de soi.

67. De même que la « personne » vivante de chaque astre est la théurgie de son Dieu-archange, de même les personnes humaines sont les théurgies du dixième de ces Dieux-archanges, l'Esprit-Saint, Gabriel (cf. ci-dessus Traité VII). Il y a cette différence que, tandis que pour chacun des autres Dieux-archanges, l'espèce dont il est le théurge coïncide avec un individu unique, dans le cas de l'Ange de la race humaine, la théurgie « explose » pour ainsi dire en une multitude. Quant à cette figure de l'Ange-Esprit-Saint, elle a été si bien présente au cours de ces quinze traités, qu'il n'y a pas lieu d'y insister ici (récapituler à l'aide de l'index du présent livre). Il y a cependant ici une différence significative, s'accordant avec l'« iranisme » des premières strophes : Sohravardî donne ici à l'Ange-Esprit-Saint le nom de Serôsh, un des Anges de l'Avesta. Voir la note 69.

68. Clause de sauvegarde vis-à-vis du monothéisme exotérique.

69. *Serôsh* (forme pehlevie de l'avestique *Sraosha* ; persan *sorûsh* ; nos

manuscrits orthographient ici *Srâokhsh*). Sohravardî identifie donc ici explicitement l'ange Gabriel avec l'ange Sraosha de l'Avesta. Celui-ci, sans être l'un des sept Amahraspands, est une figure de premier plan parmi les *Dii-Angeli*, les *yzad*, de l'Avesta, et une figure dominante de la spiritualité zoroastrienne. Par cette équivalence, la jonction est établie entre l'angélologie biblique-qorânique et l'angélologie du néoplatonisme zoroastrien de la théosophie *ishrâqî* ; elle aura son prolongement dans la littérature zoroastrienne *ishrâqî*. Nous y reviendrons ailleurs. Sur le *Sraosha* avestique, voir J. Darmesteter, *Le Zend-Avesta*, t. I, pp. 11 et 363 ; t. II, pp. 306, 312-313. Comparer *En Islam iranien...* t. II, pp. 76, 125.

70. Ces deux derniers actes liturgiques, placés ici en conclusion, font penser à la liturgie (le *Yasht*) des Fravartis dans l'Avesta. D'un bout à l'autre ce sont les entités célestes qui ont été honorées et invoquées ; il fallait que l'hymne se terminât par la célébration des entités célestes (ici les âmes pensantes) des êtres humains précellents, les prophètes et les justes.

71. Précision capitale pour la prophétologie *ishrâqî* : les prophètes sont désignés comme supports du *Xvarnah*, cette Lumière de Gloire qui, nous l'avons vu, est un concept dominateur et spécifique de la théosophie zoroastrienne et mazdéenne. En prophétologie shî'ite, les prophètes sont les supports ou reposoirs de la « Lumière mohammadienne » (*Nûr mohammadî*) qui est l'aspect correspondant à celui du *Verus Propheta* dans la prophétologie judéo-chrétienne. Le *Xvarnah* zoroastrien, la Lumière de Gloire, est donc ici l'équivalent de la Lumière mohammadienne. D'autre part nous savons déjà que Sohravardî associe le concept de Xvarnah et celui de Sakîna/Shekhina. L'intégration de l'iranisme s'achève ainsi au niveau même de la prophétologie : le prophétisme de l'ancien Iran est intégré au prophétisme de la tradition biblique-qorânique. On mesure ainsi l'ampleur de la « résurrection » voulue et opérée par le Shaykh al-Ishrâq.

72. Le texte porte *nofûs al-mojarradîn mina'l-sâlikîn*, « les âmes d'entre les pèlerins mystiques (les *salikûn* = les *mostashriqûn*) qui se sont séparés ». Nous avons déjà expliqué pourquoi nous traduisions l'idée de *tajrîd* et de *mojarradûn* par celle d'« anachorètes spirituels ». Le mot *mojarradûn* a sans doute ici son sens fort : ceux qui se sont séparés définitivement de l'existence terrestre.

73. *Wârid al-anwâr* (mêmes mss.). Sur la structure et le sens de ces strophes, voir ci-dessus notre texte de présentation.

74. Cf. ci-dessus n. 63 et 64. Hûrakhsh est ici l'*Imago Gloriae divinae*, c'est-à-dire de la Lumière de Gloire qui est le *Xvarnah*.

74*a*. Cf. ci-dessus n. 64, le troisième des Amahraspands.

75. Sur cette hiérarchie archangélique suprême (Ordre longitudinal, le « monde des Mères »), voir *En Islam iranien...* t. II, p. 121.

76. Hiérarchie venant après la précédente (Ordre latitudinal des « seigneurs des espèces »), voir *ibid.*, pp. 121-122.

77. Cf. le « Livre de la Théosophie orientale » : tout le processus d'automultiplication des Lumières archangéliques par une transposition des lois de l'optique au plan métaphysique. Voir *ibid.*, p. 121. Suit une strophe assez obscure où perce une allusion aux degrés descendants de la hiérarchie

des êtres de lumière, comme conséquence de la « dimension d'ombre » faisant éclosion dès la première Intelligence (Bahman), ce qui est conforme à la théorie avicennienne des trois actes de contemplation de celle-ci. La « famille » ou la « race » de Bahman-Lumière, le monde du *Jabarût*, procède de sa « dimension » de lumière pure. La dimension d'ombre ne se manifeste qu'aux degrés inférieurs, dans la situation que symbolisent les deux ailes de Gabriel-Serôsh (ci-dessus Traité VII). Le monde des corps est cette dimension d'ombre, tandis que la dimension « orientale » est la part divine dans l'homme, homogène à l'*Ishrâq* de la « race de Bahman ».

77*a*. Sur Bahman-Lumière, cf. ci-dessus n. 43. Les « rois de la race de Bahman-Lumière », ce sont tous les Dieux-archanges du plérôme, célébrés dans les strophes du groupe précédent.

78. Parmi les « rois de la race de Bahman » il y a l'Ange de la race humaine, l'Esprit-Saint qui est Gabriel, mais que Sohravardî désigne de nouveau ici expressément sous le nom de l'ange Sraosha de l'Avesta (nos mss. portent ici *Rûh Srâosh*). Cf. déjà ci-dessus n. 69.

79. *At'imat al-diyâ'*. Comparer ci-dessus Traité III, n. 84, le contexte dans lequel figure l'expression *khobz al-Malâ'ika*, ce « pain des Anges » qui est la Sakîna.

80. Signalons que Sohravardî a d'autre part composé un rituel liturgique pour chaque jour de la semaine (*Awrâd al-iqrâr fî kolli yawm*, mêmes mss.). Le dimanche : liturgie du Soleil (*taqdîs al-shams*). Le lundi : liturgie de la Lune. Le mardi : liturgie de Mars. Le mercredi : liturgie de Mercure-Hermès (*'Otared*). Le jeudi : liturgie de Jupiter. Le vendredi : liturgie de Vénus. Le samedi : liturgie de Saturne. On observera que tout cela s'accorde avec la dénomination des jours de la semaine dans le calendrier romain (*dies Lunae*, *dies Martis*, etc.), qui n'est en usage ni en Islam ni dans le zoroastrisme.

81. *Wârid al-tadhkâr* (mêmes mss.). Sur la structure et le sens de ces strophes pathétiques, voir ci-dessus notre texte de présentation.

81*a*. L'« absente à son monde », c'est l'âme humaine, la « fille de la Lumière » exilée en ce monde de ténèbres qui n'est pas le sien (cf. ci-dessus Traité VIII). Le discours lui est adressé par son « père », le *Noûs patrikos* dont elle procède, l'Ange-Esprit-Saint.

82. Ces mots montrent bien que l'exhortation est adressée à l'âme par l'Ange-Esprit-Saint, Gabriel-Serôsh, comme Ange de l'humanité. Observer comment il se distingue de son propre Seigneur, le « Dieu des Dieux » (cf. ci-dessus n. 2 et 42). Il est le « Seigneur à l'être perpétuel », tandis que le « Dieu des Dieux » est le Seigneur à l'être éternel. On pense ici au Psaume 110 (109), 1 : « *Dixit Dominus Domino meo* ». Non point par hasard. Que l'on se reporte aux derniers chapitres du Traité V ci-dessus.

83. La *Sakîna*, présence à demeure des Lumières divines dans l'âme. Cf. ci-dessus le prologue du Traité XIV et tous les passages qui y ont fait allusion au cours des traités traduits ici (voir l'index du présent livre).

84. *Walî al-notq*, expression caractéristique que je n'ai pas encore retrouvée ailleurs, et que l'auteur semble bien rapporter à lui-même. Dans la gnose

ismaélienne, le *Nâtiq* est le prophète « énonciateur » d'une religion (*sharî'at*) nouvelle. Cf. encore ci-dessous n. 91.

84*a*. *Al-amr al-a'zam*, la grande affaire, la grande Cause.

85. *Al-'Abd al-awwal*, c'est-à-dire Bahman (ci-dessus n. 43), la première Intelligence archangélique du Plérôme de lumière.

86. La dixième Intelligence, Gabriel, l'Esprit-Saint, Ange de l'humanité. Toute cette strophe est caractéristique de la philosophie et de la spiritualité de Sohravardî, en tant que centrées sur cette figure de l'Esprit-Saint, à la fois Ange de la connaissance et de la révélation, le « père » de Jésus (ci-dessus Traité V) et des âmes de Lumière éparses dans la race humaine. Il est lui-même une Lumière irradiée des Lumières archangéliques supérieures (cf. Traités VII et VIII). Il y a plus. Les allusions donnent à entendre ici la théologie des religions professée par l'auteur. C'est à cet Ange de l'humanité que se réfèrent toute théologie affirmative et tout culte religieux. Ainsi est reconnue l'unité religieuse de l'humanité, mais en même temps est sauvegardée la transcendance de l'Unique, « Dieu des Dieux » qui ne fait pas nombre avec les autres Dieux. Sohravardî sait fort bien que si le monothéisme exotérique récuse l'expression de « Dieu des Dieux », c'est parce que ce monothéisme est alors en péril de l'idolâtrie métaphysique que précisément il veut fuir.

87. Ce sont tous les Dieux-archanges du plérôme, les Intelligences hiérarchiques supérieures à la Dixième et qui ont été invoquées dans les strophes liturgiques « pour chaque station ».

88. Cf. ci-dessus n. 63 et 64.

89. *Bi-lawh yosha'shi'o*, expression que l'on rencontre aussi dans la gnose ismaélienne.

90. Comparer ci-dessus n. 86. C'est l'idée d'une théologie et d'une religion solaire qui est pressentie ici.

91. *Al-Nâtiq 'an Allâh*, expression qui vient corroborer celle de *walî al-notq* rencontrée ci-dessus (voir n. 84) et ne laisse aucun doute sur la portée du message spirituel dont le Shaykh al-Ishrâq avait conscience d'être le héraut. Il est le *Nâtiq*, le prophète de l'*Ishrâq*. Dans l'exhortation des strophes 10-12, c'est, comme dans les *hadîth qodsî* (récits inspirés), le « Dieu des Dieux » qui parle à la première personne. C'est donc le « Dieu des Dieux », l'Unique des Uniques, qui exhorte l'âme à la connaissance de son « père » qui est l'Ange-Esprit-Saint, parce que seul celui-ci peut le conduire au « Dieu des Dieux » (str. 12). D'où à partir de cette strophe, c'est au nom de « notre père l'Esprit-Saint » que parlera le *Nâtiq* (str. 13-17).

92. Les *barzakh*. C'est un terme technique de la cosmologie et de la physique de Sohravardî, où il désigne tout ce qui est corps, tout ce qui fait écran et obstacle à la lumière que pour cette raison il capte, mais en lui-même n'est que ténèbres. D'une manière plus générale, le *barzakh* a une signification eschatologique : c'est l'entre-deux-mondes, entre ce monde-ci et le *saeculum futurum*. L'acception sohravardienne du mot donne donc à ce monde-ci d'ores et déjà la signification eschatologique, comme intermonde des ténèbres dans lesquelles l'âme de lumière est descendue et d'où elle doit ressusciter au monde qui est le sien.

93. C'est l'Ange-Esprit-Saint, Ange de la race humaine (cf. Traité II, les VIe et VIIe Temples ; le Traité V, n. 40 ; les Traités VI, VII, VIII). L'exhortation est ici comme un rappel de la sentence courante : « Celui qui connaît son âme (ou se connaît soi-même), connaît son Seigneur (son Dieu). » On relèvera que cette exhortation à la connaissance de l'Ange comme *Noûs patrikos* est formulée ici par l'Unique, désigné ici encore (str. 17) comme le « Dieu des Dieux ».

94. *Abû-nâ al-Qodsî*, cf. la note précédente. C'est la figure de l'Ange qui, depuis le « récit de l'Archange empourpré », domine l'horizon spirituel, en même temps qu'il est celui qui conduit au-delà de cet horizon. C'est de cet Ange que le *Nâtiq* de l'*Ishrâq* est le porte-parole depuis cette strophe 13 jusqu'à la strophe 15.

95. *Ayyat-hâ al-gharbîya* ! Dénomination de l'âme conforme au « Récit de l'exil occidental » (ci-dessus Traité VIII). Toutes les strophes qui suivent sont en parfaite consonance avec ce récit, de même qu'elles contiennent maintes réminiscences du « Chant de la Perle » des Actes de Thomas. Cf. ci-dessus, str. 1, « l'absente à son monde ».

96. *Walîdat Rûh al-Qods*, puisque les âmes humaines sont autant de Verbes mineurs issus du Verbe majeur qui est Gabriel l'Esprit-Saint (cf. Traités V et VII).

97. Cf. note précédente. Toute cette strophe illustre particulièrement la fonction médiatrice nécessaire de l'Ange-Esprit-Saint. Il est le guide vers le « Dieu des Dieux ». Il est (comme l'Imâm dans le shî'isme) le support des Attributs qui ne peuvent être conférés à l'Unique, sans que le monothéisme dégénère lui-même en idolâtrie métaphysique. De même que l'imâmologie remplit ailleurs une fonction christologique, de même la personne de Gabriel, l'Ange-Esprit-Saint, assume dans la théosophie et la piété *ishrâqî*, le rôle d'un *Christos Angelos*. Le groupe des strophes 16-25 forme une pathétique prière d'intercession adressée à l'Ange-Esprit-Saint comme Ange de l'humanité.

98. Nouveau rappel de la conception sohravardienne du plérôme archangélique comme d'une confrérie initiatique (ci-dessus Traité VII). « Tes frères », ce sont les Dieux-archanges qui, comme l'âme elle-même, fille de l'un d'eux, l'Esprit-Saint, sont « la race royale de Bahman-Lumière ».

99. Que l'on se rappelle ici la scénographie des récits d'initiation : le recueillement dans le *khângâh* qui est l'oratoire intérieur, la porte s'ouvrant sur la campagne déserte, lorsque la nuit est tombée... (cf. Traité VII).

100. C'est le terme *Espahbad* que nous avons traduit ici par « archistratège ». Comme on le sait, la littérature théologique et liturgique byzantine confère la qualification d'*arkhistratêgos* des armées célestes à l'archange Michel. Elle est conférée ici à l'archange Gabriel comme Esprit-Saint. Le terme « commandeur » traduit ici le persan *sar-hang*. (Les deux termes sont encore en usage aujourd'hui dans l'armée iranienne : *sepahbod*, *sarhang*.)

101. *Badîl* est le singulier de *abdâl* ou *bodalâ'*. Les *abdâl* (au nombre de sept selon certaines traditions, quarante selon d'autres) forment un rang supérieur de la hiérarchie ésotérique dont la fonction mystique peut se récapituler dans la notion de « veilleurs » (les « yeux par lesquels Dieu

regarde le monde »). Ils font le tour du monde pendant la nuit. Ce sont en quelque sorte les gardes nocturnes du Temple céleste (on pensera ici au Psaume 134, chant de la relève des gardes nocturnes du Temple). Lorsque l'un d'eux est rappelé au « monde au-delà », un membre du rang immédiatement inférieur de la hiérarchie ésotérique « prend la relève » (le terme *badîl* comporte essentiellement cette idée de substitution, d'échange). Le terme de « relève-veilleur » nous semble traduire au mieux tout ce que connote le terme arabe. Cf. *En Islam iranien...* t. IV, index s. v. *abdâl*, et Haydar Amolî, *Le Texte des Textes*, éd. H. Corbin et O. Yahya, §§ 612 et 616. Les strophes liturgiques s'achèvent sur cet appel (déjà annoncé dans la str. 23) de la « relève du matin ». Le matin, c'est ici l'heure de l'*Ishrâq* au sens mystique du mot : le lever du soleil du *Malakût*.

Index

A

B

C

D

E

F

G

I

J

K

L

N

O

Q

R

S

T

Table des matières

Seconde Partie

LA DOCTRINE DEVENANT ÉVÉNEMENT DE L'AME

1. La rencontre avec l'Ange

3. *Les dialogues intérieurs*

4. *Symboles et paraboles*

Achevé d'imprimer en France
par Dupli-Print à Domont (95)

35-59-6110-07-7
Dépôt légal : juin 2006
N° d'édition : 75090
N° d'impression : 68183
ISBN 2-213-00306-8